Felix Rachfahl

Die Organisation der Gesamtstaatsverwaltung Schlesiens

vor dem dreissigjährigen Kriege

Felix Rachfahl

Die Organisation der Gesamtstaatsverwaltung Schlesiens
vor dem dreissigjährigen Kriege

ISBN/EAN: 9783741158346

Hergestellt in Europa, USA, Kanada, Australien, Japan

Cover: Foto ©ninafisch / pixelio.de

Manufactured and distributed by brebook publishing software (www.brebook.com)

Felix Rachfahl

Die Organisation der Gesamtstaatsverwaltung Schlesiens

Die Organisation

der

Gesamtstaatsverwaltung Schlesiens

vor dem

dreifsigjährigen Kriege.

Von

Dr. Felix Rachfahl,
Privatdocenten an der Universität Kiel.

Leipzig,
Verlag von Duncker & Humblot.
1894.

Vorrede.

Die nachstehende Schrift ist die Frucht längerer Studien vornehmlich in den Breslauer Archiven. Anfangs war nur geplant eine Untersuchung über die schlesische Kammer im 16. Jahrhundert; allmählich aber erweiterte sich das Thema zu einer Darstellung der Entstehung und der Organisation der schlesischen Gesamtstaatsverwaltung vor dem dreifsigjährigen Kriege überhaupt unter Berücksichtigung der wichtigsten Punkte der Geschichte der schlesischen Gesamtstaatsverfassung; da jedoch für eine gerechte Würdigung der Reformen, die im 15. und 16. Jahrhundert in der Verfassung und Verwaltung Schlesiens stattfanden, eine Kenntnis der früheren Zustände notwendig ist, so erschien es angezeigt, auch die Gestaltung der öffentlichen Verhältnisse Schlesiens vor der Bildung des schlesischen Gesamtstaates wenigstens in ihren Hauptzügen zu erörtern.

Wer immer mit der öffentlichen Entwicklung Deutschlands in der Übergangszeit vom Mittelalter zur Neuzeit sich beschäftigen will, der wird seinen Blick richten müssen nicht sowohl auf die Geschichte des Reiches als vielmehr auf die seiner einzelnen Territorien. Denn während das Reich immermehr seinen Einflufs auf die Fortbildung des staatlichen Lebens der deutschen Nation verlor, waren es die Territorien, in denen sich die Wandlung vom Feudalstaate des Mittelalters zum modernen Rechts- und Beamtenstaate vollzog. Und dies ist das wesentlichste Moment der Landesgeschichte, darauf beruht ihre wahrhaft universale Bedeutung. Für Schlesien aber ist dieses Problem noch insofern von Interesse, als wir uns hier nicht nur nicht auf altdeutschem Boden befinden, sondern als es sich hier um die Geschichte eines Landes handelt, das, anfänglich dem slavischen Kulturkreise angehörend, Anteil empfing an derjenigen Gestaltung staatlichen Lebens, wie sie dem eigentlichen Deutschland beschieden war, ohne dafs doch deshalb die Kontinuität der ursprünglichen Verhältnisse plötzlich oder gewaltsam aufgehoben wurde. Auf eine andere deutsche Territorien eingehend und fortlaufend berücksichtigende, vergleichende Behandlung des Stoffes mufste verzichtet werden, wiewohl doch erst dadurch unter Ausscheidung der besonderen Eigentümlichkeiten Schlesiens eine scharfe Hervorhebung des Typischen in der Entwicklung möglich geworden wäre; ganz abgesehen von äufseren Gründen, die ein übermäfsiges Anschwellen des Buches untersagten, könnte ein derartiges Verfahren jetzt doch nur noch Unvollständiges bieten; schon um der so leicht drohenden Gefahr übereilten Generalisierens zu entgehen, ward hier Beschränkung durchaus zur Pflicht.

Es sei dem Verfasser vergönnt, an dieser Stelle allen denen, die ihm für diese Arbeit ihren Beistand angedeihen liefsen, seinen Dank auszusprechen. Der erste Dank gebührt Herrn Professor Schmoller, dem Anreger und Förderer dieser Schrift. Alsdann sei gedankt den Vorständen und den Beamten der benutzten Archive und Bibliotheken, zumal des Königlichen Staatsarchives und des Stadtarchives zu Breslau, namentlich auch Herrn Dr. Conrad Wutke für seine freundliche Unterstützung bei den Arbeiten im Breslauer Staatsarchiv, ferner Herrn Jan von Kochanowski aus Krakau für seine Hülfe bei der Durcharbeitung der einschlägigen polnischen Litteratur, sowie endlich den Herren Dr. Wendt und Dr. Kronthal vom Breslauer Stadtarchive, die dem Verfasser Einblick in das von ihnen für Band XIII und XIV der S.S. Rer. Sil. gesammelte Material gewährten. Zum Schlusse sei einem eingegangenen Versprechen gemäfs erwähnt, dafs der Verfasser das erste Buch dieser Schrift im Wintersemester 1892/93 der philosophischen Fakultät zu Kiel behufs Erlangung der venia docendi vorgelegt hat.

Kiel den 1 Mai 1894.

Felix Rachfahl.

Inhaltsübersicht.

Erstes Buch.
Zur Geschichte der Verfassung und Verwaltung Schlesiens im Mittelalter.

Erstes Kapitel.
Die Grundzüge der öffentlichen Verwaltung Schlesiens im Mittelalter.

1. Die schlesischen Urzustände. Entstehung und innere Verhältnisse des altpolnischen Reiches.

Gliederung der Westslaven in der Urzeit: Volksstämme S. 4, civitates oder Zupen S. 5, Opolen S. 6 ff.; Älteste Organe staatlicher Herrschaft, Zupane S. 9 f. — Bildung der grofsen Monarchieen, der Knäs S. 11 ff.; Ständische Gliederung im altpolnischen Reiche: szlachta S. 14 ff., milites medii S. 20 ff., Opolebauern S. 25, Sklaven S. 26 ff.; Verwaltung: Fürstliche Rechte S. 30, Centralverwaltung S. 31 f., Kastellancien S. 33 ff., Opolen S. 36, colloquia S. 37.

2. Die inneren Verhältnisse Schlesiens unter dem Einflusse der Kolonisation und Germanisation.

Verfall der altpolnischen Verfassung: Trennung Schlesiens von Polen und territoriale Zersplitterung Schlesiens S. 39, Senioratsverfassung, Lehnsverhältnis zu Böhmen S. 40; deutsche Einwanderung und Rechtsverhältnisse der Kolonisten S. 41 ff.; Kampf zwischen Kirche und Staat, geistliche Immunitäten S. 45 ff.; Adelsprivilegien und Ausbildung der Domanialeigenschaft der adligen Güter S. 48 ff., korporative Organisation des Adels S. 53 f.; Städteprivilegien und kommunale Autonomie S. 56 ff.; Schwächung der fürstlichen Centralgewalt, Landstände mit freiem Einungsrecht und Steuerbewilligungsrecht S. 60 ff. — Verwaltung: Ende der Opole, deutsche Gemeinden S. 64, Landvogteien S. 65 ff., Verfall des Kastellanen- und Landvogtamtes S. 68 ff., Kreis oder Weichbild S. 70; Centralverwaltung der Territorien S. 71 ff., Landeshauptmannschaft zuerst in den Erbfürstentümern S. 74 ff., Rückblick S. 78 ff.

Zweites Kapitel.
Die staatliche Einigung Schlesiens im XV. Jahrhundert. Das Entstehen einer schlesischen Gesamtverfassung und Gesamtverwaltung unter Matthias Korvinus.

1. Einungsbestrebungen der schlesischen Fürsten und Stände in der ersten Hälfte des 15. Jahrhunderts.

Fürsteneinung gegen Ende des 14. Jahrhunderts S. 84, Einung von 1402 S. 85 f., von 1421 S. 87, Schlesische Landeshauptmannschaft von

1422 S. 88, Bund von 1427 S. 88 f., Landfrieden und Landeshauptmannschaft von 1435 S. 80 ff.

2. Die Regierung des Matthias Korvinus in Schlesien.
Staatsrechtliches Verhältnis Schlesiens zu Ungarn S. 94. — Entstehung der schlesischen Generalstände S. 95 und älteste Organisation des Fürstentages S. 96 ff. — Innere Centralisation: Untergang der herzoglichen Autonomie S. 101 f., Landfrieden S. 103 f., Münzwesen S. 105 ff., Steuerwesen S. 109 ff. — Verwaltungsorganisation: Oberamt S. 117., Johann von Zapolya und Bischof Johann von Wardein als Oberhauptleute bis 1481 S. 118 ff.; Ober- und Niederschlesien gesonderte Verwaltungsbezirke, jenes unter Peter Gereb und Jan Bielicz, dieses unter Georg von Stein S. 122 ff.; Friedrich von Liegnitz als Oberhauptmann 1488 S. 125 f.; Rückblick S. 127 ff.

Zweites Buch.
Die Gesamtstaatsverwaltung Schlesiens im XVI. Jahrhundert.
I. Die allgemeinen Landes- und Gerichtsbehörden.
Einleitung.
Übersicht über die Zustände der schlesischen Gesamtstaatsverfassung im XVI. Jahrhundert.

Das Gebiet des schlesischen Gesamtstaates S. 133. — Schlesien ein Teil der habsburgischen Monarchie, staatsrechtliches Verhältnis zu Böhmen S. 134 f., habsburgische Centralisationsversuche S. 136. — Fortbestand des schlesischen Gesamtstaates nach dem Tode des Matthias Korvinus S. 137, Privilegium Wladislai S. 138. — Ausbildung der königlichen Centralgewalt S. 139 ff. — Generalstände und Fürstentag: Zusammensetzung und Verhältnis zum Lande S. 144 f.; Ort, Zeit und Berufung, Selbstversammlungsrecht S. 146; Vollmachten S. 147; Vorsitz, Modus der Beratung und Beschlußfassung S. 148 f. — Staatsrechtlicher Dualismus zwischen Krone und Generalständen hinsichtlich der Gesetzgebung S. 150 ff., hinsichtlich der Verwaltung S. 153 f.

Erstes Kapitel.
Das Oberamt.

1. Person des Oberhauptmanns.
Doppelstellung des Oberhauptmanns S. 156; Privileg von 1498 und Opposition der Böhmen S. 157; 1536 bis 1608 Bischöfe als Oberhauptleute S. 157 f.; Vertretung S. 158 f.

2. Recht der Einsetzung. Wirkungskreis und Funktionen des Oberhauptmanns.
Einsetzung durch den König S. 159; Wirkungskreis und zeitweilige Teilung des Oberamtes, ebd. — Funktionen: Publikation königlicher Befehle und ständischer Beschlüsse S. 160; Vorgesetzter der Landesbeamten in den Immediatgebieten S. 161; Verwaltung des Lehnswesens S. 162, der auswärtigen Angelegenheiten S. 163; Rechtspflege, administrative Kontrolle S. 165, oberste Leitung der gerichtlichen Polizei S. 166, schiedsrichterliche Befugnis S. 167 f., ordentliche Gerichtsgewalt und Vorsitz im Oberrechte S. 169 f.; Innere Verwaltung S. 171; ständische Finanzverwaltung S. 172 ff.; königliche Militärverwaltung und stän-

disches Defensionswerk S. 175 ff.; Sonderrechte und Sonderpflichten S. 180 f.

3. **Besoldung und Hülfsorgane des Oberhauptmanns.** Erst königliche, dann ständische Besoldung S. 181, Hülfsbeamte vom Könige unabhängig S. 182. Rückblick S. 183 ff.

Zweites Kapitel.
Das Ober- und Fürstenrecht.

1. **Von seiner Einsetzung bis zur Errichtung der Prager Appellationskammer.** A. Die Einsetzung: Zusammenhang mit den Gerichten der Landfriedenseinungen S. 188, Ort, Zeit, Zusammensetzung, Wirkungskreis, Kompetenz und Verfahren nach dem Privileg von 1498 S. 189 f. — B. Das Oberrecht und der Landfrieden von 1528 S. 191 f., Fortbildung hinsichtlich des Verfahrens S. 193, strafrechtliche Kompetenz S. 194 — C. Bedeutung des Oberrechtes für die Zustände der schlesischen Rechtspflege vor 1548 S. 195 f., Kampf der Krone gegen das Oberrecht S. 197.

2. **Das Ober- und Fürstenrecht seit 1548.** A. Vorsitz, Mitglieder, Form der Beratung S. 199 ff. — B. Zuständigkeit, Ort, Zeit, Verfahren S. 208 ff. — C. Inappellabilität, Verfall des Oberrechtes, conventus publicus S. 212 ff.

Drittes Kapitel.
Die Appellationskammer zu Prag.

1. **Die königliche Gerichtsbarkeit im Mittelalter. Erweiterungen derselben unter Ferdinand I. vor 1548.** Die königliche Gerichtsbarkeit in den Erbfürstentümern S. 220, in den Mediatgebieten S. 222; Mißstände der schlesischen Rechtspflege gegen Ende des Mittelalters S. 223 ff., Königliches Geleitsrecht im 16. Jahrhundert S. 228, Kommissariatsschiedsgerichte ebd., Appellation S. 229.

2. **Einsetzung, innere Organisation, Verfahren und Geschäftsgang der Prager Appellationskammer.** Verbote der Oberhöfe S. 231, kollegiale Verfassung S. 233, Berufsrichterstand S. 234, Verfahren nach dem Vorbilde des römisch-kanonischen Prozesses S. 235 ff., Geschäftsgang S. 239 ff.

3. **Die Supplikation.** Begriff der Supplikation oder Revision S. 241, Verhältnis zur Appellation S. 242, Revisionsverfahren S. 243 f.

4. **Der Kampf um Supplikation und Appellation zwischen Krone und Ständen.** Unterordnung der Stadtgerichte unter die Appellationskammer S. 245; Versuche, die Kompetenz auszudehnen, ebd.; Streben der Stände nach der Appellationsgewalt S. 247 ff., Verhältnis der einzelnen schlesischen Gerichte zu Appellation und Supplikation S. 250 ff., definitive Durchführung des Appellationsrechtes im 17. Jahrhundert, Verschmelzung von Appellation und Supplikation S. 253, Rückblick auf Kapitel II und III S. 254 ff.

Drittes Buch.
Die Gesamtstaatsverwaltung Schlesiens im XVI. Jahrhundert.
II. Die Finanzbehörden.

Einleitung.

Abrifs der Geschichte des schlesischen Finanzwesens im XVI. Jahrhundert.

1. Das königliche Finanzwesen (Ärar):
a. Ordentliche Einnahmen: Domanium S. 264 ff., Münzregal S. 267 ff., Bergregal S. 270 ff., Zollregal S. 272 ff., Salzregal S. 277 ff. — b. Aufserordentliche Einnahmen: Veräufserung von Staatseigentum S. 281, fundierte Schuld S. 283 f., unfundierte Schuld S. 285 f., Fortschritte im Staatsschuldenwesen S. 286 f.

2. Das Landesfinanzwesen:
a. Staatsrechtliche Grundlagen des Steuerwesens: Freiheit von der Steuerpflicht gegenüber dem Könige S. 289 f., die Steuer als Zwangsbeitrag gegenüber dem Lande S. 291; die Steuergesetzgebung gebührt allein den Ständen S. 292; Mangel einer staatsrechtlichen Kontrolle über die Verwendung der Steuer durch den König S. 293, Landesanlagen S. 294. — b. Die direkten Steuern: Steuersubjekte, Verhältnis der Bauern zur Steuer S. 295 ff., Steuerobjekte und Charakter der Steuer S. 298 ff, Verteilung, General- und Partikularschatzung, Mifsverhältnis zwischen wirklicher und fingierter Steuerquelle S. 301 ff. — c. Indirekte Landessteuern: Vor 1546 S. 308, Biergeld seit 1546 S. 309 f

3. Das Verhältnis von Einnahme zu Ausgabe. Die Anfänge des Etatswesens.
Kammerstaat, Voranschläge S. 310 f., Entwicklung des schlesischen Budgets S. 312 f.

Erstes Kapitel.
Die Finanzbehörden bis 1552.

Mangel einer ständigen Organisation des schlesischen Finanzdienstes vor 1552 S. 315. Beamte zur Erhebung der Steuer von 1527 S. 316, der indirekten Auflage von 1529—32 S. 317 f., der späteren Steuern S. 319 ff., Zahlmeisteramt um 1550 S. 321. Wechselnder staatsrechtlicher Charakter dieser Behörden, Scheidung des königlichen vom ständischen Finanzdienste seit 1552 S. 322.

Zweites Kapitel.
Die königlichen Finanzbehörden von 1552 bis 1618.

1. Die Breslauer Rentkammer.

Einsetzung des Vitzthums 1554 S. 323 f.; Errichtung der Kammer 1558, Opposition der Schlesier, zumal der Breslauer S. 325 f. — Verfassung der Kammer: Kollegialitätsprincip S. 327, Verteilung der Expeditionen S. 328. Principien der Ständigkeit und des Berufsbeamtentums ebd. — Örtliche Zuständigkeit, übergeordnete Instanzen, administrative Trennung von Böhmen S. 329. — Funktionen der Kammer: eigentliche Finanzverwaltung, Ärar S. 331 ff., landständische Bewilligungen S. 335, Centralisation des königlichen Finanzdienstes in der Kammer, Pflicht zur Aufstellung des Etats S. 337, finanzielle Jurisdiktion S. 338. — Die Kanzlei und die Ordnung des Geschäftsganges bei der Kammer S. 339 ff. — Das Rentamt S. 343 und das Kassensystem, beherrscht von den Grundsätzen der Centralisation, der Kontrolle und des Anweisungsrechtes im Einnahmedienste S. 345, im Ausgabedienste S. 346 f. — Die Kammer als Rechnungshof; die Buchhalterei und die Ordnung der Rechnungslegung S. 348 f. — Mangel der Kammer an selbständiger Verwaltungsexekution S. 350 f.

2. Die der Kammer untergeordneten Behörden, Fiskalate. Regalbehörden, Biergeldämter.

Fiskalat S. 352 ff. — Münzamt S. 356 ff., Bergbehörden S. 360 ff., Zollbehörden S. 363 ff., Beamte beim Salzhandel S. 366 ff. — Biergeldämter: Untereinnehmer S. 370, Obereinnehmer und Breslauer Bierzollamt S. 371, Kampf um die Biergelderhebung, seit 1580 kaiserliche Biergeldeinnehmer S. 372 ff. — Bedeutung der Kammer für die Volkswirtschaftspflege, die Rechtspflege und in politischer Beziehung S. 375 ff.

Drittes Kapitel.
Die Landesfinanzbehörden seit 1552.

1. Die lokalen Hebestellen.

Die Steuererhebung in Stadt und Land durch die Magistrate resp. Grundherren S. 379, Partikularsteuereinnehmer der Kreise resp. Fürstentümer S. 379 f., Vergebliche Versuche der Krone, die Partikulareinnehmer von sich abhängig zu machen S. 381.

2. Das Generalsteueramt.

Einsetzung und Verfassung; seine Permanenz ist eine rein faktische S. 382, Vergebliche Versuche der Krone, das Generalsteueramt von sich abhängig zu machen S. 383, Funktionen hinsichtlich der Kassenführung, Landeskassen zu Breslau S 384, Mangelhafte Ordnung der Rechnungslegung S. 385 ff., Schlechte Haltung der ständischen Finanzbeamten S. 389.

3. Das Landeszahlmeisteramt.

Äufsere Geschichte seit 1552 S. 390 ff., Funktionen und Rechnungslegung S. 393 f. — Rückblick, Vergleichung der Organisation des königlichen mit der des ständischen Finanzdienstes S. 395 f.

Schlufs.

Fortschritte der staatlichen Entwicklung vom 15. bis zum 17. Jahrhundert S. 398 f.; Verdienstanteil der Stände S. 400 f., der Krone S. 402 f., Vernichtung des staatlichen Dualismus S. 404.

Exkurse.

I. Die Ansichten über die Entstehung der altpolnischen Gesellschaft S. 409 ff.
II. Zur Geschichte der slavischen Besitzverhältnisse S. 414 ff.
III. Die schlesische Kanzlei (1611—1616) und die schlesischlausitzische Expedition der böhmischen Kanzlei (1616) S. 421 ff.
IV. Zur Geschichte des Beamtentums bei der schlesischen Gesamtstaatsverwaltung des 16. Jahrhunderts S. 429 ff.

Urkundenanhang.

I. Privilegium Wladislai von 1498 S. 441 f.
II. Aktenstücke zur Geschichte des Ober- und Fürstenrechtes S. 444 ff.
III. Aktenstücke zur Geschichte der schlesischen Kammer S. 447 ff.
IV. Aktenstücke zur Geschichte der Landesfinanzbehörden S. 479 ff.

Berichtigungen und Ergänzungen.

S. 4 Anm. 2 Zeile 2 lies Lwów statt Lwow.
S. 14 Zeile 12 v. o. und S. 24 Zeile 7 v. u. lies Piekosiński statt Piekosinski.
S. 19 Anm. 2 Zeile 9 lies Chrobry statt Chrobri.
S. 23 Anm. 4 Zeile 8 lies Wisliciensia statt Wilicensia.
S. 25 Anm. 1 Zeile 7 lies Chrobacyja statt Chrobacyjā.
S. 26 Anm. 2 mufs lauten: Vom Worte rok = Jahr oder (Gerichts-) Termin; narocznicy bedeutet also Gerichtsboten, und da das Gericht auf der Burg abgehalten wurde, auch Burgdienstboten schlechthin.
S. 27 Zeile 2 v. u. ergänze vor setkowa: organizacya. [setk. org. = hundertschaftliche Organisation.]
S. 28 Anm. 3 und S. 29 Anm. 1 lies Księga statt Knięga.
S. 32 Zeile 7 v. o. lies cześnik statt czesnik.
S. 46 Anm. 1 Zeile 4 lies organizacya kościoła w Polsce.
S. 49 Anm. 1 Zeile 12 ergänze hinter „Gerichtsstand": „teils vor dem judicium terrestre teils" und Zeile 15 hinter „Kastellan": „ebenso wie der judex terrestris".
S. 207 Zeile 5 v. u. lies sprechende statt prechende.
S. 258 Zeile 11 v. o. ergänze vor „sowie": „zur Berufungsinstanz zu erheben".
S. 316 Zeile 1 v. u. lies bewilligt statt bewilligt.
S. 327 Anm. 1 Zeile 4 mufs stehen hinter Kollekt statt des Kommas ein Punkt.
S. 331 Zeile 16 v. u. ergänze vor „waren": „als auch die Regale im neueren Sinne".

Erstes Buch.

Zur Geschichte der Verfassung und Verwaltung Schlesiens im Mittelalter.

Erstes Kapitel.

Die Grundzüge der öffentlichen Entwicklung Schlesiens im Mittelalter.

1. Die slavischen Urzustände. Entstehung und innere Verhältnisse des altpolnischen Reiches.

Die staatlichen Gebilde, welche späterhin dazu bestimmt waren, dafs aus ihnen der Kern der friderizianischen Monarchie sich zusammensetze, zerfallen ihrem Ursprunge nach in zwei Gruppen. Während die Mark Brandenburg und der Ordensstaat Preufsen den Charakter kriegerischer Okkupationen im Feindeslande trugen, während sie der deutschen Kultur dadurch zugänglich gemacht wurden, dafs in ihnen zum weitaus gröfsten Teile ein radikaler Bruch mit der Vergangenheit stattfand[1], vollzog sich in Pommern — sowohl in Slavien als auch in Pomerellen — desgleichen in Schlesien die Rezeption deutschen Wesens und deutscher Gesittung allmählich durch die Initiative der einheimischen Fürsten, nicht ohne dafs grofse Reste der alten slavischen Einrichtungen sich erhielten. Um daher die öffentlichen Verhältnisse dieser Länder in der Zeit

---

[1] Freilich ist auch für gewisse Teile der Mark, vornehmlich für die Neumark, der Fortbestand alter slavischer Institutionen zumal in agrarischer Hinsicht hie und da nachweisbar (vgl. z. B. Fuchs, Zeitschrift der Savignystiftung für Rechtsgeschichte XII. Germ. Abthlg. Weimar 1891 S. 17 ff.). Auch für Preufsen gilt das oben Gesagte nur rücksichtlich derjenigen Gegenden, in denen es zwischen dem deutschen Orden und den Ureinwohnern preufsischer Nationalität zum Kampfe und zur Ausrottung der letzteren kam, während doch — ganz abgesehen von den ursprünglich pomerellischen Landesteilen — auch längs des rechten Ufers der Weichsel grofse Gebiete mit polnischer Bevölkerung sich erhielten, in denen wenigstens zunächst die einheimischen Verhältnisse unangetastet blieben: stammt doch gerade aus Preufsen die unter der Ägide des Ordens abgefafste älteste Aufzeichnung polnischen Rechtes, mit welcher wir uns späterhin noch oft genug zu beschäftigen haben.

des Mittelalters verstehen und richtig beurteilen zu können, mufs man zurückgehen auf die Zustände innerhalb der slavischen Völkerschaften östlich von der Elbe und Saale in jener Epoche, als sie noch nicht mit der Welt des Abendlandes in nähere Berührung getreten waren. Zumal für Schlesien ist dies geboten, da es lange Zeit politisch zu Böhmen oder Polen, slavischen Reichen, gehörte, und da hier Überbleibsel der alten slavischen Kultur lange Zeit in sehr grofsem Umfange bestehen blieben [1].

Die Westslaven zerfielen in der Urzeit in eine Anzahl selbständiger, von einander unabhängiger Volksstämme, von denen auf das Gebiet des späteren Schlesiens sechs, die Sleenzane, die Dadodesani, die Opolini und Golensizi nebst den Gauen Boborane und Trebowane, kamen [2]. Jeder derselben wieder zerfiel in eine Anzahl von Unterabteilungen, welche in einer gleichzeitigen lateinischen Quelle civitates genannt werden [3]. Es entsteht nun die Frage, welches die alte slavische Bezeichnung für diese civitates gewesen sein kann. Nun erzählt uns ein byzantinischer Schriftsteller aus dem Anfange des 10. Jahrhunderts, der Kaiser Konstantinus Porphyrogenitus, dafs slavische Volksstämme oder vielmehr die von diesen innegehabten Gebiete zu seiner Zeit in ζουπανίας zerfallen seien [4]. Offenbar haben wir es dabei mit einer alten einheimischen Bezeichnung für eine gewisse Volksgruppe und sodann für

---

[1] Es ist selbstverständlich, dafs die Zustände bei den schlesischen Slaven in der Urzeit dieselben waren wie bei den Slaven, mindestens aber bei den Westslaven überhaupt. Daher durfte sich die nachfolgende Darstellung nicht nur auf speciell schlesische Quellen beschränken, sondern mufste auch die Quellen zur gesamten westslavischen Urgeschichte nach Möglichkeit berücksichtigen.

[2] Aus der Liste, welche der bayrische Geograph (bei Bielowski, Monumenta Poloniae historica I Lwow 1864 S. 11) giebt, lassen sich nur die Sleenzane, Dadodesani, Opolini und Golensizi mit Bestimmtheit als auf später schlesischem Boden ansässig ermitteln. Ergänzt jedoch müssen diese Angaben werden aus der Urkunde Heinrichs IV für das Bistum Prag d. d. 29. April 1086 (bei Erben, Regesta Bohemiae et Moraviae I. Pragae 1855 S. 73), in der als nördliche Grenzen des Prager Bistums folgende Landschaften genannt werden: Psouane, Crouati et altera Chrouati, Zlasane, Trebowane, Boborane, Dedosesi. Die Völkerschaften der Sleenzane und Dadodesani haben sich hier verwandelt in Gaue namens Zlasane und Dedosesi; Opolini und Golensizi (im heutigen Oberschlesien und in Österreichisch-Schlesien) werden in der Urkunde Heinrichs IV nicht erwähnt, dafür zwei vom bayrischen Geographen nicht genannte Gaue, nämlich Trebowane und Boborane.

[3] Nämlich beim bayrischen Geographen. Die Sleenzane zerfielen in 15, die Dadodesani in 20, die Opolini ebenfalls in 20, die Golensizi in 5 civitates. In wie viele Teile Trebowane und Boborane zerfielen, wissen wir nicht.

[4] Bielowski I 25: „διεμερίσθη οὖν ἡ χώρα αὐτῶν εἰς ζουπανίας ιδ΄." Ebd. heifst es von dem Lande einer anderen slavischen Völkerschaft: „παρεκτείνεται ... τρεῖς ἔχουσα ζουπανίας ... καὶ αἱ μὲν δύο ζουπανίαι" κτλ.

das von derselben okkupierte Gebiet und zwar mit dem Worte župa zu thun, einem Worte, welches auch sonst in den slavischen Sprachen, schon im Altslavischen, gebräuchlich ist und ursprünglich die Bedeutung von regio oder districtus besitzt. Über die etymologische Herleitung dieses Wortes bestehen verschiedene Ansichten; während Miklosich und nach ihm Brandl[1] es auf sanskr. gôpa (griech. γοπή, lat. specus) zurückführen, sodafs es ungefähr dem deutschen Begriffe „Burg" entsprechen solle, wird es von anderen, so von Vuk und Erben[2], in Zusammenhang mit dem gotischen sibja (ahd. sippia, ags. sib) gebracht. Die zweite Deutung ist die wahrscheinlichere; župa würde dann einen auf dem Geschlechterzusammenhange beruhenden socialen und auch politischen Verband anzeigen. Als Bezeichnung eines Distriktes hat sich das Wort an einer Stelle des ursprünglich westslavischen Gebietes sehr lange erhalten; bis in das 16. Jahrhundert hinein bestanden in den wettinischen Landen Supanicen, d. h. Steuer- und Gerichtsbezirke für je eine Anzahl slavischer Dörfer[3]. Zwar findet sich sonst bei den Westslaven in historischer Zeit župa oder das davon abgeleitete Wort Supanie nicht mehr als Benennung eines bestimmten Gebietes[4]; aus dem Umstande jedoch, dafs Supanie zu so verschiedenen Zeiten und in so verschiedenen Gegenden als Territorialbezeichnung bei den Slaven sich findet, darf man schliefsen, dafs der Gebrauch dieses Wortes in solchem Sinne ursprünglich ein weit verbreiteter, ja vielleicht allgemeiner war. Dazu kommt noch ein weiteres: Überall in den verschiedensten Gegenden Westslaviens findet sich der Ausdruck župan[5] und zwar als Be-

---

[1] V. Brandl, Glossarium illustrans bohemico-moravicae historiae fontes. Brünn 1876. S. 394.
[2] C. J. Erben. Regg. Boh. et Mor. I Glossarium S. 813.
[3] Schöttgen und Kreyssig, Diplomatische Nachlese II. Dresden 1730 S. 1907 und H. Knothe, „Die verschiedenen Klassen slavischer Höriger im wettinischen Lande während der Zeit vom 11. bis zum 14. Jahrh.," im Neuen Archive für sächsische Gesch. IV. Dresden 1883. S. 4.
[4] In Kleinpolen findet sich das Wort župa noch im späteren Mittelalter, bedeutet dann aber hier Salzbergwerk, so z. B. Monumenta medii aevi historica res gestas Poloniae illustrantia. Tom. IX: Kodeks dyplomatyczny małopolski, ed. Fr. Piekosinski. w. Krakowie 1886. S. 89 f., 126, 162, 178, 196, 201, 203. In einer schlesischen Urkunde erscheint supa in noch anderem Sinne, nämlich als Wette des polnischen Richters (Urkundensammlung zur Geschichte des Ursprungs der Städte in Schlesien und der Oberlausitz von G. A. Tzschoppe und G. A. H. Stenzel. Hamburg 1832. Einl. S. 26 und Urkundenbuch No. 54 S. 348 Anm. 4).
[5] So schon in altslavischer Zeit: Const. Porph. bei Bielowski I 37 f.: „οὗτος οὖν ὁ ἄρχων Βλαστήμερος τῇ ἰδίᾳ θυγατρὶ δέδωκεν ἄνδρα Κράϊναν τὸν υἱὸν Βαλάη τοῦ ζουπάνου Τερβουνίας"; für Böhmen und Mähren vgl. Brandl a. a. O. S. 392 ff., für Schlesien: Tzschoppe-Stenzel S. 76, für die Serwieyken und Chrowaten im Krakauischen: Jekel, Polens Staatsveränderungen III 4, für die wettinischen Gebiete:

nennung des Inhabers einer auf irgend welcher lokalen Grundlage beruhenden obrigkeitlichen, zumal mit richterlichen Befugnissen ausgestatteten Würde. Da es jedoch feststeht, dafs zwischen den Begriffen župa und župan ein innerer Zusammenhang obwaltet[1] — ist doch bei den wettinischen Slaven noch bis zum 16. Jahrhundert der Supan der Vorsteher der Supanie —, so sind wir berechtigt, aus den Spuren des Vorhandenseins von Zupanen bei allen Westslaven zu folgern auch eine allgemeine Existenz von Zupen in der westslavischen Urzeit. Alles weist darauf hin, diese Zupen oder Supanieen für identisch zu erklären mit den civitates des bayrischen Geographen. Die einzelnen Völkerschaften der Westslaven zerfielen also in Zupen, unter denen wir der etymologischen Bedeutung des Wortes zufolge zunächst auf der Geschlechterverfassung beruhende Verbände von Volksgenossen, späterhin, nachdem die Westslaven zu völliger Sefshaftigkeit gelangt waren, den von einem einzelnen derartigen Verbande bewohnten Landstrich zu verstehen haben[2].

Die župa wieder gliederte sich in verschiedene Unterabteilungen. Die älteste polnische Rechtsaufzeichnung, welche im 13. Jahrhunderte in Preufsen entstand, und die wir dem deutschen Orden verdanken, berichtet uns von einer Einteilung des Landes in gewisse Distrikte, welche opole (vicinia, gegenote) hiefsen, und die uns häufig in den älteren polnischen Urkunden begegnen. Jede opole umfafste ihrerseits mehrere der bekanntlich sehr kleinen slavischen Dörfer (wieś), deren Insassen, nach Geschlechtern (ród, rodzina) geordnet, zusammenwohnten[3]. Unter diesen Geschlechtern, welche die Grundlage der Struktur der altslavischen Gesellschaft sind, hat man Familiengenossenschaften zu verstehen im Sinne der russischen Urfamilie[4] und der Hauskommunion (zadruga), wie sie sich

---

Anm. 3 auf Seite 5, für Grofspolen und das Land Lebus: Codex diplomaticus Majoris Poloniae Tom. I Pozn. 1877 No. 21 S. 27, No. 234 S. 197; Tom. IV 6 etc.
[1] Brandl a. a. O.
[2] Die Südslaven zerfielen in Stämme, welche plemena hiefsen. Jedes pleme liefs sich bei der Ansiedlung auf einem geschlossenen Terrain nieder, und ein solcher Wohnsitz eines pleme wurde župa, das gewählte Oberhaupt einer župa župan genannt. F. Kraufs, Sitte und Brauch der Südslaven. Wien 1885. S. 18. In dem Gesetzbuche des serbischen Zaren Stephan Dušan kommt aber župa nicht nur in der Bedeutung eines Territoriums dieser Art vor, sondern einige Stellen geben auch Anlafs, župa als Gesamtheit der Bevölkerung eines solchen Bezirkes zu deuten. S. A. P. Ritter von Schlechta Wssehrd, Urspr. und Bedeutung der historischen Bezeichnungen župa und župan, Mitteilungen des Vereins für Gesch. der Deutschen in Böhmen XXXII 3. Prag 1893.
[3] A. Z. Helcel, Starodawne prawa polskiego pomniki. Tom. II. w Krakowie 1870: Księga prawa zwyczajowego polskiego z wieku XIII § 8.
[4] Vgl. die Beschreibung derselben bei G. Stöhr, Über Ursprung,

noch jetzt bei den Südslaven findet[1]. Patriarchalisch-omnipotenter Leiter dieses Geschlechtes ist der „Wirt", im Russischen der Chosjain oder Boljschàk, bei den anderen Slaven auch starost, hospodáŕ oder kmet (poln. kmieć) genannt[2]. Das Dorf entbehrte in der historischen Zeit jeglicher Bedeutung für das öffentliche Recht; als unterster politischer Verband für die einzelnen Geschlechter erscheint nicht das Dorf, sondern die Opole, ein Institut, dessen charakteristische Bedeutung in der Epoche der Piasten eben darin bestand, dafs in ihm eine Anzahl von Familiengenossenschaften nach den verschiedensten Richtungen hin zu einem rechtlichen Ganzen zusammengefafst wurden; die Hauptaufgabe der opole war die Gesamtbürgschaft für die Erhaltung des öffentlichen Friedens. Der erste, welcher auf die Einrichtung der vicinia hinwies, war Stenzel[3], der indes nicht recht wufste, was er mit ihr beginnen sollte, und sie daher, opole mit obolus in Zusammenhang bringend, für eine Geldabgabe hielt; klargestellt wurde ihr Wesen in historischer Zeit zuerst von Röpell[4], welcher zugleich die Vermutung aussprach, dafs sie weit älter sei als die fürstliche Gewalt der Piasten, dafs diese letzteren also bei Gründung ihres Staatswesens die Opolen bereits vorgefunden und für die Zwecke ihrer Verwaltung benutzt hätten. Diese Hypothese wird dadurch unterstützt, dafs die opole oder ihr entsprechende Institute bei weitaus den meisten slavischen Völkern sich nachweisen lassen, dafs es sich hier also um eine Einrichtung handelt, deren Ursprung lange vor der Zeit der Bildung der einzelnen slavischen Staaten anzusetzen ist, welche altslavischen Charakter trägt. In einer Urkunde von 1294 erteilt Herzog Mestwin von Pommern gewisse Exemptionen, darunter auch „ab opole"[5]. In Böhmen und Mähren erscheint dasselbe Institut unter dem Namen osada (von o-saditi = besetzen, bebauen; in den lateinischen Urkunden vicini, vicinatus, circumsedentes genannt)[6]; ja, wir finden es sogar bei den Ostslaven, in Rufsland, und zwar hier unter dem Namen werwj (auch Pogòsty oder Gùby). Denn wie die opole aus mehreren kleinen Dörfern besteht, so auch setzt sich die schon im ältesten russischen Gesetzbuche, der Rùsskaja pràwda, erwähnte werwj zusammen aus einem kleinen Hauptdorfe, dem Sseló oder Sselzò, und mehreren noch

---

Wesen und Bedeutung des russischen Artels, Teil I. Dorpater Inaug.-Diss. 1890 S. 61 ff.
[1] E. de Laveleye, De la propriété et de ses formes primitives. Paris 1874.
[2] Vgl. über den Gebrauch der Worte hospodáŕ und kmet Brandl a. a. O. S. 68 und 93 ff.
[3] Tzschoppe-Stenzel, Einl. S. 13.
[4] R. Röpell, Geschichte Polens I 86. Hamburg 1840.
[5] Dreger, Codex diplomat. Pomer. 479.
[6] Brandl a. a. O. S. 207.

geringeren Ansiedlungen, den Derewni, sowie auch aus Einzelhöfen; sie trägt gleichfalls den Charakter eines Verbandes zum Zwecke gemeinsamen Rechtsschutzes, indem sie gleich der opole und osada, falls einer der Genossen einen Totschlag verübt hatte, solidarisch für die Entrichtung des darauf stehenden Wergeldes (wira) bürgte. Offenbar haben wir hier eine Einrichtung vor uns, die allen Slaven seit ihrer Urzeit gemein war, wie wir sie sogar bei allen Völkern der indogermanischen Rasse finden. Röpell hat sie erklärt als eine organische Weiterentwicklung des Familien- oder Geschlechtsverbandes; in Wirklichkeit dürfte die opole, osada oder werwj nichts anderes sein als der in veränderter Form sich fortsetzende alte, ursprünglich matriarchale Gentilverband, welcher jetzt, nachdem innerhalb seiner Grenzen patriarchale Familien durch Raubehe und Frauenkauf sich herausgebildet hatten, den Charakter einer vollständigen Lebensgemeinschaft verlor und nur noch bestimmten Zwecken, wie der Waldrodung, der Abwehr von feindlichen Angriffen, der gemeinsamen Erlegung des Wergeldes und anderen Zwecken des Rechtsschutzes, diente[1]. Ohne Zweifel war diejenige Volksgruppe, welche bei den Westslaven opole oder osada hiefs, eine Unterabteilung der civitas oder, falls dieser Name richtig ist, der župa, wie diese hinwiederum als ein Teil der ganzen Völkerschaft sich darstellte[2]. Die

[1] Allerdings haben Leist (altarisches Jus gentium. Jena 1890), Schrader (Sprachvergleichung und Urgeschichte. Aufl. II 568 ff. Jena 1890) und Delbrück (Über die indogermanischen Verwandtschaftsnamen, Abhandlungen der kgl. sächsischen Gesellschaft der Wisseusch. Bd. 25. Phil.-histor. Klasse 11 No. 5) den Nachweis geführt, dafs das Matriarchat bei dem indogermanischen Urvolke zur Zeit seiner Trennung nicht mehr bestand. Dem damals existierenden Patriarchate scheint aber dennoch eine Periode des Matriarchates voraufgegangen zu sein, wie verschiedene Spuren andeuten. Wir möchten nur die Vermutung aussprechen, dafs die opole (wie andere ihr entsprechende Institute der arischen Völker, die alte griechische φρήτρη, die lateinische gens, die deutsche Sippe) als eine Institution der socialen und politischen Organisation nicht entstanden ist durch eine Erweiterung des patriarchalen Familienverbandes, sondern dadurch, dafs ein ursprünglich matriarchaler Verband zum Zwecke der gesamten Lebensgemeinschaft hinsichtlich des Inhaltes seiner Aufgaben dadurch abgeschwächt wurde, dafs in ihm patriarchale Familien zum Zwecke gesonderter Lebensgemeinschaft sich bildeten, so dafs dem gesamten Verbande jetzt nur noch die oben angegebenen Funktionen blieben.
[2] Bei den Südslaven stand über der Familiengenossenschaft, der zadruga, das brastvo (Brüderschaft, φρήτρη), über dem brastvo wieder das pleme, als dessen Wohnsitz die župa erscheint. Es ist dies ganz dieselbe Gliederung wie bei den Polen: rod, opole, civitas (župa). Vgl. Kraufs, Recht und Sitte der Südslaven S. 33. Das brastvo hat eine Stärke von 30, 50, bisweilen auch von 700—800 Mitgliedern; seine Funktionen sind ähnlich wie die der opole und werwj: gemeinsamer Wohnsitz, Blutrache, Exogamie, gemeinsame Aufbringung des Wergeldes, gegenseitige Unterstützungspflicht und gegenseitiges Vorkaufsrecht. Gesamteigentum an Wald, Weide, Mühlen, Kirche und Friedhof. Man erkennt darin unschwer die alte, ursprüngliche gens.

Grundlage der gesamten slavischen Gesellschaft bildete die Familiengenossenschaft; der einzelne galt als Mitglied der höheren Verbände nur insofern, als er einem derartigen „Geschlechte" angehörte. Es ist dies dasselbe Bild, wie es uns die deutsche Verfassung der Urzeit darbietet. Denn auch hier steht über dem Geschlechte die als Besitzerin der Dorfflur und als Bestandteil der Heerschar auftretende Sippschaft, der vicus; eine gewisse Anzahl von diesen hinwiederum bildet die Hundertschaft, den altgermanischen Gau; aus diesen Gauen endlich setzt sich der Volksstamm, die civitas, zusammen[1]. Wir finden bei den Westslaven demnach in der ältesten Zeit ihrer Geschichte dieselbe Gliederung, wie sie der Stammesverfassung nicht nur bei den Ariern, sondern weit darüber hinaus zu eigen ist: gens, Phratrie (Kurie), Stamm[2]; der gens entspricht hier die opole, der Phratrie die župa; als Stämme erscheinen die Völker der Slesaner, Djedoschaner, die Opolaner und die Goleschinzer, sowie die übrigen vom bayrischen Geographen genannten Völkerschaften.

Wie die politische Organisation bei den Slaven in der ältesten Zeit an die Stammesverfassung sich anlehnte, so standen auch mit ihr die ältesten Organe staatlicher Herrschaft in engstem Zusammenhange. Die älteste Quelle, welche in dieser Hinsicht eine Auskunft uns bietet, ist Prokop, welcher über die Slaven und Anten berichtet: „Τὰ γὰρ ἔϑνη ταῦτα, Σκλαβηνοί καὶ Ἄνται, οὐκ ἄρχονται πρὸς ἀνδρὸς ἑνός, ἀλλ' ἐν δημοκρατίᾳ ἐκ παλαιοῦ βιοτεύουσιν"[3]. Man hat diese Stelle oft falsch ausgelegt, indem man aus ihr die Existenz einer Art von demokratischer Verfassung nach dem Vorbilde der antiken Stadtdemokratieen bei den Slaven der Urzeit im Gegensatze zu den Monarchieen späterer Zeit folgerte. Dies ist irrig; offenbar war es der Mangel jedweden umfassenderen Staatsverbandes überhaupt, welcher Prokop bewog, den ältesten politischen Zustand der Slaven eine Demokratie zu nennen. Die Richtigkeit dieser Annahme ergiebt sich aus einer Schilderung des Konstantinus Porphyrogenitus[4], welcher sichtlich die gleichen Verhältnisse im Auge hatte, wenn er von den Kroaten, Serben und anderen Südslaven erzählt: „τὰ ἐκεῖσε ἔϑνη, ... τῆς τῶν Ῥωμαίων βασιλείας ἀφηνιάσαντες γεγόνασιν ἰδιόρρυϑμοι καὶ αὐτοκέφαλοι, τινὶ μὴ ὑποκείμενοι· ἄρχοντας δέ, ὥς φασι, ταῦτα τὰ ἔϑνη μὴ ἔχει πλὴν ζουπάνους γέροντας, καϑὼς καὶ αἱ λοιπαὶ Σκλαβῖναι ἔχουσι

---

[1] Sybel, Entstehung des deutschen Königtums, Aufl. II 55 ff. Frankfurt a. M. 1881.
[2] S. auch Lewis Morgan, Die Urgesellschaft, übersetzt von W. Eichhoff und Karl Kautsky. Stuttgart 1891. S. 74 ff.
[3] Procopius, De bello Gothico III 14.
[4] Const. Porphyrog. Vol. III „de administrando imperio", rec. Imm. Bekker (Corpus SS. hist. Byzant. XI) Bonnae 1840. S. 128.

τόπον." Konstantinus leugnet also keineswegs das Bestehen jeglicher Obrigkeit bei den Slaven; er behauptet vielmehr, dafs für alle Slaven eine Form der Organe staatlicher Herrschaft typisch sei, nämlich das Institut der Zupane; wie er andeutet, standen diese ältesten Obrigkeiten in Zusammenhang mit der alten Geschlechter- und Stammesverfassung[1]. Nun ist die Beziehung zwischen den Worten županu und župa eine so offenbare, dafs sie schwerlich als rein zufällig aufgefafst werden kann[2]; ist doch im Meifsnischen bis in die Neuzeit der Supan der Vorsteher der Supanie geblieben. Wir werden daher unbedenklich die Behauptung aufstellen dürfen, dafs bei sämtlichen Slaven der Urzeit als einzige Obrigkeit der župan auftritt und dafs dieser župan ferner als Vorsteher der župa anzusehen ist. Der Schwerpunkt des inneren staatlichen Lebens lag also in den Zupen; der Volksstamm bildete, wie es scheint, eine politische Einheit vornehmlich nur nach aufsen[3]. Man darf vermuten, dafs der Zupan richterliche, verwaltende und priesterliche Funktionen in seiner Hand vereinigte; zugleich war er der Führer im Kriege. Schon in frühester Zeit besafs wohl jede Zupa einen Mittelpunkt in militärischer, politischer und sakraler Hinsicht; allmählich errichtete man an solchen Stellen eine Burg (hrad, gród), oder, richtiger gesagt, Erdwälle und Schanzen; hier versammelten sich die Ältesten zu gemeinsamen Beratungen, hier war das Heiligtum des Gaues, von hier zog man in den Kampf, sowie man hier in Fällen feindlicher Angriffe für sich und für die wertvollsten Stücke der Habe eine sichere Zuflucht suchte; hier residierte wohl auch der Häuptling[4]. Über das Verhältnis des Zupans zu seinen Untergebenen, ob er nur als ein Organ der Gemeinde galt, sodafs deren Wille in letzter Instanz ent-

---

[1] Nur dieser Sinn kann den Worten „ζουπάνοις γέροντας" zu Grunde liegen; es kann dabei nicht an Greise schlechthin gedacht werden, sondern nur an Geschlechtsvorstände, welche als Obrigkeiten auch noch für einen bestimmten gröfseren Kreis von Geschlechtern oder Urfamilien neben dem eignen Geschlechte fungierten. In der Natur der Umstände lag es, dafs diese Würde zuerst wohl faktisch, dann rechtlich den Charakter der Erblichkeit annahm; auch aus verschiedenen Stellen des Const. Porph. geht hervor, dafs zu seiner Zeit die obrigkeitlichen Würden bei den Slaven erblich waren.
[2] Vgl. Brandl S. 392 ff.
[3] Dafs diese letztere Behauptung richtig ist, ergiebt sich für Schlesien daraus, dafs jeder Volksstamm, resp. der von diesem bewohnte Gau, von den Nachbarstämmen und -Gauen durch dichte Waldverhaue (presecca) getrennt waren. Die Spuren dieser Presecken lassen sich für Schlesien (so z. B. an der Hand des Heinrichauer Gründungsbuches) noch verfolgen; der lokalen Forschung ist hier noch ein ungemein dankbares Feld geöffnet. Auch für andere westslavische Länder lassen sich gleiche Verhältnisse zweifelsohne nachweisen.
[4] Über die Burg als Mittelpunkt der župa bei den Südslaven s. Kraufs a. a. O. 22. Über die Funktionen des župan bei ihnen s. ebd. S. 26.

schied, oder ob er die gesamte politische Gewalt in sich ausschliefslich konzentrierte, wissen wir nichts näheres; vermutlich entlehnte die Machtvollkommenheit, mit welcher er ausgestattet war, ihr Vorbild der Stareissina, d. h. der Gewalt des Familienhauptes über sein Geschlecht. Sehr weitgehende Analogieen also bestehen zwischen der slavischen und der germanischen Urverfassung; denn wie die Zupa dem altdeutschen Gau, so auch entsprach der Zupan, wenn auch vielleicht nicht hinsichtlich des Inhaltes seiner Befugnisse, so doch betreffs des Umfanges seiner Herrschaft, dem altdeutschen princeps, und die Annahme dürfte nicht ungerechtfertigt sein, dafs, wie für die Regierung der civitas, der germanischen Völkerschaft, mindestens für die Zeiten des Friedens keine andere Behörde es gab, als die Gesamtheit der principes, so auch eine einheitliche Leitung des Volksstammes bei den Slaven nur ausging von der Gesamtheit der Gauvorsteher, von der Versammlung der Zupane. So ist auch bei den Slaven zur Zeit ihres Eintrittes in die Geschichte der Volksstamm mehr ein Staatenbund als ein Staat; eine feste politische Organisation findet sich erst bei der Zupa, und selbst die Bedeutung dieser letzteren trat wohl oft sehr in den Hintergrund gegenüber der Selbständigkeit, deren die einzelnen Geschlechter sich erfreuten.

Fortwährende Angriffe von aufsen bezeichnen die Geschichte der slavischen Völker in dem letzten Viertel des ersten Jahrtausends. Während von Osten und Süden die Chasaren und andere nichtarische Horden drängten, kamen von Norden auf ihren schnellsegelnden Schiffen kühne Normannen, russische Waräger, ihren Tribut von den einer festen politischen Gemeinschaft entbehrenden Ostslaven fordernd; während im Süden der Kampf mit dem byzantinischen Reiche fast niemals zum Stillstande gelangte, suchten von Westen die Germanen die ehemals von ihnen bewohnten Sitze wiederzuerobern, von den nordischen Gewässern bis zum adriatischen Meere ein grofsartiges System von Marken anlegend. Nur zweierlei gab es für die von allen Seiten Bedrohten: entweder sie verharrten in ihrem bisherigen atomistischen politischen Zustande und wurden dann, wie die Ostslaven, eine Beute fremder Eindringlinge, oder sie sammelten die Kräfte der Nation, indem sie aus ihrer eigenen Mitte heraus festere und umfassendere Formen staatlicher Organisation schufen. Wir wissen, dafs aus ähnlichen Gründen bei den Germanen in Zeiten des Krieges der Herzog an die Spitze des Stammes trat, dafs weiterhin bei ihnen ein erbliches Volkskönigtum entstand, dafs 'die einzelnen Völkerschaften zu grofsen Völkerbünden sich einigten, und dafs schliefslich die monarchische, mit bisher unbekannter Machtfülle nach dem Vorbilde des römischen Imperiums ausgestattete Gewalt sich bildete, — eine zentralistische Bewegung, die ihren Höhepunkt in dem fränkischen Reiche und dem fast alle germanischen und romanischen Völker umschlingenden Kaisertume Karls des Grofsen erreichte. Eine gleiche Entwicklung nehmen wir wahr bei den Slaven. Eine höhere Gewalt begann sich allmählich über den Zupanen zu erheben; schon finden wir hie und da die dem germanischen Herzogtume entsprechende Würde des wojewoda. Wir sehen aus den Schilderungen des Konstantinus Porphyrogenitus, wie zu seiner Zeit gröfsere politische Einheiten bei den Südslaven teils schon existierten, oder wie doch wenigstens der unwiderstehliche Drang nach Herstellung derselben sich geltend machte. Bei den Westslaven waren es vornehmlich die Angriffe von deutscher Seite, welche zur Kräftigung des staatlichen Lebens zwangen und eine zentralistische Bewegung schufen, welche, immer weiter greifend. immer mehrere der bisher unabhängigen Zweigstämme in ihre Kreise reifsend und einer höheren Gemeinschaft unterordnend. grofse, weit reichende Staatenbildungen in das Leben rief. Die erste derartige einheitliche Organisation von freilich nur vorübergehender Dauer zum Zwecke der Befreiung von der Avarenherrschaft schuf in der ersten Hälfte des 7. Jahrhunderts Samo, von Herkunft ein fränkischer Kaufmann, dessen Reich, in Böhmen seinen Mittelpunkt findend. nach Norden bis zur Havel, nach Westen bis Main und Rednitz, nach Süden bis zu den steirischen Alpen, nach Osten bis zu den Karpaten sich erstreckte; noch schneller aber, als es entstanden war, fiel dieses ungeheure Staatengebilde auseinander; es überlebte nicht den Tod seines Gründers. Im 9. Jahrhundert entstand das grofsmährische Reich des Swatopluk, zu dem auch Schlesien gehörte, im folgenden Säkulum das polnische Reich, dessen Herrscher Boleslaus I Chrobri um die Wende des ersten Jahrtausends Schlesien seiner Gewalt unterwarf. Wie vielfach in politischen Gebilden primitiver Art, so konzentrierte sich auch im altpolnischen Reiche das Staatsleben in der Person des Herrschers, des Knäs; seine Gewalt gestaltete sich nach dem Vorbilde der Stareissina, der Macht des Geschlechtshauptes innerhalb der patriarchalischen Urfamilie, einer Institution. die bekanntlich nirgendswo so konsequent ausgebildet und mit so grofser Härte und Schroffheit durchgeführt worden ist wie bei den Slaven [1]. Wie es bei diesen im Bereiche der Familiengenossenschaft Rechte des einzelnen gegenüber dem

---

[1] Knäs bedeutete ursprünglich dasselbe wie Chosjain, starost, hospodář oder kmet, nämlich den patriarchalisch-omnipotenten Herrn und Vorstand der Grofsfamilie; in der Lausitz hat sich das Femininum zu Knäs „Knein" bis in das 18. Jahrh. in dem Sinne von „Hausmutter" erhalten; s. Nestors russ. Annalen II 174, hrsg. von A. L. Schlözer. Göttingen 1802. Schon durch diesen Titel des Staatsoberhauptes wird der gesamte Charakter des altslavischen Staatswesens zur Genüge gekennzeichnet.

Starosten nicht gab, wie diesem letzteren ein unbedingtes Verfügungsrecht über Kräfte, Leib und Leben seiner Untergebenen zustand, wie er die Verteilung des aus der gemeinsamen Arbeit stammenden Ertrages und somit die Disposition über das Gesamtvermögen der Familie besafs, so gab es subjektive Rechte des Unterthanen, unbedingt persönliche Freiheit, vielleicht sogar wenigstens für gewisse Stände freies liegendes Eigen der Person oder des Geschlechtes gegenüber der fürstlichen Gewalt keineswegs. In alle Verhältnisse des Lebens der Gemeinschaft, sowohl in die öffentlichen wie in die privaten, drang diese Macht des Knäs ein, welche eine Grenze zunächst nur da fand, wo faktische Gewalt ihr Halt zu machen gebot, oder wo sie selbst gewisser Attribute ihrer ursprünglichen Omnipotenz sich beraubt hatte; sie galt als die Quelle alles Rechtes und wurde von ihrem Inhaber ausgeübt als von ihm durch Usurpation erlangt, auf Grund eines privaten Rechtstitels, sodafs es in seinem Belieben stand, über sie durch Schenkung und Verkauf zu verfügen, sodafs seine Erben, wenn er so wollte, in sie sich teilen durften wie in seine anderen Güter. Zeitlich fällt das Entstehen dieser Reiche zusammen mit der Annahme des Christentums; dadurch in nähere, direkte Beziehungen mit dem Abendlande gebracht, nahmen sie und im besonderen auch Polen einen Entwicklungsgang, dessen Wurzeln allerdings zu suchen sind in den einheimischen, altslavischen Zuständen, welcher aber modifiziert, bestimmt und beschleunigt wurde durch den Einflufs vom Westen, und der für das staatliche Leben der Nation schliefslich in der zweiten Hälfte des Mittelalters zu ähnlichen Ergebnissen führte, wie dies bei den Kulturvölkern des Abendlandes der Fall war, nämlich zu einer völligen Auflösung dieser grofsen Monarchie, zu einem gänzlichen Niedergange dieser ursprünglich zentralistisch-omnipotenten Staatsgewalt.

Bestand die slavische Urbevölkerung im wesentlichen aus einer homogenen Masse, über welche nur die ältesten Obrigkeiten, die Zupane, hervorragten, von denen wir jedoch keineswegs wissen, welcher Art die rechtlichen Formen ihres Verhältnisses zu ihren Untergebenen waren, so wurde die Gliederung der gesellschaftlichen Zustände durch die Entstehung der fürstlichen Gewalt und die damit in Zusammenhang stehenden kriegerischen Bewegungen jener Epoche eine bedeutend mannigfaltigere. Die verschiedenartigsten socialen Unterschiede machen sich bemerkbar, welche freilich immer erst daraufhin untersucht werden müssen, ob sie auch staatsrechtliche Gültigkeit besitzen, da erst dann aus ihnen die Existenz besonderer, rechtlich von einander getrennter Klassen oder Stände gefolgert werden darf. Hauptsächlich nun sind es folgende, sichtlich in den Quellen voneinander unterschiedene Klassen, in welche die Unterthanen des altpolnischen Reiches zerfallen [1]:

---

[1] Hauptquelle für das Folgende ist neben den Urkunden die

1. Die milites nobiles (Szlachta). Mit Bestimmtheit werden sowohl in der Chronik des Gallus wie in den Urkunden zwei über der niederen ländlichen Bevölkerung stehende Klassen der altpolnischen Gesellschaft unterschieden, die nobiles (oder magnates) und die milites gregarii (auch milites medii oder mediocres genannt)[1]. Dafs diese Unterscheidung sich auch auf Schlesien erstreckte, ergiebt sich aus einer Menge von Quellenzeugnissen[2], welche zugleich unwiderleglich beweisen, dafs wir es bei den ersteren von beiden, bei den nobiles, mit einem Geburtsstande zu thun haben. Es ist nun die Frage, welches der Ursprung dieses ältesten polnischen Adels gewesen sein mag. Piekosinski[3] glaubt, derselbe stamme teils von den mit Popiel eingedrungenen elbslavischen, teils von den alten autochthonischen Dynasten ab; nun steht aber einerseits seine ganze Überschüttungstheorie auf sehr schwachen Füfsen, während er andererseits auf eine Untersuchung über den Charakter und den Umfang der Herrschaft der ältesten einheimischen Fürsten sich nicht einläfst. Wir haben oben nachgewiesen, dafs die Zupanen als die ältesten Obrigkeiten bei den Slaven anzusehen sind; in ihnen müssen wir auch die Ahnherren des altpolnischen Adels erblicken. Mochte auch in den stürmischen Zeiten des Ursprungs und der Ausbreitung der Herrschaft des Knäs, in den fortwährenden Kriegen, in welchen Schlesien speciell das Kampfesobjekt

---

Chronik des sog. Martinus Gallus bei Bielowski, Monum. Pol. hist. I 379—484 und MG. SS. IX 418—478. Über die bisherigen Ansichten von der Entstehung der altpolnischen Gesellschaft s. Exkurs I.

[1] Gallus S. 418: „sed quidam, non de nobilium genere, sed de gregariis militibus," S. 405: „multis cuneis et magnatum et militum constipatus," Für die Existenz eines besonderen Standes von nobiles zeugt auch die Stelle S. 407: „non solum comites, sed etiam quique nobilis."

[2] Gallus S. 431: „Wratislaviensis magnatibus regionis." Eine Urkunde Heinrichs I. vom Jahre 1202 (Büsching, Urkunden des Klosters Leubus I 29 Breslau 1821) enthält die Worte: „sub patris mei et multorum nobilium testimonio," während andrerseits häufig nur das Prädikat miles sich findet. Heinrichauer Gründungsbuch (ed. G. A. H. Stenzel, Breslau 1854) S. 15: „in loco . . antiquitus sedebant duo militelli." S. 157: „Hic Heinricus habebat se pro milite et habuit terminos usque" . . „sors huius militis." S. 19: „erat quidem miles satis potens." S. 36 ist die Rede erst von einem miles, sodann von nobiles. Als anwesend bei der Abfassung einer Urkunde (d. a. 1228, ebd. S. 149) werden genannt multi barones, nobiles et mediocres (davon, dafs baro keine Standes-, sondern eine Amtsbezeichnung ist, wird später die Rede sein). Von Boleslaus I. von Schlesien wird erzählt (ebd. S. 60), dafs er den nobilibus et mediocribus (sc. militibus) haereditates et praedia verteilte. Vgl. auch die charakteristische Stelle über die Herkunft des summus notarius Nicolaus (ebd. S. 2): „Fuit olim quidam clericus nomine Nycolaus parentibus non valde nobilibus nec etiam omnino infimis, sed mediocribus militibus ex provincia Cracoviensi oriundus."

[3] In den Abh. der Krak. Ak. 1881. Vgl. den ersten Exkurs.

zwischen Polen und Böhmen bildete, manches der alten Zupanengeschlechter seinen Untergang gefunden haben; eine Anzahl von ihnen erhielten sich sicherlich, indem sie sich freiwillig den piastischen Eroberern unterwarfen und so, wenn sie auch ihrer früheren, nach oben hin unbeschränkten Autorität entkleidet wurden, dennoch eine in bestimmten Beziehungen bevorrechtigte Sonderstellung vor der grofsen Menge der einst von ihnen regierten Volksgenossen bewahrten. Für Böhmen und Mähren läfst es sich nachweisen, dafs die Zupane und ihre Familien den ersten Stand der Bevölkerung bildeten; sie führten den Titel páni (Herren) oder nobiles, besafsen freies Eigen und bildeten der übrigen Bevölkerung gegenüber eine durch das Geburtsprincip abgeschlossene Kaste[1]. Auch in einem anderen westslavischen Lande erscheinen uns die Zupane als die höchste Klasse der autochthonischen slavischen Bevölkerung, nämlich in den wettinischen Gebieten; als diese im 11. Jahrhundert von den eindringenden Deutschen unterjocht wurden, wurden sämtliche hier ansässigen Ureinwohner in den Zustand der Hörigkeit versetzt, indem dabei die sociale Gliederung, wie sie damals existierte, rechtlich fixiert wurde, sodafs eine selbständige Weiterentwicklung, wie in Polen, nicht erfolgen konnte; die bei ihnen sich zeigende Schichtung der Gesellschaft bietet uns also gleichsam ein Querprofil der slavischen Gesellschaftsordnung überhaupt. Als höchste Klasse erscheinen uns aber auch hier wieder die Zupanen; sie besitzen erblich ihre Güter, indem sie davon nur zu der einen Leistung des Rofsdienstes verpflichtet sind; sie sind die zuständige Gerichts- und Verwaltungsbehörde ihres Bezirkes, der Zupanei[2]. Innerhalb der slavischen Bevölkerung war

---

[1] Dudik, Mährens Allgemeine Geschichte IV 304, Brünn 1865. Dudik hält hier und S. 287 ganz richtig páni (nobiles) und vládykové (milites) auseinander, was ihn freilich nicht hindert, S. 277 die Ausdrücke miles und nobilis für identisch zu erklären. Vgl. auch Christian Ritter d'Elvert, Zur österreichischen Verwaltungsgeschichte. Brünn 1880. S. 18 und S. 21 ff. Die Identität von Zupan und Kastellan ist allerdings unhaltbar, wie ganz neuerdings J. Lippert (Mitteilungen des Vereins für Gesch. der Deutschen in Böhmen XXXI 223 ff.) gezeigt hat, der auch die Herkunft des böhmischen Herrenstandes aus den Zupanengeschlechtern nachgewiesen hat. (Ebd. XXIX, 150 ff.). Noch in der Reimchronik des Ottokar (von Horneck) wird der Ausdruck „ein pehaimischer Suppan" für Angehörige des Herrenstandes, der ersten Adelsklasse, angewandt.

[2] S. Knothe a. a. O. S. 3 ff. Die einzelnen Supaneien des Amtes Meifsen sind aufgezählt bei Schöttgen-Kreyfsig, Diplomatische Nachlese II 222—226. Die Zahl der im 16. Jahrh. zu je einer Supanei gehörigen Dörfer war sehr verschieden; sie variierte zwischen 3 (in der Supanei Seufslitz) und 37 (in der Supanei Weythesen). Der Grund für diese Verschiedenheit liegt auf der Hand: Der ursprüngliche Umfang der Supaneien wurde durch Exemptionen zahlreicher Dörfer sehr gemindert, während andrerseits (vgl. Knothe S. 9) das Bestreben bestand, die Supane zu erhalten, da sonst dem Landesherrn Schöppen für

demnach ihre Stellung eine ähnliche wie die der böhmisch-
mährischen Zupane, von denen sie sich nur dadurch unterschieden, dafs auch sie von den deutschen Eroberern in den
Stand der Hörigkeit ebenso wie die unter ihnen stehenden
Klassen hinabgedrückt worden waren. Diese Analogieen legen
uns den Schlufs nahe, dafs auch die höchste Schicht der altpolnischen Gesellschaft aus den Zupanengeschlechtern der
Urzeit hervorgegangen sei. Noch verschiedene andere Spuren
weisen darauf hin. In Kleinpolen allerdings findet sich der
Ausdruck župan oder zupparius in dem von uns entwickelten
Sinne gar nicht mehr[1]; man mufs eben bedenken, dafs zwischen der Entstehung des piastischen Herrschertums und den
ältesten, dürftigsten urkundlichen Aufzeichnungen jener Gegend
eine Frist von zwei Jahrhunderten liegt. In Polen, Schlesien
und Pomerellen dagegen hat sich das genannte Wort erhalten
und bezeichnet hier einen herzoglichen, besonders mit richterlichen Befugnissen ausgestatteten Beamten von hohem Range[2].
Wir wollen hier auf die Stellung der Zupanen als Beamteter
nicht näher eingehen, sondern auf eine Stelle aufmerksam
machen, welche uns über ihre sociale Lage unterrichtet; es
ist dies ein Passus in dem Vertrage zwischen Herzog Boleslaus von Schlesien und dem Erzbischof Wilbrand von Magdeburg über die Teilung des Landes Lebus[3]: „supani et omnes

---

das Ding abgingen, indem die Supane hier auch mit einer derartigen
Funktion betraut waren; so erhielten sich zwar die Supane, während
hingegen ihr Amtsbezirk immer kleiner wurde. Wir wollen hier auch
an die südslavischen Verhältnisse erinnern. Bei den Südslaven bildeten
die engeren Geschlechter der župani, bani und vojvodi den ältesten
Adel. Die Kroaten bestanden bei ihrer Einwanderung aus zwölf
plemena; in jedem pleme war eine Familie, aus deren Mitte nach
Volksbrauch und Gewohnheitsrecht die župani und bani gewählt
wurden. Diese zwölf bevorzugten Familien bildeten den ältesten
kroatischen Adelstand, und noch im 14. Jahrh. wurde als Adliger nur
derjenige anerkannt, der seinen Stammbaum von einer dieser Familie
ableiten konnte. Kraufs a. a. O. S. 30.
[1] Hier bedeutet zupparius immer nur einen Salzbeamten, ebenso
wie župa das Salzbergwerk, s. o. S. 5 Anm. 4.
[2] Cod. Maj. Pol. Dipl. I 26 Nr. 21 d. d. Grodez. 1. Mai 1175:
„sive principi sive castellanis vel supariis aliis." Ebd. S. 196 f. Nr. 234
d. d. 16. Juni 1242: „non citabuntur per camerarium, sed eorum suppa-
num." Tzschoppe-Stenzel, Urk.-Sammlung S. 347 ff. Nr. 54 d. d.
25. Mai 1261: „suppani, castellani et alii omnes benefici." Regesten
zur schlesischen Geschichte, ed. C. Grünhagen II 155 Nr. 1261,
Breslau 1875. d. d. 8. Juni 1267 werden als herzogliche Beamte „Sup-
parii et Wlodarii" genannt, M. Perlbach, Pomerellisches Urkundenbuch S. 330 Nr. 363, Danzig 1882. d. d. 26. Juli 1283: „nobis, palatinis,
castellanis seu quibuslibet supariis nostris." Ebd. S. 445 Nr. 496, d. d.
Danzig 12. Juli 1293: „judicibus seu supariis nostri dominii" etc.
[3] Gedruckt bei Riedel, codex novus dipl. Brandenburgensis A. 24
S. 336. Cod. Maj. Pol. Dipl. IV 5 ff. Grünhagen und Markgraf,
Schlesische Lehns- und Besitzurkk. I 116 ff. (Band VII der Publik.
aus den k. preufs. Staatsarchiven). Leipzig 1881. d. d. Liegnitz
20. April 1249.

proprietatem in terra Lebus habentes." Wir finden es also
hier als ein besonderes Kennzeichen der Zupane angegeben,
dafs sie an ihrem Grundbesitz Eigentum hatten — ein Vorzug, der, wie wir noch sehen werden, allen anderen polnischen
Gesellschaftsklassen von vornherein mangelte. Erinnern wir
uns nun daran, dafs auch in Böhmen und Mähren die den
höchsten Adel bildenden Zupanengeschlechter über freies Eigen
verfügten, dafs die wettinischen Zupane, zwar an die Scholle
gebunden, bevorzugter Besitzverhältnisse sich doch insofern
erfreuten, als sie ihre Ländereien frei von Abgaben, nur unter
der Verpflichtung zum Rofsdienste und zur Besorgung der
laufenden Verwaltungsgeschäfte erblich besafsen, dafs ferner
in Polen selbst von Anfang an freies Eigentum nur bei den
nobiles nachweisbar ist[1], so wird der Schlufs als berechtigt
erscheinen, dafs diese Zupane für das Land Lebus dasselbe
bedeuten wie die nobiles für die übrigen Gebiete Polens, dafs
die Zupanengeschlechter identisch sind mit den Geschlechtern
der nobiles überhaupt, mit anderen Worten, dafs der Ursprung
der höchsten Gesellschaftsschicht des altpolnischen Reiches,
der nobiles, zu suchen ist in den Geschlechtern der Zupanen,
der ältesten westslavischen Obrigkeiten. So nur ist es erklär-
lich, dafs der Stand der nobiles bis in die späteste Zeit streng
geschlossen blieb; es gehörten zu ihm eben nur jene Geschlechter, deren Ahnen dereinst die Herrschaft innerhalb
jener Zupen ausgeübt hatten, aus welchen späterhin das west-
polnische Reich sich zusammensetzte; ihrer dynastischen Prärogative jetzt beraubt, existierten sie doch noch weiter als die
höchste Klasse nächst dem Knäs[2].

---
[1] Vgl. Exkurs II 2.
[2] Unrichtig ist es, wenn Piekosinski wieder innerhalb der
nobiles getrennte Klassen unterscheidet, indem er den duces und den
comites eine höhere Sonderstellung (S. 130 f.) zuschreibt und die duces
speciell als Mitglieder des Herrscherhauses (S. 132) bezeichnet. Von
den comites hat bereits Bandtke („Über die gräfliche Würde in
Schlesien." Breslau 1810) nachgewiesen, dafs sie nur Beamte waren
und als eine besondere Adelsklasse nicht gelten können. Nicht anders
verhält es sich mit den duces; die Stelle des Gallus (S. 408): „duces
vero suosque comites ac principes acsi fratres vel filios diligebat"
kann doch als ein Beweis dafür, dafs sie Angehörige des Herrscherhauses waren, nicht aufgefafst werden. Dafs die duces vielmehr Beamte
waren, ganz ebenso wie die comites, erhellt aus der Nachricht bei
Gallus S. 405, dafs jeder Bauer das Recht gehabt habe, „de quovis
duce videlicet vel comite" Beschwerde zu führen. Dem ganzen Zusammenhange nach, sowie deshalb, weil es ursprünglich nur herzogliche Bauern gab, kann es sich hier nur um ein Beschwerderecht des
gemeinen Unterthanen gegenüber den fürstlichen Beamten handeln.
Der dux ist offenbar identisch mit dem wojewoda oder palatinus; er ist
der Statthalter des Knäs für eine ganze Provinz, d. h. in der Regel für
den Bereich eines oder mehrerer alter Volksstämme. Auch bei anderen
slavischen Völkerschaften kommt der Ausdruck dux in diesem Sinne
vor; so erzählt ein unbekannter dalmatischer Geschichtsschreiber von
Svetopelek, dem ersten christlichen Könige Dalmatiens, dafs er sein

Der vornehmste Stand nächst dem Könige im alten polnischen Reiche war demnach die Nobilität oder, wie sie in der Folgezeit genannt wurde, die Szlachta; sie setzte sich aus den Abkömmlingen und Mitgliedern der alten Zupanengeschlechter zusammen. Nur so können wir es uns erklären, dafs sie, durch das Geburtsprincip abgeschlossen, keiner Vermehrung aus den niederen Ständen fähig war aufser durch Standeserhöhung seitens des Knäs[1]. Ihr vornehmstes Kriterium war der Besitz von erblichem Grundeigentum[2], welches bei den anderen Bevölkerungsklassen erst später nach dem Beispiele der ursprünglich nur bei den nobiles vorkommenden Besitzverhältnisse entstand. Freilich dürfen wir aber dabei noch nicht an Privateigentum im modernen Sinne denken; die älteste Form des Besitzrechtes der Szlachta an ihren Gütern war das Gesamteigentum der Familiengenossenschaft; wiewohl dasselbe im Laufe der Zeit mit dem Aufhören der alten patriarchalischen Verhältnisse verschwand, so erhielten sich doch gewisse Bestimmungen auf dem Gebiete des Immobiliarrechts, welche als Reste dieses alten Gesamteigentums sich darstellen, sowohl hinsichtlich des Erbrechtes[3], wie auch jenes Retraktrechtes, demzufolge der Besitzer eines Grundstückes dieses nur mit Zustimmung aller Mitglieder seines Geschlechtsverbandes veräufsern durfte, weil sonst ein jeder derselben

---

Reich in Provinzen geteilt habe: „in einseuna di queste provincie institui li Bani, overő Duchi, fece etiandio Giupani, cioè Conti." (Augeführt in den notae Caroli Ducangii ad Annae Comnenae Alexiadem, Ausgabe im Corpus SS. Hist. Byzant. 38. Vol. II rec. Aug. Reifferscheid S. 591. Bonnae 1878).
[1] Vgl. die Erzählung des Gallus (S. 418) über die Gefahr, in welche Herzog Kasimir (erste Hälfte saec. XI) in einer Schlacht geriet: „Sed quidam non de nobilium genere, sed de gregariis militibus nobiliter opem tulit morituro, quod bene Kazimirus sibi restituit in futuro; nam et civitatem ei contulit et cum dignitate inter nobiliores extulit." Aus dieser zweifachen Belohnung, welche Kasimir seinem Lebensretter erteilte, scheint doch hervorzugehen, dafs die Nobilität gebunden war an den Eigentumsbesitz von Grund und Boden. Die Interpretation dieser Stelle durch Schiemann (Rufsland, Polen und Livland bis ins 17. Jahrh. I 427. Berlin 1886), der darin die Erhebung eines Bauern in den Adelsstand nach vorausgegangener Verleihung des Bürgerrechts sieht, ist unrichtig und keineswegs ein Beweis für die Behauptung Sch.'s von der Existenz dreier Stände, eines Adels-, Bürger- und Bauernstandes in der altpolnischen Zeit.
[2] Über die rechtlichen Verhältnisse desselben giebt eine, wenn auch aus späterer Zeit stammende Urkunde (Cod. Maj. Pol. Dipl. I 516 Nr. 553 d. d. Posen 2. Febr 1285) Auskunft: „adiudicavimus . . . . . prefatam hereditatem . . . more aliorum nobilium militum nostrorum tenendam, vendendam, possidendam, commutandam, alienandam aut pro usu, quo valuerit, convertendam." Über die Behauptung Piekosinski's, dafs das Eigentum des Adels erst im 12. Jahrh. entstanden sei, vgl. Exkurs II.
[3] Vgl. darüber Karl Freiherr von Richthofen, „Über die singulären Erbrechte an schlesischen Rittergütern" besonders S. 7 ff. Breslau 1844.

befugt war, das Gut gegen Erlegung der gezahlten Kaufsumme an sich zu ziehen[1]. Eine besondere Auszeichnung der Mitglieder der Szlachta bestand darin, dafs sie allein zur Führung von Wappen und zum Gebrauche eines bestimmten, dem einzelnen Geschlechte eigentümlichen Schlachtrufes berechtigt waren; in dem eigentlichen Polen wenigstens erhielt sich dieser Vorzug bis zum Anfange der Neuzeit. Wie grofs die Zahl der zur Szlachta gehörigen Geschlechter gewesen sein kann, ist uns nicht bekannt; alle in dieser Hinsicht gemachten Versuche, die Menge derselben zu berechnen, sind willkürlich und entbehren jeder realen Grundlage[2]. Man wird stets bedenken müssen, dafs in den Kämpfen um die Entstehung der fürstlichen Macht, sowie in den unablässigen Kriegen, welche speciell in und um Schlesien zwischen Polen, Böhmen und Deutschen geführt wurden, ein grofser Teil der alten Zupanengeschlechter seinen Untergang gefunden haben mag. Die Güter der Szlachta waren, wie es scheint, frei von den Abgaben und Diensten, welchen die bäuerliche Bevölkerung unterworfen war; die vornehmste Leistung, zu welcher der Adel verbunden war, bestand in der Pflicht, im Heere des Herzogs zu Rosse zu dienen[3]. Ob die Mitglieder der Nobilität

[1] Heinrich. Gründgsb., ed. Stenzel S. 43. A. Meitzen, „Über die Kulturzustände der Slaven in Schlesien vor der deutschen Kolonisation." Abhandlungen der Schles. Gesellschaft für vaterländische Kultur. Phil.-Hist. Abteilung S. 85. 1864.

[2] Schon Bobrzyński meinte, dafs die Mitgliederzahl des polnischen Hochadels in der Urzeit eine sehr beschränkte gewesen wäre; Piekosinski führte diesen Gedanken noch weiter aus. Im Jahre 1107 fiel Boleslaus III., umgeben von nur 80 edelen Jünglingen, in einen von den Pommern gelegten Hinterhalt; Piekosinski glaubt nun, ohne für seine Annahme den geringsten Beweis beibringen zu können, dafs diese 80 nobiles den gesamten kriegsfähigen polnischen Hochadel bildeten; er folgert daraus ferner, dafs 100 Jahre zuvor, zur Zeit des Boleslaus Chrobri, nur 20 bis 30 Geschlechter vorhanden gewesen seien. Zu demselben Resultate kommt Piekosinski noch auf einem zweiten Wege, nämlich auf Grund der Heraldik: Zur Zeit des Dlugofs betrug nach ihm die Anzahl der polnischen Wappen c. 200; er meint nun, diese 200 Wappen seien wieder entstanden durch Teilung einer sehr geringen Menge von Urwappen, und findet, dafs es der letzteren eben nur höchstens 20 bis 30 gegeben habe. Ein derartiges Verfahren bedeutet doch den Gipfel aller Willkür! Nun betrug aber nach des Dlugofs liber beneficiorum zum Ende des 15. Jahrhunderts die Zahl der zur Szlachta gehörigen Familien c. 14000; dem würde in Rücksicht darauf, dafs c. 1000 nur 20 bis 30 derartige Geschlechter existiert haben sollen, eine Zunahme entsprechen in der Frist eines Menschenalters von je vier Geschlechtern um je drei männliche Mitglieder, während auf das fünfte Geschlecht immer ein Zuwachs von vier Knaben kommen müfste. Dafs eine so starke Vermehrung (von fast 1,3% jährlich) bei einem Stande der Fall gewesen sein soll, dessen Mitglieder in erster Reihe den kriegerischen Teil der Nation bildeten, — man wird sich erinnern, dafs die Kriege im Mittelalter viel blutiger waren als jetzt, und dafs sie eigentlich niemals ruhten, — ist ein Unding.

[3] So ist es zu erklären, wenn ein nobilis zugleich miles genannt

aufser ihrem höheren Geburtsrange irgendwelche staatsrechtlichen Privilegien genossen, ist nicht bekannt, und es ist dies auch nicht wahrscheinlich; es war wohl Herkommen, dafs die höchsten Hof- und Landesämter aus ihrer Mitte besetzt wurden, ohne dafs jedoch für den Herzog in dieser Hinsicht zwingende rechtliche Bestimmungen in Kraft waren [1]. Ja, es ist sogar fraglich, ob der Begriff der persönlichen Freiheit gegenüber der Gewalt des Herzogs auf die polnische Szlachta wenigstens in ältester Zeit in Anwendung gebracht werden darf [2]; selbst jenes strenge Retraktrecht, welches den Geschlechtsgenossen und Erben gegenüber verkauften oder sonst irgendwie veräufserten adligen Stammesgütern zustand, konnte durch Willenserklärung seitens des Herzogs aufgehoben werden [3]; man sieht, dafs selbst für die Szlachta ursprünglich dem Knäs gegenüber die Rechte von Freiheit und Eigentum nur in beschränktem Mafse in Kraft waren.

2. Die milites medii oder mediocres. Unablässig mufsten die Piasten um die Begründung und Ausbreitung ihrer Herrschaft, zur Verteidigung ihrer bereits gemachten Eroberungen und für ihre Unabhängigkeit gegen die benachbarten Völker kämpfen. Diese Kriege konnten keineswegs mit Hülfe des schwerfälligen Volksheeres geführt werden,

---

wird, indem eben dadurch seine Pflicht zum Kriegsdienste, neben seinem Geburtsstande also auch sein Berufsstand bezeichnet werden soll; vgl. z. B. Regg. z. Schles. Gesch. I 229 Nr. 591b: miles . . Siboto de nobili familia Ovium (Schaffgotsch), ohne dafs daraus etwa die vollständige Identität der Begriffe nobilis und miles hervorginge, wie Dudik vorschnell aus einem ähnlichen Falle ("vir nobilis et miles dilectus Znata"; Dudik, Allgem. Gesch. Mährens IV 277) für die Verhältnisse des mährischen Adels geschlossen hat.

[1] Gallus 431, 22: ignobiles vero nobilibus praeponebat. Cod. dipl. Maj. Pol. I 500 Nr. 589, Urk. des Herz. Premisl II. d. d. 12. Juni 1284: „honorabilis kmeto noster et miles strenuus comes Berwoldus venator Kalisiensis et pincerna Lendensis."

[2] So erzählt Gallus (S. 409) von der Art und Weise, wie Boleslaus I. Adlige, sogar comites und principes, für etwaige Fehltritte zu bestrafen pflegte, dafs derselbe bejahrte Personen nur mit Worten, jüngere Leute dagegen auch mit Schlägen gezüchtigt habe. Wenn der Chronist hinzufügt: „quos rex Bolezlavus sicut pater filios corrigebat," oder wenn er an einer anderen Stelle von eben demselben Fürsten erzählt: „duces [im Sinne von Wojewoden], comites ac principes nesi fratres vel filios diligebat," so wird die Eigentümlichkeit des Verhältnisses von Knäs und Szlachta hierdurch zur Genüge gekennzeichnet; es war das Verhältnis des Familienhauptes zu den Familiengliedern nach dem Muster der patriarchalischen Urfamilie, in welcher die letzteren dem ersteren gegenüber einen Anspruch auf individuelle Freiheit und Rechte nicht besafsen. Je mehr aber die Fürstengewalt im Laufe der Zeit ihrem ursprünglichen Vorbilde, der Stareissina, sich entfremdete, umsomehr verlor auch das Verhältnis zwischen Knäs und Szlachta jenen oben geschilderten Charakter, und es beschränkte sich die Abhängigkeit des Adels dem Fürsten gegenüber immermehr nur auf das Gebiet des rein öffentlichen Rechts.

[3] Vgl. Heinrichauer Gründungsbuch S. 63 ff.

zumal da die grofse Masse der Bevölkerung sich mehr als unterworfen, nicht aber als einem in ihrem Interesse bestehenden Gemeinwesen angehörig betrachten mufste; wie für alle Nationen, so begann auch für die polnische mit der Zeit ihrer Sefshaftwerdung jene Epoche, in welcher eine sociale Differenzierung insofern eintrat, als ein gesonderter Berufskriegerstand neben und über den weitaus gröfsten, dem Landbau sich widmenden Teil des Volkes sich stellte. In ähnlicher Weise wie bei den germanischen Völkerschaften dürfte auch bei den Westslaven die Entstehung gröfserer Staatsverbände sich vollzogen haben: unternehmende Gaufürsten, gestützt auf ihre Gefolgschaft, die Drushina, unterwarfen sich die benachbarten Zupen und dehnten immer weiter den Bereich ihrer Macht aus, bis sie auf das Gebiet eines Rivalen stiefsen, der ihrem Vordringen endlich Halt gebot; so Eroberer innerhalb ihres eigenen Volkes und Reiches, bedurften sie einer festen militärischen Organisation nicht nur zur Abwehr der Angriffe von aufsen, sondern auch zur Sicherung der Herrschaft im Innern. Je gröfser der Umfang ihres Reiches wurde, ganz ebenso vermehrte sich auch ihre Drushina; so entstand eine Kriegerklasse, nur dafs deren Mitglieder sich jetzt nicht mehr ausschliefslich in der Umgebung des Herzogs befanden, sondern in den verschiedensten Teilen des Landes garnisoniert wurden, indem sie der Knäs in die von ihm erbauten Landesburgen als Besatzung sowohl zum Schutze gegen feindliche Einfälle als auch zur Unterdrückung etwaiger Aufstandsversuche der Eingeborenen legte. Der Dienst in der fürstlichen Drushina galt jetzt als ein besonders ehrenvoller; in ihr dienten, mindestens seit die Zustände sich befestigt hatten, die Spröfslinge der Szlachta[1], während die Truppen in den Provinzen aus gewöhnlichen Berufssoldaten bestanden[2], deren Kommando wohl in den weitaus meisten Fällen in den Händen der Mitglieder des Hochadels lag[3].

[1] Dies geht daraus hervor, dafs, als von den 80 Gefolgsleuten des Boleslaus III. — offenbar stellten diese 80 Jünglinge seine Drushina oder einen Teil derselben dar — 1107 im Kampfe mit den Pommern 50 fielen, eine grofse Klage entstand: „de damno tantae nobilitatis." Über den Unterschied zwischen nobiles und milites schlechthin vgl. o. S. 14 A. 2.
[2] Gallus S. 476 (c. a. 1110): „Tum quaeque provincia quam cohors armata ... in sua statione perstitit, suum locum defensura; acies vero curialis curialiter armata circa Bolezlavum astitit, ibidem victura vel ibidem moritura."
[3] Der ursprüngliche einheimische Name für die milites lautete wohl vićaz (altslav. — Krieger); er findet sich allerdings nur noch in den alten Legenden zur Bezeichnung heldenhafter Krieger. Genau in derselben rechtlichen und socialen Lage findet sich der Stand der milites in Böhmen und Mähren wieder, wo sie ebenfalls milites oder auch Vladiken (vládsti, goth. valdan, herrschen) hiefsen: in Polen findet sich der Name włodyka erst seit dem Ende des 14. Jahrhunderts. Wie wir bei den Slaven der wettinischen Lande als ersten

altpolnischen Reiches die Ritterschaft neben die Szlachta als ein niederer Adel, sodafs man zwar aus jener nicht in diese, aber auch niemand aus den bäuerlichen Stäuden in sie eindringen konnte, in ihren Besitzes- und Berufsverhältnissen von dem Hochadel — in Schlesien wenigstens — nicht so sehr unterschieden[1], nur — freilich auch dies blofs im eigentlichen Polen — gewisser Ehrenvorrechte wie der Wappenführung und eines besonderen Geschlechtskriegsrufes entbehrend.

3. Die niedere Bevölkerung. Schon Gallus stellt den milites oder bellicosi, zu denen Szlachta und Ritter gehören würden, als andern Teil der polnischen Nation die rustici oder laboriosi gegenüber[2]; in den Urkunden aber erscheinen uns diese rustici oder laboriosi keineswegs als eine völlig homogene Masse, sondern unter den verschiedensten Bezeichnungen, sodafs immer untersucht werden mufs, ob dem Unterschiede der Namen auch immer ein Unterschied der socialen oder gar der rechtlichen Stellung entspricht. Nach den neuesten Forschungen von Wojciechowski[3] und Piekosinski[4] darf es als gesichert gelten, dafs von Freiheit und Eigentum der bäuerlichen Klassen unter der piastischen Herrschaft keineswegs in der älteren Zeit die Rede sein kann; freilich ist dadurch die Existenz von Ungleichheiten in den Besitzesverhältnissen und von verschiedenen Graden der Unfreiheit nicht in Abrede gestellt. Die Bestimmung der niederen Klassen war es, durch ihrer Hände Arbeit für den Unterhalt des

---

alter hominum respectum habuit preter ipsum, archiepiscopatui Gneznensis ecclesie donavit . . ."

[1] Nicht in ganz Polen war die Lage der Ritter eine so günstige wie in Schlesien. So wurden in Masovien zahlreiche milites medii dorfweise (wie Piekosinski meint, erhielt jedes Geschlecht anfänglich ein besonderes Dorf) zum Kampfe gegen die Litthauer und Jadwigen angesiedelt; ihre sociale Lage gestaltete sich hier, da der Grundbesitz, den sie erhielten, nur sehr klein war, da sie sich ferner, wie es scheint, sehr stark vermehrten, sehr ungünstig, sodafs sie sich in ihrer äufseren Lebenshaltung von der bäuerlichen Bevölkerung kaum unterschieden: es sind dies die sogenannten „barfüfsigen" Adligen.

[2] Gallus S. 395. Ähnlich werden im Totenliede auf Boleslaus Chorbri als Hauptklassen der Bevölkerung angeführt: „miles, clerus, insuper agricolae." Ebd. S. 413.

[3] Wojciechowski, „Chrobacyja." Kraków 1873. Die Hauptresultate seiner Forschungen sind folgende: 1. Ursprünglich sind alle Bauerndörfer im Besitze des Herzogs und keines bis zum 13. Jahrh. im Besitze eines Adligen. 2. Alle Dörfer im Besitze von Adligen stammen ursprünglich aus fürstlicher Schenkung; der Fürst mufste also, wenn er einem Adligen ein Dorf schenken wollte, die daselbst ansässigen Bauern entfernen. 3. Der Herzog konnte frei alle Bauern von ihren Dörfern ohne jegliche Entschädigung anderswohin transferieren. Der Herzog erscheint demnach als der Eigentümer aller bäuerlichen Grundstücke.

[4] a. a. O. S. 227 ff. Ich schliefse mich im folgenden in den wesentlichsten Hauptpunkten an die scharfsinnigen Ausführungen Piekosinskis an.

Herzogs, seines Hofes und der militärischen Organisation des
Reiches zu sorgen; zur Erfüllung dieses Zweckes war die dem
Fürsten gegenüber hörige, angesiedelte Landbevölkerung —
von den Privatsklaven sehen wir also hier ab — in drei grofse
Gruppen geteilt, eine Gliederung, welcher auch Verschiedenheiten der wirtschaftlichen und teilweise auch der rechtlichen
Lage entsprachen:

a. Die Opolebauern. Sie bildeten den gröfsten Teil
der niederen ländlichen Bevölkerung und kommen in den
Quellen unter dem Namen von rustici, adscripti, adscripticii,
possessores, haeredes, haeredes censuarii, später auch Kmeten
(poln. kmieć, czech. kmet)[1] vor. Sie sind es, welche einst
innerhalb der opolen unter der Herrschaft der Zupane lebten;
in den Zustand der Hörigkeit gerieten sie, als der Knäs seiner
neu entstandenen Gewalt sie unterwarf. Sie hatten kein Eigentum, sondern nur den allen westslavischen Ländern eigentümlichen lassitischen Besitz, welcher ihnen gegen gewisse, einseitig vom Herzoge bestimmte Abgaben und Dienste — das
sogenannte jus Polonicum, auf welches wir später noch näher
eingehen werden — eine hinsichtlich der Zeitdauer ganz in
das Belieben des Fürsten gestellte Nutzung des von ihnen bebauten Ackers verlieh[2]. Es wäre unrichtig, wenn man sagen
wollte, dafs sie ein Erbrecht an dem Grundstücke besafsen,
welches sie innehatten; die einzelnen Familien waren vielmehr
erblich an die Scholle gefesselt. War auch bezüglich ihrer
persönlichen Rechtsstellung ein eigentlicher Unterschied von
den höheren Klassen anfangs nicht vorhanden, da die patriarchalisch-omnipotente Gewalt des Herzogs alle Schichten der
Nation mit gleichem Drucke umspannte, so mufste doch ihre
ungünstige sociale Lage, ihre Gebundenheit an die Scholle sie
mit der Zeit um so tiefer hinabdrücken, je mehr die Szlachta
und besonders die Ritterschaft durch ihren freien Eigentumsbesitz an Selbständigkeit und Ansehen auch gegenüber der
fürstlichen Gewalt gewannen. Sie waren keineswegs verkäuflich; doch sah es der Herzog, wie es scheint, als sein Recht

---

[1] S. über die ursprüngliche Bedeutung des Wortes kmet oben
S. 7 Anm. 2. In späterer Zeit bedeutet „kmet" meistens den persönlich freien Bauern; dafs aber der Kmetho dieses Rechtsverhältnisses
keine ursprünglich slavische Institution ist, wie man bisher, besonders
seit Röpell, allgemein geglaubt hatte, wurde zuerst im Jahre 1873 von
Piekosinski und sodann von Wojciechowski in seiner „Chrobacyja" (S. 228) ausgesprochen und bewiesen. Vgl. Piekosinski a. a.
O. S. 248 Anm. 1. Dafs der Ausdruck „Kmetho" auch den hörigen Bauern
bedeuten kann, erhellt aus einer herzoglichen Urkunde d. a. 1252, in
welcher zwei kmetones als proprii des Knäs aufgeführt werden. Cod.
Maj. Dipl. Pol. I 274 Nr. 308 d. d. Owenzk Nov.(?) 1252.

[2] Über die mutmafsliche Entstehung des lassitischen Besitzes der
slavischen Bauern und über die Entstehung der Hörigkeit der Opolebauern vgl. Exkurs II 3.

an, sie an die Bistümer und Klöster verschenken zu dürfen, sodafs sie nunmehr oft einen Teil ihrer Leistungen dem Kloster, den anderen dem Herzoge darzubringen schuldig waren. Auch an die weltlichen Grofsen wurden sie zugleich mit den Dörfern, in denen sie safsen, seit dem Anfange des 13. Jahrhunderts vergeben, sodafs seit dieser Zeit der Anfang des Institutes der weltlichen Grundherren zu datieren ist[1].

b) Die narocznicy*. Wie bereits erwähnt, bauten die Piasten in allen Teilen des Landes Burgen, in welche sie Besatzungen von Rittern hineinlegten. Diese mufsten nun von der ländlichen Bevölkerung auf Kosten des Herzogs verpflegt werden; da aber dazu die Opolenorganisation nicht ausreichte, so wurde das Institut der Narocznicy geschaffen, d. h. es wurden besondere Personen zu den Dienstleistungen für die in der Burg wohnenden Ritter angestellt, welche kleine Grundstücke rings um das Kastell zu ihrer Ernährung erhielten, mitunter so, dafs alle, welchen eine gleiche Funktion oblag, in einem einzigen Dorfe zusammensafsen. Abwechselnd nacheinander, wenn die Reihe an die einzelnen kam, gingen sie auf die Burg, um ihre Dienste zu verrichten, und bebauten sonst ihren Acker[3]. In Schlesien kommt der Name narocz-

---

[1] Den Opolebauern gleichgestellt waren wohl die hospites, da sie sich besserer Rechtsverhältnisse erfreuten als die noch weiter zu besprechenden narocznicy und decimi; wenigstens wird von gewissen, 1204 von Herzog Heinrich dem Kloster Trebnitz zum Dienste verpflichteten, ursprünglich wohl zu den narocznicy oder ministeriales gehörigen Unfreien gesagt: „dux [sc. eos] dimisit ad hospites." Ob diese hospites wirklich stammfremd waren, oder ob mit diesem Namen nur solche Bauern bezeichnet werden sollen, welche dem Gutsherrn zinsten und dienten ohne Eigentumsrecht an ihren Gütern, indem sie zwar hohen Zins, aber nur geringe Hand- und Spanndienste zu leisten hatten (vgl. Knothe, Neues Arch. f. sächs. Gesch. IV 25 ff.), mufs dahingestellt bleiben. Die Behauptung Stenzels (Jahresber. der vaterl. Gesellsch. 1841 S. 155f.), dafs die hospites ungünstiger gestellt waren als die übrigen Hörigen, ist ungegründet. Wie sie in den wettinischen Landen mit zu den censuales oder lazze gehören, einer Klasse, welcher in Polen augenscheinlich ganz genau die Opolebauern entsprechen, so dürften auch in Schlesien die hospites als ein Teil der Opolebauern aufzufassen sein. Die servi, qui gasti nuncupantur, deren Verhältnis Meitzen (Schles. Gesellsch. f. vaterl. Kultur. Abh. philhist. Klasse 1864 S. 81) unklar erscheint, kommen in Schlesien übrigens gar nicht vor.

[2] Vom Worte rok = Jahr; da nun jedes Jahr auf der Burg Gericht abgehalten wurde, so hiefs auch die Burg rok; narocznicy also bedeutet Burgdienstboten.

[3] Ihre Lage erinnert also ganz an die der Smurden mit ihren kleinen Abgaben und grofsen Diensten in den wettinischen Landen vgl. Knothe a. a. O. S. 19ff. Der Name „Smurden" kommt in Schlesien vor in den Urkk. d. d. Lateran 9. April 1193 für das Sandkloster (S. 42 f. Regg. zur schles. Gesch. I), d. d. 15. April 1226 (ebd. S. 137 f.; sie erscheinen hier als Knechte des Herzogs, d. a. 1227 (ebd. S. 138f.): sie dürften daher auch mit den narochnichi im wesentlichen identisch sein.

nicy seltener vor[1]; auf Hörige dieser Art scheinen sich hier
die Ausdrücke famuli und ministeriales zu beziehen[2]. Ihrer
Beschäftigung gemäfs zerfielen sie in verschiedene Klassen,
Stallbedienstete (agazones), Gärtner (hortulani), Winzer, Fischer,
Jäger, Vogelsteller, camerarii (wohl eine Art von Kammer-
oder Hausdienern), Handwerker aller Art: so Bäcker, Köche,
Maurer, Drechsler, Schuhmacher, Schmiede und Schlächter;
sie standen sämtlich unter einem Vorsteher, welcher pstresto
hiefs. Die ganze Organisation hatte nur solange einen Zweck,
als die Ritter noch auf der Burg lagen; sobald dieselben ausgesiedelt wurden, verfiel sie daher und verschwand schon im
12., spätestens im Anfange des 13. Jahrhunderts. Die Narocznicy wurden alsdann meist an die Kirchen und Klöster, teilweise auch an weltliche Grofse verschenkt. Nur die eine
Frage mufs noch erledigt werden, welcher Art ihre rechtliche
Stellung war. In Betracht des Umstandes, dafs sie schlechter
gestellt waren als die hospites[3], dafs ihnen ferner der Charakter der servitus zugeschrieben wird[4], dafs sie auch ohne
eine sichtliche Unterscheidung zusammen mit den decimi genannt werden[5], welche sicher Sklaven waren, dafs sie ebenso
wie diese unter dem pstresto standen, können wir nicht umhin, die Ansicht auszusprechen, dafs die Narocznicy ebenfalls
aus dem Sklavenstande hervorgegangen sind, dafs sie in einem
schärferen Unfreiheitsverhältnisse sich befanden als die Bauern
in den Opolen.

c) Die Decimi; setkowa[6]. Da in der altpolnischen Zeit
das Land noch sehr wenig bebaut war, so siedelten die Piasten

---

[1] Die betreffenden Fälle sind zusammengestellt bei Tzschoppe-
Stenzel, Einl. 62f.
[2] So in der Schenkungsurkunde für das Kloster Trebnitz d. a.
1204 (gedruckt in den Mitteil. der Schles. Ges. 1841 S. 167ff.) und in
einer Urkunde c. 1200 (angeführt in den Schles. Regg. I 55), in der von
XII ministeriales die Rede ist, von denen VI in Wratislaviensi castro,
IV in Recen (Burg Rezen bei Brieg) und II in Nemci (Burg Nimptsch)
wohnen; der Charakter der ministeriales als Burgbedienstetcr geht
daraus sichtlich hervor.
[3] Vgl. oben S. 26 Anm. 1.
[4] Stiftungsurkunde für das Kloster Trebnitz d. a. 1203: „quin
homines, quorum illa villa quondam fuit, Narochnichi et domino terrae
servitutis obnoxii fuerint." Sommersberg, SS. Rerum Siles. I 816.
[5] Vgl. in der nächsten Anmerkung das Urkundenzitat d. a. 1224.
[6] Setka = sto = Hundert, also Hundertschaft. In den schlesischen
Quellen finden sich erwähnt decimi in der Urk. Heinrichs I. für Trebnitz d. a. 1204. Jahresber. etc. 1841 S. 167ff., ferner d. d. Rom 23. April
1154 (Cod. Maj. Pol. S. 546 Nr. 586): „quintam [sc. villam] cum hominibus . ., quos omnes cum dux Mesico convictos decimos Gedchensca
vellet abducere, . . . eidem ecclesie restituit;" d. a. 1224 (Auszug in den
Regg. I 124): „duas sortes decimorum ((Grünhagen übersetzt dies
mit „zwei Anteile der Zehnten"!) et tertiam corum, qui dicuntur naro-
schenici;" endlich d. a. 1223 (Büsching S. 83): „coloni, mei videlicet
decimi rustici."

zur Urbarmachung desselben kriegsgefangene Sklaven, und zwar immer je zehn in einem Dorfe, an. Die Insassen desselben hielsen daher decimi, und zehn solcher Dörfer wurden eine centuria (sto) genannt; ihr Häuptling — wahrscheinlich war dieser immer ein Ritter — führte den Namen centurio[1]; die centurionen wieder standen unter dem pstresto[2]. Das Ackerstück des einzelnen decimus hiefs wie das der narocznicy sors (źreb). Auch sie waren servi des Herzogs; ihr Rechtsverhältnis war demnach dasselbe wie das der narocznicy. Die Setkowa verfiel ebenfalls um das Ende des 12. Jahrhunderts; aus dem Anfange des 13. stofsen wir nur noch auf wenige Reste dieser Institution; die decimi wurden, wie es scheint, teils der Kirche geschenkt, teils wurden sie emanzipiert, indem auf sie das Rechtsverhältnis der Opolebauern übertragen wurde.

Neben diesen angesiedelten herzoglichen Hörigen standen als letzte Klasse der niederen Bevölkerung die Privatsklaven (servi et ancillae). Sie waren in Knechtschaft geraten entweder durch Kauf, gerichtliches Urteil oder endlich durch Gefangenschaft im Kriege und darauffolgende Schenkung seitens des Herzogs an seine Grofsen. Noch im 13. Jahrhundert waren sie Kaufobjekt[3]. Unter den Schenkungen, welche die Magnaten seit dem Anfange des 12. Jahrhunderts an die Kirche machten, befinden sich viele solcher Sklaven[4]; sie werden dabei familiares oder familia ihres Herrn genannt. Dies läfst darauf schliefsen, dafs sie ursprünglich als zum Hausgesinde gehörige Knechte und Mägde der Bestellung des Ackers und der Besorgung des Hauswesens auf den Gütern des Adels oblagen. Im öffentlichen Rechte waren sie selbstverständlich nicht rechtsfähig; doch darf man wohl, obgleich in den Quellen darüber nichts erhalten ist, die Vermutung aussprechen, dafs sie vor dem landesherrlichen Gerichte, falls sie mit Personen in Konflikt kamen, welche nicht unter der Jurisdiction ihres Herrn standen, sich verantworten mufsten[5].

---
[1] Vgl. die Urk. Innocenz' III. d. a. 1136 (Cod. Maj. Pol. I 10 ff. Nr. 7), ferner ebd. II Nr. 719 und die übrigen Citate bei Piekosinski S. 236 f.
[2] Wahrscheinlich umfafste der Bezirk des pstresto die Kastellanei; wenn wir z. B. von einem decimus Legnicensis de villa Zaiechconis hören (Trebn. Urk. d. a. 1204), so geht daraus hervor, dafs die decimi als Zubehör der einzelnen Kastellaneien galten, dafs also für den Bezirk der Kastellanei ein Beamter notwendig war, um die Oberaufsicht über die decimi zu führen; dies dürfte eben der pstresto gewesen sein.
[3] Helcel II (Kniega prawa etc. XXI: „und wy manche eigene dirne" etc.
[4] Vgl. z. B. die Notiz über die Schenkungen des Peter Wlast und seiner Verwandten an das Breslauer Augustinerstift (c. 1200) in den Jahresber. der Schles. Gesellsch. 1841 S. 165 f.
[5] Schiemann (S. 427 f.) findet, dafs es in Polen im 11. Jahrh.

Wenn wir die Resultate der bisherigen Untersuchungen noch einmal kurz zusammenfassen wollen, so dürfen wir sagen: Die ursprüngliche ständische Gliederung des altpolnischen Reiches war eine vierfache. Am höchsten nächst dem Knäs stand die Szlachta, die alten Zupanengeschlechter, ein durch das Geburtsprincip von Anfang an streng abgeschlossener Adelsstand mit Geschlechtseigentum, mit dessen Mitgliedern die hohen Ämter der Landes- und Hofverwaltung zwar nicht besetzt werden mufsten, aber doch fast durchgängig besetzt wurden. An sie schliefst sich der Berufskriegerstand der Ritter, auf den Landesburgen angesessen und dort auf Kosten des Herzogs verpflegt. Darauf folgten diejenigen Bauern, welche in der Opoleverfassung lebten; sie galten als Hörige des Herzogs und hatten nur lassitischen Besitz; ihre Rechtsstellung beruhte infolge des ganzen Charakters des altpolnischen Staatswesens auf einer Mischung öffentlicher und privater Rechtsgrundlagen. Als letzte Klasse erscheinen die Sklaven, sowohl herzogliche — und zwar waren diese zum Teil als narocznicy oder decimi angesiedelt — als auch Privatsklaven [1]. Gegenüber der in der Person des Herrschers sich konzentrierenden Staatsgewalt trat das Recht der Individualität, der subjektiven Freiheit bei allen Ständen in den Hintergrund. Seit der Mitte des 12. Jahrhunderts verschieben sich diese Verhältnisse. Die Ritter schlossen sich ebenfalls ab durch das Princip der Geburt und traten als eine niedere Adelskaste

eine vollfreie, eine frohnende und eine ganz unfreie bäuerliche Bevölkerung nebeneinander gegeben habe. Zum Beweise für seine Angaben stützt sich Schiemann auf eine angeblich im Jahre 1065 von Bolislaus für das Kloster Mogilno erteilte Urkunde (gedruckt bei Bielowski I 359 und Cod. Dipl. Pol. Maj. I 3ff.). Dieses Dokument ist uns erhalten in einem Transsumpt, welches Herzog Mesco 1100 ausgestellt haben soll (ebd. S. 46); wie jedoch Kętrzynski (Suffragia Monasterii Mogilnensis O. S. B. in Monum. Polon. Hist. V Lwow 1888 S. 657ff.) nachgewiesen hat, ist dies Transsumpt eine Fälschung aus der Zeit kurz vor 1280.

[1] Der Unterschied zwischen den autochthonischen Bauern und den als Bauern angesiedelten Sklaven geht besonders deutlich hervor aus § 24 der Kniega prawa bei Helcel, Starodawne II: „Ouch zyn dy gebuer pflichtig zu vuren ielicher von deme dorfe, do her inne gezessen ist, zcu sines herren neeste dorfe, daz dy von deme dorfe muszen zun einem andern vuren, als is vorbas zal; unde also von dorfe zcu dorfe, bis es kome zcu eren herren [immer im Sinne von „Landesherr"] houfe adirs wo hyn do is bliben sal etc.

Ouch synt ze pflichtig eres herren houf zcu zceunen und in hew zcu slan, dry tage in der zyt, als man hew slet, und dy wip zin pflichtig, dry tage zcu snyden in den auste.

Dy aber des herren eygen sint, dy musen erbeiten, wen man en gebutet. Doch zint zemeliche eigine lute, der dinet ielicher sinen monden zcu hoffe, und eukumt us dem houfe nicht e, den ein ander an zin stat dar kumet. Dy selbin siczen mit enandir in dorfern, dy en bescheiden sin, und erbeiten ir notdorft; wen sy alle uf eres selbes kost zcu houfe musen syn, dy suz getaner dinste pflegin."

neben die Szlachta, welche vor dem Ritterstande nur gewisse Ehrenvorrechte bewahrte; zugleich zogen sie aus den Burgen auf das platte Land und erhielten daselbst durch herzogliche Schenkung freies Grundeigentum. Die Bauern in den Opolen begann der Herzog der Kirche und auch den weltlichen Grofsen zu verschenken; nicht anders ward es mit den angesiedelten Sklaven der Narocznicy- und der Setkowaverfassung, sodafs grofse Grundherrschaften entstanden, deren Inhaber zur Ausübung der Jurisdiction aber nur ihren Privatsklaven, nicht auch zunächst den aus herzoglicher Schenkung stammenden Opolenbauern gegenüber befugt waren. Insoweit die Narocznicy und Decimi nicht verschenkt oder weiterhin als fürstliche Privatsklaven betrachtet wurden, schwangen sie sich durch Emanzipation zum Rechtsverhältnisse der autochthonischen Bauern auf, sodafs die angesessene, unter dem öffentlichen Rechte stehende ländliche Bevölkerung im 13. Jahrhundert, zumal seit der Mitte desselben, eine im wesentlichen homogene, mit lassitischem Besitzrechte ausgestattete, zu Zins und Dienst[1] verpflichtete Masse darstellt. Hatte dem allen zufolge die fürstliche Gewalt zu jener Zeit, da die deutsche Einwanderung in gröfserem Mafsstabe beginnen sollte, auch viel von ihrem alten, ausgedehnten Besitze und von ihren Einkünften verloren, so waren ihr doch alle Rechte öffentlicher Natur bisher unangetastet geblieben.

Dies waren die allgemeinen socialen und rechtlichen Verhältnisse, die den Piasten, und zwar vermutlich Boleslaus I Chrobri, welcher ja zuerst mit dem abendländischen Westen in innigere Beziehung trat, zur Grundlage für eine den damaligen Zuständen der Naturalwirtschaft ebenso angemessene wie planvoll angelegte Organisation der Verwaltung dienten. Die Vermutung dürfte gegründet sein, dafs Boleslaus sich dabei an das Beispiel anschlofs, welches das benachbarte Deutschland ihm bot, wo damals noch die karolingische Reichs- und Gerichtsverfassung in Kraft war. Wie hier, so bestand auch in Polen eine weitgehende Übereinstimmung zwischen der Hof- und der Staatsverwaltung. Umfang und Inhalt der Verwaltungsthätigkeit waren bestimmt durch die der fürstlichen Gewalt zustehenden Rechte; als solche kamen in Betracht die Kriegshoheit, der Oberbefehl über Szlachta und milites; den Bauern der Opoleverfassung gegenüber forderte der Knäs die unter dem Namen des Jus Polonicum zusammengefafsten Geld- und Naturalabgaben, Dienste und Frohnden[2]. Eine

---

[1] Vgl. über den Unterschied im Umfange ihrer Dienste die vorige Anmerkung.
[2] Zum Jus Polonicum gehörten nach Piekosinski folgende Prästationen:
a) Daniny: stroza (Burgwachtdienst), stan (Pflicht, für Unterkommen und Unterhalt des Fürsten und seines Gefolges auf seinen

weitere Gruppe der fürstlichen Rechte sind die Regale[1], welche wir in ihrer rechtlichen Fassung und ihrem Inhalte nach auch in Westeuropa finden, und die zum Teil wenigstens wohl von dort übernommen sind; so das Zoll-, Salz-, Bergwerks-, Münz- und Geleitsregal, das Judenschutzregal, das Regal der Gewässer und Forsten (Fischerei, Anlegung von Mühlen und Wehren), das Eigentumsrecht alles Grundes und Bodens, soweit er nicht schon im Privateigentum (d. h. der Szlachta, später auch der Kirche und der Ritterschaft) stand. Dazu kam ferner noch das ausschliefsliche Recht zur Errichtung von Städten und Märkten, zur Erlaubnis öffentlichen Feilhaltens und Verkaufens von Gegenständen des Lebensunterhaltes und Handels, also eine unumschränkte Hoheit in Sachen des Verkehrs und aller für den Markt arbeitenden Produktion. Mit dieser, fast alle Sphären öffentlichen und privaten Lebens durchdringenden Omnipotenz dürfte es an und für sich kaum im Widerspruche stehen, wenn man dem Knäs ein unbeschränktes Recht der Besteuerung zuschriebe; praktische Bedeutung hat aber wenigstens für die älteste Zeit diese Frage nicht, da ja der Knäs fast als der einzige Eigentümer im Lande erscheint, indem die Ritter keinen, die Mitglieder der Szlachta aber einen verhältnismäfsig noch geringen Grundbesitz hatten.

Was zunächst die Centralverwaltung anbetrifft, so mufs die Identität der obersten Landes- und Hofbeamten nach deutschem Muster betont werden. Der oberste Hofbeamte war der Palatin, der deutsche Pfalzgraf (wojewoda = Führer der Krieger)[2], der Stellvertreter des Fürsten in jeglicher Hinsicht, besonders für das Hofgericht, mitunter für das ganze Reich[3],

---

Reisen zu sorgen), nastawa (etwas ähnliches), krowne (vacca, also ein Tribut in Rindvieh) owca (ovis), sep (frumentum), donica miodu (urna mellis). Diese Abgaben konnten auf vierfache Weise erhoben werden, entweder von den einzelnen opolen (opole), vom Morgen (poradlne), vom Hausplatz (podworowe) oder vom Rauchfang (podymne).
b) Postugi publiczne: podwód (Pferdevorspanndienst), powóz (Pflicht, Wagen zu stellen), przewód (conductus militaris), ferner conductus rusticanus, d. h. Pflicht, entweder dem Heere oder einwandernden Bauern den Weg zu zeigen; aedificatio et reparatio castri vel pontis, przesieki leśne (Pflicht für das Heer, Wege durch den Wald zu bahnen), expeditio bellica.
c) cła i myta (Zollabgaben): targowe (Marktzoll); drogowe (Wegzoll), mostowe (Brückenzoll), przewozowe (Einfuhrzoll?), obraz vulgo pomiot (Münzgeld).
[1] Tzschoppe-Stenzel, Einl. S. 4 ff.
[2] In diesem Sinne kommt wojewoda z. B. vor bei Perlbach, Pomerellisches Urkundenbuch No. 191, 537 und 578. Vgl. über den Palatin und die folgenden Beamten auch Tzschoppe-Stenzel, Einl. S. 69 ff.
[3] Dafs der Bezirk des Palatinus zunächst das ganze Reich war, erhellt aus der Stelle des Gallus (S. 443): „Dux ergo Wladislavus pristinae seditionis reminiscens, quum Zetheum de Polonia profugavit, quamvis aetate debilis et infirmitate fuerit, nullum tamen in curia sua

mitunter auch für größere Provinzen[1], und dann natürlich nicht am Hofe lebend. So stand im 12. Jahrhunderte Schlesien unter einem derartigen Palatine, dem bekannten Grafen Peter Wlast[2]. Daran schlossen sich mit denselben Funktionen wie die gleichbenannten deutschen Reichshofbeamten der Truchseſs (dapifer, stolnik), der Schenk (pincerna, cześnik), der Marschall (marszałek) und der Kämmerer (komornik), welchem es in Polen aufser den Aufgaben der Finanzverwaltung auch noch oblag, für die Reisen des Fürsten gleichsam als Quartiermeister zu sorgen, ferner gewisse jurisdiktionelle Befugnisse, wie Anstellung von Voruntersuchungen, Zeugenverhöre u. s. w., auszuüben. Noch andere Hofbeamte werden genannt; so der Waffenträger, Bannerträger, Jägermeister, welche ihrem Prädikate comes zufolge zu den hohen Beamten gerechnet werden müssen. Die einzelnen Großwürdenträger hatten ihre Stellvertreter, denen wohl der eigentliche Dienst zukam; so gab es einen Untertruchseſs, Unterschenken, Untermarschall und Unterkämmerer. Das Schreibwesen lag in den Händen des Kanzlers, eines Geistlichen, der anfangs bei dem nur geringen Umfange schriftlich verhandelter Geschäfte eher gewissermaßen der Sekretär des Herzogs zur Besorgung der nicht sehr großen Korrespondenz seines Herrn als der Vorstand einer fest organisierten Kanzlei gewesen sein mag[3]. Seit dem 13. Jahrhundert findet sich der Kanzler auch unter dem Namen eines summus notarius[4], dem die übrigen Notare oder Hofschreiber, denen das eigentliche Schreibgeschäft oblag, unterstellt waren.

Was die Distriktsverwaltung[5] anbetrifft, so wird dieselbe dadurch charakterisiert, daſs die verschiedenen Zweige der

---

palatinum vel palatini vicarium praefecit; omnia namque per se ipsum vel suo consilio sagaciter ordinabat vel cuilibet comiti, cuius provinciam visitabat, curiae responsionem et sollicitudinem commendabat. Et sic per se patriam sine palatino comite rexit."

[1] In diesem letzteren Sinne dürften sie identisch sein mit den duces, von denen ich oben (S. 17 Anm. 1) nachgewiesen habe, daſs sie Beamte und nicht Angehörige des Piastenhauses waren.

[2] Schles. Regg. I 29 Nr. 34: „comes Palatinus Petrus." Auch einen Palatin von Krakau gab es; vgl. Stenzel, Heinrichauer Gründungsbuch S. 147. Die Würde eines summus procurator oder advocatus scheint mit dem Palatinat identisch zu sein.

[3] Vgl. W. von Kętrzyński, „Einige Bemerkungen über die ältesten polnischen Urkunden", Zeitschr. für Gesch. und Altert. Schles. XXII 151 ff.

[4] So hatte z. B. im Anfange des 13. Jahrh. Nikolaus, der Stifter des Klosters Heinrichau, das officium summe notarie inne (Heinrichauer Gründungsbuch S. 3); als des Herzogs „ersten Minister", wie Grünhagen (Gesch. Schles. I 56. Gotha 1883) thut, kann man den summus notarius jedoch kaum bezeichnen.

[5] Wir beschäftigen uns hier nur mit der öffentlichen Verwaltung; die Organisation der herzoglichen Privatsklaven, also der naroznicy und der decimi, geht uns daher hier nichts an.

Administration, innere, Finanz-, Militär- und Gerichtsverwaltung, von einander ebensowenig getrennt waren als in den Gebieten der fränkischen Verfassung. Die Beamten verrichteten sämtlich ihre Funktionen im Namen und im Auftrage des Knäs; sie waren absetzbar[1], und wenn auch anscheinend die höchste Würde der Lokalverwaltung, das Kastellanenamt, oft von Mitgliedern einer und derselben Familie bekleidet wurde, so war dies doch eine Erblichkeit mehr de facto als de jure. Der Kastellan war innerhalb seines Bezirkes der höchste Beamte, wie es scheint, für die Mitglieder der Szlachta, der Ritterschaft und für die Bauern der Opole-Verfassung.

Der Bezirk des Kastellans ist die Kastellanei. Man kann die Frage aufwerfen, ob die Einteilung des Landes in Kastellaneien willkürlich erst vorgenommen wurde, oder ob sie sich an ältere Einrichtungen anlehnte. Volles Licht wird in dieses Problem kaum jemals gebracht werden. Wir wissen, dafs die Gebiete der slavischen Stämme vor der Entstehung der fürstlichen Gewalt in Zupen zerfielen; sind nun diese Zupen einer gänzlichen Neuaufteilung des Landes gewichen, oder stehen die späterhin erscheinenden Kastellaneien in irgend einem Verhältnisse zu ihnen? Es lassen sich in Schlesien aus der Zeit, da die Quellen etwas reichlicher zu fliefsen beginnen, bestimmte, als alt bezeichnete, festgeschlossene Gebiete nachweisen, die keine Kastellaneibezirke waren [2]; es werden uns ferner noch im 13. Jahrhundert supani als herzogliche, mit richterlichen Funktionen ausgestattete Beamte neben den Kastellanen genannt[3]. Alle diese Momente

---

[1] Diese Absetzbarkeit erstreckte sich auch auf die Beamten der Hofverwaltung. Vgl. für Schlesien die Absetzung des comes Peter Wlast 1145 (Schles. Regg. I 25) und des Hofrichters Themo de Wisenburg (ebd. II 234).

[2] So wird scharf zwischen der terra Othmuchoviensis und der terra oder antiqua civitas Nissensis unterschieden; als Kastellanei aber erscheint nur Ottmachau, nicht auch Neifse (Cod. Dipl. Sil. XIV, Liber fundationis episcopatus Vratisl. Breslau 1889; edd. Markgraf und Schulte, Einl. S. XVI ff.). Ähnlich wie mit Neifse scheint es sich zu verhalten mit Ohlau und Leobschütz (s. Erben, Böhm. Regg. I 87 d. a. 1107: „in circuitu, qui dicitur na Glubcicih").

[3] Tzschoppe-Stenzel S. 347 ff. Nr. 54. d. d. Glogau, 25. Mai 1261: „supanis tamen, castellanis et aliis omnibus beneficiis nostris .. omnibus supanis nostris .. nullas supas habituris." In den Regg. zur Schles. Gesch. II 155 werden als herzogliche Beamte supani und wlodarii genannt. Sind auch für das 13. Jahrh. diese Wendungen vielleicht schon formelhaft, so erhellt aus ihnen doch, dafs wenigstens früher einmal die supani neben den castellani als herzogliche Beamte fungiert haben müssen. Bezüglich des Landes Lebus wird in einer Urkunde d. d. 20. April 1249 (Cod. dipl. Maj. Pol. Nr. 2055, IV 5 ff.) von einem officium castellanie cum supanis et attinentiis quibuscumque gesprochen; es gab für Lebus also nur einen Kastellan, aber mehrere Supane, die

legen die Annahme nahe, dafs die Kastellaneiverfassung ihre
Entstehung nicht einer systematischen Neueinteilung des
Landes verdankt, dafs sie auch nicht die Zupenverfassung
plötzlich verdrängt hat, sondern dafs beide zunächst eine Zeitlang noch nebeneinander bestanden. Der Hergang der Entwickelung kann ein doppelter gewesen sein: entweder erhielt
sich der Zupan in denjenigen Zupen, welche ein militärisches
Kastell, mit einem Kastellan oder Pristalden an der Spitze,
vorderhand noch nicht empfingen, als Obrigkeit zumal mit
richterlichen Funktionen über die Opole-Bauern in der Eigenschaft eines fürstlichen Beamten, während dort, wo ein Kastell
sich befand, der Kastellan den Zupan ersetzte; oder das Amt
des Kastellans bezog sich direkt anfangs nur auf die militärische Organisation, während als nächste Obrigkeit über die
Bauern der Opole-Verfassung — vielleicht unter Aufsicht des
Kastellans — der Zupan weiter fungierte. Allmählich aber hat
jedenfalls der Kastellan die Befugnisse des Zupan absorbiert,
da der Letztere seit der Mitte des 13. Jahrhunderts ganz und
gar verschwindet. In der Zeit, aus der eine reichlichere Anzahl von Urkunden uns überliefert ist, erscheint als die
höchste Behörde der Lokalverwaltung mit der Jurisdiktion
über die Angehörigen des polnischen Bauernstandes der
Kastellan. Für das eigentliche Schlesien mit Ausnahme des
Landes Lebus lassen sich solcher Kastellaneibezirke 57 an
Zahl nachweisen; doch ist es selbstverständlich nicht ausgeschlossen, dafs es derselben noch mehr gab[1]. Seitdem die

---

dem ersteren, wie man aus dem Wortlaute schliefsen kann, untergeordnet
waren.
[1] Es treten in den Quellen auch Burggrafen und Kastellane auf,
welche rein militärischen Charakter tragen und Beamte der Landesverwaltung im oben erörterten Sinne nicht waren (vgl. Tzschoppe-
Stenzel, Einl. S. 75). Es giebt jedoch zwei Kriterien dafür, ob ein
Kastellan auch ein Beamter dieser Art und also Vorsteher eines
Kastellaneibezirkes war, nämlich: 1. falls derselbe den Titel eines
comes und baro führt oder in den Zeugenreihen der Urkunden in Gemeinschaft mit solchen Kastellanen genannt wird, welche sicherlich
comites waren, 2. falls die Burg, der er vorstand, auch im späteren
Mittelalter als Mittelpunkt eines Verwaltungsdistriktes, eines Kreises
oder Weichbildes, galt. Demgemäfs gab es bis zum Anfange des
15. Jahrhunderts folgende Kastellaneien: Teschen, Golensicesko (bei
Troppau), Grätz, Beuthen O.S., Auschwitz, Zator, Siewierz, Kosel,
Ratibor, Nikolai, Tost, Steinau O./S., Oppeln, Landsberg, Rosenberg,
Kranowitz (bei Hultschin), Zülz, Oberglogau, Retzen (bei Brieg), Ott-
machau, Wartha (Frankenstein), Nimptsch, Gramolin (?), Striegau,
Schweidnitz, Grodinica (Zobten), Breslau, Strehlen, Auras, Neumarkt,
Münsterberg, Tiefensee (bei Grottkau), Oels, Wartenberg, Hornschlofs,
Szobolezke-Zedelsdorf (bei Sagan), Bunzlau (ursprünglich wohl lausitzisch),
Glogau, Militsch, Lüben, Seitsch (bei Guhrau), Crossen, Sandelwalde (bei
Herrnstadt), Liegnitz, Steinau a. O., Beuthen, Naumburg a./B., Kemnitz
(bei Hirschberg), Greifenstein (bei Greiffenberg). Lähn, Grodez-Gräditz-
berg (bei Goldberg), Haynau, Freistadt, Sprottau, Schwiebus, Falken-
berg, Plefs. Ein Blick auf die Karte zeigt, dafs diese Liste kaum voll-

Kastelle durch die Aussiedelung der Ritter und durch den Wegfall von den an sie geknüpften Instituten der narocznicy und decimi an Bedeutung viel verloren hatten, vermehrte sich ihre Zahl; im 14. Jahrhundert hatte fast jeder der schlesischen Kreise seine besondere Burg, in welcher der Kastellan als der höchste Beamte dieses Distriktes seinen Sitz hatte. Die Hauptaufgaben der Administration des Kastellans bestanden in der Sorge für die Landesverteidigung, Führung im Kriege, in der Erhaltung von Recht und Frieden, ferner in der Aufsicht über die Aufbringung der dem Fürsten gebührenden Einkünfte, Dienste und Leistungen. Das wichtigste war darunter die Rechtsprechung, die ihm allein als landesherrlichem Beamten zustand; er war die erste Instanz für die causae majores[1] innerhalb seines Gaues, d. h. für diejenigen schweren Kriminalfälle, auf welchen als Strafe Verlust des Lebens oder eines der Glieder stand; so für Mord, schwere Verwundung, Diebstahl, Raub, Heimsuche (Hausfriedensbruch) u. s. w., vielleicht auch, — so war es wenigstens in Böhmen und Mähren — für Zivilprocesse, in denen das Objekt eine gewisse Höhe überstieg[2]. Noch andere, dem Kastellan vermutlich unterstellte Beamte hatten auf der Burg ihren Sitz: so der Tribun, dem ursprünglich vor der Aussiedelung der milites die Sorge für die Frauen und Kinder derselben oblag, falls die letzteren zur Heeresfahrt ausgezogen waren, und der wohl auch in Abwesenheit des Kastellans der Stellvertreter in militärischer Hinsicht war, ferner der judex, gleichfalls der Stellvertreter desselben für die Ausübung der jurisdiktionellen Funktionen[3], sowie der claviger, vielleicht der Aufseher der

---

ständig sein dürfte, da die genannten Burgen in manchen Gegenden (so in Oberschlesien) sehr dicht liegen, während auf manche Striche Mittel- und Niederschlesiens sehr wenig Kastelle kämen. Die angeführten Kastellaneien lassen sich fast durchgängig im späteren Mittelalter als Kreise oder Weichbilder nachweisen — ein Beleg dafür, dafs hinsichtlich der administrativen Einteilung Schlesiens seit den Zeiten der Kastellaneiverfassung im grofsen und ganzen eine Kontinuität bestand; wir dürfen aber auch weiterhin vermuten, dafs zwischen der letzteren und der ihr voraufgegangenen Zupeneinteilung ein Zusammenhang obwaltete.

[1] Vgl. Tzschoppe-Stenzel S. 288 Nr. 11 (d. a. 1228), Nr. 28, Nr. 29 u. s. w.

[2] Vgl. Tzschoppe-Stenzel S. 74, Röpell S. 326 ff. Dafs der Unterschied zwischen causae majores und causae minores nicht etwa erst für Dörfer gemacht wurde, die zu deutschem Rechte angelegt worden, erhellt daraus, dafs auch die Immunitätsurkunden für Dörfer zu polnischem Rechte denselben Unterschied machen.

[3] Vgl. die Urkunde Heinrichs IV d. d. Breslau, 1. Juli 1279: „mandantes castellanis nostris et officialibus et eorum judicibus et wlodariis. Stenzel, Heinrichauer Gründungsbuch S. 175 f. Auch Stenzel (Geschichte Schlesiens. Breslau 1853. S. 154) nimmt Burgrichter an, welche den Kastellan vertraten und unter ihm standen.

Rüstkammer[1]. In Finanzsachen stand dem Kastellan der Kämmerer seiner Burggrafschaft zur Seite, der zugleich als Exekutivbeamter bei Erhebung der Steuern, Pfändung, Zitation vor das Obergericht u. s. w. diente[2]. Wo in Anlehnung an die Burg, wie es oft geschah, schon gröfsere Niederlassungen besonders mit handeltreibender Bevölkerung sich entwickelt hatten, da finden wir auch Münzer (monetarii), welche zugleich mitunter das Regal des Salzmarktes verwalteten, und Zöllner (thelonearii) als fürstliche Beamte. Der Kastellan war der oberste Beamte des Knäs für die gesamte Kastellanei und alle Insassen derselben; andererseits war er vom Fürsten vollständig abhängig; derselbe hatte ihm gegenüber ein unbedingtes Recht zur Kontrolle. Wie der Burggraf alle seine Funktionen im Namen des Herzogs verrichtete, so hatte dieser die Macht, die seinem Beamten delegierten Befugnisse ganz oder teilweise zurückzunehmen; daraus folgte speciell im Gerichtswesen ein unbeschränktes Appellations- und Evokationsrecht des Herrschers. Mehrere Kastellaneien konnten zu einem Palatinate vereinigt sein. Das Palatinat umfafste das Gebiet eines oder mehrerer alten Volksstämme; der Palatin war der Vorgesetzte des Kastellans für jeglichen Zweig der Verwaltung, dem Knäs gegenüber jedoch gleich unselbständig.

Innerhalb des Gaues wieder war es die Opole, die als Unterabteilung der Kastellanei von der neu entstandenen fürstlichen Gewalt benutzt wurde, um auf sie eine regelmäfsige Leistung von Diensten und Abgaben zu basieren, die auch als rechtliche Einheit fortbestand. Die Einwohner der vicinia hafteten gemeinsam für einen Totschlag und Diebstahl innerhalb ihres Bezirkes[3]; gemeinsam mufsten sie Verbrecher verfolgen und gewisse öffentliche Dienste an den Fürsten leisten, welche zu dem schon besprochenen jus Polonicum gehörten[4]. Vorsteher der Opole war, wie es scheint, der Wlodar (villicus) als landesherrlicher Beamter. Neben seiner eigentlichen Verwaltungsthätigkeit, welche durch die von der Opole verlangten fürstlichen Dienste und Leistungen bestimmt wurde[5], sprach er zugleich im Namen des Herrschers Recht in Fällen der niederen Gerichtsbarkeit, also in leichten Kriminal- und Zivil-

---

[1] Tzschoppe-Stenzel S. 301 claviger in Brieg. Ebenso kommen clavigeri von Liegnitz, Breslau etc. vor.
[2] Helcel, Starodawne II Kniega prawa § 4.
[3] Helcel a. a. O. § 8 ff.
[4] So Burgen- und Brückenbau, Stellung von Heerwagen, Fuhren, Boten und Pferden, Verpflegung der fürstlichen Diener und Pferde. Jagdfrohnden u. s. w. Röpell a. a. O. S. 86.
[5] Nach der Kniega prawa § XXIV nimmt der vloder oder Scheffer die von den Opolebauern zu entrichtenden Prästationen entzogen.

sachen[1]. Die Opole war ein rein landesherrlicher Verwaltungsbezirk; es fehlte ihr jede Art von Selbstverwaltung[2].

Noch eine Einrichtung findet sich in Polen, welche an ein ähnliches Institut der fränkischen Reichsverfassung erinnert. Es ist bekannt, dafs es nach der karolingischen Verfassung einen unter dem Gesamtnamen der principes zusammengefafsten, aus den höchsten Hof- und Landesbeamten bis zum Grafen hinab, desgleichen aus den hohen geistlichen Würdenträgern bestehenden Amtsadel gab. Ein Gleiches finden wir in Polen. Auch hier erfreuten sich alle Hof- und Landesbeamten bis zu dem, was den Inhalt seiner Funktionen anbetraf, dem deutschen Grafen entsprechenden Kastellan herab, sowie die geistlichen Grofsen unter der Gesamtbezeichnung von comites oder barones einer vor der übrigen Masse des Volkes staatsrechtlich bevorzugten Stellung. Sie allein hatten teil an den colloquia[3], d. h. den allgemeinen polnischen Reichshoftagen, die zugleich als Reichshofgerichte sich konstituierten, vor denen die geistlichen und weltlichen Grofsen ihren Gerichtsstand hatten[4]. Es kamen auf diesen Landeshoftagen zur Sprache Angelegenheiten, welche das Interesse des ganzen Landes berührten, Verträge mit auswärtigen Mächten, Streitigkeiten zwischen Staat und Kirche, Erbauung von Burgen zum Zwecke der Landesverteidigung, Schaffung von Staatseinrichtungen behufs Aufrechterhaltung

---

[1] Auch in Mähren hatte den Vorsitz im Niedergerichte der vladař; d'Elvert a. a. O. S. 13 f. und 17 f. Was Schlesien anbetrifft, so befreite Heinrich IV die homines und servientes des Klosters Heinrichau von seinen Richtern und deren Unterrichtern oder Wlodaren („nullo judice nostro seu eorum subjudicibus vel wlodariis"L. Stenzel, Heinrichauer Gründungsbuch S. 175 d. d. Breslau, 1. Juli 1279. Ebd. heifst es auch: „mandantes ... castellanis nostris et officialibus et eorum judicibus et Wlodariis". Auch an einer anderen Stelle (Schles. Regg. II 155 Nr. 1261) werden als herzogliche Beamte die suparii et wlodarii genannt. Aus alledem geht hervor, dafs der Wlodar auch herzoglicher Gerichtsbeamter war. Nun hat schon Röpell (S. 326 ff.) die Vermutung ausgesprochen, dafs für die niedere Gerichtsbarkeit die Opole die lokale Einheit war, und dafs als Gerichtsbeamtete daselbst die judices inferiores oder subjudices fungierten. Dafs diese subjudices aber identisch waren mit den Wlodaren, geht aus der Urkunde Heinrichs IV. für Heinrichau vom 1. Juli 1279 hervor.
[2] Schon deshalb, weil ein Gesamteigentum der Opole oder anderer Verbände an Grund und Boden nicht existierte. Vgl. dazu auch Smolka, Mieszko Stary i jego wiek, S. 128 f. Wenn es auch in Polen ein bäuerliches Gemeindeeigentum nicht gab, so gab es doch eine gemeinsame Nutzung von Wald und Wiese; es ist dies das noch jetzt in ganz Polen und Rufsland bestehende Institut der Servituten, demzufolge Wald und Wiese dem Grundherrn gehören, welcher aber dem Bauer die Benutzung gestatten mufs.
[3] Poln. Wiec vom Worte wić, wici = Feuerzeichen.
[4] Vgl. dazu Stenzel, Urkunden zur Gesch. des Bistums Breslau. Breslau 1845. S. 109.

des Landfriedens u. s. w.[1]. Den Vorsitz führte der Fürst oder ein von ihm beauftragter Grofser[2]. Die Kompetenz dieser Reichsversammlungen war eine wesentlich beratende; ein Beschlufs derselben bedurfte der Zustimmung des Herzogs und galt dann als dessen Verordnung („ordinacio"). Das Gleiche fand statt, wenn das colloquium als Gerichtshof fungierte; der dort gefällte Spruch der Grofsen wurde zum Urteil erst durch die Einwilligung des Fürsten. Keineswegs stand das colloquium demnach dem Fürsten als ein staatsrechtlich gleichberechtigter Faktor zur Seite; Quelle alles öffentlichen Rechtes war nur er allein; darin lag es auch begründet, dafs er den ordentlichen Gang der Justiz in jedem Augenblicke unterbrechen konnte, wie schon oben ausgeführt, somit ein unbeschränktes Evokations- und Appellationsrecht besafs und demgemäfs alle Rechtsfälle entweder selbst erledigen oder einem speciell von ihm bestimmten Richter übertragen konnte. Gelegenheit, sich direkt an ihn zu wenden, war ja den Unterthanen insofern gegeben, als der Hof nicht sefshaft war, sondern dem damaligen Zustande der Naturalwirtschaft gemäfs von Burg zu Burg reiste, von den dort aus den einzelnen Kastellaneien aufgesammelten Naturalabgaben sich unterhaltend[3]; Vorspann, Stellung von Wagen für das Gesinde und die Gerätschaften mufsten von den Einwohnern des Landes besorgt werden.

2. Die inneren Zustände Schlesiens unter dem Einflusse der Kolonisation und Germanisation.

Einheitlich, gipfelnd in dem Gedanken einer fast alle Verhältnisse des Lebens durchdringenden, straff centralistisch

---

[1] Vgl. über das Institut Caro, Gesch. von Polen II 511 ff. Das älteste colloquium, welches für Schlesien als besonderen Staat in Betracht kommt, insofern als auf ihm Miesko als Oberherzog von ganz Polen unter Zustimmung des ebenfalls anwesenden Herzogs Boleslaus als des eigentlichen Landesherrn eine Besitzung des Klosters Leubus bestätigte, wurde 1177 in Gnesen abgehalten; vgl. Mosbach, Wiadomośći do dziejów Polskich. Wrocław 1860. S. 1. Das älteste rein schlesische colloquium, von dem uns Kunde erhalten ist, fand 1244 statt. Stenzel, Heinrichauer Gründungsbuch S. 53. Über den Charakter des colloquiums geben am besten Aufschlufs die Urkunden bei Stenzel, Heinr.chauer Gründungsbuch S. 53 im Jahr 1244, S. 25 f. d. a. 1247 f., S. 38 d. a. 1254, Tzschoppe-Stenzel S. 315 Nr. 31 d. a. 1249. Joh. Voigt, Das urkundliche Formelbuch des königlichen Notars Heinricus Italicus im Archiv für Kunde der österreichischen Geschichtsquellen XXIX 63 Nr. 55. Wien 1863. (Der Abdruck ist allerdings sehr fehlerhaft.)

[2] So bei dem Prozesse, den einige Adlige gegen das Kloster Heinrichau 1247 anstrengten. Der Herzog erklärte damals, als Stifter des Klosters verpflichtet zu sein, für dasselbe einzutreten; da er sich also selbst zum Sachwalter aufwarf, übergab er den Vorsitz an den Kastellan von Breslau.

[3] S. die Schilderungen bei Gallus S. 409 f. und 443.

organisierten fürstlichen Omnipotenz, welche dem Herzoge kraft eines privaten, persönlichen Rechtstitels zustand: so war der Bau der alten polnischen Staatsverfassung. Aber was von allen den grofsen Staatenbildungen des Mittelalters gilt, gilt auch von der der polnischen Nation. Abgesehen davon, dafs die Technik des Gebäudes allzu roh und kunstlos war, indem es an einer festen Organisation für die staatlichen Zwecke und Bedürfnisse fehlte, so war auch unsicher und schwankend der Grund, auf dem dieser Bau errichtet war, die unausgebildete Auffassung vom Wesen des Staates, „die Unfähigkeit, staatliches und privates Leben gehörig zu scheiden". Der Charakter des alten slavischen Staates war ein durch und durch patriarchaler; seine Einheit und Geschlossenheit beruhte lediglich auf dem persönlichen Belieben oder der faktischen Gewalt des Fürsten, der ihn als seine private Domäne ansah, über deren einzelne, wenn auch noch so wichtige Bestandteile er nach Gutdünken verfügen könne. Die Idee des staatlichen Zusammenhaltes trat in den Hintergrund gegen die kirchlichreligiöse, gegen die auf der Verschiedenheit der Berufs- und Besitzverhältnisse beruhende sociale Idee; die durch diese beiden Ideen zusammengeschweifsten Gesellschaftskörper sprengten die Einheit des Staatskörpers, die Funktionen desselben teilweise oder auch ganz an sich reifsend. Aus dem Abendlande, wo sie bereits zur Macht gelangt waren, fanden diese Anschauungen jetzt Eingang bei der polnischen Nation; es beginnt die zweite Periode der Reception westeuropäischer Kultur in Polen; diese Reception kreuzte sich und wurde getragen und gefördert von einer massenhaften, direkten Aufnahme deutscher Bevölkerungselemente innerhalb des westslavischen Völkerkreises, besonders in Schlesien, welches um eben diese Zeit anhub, ein selbständiges politisches Dasein zu führen.

Im Jahre 1163 erhielten die Söhne des 1146 von seinem Bruder Boleslaus vertriebenen und im Exil gestorbenen Herzogs Wladislaus durch Vermittlung Kaiser Friedrichs I. Schlesien, d. h. das Stromgebiet der Oder von ihrer Quelle bis ungefähr zum Beginne ihres Unterlaufes, und zwar so, dafs an Boleslaus den Langen Breslau, an Mesko Oppeln und an den damals noch unmündigen Konrad Glogau fielen. Nach dem Absterben Konrads bemächtigte sich Boleslaus I., dessen Sohn und Nachfolger Heinrich I., der Bärtige, der Gemahl der hl. Hedwig wurde, auch Glogaus; seitdem zerfiel das Land in zwei Hauptteile, die unter besonderen, einander nie beerbenden Fürstengeschlechtern standen, in den ducatus Zlesie (Breslau und Glogau, anfangs einschliefslich des Landes Lebus) unter den Nachkommen Boleslaus und in den ducatus Opoliensis (Oppeln, Ratibor, Teschen, dazu die 1178/79 von Polen abgetretenen Distrikte Beuthen, Auschwitz, Zator) unter Mesko und seinem Sohne Kasimir und dessen Erben. Durch immer fortgesetzte Erbteilung zerfielen beide Herzogtümer im Laufe der Zeit in eine Menge kleinerer, an Zahl stetig zunehmender Territorien; zwischen beiden Gruppen, den aus dem Oppelner und den aus dem schlesischen Dukat hervorgegangenen Ländern, bestand aber nicht das geringste Band in staatsrechtlicher Beziehung. Mit dem eigentlichen Polen blieben sie anfangs noch verbunden durch die von Boleslaus III. gegründete Senioratsverfassung, deren Wesen darin bestand, dafs einer der vielen polnischen Herzöge als summus dux eine gewisse schwache Oberherrlichkeit über seine Mitherzöge ausübte, sodafs das ganze Polen von ihm nach aufsen als eine Einheit repräsentiert wurde. Einen Einflufs auf die inneren Verhältnisse hat die Senioratsverfassung nicht ausgeübt[1]; seit dem Jahre 1201 geriet sie übrigens auch gänzlich in Verfall[2]. Im Anfange des 14. Jahrhunderts vertauschten die schlesischen Herzöge die formelle Abhängigkeit von Polen mit einem zunächst auch nur mehr formelle Bedeutung besitzenden Lehnsverhältnisse zur Krone Böhmen[3]. Da sie nach und nach von Böhmen abhängig wurden, eine Belehnung zur gesamten Hand sich aber nicht wahrten, so fielen bei dem Aussterben einzelner piastischer Linien einige Fürstentümer, so Breslau und Schweidnitz-Jauer, schon im 14. Jahrhundert an Böhmen, darauf im 16. Glogau, Sagan und Oppeln-Ratibor; sie wurden zum Unterschiede von den noch in den Händen der Piasten befindlichen Territorien Erbfürstentümer der Krone Böhmen genannt.

Der Beginn der deutschen Kolonisation, sowie der Reception der neuen staatsbildenden oder vielmehr staatsumwälzenden Ideen in Schlesien fällt zeitlich ungefähr zusammen mit der Trennung dieses Landes von Polen; wir werden daher von jetzt ab die Entwickelung der staatlichen Geschicke Schlesiens für sich gesondert betrachten. —

---

[1] Vgl. gegen die gegenteilige Ansicht Grünhagens („Boleslaus der Lange", Zeitschr. für Geschichte und Altertum Schlesiens XI 399 ff., daraus wiederholt in Geschichte Schlesiens I 33) die Ausführungen Friedensburgs, Schlesiens Münzen und Münzwesen vor d. J. 1220. Berlin 1886. S. 50 f., denen ich mich anschliefse.
[2] Röpell S. 403 f.
[3] Vgl. Edm. Franke, „De eo, quo Silesiae Ducatus saeculo XIV. cum regno Bohemiae fuerint conjuncti, nexu feudali." Diss. Vratisl. 1865. Grünhagen a. a. O. S. 172 meint, das Recht des Oberlehnsherrn sei eigentlich nur auf die Forderung der Lehnsfolge hinausgelaufen. Damit ist einerseits zu viel (s. Franke S. 17) und andererseits zu wenig gesagt. Eine Pflicht der Kriegsfolge über die Grenzen Schlesiens hinaus hat kaum bestanden; dagegen machte sich doch die böhmische Oberherrschaft, wenn auch nicht auf dem Gebiete der inneren Verwaltung der einzelnen Fürstentümer, doch in vielen anderen Beziehungen geltend; der König gewann richterliche Gewalt über die Herzöge (ebd.

Die Einwanderung Deutscher in Schlesien begann im 12. und währte bis zum 14. Jahrhunderte. Schon früher mögen sich freilich fremde Ansiedler in den polnischen Ländern niedergelassen haben[1]; besonders geflüchtete Elb- und Oderslaven mögen sich vielfach nach dem stammesverwandten Polen gewandt haben. Sie hiefsen liberi, und in der That brachten sie in die Gebundenheit der altpolnischen Gesellschaft, wenigstens der niederen ländlichen Bevölkerung, das erste Element der Freiheit. Sie standen unter der besonderen Obhut des Herzogs und erhielten daher ein höheres Wergeld[2]. Ihnen folgten auf dem Fufse seit dem 12. Jahrhundert deutsche Ansiedler, Vlamländer, die sogenannten Wallonen, welche zwar auch persönlich frei waren und keineswegs an die Scholle gefesselt erscheinen, jedoch den Lasten des Jus Polonicum unterworfen waren[3]. An diese wiederum schlossen sich, veranlafst durch die deutschen Mönche, welche von den Herzögen hierher berufen wurden, um als Pioniere deutscher Kultur aufzutreten, deutsche Bauern. Die erste Urkunde, die auf eine Einwanderung deutscher Kolonisten schliefsen läfst, ist eine Urkunde vom Jahre 1175. Welchen Umfang sie aber bald angenommen haben mufs, darüber belehrt uns ein Ereignis ungefähr vom Jahre 1214, wiewohl uns bis zu dieser Zeit kaum drei oder vier Dokumente erhalten sind, die uns von der Kolonisation berichten. Nur einmal nämlich wurde durch die Gewalt der Waffen über die Germanisation Schlesiens entschieden; es geschah dies im Jahre 1214 in der Schlacht bei Studnitz in der Gegend vom Liegnitz[4], in welcher die Söhne Heinrichs I., Konrad an der Spitze der slavischen Partei, Heinrich, nachmals der Zweite, der Fromme, an der Spitze der eingewanderten deutschen Ritter und Bauern, gegen einander stritten, und in welcher das Deutschtum den Sieg errang. Anderthalb Jahrhunderte währte die Kolonisation; Meitzen berechnet die Menge der in dieser Zeit nach Schlesien verpflanzten bäuerlichen Bevölkerung auf 150—180000 Ansiedler. Dazu kommt noch die Zahl der deutschen Ritter und Bürger. Man mufs auch bedenken, dafs gewisse Gegenden in Oberschlesien sowie die polnischen Grenzdistrikte in Mittel- und Niederschlesien sich ziemlich frei von der

---

S. 15); auch wurde das freie Verfügungsrecht derselben über ihre Länder sehr eingeschränkt (ebd. S. 22).
[1] So sagt Gallus (S. 419) von Boleslaus II Largus: „hospitum susceptor benignus."
[2] Piekosinski a. a. O. S. 247 f.
[3] Siehe z. B. die Urkunde Heinrichs I für die Romani (d. h. Wallonen) in Würben. Tzschoppe und Stenzel S. 300 f. Nr. 18 d a. 1235. Vgl. auch Grünhagen, Les colonies wallones en Silésie, acad. royale de Belgique. extr. du t. XXXIII etc. (Bruxelles 1867.)
[4] Chronicon Polono-Silesiacum, ed. Arndt. MG. S. S. XIX 566.

deutschen Kolonisation hielten, und dafs noch im Jahre 1619 Schlesien mit Einschlufs von Glatz nur 665 000 Einwohner umfafste¹, um von dem Verhältnis der deutschen Einwanderung zu der einheimischen Bevölkerung in den vorzugsweise der Besiedelung unterworfenen Gegenden eine richtige Vorstellung sich zu machen. Der Grund und Boden, auf dem die deutschen Bauern sich niederliefsen, war entweder herzoglich oder grundherrlich, in diesem letzteren Falle entweder dem Klerus oder dem Adel gehörig. Es gab für einen polnischen oder deutschen Edlen, desgleichen für eine geistliche Korporation keinen gröfseren Vorteil, wie wenn sie vom Herrscher die Erlaubnis bekamen, ihr Allod oder Vorwerk, d. h. ein zunächst für die Eigenwirtschaft bestimmtes Grundstück, zu deutschem Rechte auszusetzen. Derjenige, welcher auf seinem Grunde ein deutsches Dorf anlegen wollte, schlofs einen Vertrag mit einem Unternehmer (locator), der dadurch die Pflicht übernahm, die ihm übergebenen Hufen mit deutschen Bauern zu besetzen, und dafür als Schulze der neuentstehenden Gemeinde eine Anzahl abgabenfreier Hufen mit verschiedenen Gerechtigkeiten, einer Brot- und Fleischbank, auch wohl einer Schuhbank und Schmiede, erhielt. Die Bauern wurden von den ihnen unbekannten Leistungen des jus Polonicum befreit; sie erhielten ihre Güter zu Erbzinsrecht, welches ihnen zwar ein weitgehendes Nutzungsrecht, Vererblichkeit und Veräufserlichkeit ihres Besitzes, aber kein eigentliches Eigentumsrecht gewährte, ebensowenig wie andererseits die dinglichen Rechte des Grundherrn gegenüber den Kolonisten ein Eigentumsrecht bedeuteten². Der Kirche schuldete der Kolonist den Zehnten; nicht minder war er sowohl dem Grundherrn als auch dem Landesherrn abgabenpflichtig. Dem Grundherrn zahlte er von der Hufe einen Getreidezins sowie einen Geldzins, meist einen Vierdung, jährlich in zwei Terminen, zu Georgi im Frühlinge, zu Galli im Herbste. Der Schulze empfing, wie schon bemerkt, bei der Ansiedlung Freihufen, welche vom Zins und vom Zehnten befreit waren. Seit dem 14. Jahrhundert läfst es sich auch nachweisen, dafs der Kolonist³ dem Grundherrn zu Diensten verpflichtet war.

---

¹ Vgl. „Über den Wohlstand von Schlesien". Breslau o. J., S. 6.
² Vgl. Ernst Freiherr von Schwind, Zur Entstehungsgesch. der freien Erbleihen. Heft 35 der Unters. zur deutschen Rechts- und Staatsgesch., ed. O. Gierke, Breslau 1891, S. 157 ff.
³ Über die Entstehung und den Charakter der grundherrlichen Dienste besteht eine Kontroverse zwischen Stenzel und Meitzen. Stenzel (Tzschoppe-Stenzel, Einl. S. 165) meint, da die grundherrlichen Dienste in den Aussetzungsurkunden nicht erwähnt würden, dafs der Ursprung dieser Leistungen aus der Vergabung des jus ducale, besonderen Verträgen und vielleicht aus ungerechtem Drucke abzuleiten sei. Meitzen (Cod. dipl. Sil. IV 115) behauptet dagegen, dafs die deutschen Kolonisten schon bei der Aussetzung Scharwerksdienste über-

Dem Landesherrn gegenüber war der Bauer zu einer gewissen, oft sehr beschränkten Pflicht zum Kriegsdienste, sowie zu einigen anderen öffentlichen Diensten und Leistungen, so zur Entrichtung des Herzogkornes, des Münzgeldes und besonders des Schofses, verbunden. Der „Schofs" (collecta, exactio) war anfangs eine auf den auch zu grundherrlichem Zinse verpflichteten Hufen lastende aufserordentliche Abgabe, welche aber später ordentlich und auf einen jährlich zu zahlenden Betrag fixiert wurde; so für den Kreis Neumarkt „propter sterilitatem et vilitatem agrorum" auf nur 6 gr. für die Hufe [1], für die Kreise Liegnitz, Goldberg und Haynau auf 36 gr. für die grofse und 24 gr. für die kleine Hufe [2]. Grundherrlicher Zins und landesherrlicher Schofs sind streng auseinanderzuhalten; jener trägt einen privatrechtlichen, dieser einen öffentlichen Charakter. Nur wo der Landesherr zugleich Grundherr war, gebührten ihm natürlich zugleich die öffentlichen und die grundherrlichen Leistungen. Es gab in Schlesien von vornherein nur grundherrliche, d. h. auf fremdem (dem Herzoge, dem Adel und der Geistlichkeit, späterhin auch den Städten gehörigem) Grund und Boden zu Erbzinsrecht angesiedelte Bauern. Anfänglich, solange noch die Bestandteile der öffentlichen Gewalt nicht veräufsert wurden, war dieses Institut der Grundherrlichkeit aber ein rein privatrechtliches, seinen vornehmsten Ausdruck in der Zinspflicht findend; erst durch die Erwerbung zuvor landesherrlicher Rechte gewann die Grundherrlichkeit ihren, unten noch zu schildernden Domanialcharakter, demzufolge der Grundherr auch als Träger öffentlicher Befugnisse erschien, und der späterhin so allgemein und so wesentlich für sie wurde, dafs man unter Grundherrlichkeit eben jenes Rechtsverhältnis verstand, kraft dessen Private im selbständigen Besitze staatlicher Befugnisse sich befanden [3]. Diese in der Folgezeit sehr schnell sich vollziehende Entwickelung darf jedoch die Erkenntnis nicht verdunkeln, dafs die Grundherrlichkeit in ihrer ältesten, reinsten Form aufserhalb der Sphäre des öffentlichen Rechtes liegt. Die principielle Neuordnung der ländlichen Zustände in ganz Schlesien war nicht nur eine Folge der direkten

nahmen, die ihnen von Deutschland aus keineswegs unbekannt gewesen wären. Urkundlich lassen sich jedenfalls die grundherrlichen Dienste erst seit der zweiten Hälfte des 14. Jahrhunderts nachweisen.
[1] Privileg König Johanns d. a. 1341. bei Tzschoppe-Stenzel Nr. 152 S. 551.
[2] Ebd. S. 543 Nr. 148 d. a. 1337. Darüber, dafs dieser Schofs nur die auch zum grundherrlichen Zinse verpflichteten Hufen traf, also nicht die Freihufen des Schulzen und auch nicht die Güter des Grundherrn, insofern dieselben nicht späterhin ursprünglich bäuerliche und daher schofspflichtige Hufen erwarben, s. u. S. 62, Anm. 3.
[3] In diesem letzteren Sinne werden auch wir im folgenden das Wort „grundherrlich" anwenden.

Einwanderung, sondern auch des Umstandes, dafs allmählich nach dem Muster der neu eingeführten deutschen die bereits bestehenden slavischen agrarischen Verhältnisse umgestaltet wurden[1]. Gewanneinteilung und Wirtschaftssystem, nicht minder die Dorfgemeindeverfassung der Deutschen fanden Eingang in den polnischen Siedelungen[2]. In derselben Weise wie die Dörfer wurden auch die Städte zu deutschem Rechte ausgesetzt; sie waren fast durchgängig herzoglich, und nur selten gestattete der Herzog die Anlegung von Städten anderen Personen, so dem Bischofe. Der Zins war in ihnen ein doppelter, der Hufenzins für die Feldflur, mit welcher die Stadt ausgestattet wurde, ferner der Hausplatzzins, eine Abgabe von den einzelnen Häuserstellen, dazu die Einnahmen des Fürsten aus den ihm vorbehaltenen Einrichtungen zum Zwecke des Verkehrs und der Produktion für den Markt; so jährliche Zinsen von den Fleisch-, Brot- und Schuhbänken, der Reichkrame, vom Scheergaden, von den Leder-, Hopfen-, Malz- und Brauhäusern, vom Schrotamte, vom Schlachthofe und Salzmarkte, Hebungen vom Kaufhause, den Mühlen und Krügen sowie die Wachgelder und Zölle. Auch der Schofspflicht waren die Städte unterworfen. Die deutschen Einwanderer brachten mit sich ihre deutschen Rechte, die Ritter ihr Lehnrecht, die Bürger ihre Stadtrechte; für die Bauern galten die auf sie bezüglichen Teile des Landrechtes. Gegen das Ende des 13. Jahrhunderts liefs Bischof Thomas II. den Sachsenspiegel in das Lateinische übersetzen[3]; in der Mitte des 14. Jahrhunderts wurde für das Fürstentum Breslau ein Landrecht, beruhend auf einer Bearbeitung des Sachsenspiegels, geschaffen, welches in ganz Schlesien Geltung gewann[4]. Oberschlesien, wo die alten polnischen Rechtsverhältnisse sich am längsten erhielten, wurde später in den Kreis der böhmischen Rechtsbildung gezogen[5]; seit dem Aus-

---
[1] Meitzen a. a. O. S. 103 ff.
[2] Über die Einwirkungen der Germanisation auf die persönlichen Rechtsverhältnisse der slavischen Bauern und auf ihr Besitzrecht vgl. ebendaselbst.
[3] Gaupp, Das alte Magdeburgische und Hallische Recht. S. 18*.
[4] E. Th. Gaupp, Das schlesische Landrecht. Leipzig 1828, S. 79 ff. Wenn Grünhagen (I 71 der Quellennachweisungen, Anm. 36) bei Gelegenheit verschiedener Abweichungen des schlesischen Landrechtes vom Sachsenspiegel zu Gunsten der weiblichen Erbfolge bemerkt, dafs dem polnischen Erbrechte überhaupt eine Begünstigung der weiblichen Erbfolge zu eigen sei, so mufs dem gegenüber auf die Ausführungen Richthofens („Über die singulären Erbrechte" etc. S. 39 f. und passim) hingewiesen werden, aus denen hervorgeht, dafs das alte slavische Erbrecht die weibliche Erbfolge geradezu ausschlofs, und dafs die letztere erst allmählich und in sehr beschränktem Umfange in Schlesien bei den ursprünglich slavischen Adelsfamilien sich entwickelte.
[5] Die aus dem 16. Jahrhundert stammenden Landesordnungen von Teschen und Oppeln-Ratibor beruhen schon auf dem böhmischen Land-

gange des Mittelalters fand hier das böhmische Landrecht Aufnahme, welches freilich stark von deutschen Anschauungen durchsetzt war; in den Städten wurde das sächsische Recht gleicherweise verdrängt vom böhmischen Stadtrecht, welches sogar gänzlich auf deutschen Quellen beruhte[1]. Das Wichtigste für die staatliche Entwickelung war freilich die Reception der deutschen Gerichtsverfassung und zwar ihres bedeutsamsten Bestandteiles, der scharfen Scheidung zwischen processualischer Kognition und processualischem Zwange[2]. Nicht mehr der Fürst oder sein Beamter waren jetzt die Urteilsfäller, sondern der Richter war nur noch der Vorsitzende des Gerichts, welchem die Leitung und die Sorge für die Ausführung des Spruches zufiel, während das Urteil selbst von den Schöffen gefunden wurde[3].

Noch schwerwiegender aber als die Veränderungen, welche das polnische Staatswesen durch die deutsche Einwanderung und die Reception bestimmter deutscher Rechtssatzungen erlitt, waren diejenigen, welche durch das Eindringen der oben bezeichneten, aus den Kulturländern des Abendlandes stammenden Ideen bewirkt wurden. Der erste Ansturm in dieser Hinsicht ging aus von der Kirche, welche für sich selbst und für ihre Besitzungen diejenigen Freiheiten der Staatsgewalt gegenüber zu erringen trachtete, in deren Genusse sie sich in Westeuropa bereits befand. Bis zum 12. Jahrhundert ist die kirchliche Organisation in Polen ganz und gar abhängig von der fürstlichen Macht; die Bischöfe wurden wie fürstliche Beamte als absetzbar und versetzbar betrachtet, die Pfründen von den Fürsten willkürlich vergeben, das Zehntrecht der Bischöfe bestritten[4]. Schon im 11. Jahrhundert wütete in Polen ein gleicher Kampf zwischen Kirche und

---

rechte. Die Periode der Reception des böhmischen Rechtes dürfte in diesen Gegenden wohl zusammenfallen mit der der czechischen Amtssprache, welch letztere seit saec. XV. in Oberschlesien sich einbürgerte; vgl. „Urkunden der Klöster Rauden und Himmelwitz", ed. Wilhelm Wattenbach, Breslau 1859. Cod. dipl. Sil. II p. XXIX.
[1] Ein Verzeichnis der auf böhmischer Grundlage beruhenden oberschlesischen Partikularrechte findet sich bei v. Kamptz, Die Provinzial- und statutarischen Rechte in der preufsischen Monarchie. Berlin 1826. Über die Gültigkeit böhmischer Rechte, S. 516 ff.
[2] Scharf und richtig wird der Hauptunterschied zwischen altpolnischer und altdeutscher Gerichtsverfassung in der Księga prawa (Helcel, Starodawne II) § III hervorgehoben: „Ouch zy wissentlich, daz der polesche richter nicht scheppen pflegit zcu haben; zyt her abir nucze lute hy im, wen her recht, dy leet her zcu im und leget in dy rede vor, und dunket in ir keynis rede recht, dornoch richtet her; behaget im abir ir keynis rede, zo richtet her noch synem zynne, so her rechteste kan."
[3] Den Ausführungen Grünhagens (Schles. Gesch. I 89 und 91 f.) über das Verhältnis zwischen Richter und Schöffen wird man sich kaum anschliefsen können.
[4] Vgl. Röpell I 133.

Staatsgewalt wie damals in Deutschland zwischen Kaiser und Papst; den Wendepunkt darin bildete die 1079 erfolgte Ermordung des Bischofs von Krakau, des heil. Stanislaus, des polnischen Thomas Beket, in der Krakauer Kathedrale durch die eigene Hand Boleslaus' II. Largus[1]. Dieses persönliche Verschulden des Herrschers entschied über das Schicksal des Kampfes; in den Strafen des Bannes und Interdiktes, sowie der Verweigerung des Begräbnisses auf geweihtem Boden standen dem Papste die wirksamsten Mittel zu Gebote, den wilden Sinn der slavischen Fürsten zu zähmen. Nachdem die Kirche durch Einführung des Cölibates und Abschaffung der Simonie eine gründliche, innere Läuterung bestanden hatte und zu einer festen Organisation gelangt war, trat sie dem Landesherrn mit den weitgehendsten Forderungen entgegen, deren Erfüllung eine Sprengung der Staatseinheit bedeutete. Nicht nur, dafs die kirchliche Organisation, die Wahl der Bischöfe und Abte, die Vergebung der Pfründen rechtlich jeder staatlichen Einwirkung entzogen wurden, nicht nur dafs das Zehntrecht unbestreitbar gesichert wurde; gestützt auf die Satzungen des kanonischen Rechtes, eroberte sich die Kirche die geistliche Gerichtsbarkeit, die Exemtion des Klerus vom weltlichen Gerichtsstande. Noch mehr: es drang die Auffassung durch, wie es in einer Urkunde des Herzogs Mieczyslaw Stary hiefs, als er das Kloster Lenda an der Warthe von aller fürstlichen Gerichtsbarkeit wie auch von allen herzoglichen Abgaben und Diensten befreite, „es zieme sich nicht, dafs ein dem höchsten Gotte geweihtes Haus den Gesetzen der Fürsten unterworfen sei"; es wurde also recipiert das abendländische Institut der geistlichen Immunitäten[2]. In Schlesien gelang es der bischöflichen Kirche zu Breslau schon früh, in den Besitz ausgedehnter staatlicher Rechte ihren Hintersassen gegenüber zu gelangen[3]; schliefslich

---

[1] Vgl. Abraham, welcher nachgewiesen hat, dafs die Ermordung des hl. Stanislaus wegen der Konspirationen erfolgte, in welche sich derselbe mit Gregor VII. eingelassen hatte. (Abraham, O pierwotnej organisaczi kościoła w Polsca.)

[2] Das Wort „Immunität" ist hier natürlich in dem älteren, weiteren Sinne gebraucht. Die Forderungen der Kirche finden sich zusammengefafst in dem Auftrage, welchen Papst Gregor IX. (17. Juni 1236. Theiner, Vetera Monumenta Poloniae etc. Tom. I. Romae 1860, S. 29) seinem Legaten Wilhelm von Modena gab, er solle die polnischen Fürsten durch Ermahnungen und, wenn dies nichts hälfe, durch kirchliche Strafen bestimmen, die Unterthanen der Kirchen nicht mehr mit den Lasten des jus ducale zu bedrücken, also von allen Abgaben und Zöllen, von der Pflicht, das fürstliche Gefolge auf Reisen und Jagden aufzunehmen und zu verpflegen, von der Teilnahme an Kriegszügen und Burgenbauten auf eigene Kosten zu befreien, sodafs sie wieder für ihre eigenen Angelegenheiten sorgen und der Kirche die schuldigen Dienste leisten könnten, endlich auch nicht die Gerichtsbarkeit über die Hintersassen der Kirche samt den Gerichtsgefällen an sich zu reifsen.

[3] In den Kastellaneien Ottmachau und Militsch; vgl. Liber fundat.

endigte der Kampf, welcher am heifsesten in der zweiten Hälfte des 13. Jahrhunderts zwischen Heinrich IV. und Bischof Thomas II. tobte, damit, dafs jener auf dem Sterbebette 1290 dem Bischofe für die Kirchenlande Ottmachau und Neifse plenum dominium perfectumque jus ducale übertrug¹. Damit erwarb der Bischof für diese Gebiete die Landesherrlichkeit; er trat jetzt als gleichberechtigt neben die andern schlesischen Fürsten, deren weitere Schicksale in der geschichtlichen Entwickelung er teilte. Die übrigen geistlichen Stifter, die grofsen Abteien, gelangten soweit nicht, und zwar deshalb, weil ihre Güter nicht nur in den einzelnen Verwaltungsdistrikten des Landes, sondern auch in den einzelnen Fürstentümern zerstreut lagen und ein territorial geschlossenes Ganzes nicht bildeten. Ohne aus dem Staatsverbande gänzlich auszuscheiden, kamen sie doch in den Besitz der wichtigsten herzoglichen Rechte und aller Gerichtsbarkeit, also der Staatsgewalt über ihre bäuerlichen Hintersassen; die Anschauung jedoch blieb bestehen, dafs ihre Gewalt eine von der fürstlichen abgeleitete sei, dafs sie für ihre Güter Vasallen des Fürsten und ihm zur Huldigung und zu allen Diensten verpflichtet seien, welche der Fürst als Oberherr von seinen Vasallen zu fordern berechtigt sei. Die Gewalt, welche sie errangen, war eine nur grundherrliche, keine landesherrliche². Ihren Abschlufs findet diese Bewegung im 14. Jahrhunderte³.

episc. Vratisl. edd. Markgraf und Schulte, Einl. S. XXIII ff., wo sich über die Rechtsverhältnisse beider Kastellaneien eine eingehende Untersuchung findet.
¹ d. d. Breslau, 23. Juni 1290. Stenzel, Urkk. zur Gesch. des Bistums Breslau. Nr. 250. S. 250 f.
² S. über den Begriff der Grundherrlichkeit o. S. 43 Anm. 3.
³ Es drang damals die Anschauung durch, dafs die geistlichen Hintersassen von den fürstlichen Diensten und Lasten und der herzoglichen Gerichtsbarkeit befreit seien, dafs dagegen über sie dem Stiftsoberen alle Jurisdiktion, verbunden mit dem jus dominii und ducale, zustände; aus dieser Zeit stammen auch die meisten Fälschungen der schlesischen Klosterprivilegien, nach denen bereits die ersten Piasten den Abteien derartige Exemtionen verliehen haben sollen. S. u. a. die gefälschten Privilegien der alten Herzöge für das Kloster Leubus, in denen dieselben angeblich dem Stifte, wie es oft heifst, „omne jus ducale cum omni dominio, cum omni libertate, cum omni judicio manus et capitis" verleihen; so z. B. d. d. 1. Mai 1175 (Büsching, Urkk. des Klosters Leubus I, Breslau 1821, S. 7, Fälschung aus dem 14. Jahrh., vgl. Grünhagen, Regg. I 36), d. d. 1245 (Büsching, a. a. O. S. 170, ebenfalls Fälschung aus dem 14. Jahrh.; vgl. Regg. I 242), d. d. 27. Dez. 1252 (angeblich für alle Besitzungen des Klosters, zu derselben Zeit gefälscht; Büsching, a. a. O. S. 187, vgl. Regg. II 11); für Trebnitz s. die Urk. d. d. 1208 (Sommersberg, Scriptores Rer. Siles. Tom. I Lips. 1729, Fälschung aus der zweiten Hälfte des 14. Jahrh., vgl. Regg. I 81) u. s. w. Wahrscheinlich hängt die Entstehung dieser massenhaften Fälschungen mit dem Umstande zusammen, dafs die Fürsten im 14. Jahrh. (nach dem Vorbilde des Landbuches Karls IV.) einen letzten Versuch machten, die Trümmer und Reste ihrer ehemals so ausgedehnten Besitzungen und Rechte zu retten, und zu diesem Zwecke genaue Register

Das zweite Moment, durch welches die Auflösung der alten polnischen Staatsverfassung beschleunigt wurde, war der Umstand, dafs der Unterschied zwischen Szlachta und Ritterstand einerseits und den Bauern der Opoleverfassung andrerseits, der doch bisher trotz des für die beiden höheren Stände geltenden Geburtsprincipes vorzugsweise ein socialer war, sich gründend auf die Verschiedenheit der Besitzes- und Berufsverhältnisse, nunmehr anfing, eine erhöhte staatsrechtliche Bedeutung zu gewinnen. Während dadurch die Kluft zwischen den beiden höheren Ständen und der niederen Bevölkerung wuchs, wurde der Unterschied zwischen Szlachta und Rittertum wesentlich gemildert, ein Prozefs, auf den die in grofser Anzahl einwandernden deutschen Ritter einen wesentlichen Einflufs gehabt haben dürften. Denn während in anderen westslavischen Ländern die alten Zupanengeschlechter, so in Polen als nobiles cum clenodio et proclamatione bis zum Anfange der Neuzeit, in Böhmen und Mähren unter dem Namen der Herrn (pani), sich lange als eine höhere Klasse der Nobilität erhielten, blieb in Schlesien dieser Unterschied nur in wenigen Gegenden, meist in Oberschlesien, bestehen, in denen die Germanisation weniger durchdrang[1]. Die erste

derselben anlegten. Dabei mufsten, wie man vermuten darf, diejenigen Grundherren, welche für ihre Hintersassen im Besitze der herzoglichen Rechte zu sein behaupteten, zum Ausweis ihre Privilegien vorlegen; wo die geistlichen Stifter nur durch Usurpation und Gewohnheit in den Genufs der Jurisdiktion und der anderen fürstlichen Gerechtsame gelangt waren, wurden Freibriefe einfach gefälscht. Zur Ausübung der grundherrlichen Rechte, besonders der höheren Gerichtsbarkeit, bestellten die Äbte Stiftsvögte, die sich meist in einem strengen Beamtenverhältnisse befanden.

[1] Ein Verzeichnis der schlesischen Herrengeschlechter der späteren Zeit findet sich bei Jak. Schickfus „New vermehrete schlesische Chronica". Leipzig 1625. IV 39 f. Unter den dort aufgeführten Familien giebt es allerdings verschiedene, welche entweder später erst in den Herrenstand erhoben wurden oder nichtschlesischen Ursprunges sind. In Oppeln-Ratibor hatte der Unterschied zwischen Herren und Rittern auch insofern staatsrechtliche Bedeutung, als die Herren eine besondere Landtagskurie bildeten; nicht so im Fürstentum Grofsglogau. Vgl. Kgl. Staatsarch. Bresl. Fürst. Glogau II 1b. Manche Familie hingegen, wie die der Schaffgotsch, welche als nobilis bezeichnet wird und daher ursprünglich der Szlachta angehörte, behielt keinen besonderen Vorzug als Herrengeschlecht, weil eben in dem südlichen Teile Schlesiens die Germanisation gänzlich mit dem altslavischen Unterschiede zwischen Szlachta und milites brach.

Wie streng der Rangunterschied zwischen Herren und Rittern noch bis in sehr späte Zeit sich erhielt, geht hervor aus folgender Episode. Im Jahre 1573 sollte als Rat an der damals vor kurzem gegründeten schlesischen Kammer Friedrich von Kittlitz, ein Mitglied des Herrenstandes, angestellt werden; alsbald entspann sich zwischen ihm und einem anderen Kammerrate Georg von Braun, der, wiewohl Inhaber der freien Standesherrschaft Wartenberg, doch seinem Stande nach nur ein einfacher Ritter war (s. u. S. 55), ein Rangstreit. Kittlitz beanspruchte als Angehöriger des Herrenstandes die Session in der Kammer vor

Veränderung, welche das altpolnische Staatswesen durch die neu entstehenden Privilegien des Adels erlitt, bestand darin, dafs derselbe in Bezug auf seinen Gerichtsstand von dem Kastellaneigericht eximiert wurde; sowohl für den einheimischen slavischen wie für den eingewanderten deutschen Adel konstituierten sich jetzt eigene Standesgerichte; die des ersteren sind bekannt unter dem Namen der Zauden, welche sogar das dem alten polnischen Staatsrechte unbekannte und völlig entgegengesetzte Princip der Schöffenverfassung adoptierten, und deren erstes im Jahre 1300 erscheint[1].

Aber ebensowenig wie die Kirche sich damit begnügt hatte, auf Grund der Satzungen des kanonischen Rechtes ihre Mitglieder der weltlichen Gerichtsbarkeit entzogen zu haben, ebensowenig machte der Adel bei dem Halt, was er somit bisher erreicht hatte. Wieder wurde hier das Beispiel Deutsch-

---

Braun; dieser wendete dagegen ein, dafs er als freier Standesherr bei Landtagen und im Oberrechte die Session vor den Herren habe, die bei diesen Gelegenheiten ihren Platz unter den Rittern einnehmen müfsten; er verlangte demgemäfs, dafs seine staatsrechtliche Superiorität auch den Unterschied betreffs des Geburtsstandes aufhebe. (Kgl. Staatsarch. Bresl. A. A. III 23h, fol. 82 f.) Der Kaiser konnte den Streit nicht anders entscheiden, als dadurch, dafs er den Freiherrn von Braun in den Herrenstand erhob; im Principe also erkannte er die Standesprärogative der Herren vor dem übrigen Adel an (ebd. fol. 167). Erst im 17. Jahrh. änderten sich die Standesunterschiede des Adels durch die damals vom Kaiser eingeführten Rangabstufungen (Ritter, Freiherr, Graf; auch die Fürsten galten von damals ab, da sie aller wesentlichen landesherrlichen Befugnisse entkleidet wurden, besonders nach dem Aussterben der Piasten, immermehr lediglich als eine höhere Stufe der Nobilität).

[1] Stenzel (Einl. zu Tzschoppe-Stenzel S. 79 und Gesch. Schles. S. 149) behauptet, die Zaude, wie wir sie im 14. Jahrh. finden, sei das eigentliche, einheimische, ursprüngliche polnische Landgericht, das hohe Gericht des Adels und auch der Freien gewesen, indem das von uns oben (S. 37 f.) behandelte colloquium seiner Ansicht nach als derartiges „hohes Landgericht oder alte Landeszaude" fungierte. In Wirklichkeit besteht aber zwischen dem colloquium des 13. und den Zauden des 14. Jahrh. kein Zusammenhang; die letzteren sind kein altpolnisches Institut, sondern erst neu unter dem Einflusse germanischer Anschauungen entstanden. Denn in Polen, von dem doch Schlesien einst ein Teil war, gab es gar keine Zauden, sondern der Adel hatte dort seinen Gerichtsstand vor dem Kastellau; die Zauden beruhen ferner auf dem deutschen Principe der Schöppenverfassung (Tzschoppe-Stenzel, Einl. S. 84 f.), während bei dem oben erwähnten polnischen Adelsgerichte der Kastellan Einzelrichter war und der „Umstand" einen rechtlichen Einflufs auf das Zustandekommen des Urteils nicht besafs. Das erste „judicium polonicale", welches als Zaude zu bezeichnen ist, erscheint 1300 (Tzschoppe-Stenzel Nr. 100a); im Laufe des 14. Jahrh. lassen sich dann die Zauden als Kreisgerichte für viele Kreise nachweisen (ebd. S. 81 f.); sie waren Gerichte des polnischen Adels (d. h. der Inhaber von erbeigenen [nicht Lehns-]Gütern) in Sachen der peinlichen und bürgerlichen Justiz. Meist schon im 14. und 15. Jahrh. aufgehoben, erhielten sie sich in den minder germanisierten Gegenden bis in das 18. Jahrh.

Über die deutschen Adelsgerichte s. u. S. 72 f.

lands mafsgebend, wo das Institut der Gerichtsbarkeit der
weltlichen Grundherren sowohl bezüglich der niederen als auch
stellenweise bezüglich der hohen Vogtei bereits bestand. Es
handelte sich hier für den Adel zunächst darum, über seine
bäuerlichen Hintersassen, welche social bereits von ihm abhängig waren, indem sie ihm Zins und, wie die slavischen
Bauern lassitischen Besitzes, Dienste schuldeten, auch die Gerichtsgewalt zu erlangen. Zu erwägen ist auch, dafs, wie wir
nachwiesen, in der altpolnischen Zeit es an Privatsklaven
keineswegs in Schlesien fehlte; die unbeschränkte Disciplinar-
gewalt des Leibherrn über diese seine Eigenleute ist gewifs
die andere Wurzel der Patrimonialgerichtsbarkeit, wie wir
sie später finden; zum gröfsten Teile freilich ist diese letztere
entstanden durch Veräufserungen der fürstlichen Rechte seitens
des Landesherrn an die geistlichen und weltlichen Grofsen.
Die Verleihungen jurisdiktioneller Rechte an den Adel über seine
Grundsassen kommen seit der zweiten Hälfte des 13. Jahrhunderts vor, zunächst aber in weit geringerer Anzahl als die
Verleihungen obrigkeitlicher Rechte an die geistlichen Grundherrschaften[1]. Seit dem 14. Jahrhundert mehren sich die
Fälle, in denen der Herzog sich aller seiner landesherrlichen
Rechte, nicht nur der oberen und niederen Gerichtsbarkeit.

---

[1] Sehr häufig erscheint die Übertragung der niederen Gerichtsbarkeit an den weltlichen Grundherrn; anders verhält es sich mit der
oberen Gerichtsbarkeit. In Oberschlesien habe ich bis 1300 nur einen
einzigen Fall gefunden, in welchem der Herzog einem Adligen die ausschliefsliche Jurisdiktion über sein Gut überläfst, im Fürstentum Teschen
(d. d. 31. Januar 1290 bei Kasperlik, Kasimir von Beuthen S. 20);
etwas häufiger kommt das Gleiche in Niederschlesien vor: 1255
Tzschoppe-Stenzel Nr. 44. S. 354; 1267 Büsching, Urkk. der
Piasten in Schlesien S. 7; 1272 Stenzel, Heinrich. Gründungsb. S. 192;
1281 Ledeburs Archiv III 161. Die Niedergerichte waren nicht von
Anfang an gutsherrliche Pertinenz, wie Stenzel (Einl. zu Tzschoppe-
Stenzel) und G. Bobertag (Gerichte und Gerichtsbücher des Fürstentums Breslau, Ztschr. für Gesch. u. Altert Schles. VII 109) meinen. Es
erhellt dies schon daraus, dafs in den ältesten Urkunden der Schulze
für die Ausübung der niederen Gerichtsbarkeit noch als landesherrlicher, nicht als grundherrlicher Beamter erscheint: „graves causas no-
judicabimus —, reliquas vero appellationes scultetus judicabit, satis-
faciens conquerentibus; quod si injuste fecerit, coram nobis respondeat",
wie es zu wiederholten Malen in den herzoglichen Urkunden heifst
(z. B. Tzschoppe-Stenzel Nr. 3 (d. a. 1214), Nr. 10 (d. a. 1228) Nr.
12 (d. a. 1228). Noch in einem Privileg Heinrichs IV. (d. d. Breslau
26. Sept. 1277) für die Dörfer des Hospitals zum hl. Geiste heifst es.
nachdem verordnet worden ist, dafs die causae criminales vom Herzoge
selbst gerichtet werden sollen: „alias vero omnes causas preposito dicti
hospitalis concedimus et committimus in perpetuo judicandas"
(Korn, Bresl. Urkundenbuch, Breslau 1870. S. 47) — ein Beweis dafür,
dafs die Niedergerichte nicht ohne weiteres Pertinenz des Gutes waren,
sondern in den Besitz des Grundherrn zunächst durch herzogliche
Schenkung gerieten. Später wurden sie allerdings als Pertinenz des
Gutes betrachtet.

über die Gutsinsassen sowohl polnischer wie deutscher Dörfer zu Gunsten der adligen Grundherren entäufsert, und zwar, wie es mitunter heifst, aus der ihm angeborenen Mildthätigkeit („innata nobis munificentia"), in Wirklichkeit aus der bei der wachsenden territorialen Zersplitterung immer steigenden Finanznot. Alles, was zum jus ducale über die niederen ländlichen Klassen in jener Zeit gerechnet wurde, der Schofs, die gesamte Gerichtsbarkeit, zumal die obere, — da die Anschauung sich bald festsetzte, dafs die niedere ipso jure eine Pertinenz des Gutes sei —, sowie die Einkünfte aus den Gerichten, Ehrungen (freiwillige Geschenke der Unterthanen an den Landesherrn), Dienste (Vorspann-, Pflug und Jagddienste), das Münzgeld (eine regelmäfsige Abgabe auf die liegenden Gründe für das ursprünglich dreimal im Jahr erfolgende Verschlagen der Münze), die Abgaben an Vieh, der Rofsdienst der Schulzen, der schon früh aufgehoben und in eine ständige Abgabe verwandelt worden war, das Patronat über die Pfarrkirchen, die Zeidlereien, die Mühlen, der Vogel- und der Fischfang, die Schank-, Holz- und Jagdgerechtigkeit[1], — alles das wurde jetzt teils verschenkt, teils verkauft, teils versetzt, um niemals mehr eingelöst zu werden[2]. Wo ausdrückliche Privilegien nicht vorhanden waren, da usurpierten die Grundherren bei dem Mangel eines festgeordneten Beamtenwesens und einer ausreichenden Kontrole das jus ducale und das jus dominii über ihre Güter; die Anschauung drang durch, dafs dem Grundherrn die Jurisdiktion über seine Güter gebühre. In den stürmischen Zeiten Georg Podiebrads und Matthias Korvinus', sowie unter den schwachen Regierungen von Wladislaus und Ludwig von Ungarn fand auch diese Ent-

---

[1] Vgl. die Urkk. d. d. 21. März 1350: „Jura ducalia, videlicet cum exactionibus, porro, vacca, pecuniis et frumentis anserinis, mellificiis, molendiniis, piscationibus, silvis, venacionibus cum magna turba, aucupationibus, pratis, taberna, telonio de Blotnitz fluvio... laboribus vel aliis usufructibus" etc. (Registrum S. Wencislai, edd. Wattenbach-Grünhagen, S. 4), d. d. 6. Juni 1393: „exactio generalis, gansero, porcus, vacca, berna, agricultura jugerum nec non vectura" (Cod. dipl. Sil. I 67, Urkk. des Kl. Czarnowanz, ed. W. Wattenbach, Breslau 1854). An anderen Orten werden zum herzoglichen Rechte gerechnet und vergeben: Oberrecht, Steuern, Münzgeld und gewöhnliche Dienste (d. d. 2. Febr. 1367, Registr. S. Wenc. S. 10), Zinsen, Ehrungen, allerlei Bufsen grofs und klein, Fuhren, Robotten u. s. w. (d. d. 23. April 1432, ebd. S. 53), Jagd- und Holzgerechtigkeit (d. d. 25. April 1435, ebd. S. 57), ein Zins, bestehend in einem Vierdung (= 5 Gulden) und drei Fuhren pro Hufe, ferner eine Abgabe von 2 Vierdung und 1 Malter Hafer von jedem Dorfe jährlich (d. d. 17. März 1443, ebd. S. 54) u. s. w. Vgl. auch Tzchoppe-Stenzel, Einl. S. 166 ff. Unter den veräufserten Rechten befanden sich natürlich auch die Bestandteile des Jus Polonicum, wo dieses in Kraft geblieben war; vgl. z. B. Tzchoppe-Stenzel S. 334 f., Nr. 44 d. d. Liegnitz 10. August 1255.
[2] Ein Blick in die Stenzelsche Bearbeitung des Landbuches Karls IV. für das Fürstentum Breslau zeigt uns, wie sehr schon im

wickelung zumal in den Erbfürstentümern ihren Abschlufs; nur in den Fürstentümern, die unter der Herrschaft einheimischer Herzöge geblieben waren, erhielten sich mancherlei Reste des alten, so ausgedehnten jus ducale [1]. Principiell machte die Anschauung sich geltend, dafs dem Gutsherrn die Jurisdiktion über sein Dorf gebühre, dafs ferner, wenn er sein Dorf cum omni jure, mit allem obersten und fürstlichen Recht besitze, das Appellations- und Evokationsrecht des Landesherrn aufgehoben sei. Sowie der Bauer seinen öffentlichen Gerichtsstand verlor und in die grundherrliche Gewalt geriet, mufste der Unterschied zwischen freien oder zwischen Bauern des alten Opole-Verhältnisses einerseits und zwischen den früheren Leibeigenen andererseits aufhören. Zum Ende des Mittelalters ist die Domanialeigenschaft der adligen Güter völlig ausgebildet; über die grundherrlichen Dörfer steht mit geringen Ausnahmen die Ausübung der staatlichen Rechte nicht mehr dem Fürsten zu, sondern dem Grundherrn. Zur Kompetenz desselben gehören die gesamte Gerichtsbarkeit, das Recht der Polizei und der Strafvollstreckung, das Verordnungsrecht, kurz eine Vermischung von gesetzgeberischer, exekutiver und administrativer Gewalt, eine ausgedehnte obrigkeitliche

14. Jahrh. die fürstlichen Rechte über die Bevölkerung des platten Landes in Verfall gerieten. Für Oberschlesien ist uns aus dem Registrum Sti. Wencislai (Cod. dipl. Sil. VI) eine Menge Urkunden bekannt, die uns den Procefs der Veräufserung der fürstlichen Rechte beleuchten: vgl. die Urkk. d. d. 6. Juni 1316 (?) S. 1, d. d. 21. März 1350 S. 4, d. d. 6. Jan. 1373 S. 11, d. d. 8. März 1411 S. 31, d. d. 9. Mai 1418 S. 42, d. d. 14. Jan. 1419 S. 43, d. d. 14. April 1420 S. 44, d. d. 7. Nov. 1423 S. 50, d. d. 27. Okt. 1428 S. 51, d. d. 7. Okt. 1430 S. 52 und d. d. 11. Jan. 1432 S. 53 (Processe zwischen dem Herzoge und zwei Adligen über das oberste Recht auf den Gütern derselben vor erwähltem Schiedsrichter, entschieden zu Ungunsten des ersteren), d. d. 23. April 1432 S. 53, d. d. 25. April 1435 S. 57, d. d. 17. März 1433 S. 54, d. d. 15. Okt. 1437 S. 61, d. d. 6. März 1441 S. 64, d. d. 30. Jan. 1475 S. 297, d. d. 10. Febr. 1485 S. 123 (Herzog Hans von Oppau-Ratibor versetzt sein Erbgut Pschow bei Rybnik mit allem fürstlichen Rechte, Patronatsrechte u. s. w. für 500 ung. fl.).

[1] Vgl. z. B. Tzschoppe-Stenzel, Einl. S. 170 f. Als in der Zeit der habsburgischen Herrschaft die Staatsgewalt auf einer veränderten Grundlage sich mächtig wiedererhob, legte man übrigens wenig Wert auf die aus dem alten jus ducale stammenden landesherrlichen Rechte; so befahl Maximilian II., „das alle die obergericht, gelt und getreitzins in dem Glogischen fürstentumb, welche die alten fürsten auf etzlicher vom adl guetern hin und wider in den weichbildern gehabt, den besitzern und inhabern der gueter erblichen verkauft und hingelassen werden sollen", indem er die aus diesem Verkauf erwachsenden beträchtlichen Einnahmen für wichtiger hielt als den Besitz vereinzelter derartiger landesherrlicher Rechte. (Aus dem Berichte der Kammer über die Bereitung [Inspektion] des Pfandschillings Grünberg. Vgl. Staatsarch. Bresl. AA. III 23[1] fol. 41 bis 47, d. d. Grünberg 4. Febr. 1577). 1577 verkaufte die Generalbereitungskommission der Stadt Freistadt die Ober- und Niedergerichte für 4000 Thaler: d. d. 3. Juni 1577, ebd. fol. 187.

Stellung; diese Funktionen aber übte er nicht etwa aus als
Träger irgend einer Beamtenqualität, sondern ganz selbständig;
es ist dies der Rechtsbegriff der mittelalterlichen, feudalen
Jurisdictiones [1], welche als eigene Staaten innerhalb des alten
Staatskörpers, diesen durchbrechend und zersetzend, sich konstituierten, nur noch durch schwache Bande an den Fürsten,
die oberste Spitze des Staates und den Repräsentanten seiner
Einheit, gefesselt.

Mit dieser Entwickelung der Prärogative des Adels über
seine Grundsassen ging parallel die Ausbildung seiner Macht
als einer politischen Körperschaft; es geschah dies, indem er
sich genossenschaftlich organisierte. Die ursprünglichste und
natürlichste Form der Organisation der Szlachta war der Geschlechtsverband; so tritt sie besonders in ältester Zeit in
Polen auf [2], wo ganze Adelskotericen entstanden, indem sich
die Mitglieder eines Geschlechtsverbandes um das reiche
Familienhaupt scharten [3], ebenso in Pommern, wo dem Beispiele der Szlachta auch die übrigen Familien des Adels,
sogar die eingewanderten deutschen Geschlechter, wie die
Grafen von Eberstein zu Naugardt, die Ostens u. s. w.
folgten, und wo diese Organisation sogar staatsrechtliche
Bedeutung erlangte. In Schlesien ward es anders; wir sahen
ja, dafs hier die Szlachta seit dem Ende des 13. Jahrhunderts
zum gröfsten Teile in der Ritterschaft aufging. Nun ist uns
bekannt, dafs die milites ursprünglich in den Kastellaneiburgen
angesessen waren; als sie nun ausgesiedelt wurden und Grundstücke vom Herzoge erhielten, war nichts natürlicher, als dafs
sie mit der Burg des Kreises, in welchem sie wohnten, in
Beziehung blieben; war doch der Kastellan ihr Führer im
Kriege. So bildeten die Ritter eines jeden Bezirkes mehr
oder minder fest organisierte Korporationen. Diese korporative
Organisation des Adels hat sich erhalten; die ältesten Spuren
derselben finden wir in einem Landfriedensgesetze Heinrichs IV.
vom Jahre 1275 [4]. Es wird nämlich darin bestimmt, dafs zur
Verfolgung von Verbrechern für jeden einzelnen Kreis des
Fürstentums (territoria seu districtus) neben zwei Bürgern
auch zwei Ritter verordnet werden sollten, und zwar sollten
dieselben durch die Ritterschaft jedes Distriktes bestellt werden. Wo die Nobilität als besonderer Stand bestehen blieb,
hielt sie sich meist fern von dieser Organisation; wo sie in

---

[1] Vgl. über die rechtliche Bedeutung der Jurisdictiones: Waitz,
Deutsche Verfassungsgeschichte VIII 93; Lamprecht, Deutsches
Wirtschaftsleben im Mittelalter. I, 2, 1269. L. von Stein, Lehrbuch
der Finanzwissenschaft. I⁵ 415.
[2] Röpell I Beilage I.
[3] Caro, Gesch. Polens II 514 ff.
[4] Joh. Voigt, Das urkundliche Formelbuch des Heinricus Italicus. Arch. für österr. Gesch.-Quellen XXIX. Wien 1863. S. 63 Nr. 55.

der Ritterschaft aufging, nahm sie an derselben teil. Während die ältesten fürstlichen Freibriefe immer nur für Einzelne ausgestellt wurden, finden wir seit der ersten Hälfte des 14. Jahrhunderts Privilegien für ganze Korporationen; sofern sich diese Urkunden aber auf Adelsgenossenschaften beziehen, sind sie nicht den Ritterschaften ganzer Fürstentümer, sondern einzelner Kreise, oder wie dieselben auch heifsen, einzelner Weichbilder gegeben [1]. Die Gerichte sowohl des polnischen wie des deutschen Adels erstreckten sich einige Zeit auf die einzelnen Kreise: als dann Adels- und Zentralgerichte für die einzelnen Fürstentümer errichtet wurden, traten deren Beisitzer zusammen nach den einzelnen Kreisen, zum Teil durch Wahl seitens der Adelskörper derselben. Die „Verbüntnus" der Landschaft des Fürstentums Glogau im Jahre 1510 [2] setzte fest, dafs behufs Aufrechterhaltung ihrer Privilegien Herren und Ritter eines jeden Weichbildes zwei aus ihrer Mitte erkiesen sollten, deren Aufgabe es wäre, des Landes „Darlage zu verfechten", darüber zu wachen, dafs niemand im Genusse seiner Privilegien gekränkt werde, und die beiden Abgeordneten zum schlesischen Generallandtage zu erwählen; ein Jahr lang sollten diese Bevollmächtigten ihr Amt bekleiden und nach Ablauf dieses Jahres vor einer Versammlung sämtlicher Adligen der Weichbilder Rechenschaft ablegen, worauf sie dann entweder aufs neue bestätigt oder andere Vertrauensmänner gewählt werden konnten. Das Institut der Landesältesten nach den einzelnen Weichbildern zur Verfolgung von Zwecken politischer Art und solcher der Selbstverwaltung läfst sich im 16. und 17. Jahrhundert in ganz Schlesien nachweisen [3]. Ähnlich wie die Bürgergemeinden der Städte gaben sich diese Adelskorporationen der Fürstentümer und ihrer Weichbilder ihre eigenen Statuten und Willküren, die allerdings der Bestätigung seitens des Fürsten oder seines bevoll-

---

[1] Tzschoppe-Stenzel S. 543 Nr. 148, d. d. 20. Febr. 1337, Privileg für die Mannen, Ritter und Knechte „in unserm Lande zu Liegnicz, zu dem Goltperge und zu Haynaw". Liegnitz und Haynau lassen sich als Kastellaneien und später auch als Weichbilder durchgängig nachweisen; bei Goldberg ist dasselbe wenigstens sehr wahrscheinlich. Ebd. S. 550 Nr. 152, d. d. 11. Okt. 1341, Privileg Johanns von Böhmen für die „vasalli, pheodales et terrigenae districtus Noviforensis". Auch Neumarkt war Kastellanei und später Weichbild. In der Oberlausitz war die Ritterschaft organisiert nach den Weichbildern (ebd. S. 559 Nr. 158, d. d. 27. Febr. 1348, Brief der Mannen „dy in dem wyppildt zcu Lubaw sitczin" an Karl IV.). Vgl. auch das Aktenstück im Kgl. Staatsarch. Bresl. Fürst. Glogau II Ib.
[2] Schickfufs a. a. O. S. 441.
[3] 1591 sind die Landesältesten der Fürstentümer Schweidnitz-Jauer beteiligt an der Beratung der sog. roten Siegelordnung. Weingarten, Fasciculi jurium diversorum II. 283. Vertreter der einzelnen Weichbilder der Fürstentümer Oppeln-Ratibor nehmen Teil an der Beratung der Oppeln-Ratiborschen Landesordnung vom Jahre 1561/62.

mächtigten Beamten bedurften[1], wenn sie einen Eingriff in die Rechtssphäre desselben bedeuteten. Aber noch eine andere sehr wichtige Bedeutung hatten diese ritterschaftlichen Korporationen, und diese bestand darin, dafs der Einzelne, solange er in ihr verblieb, wenn er auch immer für sein Gut alles jus ducale und jus dominii erwarb, doch aus dem Staatsverbande nicht ausschied. Denn für die Leistung der dem Fürsten schuldigen Dienste, also vornehmlich der Hof-, Kriegs-, Gerichts- und Steuerpflichten, insofern der Herzog das Recht der Bede oder (in Oberschlesien) der Berna besafs, und insofern die gewünschte Abgabe ihm bewilligt wurde, war eben diese Organisation der Ritterschaft nach den einzelnen Weichbildern in Kraft; das Weichbild galt daher gewissermafsen als die ursprünglichste territoriale Grundlage der landesherrlichen Gewalt, zumal zu einer Zeit, da die nichtadlige ländliche Bevölkerung nur noch indirekt durch das Mittelglied der Grundherren mit dem Fürsten verknüpft war. Ist es schon aus dieser staatsrechtlichen Bedeutung des Weichbildes zu verstehen, dafs 1290 der Bischof nur für die Kreise Neifse und Ottmachau, nicht auch für seine anderen zerstreut im Lande liegenden Besitzungen die Landesherrlichkeit bekam, so ist es wiederum derselbe Grund, welcher uns ganz allein eine andere Erscheinung in der staatlichen Entwickelung Schlesiens zu erklären vermag. Mit dem Ende des 15. Jahrhunderts entstehen in Schlesien die freien Standesherrschaften, Güterkomplexe, für welche der Käufer ebenfalls omne jus dominii et ducale erwarb, für die er aber aus dem Staatsverbande des betreffenden Fürstentums staatsrechtlich vollständig ausschied, wiewohl an seinen Standesverhältnissen dadurch nicht das Geringste geändert wurde, indem er seinem Geburtsstande nach einfacher Ritter blieb, wenn er vorher ein solcher gewesen war, und keineswegs in die Reihe der Fürsten eintrat[2]. Dadurch, dafs diese freien Standesherren ritterliche Vasallen unter sich hatten, kann dieser Vorgang nicht erklärt werden, da Lehnsverbindungen unter Adligen

---

Schickfufs S. 450. Vgl. auch das S. 54 A. 1 zitierte Aktenstück. Landesälteste der Fürstentümer Schweidnitz-Jauer werden genannt 1607, Kgl. Staatsarch. AA. III. 26e fol. 398 und 401, Landesälteste und der „vollmächtige Ausschufs" der Landstände und der Ritterschaft von Breslau-Neumarkt ebenfalls 1607: Bresl. Stadtarch. Scheinig 9ª Nachtrag Nr 133, d. d. 3. März 1607.
[1] So die eben erwähnte „Verbüntnus" der Glogauer Ritterschaft.
[2] Vgl. die Verleihungsurkunde für Sigmund Kurzbach bezüglich Prausnitz' und Trachenbergs. Grünhagen-Markgraf, Schles. Lehnsurkk. II 104, d. d. 7. April 1492, bezüglich Militsch' ebd. S. 107, d. d. 30. Nov. 1494, für Alexius Thurzo bezüglich Pless', ebd. S. 403, d. d. 22. Januar 1517. In einer Urkunde vom Jahre 1514 bestätigt König Wladislaus dem Sigmund Kurzbach und seinem Bruder die Herrschaften Trachenberg, Militsch, Suhlau, Prausnitz, Winzig, Herrnstadt und Rützen; sie sollen dieselben besitzen zu demselben Rechte, „wy und

auch sonst noch in Schlesien vorkommen[1]. Das Weichbild galt eben als territoriale Grundlage der landesherrlichen Gewalt; der Erwerber eines Weichbildes erwarb demnach mit diesem zugleich alle diejenigen Rechte, welche dem Fürsten über die ihm unterstellten jurisdictiones des Kreises noch zustanden und zwar deshalb, weil dieselben für die Leistungen ihrer Pflichten gegen den Landesherrn nach den einzelnen Kreisen organisiert waren, und weil die noch vorhandenen landesherrlichen Rechte andererseits geltend gemacht wurden gegenüber der innerhalb des Weichbildes konstituierten Genossenschaft der Jurisdictiones.

Neben die geistlichen und weltlichen Jurisdictiones traten als dritter privilegierter Stand die Städte. Wie in allen benachbarten slavischen Ländern, Böhmen, Mähren und Polen, im Mittelalter, so auch waren die Städte in Schlesien ganz und gar deutsch. Die neu entstehenden schlesischen Städte bildeten zunächst einen besonderen Rechts- und Gerichtsverband; daneben aber waren ihre Bürgerschaften konstituiert zu einer sich selbst durch eine kollegiale Behörde verwaltenden Körperschaft; es gab in ihnen eine zweifache Art der Gewalt, eine landesherrliche und eine autonome bürgerliche[2]. Wir haben gesehen, dafs nach der alten slavischen Verfassung

---

wir dyselbs als konig zu Behem und herzcog in Slezien, auch dy vorigen fürsten ... dy gehabt, besessen ... zcu erb und aigenem rechte ... als frey landsherrn ..., wy den auch dy gemelten gepruder sunst ires freyherrschaftlichen standes halben uber andere gemeyne landsassen erhebt und noch achtunge der eren und wirde furgesetzt seyn" (d. d. 15. März 1514 ebd. S. 116). Die letzte Bestimmung bedeutet freilich keine eigentliche Standeserhöhung, hat wenigstens diese Wirkung nie gehabt.

[1] So bestätigt (d. d Winzenberg 13. Febr. 1377) Herr Hans von Pogrell den Verkauf eines Vorwerkes zu Pogrell durch den ehrbaren Knecht Haske von Dirsdorf ("unser liber getruwir") an dessen Bruder Dirke von Dirsdorf. Original im städt. Archiv zu Brieg (III E Nr. 20). Auch die Herrn von Parchwitz hatten ritterliche Vasallen und die Gerichtsbarkeit über dieselben (vgl. Tzschoppe-Stenzel S. 334 Nr. 41 d. d. 10. Aug. 1255 und S. 596 ff. Nr. 187 d. d. 30. Aug. 1374 und S. 597 Anm. 2); weder sie noch die Pogrells aber waren exemt von der landesherrlichen Gewalt.

[2] Stenzel (Tzschoppe-Stenzel S. 204) nimmt drei verschiedene Gewalten an, von welchen die Entwicklung der inneren städtischen Verhältnisse ausging, die des Fürsten, des Vogtes und die bürgerliche. Da der Vogt aber rechtlich nur der Beamte des Fürsten war, so darf man nur von zweien sprechen. Die autonome Gemeindegewalt war dem Charakter des altpolnischen Staatswesens fremd und verdankte ihre Einführung in Schlesien erst der Germanisation; nur in den Städten aber konnte sich die kommunale Autonomie zu einem lebenskräftigen Dasein entwickeln, während sie in den Landgemeinden durch die frühe Ausbildung des Instituts der Grundherrlichkeit unterdrückt wurde. Auch in den Städten konnte die Gemeindegewalt, zumal in Sachen des Verkehrs, anfangs nur da sich äufsern, wo der Herzog auf seine entgegenstehenden Rechte ausdrücklich oder stillschweigend verzichtete.

der Landesherr eine unbegrenzte Hoheit in Sachen des Verkehrs besafs und der gewerblichen Produktion für den Markt; diese ging jetzt allmählich über auf die städtischen Gemeinden, und zwar so, dafs die Regelung der Produktion und des Marktverkehrs entweder zunächst diesen in Gemeinschaft mit dem Landesherrn und seinem Beamten, dem Erbvogt, schliefslich ihnen ganz allein zufiel. Indem die Städte das Meilenrecht erwarben, d. h. das Privileg, dafs kein Handwerk, Markt oder Krug innerhalb des Umkreises einer Meile von der Stadt geduldet werden sollte, erhielten sie das Monopol für den Handelsverkehr und den Gewerbebetrieb und machten das platte Land in wirtschaftlicher Beziehung von sich abhängig; durch das Recht der Niederlage wurde der Hauptstadt Breslau die Ordnung des Grofshandels und der Handelsbeziehungen mit dem Auslande überlassen[1]. Wir erörterten bereits, wie sich der Fürst neben dem Hufenzins und dem Hausplatzzins sowie dem Schosse eine Menge von Einnahmen aus den einzelnen Zweigen der gewerblichen Thätigkeit, deren Ausübung er den Städten überliefs, vorbehielt; für die Verwaltung dieser landesherrlichen Einkünfte, desgleichen für die Verwaltung der dem Fürsten etwa sonst noch zustehenden gewerblichen Hoheitsrechte und der Gerichtsbarkeit fungierte der Erbvogt, ursprünglich der locator der Stadt, der Theorie nach als fürstlicher Beamter. Seine Beamtenqualität wurde jedoch dadurch sehr beeinträchtigt, und seine Funktionen wurden dadurch in die Sphäre selbständiger Gewalt sehr emporgehoben, dafs er sein Amt und die damit verbundenen Gefälle, welche in einem Anteile an den herzoglichen Einnahmen be-

---

[1] Vgl. Breslauer Urkundenbuch, ed. G. Korn, Breslau 1870 Nr. 93, Breslauer Niederlagsprivileg d. a. 1274. Aus der Urkunde selbst geht nicht hervor, welcher Art dieses Niederlagsrecht war: ausgeübt wurde es aber, soviel wir erfahren, wie das Wiener, nämlich in der strengsten Form, sodafs die von Osten kommenden polnischen Kaufleute, desgleichen die von Westen kommenden deutschen Kaufleute über Breslau hinaus überhaupt nicht mehr ihre Waren weiterführen durften, sondern den weiteren Vertrieb ihrer Waren nach Westen bezw. nach Osten, den Breslauer Kaufleuten überlassen mufsten, sodafs also in Breslau der gesamte Handelsverkehr gleichsam in zwei Teile zerschnitten wurde. Die neueste Darstellung der Geschichte des Breslauer Niederlagsrechtes (Max Rauprich, Die Handelspolitik Breslaus beim Ausgange des Mittelalters. Zeitschr. des Vereins f. Gesch. u. Altert. Schlesiens. 1892, S. 8) ignoriert diese wichtige Frage über den Charakter der Niederlage. Das Breslauer Niederlagsrecht bezog sich anfänglich nur auf das Gebiet Heinrichs IV., scheint aber allmählich auf ganz Schlesien Geltung gewonnen zu haben, sodafs andere Stapelrechte, wie z. B. das Glogauer, dadurch faktisch kraftlos gemacht wurden. Wenn übrigens Rauprich (ebd. S. 15) meint, es sei nicht festzustellen, ob es ein älteres Niederlagsprivilegium Glogaus gebe, so irrt er; ein solches stammt aus dem Jahre 1315 und ist gedruckt schon im Anfange dieses Jahrhunderts bei Worbs, Neues Arch f. d. Gesch. Schles. und der Lausitz. I. Glogau 1804, S. 295, und später noch einmal bei Minsberg, Gesch. von Glogau I, 186.

standen, als erbliches Eigentum besafs; immerhin aber war er absetzbar, nur dafs dann die Vogtei von ihm gelöst werden mufste[1].
Neben dieser zum Teil vom Erbvogt ausgeübten landesherrlichen Gewalt existierte noch in den Städten eine rein bürgerliche, welche gehandhabt wurde teils von der gesamten
Bürgerschaft in ihren allgemeinen Versammlungen, den Burdingen oder Bursprachen[2], teils von einer kollegialen Behörde,
den Ratsmannen (consules), an deren Spitze der Ratsmeister
(magister consulum), später Bürgermeister (magister civium)
stand. Es ist hier nicht der Ort, im einzelnen nachzuweisen,
wie diese anfangs auf die Verwaltung des Stadtvermögens
und der Marktpolizei beschränkte bürgerliche Gewalt ihre
Kompetenzen erweiterte, das selbständige Recht zur Regelung
des Marktverkehrs und der gewerblichen Produktion, besonders zur Bestimmung der Mafse und Gewichte, die Oberaufsicht über die Innungen der Handwerker u. s. w. erlangte,
wie sie endlich vom Fürsten die ihm sonst noch zustehenden
obrigkeitlichen Gerechtsame, besonders die Gerichtsbarkeit,
erwarb, wie schliefslich innerhalb der Gemeinde selbst die
Machtverteilung sich gestaltete. Auch diese Entwickelung
findet ihren Abschlufs um das 14. Jahrhundert. Mitunter gelang es den Städten, gerade in ihrer Eigenschaft als Träger
der wirtschaftlichen Entwickelung Vorrechte zu erlangen,
welche zu den vornehmsten Prärogativen der fürstlichen Gewalt gehörten: so das Münzrecht; Breslau erhielt sogar von
Kaiser Karl IV das Privileg, zur Hebung seines Handelsverkehrs Goldmünzen schlagen zu dürfen[3]. Indem Breslau
in späterer Zeit sogar die Landeshauptmannschaft und die
Kanzlei des Fürstentums Breslau und der inkorporierten
Weichbilder erwarb, erlangte es faktisch eine Stellung, welche
der der alten einheimischen Fürsten fast gleichkam; es war
damit eine Entwickelung angebahnt, deren Tendenz es war, die
Ritterschaft des Fürstentums zu absorbieren und gleich den
italienischen Städten des Mittelalters von einer Stadtrepublik
zu einem Staatswesen sich emporzuschwingen, — ein Ziel,
dessen Erreichung nur dadurch verhindert wurde, dafs eine
neue Centralgewalt sich ausbildete, deren Inhaberin die Krone
Böhmen ward, und der alle die alten einheimischen Gewalten
Schlesiens, Breslau wie auch die piastischen Fürsten, zum
Opfer fallen sollten.
So zerfielen in der zweiten Hälfte des Mittelalters die

---

[1] Vgl. z. B. die Urkunde Heinrichs IV. d. d. Breslau 4. Mai 1281
(Korn, Bresl. Urkundenbuch S. 49 f., Nr. 51). In Böhmen und in den
von den böhmischen Rechtsverhältnissen beeinflufsten Ländern hiefs der
Erbvogt judex; vgl. E. Franz Röfsler, Deutsche Rechtsdenkmäler
in Böhmen und Mähren. I. Prag 1845. S. XLV.
[2] Vgl. über dieselben Tzschoppe-Stenzel, Einl. S. 224 ff.
[3] Korn, Bresl. Urkundenbuch S. 192 f. Nr. 218 d. d. 25. Jan. 1359.

einzelnen Fürstentümer Schlesiens in eine Vielheit selbständiger, schroff von einander geschiedener Körper, deren Häupter, die Jurisdictiones, Aufgaben, welche ursprünglich in den Rahmen des Staates fielen, wie Rechtspflege, Polizei, Verordnungsrecht, Regelung der wirtschaftlichen Thätigkeit, mit autonomer Machtbefugnis verwalteten; wohl hingen sie noch mit der obersten Spitze des Staates, dem Fürsten, zusammen; aber das Band, durch welches sie mit diesem verknüpft wurden, war ein sehr schwaches. Es bestand im wesentlichen in der theoretischen Anerkennung seiner Oberherrlichkeit; man sah in dem Fürsten die höchste Quelle alles Rechtes; die Anschauung war lebendig, dafs der Einzelne alles das, was er besitze, alle Gewalt, die ihm über seine Hintersassen zur Verfügung stünde, nur insofern zu Recht besitze, als ihm dies durch die Bestätigung seitens des Herzogs garantiert würde. Die Form, durch welche diese Abhängigkeit ihren staatsrechtlichen Ausdruck gewann, war die Huldigung und die derselben vorausgehende Pflicht, Besitzveränderungen, Wechsel der Obrigkeiten der Städte und geistlichen Stifter dem Landesherrn anzuzeigen und von ihm bestätigen zu lassen, — oft nur ein formeller Akt, da die Bestätigung nicht versagt werden durfte. Die direkte Ausübung der gesamten Staatsgewalt stand dem Fürsten nur noch insofern zu, als er selbst Grundherr war, also über sein Domanium; nur auf diesem noch erhielt sich seine alte Herrlichkeit; seitdem freilich das jus ducale über die Bauern der grundherrlichen Dörfer in die Hände der Grundherren geraten war, wurde auch das Verhältnis der Bauern auf fürstlichem Grund und Boden als Erbunterthänigkeit aufgefafst, sodafs die Ausübung der Jurisdiktion seitens des Fürsten gegenüber seinen bäuerlichen Unterthanen nicht mehr als eine Folge seiner Eigenschaft als des Inhabers der landesherrlichen Gewalt schlechthin, sondern als eine Konsequenz seiner Stellung als des Grundherrn auf seinem Domanium erschien[1]. Aufser der Domanialgewalt stand dem Fürsten noch die Leitung der äufseren Politik zu,

---

[1] Daher gab es in Schlesien späterhin nur noch erbunterthänige Bauern, keineswegs aber einen Stand „freier Bauern" in demjenigen Sinne, wie er in den altdeutschen Territorien sich verhielt. Allerdings kommen in Schlesien vielfach „Freigüter" vor, d. h. solche Bauerngüter, welche zinsfrei, deren Inhaber aber nichtsdestoweniger erbunterthänig waren; ebenso verhielt es sich mit den „Lehnsbauern". Schröder (Deutsche Rechtsgesch. 737 f.) meint, dafs, während alle übrigen Bauern in Schlesien in Abhängigkeit geraten seien, nur die Lehn- oder Freischulzen als „Freibauern" sich erhalten hätten. Wenn damit gesagt sein sollte, dafs die Lehn- oder Freischulzen im Gegensatze zu den übrigen Bauern vor der Erbunterthänigkeit bewahrt geblieben seien, so müfste man diese Vorstellung als unzutreffend bezeichnen. Vgl. z. B. u. a. die Urk. in Cod. Dipl. Sil. IV 299 (d. d. 26. Juli 1356), in der es vom Lehnschulzen des Dorfes Schönbrunn heifst, dafs der Abt und der Konvent des Saganer Stiftes seine „rechte

ferner die Kriegsführung, das Recht der Bede, die Gerichtsbarkeit über die Stände, die Hof- und Kriegsdienste der Vasallen, inwieweit hier überall nicht Privilegien Einzelner oder ganzer Korporationen ihm entgegenstanden, endlich, was sonst noch an Resten der ehemaligen landesherrlichen Rechte, Regalien und Einkünfte vorhanden war. Freilich ergaben sich aus der Anschauung, dafs alle Rechte der Einzelnen im letzten Grunde doch vom Fürsten abgeleitet seien, als natürliche Konsequenzen zwei sehr wichtige Befugnisse desselben, einmal die oberste Entscheidungsgewalt in Konflikten staatsrechtlicher Natur zwischen den einzelnen Ständen, nicht minder denselben gegenüber ein gewisses Aufsichtsrecht bezüglich der Art und Weise, wie sie ihre Funktionen verrichteten; dies waren auch die Punkte, wo die Centralgewalt einsetzen mufste, wenn sie wieder erstarken wollte. So schwach und unvollkommen auch die politische Organisation an sich war, so fand sie doch ein starkes Ferment in den religiösen Anschauungen jener Zeiten; der Bruch der Vasallentreue galt auch als eine Verletzung der religiösen Pflichten und war daher oft ausdrücklich mit kirchlichen Strafen bedroht[1]: gerade hierin offenbarte sich deutlich der theokratische Charakter des mittelalterlichen Staatswesens.

Wurde so dem Fürsten die direkte Ausübung der lokalen Staatsgewalt, d. h. der Staatsgewalt über die Insassen der Grundherrschaften und der Städte, zum grofsen Teile entzogen, so stellte sich ihm auch bezüglich der Centralleitung des Staates eine konkurrierende Macht gegenüber und zwar in der Gesamtheit der Jurisdiktionen, der geistlichen und weltlichen Grundherren, sowie der Städte. Für die Ausbildung des politischen Einflusses der Stände, d. h. eines für die Regierung des Territoriums selbständig in Vertretung des Landes dem Fürsten gegenüber stehenden Trägers staatlichen Rechtes[2], waren von Bedeutung das freie Einungsrecht und das Recht der Steuerbewilligung[3]. Bei der Omnipotenz der fürstlichen

---
erbheren unde lenheren »yn", in der also der betreffende Lehnschulze als Erbunterthan des Saganer Stiftes bezeichnet wird.
[1] Vgl. dazu die Urkunde des Bischofs Preczlaus d. d. 1. Juli 1342 in Stenzels Bistumsurkunden S. 349f. Der Bischof bezeugt darin, dafs die schlesischen Fürsten in ein Lehnsverhältnis zur Krone Böhmen getreten seien, sowie dafs die Stände des Fürstentums Breslau nach dem Tode Heinrichs VI. den König von Böhmen als ihren Herzog anerkannt und ihm Treue geschworen hätten: er gelobt ferner, dafs er, wenn jemand von diesen neuen Unterthanen der Krone seinen Treuschwur brechen sollte, denselben vermittelst des Bannes zum Gehorsam zurückzuführen versuchen würde.
[2] Vgl. O. Gierke, Das deutsche Genossenschaftsrecht I 535. Berlin 1868. G. v. Below, Das bergische Rechtsbuch, S. 13. Marburg 1886.
[3] Es soll damit selbstverständlich nicht behauptet werden, dafs die Entstehung der Stände in den schlesischen Territorien auf diese beiden Wurzeln zurückzuführen ist; klar aber ist es, dafs beide

XIII 1. 61

Gewalt im altpolnischen Staate kann kein Zweifel darüber
herrschen, dafs beide Rechte in Schlesien ihren Ursprung den
Einwirkungen germanischer Rechtsanschauungen verdanken.
Grundlage des freien Einungsrechtes [1] ist die Idee einer vollen
persönlichen Freiheit, die dem Charakter des altslavischen
Staatswesens völlig fremd ist; die polnische Urgeschichte kennt
nur solche Verbindungen selbst der mächtigsten Grofsen, welche
den Charakter der Usurpation gegen die bestehende Gewalt
des Knäs tragen. Seit der Wende des 13. zum 14. Jahrhundert finden wir in Schlesien Einungen bald der Glieder
eines bestimmten Standes [2], bald der politischen Machteinheiten,
d. h. des Adels und der Städte, eines bestimmten Territoriums,
zumal des Fürstentums Breslau [3]. Wenn die uns bekannten
Einungen der letzteren Art auch noch nicht als Stände im
Sinne eines ordentlichen Institutes der Verfassung zu bezeichnen sind, so sind sie doch zweifelsohne als die Vorläufer derselben anzusehen und zugleich auch mafsgebend gewesen für die Entwicklung von Form und Gestaltung des
Ständewesens. Was das Recht der Stände bezüglich der
Steuerbewilligung anbelangt, so ist es wohl zu unterscheiden
von dem der Steuerfreiheit, in dessen Genusse sich Klerus
und Adel für ihren unmittelbaren Besitz befanden. Schon im
altpolnischen Reiche waren nobiles und milites, soviel wir ersehen können, lediglich zum Kriegsdienste verpflichtet und

---

Momente für die Entwicklung des ständischen Lebens von hervorragendem Einflufs gewesen sind. Das Problem der Entstehung der
Stände in den schlesischen Fürstentümern mufs besonderer, eingehenderer Forschung überlassen bleiben. S. auch u. S. 95 Anm. 2.
[1] S. über dasselbe Eichhorn, Deutsche Staats- und Rechtsgesch.
II⁵ 598 ff. § 346.
[2] So schliefsen 1310 die Städte Glogau, Sagan, Fraustadt, Sprottau,
Steinau, Lüben, Guhrau, Freistadt und Krossen eine Einung zu Landfriedenszwecken, dafs derjenige, der in einer dieser Städte wegen eines
Verbrechens geächtet würde, in allen Städten dafür gehalten werden
solle u. s. w.
[3] Als Heinrich IV. von Breslau den Heinrich von Glogau zum
Erben eingesetzt hatte, entschieden sich der Adel und die Stadt Breslau für Herzog Heinrich von Liegnitz: „nobiles atque cives Wratislavienses inito consilio dictum ducem Lignicensem unanimiter elegerunt." (Chronicon principum Poloniae, ed. Stenzel in S. S. Rer. Sil.
I 115, Breslau 1835). Offenbar trägt diese Einung den Charakter einer
Usurpation gegen die bestehende Staatsgewalt, wenn auch Adel und
Stadt Breslau hier als Vertreter des ganzen Fürstentums handeln.
Ähnliche Vorgänge, denen der usurpatorische Charakter fehlte, wiederholten sich in der Folgezeit: „Post mortem Bolkonis ducis Swidnicensis
(9. Nov. 1301) barones, vasalli, milites, cives et majores terre simul
congregati Heinricum de Wirbna tutorem (über die Söhne Heinrichs V.)
concorditer elegerunt." (Nach Grünhagen I 53, Quellennachweise, ist
die Glaubwürdigkeit dieser Nachricht allerdings nicht über allen Zweifel
erhaben). „. . quod videntes terrigene habito consilio decreverunt
Boleslao III . . de uxore . . providere et procati sunt Margaretham"
(ebd. S. 135).

deshalb von anderen Diensten und Abgaben exemt, da es im Wesen der damals entstandenen nationalen Arbeitsteilung lag, dafs die niederen Dienste und die Abgaben der bäuerlichen Bevölkerung aufgebürdet wurden. Ob man diese thatsächliche Steuerfreiheit des Adels ein Recht nennen darf, ist bei dem gesamten Charakter des altpolnischen Staatswesens allerdings zweifelhaft; von praktischer Bedeutung konnte diese Frage jedoch kaum werden, da ja damals der Fürst fast noch der einzige Eigentümer in seinem Reiche und in jener Zeit immer noch der Gebende war. Mit dem Eindringen germanischer Anschauungen mufste die faktische Steuerfreiheit des Adels und wohl auch des Klerus in die Sphäre des Rechtes erhoben werden. Anders aber war es mit der niederen Bevölkerung, auch mit den deutschen Kolonisten. Diesen gegenüber beanspruchte der Herzog ein unbeschränktes Besteuerungsrecht, dessen Mifsbrauch schon 1249 dazu führte, dafs der Herzog sich verpflichten mufste, von den Insassen der kirchlichen Güter Steuern nur dann zu erheben, wenn die Barone und der Bischof die Notwendigkeit und Nützlichkeit dieser Auflagen anerkannt hätten [1]. Es ergiebt sich aus diesem Reverse des Herzogs zweierlei, einmal dafs vor 1249 der Herzog sich ein unbedingtes Recht zuschrieb, von der niederen, auch der grundherrlichen Bevölkerung Steuern (exacciones sive collectas) zu fordern, dafs er aber 1249 der Versammlung der Barone und dem Bischofe ein Steuerbewilligungsrecht für die Insassen der kirchlichen Güter zugestehen mufste. Sowohl die Bauern zu polnischem wie zu deutschem Rechte waren der exactio unterworfen [2]; doch erstreckte sich die Pflicht der exactio nur auf die auch zum privaten Zins an den Grundherrn verpflichteten Hufen [3]. Der Schofs (exactio) war demgemäfs für

---

[1] „Item collectas sive exacciones generales sive speciales super homines et bona ecclesiastica non faciemus nisi justas, que fuerint per episcopum et barones pro utilitate terre et necessitate approbate." (Stenzel, Urkk. zur Geschichte des Bistums Breslau im Mittelalter S. 16. Breslau 1845.)

[2] Aus dem Jahre 1284 wird uns berichtet: „dux gravissimas collectas ab hominibus ecclesiae maxime in terra Othmuchoviensi . . . a quolibet villano in jure Theutonico dimidiam marcam de singulis mansis, in Polonico vero jure commorantibus vaccam valoris dimidie marce vel dimidiam marcam argenti exegit" (ebd. S. 80).

[3] 1284 beschwerte sich der Bischof auch, dafs der Herzog „collectas quoque . . scultetis suis liberos mansos habentibus" auferlegt habe (ebd. S. 110); der Herzog bestritt dies, — eine indirekte Anerkennung der Steuerfreiheit der liberi mansi. Unterworfen der exactio waren also nur die mansi censuales. Dafs die Grundherren für ihre Allodia, d. h. für die in Eigenwirtschaft befindlichen „Vorwerke", keinen Schofs zu zahlen brauchten, erhellt schon daraus, dafs das Landbuch Karls IV. (ed. Stenzel, Jahresber. der schles. Gesellsch. 1842 S. 100ff.) bei der Liste der Allodia des Fürstentums Breslau die Anzahl der Hufen oft nicht erst angiebt, weil diese doch nicht dem Hufenschosse unterlagen. Nur für ursprünglich bäuerliche Hufen waren die Grundherren schofs-

die ländliche Bevölkerung eine Hufensteuer, welche aber nur die auch zu grundherrlichem Zins verpflichteten Hufen traf; er war vom Herzoge auferlegt kraft seiner landesherrlichen Gewalt, hatte also öffentlichen Charakter und war zunächst eine aufserordentliche Abgabe. Für die Städte finden wir den Schofs schon frühzeitig fixiert. Die Verteilung und Erhebung der jährlich zu zahlenden Summe war den Stadtobrigkeiten überlassen[1]. Auch für die ländliche Bevölkerung wurde der Schofs allmählich eine ordentliche, hinsichtlich ihres jährlichen Betrages fixierte Auflage. Im Jahre 1341 wurde der Schofs für die zinspflichtigen Hufen des Kreises Neumarkt auf 6 gr. pro Hufe durch den König Johann normiert, 1337 für die Kreise Liegnitz, Goldberg und Haynau auf 36 gr. für die grofse Hufe und 24 gr. für die kleine Hufe[2]. Zugleich erteilte Bodeslaus III. den Mannen und Bürgern der letztgenannten drei Weichbilder für den Fall, dafs er oder seine Beamten eigenmächtig den Schofs erhöhen sollten, das Recht der Koalition und des Widerstandes; es geht daraus hervor, dafs neue, für das ganze Land verbindliche Auflagen vom Fürsten nur mit Zustimmung der Mannen und Städte erhoben werden durften. Aus dem Rechte der Steuerfreiheit könnte für Klerus und Adel folgen höchstens ein Recht der Steuerbewilligung für ihren eigenen, unmittelbaren Besitz; das Recht der Steuerbewilligung der Stände, d. h. der Gesamtheit der Jurisdiktionen eines Territoriums, für das ganze von ihnen vertretene Land geht im Herzogtum Liegnitz zurück auf ausdrückliches Privilegium seitens des Herzogs. Was die übrigen Territorien Schlesiens anbetrifft, so mufs die Entstehung des ständischen Steuerbewilligungsrechtes in dieser Gestalt auf ähnliche Vorgänge, auf die Fixierung der exactio und auf die ausdrückliche oder stillschweigende Anerkennung der Stände als der Vertreter des Fürstentums durch den Herzog zurückgeführt werden. Als aufserordentliche Steuer finden wir seitdem die von der landständischen Bewilligung abhängige, auch die Grundherren treffende „Bede" oder „Berna" (lat. ebenfalls collecta. exactio genannt). Das Steuerbewilligungsrecht für sich und für das gesamte Land wurde jetzt der Eckstein der verfassungsmäfsigen Machtsphäre der landständischen Körperschaften der einzelnen Territorien. Übrigens traten die Stände

---

pflichtig. S. die Urkk. bei Tzschoppe-Stenzel S. 551 Nr. 152 und S. 543 Nr. 148.

[1] In dieser Gestalt als jährlich fixierte, ordentliche Abgabe findet sich der Schofs schon gegen Ende des 13. Jahrh. in den Rechnungsbüchern der Stadt Breslau (ed. Grünhagen, Cod. Dipl. Sil. III).

[2] S. o. S. 74 Anm. 2. Der Schofs in dieser nunmehr endgültig festgesetzten Höhe war daher jetzt „eine ordentliche, von Bewilligung unabhängige, jährliche, feste Abgabe," wie die „Bede" in den altdeutschen Gegenden (vgl. über dieselbe G. v. Below im Handwörterbuche der Staatswissenschaften II 349 f.).

der einzelnen Fürstentümer bald an politischer Bedeutung hinter den Generalstände des gesamten Schlesiens zurück¹. — Im Zusammenhange mit diesen Umbildungsprozessen innerhalb des ganzen Staatslebens erlitt die alte Verwaltungsorganisation tiefgreifende Wandlungen. Wir beginnen mit der Lokalverwaltung. Der unterste lokale Verwaltungsdistrikt, die opole oder vicinia, verschwand. Die Ursache dafür lag teils in dem Eindringen der deutschen Dorfgemeindeverfassung und deren Übertragung auch auf die slavischen Bauerschaften, teils in dem Umstande, dafs die niedere Gerichtsbarkeit schon frühzeitig allgemein in die Hände des Grundherrn geriet, sowie in dem Aufhören der Lasten des alten polnischen Rechtes, deren Aufbringung ja neben der Handhabung der niederen Gerichtsbarkeit die Hauptaufgabe dieser Organisationsform gewesen war. Für Polen setzt Röpell das Ende der Opole auf die Mitte des 13. Jahrhunderts; auch für Schlesien dürfte dies zutreffen. Als unterster bäuerlicher Verwaltungsbezirk erscheint jetzt das Dorf, an dessen Spitze der Schulze mit seinen Schöppen stand. Das Schulzenamt, welches zuerst von dem locator des betreffenden Dorfes bekleidet wurde, war erblich und verkäuflich. Anfänglich hatte der Schulze eine doppelte Beamtenqualität: er war Beamter des Fürsten, in dessen Namen er das Niedergericht verwaltete, in dessen Heere er zum Rofsdienst verbunden und dessen Gefälle in dem Dorfe einzunehmen er verpflichtet war; andererseits war er aber auch Beamter des Grundherrn, dessen Grundzins er einzusammeln hatte. Je mehr aber die Domanialeigenschaft der grundherrlichen Güter sich ausbildete, desto mehr wurde der Schulze rein grundherrlicher Beamter. Im Auftrage des Gutsherrn hatte er jetzt das Untergericht inne, vor welches die leichteren Vergehen, Prozesse über Schuld und fahrende Habe, sowie Akte freiwilliger Gerichtsbarkeit über Bauernerbe gehörten, verrichtete er eine Menge von Diensten der Polizei, der Steuererhebung und sonstiger Art von exekutiver Gewalt; nebenbei war er der Vorstand seiner Gemeinde, insofern dieselbe einen Selbstverwaltungskörper dadurch darstellte, dafs sie eine Genossenschaft in agrarischer Hinsicht, einen wirtschaftlichen Verband bildete². Die Belohnung für seine Verrichtungen bestand in dem bei der Gründung ihm

---

[1] Es kann hier natürlich keine Verfassungsgeschichte der einzelnen Territorien gegeben werden. Über die Ständeverfassungen einzelner Fürstentümer giebt nähere Auskunft ein interessantes Aktenstück des Kgl. Staatsarch. zu Breslau, Fürstent. Glogau II 1b.
[2] S. über die Selbständigkeit und Selbstverwaltung der Landgemeinden des Nordostens Löning, Deutsches Verwaltungsrecht S. 146. Leipzig 1884. Die schlesischen Schulzen sind „Freischulzen", so genannt wegen der Zinsfreiheit ihrer Hufen; Lehnschulzen, die in der Mark Brandenburg die Regel sind, kommen in Schlesien seltener vor.

angewiesenen gröfseren, zum Teile zins- und steuerfreien Besitze und den Gerechtigkeiten, die ihm sonst etwa noch zuerkannt wurden. Den Dörfern traten zur Seite die Städte, in denen diejenige Stellung, welche dem Schulzen in den Dörfern zukam, als locator und als landesherrlicher Gerichtsund Verwaltungsbeamter der Erbvogt einnahm, anfangs auch nur mit den Funktionen der niederen Gerichtsbarkeit betraut. Von der Dorfgemeinde unterschied sich die Stadtgemeinde in Schlesien von Anfang an dadurch, dafs sie die Trägerin einer anderen wirtschaftlichen Entwicklung war als der rein agrarischen, und dadurch, dafs in ihr, wie wir sahen, eine von vornherein zur Geltung gelangende kommunale Autonomie sowie in dem Institute der Ratsmannen mit ihrem magister besondere kommunale Organe existierten; das Verhältnis der Bürger und der deutschen Bauern zur Staatsgewalt war sonst, ehe die Grundherren begannen, öffentliche Rechte zu erwerben, das gleiche.

Nicht nur die Einrichtung der Opolen, sondern auch die Kastellaneiverfassung geriet unter den Einwirkungen der Germanisation in Verfall, ohne dafs jedoch ihre örtliche Wirkungssphäre, die Kastellanei selbst, ihre Bedeutung für die Organisation der Verwaltung verlor. Es besteht im grofsen und ganzen ein unverkennbarer Zusammenhang in der Entwicklung vom alten slavischen Gau bis zum preufsischen Kreise Friedrichs des Grofsen [1]; freilich sind die Mittelglieder zwischen beiden, wenn auch bezüglich des Bezirkes im allgemeinen eine Kontinuität nachweisbar ist, dennoch in staatsrechtlicher Hinsicht von grofser Verschiedenheit. Denn in einem grofsen Teile des Landes, in fast ganz Niederschlesien, wo die Germanisation stark genug war, um die alte slavische Bevölkerung und das alte slavische Volkswesen zu absorbieren, wich der Kastellan dem Landvogte. Der Verwaltungsbezirk beider war das Gebiet der alten Kastellanei; wie beim Kastellan, so liegen auch die Funktionen des Landvogtes auf dem Gebiete der Rechts-, Militär- und Finanzverwaltung[2];

---

[1] Leider kann an dieser Stelle die Geschichte der administrativen Einteilung Schlesiens nicht so genau behandelt werden, wie sie es verdient. Ich hoffe, später in dieser Hinsicht ergänzende Ausführungen veröffentlichen zu können.

[2] Dies geht hervor aus einer Urk. betreffs der Landvogtei über die deutschen Ansiedler im Gebiete der Kastellanei Ottmachau; es heifst darin, der Bischof habe diese Vogtei in früherer Zeit dem Vitigo übertragen, „qui eosdem terminos retinens et cultores terre circa illas partes ponens et. que sunt beati Johannis, retineret (d. h. die bischöflichen Einkünfte einnehme) et a violentiis eorum, qui indebite fines episcopatus Wratizl. niterentur occupare, secundum suam defenderet facultatem." Daraus erhellt die militärische und finanzielle Kompetenz des Landvogtes; über seine gerichtlichen Funktionen giebt die Urk. in ihrem Fortgange Nachricht. (Ant. Boczek. Codex dipl. et epistolaris Moraviae. T. III Nr. 359. Olmuc. 1839, d. d. 31. August 1263).

der Unterschied bestand nur darin, dafs dem Kastellane kein einziger Ansiedler zu deutschem Rechte unterstellt wurde, während der Landvogt die Jurisdiktion über die deutschen Bauern besafs. Diese letzteren hatten zuerst in peinlichen Sachen ihren Gerichtsstand in curia ducis, d. h. vor dem Herzoge oder dem Hofrichter, gehabt[1]; als ihre Zahl jedoch zunahm, wurden sie in dieser Hinsicht dem Landvogte unterstellt. Derselbe bekam ferner für diejenigen Dörfer, in welchen damals noch nicht der Grundherr die niedere Gerichtsbarkeit erlangt hatte, also durchgängig nur für die herzoglichen Kammergüter, den Vorsitz im Dreiding[2], d. h. den jährlich dreimal stattfindenden grofsen Gerichtstagen, welche dazu dienten, dafs die wichtigen Fälle der niederen Jurisdiktion auf ihnen verhandelt wurden. Dem Unterschiede der deutschen und der slavischen Gerichtsverfassung gemäfs sprach der Kastellan allein Recht, während im Landvogteigerichte Schöppen das Urteil nach deutschem Rechte fanden. Wir finden in Kreisen mit gemischter Bevölkerung einen Kastellan und zugleich einen Landvogt, jenen eben für die polnische, diesen für die deutsche Bevölkerung[3]. Gegen das Ende des 13. Jahrhunderts wurde die Landvogteiverfassung allgemein in Schlesien rezipiert[4], nachdem sie schon früher auf bischöflichem Gebiete Aufnahme gefunden hatte[5]. Nur in Oberschlesien und in einigen an der polnischen Grenze gelegenen

---

[1] S. u. S. 72.
[2] In den grundherrlichen Dörfern führte den Vorsitz im Dreiding der Grundherr oder sein Bevollmächtigter. Später wurden auch die Fälle der höheren Gerichtsbarkeit auf den Dreidingstagen erledigt. was schliefslich dazu führte, den Vorsitz im Dreiding als einen Ausflufs der höheren Gerichtsbarkeit aufzufassen. Vgl. Bobertag, Ztschr. für Gesch. u. Altert. Schles. VII 110 ff.
[3] So im Kreise Münsterberg (vgl. Stenzel, Heinrichauer Gründungsbuch S. 199, Urkunde d. d. 12. Mai 1301; Aussteller derselben ist der Kastellan Gozko von Münsterberg, während der advocatus provincialis (Geruogo als Zeuge fungiert), ferner in Lüben 16. Januar 1299. Albert Landvogt von Lüben, Regg. zur Schles. Gesch. III 270, Marcus Kastellan von Lüben, 2. Nov. 1299, ebd. S. 279) und in Oels (1. Juni 1312. Regg. IV 223 Nr. 3284 ein Landvogt, daneben am 20. Nov. 1315 ein Kastellan; Heyne, Dokumentierte Gesch. des Bistums und Hochstiftes Breslau I 344 Anm.).
[4] Wir finden Landvögte zuerst 1280 in Liegnitz (Tzschoppe-Stenzel S. 394 ff. Nr. 71), 1281 in Breslau (Korn, Bresl. Urkundenbuch S. 49 f. Nr. 51), Lüben 1299 (s. o. Anm. 3), im Bischofsgebiete 1299 (Regg. z. schles. Gesch. III 270), in Reichenbach 1290 (ebd. S. 133), in Ohlau 1291 (ebd. S. 155), in Brieg(?) 1299 (ebd. S. 269), in Sagan 1299 (ebd. S. 279), in Bunzlau 1303 (Regg. z. schles. Gesch. IV S. 48), in Jauer 1304 (ebd. S. 62 f. Nr. 2814), in Neifse 1306 (ebd. S. 85), in Münsterberg 1301 (s. o. Anm. 3), 1302 in Striegau (Regg. IV 28), in Oels (s. o. Anm. 3), in Grottkau 1310 (Cod. Dipl. Sil. IX 226), in Holzenplotz 1302 (Cod. Dipl. Morav. V 143), in Schweidnitz 1311 (Cod. Dipl. Sil. VIII ed. Korn S. 10) u. s. w.
[5] Nämlich schon vor dem Jahre 1263, vgl. vorige Seite. Anm. 2.

Kreisen Mittel- und Niederschlesiens erhielten sich schliefslich die Kastellane oder, wie sie in den Urkunden der deutschen Sprache auch genannt wurden, die Burggrafen oder Hauptleute[1].

Unter dem Einflusse des Bruches mit der alten slavischen Verfassung wurde aber nicht nur die Zahl der Kastellane verringert, sondern dieselben verloren auch hinsichtlich des Inhaltes ihrer Funktionen. Indem der Adel vom Kastellaneigerichte eximiert wurde und besondere Standesgerichte erhielt, wurde die Gerichtsbarkeit des Kastellans und des Landvogtes, wo dieser später an jenes Stelle trat, auf die Nichtadligen beschränkt, die des ersteren sogar sicherlich nur auf Bauern, weil die Bürger alle deutsch waren. Anders aber war es mit der Stellung der Bürger gegenüber den Landvögten. Wie Kühns für die Mark Brandenburg nachgewiesen hat, von welcher Schlesien die Vogteiverfassung übernommen haben dürfte, umfafste dort der Sprengel der Vogtei in den älteren Zeiten stets Stadt und Land[2]. Dies war in Schlesien nicht mehr durchführbar, da hier in den Städten schon die Erbvögte mit allen Funktionen der landesherrlichen Verwaltung betraut waren und teilweise auch schon die Obergerichte besafsen, als die Landvögte aufkamen. Man half sich daher damit, dafs man, wo der Erbvogt bereits die höhere Gerichtsbarkeit ausübte, doch, gleichsam um die theoretisch übergeordnete Stellung des Landvogtes über dem Erbvogte anzudeuten, dem Landvogte einen Anteil an den Obergerichtsgefällen gewährte[3]; man übertrug wohl auch dem Erbvogte einer Stadt die Landvogtei in dem zu dieser Stadt gehörigen Distrikte, mindestens insoweit er germanisiert war[4],

---

[1] 1420 Burggraf zu Gubrau (Weingarten, Fasciculi II 217), 1479 Hauptleute der Schlösser Trachenberg, Herrnstadt und Sulau (Registrum Sti. Wenceslai S. 107), 1406 Burggrafen der Häuser zu Oppeln, Glogau und Strehlitz (ebd. S. 25), 1450 Hauptmann zu Strehlitz (Tzschoppe-Stenzel S. 618ff. Nr. 202).

[2] Kühns, Gesch. der Gerichtsverfassung in der Mark Brandenburg I 135. Berlin 1865. Vgl. auch C. Bornhak, Gesch. des preufs. Verwaltungsrechtes I 45. Berlin 1884.

[3] Vgl. Korn, Bresl. Urkundenbuch S. 49 f. Nr. 51 d. d. 4. Mai 1280. Es heifst darin, dafs der Landvogt ²/₃ der Obergerichtsgefälle haben solle. Sonst steht dem Landvogte immer nur ¹/₃ zu, während ²/₃ an den Herzog fallen. Hier aber war der Erbvogt als Inhaber der Obergerichtsbarkeit wohl schon im Besitze des ersten Drittels; der Fürst überliefs hier dem Landvogte also seinen ganzen Anteil.

[4] So erhielt der Erbvogt von Weidenau gleich bei der Gründung dieser Stadt auch die Landvogtei über die umliegenden Dorfschaften (Tzschoppe-Stenzel S. 411ff. Nr. 84 d. d. 26. Juli 1291); der Erbvogt von Ziegenhals war zugleich Landvogt im Bezirke der Kastellanei Ottmachau (Boczek, Cod. Morav. III Nr. 359 d. a. 1263); der Hauptmann von Kanth, welcher als Landvogtei in dem bischöflichen Halte Kanth besafs, hatte auch von altersher die Erbvogtei der Stadt (Tzschoppe-Stenzel S. 623 Nr. 205 d. d. Breslau 14. Januar 1499).

sodafs er doch in erster Linie als Landvogt galt. In denjenigen Städten jedenfalls, wo der Erbvogt die Obergerichte nicht schon an sich gebracht hatte, erhielt sie der Landvogt, damit aber auch zugleich sogar den Vorsitz im städtischen Dreiding, wiewohl dieses eigentlich zu der niederen Gerichtsbarkeit gehörte [1]. Man erkennt jedenfalls deutlich die Tendenz, geschlossene Verwaltungsgebiete herzustellen, denen Stadt und Land gleichmäfsig untergeben seien; wo freilich der Erbvogt die Obergerichte bereits besafs, konnte der Landvogt nur der Theorie nach, keineswegs faktisch, als Vorgesetzter des Erbvogtes und als landesherrlicher Beamter über die Bürger gelten. In den Städten, über welche der Landvogt eine Gewalt besafs, mufsten die Bürger oder Ratsmannen, wenn sie selbständig werden wollten, die Landvogtei über ihre Stadt an sich zu bringen suchen. Ebenso wie beim Schulzen und beim Erbvogte, so war auch beim Landvogte die Beamtenqualität dadurch sehr in Frage gestellt, dafs er sein Amt durch Kauf zu erb und eigen besafs und auf privatrechtlichem Wege über dasselbe zu verfügen imstande war [2].

Je mehr nun die Städte und die Grundherren von dieser Veräufserlichkeit des obersten Amtes der Distriktsverwaltung Gebrauch machten, je mehr sie die Rechte der Landvogtei, die Obergerichtsbarkeit und das jus ducale erwarben, um so mehr mufsten die Kastellanei- und die Landvogteiverfassung in Verfall geraten; schliefslich blieb nichts mehr übrig als die Burg selbst und die dazu gehörigen Grundstücke. So ausgedehnt nun aber auch der herzogliche Grundbesitz anfangs gewesen war, mit der Zeit blieb nicht viel davon übrig, nicht einmal die Landesburgen selbst. Wenn wir von einer Kastellanei Trebnitz, wiewohl später ein Weichbild Trebnitz erscheint, niemals etwas hören, so dürfen wir daraus nicht schliefsen, dafs eine solche nie bestanden hat. Wir wissen, dafs 1204 Heinrich I. dem Kloster Trebnitz eine Menge von ministeriales und famuli schenkte[3], welche alle um Trebnitz herum wohnten, und in denen wir diejenige Klasse der altslavischen ländlichen Bevölkerung wiedererkannten, welche sonst narocznicy hiefsen. Wo aber solche narocznicy waren, mufs auch — man erinnere sich an das, was wir über deren rechtliche Stellung sagten — eine Burg bestanden haben; durch die massenhaften Exemtionen und Schenkungen ging eben die Kastellaneiverfassung im Kreise Trebnitz schon sehr zeitig unter. Ähnlich war es mit Leubus; von den Dörfern Wangrinowo und Brilowo wird gesagt, sie seien von narocznicy

---

[1] So in Liegnitz; s. die Urk. d. d. 30. Juni(?) 1280 bei Schirrmacher, Urkundenbuch der Stadt Liegnitz S. 9. Liegnitz 1866.
[2] Vgl. z. B. die Urkunde bei Boczek (s. o, S. 65 Anm. 2).
[3] S. oben S. 27 Anm. 2.

de Lubus bewohnt gewesen¹; da nun von einer Zugehörigkeit an das Kloster Leubus dabei nicht die Rede sein kann, da ja Wangrinowo dem Kloster Trebnitz geschenkt wurde, so kann diese Stelle nur durch die Annahme erklärt werden, dafs in Leubus einstmals ein Kastell war, zu dem die Bewohner dieser Dörfer als Burgdienstleute gehörten. Die Vermutung liegt nun nahe, dafs die Burgen Leubus und Trebnitz den an diesen Orten errichteten Klöstern geschenkt wurden. Sichere Nachrichten von der Verschenkung einer Kastellanenburg haben wir erst aus dem Jahre 1243; damals überliefs Herzog Boleslaus dem Ritter und Kastellan Siboto von Schaffgotsch wegen seiner Dienste das bisher von Amts wegen innegehabte herzogliche Schlofs Kemnitz zum erblichen Besitze²; der Landvogt, welcher in diesem Kreise später an die Stelle des Kastellans trat, nahm seinen Sitz darauf in der Stadt, welche damals zum Mittelpunkte dieses Bezirkes wurde, in Hirschberg. Soweit die Burgen und der fürstliche Domanialbesitz in der Folgezeit — besonders ward dies in den Erbfürstentümern der Fall — nicht verschenkt oder verkauft wurden, wurden sie bei der damaligen privatrechtlichen Gestaltung des landesherrlichen Kreditwesens für empfangene Darlehen auf Wiederkauf verliehen oder versetzt; dies ist die Entstehung der später vorkommenden Burglehen und Pfandschillinge³. Wo sich im Anfange der Neuzeit noch Burg-

---

¹ Häusler, Urkk. d. Fürst. Oels, Bresl. 1883 S. 35 Nr. 18 d. a. 1208.
² Schles. Regg. I 229.
³ So stammten z. B. die Burglehen Auras, Striegau, Neumarkt u. s. w. sicherlich von solchen alten Kastellaneiburgen, desgleichen die Pfandschillinge Tost, Freistadt, Guhrau, Grünberg u. s. w. Noch 1420 z. B. erscheint ein Burggraf (Weingarten, Fasciculi II 117), 1505 ein Hauptmann zu Guhrau (ebd. S. 118). Dieses letzterwähnte Hauptmannsamt zu Guhrau ist keineswegs identisch mit dem Burggrafenamte; es trug den später noch zu besprechenden Charakter einer Landeshauptmannschaft. Was inzwischen aus der Burg Guhrau mit dem dazu gehörigen Domanialbesitz geworden war, erfahren wir aus einem Befehle Erzherzog Ferdinands als Statthalters der Krone Böhmen, welcher 1554 den Hans von Schönaich als den Inhaber des Pfandschillings Guhrau anwies, wie von altersher dem Hauptmann von Guhrau seine Besoldung von 50 Mark aus den Zinsen und Renten des Pfandschillings zu reichen (ebd. S. 121). Vor Schönaich waren Pfandinhaber die Biberstein gewesen, nach ihm die Stadt Guhrau, an welche ebenfalls (d. d. Breslau, den 29. April 1574) die Verfügung erging, dem Hauptmanne die wiederum rückständig gebliebene Besoldung zu entrichten (ebd. S., 122). Die Burg, und was an landesherrlichen Besitzungen und Gefällen noch übrig geblieben war, worüber die Verwaltung noch im 15. Jahrh. dem Burggrafen zugestanden hatte, war eben verpfändet worden, jedoch mit der Bedingung, dafs der Inhaber des Pfandschillings dem inzwischen über das Weichbild Guhrau bestallten Landeshauptmann seine Besoldung zahle. 1526 erklärte König Ludwig, die Burglehne in den Fürstentümern Schweidnitz-Jauer seien zwar versetzt; wenn er sie aber wieder einlösen sollte, so wolle er als Burggrafen nur vierschildige, in den Landen Schweidnitz-Jauer eingeborene Edelleute be-

grafen erhalten haben, da erscheinen sie gemäfs der gesamten
staatsrechtlichen Entwicklung, der zufolge der Fürst auch
diejenigen Besitzungen, in welchen ihm die volle Staatsgewalt
geblieben ist, nur als Grundherr innehat, nicht mehr als
Landesbeamte, sondern als fürstliche Domänenverwalter und
Domänenamtsmänner, zum Teil mit so verringerten Kompetenzen, dafs wir in ihnen nur noch mit Mühe die Abkömmlinge
der einst so mächtigen Kastellane erblicken. So kommt im
16. Jahrhundert in Oppeln ein Burggraf vor, der an die Stelle
aller andern Burggrafen der Fürstentümer Oppeln-Ratibor getreten ist, und zwar als reiner Wirtschaftsbeamter, dem die
Sorge „zur erhaltung der wirtschaften, auch zu anrichtung
der pesserung" [1], besonders aber die Aufsicht über die Teiche
oblag [2], welche hier bei ihrer grofsen Anzahl und ihrem grofsen
Fischreichtume eine wichtige Einnahmequelle bildeten. Mit
dem Verfall des Burggrafenamtes fanden auch die demselben
früher untergeordneten Unterbeamten ihr Ende.

Wenn auch so der Kreis seinen Charakter als den eines
Bezirkes für die Organisation der fürstlichen Verwaltung verlor, so beruhte doch seine Bedeutung als eines Verwaltungsbezirkes überhaupt noch auf anderen Momenten. Die deutschen
Gemeinden in ihm bildeten ein rechtliches Ganzes, dessen
Mittelpunkt die oft bei der Kreisburg angelegte deutsche Stadt
war, indem dieselbe für die Landgemeinden ihres Distriktes
eine Art von Oberhof, eine Stätte für Rechtsbelehrungen
wurde [3]; dasselbe fand statt in gewerberechtlicher Hinsicht,

stallen (Schickfufs III 399 ff.); der Zusammenhang zwischen Burggrafschaft und Burglehen tritt hier deutlich zu Tage. Einige Jahrzehnte später (im Jahre 1546) traf Ferdinand I. Bestimmungen darüber,
in welcher Weise Prozesse zwischen Städten und Ritterschaft über die
Landvogteien oder Obergerichte erledigt werden sollten (Weingarten,
Fasciculi II 302). Nachdem durch Verpfändung und Verkauf der Obergerichte eben die jurisdiktionellen Funktionen des Burggrafen (das
judicium provinciale) in Wegfall gekommen waren, blieb für denselben
zur Verwaltung nur noch das Domanium des Fürsten übrig, d. h. sein
unmittelbarer Grundbesitz, und was sonst von Gefällen und Rechten
aus dem alten jus ducale sich noch erhalten hatte; auch dieser Komplex
von Grundbesitz, Zinsen und Rechten wurde wenigstens pfandweise
veräufsert, freilich um nicht mehr wieder eingelöst zu werden, und
hiefs nun als Pfandobjekt Burglehen oder Pfandschilling.
    [1] Kgl. Staatsarchiv zu Breslau. AA. III 23 f. fol. 133—149. Gutachten der Oppelnschen Bereitungskommission d. d. 1. Nov. 1569.
    [2] Ebd. fol. 90 f. Gutachten der Kammer an den Kaiser d. d.
8. Sept. 1569. Im Jahre zuvor hatte die Kammer dem Kaiser vorgeschlagen, in Ratibor einen Burggrafen oder Unterhauptmann zu bestellen, welcher sein Augenmerk auf die jetzt der Stadt verpfändeten
Güter, Renten und Einkommen zu lenken und in gemeinen Klagen und
Beschwerden die Parteien zu verhören habe, um sie dann, wenn er sie
nicht in Güte vergleichen könne, an das Oppelner Landrecht zu verweisen. Ebd. AA. III 23 c fol. 52 b f. d. d. 5. Juni 1568.
    [3] Heinrich V. bestimmte, dafs alle zum Distrikte Goldberge gehörigen Dörfer sentencias et jura in Goldberg holen und daran in allen

indem die Stadt für ihren Distrikt die Maafse und Gewichte bestimmte[1]. Mit Recht führt Stenzel die Entstehung des Namens „Weichbild" im Sinne von Kreis oder districtus in Schlesien auf die Thatsache zurück, dafs die in einem bestimmten Bezirke wohnenden deutschen Kolonisten eine Rechtseinheit bildeten[2]; dieser Bezirk aber ist in den weitaus meisten Fällen nichts anderes als die in der Zupa wurzelnde alte Kastellanei. Wenn nun auch diese Art der Organisation der deutschen Einwanderer zumal bezüglich der Rechtsprechung bald schwand, so blieben doch die schon besprochenen Kreisritterschaftsverbände bestehen zu Zwecken politischer Natur und der Selbstverwaltung zumal behufs Verteilung und Erhebung der für die Krone bewilligten Steuern, und zwar bis zur Okkupation Schlesiens durch Friedrich den Grofsen, der sie benutzte, um an sie seine Neuordnung der Kreisverwaltung anzulehnen, freilich nicht immer so, dafs aus jedem der alten Weichbilder ein Kreis geschaffen wurde, sondern mitunter durch Zusammenlegung von zweien, sehr selten auch dreien solcher alten Distrikte.

Die fürstliche Verwaltung streifte so den Charakter einer Kreisverwaltung gänzlich ab und beschränkte sich nur auf die Administration des ganzen Fürstentums, was ja bei der Kleinheit der Territorien keine Schwierigkeiten bot. Man mufs in den letzten Jahrhunderten des Mittelalters zweierlei Arten von Territorialcentralverwaltungen unterscheiden, die der piastischen und die der Erbfürstentümer. Bei der grofsen Anzahl der Territorien und den daraus sich ergebenden Verschiedenheiten, ferner bei dem gänzlichen Mangel gedruckter Quellen ist es uns unmöglich, eine eingehendere Schilderung der centralen Verwaltungsorganisation der schlesischen Fürstentümer zu entwerfen; wir müssen uns beschränken auf eine Wiedergabe der Hauptzüge der Entwicklung. Gemeinsam allen schlesischen Territorien in dieser Periode ist die Entstehung besonderer Hofgerichte. Zu den alten hohen Hof-

---

gerichtlichen Fällen sich halten sollten (Tzschoppe-Stenzel S. 415 f. Nr. 86 d. d. 23. Juni 1292). Als die Stadt Liegnitz von Breslau Magdeburger Recht erhielt, verpflichtete sie sich, dasselbe nur den Einwohnern in ihrem Territorium oder Weichbilde mitzuteilen (ebd. S 442 f. Nr. 101 c d. d. 25. Febr. 1302). Mesco von Oppeln-Teschen erhob die Stadt Auschwitz (Oswięcim) zum Forum des gleichnamigen Distriktes für alle verwickelteren Sachen, sodafs es von dem Urteile der dortigen Schöffen keine Appellation mehr geben sollte (Regg. III 161 Nr. 2205 d. d. 3. Sept. 1291).
[1] So verordnete Bolko II. von Schweidnitz, dafs die Schöffen des Distriktes Landeshut gemeiniglich alle ihre Rechte und Biermafse in der Stadt Landeshut holen sollten. Tzschoppe-Stenzel S. 537 ff. Nr. 124 d. d. 21. Oktober, § 8; vgl. auch ebd. §§ 6 und 7.
[2] Tzschoppe-Stenzel, Einl. S. 217. Nur scheinen mir die von Stenzel angeführten Beispiele von Ratibor (1286) und Neifse (1290) auf diese Verhältnisse wenig zu passen.

und Landesbeamten, Marschall, Truchsefs, Schenk und Kämmerer, sowie dem Kanzler, trat im 13. Jahrhundert der Hofrichter (judex curiae), welchem das Gericht über die von den slavischen Jurisdiktionsverhältnissen eximierten Deutschen übergeben wurde. Derselbe fungierte anfangs als speciell dazu delegierter Richter zunächst über die deutschen Bauern in den Fällen der höheren Gerichtsbarkeit; ein vor dem Hofrichter gefundenes Urteil galt als herzogliches Urteil (in curia ducis). Als gegen Ende des 13. Jahrhunderts die Landvogteiverfassung rezipiert wurde, hörte der unmittelbare Gerichtsstand der deutschen Bauern in der curia ducis in Obergerichtssachen auf, da dieselben jetzt dem Landvogte übertragen wurden[1]. Das Gericht des Hofrichters wurde jetzt für den Bauern höhere Instanz, an die er sich entweder von Anfang an gegen Erlegung einer bestimmten Sumfme oder durch Appellation ziehen, vor welche er auch citiert werden konnte, wenn der Landesherr von seinem Evokationsrechte Gebrauch machte, bis das fürstliche Appellations- und Evokationsrecht in Verfall geriet. Auch über die Bürger der Städte übte der Hofrichter anfangs die obere Gerichtsbarkeit aus; dann wurde das Hofgericht höhere Instanz für die Städte, bis diese ihren besonderen Zug an die Oberhöfe zu Breslau, Magdeburg u. s. w. ausbildeten. Der deutsche Adel hatte von Anfang an seinen Gerichtsstand vor dem Hofrichter. Die älteste Form des Hofgerichts bestand vermutlich darin, dafs der Hofrichter je nach dem Stande des Beklagten einem aus Bauern (Schulzen), Bürgern oder Rittern gebildeten Gerichte vorsafs. Zuerst gab es für das Fürstentum einen Hofrichter; mit der Zunahme der deutschen Einwanderung vermehrte sich ihre Zahl, und schliefslich wurden die Hofgerichte sozusagen für die einzelnen Kreise lokalisiert[2]. Damit schieden sie aus der Sphäre der Centralverwaltung aus, und es bildeten sich jetzt neue Centralgerichte für die einzelnen Fürstentümer, welche meist Mannrechte genannt wurden[3]. Den Vorsitz darin führte der Fürst selbst oder der Landeshauptmann; die Bei-

---

[1] S. o. S. 66.
[2] Seit dem Anfange des 14. Jahrh. finden wir ständige Kreishofgerichte als Gerichte erster Instanz für den Adel und zweiter für die Bürger und Bauern des Kreises, in denen zuerst noch neben den Adligen Schulzen und Bürger als Schöffen vorkamen; bald aber verschwanden diese letzteren vielfach, allerdings nicht überall, da auch die Funktion der Hofgerichte als zweiter Instanz für Bürger und Bauern aufhörte. So wurden die Hofgerichte vielfach reine Adelsgerichte mit nur adligen Beisitzern; sie heifsen auch später hie und da Landgerichte.
[3] Doch werden sie auch gleich den eben beschriebenen Kreisgerichten mitunter als Hof- oder Landgerichte bezeichnet; man mufs sich daher hüten, aus dem Namen der einzelnen schlesischen Gerichte auf ihren Charakter zu schliefsen, sondern immer erst ihren Wirkungskreis untersuchen.

sitzer waren fast immer Adlige. Diese Mannrechte waren ebenfalls in erster Reihe Standesgerichte für den Adel[1]; sie konkurrierten demnach in dieser Hinsicht mit den Kreishofgerichten, deren Bedeutung allmählich ganz und gar herabdrückend. Oft, so z. B. in den Fürstentümern Oels und Liegnitz, bildeten die Kreisgerichte für den Adel die erste, das Centralgericht die zweite Instanz; doch war das Verhältnis zwischen beiden Institutionen je nach den einzelnen Fürstentümern verschieden und keineswegs immer gleichartig. Charakteristisch für die Entwicklung der schlesischen Gerichtsverfassung ist es jedenfalls, dafs für die einzelnen Stände besondere Gerichte sich konstituierten: der Bauer hatte seinen Gerichtsstand vor dem Patrimonialgerichte des Grundherrn, der Bürger vor den städtischen Gerichten, der Adel vor den teils aus deutschen Hofgerichten, teils aus polnischen Zauden[2] entstandenen Kreis- und vor den Fürstentumscentralgerichten, welche fast durchgängig aus adligen Beisitzern bestanden; das Appellations- und Evokationsrecht des Fürsten gegenüber den bürgerlichen und bäuerlichen Gerichten geriet immermehr in Verfall[3].

Die alte Organisation der hohen Hofämter in den piastischen Fürstentümern fand bei der Zersplitterung der Territorien schon wegen ihrer Kostspieligkeit seit der Wende des 13. zum 14. Jahrhundert ihr Ende; besondere Erbehrenämter scheinen sich in Schlesien nicht herausgebildet zu haben. Die fürstliche Administration beschränkte sich jetzt — abgesehen von dem Domanium, d. h. von denjenigen Besitzungen, in denen der Landesherr zugleich Grundherr war, und den Resten der aus dem alten jus ducale stammenden Regale, Rechte und Einkünfte — vornehmlich auf diejenigen Gebiete, welche gegeben waren durch das noch bestehende staatsrechtliche Band zwischen dem Fürsten und den Ständen; dazu kam die eigentliche Hofverwaltung. Für diese letztere erscheint das Amt des Hofmeisters, der jedoch auch, ohne einen speciell abgegrenzten Wirkungskreis zu haben, in seiner

---
[1] Im Fürstentum Glogau allerdings z. B. noch im Anfange der Neuzeit auch höhere Instanz für die Patrimonialgerichte, da sich hier noch Reste des fürstlichen Appellations- und Evokationsrechtes erhielten.
[2] S. o. S. 49 Anm. 1. In Oppeln-Ratibor z. B. gab es aus den Zauden sich herleitende Adelskreisgerichte, welche zum Anfange der Neuzeit aufgehoben wurden, um einem Fürstentumscentralgerichte, dem Oppelner Landrecht, Platz zu machen. Kgl. Staatsarchiv Bresl. A. A. III 23f fol. 147.
[3] Ein näheres Eingehen auf die Geschichte der schlesischen Gerichtsverfassung ist hier unmöglich und mufs späterer Ausführung vorbehalten bleiben. Vgl. auch die für die älteren Zeiten allerdings weder erschöpfende noch auch immer zutreffende Darstellung der Gerichtsverfassung des Fürstentums Breslau von Bobertag in Bd. VII der Zeitschr. f. Gesch. Schles. S. 102 ff.

Eigenschaft als der persönliche Vertreter des Fürsten in die Gebiete der Landesverwaltung hinübergriff[1]. Die Einkünfte oder vielmehr die Überschüsse, welche von den Burggrafen abgeliefert wurden, flossen in die Hofkasse, welche unter der Verwaltung des Rentmeisters stand, dem gewöhnlich ein Rentschreiber zur Unterstützung gegeben ward. Für die eigentliche Landesverwaltung fungierte der Landeshauptmann, dessen Amt wir erst weiter unten besprechen werden, da es in den Erbfürstentümern zuerst entstanden und in den piastischen von dort entlehnt war. Über die Organisation der Kontrolle zumal der Finanzbeamten, des Rentmeisters und der Burggrafen, läfst sich aus dem vorliegenden Material wenig entnehmen; die im 14. Jahrhundert entstehenden Landbücher und Zinsregister, die ersten Anfänge einer geordneten Staatsgüterinventarisierung und Buchführung, sollten, wie man annehmen darf, dazu dienen, sowohl die Kontrolle der Beamten zu erleichtern als auch zu verhüten, dafs den landesherrlichen Gerechtsamen seitens der Verpflichteten Abbruch geschehe. Als Kontrollorgane fungierten wohl immer die nächsthöheren Beamten bis hinauf zum Landeshauptmann oder zum Hofmeister; eine besondere Organisation der Kontrolle war keinesfalls vorhanden. Der Landesherr umgab sich zur Führung der Regierungsgeschäfte regelmäfsig mit einem Rate. Die Räte waren entweder ständig am Hofe oder lebten als „Räte von Haus aus" auf ihren Gütern, gegen Besoldung verpflichtet, dem Rufe des Herrn Folge zu leisten, wenn er sie je nach Bedürfnis im Rate oder zu besonderen Aufträgen benutzen wollte[2]. Eine feste kollegiale Organisation besafs dieser landesherrliche Rat noch nicht.

Das höchste Amt in den Erbfürstentümern war die Landeshauptmannschaft. Man darf nicht behaupten, dafs dieselbe aus der Landvogtei entstanden sei, indem sie etwa ursprünglich eine Art von Obervogtei als Centralstelle über den einzelnen Landvogteien, im wesentlichen mit deren Befugnissen ausgestattet, gewesen, oder indem sie beim Verfalle der Landvogteien und Burggrafschaften an deren Stelle nur

---

[1] G. Seeliger, Das Deutsche Hofmeisteramt im späteren Mittelalter, besonders S. 43 ff. Innsbruck 1885.

[2] „Räte von Haus aus" werden z. B. erwähnt in den Denkwürdigkeiten des Hans von Schweinichen (ed. H. Oesterley S. 13: „. . ist . . mein Herr Vater . . anno 58 . . auf sein gut gezogen und also J. F. Gn. bestalter Rath von Haus aus worden, jedoch mehr umsonst als um Besoldung gedienet." Vgl. auch Löning, Lehrbuch des deutschen Verwaltungsrechtes, S. 38. Leipzig 1884, und Rosenthal. Gesch. des Gerichtswesens und der Verwaltungsorganisation Bayerns, S. 570 ff. Würzburg 1889. Über die anderen Beamten, Kanzler, Forstmeister u. s. w. s. u. S. 78. Ein Verzeichnis des „Hofstaates" von Liegnitz, in welchem die Centrallandesbeamten mit inbegriffen sind, findet sich in SS. Rer. Sil. IV, ed. Stenzel S. 214 ff., Bresl. 1850.

für das ganze Fürstentum anstatt für den einzelnen Kreis getreten sei. Das Amt des Landeshauptmanns ist von dem des Landvogtes principiell verschieden, insofern der erstere als Obrigkeit auch für den Klerus und Adel galt, während der Landvogt über dieselben jurisdiktionelle Kompetenzen nicht besafs. Ihrem Wesen nach entsprach die Landeshauptmannschaft dem alten Palatinat, wenn auch ein direkter Zusammenhang zwischen beiden kaum besteht; wie der Palatin, so war auch der Landeshauptmann der Stellvertreter des Fürsten für ein ganzes Fürstentum und für alle noch übrig gebliebenen fürstlichen Rechte, wiewohl in den verschiedenen Territorien einzelne Abweichungen sich zeigen. Dem ersten Landeshauptmanne begegnen wir im Fürstentume Breslau, als dieses durch den Vertrag Heinrichs VI. mit König Johann 1327 an Böhmen kam, sodann in Schweidnitz-Jauer. Nach dem Vorbilde der Erbfürstentümer, wo der Landeshauptmann Statthalter des Königs war, wurde das Amt auch in den piastischen Fürstentümern eingeführt, ohne bei der Anwesenheit des Landesherrn in denselben die gleiche Bedeutung zu erlangen. Eigentümlich ist die Doppelstellung des Landeshauptmanns, derzufolge er, wiewohl oberster Beamter des Fürsten, doch zugleich auch Vertrauensmann und Repräsentant der Stände und vorzugsweise des Adels dem Herzoge gegenüber wurde. Bereits die erste Urkunde König Johanns von Böhmen für das Fürstentum Breslau setzte fest, dafs nur Eingeborene als königliche Hauptleute eingesetzt werden dürften [1]; Königin Anna bewilligte 1353 den Ständen von Schweidnitz-Jauer, dafs ihr Hauptmann ein Biedermann, d. h. ein Edelmann, und geboren und eingesessen in den Fürstentümern sein müsse [2]. Die Landesordnung des Fürstentums Oels bestimmte, offenbar einen schon lange bestehenden Zustand aufzeichnend, dafs der Landeshauptmann vom Fürsten bestellt und auf ihn vereidigt werden solle; wenn möglich, solle er ein Belehnter im Fürstentume sein; nur wenn kein Einheimischer für tauglich befunden werde oder sich bestallen lassen wolle, dürfe der Fürst einem Fremden von Adel das Amt übertragen, doch mit Rat und Vorwissen der Landesältesten [3]. König Ferdinand versprach den Glogauischen Ständen, dafs ihr Landeshauptmann ein geborener Böhmischer oder Glogauischer Herr oder Ritter sein solle; dasselbe sollte gelten von dem Amtsverweser, den der Hauptmann einsetzte, wenn er nicht selbst auf dem Schlosse zu Glogau bleiben wollte [4]. Aus einem Aktenstücke

---
[1] Schles. Lehns- und Besitzurkk., edd. Grünhagen und Markgraf I 67 ff. d. d. 6. April 1327. Vgl. Palacky, Gesch. von Böhmen II 2. Prag 1842. S. 164.
[2] Weingarten, Fasciculi jurium diversorum II 270.
[3] Ebd. S. 215.
[4] Privileg Ferdinands I d. d. 24. Juni 1544 bei Schickfufs, Newe Schles. Chronica III 442 ff.

des Jahres 1630 erhellt, dafs die Stände des Kreises Guhrau den Anspruch erhoben, dafs ihr Hauptmann aus ihrer Mitte gekieset werde, wobei sie einen oder mehrere zu präsentieren hätten[1]. Die Doppelstellung des Landeshauptmanns fand darin oft ihren Ausdruck, dafs derselbe nicht nur auf den Fürsten, sondern auch auf die Freiheiten und Privilegien des Landes vereidigt wurde. Als Beamter war der Landeshauptmann seitens des Fürsten absetzbar; doch hatten in Glogau z. B. auch die Stände das Recht, Beschwerden gegen ihn vorzubringen und um seine Absetzung zu bitten[2].

Wie bereits gesagt, war der Hauptmann der Vertreter des Fürsten für ein ganzes Fürstentum; doch gab es auch besondere Landeshauptleute für gewisse Weichbilder, die eine staatsrechtliche Sonderstellung einnahmen, indem sie einem gröfseren Territorium erst einzeln im Laufe der Zeit einverleibt wurden; so für Namslau und Guhrau. Principiell war er ferner der Vertreter des Fürsten für den ganzen Umfang seiner Rechte in der laufenden Verwaltung; doch hatte der Landesherr natürlich die Befugnis, jederzeit selbstthätig in die Sphäre der seinen Beamtem übertragenen Geschäfte einzugreifen oder auch gewisse wichtige Sachen der eigenen Entscheidung zu reservieren. Wo der Fürst persönlich anwesend war, also in den piastischen Territorien, war die Stellung des Landeshauptmanns eine sehr beschränkte im Verhältnis zu dem Machtkreise der Hauptleute in den Erbfürstentümern. Diesen allgemeinen Gesichtspunkten gemäfs regelten sich die Kompetenzen des Landeshauptmanns im speciellen. Er vertrat im Auftrage des Herzogs das von ihm verwaltete Fürstentum nach aufsen und empfing fürstliche Personen und Gesandte; ihm lag die oberste Aufsicht über die Sicherheit des Landes den auswärtigen Mächten gegenüber ob[3], also auch die Sorge für die Landesverteidigung. Der Hauptmann verlieh ferner — sei es auf Grund genereller oder specieller Vollmachten — die Lehen an Stelle des Fürsten. Der Erwerb adliger Güter (durch Kauf, Schenkung oder Erbgang), d. h. solcher Güter, auf denen die Pflicht zum Lehnskriegsdienste ruhte, und die daher zur Ritterschaftsmatrikel gehörten, mufste von ihm bestätigt werden, nicht minder andere sie betreffende Geschäfte (Verzichte, Bestellung der Leibzucht u. s. w.); die Auflassung der adligen Lehn- oder Erbgüter mufste vor ihm vollzogen werden[4]. Wo die städtischen Obrigkeiten der fürstlichen Bestätigung bedurften oder vom Könige ganz und gar ernannt wurden, übte dieses Recht

---

[1] Weingarten, Fasciculi II 128.
[2] Schickfufs III 447.
[3] So wird der Guhrauer Hauptmann angewiesen, „auf das polnische Wesen und alle besorgende Gefahr gute Aufachtung zu geben." Weingarten, Fasciculi II 124 d. d. 4. Mai 1588.
[4] Schickfufs III 396 ff., 423 und 506.

innerhalb des Fürstentumes der Landeshauptmann aus[1]; nicht minder stand ihm die Ausübung des Patronatsrechtes über diejenigen Pfründen zu, für welche ein solches dem Fürsten geblieben war, und wofern derselbe nicht vorzog, die etwa vorkommenden Besetzungen selber zu vollziehen. Es war seine Aufgabe, Ruhe und Frieden im Lande zu wahren, also die höchste polizeiliche Aufsicht zu führen[2]. Im Mannrechte, dem Central- und Adelsgerichte des Fürstentums, führte er den Vorsitz; dafs er hier sogar — wenigstens später — im Gegensatze zu der eigentlichen deutschen Gerichtsverfassung am Spruche mit beteiligt war, ist nicht so unwahrscheinlich[3]. Auch die Vollstreckung der Manngerichtsurteile, besonders Einweisungen in adlige Güter, lagen ihm ob[4]; gegen Ungehorsame, welche vor Gericht nicht erscheinen wollten oder dessen Spruche sich nicht beugten, hatte er mit Gewalt vorzugehen, und nicht selten waren die Bürger und Zünfte der Stadt, in in welcher er residierte, angewiesen, ihm dabei mit bewaffneter Hand Hülfe zu leisten[5]. Unter dem Landeshauptmann stand die vom Kanzler oder Landschreiber verwaltete Kanzlei, deren Kompetenz hauptsächlich auf Lehnssachen u. s. w. sich bezog, aus deren Einkünften er auch seinen Unterhalt zog, wozu

---

[1] In den Fürstentümern Oppeln-Ratibor hatte der daselbst Oberhauptmann genannte Landeshauptmann das Recht, die städtischen Obrigkeiten zu ernennen. 1569 schlug die Oppelnsche Bereitung (= Inspektions)kommission vor, was die Wahl und Kur der Bürgermeister und Ratspersonen betreffe, so möge es bei der bisherigen Ordnung und der Oberhauptmannsinstruktion verbleiben. Damit aber nicht die Hauptleute nur Personen ihres Gefallens in den Rat befördern könnten, plaidirte sie dafür, dafs „ehe die verenderung des rats beschege, ein anzal etlicher personen auf die camer [in Breslau] verzeichent überschickt, daraus dy Tauglichsten genommen und nochmalen dem Oberhauptmann anzusetzen und zu bestettigen zugeschickt wurden," wie bereits laut kürzlich ergangener kaiserlicher Resolution in Ratibor geschehe. Kgl. Staatsarchiv zu Breslau, AA. III 23 f fol. 133 ff.

[2] Landesordnung des Fürstentums Breslau d. d. 20. März 1337, Korn, Bresl. Urkb. S. 159.

[3] Ein Privileg der Glogauer Ritterschaft bestimmte, dafs der Hauptmann „die manne und ihre Brüche nach seinem und der manne erkenntniss richten solle." Schickfufs III 423. Über den Hauptmann und sein Verhältnis zum Mannengericht siehe auch: für das F. Breslau Korn, Bresl. Urkb. Nr. 174 d. d. Paris 31. März 1343 S. 156 f., für Guhrau (1506) Weingarten, Fasciculi II 118, für Oppeln-Ratibor (1562) Schickfufs III 455, für Münsterberg (1570) ebd. 503 ff., für Oels (1574), Weingarten II 218 und Schickfufs III 316 (1583).

[4] Schweidnitz-Jauerscher Landtagsbeschlufs d. a. 1591. Ebd. S. 287.

[5] So in Guhrau (1506), Weingarten II 118. Erhöhte Bedeutung erhielten die jurisdiktionellen Funktionen des Landeshauptmanns seit dem Ausgange des Mittelalters dadurch, dafs er eine für die obersten Fürstentumsgerichte vorbereitende, sowie eine auf Akte freiwilliger Gerichtsbarkeit bezügliche Kompetenz erhielt, eine Entwicklung, welche wir hier nicht näher verfolgen können.

noch die ihm zugewiesenen Nutzungen aus den fürstlichen Domänen kamen, desgleichen die im Ausgange des Mittelalters auftretenden Specialbeamten, der Rentmeister und Kastner, denen die Verwaltung der fürstlichen Einkünfte oblag, der Forstmeister mit seinen Forstknechten, der Berghauptmann oder Bergamtmann, der Burggraf, wenn er noch existierte, endlich der Landespfänder, Landreiter oder Landeskämmerer, welcher als gerichtlicher und polizeilicher Exekutivbeamter fungierte. Es kam allerdings auch vor, dafs die Landeshauptmannschaft und die Kanzlei verpfändet wurden; so im Fürstentum Breslau, wie wir sahen, beide Ämter, in Schweidnitz-Jauer die Kanzleien; dann war allerdings die alte fürstliche Gewalt fast so gut wie aufgehoben, freilich zu einer Zeit, da bereits eine neue, intensivere und umfassendere Staatsgewalt sich zu bilden begann. —

Eine mächtige centralistische Bewegung hatte im Ausgange des ersten Jahrtausends die lose nebeneinander bestehenden westslavischen Zupen ergriffen und zu einem grofsen, anscheinend starken, auf einer ausgedehnten fürstlichen Omnipotenz beruhenden Reiche geeinigt. Aber die Kultur war noch allzu unentwickelt, als dafs dieses grofse ungefüge Staatengebilde auf die Dauer von Bestand sein konnte; im Interesse des Fortschrittes der Kultur lag es vielmehr, dafs die starren Bande, mit welchen der Staat das gesamte wirtschaftliche und geistige Leben der Bevölkerung umfafste, gelockert würden; auf die Epoche der Centralisation mufste mit Notwendigkeit eine Epoche der Decentralisation folgen. Die Kirche, die Trägerin aller höheren Civilisation im Mittelalter, mufste sich befreien von der drückenden Bevormundung durch den Staat; eine Aristokratie des Besitzes, und zwar, wie es im Mittelalter bei dem Zustande der Naturalwirtschaft nicht anders möglich war, des Grundbesitzes, mufste sich bilden, der es in erster Linie oblag, zur Abwehr gegen äufsere Feinde, zur Verteidigung des Landes die Waffen zu führen und so dem Bauer die Möglichkeit zu gewähren, friedlich und ungestört seinem Tagewerk nachzugehen; die unbeschränkte wirtschaftliche Hoheit des Fürsten, welche jede selbständige und freie Entwicklung von Handel und Gewerbe ausschlofs, mufste durchbrochen werden, damit es den Städten gelänge, neue, den veränderten Bedürfnissen angemessene Formen der wirtschaftlichen Organisation zu schaffen. Aber die Zeit kam, da diejenigen Faktoren, welche bisher die Träger des Fortschrittes der Kultur gewesen waren, ihre Aufgabe erfüllt hatten oder derselben untreu wurden. Die Kirche hatte längst aufgehört, die Führerin auf geistigem Gebiete zu sein. Die Pflicht des Adels zum Kriegsdienste war durch zahlreiche Privilegien durchbrochen, indem es ihm freistand, die Teilnahme an einem Zuge über die Grenze abzulehnen oder nur gegen ein Entgelt zu bewilligen, welches der Fürst zu zahlen meist aufser Stande war. Dazu kam der technische Fortschritt im Kriegswesen, der an die Stelle des ritterlichen Einzelkampfes das Auftreten wohldisziplinierter, eine taktische Einheit bildender Infanteriekörper setzte; in den Kriegen gegen die Hussiten, in den Wirren unter Georg Podiebrad und Matthias Korvinus, endlich in den Zeiten der Türkengefahr offenbarte sich die Unzulänglichkeit der alten feudalen Kriegsverfassung. Die mittelalterliche Stadtwirtschaft begann ihre Schwächen zu zeigen; zwischen Stadt und Land entstand ein tiefgehender Kontrast, da das platte Land sich in wirtschaftlicher Beziehung nicht mehr von den Städten beherrschen und ausbeuten lassen wollte. Der Adel suchte für sich und seine Hintersassen das städtische Meilenrecht zu durchbrechen; die Städte widersetzten sich dem mit Gewalt. Da war es denn nichts Ungewöhnliches, dafs die Bürger in der Nacht mit Gewalt auszogen, die adligen Güter und Dörfer überfielen, die dort gebrauten Biere auszapften und die errichteten Handwerksstätten zerstörten[1]; die Ritterschaft wieder beschwerte sich, dafs die Städte die Preise willkürlich regulierten und in ungebührlicher Höhe ansetzten. Länder, welche bisher dem Grofshandel ein willkommenes Objekt der Ausbeute gewesen waren, so besonders Polen, erstarkten in wirtschaftlicher Hinsicht, und die Konkurrenz des Auslandes, eine Stütze findend an den politischen Verhältnissen, erhob sich mit Macht. Die Zeit der mittelalterlichen Stadtwirtschaft war eben vorüber: was nutzten jetzt noch alle Markt- und Niederlagsprivilegien?

Das Schlimmste aber bestand darin, dafs Kirche, Adel und Städte, diese neuen Mächte, welche neben der fürstlichen entstanden waren, die Einheit des Staatswesens zersprengt hatten, indem sie allerorts in Gebiete hinübergriffen, welche zur Lebenssphäre des Staates gehörten, auf die derselbe auf die Dauer nicht verzichten konnte, wenn er nicht selbst seine eigene Existenzberechtigung in Frage stellen wollte. Die Centralgewalt war im Besitze der vollen Staatsgewalt nur noch so sehr ausnahmsweise, dafs dort, wo die letztere noch in vollem Umfange existierte, sie ein Ausflufs nicht mehr landesherrlicher, sondern nur grundherrlicher Befugnisse zu sein schien; überall hatten sich innerhalb des alten Staatskörpers Jurisdiktionsbezirke gebildet, deren Häupter als Obrigkeiten zu eigenem Rechte fungierten. Freilich war auch dies eine Entwicklung, von der wir nicht umhin können, sie als eine segensreiche zu bezeichnen, da durch sie alle Reste einstiger persönlicher Unfreiheit ausgetilgt worden waren. Die niedere

---

[1] Vgl. die Rechtssprüche des Königs Wladislaus zwischen Land und Städten in den Fürstentümern Schweidnitz-Jauer vom Jahre 1510 bei Weingarten, Fasciculi jurium diversorum II 263—269.

ländliche Bevölkerung erschien jetzt als eine homogene Masse, indem alle ihre Mitglieder ihrem Grundherrn gegenüber durch das gleiche Band der Erbunterthänigkeit verpflichtet waren, und es gab jetzt nur noch einen einzigen Bauernstand bei persönlich rechtlich gleicher Lage aller seiner Angehörigen. Nachteiliger war ein Anderes: indem die Städte die Gerichtsbarkeit über ihre Insassen zu eigenem Rechte erwarben, indem der Bauer unter die Jurisdiktion seines Grundherrn geriet, indem ferner der Adel seine eigenen Standesgerichte hatte, zumal da die Centralgerichte der einzelnen Weichbilder und Fürstentümer, wie wir andernorts zeigten, die Tendenz hatten, sich zu reinen Adelsgerichten auszubilden, kam es auf dem Gebiete der Rechtspflege zwischen Stadt und Land zu einem äufserst schroffen Gegensatze, zu einer Trennung der Bevölkerung in zwei scharf von einander gesonderte Rechtskreise, deren einer unter dem Einflusse des Adels, der andere unter dem des Bürgertums stand. Dem geltenden Grundsatze gemäfs: „actor sequatur forum rei", mufste der Bürger seine Klage gegen den Bauern vor dem patrimonialen Gerichte des Grundherrn, gegen den Adligen vor einem nur aus Standesgenossen desselben bestehenden Forum anbringen; er beschwerte sich aber, dort kein Recht erlangen zu können, während der Edelmann und der Bauer denselben Vorwurf erhoben, wenn sie das Stadtgericht in Anspruch nehmen mufsten. Dazu kam, dafs Schlesien in so viele kleine Territorien zerfiel, zwischen denen ein staatsrechtliches Band kaum bestand, deren Angehörige sich gegenseitig als Landesfremde ansahen und behandelten und gegenseitig ihr Recht sich zu geben noch viel weniger geneigt waren. Da war es denn nicht zu verwundern, wenn rohe Selbsthülfe, Gewaltthat und Frevel überhandnahmen, da ein Richter nicht vorhanden und Recht nicht zu erwirken war. Der Staat aber begann so, seiner vornehmsten Pflicht, der Herstellung und Aufrechterhaltung der Rechtsordnung auf dem Gebiete des Strafrechtes und des Privatrechtes, untreu zu werden.

Sollte das Gemeinwesen sich nicht gänzlich auflösen und zu Grunde gehen, so mufste eine Regeneration des gesamten öffentlichen Lebens sich vollziehen. Die Kirche, welche den Staat bisher beherrscht hatte, mufste wieder unter seine Hoheit gebeugt, eine neue Kriegsverfassung hergestellt, damit der Staat wieder nach aufsen hin als eine Macht auftreten könne, die einzelnen Wirtschaftskörper des Systems der alten Stadtwirtschaft zu einer grofsen territorialen Einheit zusammengefafst werden. Recht und Sicherheit mufsten wieder erstehen. So traten zum Beginne der Neuzeit an den Staat neue, schwierige Aufgaben heran, deren Lösung jedoch einen im Verhältnis zum Mittelalter ungemein erhöhten Finanzbedarf schuf. Besonders der Übergang vom Lehnskriegssystem zum Soldsystem erforderte bisher unbekannte finanzielle Opfer; neue Einnahmequellen mufsten eröffnet, die gesamte Technik des Finanzwesens verbessert werden. Mochte auch die Centralgewalt bei der Zähigkeit, mit welcher die lokalen Gewalten an ihren wohlerworbenen Rechten und Freiheiten, an ihren „habenden Privilegien" hingen, nicht daran denken können, die alten Jurisdictiones mit ihren Sonderrechten und Grundherrlichkeiten in sich aufzulösen, so mufste sie sich doch über dieselben verstärkt erheben, ihre Hoheit sie fühlen lassen und jene centralen Einrichtungen schaffen, mit deren Hülfe der Staat allen den grofsen Aufgaben, welche nunmehr ihm sich aufdrängten, gerecht werden konnte. So bereitete sich eine neue centralistische Bewegung vor, um die Wunden wieder zu heilen, welche die Decentralisation der voraufgegangenen Periode dem Leben der Gemeinschaft geschlagen hatte.

Welches aber sollte die territoriale Grundlage für diese neue centralistische Bewegung in der staatlichen Entwicklung werden? Vom polnischen Reiche hatte sich Schlesien schon längst getrennt; jetzt zerfiel es in eine Menge kleiner Territorien, welche, untereinander ohne Verbindung, durch den Lehnsnexus mit der Krone Böhmen verknüpft waren. Dafs in diesen kleinen Ländchen, in denen arme, rohe und schwache Herrscher regierten, noch eine politische Entwicklung von so grofser Tragweite sich abspielen könnte, erschien von vornherein als ausgeschlossen. Eine selbständige, nach aufsen hin Achtung gebietende Machtstellung konnten diese Dutzendfürsten doch niemals einnehmen; nur vereint miteinander oder im Anschlusse an ihren Suzerän durften sie irgendwelche Bedeutung beanspruchen. Schon besafs der König einen grofsen Teil Schlesiens; jeder Versuch, seine Machtstellung in seinem unmittelbaren Herrschaftsgebiete zu verstärken, konnte ihn leicht zum Bestreben führen, auch die übrigen Teile Schlesiens fester an sich zu ketten. Diese Umstände, sowie die Ereignisse der äufseren Geschichte Schlesiens bewirkten, dafs die neue centralistische Bewegung des Staatslebens das gesamte Land ergriff, ja sogar nicht einmal auf Schlesien allein sich beschränkte, sondern weit über dessen engere Grenzen hinaus ihre Kreise zog; als ihre Träger erscheinen in gegenseitigem, zum Teile feindseligem Wettkampfe die Krone auf der einen, die Gesamtheit der schlesischen Fürsten und — infolge einer besonderen Entwicklung — der Stände der Erbfürstentümer auf der andern Seite; ihr nächstes Ergebnis aber war die staatliche Einigung Schlesiens im fünfzehnten Jahrhundert, die ersten Anfänge einer Gesamtverfassung und einer Gesamtverwaltung Schlesiens in dieser Zeit.

Zweites Kapitel.

Die staatliche Einigung Schlesiens im XV. Jahrhundert.
Das Entstehen einer schlesischen Gesamtverfassung und Gesamtverwaltung unter Matthias Korvinus.

1. Einungsbestrebungen der schlesischen Fürsten und Stände in der ersten Hälfte des 15. Jahrhunderts.

Die geschichtliche Entwicklung der zweiten Hälfte des Mittelalters hatte dazu geführt, dafs Schlesien schliefslich in eine Menge verhältnismäfsig selbständiger, kleiner Territorien zerfiel, in denen wiederum eine Menge schroff von einander geschiedener Grundherrschaften und Jurisdiktionsbezirke sich herausgebildet hatte, sodafs der Fürst nirgends im Besitze der vollen Staatsgewalt sich befand. Auf die Dauer konnte diese territoriale Zersplitterung, diese innere Auflösung des staatlichen Lebens nicht bestehen bleiben, wenn nicht fortwährende Angriffe von aufsen, denen man einen genügenden Widerstand entgegenzusetzen nicht im stande war, äufserster Ruin im Innern die Folge sein sollten. Sowohl die Aufrechterhaltung des inneren Friedens wie auch die Abwehr äufserer Anfeindungen machten für Schlesien das Bedürfnis fühlbar, dafs die schon seit Jahrhunderten zerfallenen Territorien, diese ewig einander bekämpfenden ständischen Interessenkörper, zu einem Ganzen sich wieder vereinigten; war der einzelne Fürst, der einzelne Stand für sich allein zu schwach, sich gegen Friedensstörer von aufsen und im Innern erfolgreich zu schützen, so war doch die Gesamtheit, wenn sie alle ihre Kräfte in die Wagschale warf, kräftig genug, im ganzen Lande Ruhe und Frieden zu wahren, den Einzelnen gegen Unbill und gegen Vergewaltigung zu schirmen. Von den Schlesiern selbst, nicht von dem machtlosen, entfernten böhmischen Könige ging diese Bewegung zuerst aus; ihre

Früchte sollten freilich in letzter Linie in späterer Zeit der Krone zu gute kommen und nicht zum mindesten deshalb, weil diese in demjenigen Momente sich zur Trägerin der centralistischen Tendenz aufwarf, als die einheimischen Gewalten an der Grenze ihres Könnens angelangt waren, als eine gesunde und heilsame Weiterentwicklung von ihnen nicht zu erwarten und zu verlangen stand, während allein die Krone fähig war, dieser Strömung zum endgültigen Siege zu verhelfen.

Das freie Einungsrecht der Träger der obrigkeitlichen Befugnisse in Schlesien war die Wurzel, auf welche die Entstehung einer Gesamtverfassung Schlesiens am Ende des Mittelalters zurückzuführen ist; es ist dies dieselbe treibende Kraft, welche schon vorher für die Entwicklung der Landstände der einzelnen Fürstentümer von Bedeutung war, welche schon vorher gröfsere Bündnisse auf vorübergehende Zeit zur Erhaltung des Landfriedens in das Leben rief. Je mehr das Mittelalter seinem Ende sich zuneigte, um so mehr machte das Streben sich geltend, immer gröfsere Kreise in diese Landfriedensbündnisse hineinzuziehen, immer mehr die verschiedenen autochthonen Gewalten zu einem grofsen Organismus zu verschmelzen, welcher ganz Schlesien umfasse. Trotz der unsäglichen politischen Zersplitterung und Zerrüttung hatte bei den Schlesiern doch die Idee eines gewissen nationalen Zusammenhanges sich erhalten. Von Polen schon seit langer Zeit getrennt, war jedes Bewufstsein freilich einer höheren, auf die einstige gemeinsame Zugehörigkeit zu diesem Reiche sich gründenden Einheit geschwunden. Seit dem 14. Jahrhunderte war aber doch der Name Schlesien, wiewohl er ursprünglich nur einen der sechs grofsen Gaue des Landes bezeichnete, auf das gesamte Land übertragen worden [1], welches dereinst im 12. Jahrhundert von dem Hauptreiche der Piasten sich losgelöst hatte; man fühlte sich auf das Bestimmteste unterschieden von den böhmischen und mährischen Unterthanen der Wenzelskrone. Daher darf es nicht Wunder nehmen, dafs die centralistische Strömung, deren Träger gegen Ende des Mittelalters die Fürsten und Stände Schlesiens selbst waren, im wesentlichen auf das historische Schlesien sich beschränkte und dazu führte, zunächst nur dieses zu einem in sich geschlossenen, festeren politischen Organismus zu verbinden; allerdings werden wir sehen, wie die ersten tastenden Versuche in dieser Hinsicht mitunter die schlesischen Grenzen überschritten und die Nachbarländer, zumal die Lausitz, welche

---

[1] Vgl. Biermann, „Seit wann sahen sich die oberschlesischen Piasten als schlesische Fürsten an?" Zeitschr. des Vereins f. Gesch. u. Alterthum Schlesiens VIII 31 ff., Breslau 1867.

ja auch deutsch war, in ihre Sphäre hineinzuziehen einen Ansatz machten. Die ersten Spuren gröfserer, alle oder doch wenigstens die überwiegend meisten schlesischen Fürsten umfassender Einungen finden sich gegen Ende des 14. Jahrhunderts. 1387 und 1389 hören wir von einem grofsen Landfriedensbündnisse; einer Urkunde des Jahres 1389 entnehmen wir, dafs vierzehn schlesische Fürsten[1] eine Einung zur Wahrung des Landfriedens mit dem Markgrafen Jost von Mähren und dem Bischofe Nikolaus von Brünn schliefsen; wahrscheinlich handelte es sich hierbei nur um die Ausdehnung eines schon früher bestehenden Bündnisses der schlesischen Fürsten auf Mähren[2]. Dasselbe Fürstenbündnis ist vermutlich gemeint, von welchem wir hören, dafs am 9. April 1396 eine Versammlung zu Brieg stattfinden soll, zu deren Tagesordnung es gehört, „eynen eldisten der fürsten eynunge czu kysen"[3]. Einer Urkunde des folgenden Jahres gemäfs[4] gehen gewisse schlesische Fürsten[5] und zwar allem Anscheine nach als die Repräsentanten des damals bestehenden Fürstenbundes einen Vertrag mit König Wladislaus von Polen ein zur Verhütung gegenseitiger Grenzverletzungen; es wird darin auch bestimmt, dafs ein schlesischer Fürst, welcher Feindseligkeiten gegen Polen unternehme, auf die Klage des Königs hin oder seiner Barone

---

[1] Es gehörten dazu der Bischof, Herzog Ludwig von Brieg, Heinrich von Lüben, Primko und Semovit von Teschen, Konrad II. von Oels mit seinem Sohne Konrad III., Ruprecht von Liegnitz, Heinrich von Glogau, Heinrich von Freistadt, Nikolaus und Primko von Troppau (diese beiden letzteren waren keine Piasten und eigentlich keine schlesischen Fürsten; doch beginnt Troppau seit dieser Zeit sich zu Schlesien zu halten), Ladislaus und Bolko von Oppeln. Das Original der Urkunde befindet sich im Landesarchiv in Breslau, eine Abschrift davon im Kgl. Staatsarchiv zu Breslau unter C 226 Nr. V.
[2] Grotefend (Entwicklung der schlesischen Stände, MS. des Kgl. Staatsarchivs E 149) — eine Abhandlung, die für das Folgende öfters benützt wurde, — findet die erste Spur eines derartigen Landfriedensbündnisses im Jahre 1382.
[3] Dies geht hervor aus einem Entschuldigungsschreiben des Herzogs Ladislaus von Oppeln, der diesen Tag nicht besuchen zu können erklärt, d. d. 30. (?) März 1396. Abschrift in D 313 des Kgl. Staatsarchivs zu Breslau.
[4] d. d. Prope molendinum Lubnicense 12. Juni 1397. Codex Diplomaticus Poloniae T. IV. Res Silesiacae, edd. Boniecki und Bobowski, Varsov. 1887. Im Auszuge bei Sommersberg, SS. Rer. Sil. II, XI S. 87.
[5] Bischof Wenzel, Ludwig von Brieg, Ruprecht von Liegnitz, Primko von Teschen, Konrad von Oels (die letzteren drei mit ihren Söhnen, Ruprecht zugleich als Vormund der Söhne Heinrichs des Jüngeren von Sagan), Primko von Oppau mit seinen Söhnen, Bolko von Oppeln mit seinen Brüdern, endlich Johann von Auschwitz. Diese Namen stimmen mit denen der Urkunde von 1389 im grofsen und ganzen überein, sodafs man wohl berechtigt ist, diesen Vertrag als eine Aktion des Fürstenbundes zu bezeichnen.

vor dem Herzog Primko von Teschen zu Recht stehen solle. Herzog Primko erscheint also hier mit einer gewissen Jurisdiktion über die schlesischen Fürsten ausgerüstet; vermutlich dürfen wir also in ihm den „Ältesten der Fürsteneinung" zu erblicken haben, dessen Wahl 1396 auf der Tagfahrt zu Brieg vorgenommen werden sollte. Diese Annahme wird bestätigt durch einen neuen Vertrag der schlesischen Herzöge mit dem Könige von Polen im Jahre 1399[1]; auch jetzt wieder steht an ihrer Spitze als ihr Ältester Primko von Teschen. Dieser Bund und seine Organisation erstreckte sich eben nur auf die Piastenfürsten, nicht auch auf die Erbfürstentümer; als allgemein schlesisch ist er also noch nicht zu bezeichnen; im Gegenteile sind uns Spuren erhalten, dafs neben ihm noch ein Bund der Städte der Erbfürstentümer Breslau und Schweidnitz-Jauer bestand[2].

Erst im Anfange des 15. Jahrhundert kam es zu einer Einigung, welche nicht nur auf einen besonderen Stand sich beschränkte, sondern die Fürsten mit den Rittern und Städten eines Erbfürstentumes zusammenführte. Den Anstofs dazu gab die Entführung König Wenzels (29. Juni 1402) und seine Gefangenhaltung zu Wien seitens seines Bruders Sigmund. Unter dem Eindrucke dieses Ereignisses traten am 17. Juni 1402 die schlesischen Fürsten, desgleichen die Hauptleute, Mannen und Städte von Breslau, Namslau und Neumarkt auf ein Jahr zu einem Bunde zusammen[3], als dessen Hauptzwecke Festhalten an König Wenzel und Wahrung des öffentlichen Friedens angegeben wurden. Dem Könige wurde die Bestätigung des Bundes vorbehalten; die Mitglieder verpflichteten sich, falls einer von ihnen zum Friedensbrecher werden sollte, sich den Gerichte des Bundes zu stellen. Oberste Organe der Einung waren zwei Bundesälteste, die Herzöge Rupprecht von Liegnitz und Bernhard von Falkenberg, deren Amtszeit auf ein Jahr sich erstrecken sollte. Vor sie sollte der Friedensbrecher zum Rechtstage gefordert werden; falls er sich nicht stellen würde, so erhielten sie die Macht, den Bund ganz oder teilweise gegen den Ungehorsamen aufzubieten, und zwar sollte der Eine von ihnen der Hauptmann der Exekutionsmacht sein. Eine Matrikel wurde aufgestellt, der zufolge für gewöhnlich — nur in schweren Fällen sollte jeder Verbündete seine ganze Macht senden — sich das Aufgebot auf 100 Gleven und 110 Schützen belaufen sollte. Man sieht, wie ausgedehnt die Kompetenz der Bundesältesten war: es gehörten dazu richter-

---

[1] Dogiel, Cod. Dipl. Pol. I 540. Es handelte sich dabei um Freilassung des Herzogs Johann von Oppeln, damaligen Bischofs von Kulm, aus der polnischen Gefangenschaft.
[2] Vgl. die Anschläge dieses Städtebundes von 1397 (Zeitschr. für Gesch. u. Alterthum Schlesiens X 170) und von 1398 (ebd. IX 106).
[3] Sommersberg, SS. Rer. Sil. I 1006 f.

liche, militärische und polizeiliche Funktionen. Freilich umfafste dieser Bund noch nicht das ganze Schlesien, da die Schweidnitz-Jauerschen Stände sich von ihm fernhielten[1]; seine wesentliche Bedeutung aber besteht darin, dafs er neben den schlesischen Fürsten auch die nichtfürstlichen Stände eines Erbfürstentums in sich begriff. Insofern ist dieser Bund als der Ausgangspunkt jener staatsrechtlichen Entwicklung zu betrachten, welche späterhin zur Ausbildung der in den Fürstentagen versammelten Generalstände Schlesiens führen sollte, da ja das Eigentümliche derselben eben darin bestand, dafs in ihnen sowohl die autochthonischen Fürsten als auch die Stände der Erbfürstentümer als eine geschlossene Körperschaft der Krone gegenüberstanden. Es wäre wohl noch ein anderer Entwicklungsgang möglich gewesen, insofern als dem Könige als dem Herzoge von Breslau und von Schweidnitz-Jauer die Vertretung seiner Unterthanen auf dem Fürstentage in gleicher Eigenschaft zustehen konnte wie den piastischen Herzögen für ihre Territorien, sodafs der König, wenn auch in seiner Würde als Träger der Krone Böhmen Oberherr von ganz Schlesien, dennoch im Rate der Fürsten für seinen unmittelbaren Besitz als gleichberechtigtes Mitglied fungiert hätte. Man beachtete aber diese eigentümliche staatsrechtliche Doppelstellung des Königs, derzufolge er als unmittelbarer Herzog von Breslau und von Schweidnitz-Jauer eigentlich Lehnsträger seiner selbst als des Inhabers der Krone Böhmen war, entweder nicht oder man versäumte es, aus ihr die erforderlichen praktisch-politischen Konsequenzen zu ziehen. In der That entsprach aber auch die staatsrechtliche Entwicklung in Schlesien der faktischen Verteilung der Machtverhältnisse. Das rechtliche Band, welches die piastischen Fürsten mit der böhmischen Krone verknüpfte, war ähnlich demjenigen, durch welches die Stände der Erbfürstentümer an ihren Herzog gefesselt waren; die letzteren erfreuten sich bei der politischen Ohnmacht und der steten Entfernung des Königs einer gleichen Unabhängigkeit und waren sich selbst zu eigenem Schutze in gleicher Weise überlassen wie die Fürsten. Körperschaften wie die Schweidnitz-Jauerschen Stände, wie endlich gar die Stadt Breslau besafsen eine ebenso grofse, oft noch stärkere politische Macht als manche der kleinen schlesischen, durch ihre Vasallen beschränkten Duodezfürsten; beide Gruppen, die Herzöge einerseits, die Stände der Erbfürstentümer andererseits, fühlten

---

[1] Sehr glaubwürdig erklärt dies Grotefend (a. a. O.) durch eine Urkunde Wenzels vom folgenden Jahre nach seiner Befreiung, durch die er den damaligen Hauptmann von Schweidnitz-Jauer absetzte, weil er um seine „Erledigung" sich nicht bemüht habe; der Grund dieser Absetzung sei eben darin zu suchen, dafs der Landeshauptmann die Beteiligung der Stände von Schweidnitz-Jauer an dem Bündnisse von 1402 verhindert habe.

sich gemeinsam als Unterthanen der böhmischen Krone und
waren auch ihr gegenüber von einem gemeinsamen Solidaritäts-
gefühl durchdrungen, indem sie sich als die Organe des gesamten schlesischen Landes gegenüber der Krone betrachteten.
Aus allen diesen Gründen erfolgte die Bildung der schlesischen
Generalstände nicht in der Weise, dafs sie sich als ein Kollegium der Fürsten darstellten, zu denen auch der König als
Herzog von Breslau und als Herzog von Schweidnitz-Jauer
gehörte, sodafs er freilich auch zugleich diesem Kollegium
gegenüber als Inhaber der Krone Böhmen in einem übergeordneten Verhältnisse sich befand, sondern neben die piastischen Fürsten traten als gleichberechtigte Kollegien sowohl
die Ritterschaftskörper der Erbfürstentümer als auch ihre
Städte. So geschah es zuerst, den faktischen Verhältnissen
entsprechend, unter denen die ersten Einungen der politischen
Gewalten in Schlesien stattfanden; aus der thatsächlichen
Übung entwickelte sich ein gewohnheitsrechtlicher Satz.

Das vornehmste Motiv des Landfriedensbundes von 1402
war politischer Natur, treues Festhalten an König Wenzel.
Sowie Wenzel aus seiner Haft entlassen war, mufste der
Bund, da sein Zweck erfüllt war, auseinandergehen, wenn
auch immer in der Art und Weise, wie er sich konstituiert
hatte, die Hauptzüge vorgezeichnet waren, nach denen die
Entwickelung der schlesischen Verfassung in der Folgezeit
sich vollziehen sollte. Erst eine neue, furchtbare Gefahr war
es, welche einen festeren, dauernderen Zusammenschlufs der
politischen Gewalten Schlesien herbeiführen sollte: es waren
dies die Hussitenkriege. Jetzt wurde die ganze politische
Ohnmacht des zersplitterten und in seinen Interessen zerklüfteten Schlesiens kund; es zeigte sich die Unhaltbarkeit
des ritterlichen Lehnskriegswesens gegenüber den Volksheeren
der hussitischen Bürger und Bauern, deren Fufsvolk den
innerlich geschlossenen, taktischen Körper zwar noch nicht
auszubilden verstanden hatte, die jedoch einen Ersatz dafür
in der Wagenburg fanden, da dieselbe eine geschlossene Abwehr des Reiterangriffs ermöglichte [1]. Jetzt war es nothwendig,
dafs die schlesischen Fürsten und Stände, faktisch vollständig
autonom, sich zusammenscharten, da nur durch gemeinsamen Widerstand dem Ansturme der Hussitten die Spitze
geboten werden konnte. Wie es in derartigen stürmischen
Zeiten immer geschieht, nahm die Unsicherheit im Innern so
zu, dafs auch hier zur Aufrechterhaltung des öffentlichen
Friedens gemeinschaftliches Vorgehen aller Stände geboten
schien. Schon 1421 kam es zu einem Bunde zwischen den

---

[1] Vgl. Max von Wulf, „Hussitisches Kriegswesen". Preufs.
Jahrbb. 1892, Heft 5 S. 673—689.

Herzögen und den Ständen der Erbfürstentümer[1] gegen die
hussitischen Böhmen, über dessen Organisation wir nichts
Näheres erfahren; 1422 endlich begegnet uns die erste
schlesische Behörde, deren Wirkungskreis das gesamte Land
umfafste: dieses Amt war ein königliches, und sein Inhaber
ward gesetzt über alle Fürsten und Stände Schlesiens[2]; es
wurde damals geschaffen durch König Sigismund das Amt der
obersten Hauptmannschaft in Schlesien, und zwar lag dasselbe
zuerst in den Händen des Bischofs Conrad von Breslau, geborenen Herzogs von Oels. Freilich war diese Institution vor
der Hand noch von vorübergehender Dauer; immer deutlicher
aber zeigte sich im Laufe der Zeit das Bedürfnis nach einer
festen Organisation, bis dann endlich dieses Amt des Ober-
landeshauptmanns ein ständiges wurde. Wie lange Bischof
Conrad seine Würde bekleidete, ist nicht bekannt, jedenfalls
nur kurze Zeit. 1427 errichteten die Fürsten Schlesiens, desgleichen die Mannschaften, Land und Städte der Fürstentümer
Schweidnitz-Jauer und Breslau mit Namslau und Neumarkt[3]
ein Bündnis auf zehn Jahre zu denselben Zwecken, welche
schon das Entstehen der früheren Einungen veranlafst hatten.
Die Organisation des Bundes war eine ungemein schwerfällige
und schlofs auch das Bestehen eines Oberhauptmanns aus.
An der Spitze standen der Bischof von Breslau und Herzog
Ludwig von Brieg; zu diesen sollten dann auf ihr Erfordern
die Fürstentümer Breslau und Schweidnitz-Jauer je zwei von
den Mannen und Städten senden. Dieser Ausschufs von
sechs Personen sollte volle Macht haben, zu entscheiden und
zu handeln im Namen des Vereins[4], insbesondere darüber,
ob zum Zwecke der äufseren Defension eine gröfsere Macht
aufgeboten werden sollte. In schwierigen Fällen stand es
diesem Ausschusse anheim, einen weiteren Rat einzuberufen,
der aus allen denjenigen Fürsten bestand, die man dazu her-
beiziehen konnte, ferner aus noch je vier Deputierten der

---

[1] „Einigung mann und stete und der fürsten in der Slesia. Off
den tag zue Grottkaw haben sich die fursten und lande und stete
Breslaw, Swednitz und Jawer eyntrechtiglich geeynet und beslossen
wider die Kätzer in Behem, als hienoch stehet geschreben" etc. Es
handelte sich bei dieser Einung vornehmlich um Defensionsmassregeln,
besonders um die Aufstellung starker Posten an der Grenze. SS. Rer.
Siles. VI, Geschichtsquellen der Hussitenkriege, ed. C. Grünhagen
S. 10 ff. Breslau 1871.
[2] „Ouch tuen wir euch zu wissen, das uns unser gnediger herre
der kunig das ampt der houptmanschafft obir alle fursten in der Slesie
und lande bevolen hat, und zu houptman gemacht hat und ouch zu
houptmanne der stat Breslaw und der lande, do wir heute sind ufge-
nomen, und haben die ingenomen." Bischof Conrad von Breslau an
den Hochmeister von Preufsen, d. d. 25. April 1422. Ebd. S. 51.
[3] Strehlener Einung d. d. 14. Febr. 1427. Ebd.
[4] „Die sullen denn gancze macht haben mit den fursten zu dir-
kennen nach des bundes ausweizunge."

Fürstentümer Breslau und Schweidnitz-Jauer; was dann von diesem erweiterten Ausschusse beschlossen wurde, sollte unverbrüchliche Kraft haben. Zur Abwehr gegen Böhmen hin wurde eine beständige Grenzwacht, bestehend aus 750 Pferden, von dem Lande aufgestellt. Mannigfaltig waren die Bestimmungen, welche zur Aufrechterhaltung der Ruhe im Lande getroffen wurden; man sah ein, dafs dafür wirksam nur dann gesorgt werden könne, wenn Vorkehrungen dafür getroffen würden, dafs gegen Rechtsverletzungen Hülfe vermittelst eines beschleunigten Rechtsganges gewährt würde. Daher wurden dem Bunde jurisdiktionelle Befugnisse über seine Mitglieder und deren Unterthanen beigelegt; er erhielt die Kompetenz einer ersten Instanz für die Fürsten und alle einer unmittelbaren Jurisdiktion nicht unterworfenen Mitglieder des Bundes[1]. Andererseits aber wurde auch bestimmt, dafs keiner einen andern, der unter einem ordentlichen Gericht sitze, vor dem Bunde verklagen dürfe, er habe denn an dem ordentlichen zuständigen Gerichte kein Recht erhalten, d. h. der Bund erachtete sich für kompetent für Fälle der Rechtsverweigerung durch die übrigen Gerichte Schlesiens; damit war — wenigstens auf zehn Jahre — für ganz Schlesien ein Centralgericht geschaffen, welches hinsichtlich seiner Zusammensetzung und Kompetenz alle diejenigen charakteristischen Merkmale trägt, welche wir später an dem ständischen Ober- und Fürstenrechte des 16. Jahrhunderts wahrnehmen. Zur Beschleunigung des Prozesses wurde verordnet, dafs jeder vor dem Bunde Beklagte innerhalb eines Monats zitiert werden sollte; nach geschehener Untersuchung sollte dann das Urteil binnen drei weiteren Monaten gefällt werden. Noch andere, für die Geschichte der schlesischen Einheitsbestrebungen wichtige, auf eine Zusammenfassung der Machtmittel des gesamten Landes gerichtete Beschlüsse wurden auf dem Strehlauer Tage gefafst. Zum Zwecke der Musterung wurde Schlesien in Ober- und Niederschlesien geteilt[2]; dort sollten Musterherren Primko von Teschen und Herzog Bernhard von Oppeln, hier Bischof Conrad und Herzog Ludwig von Brieg werden. Als Mustertag wurde festgesetzt der 20. April 1427: es sollten auf diesem alle Fürsten und alle ritterlichen Mannen persönlich erscheinen. In den Städten und bei den Bauern sollten immer je vier den fünften Mann ausrüsten, und wiederum sollte auf je zehn so ausgerüsteter Bürger und Bauern ein Wagen kommen. Zugleich wurde

---

[1] „Auch würde under uns ymande, der in dem Bund stet, czweitrechtig umb schelung und bröche, welchirley di weren, di si undir ynandir hetten, der czweitracht und schelunge sullen si bey dem bunde bleiben und eyner dem andirn gleich tun noch des bundes dirkenntnüsse und ausweizunge."

[2] Laut Beschlufs d. d. 13. Febr. 1427. Ebd. S. 54 f.

seitens der Fürsten und Stände Schlesiens mit mehreren politisch gleichgesinnten böhmischen Herren ein Bündnis eingegangen, demzufolge die Schlesier das Versprechen leisteten, ein Heer für Sigmund und gegen die Hussiten nach Böhmen zu schicken und zu dem der böhmischen Kontrahenten stofsen zu lassen. Zu Hauptleuten dieser vereinigten Truppen sollten die schlesischen Fürsten zwei Personen aus ihrer Mitte wählen, desgleichen die Böhmen, und alle vier sollten dann einträchtig operieren. Für die Entwickelung der öffentlichen Verhältnisse Schlesiens war der Fürstentag von 1427 von der gröfsten Bedeutung, da hier der erste Versuch gemacht wurde, ein gemeinsames Centralgericht für das ganze Land, nicht minder eine gemeinsame militärische Organisation zu schaffen, und dieser Versuch ging lediglich aus von den Fürsten und Ständen. An der Spitze des Bundes stand ein aus einer gröfseren Anzahl von Mitgliedern bestehender Ausschufs, indem die Oberleitung des gemeinsam mit den antihussitischen Böhmen aufgestellten Heeres einer Gesamtheit von vier gleichberechtigten Feldherren übertragen wurde. Dadurch erhielt die ganze Organisation den Anstrich einer gewissen Schwerfälligkeit und Unbeholfenheit, während doch in solch' stürmischen Zeiten gerade eine möglichst einheitliche Leitung den Vorzug verdiente.

Erst im vierten Jahrzehnte des 15. Jahrhunderts traten friedlichere Zeiten für Schlesien ein, kamen die durch die hussitische und national-slavische Bewegung in Böhmen hervorgerufenen Kämpfe einstweilen zum Stillstande. König Sigmund dachte jetzt daran, die 1427 eingeführte ständische Organisation des Bundes der schlesischen Fürsten und Stände durch eine andere zu ersetzen, welche nicht wie die von 1427 aufserhalb jeglichen Einflusses seitens der Krone stünde. Schon 1430 forderte er die Breslauer auf, im Vereine mit den andern Fürsten und Ständen, denen er dieserhalb ebenfalls schreiben würde, einen Landfrieden zu beschliefsen und sich zu diesem Zwecke dort einzustellen, wohin Bischof Conrad sie fordern würde [1]; erst im Jahre 1435 jedoch kam dieser Landfriede zustande [2]. Es nahmen an demselben teil alle Fürsten Schlesiens, desgleichen die Stände von Schweidnitz-Jauer, Breslau-Namslau-Neumarkt-Auras und von Frankenstein-Münsterberg, endlich auch einige Nichtschlesier, nämlich die Stände der Grafschaft Glatz und der Abt von Braunau nebst der Stadt Braunau; zu allen diesen hatte Kaiser Sigmund den Nikolaus von Bladen und den Hans Nesper von

---

[1] d. d 5. August 1430. Stadtarchiv zu Breslau EEE 40.
[2] Die Urkunde ist erhalten in einem Transsumpte d. a. 1436 im Breslauer Stadtarchiv EE 5b; der Abdruck bei Sommersberg (SS. Rer. Sil. I 1019) ist sehr fehlerhaft.

Bischofswerda mit der Aufforderung geschickt, daſs sie sich zum Schutze und Schirme des Landes verbinden sollten. So wurde ein Landfriede auf vier Jahre beschlossen und zum gemeinen Hauptmanne des Landes Herr Bschof Conrad von Breslau gewählt; ausdrücklich auch wurde festgetetzt, daſs dieser oberste Hauptmann der kaiserlichen Bestätigung bedürfe. Der Hauptmann hatte das Direktorium des Bundes; Fürsten und Stände gelobten, mit Rat und That ihm beizustehen und ihm Gehorsam zu leisten. Seine Funktionen waren vorzugsweise jurisdiktioneller Natur; daher wird er auch in einer Urkunde[1] Herzog Ludwigs von Lüben genannt als „gesoczter richter und hauptmann der lande von unserm gnedigen hern dem keyser." Ihm zur Seite stand dabei ein Ausschuſs der Einung, über dessen Zusammensetzung wir nicht näher unterrichtet sind; Hauptmann und Ausschuſs bildeten ein Centralgericht für sämtliche Mitglieder und Unterthanen des Bundes, also für ganz Schlesien nebst der Grafschaft Glatz und dem Braunauer Ländchen und zwar zunächst als Forum in Fällen von Rechtsverweigerung, wenn nämlich der Kläger gegen den von ihm Beklagten bei einem der Gerichte des Bezirks des Bundes binnen achtzehn Wochen sein Recht nicht erlangen konnte. Lief eine derartige Beschwerde ein, so sollte der Hauptmann zuerst bei demjenigen Fürsten oder Stande, bei dem der Kläger zu seinem Rechte nicht gelangen konnte, anfragen, ob es sich in der That so verhalte, alsdann für den Fall, daſs die Angaben des Beschwerdeführenden sich als begründet erwiesen, den Beklagten binnen sechs Wochen vor das Bundesgericht zitieren und darauf nach weiteren zwölf Wochen die Entscheidung fällen, damit kein Prozeſs länger als achtzehn Wochen vor dem Bundesgericht schwebe. Ebenso sollte der Hauptmann mit dem Bunde kompetent sein in erster und einziger Instanz für Prozesse der Fürsten unter einander, ob nun das Urteil vor dem Bunde gefunden oder von auswärts durch Belehrung eingeholt wurde. Die Ausführung der Urteile blieb dem Hauptmanne überlassen; wenn sich jemand dem Rechtsspruche nicht fügen wollte, so sollten zum Zwecke der Zwangsvollstreckung des Rechtsspruches alle Fürsten und Stände verbunden sein, diejenige Hülfe zu senden, welche der Hauptmann dem von ihm aufgestellten Anschlage gemäſs fordern würde, und zwar sollte diese Hülfe erfolgen ohne Aufschub, auf eigene Kosten, Zehrung und Schaden der Bundesmitglieder, welche für den Notfall beim Aufgebote seitens des Hauptmanns sogar verpflichtet waren, ihre gesamte Macht demselben zur Verfügung zu stellen. Unentschuldigt

---

[1] d. d. 10. April 1436. Vgl. Staatsarch. Br., Copialbuch der Herzogin Elisabeth von Liegnitz aus der Senitzschen Sammlung Fol. 47.

ausbleibende Beklagte und deren Helfershelfer durfte er mit
Rat des ständischen Ausschusses ächten, desgleichen Landesbeschädiger und solche, die ihnen Vorschub leisten würden,
zur Verantwortung ziehen und strafen. Seine Vollmacht war
eine sehr weitgehende; im Vereine mit dem Ausschusse war
er das handelnde Organ des Bundes in allen Angelegenheiten,
die überhaupt vor diesen gelangten. Von grofser politischer Tragweite war der Beschlufs, dafs keiner der Kontrahenten weder im Innern noch gegen eine auswärtige Macht
ohne Rat und ohne Vorwissen des Hauptmanns und des
Bundes einen Krieg beginnen dürfe; würde dagegen eines der
Mitglieder angegriffen, so sollten ihm die andern nach des
Hauptmanns und des Bundes Erkenntnis gegen seine Feinde
zu Hülfe kommen. Es war dies der erste Schritt jener Entwickelung, welche schliefslich dahin führen sollte, dafs die
schlesischen Fürsten ihrer alten Kriegshoheit im Interesse der
Gesamtheit des Landes verlustig gehen sollten. Jetzt stellte
sich noch als Träger der Kriegshoheit für den Umfang der
schlesischen Lande der gesamte Bund der schlesischen Fürsten
und Stände dar; noch später aber sollte sie dereinst übergehen auf den König von Böhmen nicht nur in seiner Eigenschaft als des Oberherrn Schlesiens oder als Inhabers der
böhmischen Krone, sondern im 16. Jahrhunderte in seiner
Stellung als des Herrschers aller unter seinem Szepter vereinigten Länder, also auch Ungarns, Österreichs, Tyrols u. s. w.,
sodafs nunmehr alle Teile des habsburgischen Reiches nach
aufsen als eine Einheit erschienen.

Aus dem Jahre 1436 sind uns zwei Zeugnisse dafür erhalten, dafs Bischof Conrad eine seinem Hauptmannsamte
entsprechende Thätigkeit ausübte[1]. Da nun im folgenden
Jahre Kaiser Sigmund, auf dessen Initiative der Bund zusammengetreten war, aus dem Zeitlichen schied und weitere
Spuren einer Wirksamkeit des Bundes sich nicht feststellen
lassen, so scheint die Vermutung gerechtfertigt, dafs die Einung
entweder bald nach Sigmunds Tode verfiel oder wenigstens
nach Ablauf der vier Jahre, für welche sie geschlossen war,
nicht mehr erneuert wurde. Offenbar war den Fürsten eine
derartige Organisation, wenn sie nur einigermafsen straff war,
sehr drückend und unangenehm, da ihre Aktionsfreiheit dadurch stark beeinträchtigt wurde. Erst zur Zeit Georg
Podiebrads kam es wieder zu einem allgemeinen schlesischen

---

[1] Am 10. April 1436 fordert Herzog Ludwig als rechter Erbe zu
Liegnitz-Brieg die Mannschaft des Landes Liegnitz zu einem Rechtstage
vor Bischof Konrad. Vgl. Staatsarch. Breslau, Copialbuch der Herzogin
Elisabeth von Liegnitz aus der Senitzschen Sammlung Fol. 47. Am
25. Okt. 1436 fällte Bischof Konrad zu Ohlau eine Entscheidung zwischen
Bartholomäus von Wiesenburg und der Stadt Namslau. Bresl. Stadtarch.
Ropp 785 nr. 51.

Bunde[1], der aber ungemein locker war, da die einzelnen
Mitglieder möglichst freie Hand behalten wollten, und in
der That auch schon im August 1458 zersprengt wurde, als
aufser Breslau und Balthasar von Sagan die übrigen Fürsten
und Stände dem neuen Könige Georg Podiebrad huldigten[2].
Nur vorübergehend, auf bestimmte aktuelle Zwecke gerichtet, waren die bisherigen Versuche, die einzelnen Fürsten
und Stände Schlesiens zu einem grofsen Ganzen zu vereinigen;
nur in der äufsersten Not liefsen sie sich bewegen, den Egoismus ihrer Sonderinteressen zu überwinden und einem
gröfseren Organismus, ihrer Selbständigkeit sich entschlagend,
aus eigenen Stücken sich einzufügen; das Unternehmen Sigmunds, eine dauernde Vereinigung der einzelnen Gebiete
Schlesiens zu einem staatsrechtlichen Ganzen zustande zu
bringen, war mit dem Tode des Kaisers gescheitert. Ebensowenig, wie es bisher gelungen war, dauernde Institutionen zu
schaffen, welche dazu berufen wären, als verfassungsmäfsige
Organe den Gesamtwillen des Landes als eines einheitlichen
Gemeinwesens zum Ausdrucke zu bringen, ebensowenig war
es bisher geglückt, Organe zu bilden, welche im Auftrage der
Krone oder der Stände oder beider Machtfaktoren zugleich
nach den von ihnen gegebenen Normen in ständiger Thätigkeit die staatlichen Funktionen im Bereiche des ganzen
Schlesien ausübten; die Wirksamkeit jener Organe, welche
durch die Autorität der erwähnten Einungen der ersten Hälfte
des 15. Jahrhunderts in das Leben gerufen worden waren,
hörte auf, sobald als diese Bündnisse selbst wieder zerfielen.
Wie es noch an einer Gesamtverfassung Schlesiens fehlte, so
fehlte es auch an einer Gesamtverwaltung als einer stetigen
Einrichtung; wie aber aus jenen Landfriedens- und Kriegsbünden Schlesiens aus dem Anfange des 15. Jahrhunderts
später die schlesischen Generalstände sich entwickelten, so
entstanden jetzt in Anlehnung an die Vorbilder der früheren

---

[1] Denselben gehörten an Herzog Heinrich von Grofsglogau und
Krossen, Balthasar von Sagan, Wlodko von Glogau und Teschen, Conrad
der Weifse von Oels, Johann von Sagan und Priebus, Hedwig und
Friedrich von Liegnitz und Goldberg, ferner die Mannschaften und
Städte von Breslau, Schweidnitz und Jauer. Gedruckt SS. Rer. Sil.
VII 25 f. Partialbündnisse zur Aufrechterhaltung des Landfriedens wurden in der Zeit von 1437—1458 mehrfach geschlossen; so 1440 ein Bund
zwischen den Ständen von Breslau und Schweidnitz-Jauer (Bresl.
Stadtarch. Y 9), dem 1443 auch Herzog Wilhelm von Troppau und
Münsterberg beitrat, am 5. August 1444 wiederum zwischen den Ständen
von Breslau und Schweidnitz-Jauer in Gemeinschaft mit der Herzogin
Elisabeth von Liegnitz. Die letztere Einung hatte keinen Hauptmann,
sondern nur einen engeren Ausschufs von 16 Geschworenen, denen
Beschlufsfassung und Exekutive oblagen, welche auch regelmäfsige
Zusammenkünfte an den vier Quatembern hatte. (Bresl. Stadtarch.
AA. 19a). Über die Münzeinungen jener Zeit s. u. S. 105 f.
[2] Nach Grotefend a. a. O.

Zeit ständige, für ganz Schlesien kompetente Verwaltungsbehörden. Es ist das Verdienst des Matthias Korvinus, daſs unter seiner Regierung und durch seine Initiative jener Plan Sigismunds, der nur so kurzen Bestand gehabt hatte, wiederaufgenommen und so eine Gesamtverfassung und Gesamtverwaltung Schlesiens geschaffen wurden. Er machte zu festen Institutionen, was bis dahin nur ein Spiel des Augenblicks und von vergänglicher Dauer gewesen war; er ist der Schöpfer Schlesiens als einer staatlichen Einheit, und mit ihm beginnt nach einer Jahrhunderte langen Periode der Decentralisation, des territorialen Zerfalls und der inneren Auflösung des Staatswesens eine Epoche neuer Centralisation, neuen Zusammenfassens aller Kräfte des Volkes. Zu derselben Zeit, da die Zersplitterung der Staatsgewalt am gröſsten war, da jene Bewegung der Übertragung der wichtigsten Hoheitsrechte an die lokalen Gewalten zu ihrem Abschlusse kam, wurde der erste Versuch gewagt, auf Grund neuer staatsbildender Gedanken wiederum ein kräftiges politisches Leben in Schlesien zu erwecken. So berühren und verketten sich in der geschichtlichen Entwickelung Auflösung und zunehmende Schwäche mit neuer Einigung und Kräftigung; so trägt jeder anscheinende Verfall in sich bereits den Keim zu neuer Blüte, wenn nur die Nation die Fähigkeit besitzt, der Notwendigkeit des Bedürfnisses gehorchend, altgewohnte Autonomie und Ungebundenheit mit staatlichem Zwange zu vertauschen, und wenn die starke Macht vorhanden ist, welche den Einzelnen nötigt, unter die Idee des Ganzen sich zu beugen. —

2. Die Regierung des Matthias Korvinus in Schlesien.

Im Jahre 1469 wurde König Matthias Korvinus von Ungarn von den Gegnern des Georg Podiebrad zum Könige von Böhmen gewählt; es entspann sich nunmehr ein fünf Jahre lang währender Kampf, indem nach Podiebrads Tode in die Erbschaft desselben Polen einzutreten strebte. Erst durch den Breslauer Waffenstillstand vom 8. Dezember 1474 fand der Krieg sein Ende; „im Principe war sicher schon damals eine Trennung Schlesiens von Böhmen, wenigstens solange Matthias lebte, zugestanden;" der Prager Landtag vom Februar 1475 sanktionierte den Anfall Schlesiens an die ungarische Krone. Als definitiv wurde dieser Zustand erklärt durch den Olmützer Vertrag [1], in welchem Mähren, Schlesien und die Lausitz an Matthias abgetreten wurden. Dadurch aber war keineswegs eine unbedingte Einverleibung dieser drei Länder in das Königreich Ungarn beabsichtigt; König Wladislaus von Böhmen behielt vielmehr das Recht, nach

---

[1] d. d. 21. Juli 1479, Schles. Lehns- und Besitzurkk. I 21 ff.

Matthias' Tode, diese Gebiete für 400000 fl. ung. wiedereinzulösen. Matthias hingegen bekam das Recht, den Titel eines Königs von Böhmen zu führen; er beherrschte somit Mähren, Schlesien und die Lausitz als König von Böhmen, wie denn auch der für die Erledigung der Regierungsgeschäfte dieser Länder bestellte Kanzler nicht als Kanzler von Ungarn, sondern als Kanzler von Böhmen galt[1]. Das Auftreten des Matthias Korvinus bedeutet eine neue Epoche in der schlesischen Geschichte; in ihm erhob sich zum ersten Male wieder das Königtum über die Zerfahrenheit der ständischen Gesellschaft. Seine Hauptthätigkeit fällt freilich erst in die Zeit seit seiner zweiten Anwesenheit in Schlesien, also seit 1474; erst von damals ab trat er energisch und durchgreifend als Regent in Schlesien auf. Auf einem Fürstentage, welcher im Dezember 1474 stattfand, liefs er den Schlesiern erklären: er wäre König und Herr; was er mit seinen Räten für das Beste halte, das sollten sie als gehorsame Unterthanen thun. Seit Jahrhunderten war es das erste Mal, dafs wieder ein Herrscher erstand, welcher seiner Aufgabe sich bewufst und, mit eiserner Faust durchgreifend, die staatliche Autorität und Ordnung wiederherzustellen bestrebt war.

Zunächst handelte es sich darum, dasjenige verfassungsmäfsige Institut zu schaffen, durch welches neben der Krone die staatliche Einheit des Landes zum Ausdrucke gelangte. Matthias erfüllte diese Aufgabe, indem er die Fürstentage in das Leben rief. Einigungen und Bündnisse der Fürsten und der Stände der Erbfürstentümer gab es auch schon früher, wie wir sahen; den Charakter einer festen staatsrechtlichen Einrichtung gewannen diese Versammlungen der Fürsten und Stände erst unter Matthias Korvinus[2]. Allerdings beschränkte

---

[1] S. H. Markgraf, „Heinz Dompnig, der Breslauer Hauptmann". Ztschr. f. Gesch. u. Alt. Schles. XX 192 f.

[2] Die Frage nach der Entstehung solcher Rechtsinstitute wie der schlesischen Generalstände bietet ein doppeltes Problem. Einmal nämlich mufs man untersuchen, ob sie an frühere Einrichtungen anknüpfen, sodafs der zeitliche und innere Zusammenhang unverkennbar ist, sodafs man sie also aus diesen „entstanden" erklären kann; dann aber mufs man andererseits die charakteristischen Merkmale zu bestimmen suchen, durch welche sich das neue Institut von den älteren Einrichtungen trotz alles Zusammenhanges unterscheidet. Was nun den ersteren Punkt anbetrifft, so ist der Fürstentag nach Form und Gestaltung sowie hinsichtlich seiner Stellung zum Lande die direkte Fortsetzung der allgemein-schlesischen Landfriedenseinungen. Der charakteristische Unterschied besteht nur darin, dafs diese Einungen gewillkürte Genossenschaften, die Generalstände aber seit der Zeit des Matthias Korvinus eine Zwangsgenossenschaft waren. Diese Umwandlung war und konnte sein lediglich ein Werk der königlichen Gewalt; darin lag andererseits freilich zugleich eine Anerkennung des Rechtes der Fürsten und Stände zur Vertretung des Landes seitens der Krone. Hervorgegangen ist demnach der schlesische Fürstentag aus den gewillkürten,, d. h. auf Grund des freien Einungsrechtes zusammengetretenen Genossenschaften

sich diese staatliche Einigung nicht auf Schlesien allein, indem Matthias zu diesem Lande auch noch die Lausitzen fügte. Wenn auch die Einheit Schlesiens im grofsen und ganzen gewahrt blieb, so fand Matthias es doch für rätlich, diese Provinz ihrer Gröfse halber in zwei Distrikte zu zerlegen; dieselben bildeten nicht nur, wie wir später sehen werden, gesonderte Verwaltungsbezirke, sondern es wurden auch für jeden der beiden Teile besondere Fürstentage abgehalten[1]. Allerdings hatte Niederschlesien in dieser Einteilung des Matthias Korvinus einen Umfang, welcher viel weiter ist, als man ihn heutzutage zu fassen gewohnt ist. Es wurden nämlich als zu Niederschlesien gehörig betrachtet die Fürstentümer Liegnitz, Sagan, Oels-Wohlau-Wartenberg, Grofsglogau-Freistadt, Münsterberg, Breslau, Schweidnitz-Jauer, Neifse-Grottkau und sogar auch Oppeln und Oberglogau[2], wozu dann noch die beiden Lausitzen kamen; die übrigen im Osten liegenden Gebiete wurden zu Oberschlesien gerechnet. Sogar zu einer festen Organisation gelangten die General-Ständeversammlungen schon zur Zeit des Matthias Korvinus. Sie wurden berufen im Namen des Königs[3] durch einen

---

der „Fürsten und Stände"; seine Schöpfung als eines Institutes der Verfassung verdankte er jedoch dem Königtum.
[1] Vgl. z. B. folgenden Brief des Königs Matthias an den Bischof von Breslau: „hochwirdiger besunderer lieber andechtiger und getrawer. Wir thun uch zu wissen, das wir den hochwirdigen fursten unsern lieben getrawen Johansen Bischofen zu Waradein etc. in unser furstenthum Slesia senden namlich uf eynen tag yetzt uf margarete nechstkunftig zu Troppaw mit allen unseren fursten manschaften leuten landen und steten in Oberslesien zu halden. zu ende desselbigen tages wirdet er sich geyn Breslaw fugen, onch eynen tag mit allen unseren fursten geistlichen und weltlichen ouch manschaften landen und steten von merglichen sachen und gescheften, uns und dyselbigen unsere land und leute [anlangende], und darumb so begeren wir an ewer lieb mit vlies, . . . das ir allen fursten, manschaften von landen und stetten in nyder Slesia und in obir und nyderlusitz in unserem namen und vou unseren wegen auf eynen bequemen tag . . . geyn Breslau forderlich vorbitet ouch selbist da seyt" etc. d. d. Ofen, 28. Juni 1480. Nr. 359 der Görlitzer Sammlung des Scultetus.
[2] Vgl. die Liste der zur „gemeinen sampnunge der fursten, prelaten, herren und lande und stete in Nidern-Slesien" einberufenen Fürsten und Stände d. d. Breslau 6. Okt. 1479. Bresl. Stadtarch. Pol. Korr. Am 27. Febr. 1482 richteten die auf einem Fürstentage versammelten „fursten, prelaten geistlich und wertlich manschaft, ritterschaft, laude und stete in Nydren Slesien" einen Brief an den König Matthias; aus einem Schreiben des Königs (d. d. 18. März 1482) nun geht hervor, dafs zu den auf diesem niederschlesischen Fürstentage anwesenden Herzögen auch Johann und Nikolaus von Oppeln gehörten.
[3] „Hat och k. m. fürsten, herrn landen und stetten der Slesie einen landistag uff montag nach Invocavit kein Breslau irczelit, sie alle aldo irlangen wirt durch seine rethe, neben s. gn. hoptleuten in das felt zu roken" etc. Abt Martin von Sagan an die Herzöge von Sachsen, d. d. Sagan 4. Febr. 1477. SS. Rer. Sil. X ann. Glogov. Breslau 1877, ed. Markgraf. (Urkundenbeilagen S. 110.)

Kommissar, nämlich einen seiner Statthalter¹ oder den Bischof von Breslau². Ueberhaupt galt der Bischof von Breslau als der erste unter den schlesischen Fürsten; er wird unter den auf den Generallandtagen versammelten Fürsten und Ständen stets an erster Stelle genannt und scheint auch daselbst den Vorsitz geführt zu haben³. Der König entsandte zu den Fürstentagen seine bevollmächtigten Kommissare, welche sich durch Kredenzschreiben legitimieren mufsten⁴, meist seinen Oberhauptmann oder seine Anwälte⁵, und gerade in dieser Rolle des obersten Landesbeamten zur Zeit des Matthias Korvinus zeigt sich der gröfster Unterschied von der Stellung des Oberhauptmanns des 16. Jahrhunderts, welcher bei den Fürstentagen nicht Agent der Krone, sondern Vorsitzender und oberste Spitze der Fürsten und Stände war. Die Kommissare legten dem Fürstentage die Gegenstände vor, über welche der Herrscher eine Beratung und Beschlufsfassung wünschte. Manchmal wurde mit der Proposition der königlichen Anträge auch der Bischof von Breslau betraut⁶. Auf der Tagesordnung standen zumeist Steuersachen, da infolge des Steuerbewilligungsrechtes der Fürsten und Stände der König bei Anlagen, die sich auf ganz Schlesien erstreckten, an die Zustimmung des Generallandtages gebunden war, also Steuerbewilligungen, Repartitionen, Beschlüsse über Art und Weise

---

¹ So der Landtag vom Frühjahr 1482 durch Georg von Stein. Bresl. Stadtarch. Pol. Korr. d. d. 27. Febr. 1482.
² So der Landtag vom Januar 1476. SS. Rer. Sil. XIII, Polit. Korrespondenz Breslaus 1469—79. Breslau 1893. edd. Wendt und Kronthal, S. 194 Nr. 244 d. d. 4. Febr. 1476. Dafs die Stände unter Matthias Korvinus auf Grund eines etwa vorhandenen Selbstversammlungsrechtes zusammentraten, habe ich nicht gefunden.
³ Ich stütze diese Vermutung auf das in der vorigen Anmerkung zitierte Aktenstück vom Jahre 1476; es heifst darin, der König habe seine Kommissare, den Grafen Stephan von Zapolya, den Peter Gereb, Hauptmann von Oberschlesien, und Herrn Georg von Stein, „bey den gnannten . . bischoff uff dem tage zu Breslaw" gehabt.
⁴ „Czum ersten hot her Steffan an dy fursten, prelaten, herrn lant und stete vorgebracht eynen glaubnis briff von dem konyge von Ungern, was er Steffan wurde werben, das sy em fulkomlichen sulden glauben, ab syne k. gn. selber mit en rette." SS. Rer. Sil. X 126 ff. d. a. 1479.
⁵ Auf dem in den Anmerkungen 2 und 3 dieser Seite erwähnten Fürstentage von 1476 befanden sich als königliche Kommissare der Oberhauptmann Stephan von Zapolya, Peter Gereb und Georg von Stein, als deren Sprecher Stein fungierte, 1482 der damalige Verweser und Statthalter G. v. Stein (Bresl. Stadtarch. Pol. Korr. d. d. 27. Febr. 1482), Januar 1479 der Oberhauptmann Stephan von Zapolya (SS. Rer. Sil. X Urkundenanhang S. 126 ff.), Ende 1479 die königlichen Anwälte Bischof Johann von Wardein und Georg von Stein (Dresd. W. A. Schlesien, Generalia fol. 23), Frühjahr 1480 ein Specialkommissar in der Person des Herrn von Rabenstein (SS. Rer. Sil. X 131), Ende 1486 Georg von Stein (Dresd. Geh. Arch. Locat. 10342).
⁶ So auf einem Breslauer Fürstentage im Juni 1481. SS. Rer. Sil. X 136 Nr. 96.

der Erhebung der Steuer, ferner die Wahl der Landesbeamten, zumal des Oberhauptmanns oder doch die Annahme desselben, wenn er vom Könige ernannt worden war[1], Übernahme der Bürgschaft für Schulden der Krone[2], Errichtung von Landfrieden[3], Aufstellung einer Heeresmatrikel für Kriegszwecke[4] und zur Aufrechterhaltung des Landfriedens[5], besonders auch Münzsachen[6], Aufforderungen des Königs oder seiner Vertreter an die Stände, zu einem Kriegszuge sich bereit zu halten, endlich in Kriegszeiten Verhandlungen mit den feindlichen Parteien, mit rebellischen Fürsten[7], desgleichen Verlesung von Verträgen mit auswärtigen Potentaten zur Kenntnisnahme der Stände[8]. Über die königlichen Propositionen berieten und stimmten die Stände geschlossen nach Kollegien ab, zuerst die Fürsten, dann die Abgeordneten der Mannschaften, endlich die der Städte der Erbfürstentümer[9]; welcher Art die Organisation innerhalb der einzelnen Kollegien war, in welcher Weise diese wieder mit einander in Korrespondenz traten, darüber ist uns nichts überliefert. Ein das ganze Land bindender Landtagsbeschlufs kam vermutlich damals

[1] Fürstentag vom Juli 1480 SS. X 131 Nr. 90.
[2] 1479 fordern die königlichen Kommissare von den Ständen, „das sy kgl. maiestat in phandschaft haften vor vir mal hundirt tausind gulden und irer evde und globde nicht ledig noch entprachen seyn wellin noch sullin, bis sulchs gelt bezahlt wird." Die Stände bewilligten dies. Dresden W. A. Schlesien, Generalia fol. 23.
[3] So auf dem Landtage von 1474, auf dem von der Krone und den Ständen der grofse Landfriede von 1474 beschlossen wurde; vgl. Eschenloer, ed. Kunisch II 328 und SS. Rer. Sil. XII 174. Ebenso auf dem Landtage im Herbste 1479. Dresd. W. A. Schles. General. fol. 23.
[4] Auf dem Breslauer Fürstentage vom 31. Juli bis zum 4. August 1480 reichten die Generalstände einen Anschlag ein, wie hoch sie in das Feld ziehen wollten, wenn der Bischof von Wardein als Verweser des Königs sie aufbiete. SS. Rer. Sil. X 133 Nr. 93.
[5] Auf einem Fürstentage von 1477 verständigten sich die kgl. Anwälte mit den Ständen über einen Anschlag zur Bekämpfung der Landfriedensbrecher. Auf das Fürstentum Sagan fielen damals 40 Pferde und 55 Fufsknechte; damit waren die Saganschen Vertreter jedoch nicht einverstanden, sondern forderten eine Herabsetzung des Kontingentes, wie dieselbe auch andere Fürsten, so Herzog Friedrich von Liegnitz und Konrad der Weifse, erlangt hätten. Dresd. W. A. Sagan BL 496.
[6] So wurde die grofse Münzordnung von 1474 im Einverständnisse mit den Ständen erlassen; vgl. Eschenloer, ed. Kunisch II 328. Auch auf späteren Landtagen spielen die Münzangelegenheiten eine grofse Rolle, so 1476 (SS. Rer. Sil. XIII 194) und 1486 (Dresd. Geh. Arch. Locat. 10342).
[7] Vgl. SS. X 155 ff.
[8] SS. X 126 ff. d. a. 1479.
[9] Besonders lehrreich für den Modus der Beratung und Abstimmung ist der sächsische Bericht über den Breslauer Fürstentag d. d. 22. Januar 1479. Ebd. Die Fürsten bewilligten damals die erste Proposition des Königs, während die Ritterschaft und die Stände erklärten, sie müfsten die Sache erst an ihre Kommittenten bringen.

noch erst dann zustande, wenn sämtliche drei Kollegien ihr
Votum nach derselben Richtung hin abgaben[1].
Solche Fürstentagsabschiede wurden dann, wenn ihr Inhalt von Wichtigkeit für alle schlesischen Unterthanen war, so besonders
Landfriedens- und wohl auch Münzordnungen, im ganzen
Lande in den Städten und Märkten öffentlich proklamiert;
es geschah dies auf die Aufforderung des königlichen Statthalters, welcher den Hauptleuten der einzelnen Fürstentümer
die entsprechenden Weisungen gab[2]. Der Ort der Fürstentage war noch nicht gesetzlich fixiert; die allgemeinen schlesischen und die speciell niederschlesischen Landtage fanden
meist in Breslau auf dem Rathause statt. Ebensowenig gab
es bestimmte Fristen, innerhalb deren die Generallandtage
einberufen werden mufsten; der König schrieb sie aus, wenn
Gegenstände zur Beratung vorlagen, besonders wenn er
Steuern brauchte, und dies letztere Bedürfnis stellte sich ja
mit einer gewissen periodischen Regelmäfsigkeit immer wieder
ein. Der Kommissar, welcher vom Könige mit der Berufung
beauftragt war, forderte dann die regierenden Fürsten
Schlesiens auf, entweder persönlich oder vertreten durch ihre
Räte und Bevollmächtigten[3] zu dem festgesetzten Termine zu
erscheinen. Schwieriger ist die Frage, nach welchen Grundsätzen die Vertretung der Stände der Erbfürstentümer auf
den Generallandtagen sich vollzog. Aus den Quellen geht
darüber genaueres nicht hervor; doch darf man wohl annehmen, dafs die entsprechende Mitteilung der königlichen
Kommissare hier an die ständischen Körperschaften der einzelnen Territorien gerichtet wurde, und dafs dann diese
oder, wie es bei der Glogauer Ritterschaft der Fall war, ein
von ihnen bestallter Ausschufs die Deputierten zu den Landeskonventen wählten. Der Generallandtag trat unter Matthias
Korvinus sehr häufig zusammen[4], fast jedes Jahr, mitunter

---

[1] Mit Bestimmtheit läfst sich in dieser Richtung allerdings nichts behaupten; das Oberamt scheint damals noch kein besonderes Votum innegehabt zu haben.

[2] Eine Abschrift des Fürstentagsbeschlusses vom 27. Okt. 1482, der einen Landfrieden enthielt, sandte Georg von Stein von Breslau aus an Gotze von Wolfersdorff, den Hauptmann von Sagan, mit der Aufforderung, denselben in den Städten und Märkten des Fürstentums an drei Märkten öffentlich bekannt zu machen.

[3] So waren die schlesischen Fürsten durch Bevollmächtigte vertreten auf dem Fürstentage zu Breslau am 6. Okt. 1479. Bresl. Stadtarchiv Pol. Korr.

[4] Im folgenden wird eine Liste der schlesischen Generallandtage unter Matthias Korvinus gegeben, für deren Vollständigkeit allerdings keine Garantie geleistet werden kann.
1469 Oktober, Liegnitz (SS. Rer. Sil. XIII Nr. 16).
1471 Mai, Breslau (ebd. Nr. 55); 3. August, Breslau (ebd. Nr. 74, 78, 79, 81—84); 4. Oktober, Breslau (Nr. 94, 95), 23. Okt. (ebd. Nr. 98).
1473 15. Juni, Breslau (ebd. Nr. 163, 164) Ende November, Breslau (Nr. 172).

sogar im Jahre zu zweien Malen und noch öfter; dadurch gewann der Fürstentag so festen Boden, dafs er zu einem politisch höchst bedeutsamen Bestandteile der schlesischen Verfassung wurde[1]. So war denn das verfassungsmäfsige Organ des Landes geschaffen, welches dazu berufen war, teils in Mitwirkung teils in Rivalität mit der Krone jenen Aufgaben gerecht zu werden, die in der damaligen Zeit des staatlichen Eingreifens bedurften. Der lokalen Zersplitterung der Staatshoheitsrechte vorzubeugen, war bereits unmöglich geworden; es handelte sich jetzt vielmehr darum, auf dem Gebiete des Staatslebens des gesamten Schlesien ein Feld zu finden, auf dem die nachteiligen Folgen der Decentralisation der vorigen Jahrhunderte aufgehoben und neue Energie dem Staatskörper eingeflöfst werden konnte. Jede kräftigere Einigung Schlesiens, jedes straffere Anziehen der losen, meist mit den Formen des Lehnrechts umkleideten Bande zwischen der Krone und den alten autonomen Gewalten mufste freilich dazu führen, dafs Schlesien und seine einheimischen Fürsten ihre äufsere politische Selbständigkeit immer mehr verloren und Glieder eines grofsen Machtkörpers wurden, dessen Schwerpunkt nicht mehr in Schlesien lag, und dem gegenüber dieses von jetzt ab nur noch als ein dienendes Werkzeug erschien. Es war dies die notwendige Entwicklung; nur noch eine Macht von aufsen konnte Schlesien zu einer inneren Einigung zwingen, und man mufs die Politik des Matthias

---

1474 Sept., Breslau (ebd. Nr. 185, 186) Dezember, Breslau (ebd. Nr. 212, 218).
1475 März, Versammlung der oberschlesischen Fürsten zu Ratibor (ebd. Nr. 229).
1476 Januar, Breslau (ebd. 244) 23. Febr. (Dresd. W. A. Schles. Gener. Bl. 98, 99), Juni bis Juli, Breslau (SS. XIII Nr. 248).
1477 24. Febr., Breslau (ebd. Nr. 259, 88, X 110), 19. Mai, Breslau (SS. XIII Nr. 267—271).
[1478 Ende März, Breslau, ebd. Nr. 302, nicht zustande gekommen. In Nr. 311 (16. Sept. 1478) wird ein Fürstentag betr. Steuern erwähnt; vgl. aber Eschenloer S. 385.]
1479 Januar (SS. X S. 126 ff.), Oktober (Dresden W. A. Schles. Gen. fol. 23) speziell niederschlesisch, vgl. o. S. 96 Anm. 2.
1480 Frühjahr (SS. X 131 und 133) Juli u. August, zuerst in Ober-, dann in Niederschlesien, ebd., vgl. o. S. 96 Anm. 1.
1481 Juli (ebd. S. 136).
1482 Febr. (Bresl. Stadtarch. Pol. Korr. d. d. 27. Febr. 1482. Dresd. W. A. Schles. Gen. fol. 38, 39), Oktober (ebd. Bl. 122, 123, Bresl. Stadtarch. Pol. Korr. d. d. 27. Okt. 1482).
1485, Dresd. Geh. Arch. Locat. 10342.
1486 Oktober (Dresd. Geh. Arch. Locat. 10342).
1487 Januar (ebd. vgl. SS. XI 120).
1488 März in Jauer (nach einer im Bresl. Stadtarch. befindlichen Abschrift einer Urkunde d. Schweidnitzer Stadtarch. d. d. 18. März 1488).
[1] Über den staatsrechtlichen Charakter des Verhältnisses des Fürstentages sowohl zur Krone als zum Lande kann erst in der Einleitung des zweiten Buches gehandelt werden.

Korvinus in Schlesien nach diesem Gesichtspunkte beurteilen, unbeirrt durch den Hafs und durch die Anklagen der gleichzeitigen schlesischen Chronisten, deren Schmerz und deren Erbitterung über den Verlust der bisherigen politischen Autonomie ihres Vaterlandes und dessen einzelner Machthaber man wohl verstehen, aber nicht teilen kann. Denn die Zeit war längst vorüber, da die fortgesetzte Decentralisation des Staates einen Fortschritt der Kultur gegenüber dem starren, ungefügen Gebilde des altpolnischen Reiches bedeutete; die neue Zeit erforderte jetzt eine neue Ordnung. Dem Princip nach war es ganz gleichgültig, ob der Schwerpunkt jener Politik, welche sich jetzt Schlesien dienstbar machte, in Ungarn, in Böhmen oder in Österreich lag; den endlichen Sieg sollte in viel späterer Zeit das plötzlich neu entstandene und zu Macht gelangte preufsische Königtum davontragen. —

Bis zur Zeit des Matthias Korvinus hatten sich die einzelnen Bestandteile Schlesiens und die in ihnen herrschenden Machthaber einer fast vollständigen Aktionsfreiheit gegenüber den auswärtigen Mächten, einer von oben herab wenig beschränkten Regierungsgewalt im Innern erfreut. Dies wurde jetzt anders, als Schlesien zu einer staatlichen Einheit verschmolz, welche aber ihrerseits hinwiederum nur ein Teil eines gröfseren, umfassenderen Staatsganzen war. Indem die losen Formen des Lehnsbandes sich verdichteten zu einem die verschiedensten Gebiete staatlichen Lebens durchdringenden Unterthänigkeitsverhältnisse, sanken die schlesischen Fürsten, die Nachkommen jener mächtigen Piasten, deren Herrschertum einst ein so absolutes war, wie es in schärferer Ausprägung kaum gedacht werden konnte, herab zu gehorsamen Unterthanen der ungarischen und später der böhmischen Krone. Zu eben jener Zeit, als die ersten Wellenschläge jener grofsen Bewegung begannen, welche dazu führte, dafs die Landesherrlichkeit der Fürsten des deutschen Reiches, erwachsen aus deren vormaliger Amtsgewalt, durch Emancipation sowohl nach oben, der kaiserlichen Gewalt gegenüber, als auch nach unten, den Landständen gegenüber, durch Begründung einer auf neuen Principien basierten Centralgewalt zu jener potenzierten Machtstellung sich entwickelte, die man jetzt wohl auch Landeshoheit nennt, sanken die schlesischen Fürsten von Stufe zu Stufe hinab. Freilich fand auch für das staatliche Leben Schlesiens dieselbe Entwicklung statt wie für die Territorien des Reiches; Träger dieser Entwicklung waren aber nicht die schlesischen Fürsten, sondern die über ihnen stehende Krone, deren Inhaber damals bezeichnender Weise den Titel eines Oberherzogs von Schlesien[1]

---

[1] Vereinzelt bezeichnet sich schon Johann von Böhmen 1344 ein-

annahm. Die neu entstehende Centralgewalt, die eine intensivere Ausbeutung der Kräfte des Volkes zur Verfolgung der Staatszwecke erlaubte, kam innerhalb ihres Territoriums nicht den alten einheimischen Herzögen zu gute, sondern diese selbst wurden im Gegenteile von ihr betroffen, mufsten ihr sich unterordnen und ihr allmählich die seit Jahrhunderten innegehabten und unbestritten ausgeübten Hoheitsrechte abtreten[1]. Welcher wesentliche Unterschied bestand jetzt noch in Schlesien zwischen den Herzögen und den Ständen der Erbfürstentümer? Beide waren an die Krone durch das Lehensband gefesselt; gegen beide machte das neue Staatsprincip und die Machterweiterung der Krone in gleicher Weise sich geltend; beide galten hinsichtlich des Gesamtstaatslebens Schlesiens dem Könige gegenüber nur als Stände, und der Gang ihres Schicksals im Verhältnisse zu der Centralgewalt war derselbe. Zwar standen den Fürsten ihren Unterthanen gegenüber noch bedeutende Prärogativen zu; der Schwerpunkt des Staatslebens ruhte aber nicht mehr in ihrer Machtsphäre. Freilich dauerte es noch zwei Jahrhunderte, bis diese Entwicklung insofern zum Abschlusse kam, als die schlesischen Fürsten, nach langer, fortwährender Abbröckelung ihrer Rechte der letzten Reste ihrer alten Hoheit beraubt, nunmehr staatsrechtlich nicht mehr als Landesherren, sondern nur noch vorwiegend als Grundherren erschienen. Schon zur Zeit des Matthias Korvinus fehlte es nicht an Verständnis für die Bedeutung dieses Prozesses. Es ist uns ein gleichzeitiges

---

mal „Boemie rex, Luxemburgensis comes, princeps supremus Slezianorum et dominus Wratislaviae", Stenzel, Urkk. z. Gesch. des Bistums Breslau 335.

[1] Eine merkwürdig richtige Beurteilung dieses Entwickelungsganges findet sich in einem Briefe eines ungenannten Herzogs von Liegnitz-Brieg (wahrscheinlich des Johann Christian) an den Herzog Georg Rudolf zu Liegnitz (d. d. Herrnstadt 8. Sept. 1633). Der Schreiber setzt darin auseinander, wie das Haus Liegnitz anfangs ganz Schlesien vollkommen beherrscht habe; später habe sich das Haus, da es fand, dafs es seine ursprüngliche Freiheit nicht allein „tuieren" könne, mit König Johann „in eine conjunctio ipso clientelaris" eingelassen und zwar gemäfs der in den damaligen Zeiten herrschenden jura vasallitica: daher habe es sich „mit gewissen pactis investiturae an die Kron Behemb begeben und von deme ihre Lande zu fürstlichen Erblehn empfangen, damit aber doch sich seiner hohen Regalien und herrligkeiten nicht begeben, sondern die in allewege behalten, wie in feudis regalibus und bey denen majoribus Valvassoribus recht und gewonheit ist. Es wern auch unsere vorfodern und fürstliches haus seit solcher zeit bei solch ihren regalien und fürstlichen Eminentien und prerogativen geraume zeit vorblieben, bis das haus Osterreich sich in die chron Böhaimb immisciret, von welcher zeit gleichwol eine prestur und abbruch der privilegien uber die andern per meram viam facti et potentiae erdulden müssen" etc. (Kgl. Staatsarch. Bresl. A. A. VII 5c). Der Briefschreiber irrt nur insofern, als er die neue Entwickelungsphase erst mit dem Auftreten des Hauses Habsburg in Böhmen beginnen läfst; eingeleitet wurde sie schon durch Matthias Korvinus.

Verzeichnis der bei der Zusammenkunft der Könige von
Böhmen und Ungarn im Jahre 1479 zu Olmütz anwesenden
Fürsten und Grofsen erhalten [1]; charakteristisch genug finden
sich aber darin die Namen der schlesischen Herzöge nicht in
der Liste der fürstlichen Persönlichkeiten [2], sondern bei den
barones Bohemie, wenngleich unter diesen an erster Stelle.
Da nun ein Zweifel darüber, dafs die schlesischen Fürsten
dem Range nach als gleichstehend mit den Fürsten des
Reiches betrachtet wurden, nicht bestehen kann [3], so mufs
man annehmen, dafs der Verfasser der Notiz durch diese
seine Einordnung der schlesischen Fürsten in die Reihe der
böhmischen Grofsen den politischen Verhältnissen seiner Zeit
Rechnung tragen wollte.

Wir wollen jetzt untersuchen, auf welche Gebiete des
Staatslebens die neu entstandene Centralisation sich erstreckte.
Zunächst sollte Schlesien als ein geschlossenes politisches
Ganzes dem Auslande gegenüber sich darstellen. Der von
Könige und den versammelten Fürsten und Ständen festgesetzte
Landfriede [4] von 1474 bestimmte, dafs im Falle eines Angriffes von aufsen das ganze Land unter Führung des Oberhauptmanns zu einmütigem Widerstande sich erheben solle;
niemandem war es gestattet, sich eigenmächtig davon auszu-
schliefsen [5]. Noch wichtiger aber war das Gebot, dafs alle
Streitigkeiten eines Fürsten oder Standes mit einem andern
Fürsten oder Stande auf rechtlichem Wege ausgetragen werden sollten, dafs keine neue Feste errichtet, keine schon vorhandene aufs neue ohne die besondere schriftliche Erlaubnis
des Königs befestigt werden dürfe; darin lag ohne Zweifel
eine Beschränkung der Kriegshoheit der Herzöge. Dem Aufgebote des Königs oder seiner Statthalter war das ganze Land
zu folgen verpflichtet; für Zwecke dieser Art wurde eine Matrikel aufgestellt, welche die Höhe der von den Fürsten
und Ständen zu stellenden Kontingente für die gemeinsame
schlesische Kriegsmacht regelte [6]. Zwar ist nirgends ein aus-

---

[1] SS. Rer. Sil. XIII 271.
[2] Als solche werden aufgeführt: Rex Hungarie, Rex Bohemie,
Dux Albertus Saxonie, Dux Otto, Filius Marchionis, Dux Cristoforus,
domina regina cum virginibus, Dux Franciscus.
[3] S. Ficker, Vom Reichsfürstenstande § 168, S. 218.
[4] Eschenloer, ed. Kunisch II. 328 ff.
[5] „Und ob es geschehe, dafs die Behmen oder Pohlen irgend ein
land angrifen würden oder einen creis oder weichbilde oder einen
Fürsten...., würde inen hülfe von not sein, so sol der gemeine hauptman ime zu hülfe kommen und mit sampt anderen fursten und landen
one säumen uf sein und zu hülfe kommen. Und zu solcher hülfe zu
tun, hat die kon. mai. geboten und wil gehabt haben, dafs alle fursten,
lande und stäte darzu sollen verbunden sein und zu tun pflichtig sein,
und welche das nicht tuen, die sollen gestrafet werden als Feinde des
Fridens und Libhaber der Betrübnifz und Verterber des Vaterlandes."
[6] S. L. Rer. Sil. X, Nr. 93 S. 133.

drückliches Verbot für die Fürsten ausgesprochen, gegen eine auswärtige Macht auf eigene Faust den Kampf zu beginnen; schwerlich indes konnte einer derselben daran denken, ohne des Königs Einwilligung sich mit einem fremden Potentaten in einen Krieg einzulassen, wiewohl ja die Centralgewalt vielleicht nicht immer die Kraft besafs, selbständige Aktionen eines ihrer Vasallen sogleich zu unterdrücken. Ein Mitbestimmungsrecht über Krieg und Frieden stand den Generalständen keineswegs zu. Wenn in den Olmützer Frieden von 1479 zwischen Matthias und Wladislaus auch die schlesischen Fürsten und Stände unbeschadet ihren Privilegien, Gerechtigkeiten und altem Herkommen einwilligten[1], so wird dies kaum so zu deuten sein, dafs etwa der König staatsrechtlich in der Beschlufsfassung über Krieg und Frieden an die Zustimmung seiner Stände gebunden gewesen wäre, sondern wir werden darin zu erblicken haben eine Nachwirkung der früher innegehabten politischen Autonomie, welche zur Herstellung eines faktischen Friedenszustandes die Beitrittserklärung der Stände wünschenswert machte; es war jedoch klar, dafs diese Autonomie und ihre Reste früher oder später der Centralgewalt der Krone zum Opfer fallen mufsten.

Nicht minder bedeutungsvoll waren die Mafsnahmen, welche für die Herstellung und Kräftigung der inneren Einigung Schlesiens getroffen wurden. Der nächstliegende Zweck des Staates ist die Aufrechterhaltung des inneren Friedens und der öffentlichen Sicherheit in dem Umfange seines Gebietes; Krone und Stände suchten unter Matthias Korvinus diese Aufgabe zu lösen, indem sie zu dreien Malen[2] einen Landfrieden beschlossen und damit das Werk wiederaufnahmen, an dessen Zustandekommen die grofsen Einungen der ersten Hälfte des 15. Jahrhunderts immer nur mit vorübergehendem Erfolge gearbeitet hatten. Jede Gewaltthat wurde verboten; jeder Versuch, durch Mord und Brandstiftung oder durch Androhung solcher Verbrechen eigenmächtig zu seinem Rechte sich verhelfen zu wollen, wurde bei strenger Strafe und Konfiskation des Vermögens untersagt; Leute, die kein liegendes Eigen besafsen, durften sich nicht in Dörfern und offenen Städten, sondern nur in festen Orten aufhalten. Jede Obrigkeit sollte gegen Friedensbrecher und deren Helfershelfer nach Recht und Gerechtigkeit verfahren; für den Notfall wurden der oberste Hauptmann und das gesamte Land zur Hülfeleistung verpflichtet, und zwar nach

---

[1] Grünhagen-Markgraf, Schles. Lehns- und Besitzurkunden. I, Leipzig 1881, S. 30 f.
[2] 1474: Eschenloer II, ed. Kunisch 328 ff., Schickfufs, Neue vermehrte schlesische Chronika III 157 ff. 1479, 6. Okt.; Bresl. Stadtarch. Pol. Corresp., 1482, 27. Okt.; Dresd. Arch. Sagan Bl. 132.

einer zu diesem Zwecke festgesetzten Matrikel[1]. Die öffentlichen Strafsen sollten für Handel und Wandel frei und sicher sein; die Obhut darüber wurde jeder Obrigkeit für ihr Gebiet übertragen. Alle Feindseligkeiten der Einwohner gegen einander sollten aufhören, Zwistigkeiten jeder Art nur auf dem Wege des Rechtes ausgetragen werden. Auffallenderweise aber fehlt es an Mafsregeln zur Centralisierung der Rechtspflege. Kompetent für die Fürsten und die einer ordentlichen Gerichtsbarkeit nicht unterworfenen Stände waren wohl die allgemeinen Landtage[2]; der bei den Landfriedenseinungen der früheren Jahrzehnte gemachte Versuch, ein Forum in Fällen von Rechtsverweigerung seitens der niederen Gerichte zu schaffen, scheint zur Zeit des Matthias Korvinus nicht wiederaufgenommen worden zu sein.

Nicht minder arg als die Verwirrung der Verhältnisse des Rechtes und des Friedens war die des Münzwesens. Die Fürsten und eine grofse Anzahl von Städten, welche die Gerechtigkeit hierzu besafsen oder doch zu besitzen vermeinten, prägten — zum grofsen Teile — minderwertiges Geld; gute Münzen wurden aufgewechselt und zu schlechten umgeschlagen[3]; die Falschmünzerei, welche gerade im Mittelalter bei der Einfachheit der Gepräge und der geringen Bildung des Volkes sehr leicht war, gewann eine ungeheure Verbreitung. Handel und Wandel litten darunter ungemein, und besonders im Verkehre mit dem Auslande machte sich diese Münzverschlechterung und Falschmünzerei unangenehm fühlbar, zumal für die Breslauer, die Hauptträger des schlesischen Grofshandels. Wie die einheimischen Machthaber zuerst der Recht- und Friedlosigkeit in den Gebieten Schlesiens aus eigener Initiative, zu Bündnissen zusammentretend, abzuhelfen strebten, so auch diesen Übelständen im Münzwesen. Der 1444 gestiftete niederschlesische Bund[4] machte den ersten Versuch, das schlesische Münzwesen einheitlich zu gestalten; er setzte sich zu diesem Zwecke mit Kaiser Friedrich III. als dem Vormunde des jungen böhmischen Königs Ladislaus in Verbindung, welcher dem Bunde riet, mit den andern schlesischen Fürsten und Landen eine allgemeine schlesische Münzvereinigung einzugehen[5]. Diese

---

[1] 1477, Dresden W. A. Sagan Bl. 496.
[2] Vgl. z. B. das Verfahren gegen Herzog Johann u. a. SS. Rer. Sil. X, Nr. 721, S. 156.
[3] Vgl. für dies und das Folgende die Schilderung bei F. Friedensburg, Schlesiens Münzgeschichte im Mittelalter. Theil II, Münzgeschichte und Münzbeschreibung. Codex Diplom. Silesiae XIII, Breslau 1888 S. 72 ff.
[4] s. o. S. 93 Anm. 1.
[5] Brief Friedrichs III. d. d. Wien. Neustadt 16. Mai 1446 bei Friedensburg a. a. O. Teil I, Urkundenbuch und Münztafeln. Cod. Dipl. Sil. XII, Breslau 1887, Nr. 2 S. 2.

Verständigung sämtlicher Teile Schlesiens kam nicht zustande.
1448 und 1450 wurden von dem Bunde Münzordnungen gegeben, welche jedoch ohne nachhaltige Wirkung waren. Teilweise kümmerten sich die eigenen Mitglieder nicht einmal um die aufgestellten Bestimmungen; 1452, als der Bund sich auflöste, erlosch auch der von ihm beschlossene Münzvertrag. Auch eine neue Münzeinung, welche am 30. Januar 1455 auf Betreiben der Breslauer zwischen dem Bischof Peter von Breslau, dem Herzog Wlodko von Grofsglogau, Georg von Podiebrad als dem Besitzer von Münsterberg und Glatz, sowie den Ständen der Erbfürstentümer Breslau und Schweidnitz-Jauer zur Herstellung einer gemeinen Landeswährung auf zehn Jahre beschlossen wurde, gelangte nicht in dem beabsichtigten Umfange zur Ausführung; ebensowenig Glück hatte ein neuer Münzbund im Jahre 1460 zwischen den Städten Breslau und Schweidnitz. Unfähigkeit und Egoismus machten hier jeden Erfolg unmöglich; es hatte sich gezeigt, dafs die Schlesier aus eigenen Kräften die Mifsstände im Münzwesen abzustellen nicht imstande waren; ein Eingreifen der obersten Staatsgewalt war also hier geradezu geboten.

Die Münzreform war denn auch einer der vornehmsten Punkte, welche Matthias Korvinus auf das Programm seiner Regierungsthätigkeit für Schlesien gesetzt hatte. Seine Wünsche begegneten sich hier mit denen des Breslauer Rates; nachteilig für das Gelingen seiner Pläne aber wurde es, dafs er das fiskalische Interesse hier nicht zur Genüge von dem volkswirtschaftlichen trennte, indem sein Streben darauf hinauslief, nicht nur eine einheitliche Währung für ganz Schlesien zu schaffen, sondern auch zugleich durch einen hohen Schlagschatz für die eigene Kasse einen möglichst grofsen Gewinn einzustreichen; an dem Widerspruche dieser beiden Principien mufste das ganze Werk scheitern. Kaum hatte Matthias die Zügel der Herrschaft ergriffen, als er mit dem Rate der Stadt Breslau sich in das Einvernehmen setzte: der Stadt Breslau sollte ihre alte Münzfreiheit zwar bleiben; jetzt aber sollte zur Verdrängung des bösen, alten Geldes im Namen des Königs von dem königlichen Münzmeister unter Aufsicht des Rates die Prägung einer neuen Münze erfolgen, und zwar wurde dabei in Aussicht genommen, dafs die Prägung nach zwei Jahren ganz in die Hände der Stadt übergehen sollte[1]. Ein Münzmeister wurde angestellt, der ein Vorkaufsrecht an Gold und Silber erhielt, welches etwa nach Breslau in den Handel gebracht würde, der ferner ungarische Gulden nach dem in Ungarn zu dieser Zeit üblichen Karat und Gewicht, der endlich auch Groschen prägen sollte und zwar 98 aus der Mark

---

[1] Brief des Königs an den Rat von Breslau d. d. 2. Juli 1470 bei Friedensburg I, Nr. 6 S. 7.

Wiener Gewichts zu fünf Lot fein, von denen 40 auf 1 Gulden gehen, und welche je gleich zwölf Hellern sein mufsten; er erhielt auch den Wechsel, d. h. das ausschliefsliche Recht zur Umwechslung alter in die neue Münze, und mufste einen Schlagschatz, d. h. eine Abgabe an den König, für jede vermünzte Mark feinen Silbers im Betrage von 1 Gulden und 5 Groschen, für jede Mark feinen Goldes im Betrage von $3^1/_2$ Gulden, zahlen[1]. Später wurde jedoch der Schlagschatz für die Mark feinen Silbers auf $1^1/_4$ Gulden erhöht und die Anordnung getroffen, dafs aus der Mark nicht 98, sondern 118 Groschen geschlagen werden sollten, wobei jedoch das Verhältnis zu den Gulden und den Hellern das alte bleiben sollte[2]. Noch zum Ende des Jahres 1470 erlaubte der König der Stadt Breslau, die Münze jetzt schon zu übernehmen mit der Bestimmung, dafs aus der Mark[3] nicht nur 118, sondern 120 Groschen geschlagen werden sollten. Eine Zeitlang schien es, als ob die Reform gelingen könnte; die alte Münze wurde verrufen, Widerspenstige mit Gewalt zur Annahme der neuen Münzordnung gezwungen; bald aber brach die alte Uneinigkeit der Fürsten und Städte, ihre Unfähigkeit, einem eigenen kleinen Vorteil zu Gunsten der Krone und des Landes zu entsagen, wieder hervor. Dazu kam, dafs der Schlagschatz viel zu hoch war (ca. 13 %), sodafs der Breslauer Rat anstatt Gewinn eher Verlust hatte: das neue Geld sank bei dem allgemeinen Mifstrauen, welches ihm entgegengebracht wurde, derart im Kurse, dafs der Rat sich genötigt sah, im Sommer des Jahres 1471 das Münzen einzustellen. Die kriegerischen Wirren der nächsten Zeit hinderten den König, dem Münzwesen vorderhand seine Aufmerksamkeit zu widmen.

Erst bei seiner zweiten Anwesenheit in Breslau im Jahre 1474 griff Matthias wieder energischer ein. Im Einverständnisse mit den schlesischen Fürsten und Ständen, denen die Zustimmung freilich schwer genug gefallen sein mag[4], erliefs er eine neue Münzordnung, welche dadurch merkwürdig ist, dafs in ihr zum erstenmale eingehendere Bestimmungen über die Münzhoheit des Königs als des obersten Herrschers von

---

[1] S. die erste Münzordnung des Königs Matthias d. d. Znaym 2. Sept. 1470 bei Friedensburg I, S. 8 f. Nr. 7 und die Bestallung für den Münzmeister Hermann Silberbrenner d. d. Znaym 2. Sept. 1470 ebd. Nr. 8. S. 9 f.
[2] Matthias an den Breslauer Rat d. d. Prefsburg 8. Nov. 1470 ebd. Nr. 9 S. 10 f. und zweiter Brief für Silberbrenner von demselben Datum ebd. S. 11 f. S. auch ebd. II, S. 86 Anm. 1.
[3] Natürlich aus der rauhen, nur fünflötigen Mark; die feine Mark war sechszehnlötig; aus der ersteren wurden 120, aus der letzteren 384 Groschen geschlagen.
[4] Formell wurde sie indes gegeben; dies übersieht Friedensburg (a. a. O. II, S. 89) in seinen Ausführungen über die staatsrechtliche Bedeutung der Münzordnung von 1474.

Schlesien sich befinden; der Grundsatz wurde damals zum
erstenmale praktisch durchgeführt, dafs die Krone, welche ja
die Repräsentantin der wirtschaftlichen Einheit des Landes
war, eben dieser ihrer Eigenschaft halber gewisse Rechte besitzen müsse, welche zu den historisch überkommenen nicht
gehörten [1]. Das Münzregal [2] der Fürsten wurde bedeutend
eingeschränkt; der König nahm das Recht, die Währung zu
verleihen, für sich allein in Anspruch; auch das Recht der
Münzprägung wurde den bisher Münzberechtigten bedeutend
verkürzt. Sie durften fortan keine Groschen mehr, sondern
nur noch Heller und auch diese nur zu gleichem Schrot und
Korn wie die königliche Hellermünze schlagen. Die Prägung
der Groschen zum Münzfufse von 1470 wurde der Stadt
Breslau übertragen, wobei der Schlagschatz für die feine
Mark auf 48 Groschen herabgesetzt wurde. Sofort nach der
Proklamation der neuen Münzordnung sollten die alten minderwertigen Münzen eingezogen und nur noch die neuen in Umlauf gesetzt werden dürfen. Auch dieser Versuch dor Münzreform scheiterte. Die alten Münzen wurden nicht verschlagen,
sondern blieben in den Landen Schweidnitz und Jauer in Kurs,
während in den Lausitzen die neue Münze nur gleich der
Meifsnischen genommen wurde, nämlich ein Schock Groschen
auf den Gulden [3]. Dazu kam die Konkurrenz der Fürsten
und Städte [4], denen es freistand, Heller zu schlagen, und
welche dieselben billiger abgaben, als dies den Breslauern im
Verhältnisse mit ihren Groschen möglich war: „Die Fürsten
schlugen", so erzählt Eschenloer, „die Lande vol Heller, dafs
sie selbst aus irer münze eine mark vor den gulden gaben;
wie solden dann die Brefsler den Gulden behalden uf virzig
schilling heller?" Die Breslauer mochten diesen Gang der
Dinge vorhersehen oder wohl auch durch die trüben Er-

---

[1] Die Erkenntnis dieser Notwendigkeit, das Recht der Krone nicht
nur auf den historisch überlieferten Rechtszustand, sondern auf ein
höheres Princip der Vertretung der Interessen der Gemeinschaft zu
basieren, daraus ein Recht der Krone abzuleiten, an die Spitze aller
Verhältnisse des Lebens der Gemeinschaft sich zu stellen und unbedingte Unterordnung auch seitens der Träger althergebrachter Freiheiten zu fordern, drang durch auch schon zur Zeit des Matthias
Korvinus; vgl. den Passus eines Briefes Georgs von Stein an die Breslauer (d. d. 21. Dez. 1488, abgedruckt bei Friedensburg II, 91):
„Zu rathschlagen, ob ayn undertann seinem herrn in sachen sein oberkayt belangende..., zu verhalten an mittel ist, khan ich nicht zugeben.
Ob ir das thut oder nicht, schuldt ir von mir ungerechtvertigt sein."
[2] Über die beiden Bestandteile des Münzregals, einmal das Recht,
Münzen zu prägen, und dann, ihnen die Währung zu verleihen, s. Lorenz
von Stein, Lehrbuch der Finanzwissenschaft II [5] 391.
[3] Eschenloer S. 333.
[4] Die Namen der letzteren sind aufgeführt in den Annales Glogov.
ed. Markgraf, SS. Rer. Sil. X 33. Vgl. auch Friedenburg a. a. O.
II 89 ff.

fahrungen, die sie mit der Übernahme der Münze im Jahre
1471 gemacht hatten, gewitzigt sein; der Auftrag, jetzt wieder
der Prägung der königlichen Münze sich zu unterziehen, war
ihnen daher sehr unangenehm. Monatelang sträubten sie sich,
dem Gebote zu gehorchen, und als sie endlich, durch neue
königliche Befehle gezwungen, die Münze eröffnet hatten,
sahen sie sich schon nach drei Monaten genötigt, dieselbe
wieder zu schliefsen.

So wurde die Verwirrung immer gröfser; immer wieder
neue Klagen wurden in der Folgezeit laut, und mehrere Male
noch suchte der König einzugreifen und Ordnung zu stiften.
Auf dem Fürstentage von 1486 beschwerte er sich über die
fremde und böse Münze, die im Lande umherlaufe; er er-
innerte an die Münzordnung von 1474, betreffs deren er sich
doch mit den Fürsten und Ständen geeinigt habe. Er gebot
darauf, dafs alles Geld, welches nicht nach dem damals festgesetzten Fufse geschlagen wäre, verrufen werden und kein
anderes mehr kursieren solle; da er jetzt eine offene Münze
eingerichtet habe, so wolle er 4000 Mark Silbers in das Land
schicken, sodafs dann das Bedürfnis nach Silbergeld voll-
auf befriedigt werden könne. Auch dieser Versuch, nunmehr selbständig mit der Ausprägung von Silbergeld vorzugehen und unter Verbot alles minderwertigen und fremden
Geldes die so notwendige Einheit des Münzfufses endlich herzustellen, mifslang. Die Stände bewilligten dem Könige eine
damals von ihm geforderte Steuer von 8000 Gulden und
baten dagegen, die Münzsache ruhen zu lassen [1]. Doch liefs
Matthias seine Pläne noch nicht fallen. Noch im September
desselben Jahres schlofs er einen Vertrag zu Iglau mit König
Wladislaus von Böhmen [2], welcher die Herstellung einer einheitlichen Münze für Böhmen, Mähren, Schlesien und die
Lausitz bezweckte, indem Korvinus für die Länder seiner
Herrschaft den böhmischen Münzfufs acceptierte. Zwei Jahre
darauf scheint er daran gedacht zu haben, diesen Vertrag
durchzuführen; ehe es indes dazu kam, schied er aus dem
Leben. Die alte Unordnung aber blieb bestehen und dauerte,
da neue Reformbestrebungen und Münzeinigungen erfolglos
blieben, bis die starke Hand Ferdinands I. das Werk fortsetzte.

Mehr Erfolg dagegen hatte des Königs Steuerpolitik. Solange Schlesien eine staatsrechtliche Einheit nicht bildete, war
auch eine allgemeine schlesische Steuer nicht möglich. Die
alten, aus der polnischen Zeit zum jus ducale gehörigen Abgaben waren in den einzelnen Territorien längst an die Grundherren übergegangen, und nach den allgemeinen Anschauungen

---

[1] Dresden Geh. Arch. Locat. 10342.
[2] Abgedruckt bei Friedensburg 1 Nr. 19 S. 20. Vgl. dazu
Friedensburgs Darstellung II 91.

des abendländischen Mittelalters nahmen die Stände für sich
das Privileg der Steuerfreiheit in Anspruch, doch so, dafs
dem Fürsten das Recht der Bede oder der Berna, wie es in
den von böhmischen Anschauungen beeinflufsten Gegenden
hiefs, in Fällen der Not zustand. Dieses Recht, welches dem
einzelnen Fürsten gegenüber seinen Ständen gebührte, nahm
jetzt Matthias gegenüber den in den Generallandtagen vereinigten Gesamtständen Schlesiens in Anspruch. Die erste
Steuer von ganz Schlesien forderte Matthias, als er 1474 zum
zweitenmale in Schlesien erschien, um persönlich den Krieg
gegen Polen und Böhmen zu führen; er berief damals die
Fürsten und Stände des ganzen Landes nach Breslau, wies
auf den bevorstehenden Kampf hin und bat um Rat und Hülfe.
Alle sagten ihm zu, mit Gut und Blut, mit ganzer Macht
neben ihm in das Feld rücken zu wollen. „Aber leider disen
rate und hülfe warfen etliche ab. Ire Zwene, ein geistlicher
mönch, Bischof zu Erlau, und ein vertriben man aus Oester-
reich (d. i. Georg von Stein), die vielleicht hungrige beutel
hatten, die sie meineten zu füllen, gaben Matthiae Rat . . .,
er solte von einem ieden man ein geschätztes gelt nemen:
darbei muste er bleiben"; so erzählt Eschenloer den Hergang.
Ohne Zweifel ist das Motiv, welches er den beiden Ratgebern
des Königs unterschiebt, ein falsches; wer den damaligen
Verfall der Lehnskriegsverfassung und ihre Unzulänglichkeit,
ferner die Veränderungen kennt, welche durch das Aufkommen geschlossener Infanteriekörper die Taktik jener Zeit
erfuhr, wird sich kaum darüber wundern, dafs Matthias der
persönlichen Hülfe der Stände eine Steuer vorzog, durch die
er Truppenkörper anzuwerben imstande war, welche besser
organisiert werden konnten, welche seine Schlagfertigkeit im
Verhältnisse zu dem schwerfälligen Lehnsaufgebote bedeutend
erhöhten. Diese Steuer des Jahres 1474 blieb nicht die einzige; es folgten in kurzen Zwischenräumen deren noch acht
weitere, von welchen die letzte noch kurz vor dem Tode des
Königs gefordert wurde[1]. Unbestritten stand fest das Steuer-

---

[1] Die böhmische Chronik des Benedikt Johnsdorf (SS. Rer. Sil.
XII 114 ff. Breslau 1883) zählt allerdings acht Steuern auf, von denen
aber die zweite (vom Jahre 1475) ausscheidet, weil sie sich nur auf
Schweidnitz-Jauer bezog und daher eine Partikularsteuer war (S. 114:
„secunda contribucio, sed parcialis in Swidnitz"); übrigens war sie auch
weniger eine Steuer als vielmehr ein vom Könige auferlegtes Straf-
geld. Andererseits läfst aber Johnsdorf zwei Steuern aus. Die erste
Steuer wurde, wie oben erwähnt, 1474 auferlegt, die zweite, welche bei
Johnsdorf nicht erwähnt wird, Ende 1477 oder Anfang 1478 (vgl. die
Steuerquittung Georgs von Stein für Breslau über eine Teilzahlung
von 7000 fl. ung., d. d. Breslau 2. Dez. 1478. Bresl. Stadtarch. X 5a,
ferner die Steuerverhandlungen betreffs des Fürstentums Sagan im Sept.
und Okt. 1878, SS. Rer. Sil. XIII 263 ff.; endlich Eschenloer II 385,
welcher ausdrücklich berichtet, dafs Matthias 1478 zu Jakobi den Georg
von Stein gesandt und eine Steuer von allen Ländern in Schlesien und

bewilligungsrecht der Stände; wenn sie auch faktisch sich heftig gegen die ungewohnten Abgaben sträubten und immer wieder neue Reverse sich erteilen liefsen, dafs sie diese Steuern keineswegs aus irgend einer Verpflichtung, sondern gutwillig gegeben hätten, und dafs der König in künftigen Zeiten „keyne stewir betrag adir gabe, wie man dy nennen mag", von den Fürsten und Ständen Schlesiens fordern wolle noch solle, sondern dieselben bei ihren Freiheiten, Privilegien und gutem, altem Herkommen zu lassen habe[1], so erheischte es doch die Not der Verhältnisse, dafs sie dem Könige immer

n der Niederlausitz gefordert habe). Die dritte Steuer wurde dem Könige auf dem Kongrefs zu Olmütz bewilligt (Bresl. Stadtarch. Pol. Corr. d. d. 2. Nov. 1479. SS. XII 118, Dresd. W. A. Schles. General. fol. 23 und 54); die vierte fällt in die Zeit nach dem Kriege von 1480 (SS. XII 119), die fünfte in das Jahr 1482 auf den Landtag vom 26. Febr. (Bresl. Stadtarch. Pol. Corr.), die sechste in das Jahr 1483 (Schickfufs III 169 SS. XII 119; vgl. auch Bresl. Stadtarch. X 5c d. d. 7. Dez. 1484), die siebente 1485 oder 1486 (SS. XII 119 und Dresden. Geh. Arch. Locat. 10342), die achte auf Johanni 1487 (SS. XII 120 und Bresl. Stadtarch. X 5f), die neunte 1489 (SS. XII 122, Reg. Sti. Wencislai 128 f.). Charakteristisch genug sagt der Abt vom Sande von dieser letzten Steuer: „Et quia ante ruinam exaltatur cor ..., ipse rex Matthias iterum exegit a terris istis generalem contribucionem." Wie Benedikt von Johnsdorf, so auch führt Klose (Briefe über Breslau III, 2. 361) irrtümlich nur acht solcher allgemeinen Landessteuern auf.

[1] Der älteste derartige uns erhaltene Revers ist datiert vom 10. August 1479, bei Grünhagen-Markgraf, Schles. Lehnsurkk. I 32. Ein Excerpt eines Reverses über die Steuer von 1483 befindet sich bei Schickfufs III 169; Schickfufs sagt, der König habe durch diesen Revers versprochen, dafs er das ihm damals bewilligte „donativ nicht für eine steuer oder berna anziehen wolle," sondern das Land nach Inhalt des Olmützer Reverses bei seinen Freiheiten handhaben und dasselbe zu keiner neuen Steuer drängen wolle. Ob der Revers wirklich diesen Wortlaut („dafs er solches donativ nicht für eine stewer oder berna anziehen wolle") hatte, mufs dahingestellt bleiben. Dem rechtsgeschichtlichen Begriffe zufolge war die 1483 dem Könige bewilligte Hülfe nun einmal eine „Steuer"; der Abt vom Sande (SS. XII 119) nennt sie jedenfalls eine „exactio," ein Wort, welches, ebenso wie contribucio, bei ihm die Bedeutung von Steuer trägt, und macht hinsichtlich ihres Charakters keinen Unterschied zwischen ihr und den anderen allgemeinen Landessteuern. Daher dürfte das Excerpt bei Schickfufs kaum genau sein, zumal auch in anderen Steuerreversen derartige Ausdrücke nicht vorkommen. (In dem Reverse des Königs Wladislaus vom 5. März 1491 bei Grünhagen-Markgraf, Lehnsurkk. I 47 heifst es direkt: „si quando steura sive berna aliqua per Silesiam generaliter imponeretur;" in Beziehung auf diese Abgaben werden dann die Worte exigere und contribuere gebraucht.) Jedenfalls erscheint es übereilt, wenn Kries (Hist. Entw. der Steuerverf. in Schles. Bresl. 1842 S. 2 Anm. 2 u. S. 3 Anm. 6) auf Grund des Schickfufsschen Excerptes sagt, 1483 und auch sonst hätten sich die Stände von Matthias einen Revers ausstellen lassen, „dafs ihr Geldbeitrag nicht für eine berna (der böhmische Ausdruck für eine allgemeine Steuer), sondern als eine freiwillige Hülfe anzusehen sei". Gemäfs der damaligen Entwicklung des Finanzrechtes war die Freiwilligkeit das charakteristische Merkmal auch für die berna, und berna bedeutet ganz dasselbe wie das deutsche Wort „bede". Eine „Steuer", „Bede", „Berna" war auch der Geldbeitrag von 1483.

wieder neue Summen bewilligten; formell ist kaum eine der allgemeinen Landessteuern unter der Regierung des Matthias Korvinus ohne Zustimmung der Generalstände erhoben worden [1]. Der Zweck der Steuer rechtfertigte auch meistens ihre Ausschreibung [2], sodafs es den Ständen unmöglich ward, ihre Zustimmung zu versagen. Ausdrücklich erklärte der König 1482, als die Stände Niederschlesiens auf einem Fürstentage ihm zwar eine Steuer bewilligten, doch unter Hinweis auf ihre Steuerfreiheit, und wenn er gelobe, keine neuen Forderungen mehr zu stellen, dafs er keineswegs ihre Privilegien verletzen wolle: die Bethe aber käme nicht ihm zu gute, sondern er wolle die Lande, „die durch ir [sc. der Fürsten und Stände] versawmbnus zu aufrur und verderben kamen, domit befrieden". Die Abgabe sollte also zur Aufrechterhaltung des Landfriedens und zur Bestreitung der Kosten dienen, welche durch die zu diesem Zwecke organisierte Landesverwaltung nötig wurden. Von einer allgemein anerkannten Pflicht der Angehörigen des Staates, in eben dieser Eigenschaft für die Bedürfnisse des Staates Beiträge leisten zu müssen, war noch keine Rede. Die Steuer wurde dem Könige zur Bestreitung der staatlichen Bedürfnisse gegeben und war für diesen um so notwendiger, da er ein Domanium in den Erbfürstentümern, aus dessen Erträgnissen er die Landesausgaben hätte bestreiten können, so gut wie gar nicht besafs; sobald sie ihm aber einmal ausgezahlt war, ging sie in sein Privateigentum über, und er konnte nun über sie, der Theorie zufolge, nach Belieben schalten und walten [3]. Wenn auch die Generalstände eine

---

[1] Nur einmal (1485) wird uns berichtet, dafs der König durch Georg von Stein eine Steuer eingetrieben habe „sine omni justa causa et sine communi convocatione et consensu." Die Quelle dafür ist die böhmische Chronik des Benedikt Johnsdorf (sog. „Abt vom Sande" in SS. Rer. Sil. XII, Geschichtsschreiber des XV. Jahrh., ed. Franz Wachter S. 119. Breslau 1883); doch ist dieses Zeugnis insofern nicht unverdächtig, als wir urkundlich im Jahre 1486 von der Zahlung einer Steuer hören, von welcher der Abt vom Sande und alle anderen Quellen uns nichts berichten, die daher vermutlich mit der 1485 von Matthias geforderten Steuer identisch ist. Sie aber beruhte sicher auf einer ständischen Bewilligung. Dresd. Geh. Arch. Locat. 10342.

[2] Nur von einer einzigen Steuer, nämlich der von 1478, wird uns berichtet, dafs sie für die persönlichen Bedürfnisse des Königs, zur Bestreitung seiner Hochzeitskosten, erhoben worden sei. Eschenloer S. 385.

[3] Allerdings machten sich Bestrebungen geltend, das freie Verfügungsrecht des Königs über die Steuern einzuschränken; so mufste Matthias 1479 der Stadt Breslau versprechen, den ihm an Stelle der Breslauischen Quote an der allgemeinen Landessteuer bewilligten Anteil an der indirekten städtischen Auflage nur zum Nutzen des Landes und der Stadt zu verwenden, auch diesen Anteil „nicht etwa jemandem auf die Stadt zu verschreiben und zu versetzen." Vgl. Markgraf, „Heinz Dompnig, der Breslauer Hauptmann," in der Zeitschrift für Gesch. und Alterthum Schlesiens X 184.

Abgabe bewilligt hatten, so dauerte es doch manchmal noch eine geraume Zeit, und lange Verhandlungen waren erforderlich, bis die Stände der einzelnen Fürstentümer sich zur Zahlung bereit erklärten[1]. Der Charakter der einzelnen Steuern war ein sehr verschiedener; die Grundsätze für die Normierung der Höhe und die Bemessung der Grundlage der Steuern waren keineswegs einheitlich und fest, sondern wechselten von Fall zu Fall und waren verschieden gegenüber den einzelnen Ständen und Landesteilen. Am einfachsten war das Verfahren auf dem platten Lande mit Ausnahme der Kirchengüter. Die Steuer war hier eine Grundsteuer je nach der Gröfse des Besitzes ohne Rücksicht auf Verschiedenheiten in der Güte des Bodens, Belastung der einzelnen Grundstücke u. s. w. Über die Höhe der ersten Steuer des Jahres 1474 gehen die Nachrichten auseinander; nach dem einen Berichte wurde „durch und durch die Lande" von der Hufe 1 fl. ung., nach den anderen nur 1/2 Gulden gefordert[2]; auch wurde eine Abgabe auf gewisse ländliche Gewerbe gelegt, nämlich auf je eine Schenke und auf je ein Mühlrad je 1 oder je 1/2 ung. Gulden[3]. Ebenso hielt man es bei den späteren Steuern, nur dafs die Höhe mitunter variierte[4]. Nicht so gleichmäfsig war die Besteuerung des Klerus; bisweilen hielt man es hier so, dafs der Bischof als Oberhaupt und Vertreter der schlesischen Geistlichkeit auf

---

[1] So hatte zwar Herzog Albrecht von Sachsen, der mit seinem Bruder, dem Kurfürsten Ernst, das Fürstentum Sagan innehatte, in die Steuer von 1478 gewilligt; als aber Michael von Warosin als Beamter des Königs die Steuer erheben wollte, verweigerten die Saganer Stände aufs schärfste die Zahlung, wiewohl der Vogt und der Abt von Sagan als herzogliche Vertreter der Mannschaft des Weichbildes Sagan die vom Herzoge erteilte Bewilligung vorhielten. Die Mannschaft des Weichbildes Sagan trat erst zusammen mit der des Weichbildes Priebus, und die Ritterschaft beider Kreise erklärte, als Warosin von neuem seine Forderung vorbrachte und auf die bereits seitens des Landesherrn geschehene Bewilligung der Steuer hinwies, sie richte sich zwar sonst stets nach dem Herzoge; diese Steuer aber sei neu, und man wolle daher erst Erkundigungen einziehen. Erst auf die Nachricht, dafs die anderen Fürsten zahlten, und auf Befehl des Kurfürsten hin wurde das Geld eingezogen, sollte aber ohne ausdrückliche Weisung des Kurfürsten dem Beamten des Königs nicht ausgezahlt werden. SS. XIII 263 f.
[2] Nach Eschenloer 1 fl. ung., nach dem Abte vom Sande (SS. Rer. Sil. XII 114) und Nicolaus Pol. S. 95 1/2 fl. ung.
[3] Nach dem Abte vom Sande 1/2 fl., nach Pol. und Eschenloer 1 fl.
[4] So 1478 pro Hufe 1/2 fl. (Eschenloer S. 385 in Übereinstimmung mit SS. XIII a. a. O.), ebenso 1479, c. 1480 in den Landen Breslau, Neumarkt und Namslau pro Hufe 15 gr., pro Mühlrad und Schenke 1/2 fl. (= 20 gr.), ebenso auf den Gütern des Adels und des Klerus in denselben Gebieten 1483, desgleichen 1485; 1487 im Fürstentum Breslau pro Hufe 15 gr., in Neumarkt und Namslau 1 fl., pro Schenke und Mühlrad 1/2 fl., 1489 pro Hufe, Schenke und Mühlrad 1/2 fl. (SS. Rer. Sil. XII 118 ff.).

dem Fürstentage die auf den Klerus fallende Summe bewilligte und dann deren Verteilung bestimmte; die höchste Quote (⁵·₄) fiel dann auf den Bischof selbst, der sie von seinen Gütern wieder durch eine Hufensteuer eintrieb, während der Rest zu gleichen Teilen den einzelnen Klöstern auferlegt wurde[1]. 1483 wurde die Steuer von der Geistlichkeit mindestens in dem Fürstentum Breslau und in den inkorporierten Weichbildern Neumarkt und Namslau nach denselben Principien erhoben wie von den Gütern der Ritterschaft, also pro Hufe, Schenke und Mühlrad[2]. Daneben gab es aber noch andere sehr drückende Auflagen auf den Klerus[3]; an der letzten allgemeinen Landessteuer unter Matthias Korvinus wurde der Klerus dermafsen beteiligt, dafs er die Hälfte aller seiner Einnahmen aus Renten beischiefsen mufste, wiewohl es viele geistliche Benefizien gab, die gar keine anderen Einkünfte hatten als eben solcher Art. Georg von Stein, der diese Abgabe einforderte, motivierte dieselbe mit bitterem Hohne dadurch, dafs ja das Ausleihen auf Zins wucherisch und daher ungesetzlich sei[4]. Von den Städten wurde die Steuer gleichfalls besonders erhoben und zwar, indem ihnen je nach ihrer Wohlhabenheit und Gröfse eine Summe auferlegt wurde, über welche die Krone und die mafsgebenden Faktoren, in den Erbfürstentümern also wohl die Krone und die Städtekollegien der Landtage, in den anderen Territorien der König und die Herzöge, sich geeinigt hatten[5]. Für die

---

[1] 1474 betrug die Steuer auf den Klerus nach den ann. Glogov. (SS. X 32; sie erscheint hier allerdings erst beim Jahre 1475, weil sie 1474 zwar ausgeschrieben, 1475 aber erst erhoben wurde) 1600 fl., nach dem Abte vom Sande (SS. XII 114) ursprünglich 2000 fl., indem sie erst später auf 1600 fl. ermäfsigt wurde. Über die Art und Weise der Erhebung in diesem Jahre hören wir nichts; wir dürfen aber wohl vermuten, dafs sie in gleicher Weise wie 1480 und 1487 erfolgte. 1490 nämlich fielen auf den Klerus 2000 fl., von denen der Bischof 1500, die andere Geistlichkeit 500 fl. zahlen sollte; 1487 wurde die Steuer des Klerus aufgebracht, indem jedes Kloster 20 fl. zahlte und der Bischof in seinem Gebiete eine Hufensteuer von 18 gr. forderte.
[2] SS. Rer. Sil. XII 119.
[3] So schon die von 1479, von welcher der Abt vom Sande (ebd. S. 118) meldet: „a clero Superioris Slesie medietas censuum omnium proventuum, inferioris autem Slesie in una Summa MDti floreni, ad quam comportandam" etc. Ebenso schreibt der Abt von Sagan in seinem Fürstentagsberichte (d. d. Sagan 10. Okt. 1479) an den sächsischen Hof: „Item alle clostir und geistlichkeid obir daz, daz die pawern guldin von der huebin, sullin gebin dy helfte allir erir fruchte. Daz hat der bischof vergewilliget an allir prelaten willin. Wy uns allin dasz smekin moge, awer libe mag daz irkennen."
[4] SS. XII 122. Vgl. Markgraf, Heinz Dompnig S. 185.
[5] Vgl. z. B. Eschenloer S. 385 zum Jahre 1478: „Matthias lifze fordern sine steuer von allen Landen in Slesien und Lusitz, ufm Lande von der Hube ein halben Gulden, den staten ein zal." Am meisten mufste immer Breslau zahlen; so 1474 12000 fl., nach Eschenloer mehr, als aus dem gesamten übrigen Lande einkam, 1478 6000 fl. 1479 ver-

Erhebung der Hufensteuer mufste natürlich eine Katastrierung des platten Landes vorgenommen werden. Wahrscheinlich fand dieselbe in den Jahren 1478 und 1479 statt; wenigstens hören wir, dafs in diesen Jahren ein Beamter des Königs, Michael von Warosin, die Hufen in der Lausitz „verzeichne"; auch befiehlt der Kurfürst von Sachsen dem Abte von Sagan, dafs er in Gegenwart des k)niglichen Vertreters die Hufen im Fürstentume Sagan aufnehmen lasse, und auch vom Herzoge von Liegnitz wird aus dem Jahre 1478 berichtet, dafs er damals habe „herrn Georgen vom Stein ausschreiben lassen die register in allen seinen land, dorynne man die huben find eigentlichen, wie s. gn. [sc. der Herzog] selbis die betin von landen genomen hat"[1]. Auf dem Breslauer Fürstentage im Oktober 1479 wurde auf Antrag des Königs hin beschlossen, „daz dy hueben getrawlichen angeczeichnid wirden". Auf diese Art und Weise war es möglich, einen Kataster aufzustellen, mit dessen Hülfe man bei jeder neuen Steuerbewilligung sofort berechnen konnte, wie hoch sich die auf den einzelnen Fürsten oder Stand fallende Quote belaufe[2].

Gewifs war diese Organisation eine äufserst mangelhafte und rohe und, zumal bei dem ihr anhaftenden Mangel an festen Grundsätzen wohlgeeignet, Erbitterung hervorzurufen[3]. Umsomehr aber mufste man die Steuer lediglich als eine drückende Last empfinden, als gemäfs der damaligen Entwickelung des Finanzrechtes die Einnahmen des Staates

---

stand sich Breslau auf dem Tage zu Olmütz zu einer Steuer, über deren Höhe nichts bekannt ist, die wohl aber kaum unbeträchtlich gewesen sein kann, wie man aus den Bedingungen sieht, unter denen sie noch in demselben Jahre abgelöst wurde. Bischof Johann von Wardein und Georg von Stein schlossen nämlich im Namen des Königs mit der Stadt Breslau einen Vertrag, demzufolge die Olmützer Steuer aufgehoben werden, dafür aber die Hälfte der neuen städtischen Biersteuer, welche 36 Schilling Heller auf das Gebräu Weizen oder Gerste betrug, also 18 Schillinge, an den König fallen sollte. Dasselbe sollte stattfinden betreffs der 1477 festgesetzten Steuer von 12 Schillingen auf geringere Weine, während der schwere Wein ganz und gar in das städtische Weinhaus gehörte. Dieser Anteil des Königs an der städtischen Tranksteuer sollte zehn Jahre lang bestehen. Stadtarch. Breslau. Pol. Corr. d. d. 2. Nov. 1479. Trotzdem mufste sich Breslau immer wieder an den in der Folgezeit bewilligten Steuern beteiligen; auch sollte der Anteil an der Tranksteuer nach Ablauf der zehn Jahre verlängert werden. Vgl. Markgraf a. a. O. S. 184.
[1] SS. Rer. Sil. XIII a. a. O.
[2] In einem Briefe der niederschlesischen Stände an den König heifst es betreffs einer Steuer: „dobey der gnante e. k. g. anwald herre Jorge von Stain iczlichem teyle einen anslag aufgesaczt und eyn czedeln geczeichnet obirantwart had" (d. d. 27. Febr. 1482. Bresl. Stadtarch. Pol. Corr.).
[3] Vgl. die Beschwerde der Saganischen Stände: „sunder so sulche stewer in Slezien, Lausatzer lant und in den Furstentumern ungleich vorgesaczt und gefordert wurle, an eynem ende meher weu an dem anderen" etc. Dresd. W. A. Sagan Bl. 606.

nur als Privateinnahmen des Landesherrn betrachtet wurden. Demgemäfs nahm die Krone auch andererseits das Recht in Anspruch, einzelnen begünstigten Ständen Steuererlasse aus eigener Initiative zu gewähren; vielfach war dies freilich auch für den König notwendig, da er nur so die Einwilligung der alten einheimischen Gewalthaber zur Besteuerung der ihnen unterstellten Bevölkerung erlangen konnte. So bewog Matthias dadurch die Herzöge Hans und Nikolaus von Oppeln, ihre Genehmigung zu der 1489 auf Ober- und Niederschlesien gelegten Berna zu erteilen, dafs er ihnen für sie selbst und ihren speciellen Besitz Exemtion gewährte[1]. Eine generelle Steuerfreiheit der höheren weltlichen Stände, also der Fürsten und des Adels, kat kaum bestanden; zweifelhaft mufs es freilich bleiben, inwieweit es denselben möglich war, den auf sie fallenden Hufenschofs auf ihre Unterthanen abzuwälzen. Wenn auch der Generallandtag eine allgemeine Landesauflage bewilligt hatte, so mufsten der König und seine Beamten doch, um nun auch wirklich die Zahlung herbeizuführen, sich mit den einzelnen Ständen auf langwierige Verhandlungen einlassen, deren Ergebnis dann darin bestand, dafs für den einzelnen Stand der Steuerbetrag erst besonders normiert[2] oder die auf dem Fürstentage bereits festgesetzte Quote herabgemindert wurde[3]. Dafs unter diesen Verhältnissen tür das Land die Steuer weniger im Lichte einer im Interesse der Gemeinschaft des Volkslebens seitens des Einzelnen zu entrichtenden Leistung, als vielmehr einer im privaten Interesse und von der privaten Willkür des Königs geforderten Brandschatzung erscheinen mufste, bedarf keiner weiteren Darlegung[4]. —

---

[1] Registrum Sti. Wencislai S. 128 f.
[2] „Rex exegit [nach 1480] iterum unam magnam .... contribucionem, quam domini duces et vasalli Swidnicenses singuli solverunt secundum summas ipsis impositas prout cum officialibus regiis ... concordaverunt." SS. Rer. Sil. XII 120.
[3] So wurde die Steuer von 1489 nicht allgemein, sondern von Fall zu Fall denjenigen einzelnen Ständen, welche darum baten, ermäfsigt (ebd. S. 122). 1478 wollte ein Teil der Lausitzischen Stände nicht die von den Generalständen bewilligte Hufensteuer von ½ fl. ung., sondern nur eine Rauchfangsteuer („von eynem roche") im Betrage von je 10 gr. zahlen (SS. XIII a. a. O.).
[4] Wir konnten hier natürlich nur diejenigen Mafsregeln zur Erneuerung und Stärkung der Centralgewalt betrachten, welche Matthias Korvinus gegenüber dem gesamten Lande Schlesien in Anwendung brachte. Auf seine Politik in den Fürstentümern behufs Erhöhung der königlichen Gewalt und Ordnung der staatlichen Verhältnisse, — so besonders auf seine Versuche, die Bestallung des Rates der Stadt Breslau und damit zugleich des Breslauer Landeshauptmanns von sich abhängig zu machen, die Kompetenz des Breslauer Hauptmanns hinsichtlich der Erteilung von Lehen zu beschränken, die Berechtigung der Inhaber der Breslauer Lehngüter zu prüfen, — kann hier nicht näher eingegangen werden; vgl. über diese Punkte Markgraf, Heinz

Die dauerndste Schöpfung des Matthias Korvinus aufser dem Institute der Fürstentage war die von ihm in das Leben gerufene Organisation der allgemeinen Landesverwaltung; unter ihm wurde diejenige oberste Behörde für ganz Schlesien errichtet, welche als solche, wenn auch mit mannigfachen Veränderungen bezüglich ihrer inneren Konstitution und ihrer politischen Bedeutung, bis zur Eroberung Schlesiens durch Friedrich den Grofsen sich erhielt, und welche der Brennpunkt des gesamten Staatseinheitslebens Schlesiens für die folgenden Jahrhunderte werden sollte; es war dies die Oberlandeshauptmannschaft oder, wie sie auch kurzweg genannt wurde, das Oberamt. Wenn diese Behörde unter Matthias Korvinus noch nicht denjenigen Charakter bekam, welcher ihr in der Folgezeit anhaftete, nämlich einer von der Krone und den Ständen zugleich abhängigen obersten Landesbehörde, so lag, wie wir sehen werden, die Schuld weniger an dem bösen Willen oder an den absolutistischen Bestrebungen des Königs als vielmehr an dem Widerstreben der einzelnen Fürsten und Stände des Landes, überhaupt ein Organ einer höheren Gewalt ständig über sich zu dulden.

An Vorläufern der späteren Oberlandeshauptleute hat es, wie wir oben darlegten, in der ersten Hälfte des 15. Jahrhunderts keineswegs gefehlt. An der Spitze der grofsen Landfriedenseinungen jener Epoche standen Landeshauptleute, welche aber bisweilen, wie wir sahen, so 1422 und 1435, nicht nur Beamte der autonomen einheimischen Machthaber, sondern auch der Centralgewalt der Krone waren. Aber nur von vorübergehender Dauer waren diese Institutionen, sowie jene Einungen selbst; erst unter Matthias Korvinus, unter dem ganz Schlesien zu einem Gesamtstaatskörper sich zusammenschlofs, gewann auch die Einrichtung des obersten Landeshauptmanns für ganz Schlesien Stetigkeit und Festigkeit.

Noch in der Zeit unmittelbar nach der Wahl des Matthias Korvinus fehlte es an einem Vertreter des Königs in den erst soeben, keineswegs aber schon unbestritten gewonnenen Gebieten der böhmischen Krone. Beide Parteien indes, sowohl die ungarische als auch die polnische, fühlten das Bedürfnis, für die von ihnen aufs Schild erhobenen, jetzt jedoch noch in ihren entfernten Stammländern weilenden Herrscher ein stellvertretendes Regiment einzusetzen. Zu Deutsch-Brod am 10. Juni 1472 ernannten die Anhänger des polnischen Prätendenten Wladislaus den Prinzen Heinrich und den Zdeněk von Sternberg zu obersten Verwesern sowohl in Böhmen und

---

Dompnig, Zeitschr. f. Gesch. und Altert. Schlesiens XX 178 und passim. Nicht minder bemerkenswert ist des Königs Versuch, das Breslauer Mannrecht zu reformieren und das usurpierte Geleitsrecht der Breslauer aufzuheben. Bresl. Stadtarch. Urk. d. d. Olmütz 14. August 1479 und ebd. G. 41 b [1].

Mähren als auch in Schlesien, den Sechsstädten und der
Lausitz[1]; dafs dieselben aber in Schlesien eine faktische
Gewalt ausgeübt haben, ist kaum anzunehmen, zumal da
der weitaus gröfste Teil der schlesichen Fürsten auf der Seite
des Königs Matthias stand. Auf dem Landtage zu Beneschau
im Mai und Juni 1473 wählte dagegen die ungarische Partei
in Böhmen für dieses Land vier Verweser, — ein Beschlufs,
mit welchem König Matthias dermafsen unzufrieden war, dafs
er noch in demselben Jahre den Propst von Wyšehrad, Johann
von Rabenstein, nach Breslau mit dem Auftrage entsandte, die
Fürsten und Stände Schlesiens und der Lausitz eben dahin zu
entbieten und zur Wahl eines einzigen obersten Landeshauptmanns in der Person des Herzogs Friedrich von Liegnitz,
seines treuesten Anhängers unter den schlesischen Fürsten[2],
zu bewegen, damit derselbe mit bewaffneter Hand das Land
gegen äufsere und innere Feinde schütze. Es wurden zu
diesem Zwecke zwei Versammlungen am 15. und am 25. Juli
1473 abgehalten, welche aber resultatlos verliefen, weil dieser
Vorschlag aufser beim Bischofe von Breslau keinen Anklang
fand, und weil die Stände die dafür erforderlichen Geldopfer
scheuten[3]. Ernst wurde es mit der Einsetzung eines obersten
Hauptmanns erst, als 1474 Korvinus persönlich nach Schlesien
kam und auf dem Fürstentage zu Breslau den schon erwähnten grofsen Landfrieden publicierte; zur Wahrung und
Aufrechterhaltung desselben bestallte Matthias mit Einwilligung
der Fürsten und Stände den Herren Stephan von Zapolya,
Grafen der Zips, zum obersten Hauptmann von ganz Schlesien
und den beiden Lausitzen[4]. Im folgenden Jahre machte
König Matthias den vergeblichen Versuch, den Herzog
Albrecht von Sachsen, der ja als Mitinhaber von Sagan auch
zu den schlesischen Fürsten gehörte, zur Annahme dieses
Amtes zu bewegen. Erst die Weigerungen Friedrichs von
Liegnitz und des Herzogs Albrecht bewogen den König, die

---

[1] Vgl. Palacky, Gesch. von Böhmen V 1 76.
[2] Grünhagen, Gesch. Schlesiens I 327.
[3] Nikolaus Pol, Jahrbb. der Stadt Breslau, ed. J. G. Büsching
II 92. Breslau 1813. Vgl. Palacky a. a. O. S. 94.
[4] Eschenloer, ed. Kunisch II 328 ff., SS. Rer. Sil. XII 115.
Zur Verstärkung seiner Gewalt erhielt Zapolya vom Könige auch noch
die Hauptmannschaft über die Fürstentümer Schweidnitz und Jauer,
die er jedoch durch seinen Unterhauptmann (1475 war dies Christoph
Seidlitz; Bresl. Stadtarch. Pol. Corr. d. d. Zittau 9. Nov. 1476) verwalten liefs, sowie die Vogtei über die Lausitz (die Vogtei über die
Lausitz ist ihrem Wesen nach nicht etwa identisch mit einer schlesischen Landvogtei, sondern mit den schlesischen Landeshauptmannschaften). In seiner Eigenschaft als Oberhauptmann und oberster königlicher Beamter wird Zapolya auch sonst noch genannt: „Vorweser und
amechtman Obir- und Nedir Slesien und des marggraffenthumbs Obir
Lawsitz" (SS. X 133 Nr. 93) und „koniglicher anwalt" (Bresl. Stadtarch.
Pol. Corr. d. d. Namslau nach dem 8. und 9. März).

Oberhauptmannschaft einem Nichtschlesier zu übertragen; von einer Herrschaft fremder Beamten, welcher er die Schlesier unterworfen habe, um sie zu bedrücken, kann daher füglich keine Rede sein. Die Urkunde, aus welcher wir die Einsetzung Johanns von Zapolya erfahren, nämlich der Landfriede von 1474, führt begreiflicherweise nur diejenigen Kompetenzen des Oberhauptmanns an, welche mit seiner Eigenschaft als des obersten Hüters des Landfriedens in Verbindung stehen. Seine Hauptaufgabe eben war es, an Stelle des Königs über Ruhe und Frieden sowohl nach aufsen wie auch im Innern des Landes zu wachen; alle Fürsten und Stände hatten in dieser Hinsicht seinen Anordnungen unbedingt Folge zu leisten, auf seinen Befehl ihm gegen äufsere und innere Feinde diejenige militärische Hülfe zu leisten, welche er für nötig erachten würde. Jeder Fürst oder Stand, jedes Fürstentum und jeder Kreis, die allein ihrer Widersacher sich nicht zu erwehren wufsten, waren angewiesen, die Hülfe des obersten Hauptmanns anzurufen, der zu diesem Zwecke das gesamte Land aufbieten sollte; alle Fürsten und Stände sollten ihm Friedensbrecher, die in ihrem Bezirke sich aufhielten, auf sein Ersuchen binnen dreien Tagen ausliefern. Insbesondere war es seine Pflicht, darauf sein Augenmerk zu richten, dafs keine neue Feste erbaut oder keine alte aufs neue befestigt würde[1]. Aber nicht nur zur Hütung des Friedens nach aufsen und innen war er bestellt; seine Befugnisse waren also nicht nur militärischer und polizeilicher Natur, sondern sie gingen weit über diese Grenzen hinaus. Er war der Statthalter des Königs in jeder Hinsicht für die Erledigung der laufenden Geschäfte, insofern der Herrscher nicht Gebiete von besonderer politischer Wichtigkeit seiner eigenen Entscheidung vorbehielt; auf den Generallandtagen war er der Vertreter der Krone. Inwieweit die schlesischen Fürsten und Immediatstände seiner Jurisdiktion unterworfen waren, ist ungewifs; wenn überhaupt, dann nur innerhalb der durch den Landfrieden und die Münzordnung bestimmten Grenzen. Ein Beispiel dafür, dafs Fürsten von ihm belehnt wurden oder vor ihm Akte freiwilliger Gerichtsbarkeit vorgenommen hatten, ist nicht überliefert. Lehen dieser Art durfte er, wenn überhaupt, dann nur verleihen nach specieller königlicher Ermächtigung; nach Analogie des später noch zu erwähnenden Hauptmanns von Oberschlesien darf man wohl annehmen, dafs er kompetent war für Akte freiwilliger Gerichtsbarkeit für die Fürsten. Die Hauptleute der Erbfürstentümer waren ihm unterstellt; ihre Einsetzung wurde von ihm unter königlicher Autorität vorgenommen[2]. Er durfte auch Privilegien für die

---

[1] Landfriede von 1474 bei Eschenloer II 328 ff.
[2] Bresl. Stadtarch. Pol. Korr. d. d. Namslau, nach dem 8. und 9.

Stände der Erbfürstentümer erteilen, allerdings unter Vorbehalt der königlichen Genehmigung[1]. Ihm lag die oberste Sorge für die Erhebung der Steuern ob[2]; soweit dem Könige Patronatsrechte innerhalb Schlesiens zustanden, wurden sie vom Oberhauptmann auf vorhergegangene Ermächtigung ausgeübt[3]. Nicht allzulange verwaltete Zapolya sein Amt; schon im Jahre 1479 wird berichtet, dafs er aufser Landes sich befand[4]. Das letzte Zeichen seiner Thätigkeit findet sich im Jahre 1481[5]; doch scheint er auch damals nicht mehr in Schlesien geweilt zu haben; wenigstens war schon im vorhergehenden Jahre seine Abberufung auf einem Fürstentage zu Breslau officiell angezeigt worden[6]. Um mit kurzen Worten den Charakter des Amtes anzugeben, welches Graf Stephan von Zapolya innehatte: er war der Statthalter des Königs für die Erledigung der laufenden Geschäfte, insofern dieselben innerhalb der Grenzen der bestehenden Gesetzesvorschriften sich hielten, und insofern der König nicht persönlich in die Dinge eingriff; die eigentümliche Doppelstellung des Oberhauptmanns der späteren Zeit, insofern dieser letztere nicht nur Beamter der Krone, sondern auch die Spitze und der Vertrauensmann der schlesischen Generalstände war, ging ihm jedoch ab, da er nicht selbst ein Mitglied der Stände war, wenn auch mit deren Zustimmung eingesetzt, und weil daher nicht seine Interessen unauflöslich mit denen des übrigen Schlesien im Gegensatze zu der Krone verknüpft waren.

Als Stephan von Zapolya abberufen wurde, dachte der König an Ersatz für ihn und schlug auf einem im Frühjahr oder im Sommer 1480 stattfindenden Generallandtage durch seinen Kommissar von Rabenstein den Fürsten und Ständen

---

März 1477: Schreiben des Königs an Stephan von Zapolya betreffs Einsetzung des Melchior von Leben zum Hauptmanne von Namslau: „So wirt dir der selbige Melcher nichter dester minder als unserm obersten hewptman gehorsam sein."

[1] Vgl. das Privileg Zapolyas für die Ritterschaft von Breslau-Neumarkt mit der königlichen Bestätigung d. a. 1475 in der Vidimation des Rates von Neumarkt d. d. 7. Nov. 1484. Zeitschr. f. Gesch. und Altert. Schles. VII 171 ff.
[2] Vgl. SS. XII 115: „[Rex] fines Slesie est egressus relicto post se generali capitaneo ... Stephano comite executore premissorum ymmo verius exactore contribucionum."
[3] 1476 präsentierte er den Paul Hannold dem Bischofe von Breslau zum Kanonikus an der Kreuzkirche zu Breslau, und zwar deshalb, weil das Patronatsrecht für alle Kanonikate dieser Kirche „ratione regis Bohemie" dem Könige Matthias zustehe und von diesem auf ihn übertragen sei („ad nos tanquam Capitaneum Slesie generalem a majestate sua specialiter deputatum est"). Vgl. Staatsarch. Bresl. Kathar. Breslau 510.
[4] Bresl. Stadtarch. lib. signaturarum zum Jahre 1476 fol. 611 (gestrichene Signatur).
[5] Am 16. Febr. 1481 gab Heinz Dompnik auf Befehl des Grafen Zapolya Schlofs und Burglehn Neumarkt dem Bischof von Wardein ein. Randbemerkung zu der in Anm. 4 erwähnten Signatur.
[6] SS. Rer. Sil. X 133 Nr. 93.

wiederum vor, den Herzog Friedrich von Liegnitz zu einem obersten Hauptmann des Landes aufzunehmen. Wiewohl die Städte ihre Geneigtheit zu dieser Mafsregel kundgaben, so waren doch die Fürsten und die Ritterschaftskurie mit ihr nicht einverstanden, da sie der Meinung waren, „szo sy daz vorwilt und ingegangen wern, wurde er [sc. der König] alzo balde an en allen gemeynlich eyn steure und gelt in allen nach huffenczael zu enthaldunge sulcher syner hauptmanschafft gebeten und begert habin [1]." Man sieht daraus, dafs die Schuld dafür, dafs die oberste Behörde Schlesiens unter Matthias Korvinus noch nicht denjenigen Charakter gewann, welchen sie seit 1498 in der Folgezeit dauernd trug, nicht an der Krone lag, sondern an dem hartnäckigen Widerwillen der Stände selbst, ihrem engen Blicke und ihrer geringen Opferwilligkeit. Alle die Klagen, die von seiten der Stände über den Druck fremder Beamten, welche lediglich Werkzeuge der königlichen Gewalt gewesen seien, unter Matthias Korvinus erhoben wurden, waren unberechtigt; waren es doch die Stände selbst, welche zu zweien oder gar zu dreien Malen (1473, 1475 und 1480) sich gegen die von der Krone gewünschte Übertragung der höchsten Beamtenwürde auf einen Fürsten aus ihrer Mitte sträubten. So blieb denn dem Könige nichts übrig, als wieder einen Fremden zu seinem Statthalter zu ernennen. Auf dem nächstfolgenden Fürstentage, welcher vom 31. Juli bis zum 4. August dauerte[2], liefs Matthias durch seinen Kommissar, den Bischof Johann von Wardein, eine königliche Vollmacht verlesen, in welcher ausgeführt war, wie er den Grafen Stephan, den er vordem zu einem „Verweser und Amtmann" für Ober- und Niederschlesien und für die Lausitz eingesetzt habe, jetzt wieder zu sich abgefordert „und an ander ortter und ende geschickt, do her denne ouch nutz wer", und in welcher er die Generalstände bat, „das sie den bischoff von Waradein wolden uffnemen zu eynem amechtman und vorweser der selbigen land"; diesem habe er befohlen, die beiden Schlesien und Lausitzen „in foller macht zu vorwesen und zu regirn, zu gebitten und zu verbitten, gantz mechtig zu setzen und zu entsetzen, als sein ko. gn. selbis personlich keinwertigk were." Zuerst beschlossen die Fürsten, dem Bischof von Wardein die Antwort zu geben, „das sie noch befel kon. maj. en gerne zu eynem vorweser anstat seinir kon.

---

[1] SS. Rer. Sil. X 131 Nr. 90. Über die Zeit vgl. die Anm. Markgrafs auf S. 132.
[2] Ed. Nr. 93 S. 133 ff. Vgl. auch die Anm. Markgrafs auf S. 132; aus dem darin erwähnten Befehle des Königs an den Bischof von Breslau, zu bequemer Zeit einen Tag nach Breslau auszuschreiben, geht hervor, dafs jener Fürtentag, auf dem Rabenstein als königlicher Kommissar auftrat, und der vom 31. Juli unmittelbar aufeinander folgten.

gn. halden und uffnehmen wolden und sich in allem gehorsam, wie sich gebort, kegen em irtzeigen, dor an sie verhufften, her ein wolgefallen haben sold." Nachdem die Ritterschafts- und die Städtekurie diesem Beschlusse beigetreten waren, wurde er durch den Bischof von Breslau, Herzog Konrad den Weifsen von Oels und Herzog Friedrich von Liegnitz dem Bischof von Wardein mitgeteilt, der darauf in einer neuen Sitzung der Generalstände bei diesen sich bedankte, „das sie en so gutwillig noch befel kon. maj. zu einem vorweser uffgenomen." Der Bischof von Wardein war also über ganz Schlesien und die Lausitz der bevollmächtigte Vertreter des Königs in jeder Hinsicht. Im wesentlichen war seine Gewalt offenbar sowohl betreffs ihres räumlichen Wirkungskreises als auch ihres Inhaltes dieselbe, welche vor ihm Stephan von Zapolya innegehabt hatte; sogar in der Hauptmannschaft von Schweidnitz-Jauer war er dessen Nachfolger. Seine Abberufnng dürfte indes schon in das Jahr 1481 fallen[1].

Schwieriger ist die Untersuchung über den Charakter eines anderen Amtes, welches nach 1481, aber auch schon früher erscheint, nämlich über das Amt der königlichen Anwälte. Es wurde schon oben bemerkt[2], dafs einmal auch Stephan von Zapolya diesen Titel führt, und dafs damit zweifelsohne seine Würde als Inhaber der Oberlandeshauptmannschaft bezeichnet werden sollte. In den Jahren 1478 bis 1480 finden wir als königliche Anwälte in Schlesien den Bischof von Wardein und Georg von Stein[3]; da, wie wir wissen, Zapolya seit 1479 bestimmt aufser Landes war, ist es möglich, dafs Bischof Johann und Georg von Stein damals die Verwaltung Schlesiens in Zapolyas Abwesenheit führten. 1480 erscheint Bischof Johann von Wardein als oberster Anwalt in Schlesien und in der Lausitz[4]; wir sahen, dafs hinter diesem Titel die volle Amtsgewalt eines obersten Hauptmanns sich verbarg. Vom Jahre 1482 führt den Titel eines könig-

---

[1] Das letzte Mal tritt er auf, soviel ich ersehen kann, in einer Urkunde vom 17. März 1481; Kgl. Staatsarchiv Breslau. Schweidnitz-Minoriten 45. In einem Briefe des Königs Matthias aus dem Jahre 1482 (Bresl. Stadtarch. Pol. Korr. d. d. 14. März 1482) ist von dem Bischofe von Wardein bereits die Rede als von einem ehemaligen „Vorweser und anwald" in Schlesien.
[2] S. oben S. 118 Anm. 4.
[3] In das Jahr 1478 fällt das erste Auftreten Georgs von Stein in ständiger amtlicher Eigenschaft; er nannte sich damals (2. Dez. 1478) „kgl. maiestat rath, anwalt und statthalter in Slezien und baider Lawsitz" (Bresl. Stadtarch. 2. Dez. 1478). Im folgenden Jahre erscheint Georg von Stein als „kgl. maiestat in Niederen Slesien und baiden lusitzen anwald" (SS. XIII 269 d. d. Breslau 10. April 1479); noch in demselben Jahre treten der Bischof von Wardein und Georg von Stein zusammen auf als vollmächtige Anwälte des Königs Matthias „in Slesien, Obir- und Nedir-Lausitz".
[4] SS. Rer. Sil. X 130 Nr. 88.

lichen Anwaltes zuweilen von Schlesien schlechthin[1], meist aber von Niederschlesien[2] und der Lausitz ausschliefslich Georg von Stein; ebenderselbe heifst wohl auch Statthalter oder Verweser des Königs in Schlesien[3] oder auch nur in Niederschlesien[4]. Seit Schickfufs[5] nun hat man sich gewöhnt, Georg von Stein einfach als den Nachfolger Zapolyas im Oberamte anzusehen[6]; wir haben jedoch festgestellt, dafs der nächste Nachfolger Zapolyas nicht Stein, sondern der Bischof Johann von Wardein gewesen ist; auch bezüglich seines Wirkungskreises dürfte Stein sich kaum als Nachfolger Zapolyas erweisen lassen. Dafs die Anwaltschaft Steins nicht identisch war mit dem Oberamte, geht aus der Thatsache hervor, dafs 1488 Stein zur gleichen Zeit als königlicher Anwalt fungierte, zu der Herzog Friedrich von Liegnitz die Oberhauptmannschaft bekleidete[7]. Nun wurden ja aber auch, wie wir bemerkten, Stephan von Zapolya und seine Nachfolger, Bischof Johann von Wardein ganz ebenso wie Stein, als Verweser, Anwälte und Statthalter des Königs bezeichnet; welcher Unterschied ist dann zwischen den Ämtern jener beiden und dem, welches Stein bekleidete? Die Kompetenzen waren im allgemeinen, wie es scheint, dieselben[8], — besonders

[1] So in einer Urkunde d. d. Bautzen 23. April (Pol. Korr. Bresl. Stadtarch.), 1. Febr. 1488 (Bresl. Stadtarch. GGG 61), 4. Juni 1488 (ebd. X 5 h).
[2] So in der schon Anm. 3 S. 122 erwähnten Urk. vom 10. April 1479, sodann am 5. Juli 1482 („kgl. Anwalt und Stathelder in nyder Slezien", Kgl. Staatsarch. Urk. Leubus 557 a), ganz ebenso am 1. November 1482 (ebd. 557 b); als Anwalt von Niederschlesien wird Georg von Stein ferner noch bezeichnet in einer Urk. des Königs (Bresl. Stadtarch. Pol. Korr. d. d. Wien. Neustadt 6. Okt. 1487) und in einem Vergleich zwischen Matthias und den Herzögen von Sachsen (ebd. Pol. Korr. bald nach 11. Mai 1489).
[3] Vgl. die in Anm. 2 zitierten Urkk. von 1482; 1484 und 1488 nennt Matthias den Georg von Stein seinen „locumtenenten in Slezia" (Bresl. Stadtarch. X 5c d. Kloster-Neuburg 7. Dez. 1484 und ebd., lose Abschriften d. d. 4. August 1488).
[4] In einem Briefe an den König bezeichnen die niederschlesischen Stände den Georg v. Stein als „E. K. M. in disen landen vorweser und stathelder". Bresl. Stadtarch. Pol. Korr. d. d. 27. Febr. 1482.
[5] Schickfufs III 97. Sch. meint, dafs Georg von Stein seit 1482 das Oberamt innegehabt habe.
[6] So Markgraf, „Heinz Dompnig", Zeitschr. X 173; Grünhagen, Gesch. Schlesiens I 350, nennt Georg von Stein einen „Generalanwalt" und schreibt ihm eine Statthalterschaft über ganz Schlesien zu.
[7] SS. X 153 Nr. 116 d. d. 13. Febr. 1488: Herzog Friedrich in Schlesien zu Liegnitz und Brieg „ko. mt. in Ober und Nyder Slezien und beyder Lawsitz obrister hawbtman" und Georg von Stein, kgl. Anwalt, bieten die Breslauer gegen Herzog Johann auf.
[8] So ist Stein Fürstentagskommissar (s. o. S. 97 Anm. 5); er hat nach Inhalt des Landfriedens von 1482 (Dresd. Arch. Sagan Bl. 132) das Recht, die Fürsten und Stände zur Erhaltung des öffentlichen Friedens aufzubieten; er proklamiert (niederschlesische) Fürstentagsbeschlüsse (ebd.), ermahnt die Unterthanen des aufständischen Herzogs

lagen Stein die Aufgaben der Finanzverwaltung ob[1]; — doch scheint seine örtliche Zuständigkeit nicht so weit gereicht zu haben wie die Zapolyas und des Bischofs von Wardein, welche den sämtlichen schlesischen und lausitzischen Gebieten vorgesetzt waren, sondern allein auf Niederschlesien und die Lausitzen sich beschränkt zu haben. Allzuoft wird Georg von Stein ganz bestimmt als königlicher Anwalt von nur Niederschlesien bezeichnet, sodafs man diejenigen Fälle, in denen von ihm als von einem Anwalte Schlesiens schlechthin die Rede ist, als auf einer ungenauen Ausdrucksweise beruhend bezeichnen mufs. Als königlicher Statthalter von Niederschlesien war er natürlich dem Generalstatthalter oder Oberlandeshauptmann von ganz Schlesien untergeordnet, wenn ein solcher existierte. Befand sich 1478, also zu der Zeit, da Georg von Stein und der Bischof Johann von Wardein zum ersten Male als Anwälte, und zwar jener schon damals speciell als Anwalt von Niederschlesien, auftraten, Graf Stephan von Zapolya, wie es den Anschein hat, bereits aufser Landes, während er doch noch zugleich die Würde eines Oberhauptmanns innehatte, so fungierten Bischof Johann und Georg von Stein damals als Vertreter Zapolyas in dessen Abwesenheit. Bekleidete ferner Georg von Stein zu jener Zeit, da Johann von Wardein als oberster Anwalt und Verweser des Königs in Schlesien erscheint, also in den Jahren 1480 und 1481, noch sein Amt als Anwalt von Niederschlesien, wofür ich allerdings urkundliche Belege nicht gefunden habe, so war er damals dem Bischofe Johann untergeordnet. Nach des letzteren Rücktritte gab es eine oberste Behörde für das gesamte Schlesien bis 1488 überhaupt nicht; für die königliche Verwaltung zerfiel Schlesien seitdem in zwei Bezirke, in Oberschlesien und Niederschlesien[2], und nur für den zweiten

---

Hans von Sagan zur Treue gegen den König (1. Febr. 1488 GGG 61) u. s. w.

[1] Da die Steuerpolitik die wichtigste Seite der Politik der königlichen Centralgewalt gegenüber den schlesischen Ständen bildete, so lag auch die Hauptthätigkeit des königlichen Anwaltes in der Bearbeitung der Steuersachen; er stellt bei den Landtagen die darauf bezüglichen Anträge, treibt die Steuern im Namen des Königs ein (so quittiert er die Breslauer am 31. August 1487 über 1000 Mark Steuer, und zwar, wie er selbst sagte, „nachdem wir von kon. m. macht haben, dieselbe kon. stewer von fursten, herrn, land und stetten einzubringen"), arbeitet Kataster aus für die einzelnen Fürstentümer, quittiert über geschehene Steuerzahlungen und hat endlich im Kriegsfalle die Sorge für die Soldzahlung (Bresl. Stadtarch., lose Abschriften d. d. 27. Juni 1488). Zu den oben (vorige Seite, Anm. 8) charakterisierten und zu diesen zur Finanzverwaltung gehörigen Funktionen Steins erhielt er noch speciell für das Fürstentum Breslau durch die Deklaration vom Jahre 1486 (gedruckt in Kloses Briefen über Breslau III, 2 S. 380 ff.) das ausschliefsliche Recht der Lehnserteilung für die königlichen Lehnsgüter.

[2] Über den Umfang dieser beiden Bezirke s. o. S. 96.

dieser beiden Bezirke hatte Georg von Stein die Statthalterschaft inne. Was Oberschlesien anbetrifft, so tritt dort seit 1475 der ungarische Magnat Peter Gereb[1] als königlicher Hauptmann auf; ihm folgt seit 1478 der Oberschlesier Jan Bielicz z Cornicz[2]. Die Befugnisse desselben dürften im allgemeinen die gleichen gewesen sein, wie die Steins für Niederschlesien; von besonderem Interesse ist es, dafs er eine Jurisdiktion über die oberschlesischen Fürsten auch in Bezug auf Akte der freiwilligen Gerichtsbarkeit besafs[3]. Gereb und auch Bielicz, solange er noch während der Oberhauptmannschaft des Grafen Stephan fungierte, waren diesem zweifelsohne unterstellt, desgleichen Bielicz dem Bischofe von Wardein, als dieser das oberste Verwaltungsamt über Schlesien innehatte. Von 1482 ungefähr bis 1488 war Bielicz für Oberschlesien ebenso wie Stein für Niederschlesien direkt von der Krone abhängig; dieses änderte sich erst 1488, aber auch da nur vorübergehend, als ein neuer Oberhauptmann für ganz Schlesien eingesetzt wurde.

Die Bemühungen des Königs, seinem Bastard Johannes Korvinus einen ausgedehnten Besitz in Schlesien zu verschaffen, riefen gegen ihn einen Bund der unzufriedenen schlesischen Fürsten in das Leben, von denen im Frühjahr 1488 Johann II. von Sagan zu den Waffen griff. Matthias mochte es für geratener halten, angesichts der drohenden Kriegsgefahr den Oberbefehl über die ihm treu gebliebenen schlesischen Fürsten und Stände nicht einem rein königlichen Beamten wie seinem Anwalte Georg von Stein zu übertragen, sondern einem der einheimischen Fürsten unter seinen Anhängern. Daher nahm er den bereits zweimal an dem Widerstande des Generallandtages gescheiterten Plan wieder auf, dem Herzoge Friedrich

---

[1] Eschenloer II 340 und SS. Rer. Sil. XIII 193.
[2] Zum erstenmale erscheint, soweit ich ersehen kann, Jan Bielicz von Cornicz als Hauptmann des Königs Mattbias in Oberschlesien in einer Urkunde vom 11. Mai 1478 (Registr. Sti Wenzislai, edd. Wattenbach et Grünhagen Nr. 310). (Übrigens ist der Nr. 159 des Registr. S. Wenz. genannte Jan Bielicz von Cornicz keineswegs identisch mit dem gleichnamigen Hauptmanne von Oberschlesien, wie es nach dem Personenregister dieses Bandes, Cod. dipl. Sil. VI erscheinen könnte.) Grünhagen (I 342) sagt, Matthias habe 1475 zu Ratibor den Johann Bielik von Kornitz zum Hauptmann für ganz Schlesien eingesetzt. Die Richtigkeit dieses Datums kann ich nicht kontrolieren, da Grünhagen einen Beleg für seine Nachricht nicht angiebt und ich in den Quellen darüber nichts gefunden habe; dafs aber Bielicz zum Hauptmann von ganz Schlesien eingesetzt worden sein soll, ist entschieden falsch.
[3] 1482 bekennt Jan Bielicz z Cornicz als königlicher Hauptmann von Oberschlesien, dafs vor ihm Frau Machna, Herzogin von Ratibor und Sohrau, die Burg Sohrau mit allem Zubehör und allen Rechten u. s. w. freiwillig und unbezwungen aus rechter brüderlicher Liebe dem Herzoge Hans dem Jüngeren von Troppau und Ratibor übergeben und aufgereicht habe. Cod. dipl. Sil. VI 113 Nr. 342 d. d. Hultschin 12. August 1482. Ein ähnlicher Fall ebd. Nr. 358 d. d. 2. März 1484.

von Liegnitz, seinem ergebensten Parteigänger, die Oberhauptmannschaft zu übergeben. Die Ernennung Herzog Friedrichs durch den König fällt wohl in den Januar 1488[1]; auf einem Fürstentage zu Breslau wurde sie sodann den Generalständen angezeigt, worauf die Einsetzung des neuen Oberhauptmanns publiciert wurde[2]. Der Amtsbezirk desselben umfasste ganz Schlesien nebst der Lausitz[3]; er war also der Vorgesetzte sowohl Georg von Steins als auch des Jan Bielicz von Cornicz. Seine Befugnisse sollten wohl die gleichen sein, wie einst die Zapolyas; in erster Reihe aber war er dazu bestimmt, die Kontingente der schlesischen Stände neben den von Feldhauptmann Wilhelm von Tettau kommandierten königlichen Soldtruppen zu befehligen; daher hiefs er denn auch „des Landes gemeiner Feldhauptmann"[4]. Unter Herzog Friedrich von Liegnitz zeigt die schlesische Oberhauptmannschaft jenen eigentümlichen Doppelcharakter eines halb königlichen, halb ständischen Amtes, der ihr das ganze 16. Jahrhundert hindurch fortan anhaftete. Als Friedrich schon am 9. Mai 1488 starb[5], wurde seine Stelle nicht wieder besetzt; der oberste königliche Beamte in Niederschlesien blieb bis zum Tode des Königs Georg von Stein, in Oberschlesien Jan Bielicz z Cornicz. Mit des Königs Ableben hörte auch ihre Wirksamkeit auf; die Stände benutzten das damals eintretende Interregnum und die Schwäche des folgenden Königs Wladislaus, um an den Werkzeugen der ihnen verhafsten centralistischen Politik des Matthias Korvinus Rache zu nehmen. Georg von Stein konnte nur durch schleunige Flucht sich in Sicherheit bringen, während Heinz Dompnig, Bürgermeister der Stadt Breslau und Landeshauptmann des Fürstentums Breslau, der vornehmlich das Organ des Königs und Steins gegenüber der wegen des Verlustes

---

[1] Vgl. das Schreiben (d. d. Wien 4. Febr. 1488), in welchem Matthias den Städten in den Fürstentümern Schweidnitz-Jauer die Ernennung Friedrichs mitteilt und sie auffordert, dem Aufgebote desselben Folge zu leisten, sowie den Brief Friedrichs selbst (d. d. Liegnitz 3. Febr. 1488) an eben dieselben. Bresl. Stadtarch. Lose Abschriften.

[2] „So hat sich och itzund neulich ein uffrur in dem heiligen romischen reiche begeben, deshalben ko. mt. hat eynen gemoynen felthowptman gesatzt in beyder Slezie und beider Lausitz, . . . als denn uff gemeynem furstentag zcu Breslaw gehalden sulcher howptman geoffnet wurden ist und doselbest ydermann zugesaget hat, ko. mt. howptman gehorsam zu seyn, das denn ydermann zu rechter zceit vorkundiget ist." Brief der schlesischen Generalstände an den Herzog Hans von Sagan d. d. Liegnitz 14. März 1488. SS. Rer. Sil. X 155 Nr. 120.

[3] Vgl. Anm. 2. In einem Briefe d. d. Schweidnitz 13. Febr. 1488 nennt Friedrich sich ausdrücklich „ko. mt. in Ober und Nyder Slezien und beyder Lawsitz obrister hawbtman." Ebd. Nr. 116 S. 153.

[4] Vgl. Anm. 2.

[5] S. Grotefend, Stammtafeln der schles. Fürsten S. 17.

ihrer politischen Autonomie erbitterten Stadt Breslau gewesen war, diese seine Rolle mit dem Leben büfste. Eine ähnliche tragische Katastrophe, bei welcher allerdings der blutige Ausgang erspart blieb, vollzog sich in Oberschlesien; der dortige Hauptmann Jan Bielicz z Cornicz wurde in das Gefängnis geworfen und sollte vor Gericht gestellt werden; nur dadurch entging er dem Verderben, dafs er sich der Gnade des nachfolgenden Königs Wladislaus unterwarf und diesem alle seine und seines Sohnes Güter abtrat[1]. Damit hatte die Behördenorganisation, wie sie unter Matthias Korvinus zur Stärkung der Centralgewalt geschaffen worden war, ihr Ende; an ihre Stelle trat die allgemeine schlesische Oberlandeshauptmannschaft in der Gestalt, wie sie schon König Matthias zu schaffen mehrfach versucht hatte, deren Wesen zu untersuchen und zu beschreiben späterhin unsere Aufgabe sein wird[2].

Um noch einmal in grofsen Zügen die Resultate unserer Forschungen über die staatliche Einigung Schlesiens im 15. Jahrhunderte zusammenzufassen, können wir sagen: Seit dem Ende des 14. Säkulums finden wir bei den einheimischen politischen Gewalten Schlesiens die Tendenz, zu grofsen und umfassenden Verbänden zur Verfolgung von Zwecken, welche innerhalb des Rahmens der Staatsaufgaben fallen, also zu gemeinsamem Auftreten gegen auswärtige Feinde, zur Herstellung des inneren Friedens zum Teil schon durch Errichtung eines geordneten Rechtsganges sich zusammenzuschliefsen. Es

---

[1] S. die Urkk. Nr. 388 und Nr. 389 (d. d. 13. Januar 1492) im Cod. dipl. Sil. VI.

[2] Den obersten Beamten zur Zeit des Matthias stand auch noch Hülfspersonal zur Seite. Von Stephan Zapolya wird uns berichtet, dafs er einen Kanzler oder „Kanzelschreiber" namens Nikolaus Parchenter gehabt habe (SS. XIII 269 und Bresl. Stadtarch. lib. sign. fol. 459). Zu seiner Zeit wird auch als Rat und Prokurator des Königs der Doktor Fabian Hanko, Archidiakonus und Domherr zu Breslau, genannt, der im Auftrage des Königs von den Gebrüdern Bork das Burglehn Jauer gegen Erlegung von 1200 ung. fl. ablöste (ebd. fol. 434), dem wohl also — vor Georg von Stein vielleicht — finanzielle Funktionen oblagen. In Breslau gab es auch einen kgl. Münzmeister und einen Probierer, denen die Kontrole darüber oblag, ob die Münzmeister der schlesischen Fürsten sich nach den Vorschriften der kgl. Münzordnung richteten (Bresl. Stadtarch. lib. sign. 459). Georg von Stein hatte officiales (SS. XII 119), denen die Erhebung der Steuern von den einzelnen Fürsten und Ständen oblag; einer derselben war wahrscheinlich jener Michael von Warosin, welcher 1478 die Steuern in der Lausitz und im Fürstentume Sagan eintrieb und dabei einen Kataster des Landes aufnahm. Dem Oberhauptmann und den Anwälten standen auch Räte zur Seite, welche vom Könige ernannt wurden; wie angesehen diese Stellungen waren, geht daraus hervor, dafs 1487 dazu Lukas Eisenreich (vgl. Markgraf, Heinz Dompnig, Zeitschr. XX 771 und 780), früher Schöffenältester, Bürgermeister von Breslau und Landeshauptmann des Fürstentums Breslau, befördert wurde. Eine so ausgebildete Technik der Verwaltungsorganisation, wie uns dieselbe im 16. Jahrh. entgegentritt, existierte damals freilich noch nicht.

geschah dies zunächst aus eigenem Antriebe, unabhängig von
der bereits bestehenden schwachen Centralgewalt der böhmischen Krone; allmählich machte sich die Anschauung geltend,
dafs diese Einungen doch der königlichen Bestätigung bedürften, während auch die Krone mit der Thatsache rechnen
mufste, dafs diese Bündnisse eine staatliche Notwendigkeit
seien, und daher ihr Streben nur darauf richtete, sie in Abhängigkeit von sich zu bringen. So bildeten sich gewohnheitsrechtlich gewisse Formen aus, unter denen die Zusammensetzung jener Einungen sich vollzog, sodafs unter
der königlichen Autorität die Fürsten Schlesiens und neben
ihnen die Ritterschaften und die Städte der Erbfürstentümer
als drei geschlossene Kollegien sich konstituierten. An ihrer
Spitze standen vollziehende Organe, von denen besonders das
1422 und 1435 auftretende, sowohl von der Krone wie auch
von den jene Einungen bildenden einheimischen politischen
Gewalten abhängige Amt des Landeshauptmanns bemerkenswert war. Aber ebenso vorübergehend wie diese Bündnisse
selbst war auch die an ihrer Spitze stehende Institution des
Landeshauptmanns; in den stürmischen Zeiten unter Georg
Podiebrad bot Schlesien wieder den Anblick eines staatsrechtlich und politisch zerrissenen Landes. Alle diese Einrichtungen,
welche die Not der Umstände im Anfange des 15. Jahrhunderts
geschaffen hatte, bedurften zur Konsistenz; dann war
durch sie die verfassungsmäfsige Grundlage gegeben, auf
welcher Schlesien zu einem einheitlichen politischen Körper
zusammenwachsen konnte. Diese staatsrechtliche Einigung
Schlesiens erfolgte unter Matthias Korvinus und durch seine
Initiative. Als verfassungsmäfsiges Organ des Landes bildete
sich jetzt der Generallandtag, der sich genau nach denselben
Principien zusammensetzte, wie jene früheren Landfriedenseinungen; aus ihnen also ist er entstanden; er ist nichts
als die nun zu einem integrierenden Bestandteile des schlesischen Gesamtstaatslebens gewordenen, früher nur zufälligen,
der steten Wiederkehr entbehrenden, gewillkürten Einungen
der schlesischen Fürsten und der Erbfürstentumsstände unter
der Autorität der Krone. Im Vereine mit ihm, allerdings
von ihm nur widerwillig gefolgt, begann jetzt Matthias Korvinus eine auf Stärkung der Centralmacht in Schlesien gerichtete Politik, deren Hauptfrüchte freilich nur dem einen
der beiden Träger der Centralgewalt, nämlich der Krone, zufielen; daran freilich hatte der Umstand nicht zum geringsten
Teile die Schuld, dafs die einheimischen politischen Gewalten
jeder Centralisation, da durch sie die Bewegungsfreiheit der
einzelnen eingeschränkt wurde, abhold waren, und sogar auch
einer solchen Centralisation, deren Tendenz darauf hinausgegangen wäre, die Macht der Gesamtheit der Fürsten und
Stände, wenn auch auf Kosten des einzelnen, so doch im

Gegensatze zur Krone zu stärken. Nicht nur auf dem Gebiete der Verfassung, sondern auch auf dem der Verwaltung erschien Schlesien seit Matthias Korvinus als ein staatliches Ganzes; das in der ersten Hälfte des 15. Jahrhunderts nur vorübergehend auftretende Institut des Oberhauptmanns wurde jetzt ein ständiges. Da es die Schuld der Stände selbst war, dafs ein Oberhauptmann aus ihrer Mitte nicht gewählt wurde, da sie auch hier gegen jede Centralisation, selbst wenn die Vorteile derselben ihnen anheimfallen mufsten, sich sträubten, so wurde die oberste Statthalterschaft über Schlesien zwei dem Lande fremden Personen, von 1474 bis ungefähr 1479 dem Grafen Stephan von Zapolya, sodann, etwa um die Jahre 1480 und 1481, dem Bischofe Johann von Wardein übertragen; erst 1488 erhielt die Oberhauptmannschaft ein Fürst des Landes, der Herzog Friedrich von Liegnitz. An der Spitze sowohl von Nieder-, als auch von Oberschlesien standen besondere königliche Beamte, hier Georg von Stein, dort Peter Gereb und nach ihm Jan Bielicz z Cornicz, beide in jenen Zeiten, da zugleich ein oberster Hauptmann und Statthalter Schlesiens existierte, diesem untergeben.

Freilich waren die Verhältnisse überall noch im Flufs, die Organisation war in technischer Beziehung noch roh und unvollkommen, die Trennung zwischen staatlichem und privatem Leben noch nicht mit der nötigen Schärfe durchgeführt, wenn auch das seit Jahrhunderten erloschene Staatsbewufstsein langsam wieder zu erwachen begann; immerhin befinden wir uns aber doch in einem Übergangsstadium zu einem gesünderen Staatsleben im modernen Sinne. Das gröfste Verdienst jedoch der Regierung des Matthias Korvinus besteht darin, dafs unter ihm erst Schlesien zu einer festen staatlichen Einheit wurde, dafs unter ihm die alten autonomen politischen Gewalten zu einem Ganzen verschmolzen, welches, die Sphäre seiner Wirksamkeit immer mehr erweiternd, alle auf neue Zerreifsung gerichteten Bestrebungen der einzelnen Elemente unterdrückte und deren Funktionen immer mehr an sich zu ziehen die Tendenz zeigte. Der Schwerpunkt der neuen staatsrechtlichen Einheit wurde der Fürstentag; ihn als eine ständige Institution der Verfassung und damit auch im wesentlichen den schlesischen Gesamtstaatskörper geschaffen zu haben, ist das unvergängliche Verdienst des Matthias Korvinus für die Geschichte Schlesiens.

Zum Abschlusse kam die von Matthias ausgehende innere politische Entwicklung Schlesiens erst unter seinem Nachfolger Wladislaus; wie schwach auch unter diesem die Macht der Krone sich darstellte, die schlesischen Fürsten und Stände dachten doch keineswegs daran, den neu aufgeführten Einheitsbau wieder zu zerstören und in die Bestandteile aufzulösen, aus denen ihn Matthias Korvinus eben erst zusammengefügt hatte, sondern in erster Reihe daran, ihre Gesamtmacht gegenüber der Krone zu stärken, um mit ihr hinsichtlich der Centralgewalt erfolgreich konkurrieren zu können. Dieser Art war das Streben, welches sie beseelte, als sie 1498 dem König jenes grofse Landesprivileg entrangen, welches, die bisherige Bewegung abschliefsend, diejenigen Grundzüge vorzeichnete, die für die Entwicklung des schlesischen Staatsrechtes bis zum dreifsigjährigen Kriege mafsgebend wurden. Wenn auch dann unter der habsburgischen Herrschaft der weitere Ausbau des Staates in centralistischer Richtung erfolgte, so ist es doch Matthias Korvinus gewesen, der überhaupt erst die äufsere Grundlage schuf, auf welcher jener innere Ausbau erfolgen konnte. Waren auch seine eigenen Versuche in der letzteren Richtung noch unvollkommen, da er seiner Zeit nicht vorauseilen konnte, so ist doch er es gewesen, der die einzelnen, unter einander nur lose oder gar nicht verknüpften Territorien Schlesiens zu einem staatlichen Ganzen umformte, und unter dem die Idee staatlicher Einheit und staatlichen Zusammenhaltes in neuer Kraft in Schlesien auflebte.

Zweites Buch.

Die Gesamtstaatsverwaltung Schlesiens im XVI. Jahrhundert.

I.
Die allgemeinen Landes- und Gerichtsbehörden.

Einleitung.

Übersicht über die Zustände der schlesischen Gesamtstaatsverfassung im 16. Jahrhundert.

Der schlesische Gesamtstaat des 16. Jahrhunderts umfasste im grofsen und ganzen die 1163 von Polen getrennten und den Kindern des Herzogs Wladislaus überlassenen Gebiete. Lebus hatte sich allerdings schon sehr früh von Schlesien getrennt; im 15. Jahrhundert lösten sich einige andere Landschaften los; so Severien, welches 1422 an den Bischof von Krakau, Auschwitz und Zator, welche 1457 an Polen kamen. Krossen war 1483 an Brandenburg verpfändet und damit Schlesien entfremdet worden, da die brandenburgischen Markgrafen trotz aller Proteste des Königs von Böhmen und insbesondere der schlesischen Stände von Fürstentag und Oberrecht sich fernhielten und eine Pflicht Krossens zur „Mitleidenschaft" hinsichtlich der allgemein-schlesischen Landessteuern und Landeslasten nicht einräumten. Dafür hatte sich allerdings das früher mährische Troppau zu Schlesien gezogen und blieb auch dabei, wiewohl die Troppauer Stände im 16. Jahrhundert mehrfache Versuche machten, den ihnen inzwischen lästig gewordenen Zusammenhang mit Schlesien wieder aufzuheben. Im unmittelbaren Besitze der Krone als „Erbfürstentümer" befanden sich Breslau, Schweidnitz-Jauer, Troppau und Glogau; dazu kamen noch unter der Regierung der Habsburger Münsterberg, Oppeln-Ratibor und Sagan. Nur in Teschen, Liegnitz und Brieg gab es seit den Zeiten Ferdinands I. noch piastische Fürsten; in Oels herrschten Nachkommen des Georg Podiebrad, in Jägerndorf-Beuthen brandenburgische Markgrafen aus der fränkischen Linie, in Neifse-Grottkau der Bischof von Breslau. Wartenberg, Militsch, Trachenberg und Plefs waren freie Standesherrschaften und als solche hinsichtlich ihrer staatsrechtlichen Verhältnisse, wiewohl nichtfürstlichen Landesherren untergeben, den mediaten Fürstentümern völlig gleichstehend. Nach dem Tode des Matthias Korvinus war Schlesien, da Wladislaus von Böhmen dessen Nachfolger als König von Ungarn wurde, ein Teil der böhmisch-ungarischen Monarchie, galt aber sowohl unter Wladislaus als auch unter seinem Sohne Ludwig staatsrechtlich als ein Teil der böhmischen Krone, welche mit Ungarn nur durch Personalunion vereinigt war. Nachdem König Ludwig 1526 in der Schlacht von Mohacz gefallen war, gelangte durch freie Wahl seitens der böhmischen Stände[1] Erzherzog Ferdinand aus dem Hause Habsburg auf den böhmischen Thron, nachmals auch deutscher König und nach der Abdankung seines Bruders Karl V. römischer Kaiser. Von nun ab bildete Schlesien einen Teil des österreichisch-habsburgischen Länderkomplexes; seit 1556 war der römische Kaiser zugleich als König von Böhmen auch oberster Herzog von Schlesien. Den auswärtigen Mächten gegenüber stellte sich die deutsch-habsburgische Macht als ein Ganzes dar, dessen äufsere Politik durch den Willen des Herrschers geleitet wurde. Nicht ebenso war es jedoch bezüglich der inneren Verhältnisse; die einzelnen Länder besafsen hier eine weitgehende staatliche Selbständigkeit. Schlesien stand in einer inneren Verbindung zunächst nur mit Böhmen, da es der Krone Böhmen einverleibt war.

Wir müssen daher das staatsrechtliche Verhältnis Schlesiens zu Böhmen hier in Kürze erörtern. Die Verfassung des Königreichs Böhmen im engeren Sinne beruhte auf zwei Faktoren, auf der Krone und auf den Ständen. Schlesien war staatsrechtlich abhängig nur von jener, nicht auch von diesen. Wohl machten die böhmischen Stände verschiedene Anstrengungen, auch ihrerseits eine Superiorität über Schlesien zu gewinnen, begegneten aber dabei dem entschiedenen Widerstande der Schlesier. Nach dem Tode des Jagiellonen Ludwig wurde die Wahl des neuen Königs allein von den böhmischen Ständen vollzogen; doch erhoben die schlesischen Stände gegen dieses Verfahren sofort Protest, nahmen im Gegensatze zu den böhmischen Ständen Ferdinand I. als König kraft des Erbrechtes seiner Gemahlin Anna, der Tochter des Wladislaus und der Schwester Ludwigs[2], an[3] und erwirkten von dem neuen Herrscher eine Erklärung, dafs die Sonderwahl der Böhmen ihren Rechten unschädlich sein solle[4]. Der ganze

---
[1] Vgl. Anton Rezek, Gesch. der Regierung Ferdinands I., Theil I S. 70, Prag 1878.
[2] Die böhmischen Stände hatten das Erbrecht Annas bestritten und in der That durchgesetzt, dafs Ferdinand ihrer Wahl sich unterwerfen mufste; vgl. Rezek a. a. O.
[3] Ebd. S. 79. Böhmische Landtagsakten I 102 ff.
[4] Schickfufs S. 275 ff.

Streit über den Anteil der Schlesier an der Königswahl wurde übrigens bedeutungslos; die Politik Ferdinands I. brachte es nämlich zu Wege, dafs Böhmen ein Erbreich wurde, indem den Ständen sowohl Böhmens als auch in gleicher Weise der Nebenländer nicht mehr ein Recht der Wahl, sondern eine faktisch ganz belanglose „Annahme und Publikation" des kraft Erbrechtes berufenen Nachfolgers noch zu Lebzeiten des regierenden Königs belassen wurde[1]. Nicht minder entschlossen wehrten sich die schlesischen Fürsten und Stände gegen das Unterfangen, sie vor Gerichte zu ziehen, die unter dem Einflusse der böhmischen Stände sich befanden. Gegen alle derartigen Unternehmungen beriefen sich die Schlesier darauf, dafs sie „ohne Zwang, durch freundliche Verträge", der Krone Böhmen sich angeschlossen hätten, dafs die Stände von Böhmen „nicht alleine die Krone, sondern dafs das Land Schlesien ebensowohl die Mit-Krone" sei, dafs auch sie, die schlesischen Fürsten, „die fürnehmbsten Glieder der löblichen Krone zu Böhmen wären und, so Gott wolle, auch zu bleiben vermeinten"[2]. Energisch bestritten sie die Prätentionen der böhmischen Stände, als seien diese die Krone Böhmen, die Fürsten und Stände Schlesiens aber ihre Vasallen. Faktisch freilich übten die Böhmen einen grofsen Einflufs auf die schlesischen Verhältnisse insofern aus, als dem Könige für die Erledigung der auf die Regierung Böhmens und seiner Nebenländer bezüglichen Regierungsgeschäfte (mit Ausnahme der Angelegenheiten des königlichen Finanzwesens) eine oberste Verwaltungsbehörde, die böhmische Hofkanzlei, in welcher der böhmische Kanzler, der — allerdings meist schlesische — Vicekanzler, sowie die sogenannten „obersten böhmischen Landesoffizierer" und die vom Könige sonst noch berufenen Mitglieder Sitz und Stimme hatten, zur Seite stand; dieselbe hatte aber doch eine nur beratende Kompetenz[3]. Wegen seiner häufigen Entfernung im Reiche oder in den speciell habsburgischen Erblanden bestallte der König häufig einen Statthalter oder einen — aus böhmischen Grofsen bestehenden — Statthaltereirat[4]. Konnte sich so auch Schlesien von

---

[1] Siehe die Ausführungen von Kries, Recension von Band I der Wuttke'schen Geschichte der öffentlichen Verhältnisse Schlesiens S. 35 ff. Breslau 1842.
[2] Bresl. Staatsarch. AA. III 6a S. 386 („Extract auszm alten fürstentagsbuche d. a. 1540").
[3] S. über die böhmische Hofkanzlei Paulus Stransky, Respublica Bohemiae, Lugd. Bat. 1634 S. 435 ff., und d'Elvert, Zur Österr. Verwaltungsgesch. S. 61 ff., Brünn 1880. Vgl. auch den Exkurs über die schlesische Kanzlei im Anhange.
[4] Vgl. z. B. die Prorogation der Statthalterschaft der Krone Böhmen für Erzherzog Ferdinand durch Kaiser Maximilian II. nach dem Tode Ferdinands I., d. d. Wien 12. August 1564, Bresl. Stadtarch. Fabri Collectanea II Hs. A. 74 fol. 256 b.

einem thatsächlichen Einflusse seitens der Böhmen nicht freihalten, so war doch staatsrechtlich Träger der Herrschaftsrechte der Krone Böhmen über Schlesien nur der König, nicht auch die Stände.

Übrigens fehlte es nicht an Versuchen des Königs, sämtliche Länder nicht nur der böhmischen Krone, sondern auch der gesamten österreichisch-habsburgischen Monarchie zu einem innerlich festgefügten, grofsen Staatsganzen zu verschmelzen. Für diejenigen Gebiete des Staatslebens, die unter seine unbedingte Herrschaftssphäre fielen, war es ihm möglich, an die Verwirklichung dieser Tendenzen der Centralisation zu gehen; so wurde, wie wir später des näheren sehen werden, der gesamte königliche Finanzdienst einer einzigen Centralstelle für alle habsburgischen Länder, der königlichen Hofkammer, untergeben; so wurde für die Ausübung des Appellationsregales die für sämtliche Länder der Krone Böhmen zuständige Prager Appellationskammer geschaffen, wie ja auch die böhmische Kanzlei in gewissem Sinne eine Centralstelle für Böhmen und die einverleibten Gebiete bedeutete. Da aber ein Teil der centralen Staatsgewalt in den einzelnen Ländern sich im Besitze nicht der Krone, sondern der einzelnen ständischen Körperschaften befand, so war eine weitergehende Durchführung der königlichen Centralisationsbestrebungen von der Zustimmung der Stände der verschiedenen Länder abhängig. Besonders war es Ferdinands I. und seiner Nachfolger eifrigstes Bemühen, allgemeine Ausschufslandtage sämtlicher böhmischen Kronländer zustande zu bringen [1]. In der That fanden derartige Versammlungen zu wiederholten Malen statt [2]; jedes Land war dabei durch Deputierte vertreten, welche gemeinsam, nach einer bestimmten Rangordnung sitzend, die königlichen Propositionen entgegennahmen und sodann, nach Ländern (Böhmen, Mähren, Schlesien, Lausitzen) gesondert, über dieselben abstimmten. Den Schlesiern aber waren diese Ausschufslandtage stets ein Dorn im Auge, einmal da sie es für unbillig hielten, dafs die Böhmen und Mähren, auch wenn schlesische Fürsten zugegen waren, vor diesen die Session beanspruchten; sie fanden dies für einen „beschwerlichen, ewigen Unglimpf", welcher ihrer Ansicht nach schliefslich zu einer „Zerrüttung der ganzen Krone" führen mufste [3]. Sie weigerten sich beharrlich, ihre Gesandten zu diesen Ausschufslandtagen mit unbedingten Vollmachten auszustatten; jede zu Prag geschehene Bewilligung mufste von einem schlesischen Fürstentage wiederholt werden und wurde

---

[1] S. hierzu Kries, Steuerverfassung S. 32.
[2] No 1529, 37, 41, 44, 52, 54, 56, 57, 58, 62, 69, 76, 78, 79 u. s. w.
[3] Kgl. Staatsarch. Bresl. AA. III 6a S. 347 (Extrakt aus einem Fürstentagsbuche d. a. 1534).

erst dadurch rechtskräftig. Immer wiederholten sie, dafs die
Beschickung der Prager Generallandtage nicht aus Pflicht,
sondern salvis privilegiis dem Könige zu Gefallen geschehe,
wie denn auch derselbe sich zu Reversen verstehen mufste,
dafs ihre Beteiligung keine präjudicielle Bedeutung haben
solle [1]. Der König bevorzugte diese Generallandtage, da sie
ihm ein bequemes Mittel schienen, mit einem Schlage die Bewilligungen zu erwirken, um die er sonst mit den Landtagen
der einzelnen Länder lange feilschen mufste; wäre jedoch
sein Streben, die Stände Böhmens und seiner Nebenländer zu
einem einzigen Corpus zu vereinigen, erfolgreich gewesen,
so hätte er dadurch eine furchtbare Gefahr für die Krone
in der Folgezeit heraufbeschworen, wenn nämlich auf diese
Weise im gegebenen Augenblicke sämtliche Länder in ein-
mütiger Gegnerschaft dem Königtume gegenübertreten
konnten [2]. Nationale und religiöse Antipathieen, die An-
hänglichkeit an die althergebrachte provincielle Selbständigkeit hinderten diesen engen Zusammenschlufs aller böhmischen
Länder zwar gegen den Willen der Krone, aber doch zu
ihrem Vorteile. Schlugen demnach die Versuche zu einer
festeren staatlichen Verbindung aller Teile der Krone Böhmen
fehl, so waren die Pläne betreffs einer Vereinigung der Stände
aller Länder der gesamten habsburgisch-österreichischen
Monarchie von vornherein noch viel aussichtsloser. Im März
1542 fand ein Ausschufslandtag von Ober- und Niederöster-
reich, Böhmen, Mähren und Lausitz zu Prag statt, bei dem
sich aus Schlesien nur die Schweidnitz-Jauersche Ritterschaft
einstellte, die damals mit dem Gedanken umging, sich überhaupt von Schlesien loszulösen und direkt den böhmischen
Ständen sich anzuschliefsen. Als 1579 Rudolf II. den Ständen
Böhmens und der inkorporierten Länder vorschlug, sich gemeinsam mit denen Ungarns und Österreichs zu beraten,
erhielt er eine ablehnende Antwort. So bewahrte Schlesien
seinen Charakter als ein besonderes Staatswesen; die Tendenz
der Centralisation hatte hinsichtlich der inneren Verhältnisse
bis zu einem gewissen Grade sich mit der Errichtung des
schlesischen Gesamtstaates erschöpft.

Es ist damit schon angedeutet worden, dafs die staatliche
Einigung Schlesiens, die schlesische Gesamtverfassung, wie sie
unter Matthias Korvinus begründet worden war, auch nach
dem Tode des grofsen Ungarnkönigs bestehen blieb. Zwar
schien es nach Matthias' Hinscheiden einen Augenblick, als

---

[1] Ebd. und Bresl. Stadtarch. Acta Publica (später immer „A. P."
citiert) IV Ms. 165 fol. 190 ff., Antwort der Stände d. d. 13. Mai 1557.
[2] Mit Recht bemerkt Kries (a. a. O. S. 33 Anm. 12): „Hätte der
erste Ferdinand seinen Zweck einer festeren Vereinigung der zu Böhmen
gehörenden Länder erreicht, so hätte der zweite wohl nie einen Ma-
jestätsbrief zerschnitten."

ob dem schwer errungenen Werke der Einigung neue Gefahr
drohen, als ob der schlesische Gesamtstaat wieder in seine
einzelnen Bestandteile sich auflösen könnte. Aber die Tendenz
der Centralisation wirkte noch in ungeschwächter Kraft fort;
alsbald nachdem die Kunde in Schlesien angelangt war, dafs
Matthias verschieden sei, traten die Fürsten[1] und die Stände
der Erbfürstentümer zu einer Einung zusammen, durch welche
sie sich verpflichteten, gemeinsam sich für den Anschlufs an
Böhmen oder Ungarn zu entscheiden und in der Zeit des
Interregnums gemeinsam — zumal durch Gewährleistung einer
geordneten Rechtssprechung[2] — dafür zu sorgen, dafs Ruhe
und Friede dem Lande gesichert bleibe[3]. Damit hatte sich
die Zwangsgenossenschaft der schlesischen Generalstände aus
der Zeit des Matthias Korvinus verwandelt wiederum in
eine gewillkürte Genossenschaft genau nach dem Vorbilde der
Landfriedenseinungen aus der ersten Hälfte des 15. Jahrhunderts. Als aber Matthias Korvinus einen Nachfolger in
der Person des Wladislaus von Böhmen gefunden hatte, stellte
sich Schlesien wiederum als ein staatliches Ganzes dar. Der
Generallandtag lebte wieder auf; ein neuer Oberhauptmann
wurde eingesetzt, und einige Jahre darauf (1498) erlangten
die schlesischen Stände von König Wladislaus jenes berühmte
grofse Landesprivileg, durch welches ihnen garantiert wurde,
dafs der Oberhauptmann immer ein schlesischer Fürst sein
solle, durch welches der König ihnen das Recht der Steuerbewilligung, sowie die Beschränkung in der Pflicht des
Landes hinsichtlich der Kriegsfolge und endlich einen lediglich von ihnen abhängigen obersten Gerichtshof, das Ober-
und Fürstenrecht, bestätigte[4]. Das Privileg trägt keineswegs
den Charakter einer eigentlichen Verfassungsurkunde; es bestätigt bestimmte, schon bestehende Freiheiten und Rechte
des Landes und fügt ihnen neue hinzu. Auf den Fürstentag
und seine Organisation nimmt es mit keinem Worte Bezug;
nur einmal erklärt der König, er wolle keinen neuen Zoll gestatten, wenn nicht Fürsten, Prälaten, Herren, Ritterschaft
und Städte Schlesiens einmütig die Berechtigung desselben
im Interesse des Landes anerkännten; man hat darin augenscheinlich eine stillschweigende Anerkennung des Fürstentages, wie er historisch sich gebildet hatte, als des berechtigten

---

[1] Neben ihnen erscheint auch bereits ein freier Standesherr, Hans
Haugwitz von Biscubitz, Ritter auf Wartenberg, für sich und seinen
Bruder Heinko auf Herrenstadt. Georg von Stein, damals Inhaber der
Weichbilder Steinau und Raudten, also auch freier Standesherr, hatte
flüchten müssen.

[2] „vor uns in unserer samplunge adir vor unsern gekornen
houptman."

[3] Grünhagen-Markgraf, Lehnsurkk. I 33 ff.

[4] Gedruckt als erstes Stück des Urkundenanhanges.

Vertreters des Landes Schlesien zu erblicken[1]. Das Werk der Centralisation, wie Matthias Korvinus es geschaffen hatte, war demnach mit seinem Tode nicht untergegangen; die schlesichen Stände hatten ihre Macht und die Schwäche des Königtums unter den Jagiellonen nicht dazu benutzt, um den neu errichteten Einheitsbau wieder zu zerstören, sondern lediglich dazu, um ihren Anteil an der Centralgewalt durch ausdrückliche Sanktion seitens der Krone teils sicherzustellen, teils zu erweitern. So war allerdings eine politische Centralisation für Schlesien erreicht worden, bezüglich deren wir aber nicht vergessen dürfen, dafs sie vornehmlich äufserer Natur war. Die verschiedenen Teile Schlesiens waren zu einem Staatsganzen vereinigt worden und stellten sich nach aufsen hin dar als ein solches; von einer inneren Centralisation jedoch konnte noch kaum die Rede sein. Es gab zwei von einander unabhängige, selbständig zu eigenem Rechte fungierende Träger centraler Staatsgewalt, die Krone Böhmen einerseits, die schlesischen Fürsten und Stände andererseits. Was jedoch die Rechte des Königtums unter der Regierung der Jagiellonen anbetraf, so beschränkten sich dieselben den Mediatfürstentümern und Herrschaften gegenüber im wesentlichen auf die Lehnsherrlichkeit über die einzelnen Landesherren. Ein Eingreifen der Krone in die innere Verwaltung dieser Gebiete fand noch nicht statt; nur die Kriegshoheit und die Aktionsfreiheit der Landesherren nach aufsen waren seit den Tagen des Matthias Korvinus beschränkt, wie freilich auch schon damals jene veränderte Rechtsanschauung sich geltend machte, der zufolge als principieller Träger der Regalien der König erschien, während den einheimischen Fürsten ein begründeter Anspruch auf die durch die Regalien gegebenen Befugnisse nur dann zugeschrieben wurde, wenn sie dafür ausdrückliche Privilegien nachweisen konnten; eine praktische Konsequenz wurde indes aus diesem neuen Grundsatze unter den Jagiellonen noch nicht gezogen. In den Erbfürstentümern war der König selbst Landesherr; wir haben jedoch schon erörtert, wie der Procefs der Zersplitterung der alten Staatshoheitsrechte gerade hier am schnellsten und durchgreifendsten sich vollzogen hatte, sodafs auch hier dem Könige im grofsen und ganzen zumeist nur eine gewisse Oberherrlichkeit über die zur selbständigen Ausübung staatlicher Rechte befugten lokalen Gewalten geblieben war. Die Regierungsgewalt der Krone war daher eine sehr beschränkte; eine Centralisation der inneren Verhältnisse zu Gunsten des Königtums war kaum vorhanden. Etwas besser stand es hinsichtlich der Centralgewalt der Fürsten und Stände. Die Thätigkeit des

---

[1] Vgl. übrigens über diese Frage auch weiter unten S. 151 Anm. 1.

Ober- und Fürstenrechtes als einer Instanz in Fällen der
Rechtsverweigerung seitens der niederen Gerichte bedeutete
immerhin einen Eingriff in die Gerichtsgewalt der einzelnen
Fürstentümer, Städte und Grundherrschaften; auch die von
den Fürsten und Ständen beschlossenen Landfrieden und
Münzeinungen liefen auf eine Kräftigung der ständischen
Centralmacht hinaus, wenn sie auch, falls der Ausdruck gestattet ist, noch nicht so sehr den Charakter von Staatsge-
setzen, als vielmehr von Vereinbarungen völkerrechtlicher
Natur trugen. Alles dieses war aber doch im letzten Grunde
unzureichend; das Bedürfnis nach stärkerer Centralisation
machte sich unabweisbar geltend.

Epochemachend nach dieser Richtung für die Geschichte
der öffentlichen Entwickelung Schlesiens war die Regierung
Ferdinands I. Alles, was für die Centralisation des inneren
Staatslebens in Schlesien vor dem dreifsigjährigen Kriege seitens
der Krone geleistet wurde, ist in der Hauptsache das Werk Ferdinands I.; er schuf die Grundlagen, auf denen seine Nachfolger
nur weiterzubauen brauchten. Unter ihm bildete sich die königliche Gewalt, dieses Konglomerat von lehns- und landesherrlichen Rechten und deren Trümmern, um zu einer wahren, ganz
Schlesien und die vielfältigsten Gebiete des öffentlichen Lebens
umfassenden Obrigkeit, zu einer wirklichen Staatsgewalt. Zunächst geschah dies natürlich auf Kosten der alten einheimischen Landesherren. Die schon früher vorhanden gewesene Anschauung, dafs die Fürsten Inhaber der Regalien
nicht mehr kraft eigenen Rechtes, sondern auf Grund königlicher Privilegien seien, fand jetzt ihre thatsächliche Anwendung, indem der König die Ausübung der Regalien auch über
die Mediatgebiete forderte und in Angriff nahm, falls nicht
etwa der betreffende Landesherr gegenteilige Privilegien nachweisen konnte. Überall, wo nicht ausdrückliche Privilegien
entgegenstanden, wurde der Besitz der Staatshoheitsrechte
vom Könige den Fürsten streitig gemacht, und zwar in den
weitaus meisten Fällen mit Glück. Die Entscheidung über
Krieg und Frieden, die Befugnis zur Führung selbständiger
äufserer Politik erloschen gänzlich; das Verhältnis zu den
auswärtigen Mächten wurde nunmehr lediglich durch den
Willen des Königs geregelt und jeder Versuch der Fürsten,
auf eigene Faust nach aufsen hin aufzutreten, als Rebellion
erklärt. Dem Könige stand das Aufgebot zur Landwehr auch
in den mittelbaren Territorien zu [1]. Den Landesherren wurde
die freie Verfügung nicht nur über ihre Länder, sondern

---

[1] „Aufszug der an die R.K.M. gethanen Relation betreffend die
abtretung des fürstenthumbs Ratibor aus des marggrafen von Brandenburg zu konig Johannfzes [Johanns von Zapolya] sohns und der konigin
Isabella handen. Vorbehaltne artikel. Erstlichen behalten ihr K. M.
bevor alle raisz und steuer sambt aller oberkeiten und koniglichen

auch über die in ihrem Privateigentum stehenden Kammergüter geraubt; sie durften keine Erbeinigungen mehr mit andern schlesischen oder auswärtigen Fürsten eingehen[1]; für Verkauf, Verpfändung oder sonstige Veräufserungen ihrer Kammergüter brauchten sie den königlichen Konsens[2]. In dieselbe Zeit fällt die Ausbildung des Oberamtes zum kompetenten Forum für die Oberstände, d. h die Fürsten und freien Standesherren, in Sachen freiwilliger Gerichtsbarkeit. Sogar die Kirchenhoheit, sowie die eigene Religionsfreiheit der piastischen Fürsten suchte der König zu verkürzen, ohne freilich damit vor dem dreifsigjährigen Kriege Erfolge zu erzielen[3]. Über die Art und Weise, wie die Landesherren die ihnen gebliebene Regierungsgewalt in ihren Territorien ausübten, führte der König eine weitgehende Aufsicht[4]; sogar

rechten, inmafzen sie es bei andern fursten in schlesien haben." Kgl. Staatsarch. Bresl. AA. III 6b S. 129 (d. d. Brieg, 7. Mai 1553).
[1] Das bekannteste Beispiel hierfür bietet die Aufhebung der liegnitz-brandenburgischen Erbeinigung durch Ferdinand I.
[2] Als Herzog Heinrich von Liegnitz ausführte, „es weren die herzoge zu Lignitz privilegiert, dafs sie ihre güter vorsetzen, vorwechseln, vorkaufen, zu vorschenken und testamentsweise zu vorgeben befugt weren" (d. d. Liegnitz, 5. Sept. 1567), wurde ihm vom Kaiser der Bescheid (d. d. Wien, 20. Sept. 1567): „Es hette herzog Heinrichen nicht gebührt, zu wieder seiner obligation die alienationes der güter und vorschreibung gegen der landschaft fürzunehmen." (Ebd. AA. III 6d S. 541 ff.)
[3] „Copia ksl. m. abschiedes an Herzogen Heinrichen, als ihme noch in seinen zum theil minderjahren das fürstenthumb Liegnitz zu regiren unter gewissen conditionen eingethan worden, da ihme denn auch unter anderm mitgegeben, in religions- und kirchensachen keine verenderung wider den alten catholischen glauben zue machen, auch so oft er an ihr m. hof kommen möchte, ihr Mtt. kirchen sich nicht zu eussern, sondern, wie seine voreltern gethan und andere fursten und underthanen in Schlesien theten, die mefz und ceremonien gehorsam zu besuchen," d. d. Augsburg, 20. Juni 1559, ebd. AA. III 6b S. 441. Gegen diese Verschreibung Herzog Heinrichs scheint freilich die Liegnitzer Landschaft Einspruch erhoben zu haben (ebd. S. 474). Erst in der Zeit des dreifsigjährigen Krieges wurde es Brauch, die minderjährigen Nachkommen der protestantischen Landesherren zu katholicieren. Das erste Beispiel in dieser Hinsicht ist Friedrich Wilhelm, der Sohn des Wenzel Adam von Teschen, der von seinem Vater protestantisch erzogen war, nach dem Tode desselben (1617) jedoch „zu dero catholischen kirchen gebracht und hernach unter die patres nacher München abgeschickt wurde" (Schickfufs II 135). Ebenso geschah es mit den Kindern des wegen seiner Verwicklung in die Wallensteinsche Angelegenheit hingerichteten Generals Schaffgotsch, freien Standesherrn auf Trachenberg.
[4] Einige Beispiele: 1565 befiehlt der Kaiser seinen Kommissaren, Erkundigungen darüber einzuziehen, ob Herzog Heinrich von Liegnitz seine Unterthanen belästige (Kgl. Staatsarch. Bresl. AA. III 6d S. 347). Der Kaiser ordnet einen oberamtlichen Befehl an den Herzog Friedrich von Liegnitz an, den Daniel Schramm mit einem im liegnitzschen Fürstentume liegenden Vorwerke zu belehnen (ebd. AA. III 6c, d. d. 15. März 1584). Als Karl Promnitz, freier Standesherr von Plefs, einen seiner Vasallen vor das Mannrecht lud, dieser letztere aber solches

ihr althergebrachtes Bederecht suchte der König den Herzögen zu entreifsen ¹. Das Gesetzgebungsrecht der Landesherren, die Befugnis, ihren Unterthanen Privilegien zu erteilen, wurden auf das äufserste beschränkt; keineswegs durften die königlichen Vorrechte — ein äufserst flüssiger, in unablässiger Entwickelung befindlicher Begriff — dadurch verletzt werden. Um nicht mit der Krone in Konflikt zu kommen, war es daher für die Fürsten das Geratenste, die von ihnen ausgehenden Landesordnungen, Privilegien u. s. w. der königlichen Bestätigung vorzulegen², und selbst diese letztere war von problematischem Werte, wenn man späterhin herausfand, dafs doch eine Beeinträchtigung der Kronprärogative erfolgt sei³. Die Abhängigkeit der Herzöge von dem Könige war eine so starke, dafs dieser 1559 den Befehl erteilen konnte.

Gericht „als verdächtig anzog", befahl der Kaiser dem Oberhauptmann, Promnitz und seinen Vasallen mit einander zu vergleichen, — ein offenbarer Eingriff in die Gerichtsgewalt des Promnitz (ebd. AA. III 6d S. 682, d. d. Prag 5. Januar 1570). Herzog Georg von Brieg hatte einen Vasallen, namens Stertz, vor sein Mannrecht geladen und, da dieser ungehorsam ausgeblieben war, seine Güter eingezogen. Stertz wandte sich nun an den Statthalter der böhmischen Krone, den Erzherzog Ferdinand, und dieser setzte eine Kommission zur Herstellung eines Vergleiches zwischen dem Herzoge und Stertz ein. Als nun diese Kommission dem Herzoge einen Tag zur Verhandlung der Sache bestimmte, „so hat s. f. gn. nicht erscheinen wollen, sonder sich auf seine privilegien und begnadungen, doraus er sich gegen seinen undertthanen nicht begeben kunde, .. berufen." In diesem Falle hielt es sogar die Breslauer Kammer, sonst die rücksichtsloseste Vorkämpferin der königlichen Prärogative, nicht für angebracht, das klar zu Tage liegende Recht des Herzogs zu verletzen, und riet dem Erzherzoge, sich in Güte bei Herzog Georg für den Richard Stertz zu verwenden (d. d. Breslau 23. August 1560. Ebd. AA. III 23a fol. 223 f.).
¹ S. o. S. 140 Anm. 1 („... und steuer"). Als Herzog Heinrich von Liegnitz zur Ablegung seiner Schulden eine Steuer von seinen Ständen verlangte, stellte die Breslauer Kammer dem Kaiser vor, „das solchs E. K. M. als regierenden konig zu Behaimb und obristen hertzogen in Schlesien und sonderlich umb der gemainen landsbewilligung willen zu höchsten nachtailig sai," da die Liegnitzer so zur Leistung der augenblicklichen und künftigen schlesischen Generalsteuern unfähig würden (d. d. Breslau 16. Febr. 1572; ebd. AA. III 23g fol. 10 f.).
² Derartige königliche Bestätigungen finden sich für die Oelsnische und Teschensche Landesordnung
³ 1565 fand die Breslauer Kammer, dafs eine von Herzog Johann den Oppelnschen Ständen bewilligte, vom Könige konfirmierte Landesordnung „in mehr articln der höchsten obmessigkeyt, regalien und hohayt" widerspreche; sie erklärte, dafs das, was Herzog Johann den Ständen eingeräumt habe, nicht für den Kaiser als den „König zu Böhmen und den obristen regierenden Landesfürsten in ganz Schlesien" verbindlich sei; als König Ferdinand die Oppelner Landesordnung konfirmierte, habe er den Oppelner Ständen nicht mehr bestätigt, „als was ihnen wolgedachter herzog hans von Oppeln zu geben fug und macht gehabt," und daher habe er sich auch seiner „königlichen und landesfürstlichen hohen obmessigkeit, die ihrer k. m. als ainem könig und obristen landsfursten von recht und pilligkeit zustendig, dardurch nicht begeben" (d. d. 3. August 1565, ebd. AA. III 23d fol. 105).

XIII 1. 143

Friedrich von Liegnitz „wegen seines unordentlichen, leichtfertigen Lebens" gefänglich einzuziehen[1], dafs sie selbst in ihren intimsten Familienangelegenheiten vor der Einmischung des Kaisers nicht sicher waren[2]; ihm gegenüber waren sie zu vollkommener Ohnmacht und Bedeutungslosigkeit verurteilt. Die bisherigen Inhaber der landesherrlichen Befugnisse stiegen von ihrer einstigen Höhe herab; sie verloren den mafsgebenden Einflufs auf die staatliche Entwickelung; ihre Rechte streiften den öffentlichen Charakter ab und sanken hinab in die Sphäre privatrechtlicher Privilegien. Vollständig gelangte diese Bewegung allerdings erst unter den Einwirkungen des dreifsigjährigen Krieges und nach dem Aussterben der liegnitzschen Piasten zum Abschlusse; die schlesischen Fürsten seit dieser Zeit erscheinen im wesentlichen nur noch als grofse Grundherren, in strengster Abhängigkeit von der Krone und dieser bedingungslos unterworfen.

Die Erstarkung der königlichen Centralgewalt gegenüber den einheimischen Landesherren stand im engsten Zusammenhange mit der allgemeinen Erhebung der Krone. Aus dem Konglomerate von lehns- und landesherrlichen Rechten bildete sich jetzt eine wahre, alle Verhältnisse des Lebens der Volksgemeinschaft durchdringende Staatsgewalt. Zur Herstellung einer solchen bedurfte es freilich eines Rechtstitels, wie er durch die bisherige historische Entwickelung noch nicht gegeben war. Das Königtum stellte sich daher auf den Boden der antiken Staats- und Rechtslehre; es entlehnte aus ihr den Begriff der absoluten Majestät der Krone, welche mit gewissen, untrennbar zu ihrem Wesen gehörigen Attributen, den Regalien, ausgestattet sei; es brachte zur Reife den abstrakten Staatsbegriff. Erst jetzt begann die principielle Scheidung zwischen öffentlichem und privatem Rechte; der Staat wurde aufgefafst als eine jeder Sphäre des Privaten entrückte, im Königtum gipfelnde Institution, deren Recht das höchste sei, deren unbedingter Herrschaft alle übrigen Personen und Verbände unterworfen seien. Immer wieder findet sich in den Aktenstücken jener Zeit die Berufung auf die „volkomliche, macht, hochhait, obmessigkeit und majestät" des Königs von Böhmen, auf seine „hochtragenden kuniglichen und landesfurstlichen regalien." Zu diesen Regalien wurden vornehmlich gerechnet, — das Einzelne darüber wird späterhin erörtert werden, — die Rechte der Appellation und Supplikation bezüglich der Justizhoheit, hinsichtlich der Finanzhoheit das Zoll-, Salz-, Bergwerks- und Münzregal, von denen das

---

[1] Ebd. AA. III 6h S. 441 ff. (d. d. Augsburg 18. Juni 1559).
[2] So verbot der Kaiser den Herzögen Friedrich und Heinrich von Liegnitz, ihre Tochter resp. Schwester ohne seine Genehmigung zu verheiraten. Ebd. AA. III 6d S. 347 (d. d. Wien, 15. November 1565).

letzte freilich, insofern es nicht nur als ein Recht der Münzprägung, sondern auch als die Befugnis zur Verleihung der Währung erscheint, zugleich in das Gebiet der inneren Verwaltung gehörte. Nur ein weiterer Schritt war es, wenn die Krone alle diejenigen Gebiete des Staatslebens ihr unterworfen erklärte, wo nicht ausdrückliche Privilegien einzelner oder aller ihr entgegenstanden, wenn sie endlich die Behauptung aufstellte, dafs alle Privilegien nichtig und kraftlos seien, falls sie dem Wohle der Gesamtheit widersprächen. Mit Ferdinand I. hebt an die Herrschaft der modernen Staatsidee in Schlesien; freilich vermochte das Königtum dieselbe nur nach und nach unter stetigem Kampfe zur Geltung zu bringen; die volle Konsequenz aus ihr für die Gestaltung der königlichen Centralgewalt konnte erst unter dem Einflusse des dreifsigjährigen Krieges nach der Niederwerfung der Stände gezogen werden. Immerhin aber charakterisiert sich die Regierung Ferdinands I. dadurch, dafs unter ihr das Königtum zu einer wahren Obrigkeit und Staatsgewalt sich umwandelte. Dieser durch die Krone dargestellte Allgemeinwille war jedoch „nicht ein zur Einheit organisierter Gesamtwille, sondern ein aus sich selbst fliefsender, für die Gesamtheit schlechthin höherer und äufserer Alleinwille; die Landesobrigkeit war nicht ein dem Volke immanentes Gemeinwesen, sondern eine ihm transzendente, nach Existenz und Form schlechthin gegebene und unabhängige Herrschaftsordnung"[1].

Neben der Krone finden wir als Träger der Centralgewalt die zum Fürstentage konstituierten Generalstände, die sogenannten Fürsten und Stände Schlesiens. Der Fürstentag gliederte sich in drei Kollegien; das erste bestand aus den Fürsten und den Inhabern der freien Standesherrschaften[2]; während die ersteren Virilstimmen besafsen, stand den letzteren nur eine Kurialstimme zu; das zweite Kollegium setzte sich zusammen aus den Deputierten der Landschaften (d. h. der Herren, Prälaten und Ritterschaften) der Erbfürstentümer und der Stadt Breslau, da dieselbe die Hauptmannschaft über das Fürstentum Breslau innehatte, das dritte endlich aus den städtischen Gesandten der Erbfürstentümer Schweidnitz-Jauer. Glogau und Troppau, allerdings nicht aller, sondern immer

---

[1] Gierke, Genossenschaftsrecht II 857.
[2] Über die Entstehung und Bedeutung derselben s. o. S. 55 f. und S. 133. Schon bei der gewillkührten Einung von 1490 erschienen zwei freie Standesherren als Teilnehmer. In der Bestätigungsurkunde des Königs Wladislaus für Herrn Hans von Schellenberg über die Herrschaften Jägerndorf, Leobschütz u. s. w. (betreffs deren Schellenberg ebenfalls als freier Standesherr zu bezeichnen ist) wird angeordnet, dafs der Oberhauptmann den Schellenberg zu den Fürstentagen beschicken. und dafs auf diesen Schellenberg seinen Sitz bald hinter den Fürsten haben und auch stimmberechtigt sein solle (d. d. 22. März 1506; Grünhagen-Markgraf, Lehnsurkk. II 53 ff.).

nur der bedeutendsten Städte[1]. Wir können hier nicht näher darauf eingehen, wie einige Stände, so die Troppauer[2], die Glogauer und die von Schweidnitz-Jauer, wiederholt Versuche machten, sich der Sessionspflicht für die Fürstentage zu entziehen; am gefährlichsten für den Bestand der staatlichen Einheit Schlesiens wurde die Abstinenzpolitik der Schweidnitz-Jauerschen Stände im fünften Jahrzehnte des 16. Jahrh., als dieselben Sitz und Stimme statt auf dem schlesischen Fürstentage auf dem böhmischen Landtage zu erhalten strebten[3]. Erst nach dem für die protestantische Sache unglücklichen Ausgange des Schmalkaldener Krieges, der seine Rückwirkungen auch auf Schlesien ausübte, wuchs der innere Zusammenhalt unter den schlesischen Ständen, um niemals wieder gelöst zu werden. Man sieht, dafs die einzelnen Mitglieder des Fürstentages verschiedenartig waren; derselbe bestand teils aus den einheimischen Landesherren, teils aus den Gesandten der Landschaften der Erbfürstentümer sowie der Städte einiger Erbfürstentümer, d. h. teils aus den Häuptern jener alten, aus der piastischen Zeit überkommenen Herrschaftsverbände, welche einst selbständige Staatsgebilde darstellten, teils aus den Bevollmächtigten solcher Gemeinwesen, welche ihrerseits wieder, wie die Landschaftsverbände, sich aus den Häup-

---

[1] Die Städte von Oppeln-Ratibor hatten im 16. Jahrh., soviel sich erkennen läfst, weder Session auf dem Fürstentage noch auf dem Oberrechte. Kries S. 27 überträgt bei seiner Darstellung der Zusammensetzung des Städtekollegiums die Zustände des 17. auf das 16. Jahrb.

[2] Hinsichtlich der Troppauer Stände vgl. die entsprechenden Partieen in Biermanns Gesch. von Troppau und die bei Schickfufs enthaltenen Verhandlungen des Fürstentages von 1567 über die staatsrechtliche Zugehörigkeit von Troppau.

[3] Schon bei der Thronbesteigung Ferdinands I. sahen sich die schlesischen Generalstände veranlafst, Beschwerde darüber zu führen, dafs die Schweidnitzer Ritterschaft sich vom Lande ziehen wolle. (Böhmische Landtagsverhandlungen und böhmische Landtagstagsbeschlüsse I 187 f., Prag 1877; Gravamina des Landes Schlesiens, d. d. Wien, 11. Januar 1527). Bei einer im März 1542 stattfindenden Beratung von österreichischen und böhmischen Abgeordneten stellte sich von Schlesien nur die Schweidnitzer Ritterschaft ein. (Ebd. S. 530 f.) Auch vom Oberrechte behaupteten die Schweidnitz-Jauerschen Stände exemt zu sein: sie beabsichtigten nichts Geringeres, als den staatlichen Zusammenhang mit Schlesien aufzuheben und sich dem böhmischen Landtage anzuschliefsen, auf dem sie auch Sitz und Stimme erhielten (Kries, Rezens. über Wuttke's Gesch. der öffentl. Verhältnisse Schlesiens S. 33). Der König stellte sich in dieser Angelegenheit auf die Seite der Schlesier; auf dem Fürstentage von 1542 erklärte er durch seine Kommissare, er mifsbillige die beabsichtigte Trennung der Fürstentümer Schweidnitz-Jauer und Glogau von Schlesien und habe bereits den betreffenden Landeshauptleuten befohlen, „das erwente drey furtenthumber ire schätzungen und bewilligte hülf neben und sambt inen den fursten und stenden in Slesien und nit gen Behaim erlegen." (Bresl. Stadtarch. A. P. III Ms. 164 fol. 254 ff., Fürstentagsinstruktion d. d. 22. Mai 1542.)

tern grundherrlicher Verbände, oder, wie die Städtekorpora, sich wieder aus bürgerlichen Gemeinwesen zusammensetzten. Jedes Mitglied des Fürstentages vertrat zunächst entweder, so die Landesherren, das von ihnen beherrschte Land, oder, wie die Mitglieder der beiden anderen Kollegien, diejenige ständische Erbfürstentumskörperschaft, deren Delegierte sie waren; in ihrer korporativen Vereinigung aber waren die Fürsten und Stände die Vertreter des ganzen Landes; sie stellten in sich dar das ganze Land und fungierten zugleich als dessen Organ[1]. Sie absorbierten nicht etwa die gesamte Summe der den einzelnen Fürsten und Ständen zukommenden staatlichen Befugnisse; aber ihre Beschlüsse, insofern sich dieselben innerhalb der Rechtssphäre des Fürstentages hielten, waren bindend für das gesamte Land und alle seine Angehörigen.

Der Ort des Fürstentages war Breslau[2]; die Zeit seines Zusammentrittes war unbestimmt, da er meist angekündigt wurde, wenn der König neue Steuern brauchte, und nur selten fanden Generallandtage statt, auf denen nicht auch über Steuerangelegenheiten, sondern nur über andere Fragen, so besonders über das Defensionswerk, beraten wurde. Die Berufung des Fürstentages stand dem Oberhauptmann im Namen und im Auftrage des Königs zu. In früherer Zeit hatte der Oberhauptmann das Recht, aus eigner Initiative die Fürsten und Stände zu versammeln. Unter dem starken Regimente Ferdinands I. änderte sich dies; 1536 verbot der König dem Oberhauptmann, selbständig die Fürsten und Stände Schlesiens zu berufen, indem er ihm in Fällen dringender Not, so bei Empörung oder feindlichem Angriff, nur gestattete, eine Art von Notablenversammlung zur Erwägung der notwendigsten Mafsregeln abzuhalten[3]. Zwar erhoben die Stände dagegen Protest; sie wiesen darauf hin, dafs der Oberhauptmann das besagte Recht früher anstandslos ausgeübt habe, und dafs in Zeiten der Gefahr dem Lande aus jedem Verzuge grofser Schaden

---

[1] Vgl. G. von Below, Das bergische Rechtsbuch. Marburger Habilitationsschrift von 1886, S. 13. Die Stände sind Organ des Landes; denn sie sind ein Teil des Landes und handeln für dasselbe. Aber ihre Vollmacht beruht auf einem gewohnheitsrechtlichen Satze, der in die Verfassung übergehen konnte durch Anerkennung ihrer Vertretungsbefugnis durch den Landesherrn; sie beruht nicht auf einem ihnen durch das Land erteilten Auftrage.

[2] Nur bisweilen wurden die Fürstentage wohl aus Rücksicht auf den Bischof in Grottkau abgehalten; so 1528, 1535 und 1542. Im Jahre 1535 jedoch erklärten die Breslauer, keinen Fürstentag mehr beschicken zu wollen, der aufserhalb Breslaus stattfände. (Bresl. Stadtarch. A. P. I Ms. 162 fol. 317 ff., Instruktion der Breslauer Fürstentagsdeputierten, d. d. 29. Januar 1535.) 1567 wurde ein Fürstentag zu Troppau gehalten, und zwar deshalb, weil auf ihm die Frage über die Zugehörigkeit Troppaus zu Schlesien beraten wurde.

[3] Schreiben des Königs an den Oberhauptmann, d. d. Innsbruck, 16. August 1536; Kgl. Staatsarch. Bresl. AA. III 6a S. 232 ff.

erwachsen könne[1]. Der König leugnete zwar nicht die bisherige Existenz dieses Rechtes des Oberhauptmanns, erklärte aber, daſs er dies jetzt nicht mehr dulden könne, da sonst die Stände seiner übrigen Länder nach der gleichen Freiheit streben würden[2]. 1541 wurde dem Oberamte anheimgestellt, im Falle eines plötzlichen Einfalles der Türken einen Fürstentag auszuschreiben, auf dem aber nur über den Widerstand gegen die Osmanen verhandelt werden dürfe[3]. Eine Erlaubnis unter derartigen Bedingungen kam natürlich einem Verbote gleich, und in der That wurde ein solches 1552 ausdrücklich erneuert[4]. In der Folgezeit, im 17. Jahrhundert, ward es Brauch, daſs der Oberhauptmann in Fällen sehr dringender Not die Stände zu versammeln Macht habe, indem er davon alsbald unter Angabe der Gründe dem Könige Nachricht geben muſste. Lag aber eine aufserordentliche Notwendigkeit nicht vor, so muſste der König um seine Erlaubnis ersucht und von der Ursache der gewünschten Versammlung in Kenntnis gesetzt werden[5]. So waren die letzten Spuren, welche an die Entstehung der nunmehr zu einer Zwangsgenossenschaft gewordenen Stände aus den gewillkürten Einungen des 15. Jahrhunderts erinnerten, endgültig verwischt.

Der Oberhauptmann muſste den Fürstentag mindestens drei Wochen vor dem Termine seiner Eröffnung ausschreiben und darüber wachen, daſs die Fürsten und Stände entweder rechtzeitig in Person oder durch ihre Gesandten vertreten sich einstellten, sowie endlich für den Fall unentschuldigten Ausbleibens dem Könige Anzeige erstatten[6]. Zwischen der Krone und den Ständen entspann sich ein Streit darüber, ob die Gesandten nach erfolgter Berufung zum Fürstentage mit unbedingten Vollmachten auszustatten wären. Die Stände verlangten nämlich, daſs der König in dem oberamtlichen Berufungsschreiben die Gegenstände der Beratung mitteile, damit die einzelnen Fürsten und ständischen Körperschaften ihren Abgeordneten die nötigen Instruktionen betreffs Annahme oder Ablehnung der Forderungen des Herrschers erteilen könnten, und daſs derselbe alsdann keine anderen Sachen mehr dem Fürstentage zur Beschluſsfassung vorlege. Man sieht leicht, daſs, wenn diese Bestrebungen der Stände von Erfolg gekrönt

---

[1] Gravamina des Landtags von 1538, Bresl. Stadtarch. A. P. II Ms. 163 fol. 414—419.
[2] Antwort des Königs, ebd. fol. 420—423.
[3] Ebd. A. P. III Ms. 164 fol. 185 ff.
[4] Ebd. A. P. IV Ms. 165 fol. 1 ff.
[5] Schickfuſs III 112. S. über analoge Verhältnisse bezüglich des Selbstversammlungsrechtes der Stände in anderen deutschen Territorien Gierke, a. a. O. I 810.
[6] S. die Deklaration des Bischofs Martin zum Oberhauptmanne, d. d. Breslau, 19. Juni 1577. Bresl. Stadtarch. Faber-Reuſs, Collectanea III fol. 57 f.

wurden, der Fürstentag zu einem Kongrefs von Deputierten, die lediglich als Organe ihrer speciellen Kommittenten und nicht des gesamten Landes fungiert hätten, herabgesunken wäre. Glücklicherweise aber weigerte sich der König auf das entschiedenste, diesem Begehren Folge zu leisten, indem er seinerseits an die Stände das Ansinnen stellte, ihre Gesandten mit unbedingten Vollmachten zu versehen[1]. Erst dadurch, dafs Ferdinand I. diese seine Forderung durchsetzte, erlangte der Fürstentag die wahre Repräsentation des Landes, sodafs in ihm die Einheit des Landes gegenüber der Krone zur Erscheinung kam, sodafs seine Beschlüsse als der Ausdruck des höchsten Willens der Landesgemeinde sich kundgaben.

Die zum Fürstentage eintreffenden Teilnehmer mufsten ihre Ankunft am Tage vor Beginn der Verhandlungen dem Oberamte anzeigen[2], oder, falls sie zu kommen verhindert waren, ihr Ausbleiben daselbst entschuldigen[3]. Den Vorsitz führte der Oberhauptmann[4]. Zuerst trugen die königlichen Kommissare, meist drei an der Zahl, die königlichen Propositionen vor, d. h. Anträge, durch welche der König entweder irgendwelche Forderungen betreffs Steuer, Leistung von militärischem Zuzug oder Ritterdiensten stellte, oder die Stände auf irgendwelche, seiner Ansicht nach reformbedürftige, in den Bereich ihrer Gesetzgebungsgewalt fallende Gegenstände aufmerksam machte. Die Beratung und Beschlufsfassung geschah gesondert nach den einzelnen Kollegien; das Votum jeglichen Kollegiums wieder bestimmte sich nach der Majorität der in ihm enthaltenen Mitglieder. Zuerst stimmte die Fürstenkurie ab; ihr Votum wurde schriftlich dem Kollegium der Ritterschaften zur Beschlufsfassung übergeben; zuletzt kam die Reihe ebenso an die Städte. Der Oberhauptmann sammelte diese drei Separatvota und stellte aus ihnen, falls sie übereinstimmten, den Fürstentagsbeschlufs zusammen; falls sie auseinandergingen, überwies er die Angelegenheit den einzelnen Kollegien zur nochmaligen Beratung und gab, wenn auch dann noch keine Einigkeit zu erzielen war, das votum conclusivum ab, indem er die divergierenden Stimmen zu vereinigen suchte, wobei es Brauch war, dafs er sich der Ansicht der Majorität anschlofs. Darauf wurde der also zustande gekommene Fürstentagsbeschlufs im Beisein der königlichen Kommissare verlesen; seit der Mitte des 16. Jahrhunderts

---

[1] Vgl. den aus den Acta Publica des Kgl. Staatsarch. in Bresl. bei Kries (Rezens. über Wuttke's Band I S. 25 f.) abgedruckten Brief Ferdinands I. an den Oberhauptmann, d. d. 3 Okt. 1547.
[2] Schickfufs III 103.
[3] Kgl. Staatsarch. Bresl. AA. III 31a fol. 47 (Herrn Brauns Entschuldigung etc., d. d. Wartenberg, 28. Juni 1589).
[4] Vgl. für das Folgende Schickfufs III 102 f.; Kries, Steuerverfassung S. 26 ff.

bürgerte sich unter anfänglichem Proteste der Stände[1] die
Sitte ein, dafs die Kommissare und besonders der König, wenn
er selbst anwesend war und seine Forderungen selbst vertrat,
falls der Beschlufs des Fürstentages ihnen nicht gelegen war,
eine Replik veranstalteten, d. h. ihre Forderungen nochmals
den Ständen zu erneuerter Beschlufsfassung vorlegten oder
doch wenigstens ein Minimum angaben, dessen Bewilligung
ihrer Meinung zufolge unter allen Umständen geboten war,
oder auch andere in dem ersten Beschlusse der Stände abge-
wiesene Wünsche wiederholten. Auf diese Replik erfolgte
dann seitens der Stände eine Duplik, d. h. ein neuer, auf die
vorgebrachte Replik hin gefafster Beschlufs. 1567 kam es
sogar zu einer Triplik des Königs, späterhin sogar zu einer
fünf- bis siebenmaligen Antragstellung des Königs und demgemäfs Beschlufsfassung der Stände. Auch stand es dem
Könige frei, wenn der Beschlufs des einen Fürstentages ihm
nicht genehm war, sogleich einen neuen einzuberufen; so
wurden 1594 sechs Generallandtage hintereinander abgehalten.
Kamen Gegenstände auf die Tagesordnung, welche nicht auf
Antrag des Königs hin verhandelt wurden, so stand die Proposition beim Oberamte; Beratung und Beschlufsfassung vollzogen sich dann nach den gewöhnlichen Modalitäten. Die
Fürstentagsbeschlüsse waren dreifacher Natur; sie waren nämlich entweder Antworten auf die Propositionen des Königs oder
diesem vorzulegende Beschwerden, sogenannte Gravamina,
über Gegenstände, welche unter dem Herrschaftsbereiche der
Krone standen, oder endlich für das Land verbindliche Gesetze und sonstige Willenserklärungen. Die erste und dritte
Art sind oft miteinander vereinigt; so hatte ein Steuerbeschlufs
z. B. die Geltung einer Antwort für den König und zugleich
eines Gesetzes für das Land; mitunter aber wird derselbe
Beschlufs erst als Antwort für den König und sodann als
Gesetz für das Land nochmals besonders verkündigt Die für
das Land erlassenen Gesetze, Verordnungen u. s. w. wurden
oft zu einem besonderen „Landesabschiede" oder „Landes-
memoriale" zusammengefafst. Die Ausführung der Fürstentagsbeschlüsse und die Publikation der Mandate, in denen die
Beschlüsse zur öffentlichen Kenntnis gebracht wurden, waren
Sache des Oberamtes; oft wurden zur Exekutive besondere
ständische Ausschüsse gebildet, in denen dann der Oberhauptmann regelmäfsig den Vorsitz führte.

Es bleibt uns jetzt nur noch übrig, das Verhältnis zwischen
der Krone und den zum Fürstentage korporierten Fürsten
und Ständen zu untersuchen; es führt uns diese Frage auf
das Problem des Charakters des damaligen Staatswesens

---

[1] So z. B. auf dem Fürstentage von 1556; Bresl. Stadtarch. A. P.
IV Ms. 185 fol. 97 ff.

überhaupt[1]. Der schlesische Gesamtstaat vom 15. bis zum 17. Jahrhundert war, wie alle Ständestaaten jener Zeit, kein Einheitsstaat im modernen Sinne, sodaſs Krone und Stände nur als die verfassungsmäſsigen Organe aufzufassen wären, in denen die eine, unteilbare, einfache Staatspersönlichkeit zur Erscheinung gelangte; sein Gepräge war vielmehr ein durchaus dualistisches, indem er sich aus zwei Sonderpersönlichkeiten, dem Könige und dem Lande, zusammensetzte. Die centrale Staatsgewalt war nicht einheitlich organisiert, sondern ihr Besitz war geteilt zwischen Krone und Stände, von denen die letzteren als Organ des von ihnen vertretenen Landes fungierten. Beide hatten ein im Rahmen der bestehenden Verfassung unentziehbares, eigenes Recht auf die Ausübung der ihnen zustehenden staatlichen Funktionen. Der König leitete sein Recht her aus der ihm angestammten Oberherrlichkeit und der kraft seiner Majestät ihm gebührenden höchsten Herrschaftsgewalt; die Stände fanden ihren Rechtstitel in ihren gewohnheitsrechtlichen Freiheiten und den von der Krone ihnen und dem Lande erteilten Privilegien. Die staatsrechtliche Entwickelung des 16. Jahrhunderts brachte es freilich mit sich, daſs ihnen der wachsenden Macht der Krone gegenüber ein unantastbares Recht auf den Besitz staatlicher Befugnisse nur dort garantiert blieb, wo sie sich auf ausdrückliche Privilegien stützen konnten. König und Generalstände waren so zwei neben einander stehende, für den besonderen Bereich ihrer speciellen Funktionen von einander unabhängige Träger staatlicher Rechte und staatlicher Gewalt; diese waren jenem gegenüber die Vertreter und die Organe des Landes, die Träger der Landesrechte und Landesfreiheiten.

Der Dualismus des Staatswesens jener Periode fand seinen Ausdruck zunächst auf dem Felde der Gesetzgebung. Dieselbe ist im modernen Verfassungsstaate das Resultat des Zusammenwirkens zwischen dem Monarchen und dem Parlamente. Anders war es im ständischen Territorialstaate. Über gewisse Gebiete des Staatslebens stand hier die gesetzgeberische Gewalt ausschlieſslich der Krone zu; unter dem Namen der Regalien waren dieselben jedem ständischen Einflusse entzogen, sodaſs an der Zoll-, Münzgesetzgebung u. s. w. die Stände von jeder Teilnahme ausgeschlossen waren. Im 15. und noch zum Anfange des 16. Jahrhunderts treffen wir in Schlesien die sogenannten Münzeinungen, d. h. Verträge zwischen den Fürsten und Ständen zur Herstellung eines einheitlichen, tauglichen Münzfuſses für ganz Schlesien. Mit der Herrschaft Ferdinands I. vollzog sich eine Wandlung und zwar wegen der strengen Durchführung des Münzregals, in-

---

[1] Vgl. hierzu Gierke, Genossenschaftsrecht I 535 ff., 801 ff., II 855 ff.

sofern dasselbe dem Könige ein ausschliefsliches Recht auf die Verleihung der Währung zusprach. Der König bestimmte von jetzt ab aus eigener Machtvollkommenheit den Münzfufs; er forderte dabei vielleicht ein Gutachten seitens des Fürstentages ein oder nahm die Wünsche und Beschwerden desselben in dieser Angelegenheit entgegen, ohne doch an diese Meinungsäufserungen irgendwie gebunden zu sein. Auf Grund der zu seiner Justizhoheit gehörigen Regalien führte er die Rechtsmittel der Appellation und der Supplikation ein, ohne der ständischen Zustimmung dabei irgendwie zu bedürfen. Ebenso wieder verhielt es sich mit den Ständen; diesen gebührte die gesamte Steuergesetzgebung, mit Ausnahme nur der durch das Zollregal dem Könige vorbehaltenen Zollgesetzgebung[1]. Der König konnte die von den Ständen beschlossene Steuer annehmen oder nicht, wie man ein Geschenk sich gefallen läfst oder ausschlägt; wir haben aber darin nicht etwa eine Mitwirkung des Königs für das Zustandekommen der Steuergesetze zu erblicken, wie schon daraus erhellt, dafs der Fürstentag solche Steuern für die Bedürfnisse des „Landes" ausschrieb, welche nie dem Könige zu gute kamen, ihm gar nicht erst angezeigt wurden, aber nichtsdestoweniger für das Land verbindlich waren. Der Fürstentag schuf Gesetze über die Organisation der Steuerverwaltung, ohne dafs dem Könige

---

[1] Das Recht der Stände zur Steuergesetzgebung basierte auf dem ihnen zukommenden Rechte der Steuerbewilligung nicht nur für sich, sondern auch für ihre Unterthanen und für das gesamte Land. Es ist nun die Frage, auf welche Weise die zur Teilnahme am Fürstentage berechtigten Fürsten und Stände zu dieser Vertretung des gesamten Landes hinsichtlich der Steuerbewilligung gelangten, zumal da man dabei berücksichtigen mufs, dafs das Steuerbewilligungsrecht den vornehmsten Bestandteil der Befugnisse des Fürstentages bildete. Die Städte des Fürstentums Oppeln z. B. waren, seitdem dasselbe Erbfürstentum geworden war, keiner Mediatherrschaft unterworfen, dennoch aber im 16. Jahrh. auf dem Fürstentage nicht vertreten, somit den Steuerbeschlüssen der übrigen Fürsten und Stände unterworfen. Welches Recht hatten ferner die Fürsten, Steuern zu bewilligen, die für ihr Land verbindlich waren, da sie doch in ihrem eigenen Lande Steuern nur mit Bewilligung ihrer Stände fordern durften? Man kann diese Vorgänge kaum anders erklären, wie dadurch, dafs damals, als unter Matthias Korvinus der Fürstentag als ein Institut der schlesischen Verfassung enstand, die Rechtsanschauung jener Zeit das Verhältnis zwischen der Krone und dem ganzen Lande Schlesien nach der Analogie des Verhältnisses zwischen dem Landesherrn eines Einzelgebietes und seinem speciellen Lande auffafste, dafs sie demgemäfs dem Fürstentage alle diejenigen Rechte zuschrieb, welche in dem Sonderterritorium dem Landtage zukamen, in erster Linie also das Recht der Steuerbewilligung (S. o. S. 62 f.). Auch das Privileg von 1498 gewährt dem Lande im allgemeinen („Fürsten, Herren, Land, Städten und allen Einwohnern des Schlesien") Steuerfreiheit (d. h. Freiheit von der Steuerpflicht) und sagt nichts über die Vertretung des Landes hinsichtlich der Steuerbewilligung; doch geht aus dem ganzen Privileg sichtlich die Auffassung hervor (so z. B. aus dem Zollparagraphen), dafs die Vertretung des Landes dem Könige gegenüber dem Fürstentage gebühre.

dabei auch nur der geringste Anteil, das geringste Einspruchsrecht zustand. Die Sphäre des Gesetzgebungsrechtes der Stände erweiterte sich ferner noch durch das ihnen gebührende Recht der Autonomie[1], d. h. durch die Befugnis, sich in allen Dingen nach Rechtsnormen zu richten, welche durch eigene Willkür entstanden waren, insofern dadurch nicht die besonderen Rechte des Herrschers, also seine Regalien, seine Kriegshoheit, sein Recht, den Staat allein nach aufsen zu vertreten u. s. w., verletzt wurden. Hierzu gehört vor allem das gesamte Gebiet der inneren Verwaltung, insofern es nicht eben durch die Regalien, so z. B. durch das Recht, das Münzsystem festzusetzen, der Krone vorbehalten war; ähnlich verhielt es sich mit der Justizverwaltung: es braucht nur an die vielfachen, unter dem Namen der „Fehde-, Polizei- oder Landesordnungen" bekannten Gesetzgebungen der Stände erinnert zu werden. Alle von den Ständen kraft ihrer Autonomie erlassenen Gesetze waren verbindlich für das Land auch ohne königliche Genehmigung; wurde eine solche, wie wir sehen, mitunter eingeholt, so wurde nicht etwa erst durch sie der Beschlufs der Stände zum Gesetze erhoben oder etwa dem von den Ständen gefundenen Gesetzesinhalte erst der Gesetzesbefehl zugefügt, sondern der Beschlufs der Stände hatte volle Gesetzeskraft auch ohne die Bestätigung durch die Krone. Die Nachsuchung der letzteren hatte vielmehr eine ganz andere Bedeutung. Wir wiesen bereits darauf hin, wie seit dem 16. Jahrhundert der Begriff der Landesobrigkeit immermehr sich erweiterte, sodafs diese nunmehr die gesamte Staatsgewalt überall dort in Anspruch nahm, wo eben nicht ausdrückliche Privilegien ein Hindernis ihr entgegensetzten. Die Folge davon war, dafs die Krone dort, wo bisher die Autonomie der Stände in Geltung gewesen war, sich zuerst konkurrierende Befugnisse beilegte, bis schliefslich späterhin die ständische Autonomie von der Landesobrigkeit gänzlich absorbiert wurde[2]. Wenn daher die Stände für die kraft ihrer Autonomie aufgestellten Satzungen die königliche

---

[1] S. über das Recht der Autonomie Eichhorn, Deutsche Staats- und Rechtsgesch. § 346

[2] Einen interessanten Beleg für diese Verhältnisse gewährt ein Gravamen des Fürstentages von 1584. Die Stände beschwerten sich darin über die kurz zuvor durch einseitigen Befehl seitens des Kaisers erfolgte Einführung des gregorianischen Kalenders in Schlesien und baten zugleich, dafs der Kaiser, wenn wieder so wichtige, das Wohl des Landes dermafsen berührende Sachen sich ereignen sollten, einen Fürstentag einberufe und derartige Veränderungen mit der Lande Wissen anstelle. (Bresl. Stadtarch. A. P. Ms. 173.) Das Recht des Königs, einseitig diese Mafsregel zu ergreifen, bestritten sie demnach nicht, wünschten aber vorher über ihre Meinung gehört zu werden. Es leuchtet ein, dafs eine kräftige Handhabung des Rechtes der Landesobrigkeit auf diesen Gebieten die Autonomie der Stände lahmlegen und untergraben mufste.

Bestätigung sich erteilen liefsen, so geschah dies eben deshalb, um sich davor zu wahren, dafs nicht etwa der König späterhin über dieselben Gegenstände anderweitige Bestimmungen treffe, also um den Bestand ihrer Gesetze gegenüber der konkurrierenden Gewalt der Krone zu sichern, zugleich um die Autorität derselben durch den Nachweis zu erhöhen, dafs auch der König, wie aus seiner Konfirmation hervorgehe, dieselben billige. Auch auf anderen Gebieten des Staatslebens finden wir die Stände gesetzgeberisch thätig, wenn sie eben vom Könige dazu eine generelle oder specielle Ermächtigung erlangten. Das war z. B. der Fall rücksichtlich des Kriegswesens, insofern hier der König den Ständen die Vollmacht einräumte, die zur Abwehr eines feindlichen Angriffes notwendigen Mafsnahmen zu ergreifen. Der Herrscher gestattete den Ständen, über eine Defensionsverfassung zu beraten; auf diese — in jedem Falle notwendige — vorgängige Erlaubnis hin[1] fafsten die Stände die für die Herstellung der Kriegsbereitschaft Schlesiens im Falle eines Angriffes ihnen erforderlich scheinenden Beschlüsse.

Der gleiche staatsrechtliche Dualismus charakterisierte auch die Zustände der Verwaltung. Die einzelnen für den schlesischen Gesammtstaat in Betracht kommenden Behörden waren entweder abhängig von der Krone oder von den Ständen, der Oberlandeshauptmann allerdings von beiden zugleich, sodafs er für einen Teil seiner Funktionen das Organ der Krone, für den andern das der Stände war. Dort, wo der König oder die Stände die Gesetzgebungsgewalt besafsen, da hatten sie auch den Anspruch auf die Organisationsgewalt rücksichtlich des Behördenwesens. Allerdings brauchten sich diejenigen Gebiete, auf denen die Gesetzgebung zu den Funktionen der einen oder der andern Macht gehörten, nicht notwendig mit denjenigen Gebieten zu decken, auf denen rein königliche oder rein ständische Beamte fungierten. Die Steuergesetzgebung stand bei dem Fürstentage; dieser konnte jedoch darauf verzichten, die Steuerverwaltung ständischen Beamten zu übergeben, sondern dieselbe den Organen des Königs anvertrauen oder doch wenigstens darein willigen, dafs die sonst ständischen Beamten auch zugleich der Krone unterstellt wurden. Der König andrerseits war der Inhaber des Appellationsregals; nichtsdestoweniger aber war es denkbar, dafs er die Entscheidung der Appellationen nicht einem von ihm selbst, sondern von den Ständen abhängigen Gerichtshofe zuerteilte. Schon zu wiederholten Malen haben wir darauf aufmerksam gemacht, dafs in der Periode des Überganges vom Mittelalter zur Neuzeit das Bedürfnis nach einer

---

[1] Vgl. z. B. Bresl. Stadtarch. A. P. Ms. 175 fol. 388 (Eingang der Defensionsordnung, d. d. 10. Okt. 1588).

verstärkten Centralisation des inneren Staatslebens immer mehr sich geltend machte. Krone und Stände nun bemühten sich in gegenseitigem Wetteifer, dieser Notwendigkeit Rechnung zu tragen; wir finden seit dem 15. Jahrhundert beide in einer lebhaften Reformthätigkeit begriffen, beide bemüht, immer mehr Zweige des Lebens der Gemeinschaft in den Bereich ihrer Gewalt zu ziehen und diese letztere allenthalben zu verstärken, jede von ihnen aber auch zugleich bestrebt, das von ihr für das Staatsleben neugewonnene Terrain durch Einsetzung von Behörden, die allein von ihr abhängig seien, von jeglicher Einwirkung seitens der rivalisierenden Macht freizuhalten. So entbrannte ein heifser Kampf zwischen den beiden Trägern der Centralgewalt um den mafsgebenden Einflufs auf die einzelnen Behörden der schlesischen Gesamtstaatsverwaltung und damit zugleich auf die betreffenden Gebiete des Staatslebens selbst, welchen eingehend darzustellen die Aufgabe des Hauptteiles unserer Untersuchungen sein wird.

So hatten sich geordnete, fest geregelte Zustände innerhalb der Gesamtverfassung Schlesiens im 16. Jahrhundert herausgebildet. Krone und Generalstände erscheinen als Träger der centralen Staatsgewalt; der schlesische Staat jener Zeit bestand aus zwei Gliedern, dem Königtume einerseits und den Fürsten und Ständen mit dem von ihnen vertretenen Lande andererseits, und zwar standen sich der König und das Land, als dessen Organ hinwiederum die Stände erschienen, einander gegenüber als zwei von einander verschiedene, selbständige Subjekte staatlichen Rechtes, nur durch eine Reihe gegenseitiger Rechte und Pflichten miteinander verbunden. Gesetzgebung und Verwaltung waren unter sie geteilt. In dem Königtume lebte auf der abstrakte Staatsgedanke, und als eine öffentliche Gewalt erhob es sich über die Sphäre des Privaten; aber auch das Land war ein rein öffentliches, auf der genossenschaftlichen Verbindung seiner einzelnen Teile beruhendes, mit Gesamtpersönlichkeit begabtes Gemeinwesen. Erst durch die Vereinigung von Königtum und Land, dieser beiden Sonderpersönlichkeiten, war der Staat in seinem ganzen Umfange gegeben, — ein Dualismus der Verfassung, der diese ganze Periode charakterisierte, und der erst im Laufe des dreifsigjährigen Krieges sein Ende fand; erst dann entstand ein einheitliches, freilich rein obrigkeitliches Staatswesen.

Erstes Kapitel.

Das Oberamt.

Ebenso wie die Grundlage der von Matthias Korvinus geschaffenen schlesischen Gesamtverfassung, das Institut der Fürstentage, auch nach dem Tode des grofsen Königs nicht nur sich erhielt, sondern sogar jetzt erst recht der Brennpunkt des gesamten politischen Lebens in Schlesien wurde, so auch blieb bestehen und gewann eine immer steigende Bedeutung die wichtigste Einrichtung der gleichfalls durch ihn in das Leben gerufenen schlesischen Centralverwaltung, das Amt der Oberlandeshauptmannschaft. Wir haben über die Entstehung des Oberamtes im 15. Jahrhundert, über seine ersten Vorbilder und seine ersten, schnell wieder verschwindenden Anfänge in den Zeiten der Luxemburger schon gehandelt; wir sahen auch, wie Matthias Korvinus vergeblich sich bemühte, dieses Amt nicht nur zu einer dauernden und festen Institution umzugestalten, sondern ihm auch eine Form zu geben, vermöge welcher der Inhaber, zwar ein Beamter des Königs, aber doch seiner Herkunft zufolge in seinen Interessen mit den übrigen Fürsten und Ständen Schlesiens auf das engste verknüpft, ein natürliches Bindeglied zwischen Krone und Land darstellen sollte, wie aber alle diese Bestrebungen infolge der Kurzsichtigkeit und des mangelnden Opfermutes der schlesischen Generalstände — wenn man absieht von den wenigen Monaten des Jahres 1488, in denen Herzog Friedrich als Oberhauptmann fungierte — zu einem negativen Resultate und im Gegenteile dazu führten, dafs fremde Personen als rein königliche Beamte dem Lande Schlesien vorgesetzt wurden, dafs dieses letztere sogar mehrere Jahre hindurch in zwei voneinander geschiedene Verwaltungsbezirke zerfiel. Jetzt, nach dem Tode des Matthias Korvinus,

wurde es anders; die Politik der Fürsten und Stände änderte
sich von Grund aus. Nicht darnach richtete sich mehr ihr
Streben, den alten Zustand der völligen Autonomie des
einzelnen wiederherzustellen, sodafs das erst neugeschaffene
politische Gebilde wieder in seine einzelnen Atome auseinander-
falle; sie sahen vielmehr die Notwendigkeit ein, dafs das von
Matthias Korvinus' kräftiger Hand neugezimmerte Staatsgefüge
bestehen bleibe, und dies nur ward nunmehr das Ziel ihrer
Politik, auf die Centralgewalt einen möglichst grofsen, domi-
nierenden, die Krone völlig in den Hintergrund drängenden
Einflufs zu gewinnen. Das Oberamt wurde jetzt, was Matthias
nicht hatte erreichen können, eine ständige Institution;
Schlesien erhielt nach 1490 seinen ersten Oberhauptmann in
der Person des Bischofs Johannes IV., Rotus, welchem auf dem
Fürstentage von 1497 Herzog Kasimir von Teschen folgte[1].
Unter diesem letzteren erwirkten die Fürsten und Stände
Schlesiens das schon oft genug erwähnte Privilegium Wladislai,
dessen erster Artikel bereits über den politischen Charakter
der Oberlandeshauptmannschaft diejenigen Bestimmungen traf,
welche den Aspirationen der Fürsten und Stände entsprachen
und den dauernden Einflufs der Generalstände auf das oberste
Amt der schlesischen Gesamtverwaltung garantierten. Im
folgenden soll versucht werden, Wesen, Funktionen und Bedeutung des Oberamtes, wie sie zur Zeit des Dualismus in
der schlesischen Gesamtverfassung, in der Epoche des Ringens
zwischen Krone und Generalständen um die Centralgewalt, sich
entwickelten und zum Ausdrucke kamen, zur Darstellung zu
bringen. —

1. Person des Oberhauptmanns.

Der Oberlandeshauptmann war der Statthalter und oberste
Beamte des Königs für ganz Schlesien; sowohl die Fürsten
und Stände, wie auch alle Einwohner des Landes waren seiner
Amtsgewalt unterworfen. Ganz begreiflich ist daher das Bestreben der Stände, einen Einflufs auf die Besetzung des Oberamtes zu gewinnen; am ehesten konnten sie, wie sie glaubten,
sich davor schützen, dafs der oberste Beamte nicht lediglich
für den Vertreter der Interessen der Krone im Gegensatze zu
denen des Landes sich hielt, wenn derselbe der Reihe der
Fürsten selbst angehörte, wenn er, mitten unter ihnen stehend,
mit ihnen auf das innigste verbunden, sich nicht nur als Organ
des Königs, sondern auch zugleich als das natürliche Haupt
der schlesischen Stände, als den geborenen Verfechter ihrer
Rechte und Privilegien fühlen mufste. Diese eigentümliche
politische Doppelstellung des Oberhauptmanns, der zufolge er
berufen ward, zwischen der Krone und dem Lande zu ver-

---
[1] Schickfufs III 97.

mitteln und nach beiden Richtungen hin das Gleichgewicht zu erhalten, wurde, wenn auch nicht geschaffen, so doch zum staatsrechtlichen Grundsatze erhoben durch das Landesprivileg von 1498, welches die Anordnung traf, dafs der Oberhauptmann stets ein schlesischer Fürst sein solle. Freilich blieb die Gültigkeit dieser Bestimmung wie des gesamten Privilegs nicht unangefochten; schon 1504 mufste Wladislaus von Böhmen erklären, das Gerücht, als habe der böhmische Kanzler Johann von Schellenberg seiner Zeit den schlesischen Freiheitsbrief ohne des Königs Wissen und Wollen ausgehen lassen, sei gänzlich unbegründet[1]. Nachdem es einige Jahre später den Böhmen gelungen war, von ebendemselben Könige das Zugeständnis zu erlangen, dafs nur Böhmen die schlesische Oberhauptmannschaft innehaben dürften[2], soll König Ludwig sogar das ganze Privileg von 1498 als hinterlistig erschlichen und ungültig erklärt haben[3]. Auf diese angebliche Kassation hin verlangten die böhmischen Stände 1545 eine erneute Untersuchung und Entscheidung Ferdinands I.[4]; desgleichen forderten sie, dafs auf Grund des von Wladislaus ihnen 1510 erteilten Privilegs die Verwaltung des Oberamtes von jetzt ab einem Böhmen übertragen werde, ohne jedoch mit diesen ihren Ansprüchen durchdringen zu können[5]. Von 1536 ab wurde es Brauch, dem Bischofe von Breslau, als dem vornehmsten der schlesischen Fürsten, die Oberhauptmannschaft zu übertragen[6]; nach ihrer Wahl wurden die Bischöfe provisorisch, nach ihrer Bestätigung durch den Papst definitiv zu Oberlandeshauptleuten ernannt[7]. Dafs der König bei den Ernennungen für das höchste Amt Schlesiens gerade die Bischöfe bevorzugte, hatte seinen guten Grund; es ist be-

---
[1] d. d. 13. April 1504. Schlesische Lehnsurkk., edd. Grünhagen und Markgraf, S. 53.
[2] d. d, 11. Januar 1510. Ebd. S. 55.
[3] Urkunde K. Ludwigs d. d. 18. Sept. 1522. Ebd. S. 58. Die Echtheit dieser Urkunde ist freilich nicht ganz über jeden Zweifel erhaben.
[4] Beschlüsse der auf den 13. April 1545 nach Prag einberufenen Vertreter sämtlicher Kreise Böhmens in den „Böhm. Landtagsverhandlungen und Landtagsbeschlüssen vom Jahre 1526 bis auf die Neuzeit". Prag 1877. I 628.
[5] Vgl. Schickfufs III 98 und 278—281. S. auch die Fabersche Chronik, Kgl. und Univ.-Bibl. Breslau. Ms. Steinwehr I in fol. Nr. 53.
[6] Vgl. Schickfufs III 97 f. und Lucae, „Schlesiens curiose Denkwürdigkeiten oder vollkommene Chronica von Ober- und Nieder-Schlesien". Frankfurt a./M. 1689. S. 1887.
[7] Vgl. das kaiserliche Generalpatent wegen Einsetzung des Bischofs Martin Gerstmann zum provisorischen Verwalter des Oberamtes, bis er in seinem bischöflichen Amte definitiv bestätigt sein würde, d. d. Wien 30. Juli 1574. Kgl. Staatsarch. zu Breslau, AA III 26ᵇ fol. 355. Bischof Andreas wurde provisorisch Oberhauptmann am 21. Juli 1585 (ebd. AA III 26ᶜ fol. 119 f.), definitiv erst durch kaiserliches Mandat vom 31. Oktober 1585. Ebd. fol. 123 ff.

kannt, dafs seit dem Auftreten der habsburgischen Herrschaft im 16. Jahrhunderte das freie Wahlrecht des Breslauer Domkapitels, wiewohl keineswegs formell, so doch faktisch sehr illusorisch wurde, und dafs der Breslauer Bischofsstuhl meist mit Günstlingen des Wiener Hofes besetzt wurde; von Personen, die ihre Erhebung ihm zu verdanken hatten, konnte der Kaiser gröfsere Gefügigkeit und Willfährigkeit erwarten, als von einem eingeborenen weltlichen Fürsten. Bei der toleranten Haltung der schlesischen Bischöfe des 16. Jahrhunderts gegenüber den Nichtkatholiken[1] erregte es bei der damals überwiegend protestantischen Bevölkerung keinen Anstofs, dafs das oberste Landesamt in den Händen des höchsten geistlichen Würdenträgers liege; anders wurde dies erst, als nach dem Tode des Bischofs und Oberhauptmanns Johann von Sietsch (25. April 1608) der Erzherzog Karl aus der ihrer gegenreformatorischen Bestrebungen halber gefürchteten steiermärkischen Linie des Hauses Habsburg zu dem Breslauer Bischofssitze gelangte. Im Zusammenhange mit dem Majestätsbriefe von 1609 erwirkten jetzt die schlesischen Stände auf ihre Bitte, dafs in Zukunft zur Verhütung religiöser Wirren nur einem weltlichen Fürsten die Oberhauptmannschaft anvertraut werden sollte, ein Privileg, dem zufolge Erzherzog Karl und seine Nachfolger in der Bischofswürde von der Verwaltung des Oberamtes gänzlich ausgeschlossen wurden und dieses letztere in Zukunft nur von einem der weltlichen eingeborenen Fürsten Schlesiens bekleidet werden sollte[2]. Zwar protestierte Karl ausdrücklich gegen diese wider seine Person und die Rechte des Bistums gerichtete Bestimmung, indem er darauf hinwies, dafs dem grofsen Landesprivileg zufolge jeder sowohl weltliche, wie auch geistliche Fürst Schlesiens zur Verwaltung des Oberamtes befähigt sei, und dafs das Breslauer Bistum durch unvordenkliche Gewohnheit gleichsam in den Besitz der Oberamtsverwaltung gelangt sei, ohne jedoch damit beim Kaiser durchdringen zu können[3]. Für die nächsten Jahrzehnte blieb die Ausschliefsung der Bischöfe in Kraft, und erst nach der Beendigung des dreifsigjährigen Krieges und nach der Durchführung der Gegenreformation in Schlesien gelangten geistliche Fürsten, zuerst 1664 in der Person des Bischofs Sebastian von Rostock, wieder zur Würde des Oberamtes[4]. Was die Vertretung des Oberhauptmanns, zumal die Ver-

---

[1] So wurde der Bischof und Oberhauptmann Martin Gerstmann sogar beschuldigt, dafs er den Lutheranern mehr zugethan sei als den Katholiken. Kgl. Staatsarch. Bresl. AA III G° p. 293.
[2] d. d. Prag 26. Aug. 1609, Schickfufs III 99.
[3] S. den Protest des Erzherzogs und die Duplik der Stände bei Schickfufs III 89—95.
[4] Lucae a. a. O. S. 1898; vgl. auch Jungnitz, Sebastian von Rostock, Bischof von Breslau. Breslau 1891. S. 107 ff.

wesung in jener Zeit, als die Breslauer Bischöfe das Amt regelmäfsig innehatten, bei Gelegenheit der Sedisvakanz des Bistums¹ anlangte, so forderten die Stände, dafs auch in diesem Falle der erste Artikel des grofsen Landesprivilegs Geltung habe, dafs also ein schlesischer Fürst, und zwar der älteste, das Oberamt verwesen solle²; der Kaiser kümmerte sich freilich nicht immer um diesen Anspruch, sondern bestallte mitunter zum interimistischen Oberhauptmanne einen blofsen Adligen; so 1562 nach dem Tode des Bischofs Balthasar und 1574 nach dem Ableben des Bischofs Caspar den Hans von Oppersdorf, den Oberhauptmann der Fürstentümer Oppeln und Ratibor³.

2. Recht der Einsetzung. Wirkungskreis und Funktionen des Oberhauptmanns.

Die Einsetzung des schlesischen Oberhauptmanns stand allein dem Könige zu, ohne dafs dabei den Ständen eine Mitwirkung gebührte; im Falle des Ablebens des Königs mufste seitens des Nachfolgers desselben der jedesmalige Inhaber in seinem Amte bestätigt werden⁴. Der Wirkungskreis des Oberamtes war Schlesien, ohne die Lausitz; nur noch ein einziges Mal trat eine administrative Teilung Schlesiens ein, nämlich in der Zeit nach 1519, für welche der bisherige Oberhauptmann Casimir von Teschen auf Oberschlesien beschränkt wurde, während die Verwaltung einer besonderen Oberhauptmannschaft für Niederschlesien dem Herzoge Friedrich II. von Liegnitz übertragen wurde⁵.

Wie schon erwähnt, war der Oberlandeshauptmann der oberste Beamte und Vertreter der Krone für das Herzogtum Schlesien, keineswegs aber für alle Rechte derselben, sodafs er nicht als Statthalter des Königs in jeglicher Hinsicht erscheinen kann; als höchste Spitze und vornehmster Repräsen-

---

[1] Schickfufs S. 98.
[2] Kgl. Staatsarch. Bresl. AA III 6ᵉ S. 668.
[3] Ebd. AA III 6ᵈ S. 62 ff. und Bresl. Stadtarch. F 31ᵃ d. d. Wien 10. Juli 1574. Der „Oberhauptmann" von Oppeln-Ratibor stand trotz seinem Titel nicht etwa dem schlesischen Oberhauptmann gleich, sondern war in Wirklichkeit ein demselben untergebener Landeshauptmann dieser beiden Fürstentümer.
[4] Vgl. die Verlängerung der Oberhauptmannschaft Bischof Balthasars durch Maximilian II. nach dem Tode Ferdinands I. d. d. Wien 26. Juli 1564. Bresl. Stadtarch. EEE 119ᵇ und die Deklaration Rudolfs II. nach dem Tode Maximilians II. betreffs der Oberhauptmannschaft des Bischofs Martin d. d. Breslau 19. Juni 1577. Ebd. Fabri Collectanea III fol 57 f.
[5] Schickfufs III 98. Dafs diese Trennung schon im Jahre 1524 aufgehört habe, wie Schickfufs (a. a. O.) angiebt, ist unrichtig. Noch 1527 schreibt Ferdinand I. den Herzögen Kasimir und Friedrich, „obristen Hauptleuten", d. d. Znaim, 26. Januar 1527. Böhmische Landtagsverhandlungen. I 197.

tant der Stände war er aufserdem noch mit einer Anzahl von
Funktionen betraut, deren Ursprung nicht in einer Delegation
königlicher Rechte auf ihn zu suchen ist, sondern betreffs
deren er als Organ der Fürsten und Stände erscheint. Wir
müssen daher seine Kompetenzen auf dem Gebiete der Verwaltung — von seinen Funktionen auf dem Gebiete des Verfassungslebens haben wir bereits gehandelt — im einzelnen
untersuchen. Eine Instruktion, welche eine zusammenfassende
Darlegung seiner Rechte und Pflichten enthält, existiert freilich nicht und ist ihm auch niemals erteilt worden. In der
Bestallungsurkunde für den Bischof Caspar von Logau zum
Oberhauptmanne heifst es ausdrücklich, dafs eine besondere
Instruktion nicht notwendig sei; der Bischof solle sein Amt
in derselben Art und Weise führen, wie bereits seine Vorgänger gethan hätten [1]. In den königlichen Patenten betreffs
Einsetzung der Oberhauptleute wird als deren Aufgabe meist
bezeichnet die Erledigung der eigenen Angelegenheiten des
Kaisers, der gemeinen Landes- und anderer Parteisachen; er
soll den Fürstentagen beiwohnen, alle vorfallenden Amtssachen
mit allem Fleifse verrichten und „den Leuten die Justicia und
billigkeit mittheilen" [2]. Eine Darstellung der Funktionen des
Oberhauptmanns als des Hauptes sowohl der königlichen als
auch der ständischen Verwaltung mufs sich daher in erster
Linie aufbauen auf den Akten der laufenden Administration.

Zunächst lag dem Oberhauptmanne ob die Publikation
aller Verordnungen, welche der König aus eigener Machtvollkommenheit in Bezug auf das gesamte Schlesien erliefs [3]; es ging dies sogar so weit, dafs Edikte, welche
diejenigen Gebiete des Finanzwesens berührten, die rein
königlicher Natur und der Machtsphäre der Stände völlig
entzogen, daher auch der Verwaltung der vom Oberamte
exemten Kammer unterstellt waren, dennoch der Veröffentlichung seitens des Oberhauptmanns bedurften, welcher
allerdings dieselbe zu vollziehen verbunden war [4]. Ebenso
war er verpflichtet zur Publikation und zur Exekution der

---

[1] „Und dieweil du dan keiner sonderen instruction disfals be-
durftig, so wollest dich in solchem ambt, wie der vorig bischof gethan,
vleissig vorhalten," d. d. Prag, 28. Sept. 1562. Kgl. Staatsarch. Bresl.
AA III 26ᵇ fol. 2 f.

[2] Ebd. fol. 335 u. a. a. O.

[3] S. u. a. das Schreiben des Kaisers an den Oberhauptmann,
d. d. Prag, 28. Sept. 1562, Kgl. Staatsarch. zu Breslau, AA. III 26ᵇ fol.
2 f., und Friedenberg, Cod. dipl. Sil., ebd. Hs. D 326ᵇ S. 250 ff.

[4] Vgl. den Befehl des Kaisers an den Oberhauptmann, „die auf
dero befehlich von dero Schles. cammer übersendeten mandate der
neuen münz halben sambt der newen münz-ordnung zu publiciren und
allenthalben im lande anschlagen zu lassen", d. d. Prag, 1. Okt. 1561;
Ebd. AA. III 6ᵈ S. 43, ferner ebd. S. 232 (d. d. Breslau, 22. Juni 1564).
Ebenso Edikte, betreffend den Gold- und Silberkauf, die Einsetzung
der Kammer u. s. w.

Fürstentagsbeschlüsse. Er hatte ferner die Befugnis, auf Grund königlicher Verordnungen oder ständischer Beschlüsse Verfügungen zu erlassen, welche für das ganze Land verbindlich waren[1]. Die Publikation kaiserlicher Verordnungen, der Beschlüsse des Fürstentages oder eigener Verfügungen des Oberamtes erfolgte, indem dieses letztere' das betreffende Edikt an die einzelnen Immediatstände oder an die Landeshauptleute der Erbfürstentümer sandte; diese hatten dann für die weitere Veröffentlichung innerhalb des Bezirkes zu sorgen, für den sie als Obrigkeit fungierten, und an die Centralstelle Bescheinigungen über den richtigen Empfang der in Frage stehenden Schriftstücke einzusenden[2].

Alle anderen vom Könige abhängigen Behörden — mit Ausnahme eines einzigen Zweiges der Administration, nämlich der Finanzen, — waren dem Oberhauptmann unterstellt, vornehmlich also die Beamten in den Erbfürstentümern. Allerdings besaſs er über dieselben nur ein Aufsichtsrecht, keineswegs etwa die Befugnis zu Einsetzung und Absetzung; auch bezog sich diese Unterordnung der niederen Ämter gemäſs der eben erwähnten Ausnahme nicht auf Gegenstände der königlichen Finanzverwaltung, sondern nur auf „Justitz und Regimentssachen"[3], hauptsächlich also auf Geschäfte der Rechtspflege und der inneren Verwaltung. Aufgabe des Oberhauptmannes war es, die höchsten Beamten der Erbfürstentümer, die Landeshauptleute, wenn sie vom Könige bestallt worden waren, in eigener Person oder durch seine Kommissare in ihr Amt einzuführen, den Ständen des betreffenden Territoriums die Einsetzung des neuen Hauptmanns anzuzeigen, sowie demselben den Amtseid abzunehmen[4]. Er muſste darüber wachen, daſs die Landeshauptleute ihr Amt ihren Instruktionen und dem Herkommen gemäſs getreulich verwalteten, und im entgegengesetzten Falle dem Könige Anzeige erstatten[5]. Die Landeshauptleute waren angewiesen, in zweifelhaften Fällen bei ihm sich Rates zu er-

---

[1] Vgl. z. B. Friedenberg, Cod. dipl. Sil. Bresl. Staatsarch. p. 881 ff., 885 ff. u. a. a. O.
[2] Solche „Rezepisse" werden angeführt z. B.: Kgl. Staatsarch. Bresl. AA. III 6ᵃ p. 229 f., ebd. AA. III 6ᵈ p. 25.
[3] S. das Gutachten der Kommissare behufs Unterscheidung des Geschäftskreises der böhmischen Kanzlei und der Hof- und Landeskammern. Kgl. Staatsarch. Bresl. AA. III 23ᵏ fol. 76 ff.
[4] Kaiserliches Schreiben an den Oberhauptmann wegen Adams von Lest, „dasz ihm die Introducirung der vorwaltung der hauptmannschaft zu Schweidnitz und Jauer aufgelegt werde," d. d. Prag, 6. Nov. 1602. Kgl. Staatsarch. Bresl. AA. III 26ᵉ fol. 174 f. Akta betreffs Einführung des Landeshauptmanns von Grofsglogau. Ebd. fol. 193.
[5] Anzeige des Oberhauptmanns über des Kurl von Biberstein, Hauptmanns von Grofsglogau, schlechte Amtsverwaltung, d. d. Breslau, 9. Okt. 1586. Ebd. AA. III 6ᵉ S. 511.

holen¹; sie hatten seinen Weisungen Folge zu leisten². Eine Sonderstellung in dieser Hinsicht nahm nur der Hauptmann von Schweidnitz-Jauer ein; er war in Sachen seiner laufenden Amtsverwaltung dem Könige unmittelbar untergeben, und der Oberhauptmann durfte Verfügungen ihm gegenüber treffen nur insoweit, als auch gegenüber den Fürsten und Immediatständen Schlesiens, also nur auf Grund von kaiserlichen Befehlen und Fürstentagsbeschlüssen³.

Wir wollen jetzt untersuchen, welcher Art die Kompetenzen des Oberhauptmanns auf den einzelnen Gebieten der Verwaltung waren. Als Stellvertreter des Königs fungierte der Oberhauptmann zunächst auf dem Gebiete des Lehnswesens; war doch das Lehnsverhältnis ursprünglich das vornehmste Bindeglied, durch welches die Fürsten und die anderen Stände Schlesiens an die Centralgewalt der Krone geknüpft waren. Dem Privilegium Wladislai zufolge waren die Fürsten und Stände Schlesiens dem Könige nur in Breslau zu huldigen verpflichtet, die Stände von Schweidnitz-Jauer sogar nur innerhalb ihres Fürstentums⁴; da nun der König nur selten in eigener Person in Schlesien und Breslau erschien, so war es die Aufgabe des Oberhauptmanns, an seiner Stelle die gebührende Huldigung und Eidesleistung entgegenzunehmen; doch bedurfte es für jeden einzelnen Fall, wie man als sehr wahrscheinlich annehmen darf, einer speciellen Vollmacht seitens des Königs. In erster Linie wurde der

---

¹ Kaiserlicher Befehl, d. d. Innsbruck, 6. Juni 1563. Ebd. AA. III 6ᵈ S. 151.
² Schreiben des Oberhauptmanns an den Kaiser, dafs die Hauptleute der Erbfürstentümer auf Cantate vom vorigen Bischof oberamtlich erfordert worden, ungehorsamlich jedoch ausgeblieben seien; er bittet daher, dafs der Kaiser die entsprechenden Schritte thue, dafs die Reputation des Oberamtes fürderhin aufrecht erhalten bleibe. Ebd. AA. III 6ᵘ S. 431. Schon vorher hatte ihm der Kaiser die Zusicherung gegeben, dafs er gegen die Hauptleute von Oppeln-Ratibor, Troppau und Glogau die nötigen Maßregeln ergreifen werde, „damit des Oberamts authoritet und schuldiger gehorsam erhalten würde" (ebd. p. 421).
³ Instruktion König Ludwigs für die Landeshauptmannschaft von Schweidnitz-Jauer d. a. 1523, konfirmiert von König Rudolf II., d. d. 10. März 1610 (ebd. Friedenberg, Cod. dipl. Sil. Hs. D 326ᵇ S. 989 ff.): Die Insassen der Fürstentümer Schweidnitz-Jauer sollen sonst niemandem zu Gehorsam verpflichtet sein, als dem Könige und an seiner statt dem Landeshauptmann; „sondern was betrifft die Oberste Hauptmannschaft in der Schlesien, derselbe itziger oder zuckunftiger oberster Hauptmann sol sich endlich aller befehl dahin enthalten; alleine wann die noturft fürfället, soviel als anderen fürsten in Schlesien demselben unsern hauptmann zue gebiten haben". Ebd. AA. III 26ᵉ fol. 397—426, Acta wegen Introducierung des Landeshauptmanns in Schweidnitz-Jauer: „Erstlich der herr hauptmann oder ambtsverwalter wolle sich in den sachen und handeln, so er nicht entscheiden könte, bein der K. M. und sonst keiner andern orte bescheits erholen."
⁴ Grünhagen-Markgraf, Lehnsurkk. I 52.

XIII 1. 163

Oberhauptmann mit der Abnahme der Huldigungen beauftragt gegenüber den Fürsten[1], den freien Standesherren[2], den Inhabern der exemten Minderherrschaften und freien Burglehen, den sogenannten status minores[3], endlich gegenüber den Äbten der grofsen Feldklöster[4]. Der Oberhauptmann mufste darüber wachen, dafs die Fürsten und Stände sich nichts zu schulden kommen liefsen, was gegen die Vorschriften der Lehnstreue verstofsen hätte. Über antimonarchische Bewegungen und Umtriebe hatte er an den Hof zu berichten oder nötigenfalls selbst sofort geeignete Mafsregeln zu ergreifen[5]. Vor ihm zunächst mufste sich rechtfertigen, wer der Untreue beschuldigt oder verdächtig war[6]. Er verfügte die Verhaftung politisch Verdächtiger[7] und sollte sein Augenmerk besonders darauf richten, dafs Schlesier nicht in fremde Kriegsdienste gingen[8], und dafs heimliche Werbungen für antikaiserliche Heere in Schlesien verhütet würden[9].

Da Schlesien einen politisch selbständigen Körper nicht mehr bildete, so war die Kompetenz des Oberhauptmanns auf dem Gebiete der Verwaltung der auswärtigen Beziehungen eine sehr geringe. Insofern ein Verkehr mit anderen Staaten stattfand, vermittelte er denselben. Da auf Grund der Kompaktaten zwischen der Krone Polen und den Gebieten des

---

[1] Huldigung der Herzöge von Münsterberg 1537. Kgl. Staatsarch. Bresl. AA. III 6ᵃ S. 255, sowie des Herzogs Heinrich von Liegnitz, welcher sich umsonst dagegen zu sträuben suchte, indem er hauptete, dafs der damalige Oberhauptmann, Bischof Martin, keine Befugnis dazu habe, da er kein geborener Fürst sei; Hans Schweinichen, „Von Weyland ... Heinrichen, Hertzogen .... Lobseeliger Gedächtnus" etc. SS. Rer. Sil. IV, ed. G. A. H. Stenzel, Breslau 1850. S. 107 und S. 124 ff.
[2] Huldigung des Freiherrn Georg Wilhelm von Braun im Jahre 1586 wegen der Herrschaft Wartenberg. AA. III 6ᶜ S. 451; vgl. auch AA. III 26ᵇ fol. 58 und 63.
[3] Erbpflicht und Huldigung des Georg Suppan von Füllenstein 1564. Ebd. AA. III 6ᵈ S. 223; Huldigung für das Burglehn Grofs-Peterwitz 1602 AA. III 26ᵘ fol. 186, 1607 für die Herrschaft Friedeck, ebd. fol. 430 f.
[4] Vgl. Kgl. Staatsarch. AA. III 6ᵈ p. 213, d. d. Wien, 22. März 1564: „Kal. M reskribiren an Oberhaubtman und placidiren genedigst, dasz selbter auf Königs Maximilian befel von den Äbten zum Paradeisz, Rauden und Jemmelwitz die pflicht und erbhuldigung aufgenommen."
[5] Auf die Anzeige Herzog Heinrichs, dafs sein Vetter Georg Friedrich von Liegnitz den Markgrafen Albrecht Alkibiades zur Eroberung Schlesiens hereinrufen wolle, verfügte der Oberhauptmann 1553 die Besetzung von Liegnitz und anderer Schlösser Georg Friedrichs. Ebd. AA. III 6ᵇ S. 153.
[6] Rechtfertigung des Freiherrn Promnitz auf Plefs auf die Anschuldigung des Einverständnisses mit den Troppauer Rebellen, d. d. 23. August 1607. Bresl. Stadtarch. Scheinig 9ᵃ.
[7] Kgl. Staatsarch. AA. III 6ᵈ d. d. 1564 S. 295.
[8] Bresl. Stadtarch. Scheinig 9 Nr. 4116 (d. d. Neifse, 2. Febr. 1569).
[9] Gedrucktes Edikt des Bresl. Staatsarch. d. d. 16. Juli 1622.

Königs die gegenseitige Auslieferung von Verbrechern und gerichtlich Verfolgten statthatte, so wandten sich die polnischen Behörden an das Oberamt, wenn ein polnischer Flüchtling in Schlesien sich aufhielt[1]; verlangten die Polen, falls sie den genauen Aufenthalt des Flüchtlings wufsten, die Auslieferung desselben von den örtlichen Gerichten, in deren Bezirk der Gesuchte sich befand, so mufsten diese erst an das Oberamt berichten und dessen Entscheidung abwarten[2]. Über die Grenzregulierungen anderen Ländern der böhmischen Krone und auswärtigen Staaten gegenüber stand dem Oberhauptmann die oberste Aufsicht zu, und er hatte dazu seine Kommissare abzuordnen[3]. In Kriegszeiten hatte er auf die Vorgänge in den benachbarten Staaten sein Augenmerk zu lenken und dem Könige sowie den hohen böhmischen Landesbeamten darüber Bericht zu erstatten[4], sowie Kundschafter daselbst zu unterhalten[5]. Bei feindlichen Einfällen, wenn das Land bedroht und ernstlicher Gefahr ausgesetzt war, durfte er wohl auch Unterhandlungen mit den Gegnern anknüpfen und selbst Waffenruhe mit ihnen beschliefsen; zu einem definitiven Frieden kam es natürlich erst dann, wenn der König seine Zustimmung erteilte[6].

Am wichtigsten war die Thätigkeit des Oberhauptmanns auf dem Gebiete der Rechtspflege; war doch sein Amt dereinst entstanden im Zusammenhange mit den Bestrebungen nach Herstellung und Erhaltung des Landfriedens und geordneter Zustände des Rechtes und der öffentlichen Sicherheit. Seine Aufgaben auf diesem Felde waren doppelter Natur, einmal Überwachung der unteren Gerichtsbehörden, sodann selbständige Funktionen der Rechtsprechung. Schon im Privilegium Wladislai war bestimmt worden, dafs im Falle verweigerter Justiz die Parteien sich supplicierend an das Ober-

---

[1] Bresl. Stadtarch. Scheinig 9ª, Nachtr. Nr. 130, d. d. 10. März 1607 (Schreiben des Königs und des Obermarschalls der Krone Polen an das schlesische Oberamt). Ebd. 9 Nr. 4013, d. d. 17. Febr. 1570.
[2] Kgl. Staatsarch. Bresl. AA. III 6ᵈ S. 439 (Bericht des Gloganer Hauptmanns an den Oberhauptmann, d. d. 9. Nov. 1566).
[3] Ebd. AA. III 6ª S. 7 und AA. III 6ᵇ S. 381.
[4] Bresl. Stadtarch Scheinig 9 Nr. 4053, d. d. 8. Febr. 1569.
[5] Ebd. 9ª Nachtr. Nr. 124, d. d. 16. März 1607.
[6] Vgl. die Vorgänge des Jahres 1587 nach der Schlacht bei Pitschen bei Palm, Schlesische Landesdefension im XV., XVI. und XVII. Jahrhundert. Abhdl. der Schles. Gesellschaft für vaterländische Kultur. Phil.-hist. Abteilung 1869. S. 91. Dieses Recht des Oberhauptmanns stellt sich dar als korrespondierend mit seinem Rechte des Aufgebotes der schlesischen Defensionstruppen bei feindlichen Einfällen. Der Oberhauptmann erscheint für die Ausübung dieser Rechte als Organ der ständischen Gewalt, der es gelungen war, einen, obzwar ziemlich unwesentlichen, Teil der Kriegshoheit im Rahmen des von ihnen abhängigen Defensionswerkes, von welchem weiter unten noch die Rede sein wird, für sich zu erringen.

amt wenden dürften, und dafs dieses alsdann für beschleunigte
Erledigung des Processes bei dem zuständigen Gerichte inter-
cedieren solle. Über jedes beliebige schlesische Partikulargericht konnte man in solchen Fällen beim Oberamte Beschwerde führen; eine derartige Oberaufsicht stand dem
Oberamte zu nicht nur gegenüber den Gerichten der Erbfürstentümer, sondern auch gegenüber denen der einheimischen
Fürsten[1], enthielt also eine wesentliche Beschränkung der
Justizhoheit der Herzöge. Die Ausbildung der administrativen
Kontrolle des Oberamtes über die schlesischen Partikulargerichte sowie einer Anzahl anderer damit im Zusammenhange stehender Befugnisse rücksichtlich des Eingreifens in
das Verfahren vor diesen Gerichten fällt vornehmlich in die
Zeit der Regierung Ferdinands I. Der Oberhauptmann inter-
venierte gegen Procefsverschleppungen[2], gegen Verschrän-
kungen des Appellationsrechtes[3], auch gegen Vollstreckung
noch nicht rechtskräftiger Urteile[4], überhaupt — mit Ausnahme
der Urteilsfällung — gegen alle Amtshandlungen gerichtlicher
Natur, welche als unrechtmäfsig vom Oberamt erachtet
wurden[5]; so besonders gegen Überschreitungen der Juris-
diktionskompetenz[6]. Bedrängter Schuldner nahm sich der
Oberhauptmann auf ihr Ansuchen an, indem er dem zuständigen Gerichte befahl, die Herbeiführung eines Vergleiches
mit den Gläubigern zu versuchen[7]; umgekehrt aber verwandte

---

[1] So wird der Oberhauptmann angerufen gegen den Herzog von
Brieg, d. d. Neifse, 14. Sept. 1562, AA. III 29b fol. 4 ff. Kgl. Staatsarch.
Bresl.: er nimmt sich eines Liegnitzischen Unterthanen an, der sich
von den Gerichten seines Herzogs vergewaltigt glaubt, in zwei Schreiben, d. d. Neifse, 24. Juli 1577 und d. d. Breslau, 23. Sept. 1577. Ebd.
AA. III 26d fol. 307 f.
[2] Befehl des Oberhauptmanns an die Stadt Breslau, einen vor
ihrem Gerichte verschleppten Procefs zum Abschlusse zu bringen.
Bresl. Stadtarch. d. d. 8. April 1569, Schleinig 9, Nr. 4054.
[3] Reskript des Oberamtes in Sachen des Hans Lehmann gegen
den Pfister, welchem angeblich das remedium appellationis seitens der
Breslauer Gerichte und Schöppen habe verschränkt werden sollen. Ebd.
Schleinig 10, Nr. 2651, d. d. 7. Sept. 1622. S. auch die folgende Note.
[4] So beschwert sich Christoph von Schlieben beim Oberamte über
die Breslauer Hauptmannschaft, dafs dieselbe ein gegen ihn ergangenes
Urteil zur Exekution gebracht habe, wiewohl er zur rechten Zeit Berufung eingelegt hätte. Die Landeshauptmannschaft wandte dagegen
ein, dafs ein Mangel in formalibus appellationis erfolgt sei, worauf
Schlieben sich an den Kaiser mit der Bitte wandte, dem Oberamte
aufzutragen, nochmals zu untersuchen, ob ein solcher Formenfehler
vorliege. Ebd. FFF. 1175x, d. d. 28. Juni 1614.
[5] Vgl. z. B. die Intervention für den Kämmerling des verstorbenen
Otto Heinrich, Freiherrn von Malzahn, dessen Sachen zugleich mit dem
Nachlasse seines Vaters in Breslau versiegelt worden waren. Ebd.
Scheinig 10, Nr, 2319, d. d. 16. Dez. 1622.
[6] Vgl. Staatsarch. AA. III 6d S. 271.
[7] Besonders handelte es sich dabei um eine Erstreckung der
Zahlungsfrist. Vgl. Oberamtsbefehl, d. d. 12. Oktober 1567, den Joachim

er sich auch für Gläubiger, welche von böswilligen Schuldnern die Leistung nicht zu erhalten vermochten, indem er auf Beschleunigung des Verfahrens besonders der Zwangsvollstreckung drang und zu diesem Zwecke nötigenfalls den dinglichen oder den persönlichen Arrest (über das Vermögen oder über die Person des Verurteilten) verfügte [1]. Er stellte Haftbefehle und Steckbriefe aus, welche für sämtliche Obrigkeiten Schlesiens verbindlich waren [2], desgleichen sogenannte Compulsorialia, d. h. Patente, welche an sämtliche Gerichtsbehörden Schlesiens gerichtet waren und dieselben anwiesen, dem Inhaber zur Aufbringung seines Zeugnisses behufs Beweisführung in Procefssachen nach Kräften Beistand zu leisten [3]. Dazu kamen noch gewisse andere Funktionen, welche direkt aus seiner Eigenschaft als des obersten Hüters des Landfriedens in Schlesien stammten. Ihm lag es ob, solche, welche den Landfrieden und später die Fehderordnung gebrochen hatten, für Fehder und gemeine Landesfeinde zu erklären, die Acht für ganz Schlesien über sie zu verhängen [4], sowie andererseits die Acht wieder aufzuheben [5]. Im Zusammenhange mit diesem Gebiete seiner Thätigkeit stand auch seine

Swolinski seiner Schulden halber eine gewisse Zeit nicht zu bedrängen. Ebd. AA. III 26b fol. 143 f. Gleicher Befehl an den Herzog Friedrich von Liegnitz wegen des Bernharnd Knobelsdorf, d. d. Neifse, 24. Juli 1577; ebd. AA. III 26d fol. 307 f. Oberamtsbefehl an den Breslauer Rat, mit den Gläubigern eines gewissen Schöne zu handeln, dafs derselbe eine leidliche Frist zur Bezahlung seiner Schulden erhalte; Bresl. Stadtarch., Scheinig 9, Nr. 4159, d. d. Breslau, 23. Febr. 1569. Ähnliche Weisungen ebd. Nr. 4055, d. d. 19. Sept. 1569, und Nr. 4021, d. d. 28. Febr. 1570.
[1] S. die Oberamtsbefehle d. d. 10. März und 24. März 1572, Kgl. Staatsarch. AA. III 26b fol. 280; d. d. Neifse, 8. Okt. 1583, ebd. AA. III 26c fol. 51; Bresl. Stadtarch., Scheinig 9a Nachtr. 142; ebd. Scheinig 9, Nr. 4065, d. d. 28. Okt. 1569.
[2] Kgl. Staatsarch. Bresl. AA. III 26c fol. 7, d. d. 25. Febr. 1583, ebd. AA. III 26e fol. 221 f., d. d. 8. April 1603, und AA. III 26d fol. 342 (d. a. 1588); Bresl. Stadtarch., Scheinig 9a Nachtr. Nr. 142, d. a. 1607.
[3] Kgl. Staatsarch. Bresl. AA. III 26b fol. 164. Compulsoriale, der Gemeinde Keulendorf gegeben, gerichtet an alle Haupt- und Amtleute, Hofrichter und Gerichtsverwalter Schlesiens: „Ir wollet auf ansuchen der von Keulendorf oder ihrer volmechtigen inen ordentlicher weise di zeugnus und beweis aufzubringen vorhelfen und vorortnen." (d. d. Neifse 1. Juli 1568.) Ebd. fol. 253 f. (d. d. Breslau, 10. Mai 1571). Patent, dem Christoph Rintfleisch „di zeugnus zu seiner noturft der pillichkeit nach, wi recht und preuchlichen, widerfahren zu lassen."
[4] Ebd. fol. 30 ff., d. d. Neifse, 12. Juli 1563; gedruckte Edikte des Kgl. Staatsarch. zu Breslau, d. d. 15. August 1574, 2. August 1581, 9. Juni 1582, 27. Januar und 23. März 1593 u. s. w.
[5] Der Oberhauptmann erklärt (d. d. Breslau, 7. Dez 1562), dafs er einem Fehder von Oberamtswegen „vorkiese und vorgebe und aus allem Unfrieden setze, also dasz er derhalben in baiden unsern amptern des Ober und Nieder Schlesien ... ganz sicher handlen, wandlen und sein muge". Ebd. AA. III 26b fol. 10.

Befugnis, das Geleite vor Gewalt zum Rechten durch ganz
Schlesien hindurch zu erteilen[1]. Seine Stellung als oberster
Leiter der gerichtlichen Polizei[2] vornehmlich zur Aufrechterhaltung des Landfriedens und der öffentlichen Sicherheit
kam seit 1571 dadurch zum Ausdrucke, dafs die damals vom
Generallandtage bestallte Landespolizeimacht ihm und einem
ständischen Ausschusse, nämlich dem Herzoge Georg von
Liegnitz-Brieg und dem Rate von Breslau als den „verordneten Schutzherren" untergeben wurde[3].

Neben dieser obersten administrativen Kontrolle über die
Gerichte des gesamten Schlesien und neben seinen Funktionen für die Aufrechterhaltung des Landfriedens besafs der
Oberhauptmann eine selbständige richterliche Gewalt. Zunächst stand ihm zu eine schiedsrichterliche Vermittlungs-
befugnis[4], deren Entstehung, ebenso wie die Ausbildung der
administrativen Justizkontrolle des Oberamtes um die Mitte
des 16. Jahrhunderts, wohl in die zweite Hälfte der Regierung
Ferdinands I., zu setzen ist. Die Parteien durften sich über
das ordentliche, zuständige Gericht hinweg an den Oberhauptmann mit der Bitte um einen gütlichen Schiedsspruch
wenden[5], und zwar so, dafs der bereits anhängig gemachte

---

[1] Ebd. fol. 14 f., d. d. Breslau, 3. Januar 1563; Bresl. Stadtarch.,
Scheinig 9, Nr. 4132, d. d Neifse, 15. Febr. 1569; ebd. Nr. 4159, d. d.
Breslau, 23. Febr. 1569; ebd. Nr. 4177, d. d. 1. März 1569 u. s. w. S.
auch die Bestimmungen der Oppelnschen Landesordnung von 1562
über das Geleitsrecht des Königs oder des Oberhauptmanns bei Schickfufs III 478. Wer sonst das Geleitsrecht besafs (die Fürsten und die
Stadt Breslau), konnte dasselbe nur für seinen speciellen Jurisdiktions-
bezirk erteilen.

[2] Vgl. über diesen Begriff Loening, Verwaltungsrecht S. 8.

[3] Diese Landespolizeimacht bestand aus einem Befehlsmanne und
23 reisigen Einspennigern, von denen jener mit drei Reitern in Breslau,
die übrigen 20 in Gruppen von je fünf Personen in Troppau, Oppeln,
Glogau und Schweidnitz lagen. Diese vier Rotten sollten den eigentlichen Polizeidienst besorgen. Der Befehlsmann hatte die Pflicht, mit
den drei ihm speciell beigegebenen Einspennigern jene vier Rotten zu
inspicieren, darauf zu achten, dafs sie möglichst Tag für Tag ausritten,
und Säumige den verordneten Schutzherren zur Bestrafung oder Entlassung zu melden. Die Besoldung dieser Personen war eine ziemlich
hohe; sie betrug für den Monat 12 Rth. fl. und 30 Gr. (Instruktion für
die landesbestallten Einspenniger, d. d. Brieg, 15. Nov. 1571. Bresl.
Stadtarch. Act. Publ. MS. 166 c fol. 362 ff. und den Artikelsbrief für
dieselben; ebd. fol. 365 f.)

[4] Vgl. über das Aufkommen der Schiedsgerichte in Deutschland
Adolf Stölzel, Die Entwicklung des gelehrten Richtertums in deutschen
Territorien. Stuttgart 1872. I 238 ff. Das Kompromifs enstand in
Italien unter Einflufs römisch-rechtlicher Verhältnisse; von hier ge-
langte es nach Deutschland; vgl. Julius Ficker, Forschungen zur
Reichs- und Rechtsgeschichte Italiens. Innsbruck 1870. III 265 u. 359.

[5] „Und wiewol wir nun in der vorhor befunden, das der von
Domanze . . . sich vormuge der Franckensteinischen habenden Privilegia
zum ordentlichen rechten berufen, so hat er sich doch uns zu sondern
ehren und gefallen in die suhne eingelassen, und seint also die teil

Proceſs vor dem ordentlichen Gerichte dadurch unterbrochen wurde. Sowohl Immediatstände[1] wie auch Personen, welche einem der partikularen Gerichte unterstanden, kompromittierten häufig auf das Oberamt. Besonders zahlreich waren Beschwerden von Unterthanen gegen ihre Landes- oder Grundherrschaften[2] oder von Privaten gegen Behörden, von denen sie sich vergewaltigt glaubten[3]. Streitigkeiten dieser Art suchte das Oberamt durch gütliche Vermittlung beizulegen; es wurde auf diese Weise sogar eine Art von Instanzenzug ermöglicht, indem der Oberhauptmann für den Fall, daſs jemand durch den Spruch eines Gerichtes sich beschwert fühlte, eine Vermittlung zwischen diesem Gerichte und den Parteien anzubahnen strebte[4]. Das Oberamt hatte zwar die Macht, aus eigener Initiative oder auf Bitten auch nur einer der Parteien beide vor sich zu bescheiden; keineswegs aber brauchten sich dieselben bei dem ergangenen Schiedsspruche zu beruhigen, sondern sie konnten die Vermittlung des obersten Hauptmanns zurückweisen und ihren Rechtsstreit dem Urteile des zuständigen ordentlichen Gerichtes unterwerfen. Gaben sie sich aber mit der gefällten Entscheidung zufrieden, so muſsten sie geloben, derselben auch getreulich nachzukommen[5].

---

mit ihrem willen, wie folget, verglichen" etc. Aus einem Schiedsspruch d. d. Neiſse, 19. Januar 1573. Kgl. Staatsarch. Bresl. AA. III 26ᵇ fol. 304.
    [1] So kompromittierten 1563 die Wittwe Bernhardina von Malzahn und ihr Sohn, der freie Standesherr Hans Bernhard von Malzahn, in Erbschaftsstreitigkeiten auf das Oberamt. Ebd fol. 14.
    [2] S. z. B. das Register alter Vertragsbücher d. a. 1553 bis 1596, welches eine Menge von Verträgen zwischen Grundherren und ihren Unterthanen enthält; auch Kompromisse zwischen Gemeinden verschiedener Herrschaften kommen daselbst vor. Kgl. Staatsarch. Breslau, F. Brieg III 18 B. Oberamtsvertrag von 1591 zwischen Frau Ursula von Rohr und ihrem Landesherrn Georg Wilhelm von Braun, Freiherrn auf Wartenberg. Ebd. AA. III 31ᵃ fol. 385 ff.
    [3] Abschied zwischen Peter Wagenknecht und dem Rate zu Troppau, d. d. Neiſse 1573. Ebd. AA. III 26ᵇ fol. 383. Vertrag zwischen dem Rate von Breslau und den Gebrüdern Satowski, d. d. Breslau, 23. Dez. 1562. Ebd. fol. 14; zwischen Nefe von Strehlz und der Breslauer Hauptmannschaft, ebd. fol. 161ᵇ. Auch ganze Korporationen wandten sich an das Oberamt; vgl. den Vertrag zwischen der Ritterschaft und der Hauptmannschaft des Fürstenthums Breslau. Bresl. Stadtarch. M. 31ᵇ.
    [4] Zwischen einem Grundherrn und den Kindern seines Schulzen, welche abziehen wollten, war es wegen des Abzugsgeldes zu einem Konflikte gekommen: der Münsterbergische Hauptmann und die andern Rechtssitzer hatten die Parteien darauf verhört und zum Nachteile der Schulzenkinder entschieden. Als diese sich damit nicht zufrieden gaben, sondern „sich gleichsam einer fehden vermerken" lieſsen, beschied der Oberhauptmann die Parteien und den Landeshauptmann vor sich, um zwischen ihnen eine Verständigung herzustellen. Kgl. Staatsarch. AA. III 26ᶜ fol. 66 ff. (d. d. Neiſse, 17. Dez. 1583).
    [5] „Gegen den Schiedsspruch giebt es kein ordentliches Rechtsmittel; die Partei unterwirft sich ihm unbedingt, er ist rechtskräftig.

Daneben besafs der Oberhauptmann eine ordentliche Gerichtsgewalt; das Oberamt war das zuständige Gericht für die Mitglieder der Immediatstände, also für die Fürsten, freien Standesherren, sowie für die Inhaber der dem Oberamte sonst noch unmittelbar unterworfenen Herrschaften, der status minores und der exemten Burglehen, hinsichtlich der Akte freiwilliger Gerichtsbarkeit; vor ihm geschahen Auflassungen[1], Abtretungen und Verzichte[2], Schenkungen[3], Errichtungen von Leibgedingen[4] und auch Kassationen solcher Handlungen[5], selbst wenn es sich um Verkauf und Verpfändungen ganzer Herzogtümer und freier Standesherrschaften handelte[6], betreffs deren aufserdem noch ein besonderer kaiserlicher Konsens eingeholt werden mufste. Der Oberhauptmann hatte die für den Verkauf von Immediatherrschaften notwendige, richtig geschehene Aufbietung vor dem gehegten Gerichte des Ober- und Fürstenrechtes zu bezeugen und zu publicieren[7]; Protestationen dagegen mufsten bei ihm eingebracht werden[8]. Die Rechnungslegung der Vormünder, denen die Verwaltung von Immediatherrschaften für deren noch unmündige Besitzer anvertraut war, mufste vor dem Oberamte erfolgen[9]. Zur Aufnahme von Hypotheken brauchten die Inhaber mindestens der freien Standesherrschaften und der exemten Herrschaften oberamtlichen Konsens[10]; den Fürsten gegenüber nahm der Kaiser selbst dieses Recht in Anspruch[11]. Die Ursache der Entstehung der Funktionen des Oberamtes auf dem Gebiete der freiwilligen Gerichtsbarkeit ist doppelter Natur: betreffs der Fürsten und freien Standesherren ist sie zurückzuführen auf das Princip der Centralisation, der Herstellung einer obersten Staatsgewalt über die früher autonomen politischen

---

auch wenn er dem Rechte nicht entspricht;„ Ficker, Forschungen zur Reichs- und Rechtsgesch. Italiens. Innsbruck 1868. I 278. S. auch Weingarten, Vindemiae judiciales (Prag 1679), S. 9 f.: „Und was dergestalt einmal verglichen, das soll hernachmahls zu keiner reu mehr gezogen, ... noch hierüber, was durch Compromissarios und schiedleuth geschlichtet, appellation einzuwenden verstattet."
[1] Ebd. AA. III 26ᵇ fol. 208 (d. a. 1570).
[2] Ebd. fol. 70 f. (1564 Verzicht auf die halbe Herrschaft Wartenberg).
[3] Ebd. fol. 263.
[4] Ebd. fol. 338.
[5] Ebd. fol. 263.
[6] Ebd. fol. 173.
[7] Ebd. AA. III 26ᵈ fol. 239 ff.
[8] Ebd. und fol. 51
[9] Vgl. z. B. die Rechnungslegung der Vormünder für die Kinder des verstorbenen Herrn Georg von Füllenstein für das Jahr 1567/68; AA III 26ʰ fol. 157.
[10] Für die Herrschaft Bielitz 1598, AA. III 26ᵈ fol. 160, für das Burglehen Auras 1605, AA. III 26ᵉ fol. 357, der Freiherr von Kurzbach 1587, AA. III 26ᶜ fol. 254.
[11] Vgl. z. B. o. S. 141 Anm. 3.

Gewalten, und in nichts findet unsere Behauptung, daſs die alten piastischen Herzogtümer und die freien Standesherrschaften immermehr ihres öffentlichen Charakters als Staaten und Landesherrschaften verlustig gingen, eine deutlichere Bestätigung als in dieser soeben geschilderten rein privaten Gestaltung ihrer Rechtsverhältnisse; was die status minores und die freien Burglehen anbetrifft, so gelangten diese unter das Oberamt durch Exemtion von der Jurisdiktion ihrer bisherigen Obrigkeit, und gerade darauf beruhte ihre Bedeutung, da Prärogativen in staatsrechtlicher Hinsicht mit ihnen nicht verbunden waren[1]. Arreste auf die beweglichen und die unbeweglichen Güter der Immediatstandespersonen wurden beim Oberhauptmanne beantragt[2]. Der wichtigste Teil der Funktionen des Oberhauptmanns auf dem Gebiete der Rechtspflege war seine Teilnahme am Ober- und Fürstenrecht, dem ständischen Centralgerichte für ganz Schlesien. Es standen ihm zu in Beziehung auf das Oberrecht die Berufung, der Vorsitz, die Hegung, die Einführung und Vereidigung neuer Mitglieder, die Proposition, die Kolligierung der Voten, sowie das votum conclusivum; die Abschiede des Oberrechtes muſsten in seinem und der übrigen Rechtssitzer Namen ergehen; falls der Verurteilte nicht gutwillig dem Spruche Folge gab, so hatte er die Zwangsvollstreckung zu leiten[3]. Die Kompetenz alleiniger, ordentlicher Urteilsfällung erhielt das Oberamt erst später zur Zeit seiner kollegialen Organisation, indem es damals das zuständige Forum für die Inhaber der freien

---

[1] Übrigens konnten auch Akte freiwilliger Gerichtsbarkeit für Personen, welche nicht zu den Immediatständen gehörten, vor dem Oberamte vollzogen werden; vgl. die Bestätigung der Aufgabe des Hans Luck von Wittin an seine Ehefrau Dorothea, d. d. 30. Dezember 1586, AA. III 26ᶜ fol. 217, der Frau Helena, geb. Hoff, an ihren Mann, den Egidius von Hattlag. d. d. 3. Juni 1587, ebd. fol. 247, des Landeshauptmanns von Grofs-Glogau Caspar Borszky an seine Gemahlin Salome, d. d. 18. März 1588, fol. 290 ff. Teilweise geschah dies, da die zunächst zuständige Obrigkeit sich weigerte, dem Ansuchen der betreffenden Partei Genüge zu leisten; so wandte sich Nicolaus von Koschenbahr, als er eine 1549 vor seinem Landesherrn, dem Herzoge von Brieg, gethane Auflassung eines Gutes wegen Nichterfüllung der versprochenen Gegenleistungen widerrufen und der Herzog seine Revokation nicht annehmen wollte, an den Oberhauptmann mit der Bitte, er wolle zu solcher Widerrufung seinen Konsens geben, dieselbe in der Oberamtskanzlei „gerichtlichen zu wahrer sicherheit vorzaichnen lassen" und ihm eine Rekognition darüber ausstellen. AA. III 26ᵇ fol. 4 ff., d. d. Neiſse, 14. Sept. 1562.
[2] Arrest auf die beweglichen Güter des Freiherrn von Promnitz auf Pleſs 1566, AA. III 26ᵇ fol. 97, auf alle beweglichen und unbeweglichen Güter des Herzogs von Münsterberg 1569, ebd. fol. 174, auf Land, Leute und Güter des Herzogs von Teschen 1570, ebd. fol. 218, auf die Gerade weiland Fräulein Katharinens, Herzogin von Teschen 1572, ebd. fol. 280.
[3] S. das Nähere im folgenden Kapitel.

Burglehen und Minderherrschaften in Fällen jeder Art wurde [1]. Einer Nachricht aus dem Anfange des 18. Jahrhunderts zufolge wurde noch damals beim Oberamt das sächsische Recht angewandt [2]. Inwiefern diese Angabe auf Wahrheit beruht, mufs dahingestellt bleiben; thatsächlich spielte wohl damals das römische Recht die bedeutendste Rolle [3]. Insofern der Staat damals schon auf dem Felde der inneren Verwaltung, der Sicherheitspolizei, der Sittenpolizei, sowie der Förderung wirtschaftlicher Interessen, insbesondere der Gewerbe- und Gesindepolizei, desgleichen der Sorge für den Verkehr, wie Prägung, Verwaltung der Verkehrswege u. s. w., thätig war, standen auch dem Oberhauptmanne dementsprechende Kompetenzen zu; Inhalt und Umfang derselben wurden vornehmlich bestimmt durch die in jener Zeit entstehenden Landes-, Polizei- und Gesindeordnungen, welche vom Könige oder von den Generalständen erlassen waren, und deren Ausführung in seinen Händen lag. Er erliefs Verfügungen, durch welche das Vagieren im Lande verboten [4] und Adlige ohne liegenden Besitz zur Anzeige ihres Aufenthaltsortes verpflichtet wurden [5]. Die Censur der in Schlesien erscheinenden Druckschriften ward ihm vom Kaiser übertragen [6]. Er traf Mafsregeln gegen Zusammenrottungen, gegen Trunksucht, geschlechtliche Ausschweifungen und Spielsucht [7]; ihm gebührte der oberste Schutz über Wittwen und Waisen zumal adligen Standes [8]. Im Falle von Mifswachs verbot er den Export von Lebensmitteln [9]; er untersagte die Einrodung und Einengung der alten Landstrafsen und hatte nach Möglichkeit für die Freihaltung der natürlichen Wasserstrafse Schlesiens, der Oder, zu sorgen [10]. Er hatte die Oberaufsicht über das Münzwesen, sowie die Pflicht, schlechte Münzen in Verruf zu stecken und überhaupt darüber zu wachen, dafs kein fremdes oder minder-

---

[1] (Christoph Seidel), Observationes practicae de juribus atque processibus forensibus in Silesia. 1717. S. 26 ff. „De Suprema Curia § 5. Quae causae ad hoc judicium spectant?"
[2] Ebd. S. 28 § 7: „Observatur autem in hac curia suprema communiter in Silesia receptum Jus Saxonicum."
[3] Vgl. ebd. S. 8, § 7: „Ubi proinde allegans in Silesia Jus Saxonicum ejus in concurrente casu specialem receptionem probare nequit, Jus Caesareum, nisi alia statuta localia adsint, sequendum erit."
[4] Kgl. Staatsarch. Breslau, Gedrucktes Patent v. d. 6. März 1600. Ebd. AA. III 26h, Oberamtspatent wegen der vagierenden Zigeuner, d. d. 9. Juli 1572.
[5] Ebd. Friedenberg, Cod. Dipl. Sil. Hs. D 326b S. 761 ff.
[6] S. Grünhagen, Gesch. Schlesiens II 78.
[7] Vgl. die verschiedenen Landesordnungen und die im Zusammenhange mit ihnen erlassenen Oberamtsbefehle.
[8] AA. III 23 g fol. 76 ff.
[9] Ebd. AA. III 6d S. 545.
[10] Ebd. AA. III 6c fol. 368 ff.

wertiges Geld in Umlauf gesetzt werde[1]. In den Bereich
der inneren Verwaltung im weitesten Sinne gehörte es auch,
wenn wir sehen, dafs das religiöse Leben seiner besonderen
Obhut unterstellt war. Er durfte nicht dulden, dafs neben
der katholischen oder der lutherischen Konfession andere
Lehren bekannt und gepredigt würden, sondern hatte den
Befehl, auf die Ausrottung der Wiedertäufer, Kalvinisten,
Schwenkfeldianer und anderer Sektierer bedacht zu sein[2];
auch darauf mufste er sein Augenmerk lenken, dafs nicht
durch unnütze Zänkereien das Einvernehmen zwischen den
beiden anerkannten Religionsgemeinschaften gestört würde[3].
Eine sehr wichtige Aufgabe in der Zeit der Reformation, als
die Klöster von den protestantischen Fürsten und Stadtmagistraten oft hart bedrängt wurden, war der Schutz der
geistlichen Institute[4]. Das Präsentationsrecht für diejenigen
Kirchenstellen und Pfründen, für die dem Könige das Patronat
zustand, scheint nicht auf den Oberhauptmann übertragen
worden, sondern beim Könige selbst und der böhmischen
Hofkanzlei geblieben zu sein[5]; auch die Bestätigung der Äbte
und Abtissinnen der schlesischen Klöster musfte direkt von
der Krone erteilt werden.

Sehr umfangreich waren die Funktionen des Oberhauptmanns auf dem Gebiete der Finanzverwaltung; allerdings erscheint er hier als rein ständischer Beamter, da bei dem damaligen, noch später genauer zu behandelnden Dualismus im
Finanzwesen seine Kompetenz sich auf die Verwaltung der
von der ständischen Bewilligung abhängigen Steuern beschränkte, während mit der übrigen, rein königlichen Finanzadministration besondere, von der Wiener Hofkammer abhängige Organe betraut waren. Wenn eine gewisse Summe
von den Generalständen als Steuer bewilligt war, so publicierte das Oberamt, wieviel pro mille von der Schatzung erhoben werden sollte[6]: auch traf es die nötigen Anordnungen

---

[1] Ebd., gedrucktes Edikt d. d. 25. August 1620, ferner Bresl.
Stadtarch. Scheinig 9a Nr. 2787 u. s. w.
[2] Kgl. Staatsarch. Bresl. AA. III 6a S. 53, d. d. 12. Juli 1529;
ebd. AA. III 6b S. 247, d. d. 31. Dez. 1555; AA. III 6d S. 240, d. d.
7. August 1564, und S. 262.
[3] Gedrucktes Patent des Kgl. Staatsarch., worin der Oberhauptmann den Geistlichen das unchristliche Schelten auf Verwandte der
anderen Konfession untersagt, d. d. 14. März 1620.
[4] Ebd. AA. III 6b (1556) S. 273, 128 und 286, AA. III 6a S. 342
(1539), Bresl. Stadtarch. Scheinig 9 Nr. 4172 (1569) u. a m., meist Interzessionen bei den weltlichen Obrigkeiten für geistliche Stifter oder
Befehle, sie unbedrängt zu lassen.
[5] Kgl. Staatsarch. Bresl. AA. III 6b, Wien 3. Juli 1556. Der
König schreibt an den Bischof, er habe dem Wunsche desselben gemäfs
die Custodiam zu Grofsglogau dem Magister Hertel bewilligt; „der
wird bey unserer böhmischen hoffcantzley die präsentation fordern
lassen."
[6] Vgl. Kries S. 29.

betreffs der Zahlungsmodalitäten¹. Bei ihm reichten die einzelnen Stände die Schatzungszettel ein, in denen sie ihr der Steuer unterliegendes Vermögen angaben². Auch darüber hatte der Oberhauptmann in letzter Instanz zu wachen, dafs die Steuerpflichtigen sich richtig schätzten; Anzeigen wider solche, welche ihr Vermögen zu niedrig angaben, mufsten, falls es der zunächst zuständigen Obrigkeit nicht gelang, Abhülfe zu schaffen, an das Oberamt erstattet werden³. Der Oberhauptmann mufste für die rechtzeitige Aufbringung der vom Landtage bewilligten Steuer sorgen⁴; gegen solche, welche mit der Einlegung der Schatzzettel und der ausgeschriebenen Landesabgaben säumig waren, hatte er mit Exekution vorzugehen, zuerst durch Mahnschreiben⁵, sodann in den Erbfürstentümern durch Verstrickung der Hauptleute und Einlegung von Reitern bis zur Bezahlung⁶, auch den Oberständen, den Fürsten und freien Standesherren, gegenüber durch Verstrickung, Gefängnis, Pfändung und endlich durch Einweisung in ihre Güter⁷. Die ständischen Finanzbehörden, das Generalsteueramt sowie der Landeszahlmeister, waren ihm unterstellt; zwar wurden diese Ämter besetzt von den auf den Fürstentagen versammelten Generalständen; der Oberhauptmann hatte jedoch die Inhaber zu vereidigen⁸ und sie gemäfs dem Beschlusse der Stände entweder allein⁹ oder mit Zuziehung eines zu diesem Zwecke bestellten Ausschusses¹⁰

¹ Bresl. Stadtarch. Scheinig 9a Nachtr. Nr. 108, d. d. 30. Juli 1607.
² Beschlufs des Fürstentages zu Grottkau im Januar 1542. Bresl. Stadtarch. Act. Publ. III Ms. 164 fol. 195 ff., Fürstentagsabschied vom 28. Mai 1542; ebd. fol. 264 ff., Abschied des Landtages vom Januar 1559; ebd. IV Ms. 165 fol. 242 ff. Kgl. Staatsarch. III 6d S. 36 (der Landeshauptmann Hans von Opperndorf schickt die Schatzungszettel der Fürstentümer Oppeln und Ratibor ein, d. d. 27. August 1561) u. s. w. Eine Kopie eines Schatzungszettels der Fürstentümer Oppeln und Ratibor aus eben demselben Jahre 1561 ist abgedruckt bei Kries S. 99.
³ Bresl. Stadtarch. A. P. IV Ms. 165 fol. 55 ff, Fürstentagsbeschlufs vom Oktober 1554.
⁴ Oberamtsbefehl, die bewilligte Auflage von 100000 Thalern rechtzeitig aufzubringen, Bresl. Stadtarch. Scheinig 9a Nachtr. Nr. 129.
⁵ Ebd. Scheinig 9 Nr. 4114 (d. d. Neifse, 3. April 1569, Mahnschreiben an die Ritterschaft von Breslau-Namslau); Kgl. Staatsarch. Bresl. AA. III 6b S. 148 (1553) und S. 217 (1555).
⁶ Befehl des Königs, d. d. 3. Febr. 1532, Kgl. Staatsarch. Bresl. AA. III 6b S. 55.
⁷ Ebd. AA. III 6d S. 24 (d. d. 13. Mai 1551), Fürstentagsbeschlüsse vom 1. Juli 1570 (ebd. S. 729) und vom 5. Oktober 1571. Bresl. Stadtarch. A. P. Ms. 166 c fol. 372. Wenn der Oberhauptmann zu derartig strengen Mafsregeln auch das Recht besafs, so ist es faktisch zur Ausführung derselben doch nie gekommen; alle Vollmachten in dieser Beziehung blieben lediglich auf dem Papiere. Vgl. auch Kries S. 41 Anm. 4.
⁸ Ebd. Ms. 170 fol. 285 (1579).
⁹ Instruktion für die Generaleinnehmer, d. d. 7. August 1573. Kgl. Staatsarch. AA. VI 7a, S. Urkunden-Anhang Nr. IV 1.
¹⁰ Instruktion für den Landeszahlmeister, d. d. 28. Oktober 1579. Bresl. Stadtarch. A. P. Ms. 170 fol. 363.

mit den nötigen Instruktionen zu versehen. Auch über ihre Geschäftsführung hatte er zu wachen, ob sie ihren Pflichten getreulich nachkamen, ihrer Aufgaben mit Fleifs obwarteten, und im gegenteiligen Falle beim Fürstentage auf ihre Entfernung zu dringen [1]. Anweisungen auf den der Obhut der Generaleinnehmer vertrauten Landeskasten gingen von ihm aus, und es war den letzteren verboten, ohne oberamtliche Anweisung irgendwelche Zahlung zu leisten [2]; für die Ausstellung dieser Zahlungsbefehle war er selbst gebunden an die Beschlüsse des Fürstentages, und die dadurch verfassungsmäfsig beschränkte Kompetenz seines Anweisungsrechtes durfte er keineswegs zu Gunsten des Königs oder auf dessen eigenmächtige Befehle hin überschreiten [3]. Auch der Zahlmeister, dessen Amt es war, die zu Kriegszwecken bewilligten Gelder an ihren Bestimmungsort nach Ungarn abzuführen, durfte erst auf Anordnung des Oberhauptmanns die betreffenden Summen in Empfang nehmen, um seine Reise anzutreten, für die er mit Geleitsbriefen vom Könige und vom Oberhauptmanne versehen wurde [4]. Zu den Rechnunglegungstagen der Generalsteuereinnehmer, welche auf den allgemeinen Ständeversammlungen beschlossen wurden, erliefs der Oberhauptmann die Einberufungsschreiben [5]; an ihn hatten die vom Könige dazu abgesandten Kommissare ihre Beglaubigungsschreiben einzureichen [6], worauf er dann bei der Rechnungslegung selbst den Vorsitz führte und zum Schlusse den Abschied erteilte, welcher für den Fall, dafs die Rechnung für richtig befunden wurde, den Einnehmern die Entlastung gewährte [7]. In gleicher Weise verhielt es sich mit der Abnahme der Rechnung des Zahlmeisters [8].

[1] Kgl. Staatsarch. Bresl. AA. III 6b S. 339 (1557), ebd. (1560) S. 536; ebd. AA. VI 7a (1560).
[2] AA. III 6d S. 21 und AA. III 31a (1590).
[3] AA. III 6b S. 296 (d. d. 16. Nov. 1556) bietet dafür einen Beleg. Der König hatte den Generalsteuereinnehmern befohlen, eine gewisse, Michaelis des Jahres fällige Steuerrate unverkürzt dem Vitztum auszuzahlen, wiewohl er schon einen Teil derselben anticipiert hatte. Der Oberhauptmann befahl darauf den Generalsteuereinnehmern auf ihren Bericht, dem Vitztum nur soviel auszuzahlen, als nach Abzug der schon gemachten Antizipationen fällig sei, „das ander geld aber vermöge des fürstentagsbeschlucfz innezuhalten und hinder der fürsten und stände vorwissen nit auszugeben, damit also dem fürstentagsbeschluefz ferner nachgelebt und uns oder euch nit schuld zugemessen werden dörfe, sam wir darwider gehandelt hetten, und was mehr, dann sich gebührt, ausgezahlt were."
[4] Ebd. AA. III 6b S. 278, d. d. 28. Juni 1556; AA. III 31a fol. 258, d. d. Oels, 13. Dez. 1590; Bresl. Stadtarch. A. P. Ms. 170 fol. 363.
[5] Ebd. Scheinig 9a Nachtr. Nr. 149, d. d. 29. Dez. 1606, Einladungsschreiben des Oberhauptmanns an die Stadt Breslau.
[6] Kgl. Staatsarch. Bresl. AA. III 6b fol. 131, königliches Kreditive, d. d. Prag, 19. Mai 1553.
[7] Bresl. Stadtarch. A. P. IV Ms. 165, d. d. 2. Juni 1553.
[8] S. z. B. Kgl. Staatsarch. Bresl. AA. III 6c S. 269, d. d. Breslau,

Auch auf das Gebiet des Kriegswesens erstreckte sich die Thätigkeit des Oberhauptmanns. Der Dualismus, welcher die Verfassung der Territorien in der ständischen Epoche chrakterisiert, machte sich in Schlesien auch geltend hinsichtlich des Kriegswesens; demgemäfs erscheint der Oberlandeshauptmann wie auf dem Felde der Finanzverwaltung, so auch hier teils als königlicher, teils als ständischer Beamter. Vom Könige allein abhängig waren die von ihm geworbenen, wenn auch mit Hülfe der ständischen Steuern bezahlten Soldtruppen; aufserdem standen ihm die Ritterdienste zu, welche der lehntragende Adel dem Landesherrn, sobald dieser in Person zu Felde zog, ursprünglich auch in Person und unbesoldet leisten mufste; später wurden dieselben meist mit Geld abgelöst, für welches dann Söldner geworben wurden. Die Verpflichtung, Ritterdienste zu leisten, bezog sich übrigens nur auf die Erbfürstentümer, in denen der König von vornherein unmittelbarer Landesherr war. Die Fürsten und die freien Standesherren erkannten sich nicht zu Ritterdiensten verpflichtet, sondern bewilligten nur im Falle der Not auf Bitten des Königs einen bestimmten Zuzug, und auch die Ritterdienste der Erbfürstentümer waren insofern für die Krone eine nicht allzu starke Hülfe, als ja das grofse Privileg von 1498 bestimmte, dafs kein schlesischer Unterthan zu Kriegsdiensten aufserhalb der schlesischen Grenze verpflichtet sei, wenn er nicht dafür besonders besoldet und entschädigt würde[1]. Über

13. Febr. 1584: „der Deputierten der Fürsten und Stände Relation von der gethanen Raituug des Gabriel Schmoltz verordneten Muster- und Zahlmeisters derer im August 1583 in Oberungarn abgeführten Steuergelder halber."

[1] Auf dem Fürstentage vom 7. August 1576 verlangte Kaiser Maximilian II. „wegen der Ritterdienste ordentliche Gewifsheit zu machen"; darauf lautete die Antwort: „Wegen der Ritterdienste wissen die Fürsten und Standtsherren sich keiner Ritterdienste zu erinnern; was die erbfürstenthümber schuldig, ist hiebevorn angedeutet; mit denen mufs sich ihre Kays. Mayt. vergleichen, wie weil sie ohne Besoldung zu dienen nit schuldig." (Es handelt sich hier nämlich um einen persönlichen Zuzug gegen die Türken, also über die Landesgrenze.) Ebenso heifst es im Fürstentagsbeschlusse vom 17. Juni 1577: „Die Ritterdienste müssen ihre Mayt. in den Erbfürstenthümbern suchen; die andern Fürsten und stände wissen von denselben nichts." Dabei scheint sich der Kaiser beruhigt zu haben, da er, wiewohl es auf dem Landtage von 1577 noch zu weiteren Auseinandersetzungen zwischen Krone und Ständen kam, doch seine Forderung betreffs der Ritterdienste fallen liefs und, soviel wir ersehen können, auch späterhin nicht mehr erhob. (Fürstentagsverhandlungen bei Schickfufs III 228 f. und 234.) Als 1570 der Kaiser von den Erbfürstenthümern die Ritterdienste forderte, verglichen diese sich mit ihm dahin: „so sie mit den ritterdiensten verschonet bleiben, wollen sie allewege von sechs tausend Thalern mit einem gerüsten pferde, darunter der 6. Man von adel seyn soll, 4 monat lang zu Hülffe kommen." (Ebd. S. 218.) In den piastischen Fürstentümern und den freien Standesherrschaften standen die Ritterdienste den Fürsten oder freien Standesherren zu, insofern nicht gegenteilige Privilegien zu Gunsten des Adels diese

die dem Könige zustehenden Ritterdienste der Erbfürstentümer gebührte dem Oberhauptmann die Inspektion und die Sorge für Vornahme der Musterungen; wenn der König auf seine Bitten von den Fürsten und Ständen den „persönlichen Zuzug"[1] erlangt hatte, so wurde der Oberhauptmann mit der Publikation und Leitung des Aufgebotes betraut[2]. Im Falle der Leistung der Ritterdienste oder des Zuzuges führten die Landeshauptleute das Kommando über die Ritterschaft ihres Fürstentums; doch konnten an die Stelle derselben durch Vermittlung des Oberamtes auch andere Personen treten[3]. Den kaiserlichen Soldtruppen gegenüber beschränkten sich die Funktionen des Oberhauptmanns auf den Bereich der Militärverwaltung[4]; er hatte die Oberaufsicht über etwa im Lande garnisonierende Regimenter, hatte ihnen ihre Quartiere anzuweisen[5], für die gerechte Verteilung in die Quartiere und für die Beschaffung des nötigen Proviantes[6], sowie für den

---

seine Leistungen milderten. Die Zahl der Ritterdienste der Erbfürstentümer ist „ungefährlich" angegeben bei Schickfufs III 226. Einem Verzeichnisse des Jahres 1587 zufolge (Bresl. Stadtarch. A. P. Ms. 175 fol. 250 ff.) gab es in Schweidnitz-Jauer 300, in Glogau 302, in Oppeln-Ratibor 322½, im Fürstentume Breslau 150, in Münsterg-Frankenstein 40, in Troppau 100, in Sagan 70 Ritterdienste. Den einzelnen Fürsten gebührten in ihren Ländern, dem Bischof 100, dem Herzoge Georg von Liegnitz-Brieg 180, dem Herzoge Heinrich von Liegnitz-Brieg 160, dem Herzoge von Teschen 50, den Oelser Fürsten 110 Ritterdienste; die Summe aller dieser Ritterdienste beläuft sich auf 1884½. In dieser Liste fehlen Jägerndorf, Trachenberg, Militsch, Plefs und Wartenberg, deren Ritterdienste ca. 100 betragen haben mögen. Die Niederlausitz stellte 144, die Oberlausitz 173 Ritterdienste. Mit den Ritterdiensteu hat staatsrechtlich nichts gemeinsam der „persönliche Zuzug", welcher von den Generallandtagen in Fällen grosser Not dem Könige bewilligt wurde, wenn er selbst ins Feld ziehen zu wollen erklärte. (Vgl. die Fürstentagsbeschlüsse von 1541 bei Schickfufs III 175; von 1559, ebd. S. 203; von 1562, ebd. S. 207; von 1564, ebd. S. 211 f.; von 1570, ebd. S. 217 f.).
[1] S. den Schlufs der vorigen Anm. Dafs ein derartiger „Zuzug", auch wenn er bewilligt war, jemals ausgeführt wurde, ist nicht bekannt.
[2] Schreiben des Erzherzogs Ferdinand, des Statthalters der Krone Böhmen, an den Oberhauptmann, d. d. Prag, 23. Mai 1565: „zu berichten, wie weit man in der musterung kommen sey" (Kgl. Staatsarch. Bresl. AA. III 6d S. 406), sowie die kaiserlichen Schreiben, ebd. S. 409 und 411). „Kaiserlich schreiben wegen der rüstung und bereitschaft, auch aufbot zum zuzuge, dafs dero offene General in Ober und Nieder Schlesien zu publiciren": ebd. S. 398.
[3] Ebd. S. 411, d. d. Prag, 17. Juni 1566, kaiserlicher Befehl an das Oberamt, „mit denen personen, so an stat der hauptleute die amtsverwandten führen sollen, zu handeln."
[4] Gegenstand der Militärverwaltung ist „die Herstellung der Vorbedingungen und Mittel für die militärische Aktion"; s. G. Meyer, Lehrbuch des deutschen Verwaltungsrechtes II 58.
[5] Oberamtlicher Befehl an den Rat von Breslau, Reiter in das Quartier zu nehmen; Bresl. Stadtarch. Scheinig 10 Nr. 4109, d. d. 2. Febr. 1623.
[6] Ebd. Scheinig 9 Nr. 4008b, d. d. 13. Dez. 1570. Kgl. Staatsarch.

Transport der Truppen nach ihrem Bestimmungsorte zu sorgen, bei Durchmärschen Geleitsleute zu stellen[1], anderorseits aber auch darauf zu achten, dafs innerhalb der Soldateska die nötige Zucht und Ordnung herrsche, und dafs alle Ausschreitungen gegen die Einwohner des Landes vermieden würden[2].

Über die Soldtruppen hatte der König die alleinige Verfügung, nicht minder die Bestimmung über die Leistung der Ritterdienste in den verfassungsmäfsigen Schranken. Daneben aber gab es noch ein zweites Gebiet des Kriegswesens, welches in die Machtsphäre der Stände gehörte, das sogenannte „Defensionswerk"[3]. Die Anfänge der Defensionsverfassung gehen zurück weit in die Zeit vor der habsburgischen Herrschaft; schon während der Hussitenkriege hatten sich die Fürsten und Stände, als sie noch eine weitgehende politische Autonomie besafsen, zu einem Defensionsvertrage geeinigt, welcher über die Art und Weise des Aufgebotes und der Ausrüstung die detailliertesten Vorschriften traf. Als im Anfange des 15. Jahrhunderts eine neue, nicht minder drohende Gefahr, der Ansturm der Osmanen, die deutsche Christenheit bedrohte, und als es nicht so ganz unmöglich schien, dafs einer der verheerenden Züge der Feinde abendländischer Gesittung und Glaubens sich bis nach Schlesien erstrecken könnte, nahm man angesichts der Unmöglichkeit, dann sofort von der Krone Hülfe zu erhalten, das vor hundert Jahren zum erstenmale begonnene Werk wieder auf, eine einheitliche Wehrverfassung des Landes zum Zwecke der Abwehr feindlicher Angriffe zu schaffen. Auf dem Fürstentage von 1529 beschlofs man zur „Erhaltung des Glaubens und zur Abwehr des drohenden, gefährlichen, boshaftigen und untreuen Fürhabens" der Türken und der mit ihnen verbündeten Ungarn und Siebenbürgen eine Ordnung, „wie jeder Stand dem andern sich hilfreich beweisen solle, im Falle er angegriffen würde". Das ganze Land wurde in vier Quartiere geteilt, deren jedem ein Kreisoberster mit einem Kriegsrate vorgesetzt wurde[4]; eine Matrikel sollte aufgestellt werden, in der alle angesessenen Personen verzeichnet würden, und nach welcher

---

Bresl. Gedruckte Mandate, Oberamtliche Verpflegungsordnung, d. d. 4. März 1627. Bresl. Stadtarch. Scheinig 9a ohne Nummer, d. d. 5. Juli 1607.
[1] Kgl. Staatsarch. Bresl. AA. III 6 b S. 368, d. d. 22. Okt. 1557.
[2] Ebd. Gedruckte Mandate, d. d. 24. März 1611.
[3] Vgl. hierzu H. Palm, „Schlesiens Landesdefension im XV., XVI. und XVII. Jahrhundert", Abhandlungen der Schlesischen Gesellschaft für vaterländische Kultur. Phil.-hist. Abteilung, 1869. Über die für das Defensionswerk in Betracht kommenden staatsrechtlichen Verhältnisse s. o. S. 153. Zuerst beruhte es auf der Autonomie der Stände, in der habsburgischen Zeit auf Ermächtigung seitens der Krone.
[4] Das Nähere bei Palm a. a. O. S. 80 ff.

je nach dem Stande der Gefahr die gesamte wehrhafte Mannschaft oder nur ein bestimmter Prozentsatz (der fünfte, zehnte, fünfzehnte oder zwanzigste Mann) aufgeboten werden sollte; auf jedes Landgut im Werte von 3000 Gulden kam ein gerüstetes Pferd. Die einberufenen Mannschaften sollten auf Kosten des Landes besoldet und ein Landespanier mit dem Landeswappen aufgerichtet werden, zu welchem der ganze Kriegshaufen sich zu halten habe, das erste äufserliche Symbol der staatlichen Einheit Schlesiens. Um zu erproben, wie es mit der Wehrhaftigkeit des Landes bestellt sei, sollten Musterungen der gesamten waffenfähigen Bevölkerung stattfinden. Durch die Fürstentagsbeschlüsse von 1532, 1541 und 1543 [1] wurde diese Defensionsordnung ergänzt und verbessert; insbesondere wurden über die Aufbringung der notwendigen Kosten specialisierte Bestimmungen getroffen; freilich blieb das Gesetz vorderhand auf dem Papiere, da eine Gelegenheit, dasselbe auszuführen, nicht gegeben ward, sondern der Friede dem Lande erhalten blieb, und allmählich geriet das gesamte Defensionswerk in Verfall. Von neuem wurde es aufgenommen erst, als in der zweiten Hälfte des Jahrhunderts die Türkenkriege sehr heftig wiederum entbrannten [3]. 1578 wurde eine Ordnung geschaffen, die sich im wesentlichen auf die von 1529 gründete; nach vergeblichen Verhandlungen in den Jahren 1585 und 1587 zu Prag, durch welche ein gemeinsames Verteidigungssystem für sämtliche Länder der Krone Böhmen geschaffen werden sollte, und nach dem Einfall der Polen und nach der Schlacht von Pitschen im Jahre 1587 beschlofs der Fürstentag des Jahres 1588 eine Defensionsordnung zunächst auf vier Jahre, der zufolge, — schon einige Jahre früher hatte man sich auf diese Zahlen geeinigt, — eine Kriegsmacht von 2000 Pferden und 1600 Fufsknechten aufgestellt werden sollte [3], daneben in Fällen der Not ein Aufgebot des zehnten Mannes in Aussicht genommen wurde. Unabhängig von der Krone waren die Defensionstruppen insofern, als das Aufgebot und die Verfügung über ihre Verwendung lediglich den Ständen und den ständischen Organen zustand; die ganze Organisation freilich war eine sehr schwerfällige und schlagfertigen und leicht beweglichen Soldtruppen gegenüber wenig brauchbar.

[1] Gedruckt bei Schickfufs III 177 ff.
[2] Palm a. a. O. S. 86 ff.
[3] Ob diese Bestimmung allgemein ausgeführt wurde, läfst sich schwerlich nachweisen.
[4] Im grofsen und ganzen hatte die ganze Defensionsverfassung ebenso wie die Ritterdienste und der persönliche Zuzug wenig, fast gar keine praktische Bedeutung. Vgl. über diese Verhältnisse hinsichtlich der Kriegsverfassung im allgemeinen Schmoller, Die Entstehung des preufsischen Heeres von 1640—1740; Deutsche Rundschau, Bd. XII 253.

Für seine Funktionen innerhalb des Rahmens dieser Defensionsverfassung erscheint der Oberhauptmann lediglich als ein Organ der Stände, nicht der Krone. Er war das Haupt des Defensionswerkes; bei ihm mufsten die Fürsten und freien Standesherren und die Hauptleute der Erbfürstentümer die Verzeichnisse aller „besessenen Wirte und beerbten Unterthanen", d. h. der Wehrpflichtigen [1], sowie nach geschehener Musterung die Musterrollen einreichen, in denen die Namen der als tauglich befundenen Mannschaften enthalten waren [2]. Für den Fall, dafs ein Feind gegen das Land heranzog, stand dem Oberhauptmanne nach dem Fürstentagsbeschlusse von 1529 das Recht des Aufgebotes zu; es wurde ihm damals auch die Befugnis zuerkannt zu bestimmen, in welcher Stärke und wohin man in das Feld rücken solle; die einzelnen Kreishauptleute hatten in diesen Stücken seinen Befehlen sich unterzuordnen [3]. Wenn er in eigener Person mitauszog, so mufsten alle Kreisobristen mit ihren Kriegsräten und in der vom Oberamte anbefohlenen Stärke zu ihm stofsen; auch sollten ihm dann die Fürsten und Stände auf ihre Kosten einen obersten Kriegsrat beiordnen [4]. Durch den Fürstentagsabschied von 1541 wurde das Recht zum Aufgebote dem Oberhauptmann oder dem obersten Feldhauptmanne, der das Kommando über die Defensionstruppen führen sollte, zugesprochen [5]. Auch späterhin noch stand dem Oberhauptmanne die Befugnis des Aufgebotes über die durch die Defensionsverfassung bewilligten Truppen zu [6]. Durch die Generallandtagsbeschlüsse aus der zweiten Hälfte des 16. Jahrhunderts [7] wurde bestimmt, dafs für die Bestallung der Offiziere und für die Besetzung der Kriegsämter, insofern über dieselben nicht schon seitens des Fürstentages verfügt worden war, sowie zur Anordnung aller sonst erforderlichen Mafsregeln für den Bereich der Militärverwaltung (also für Bestallung und Entlassung der Truppen, Ansetzung der Musterungen, für die Aufsicht über die Ausrüstung und Verpflegung des Heeres,

---

[1] Nach dem Fürstentagsbeschlusse von 1529 sollte dies innerhalb 14 Tagen nach Schlufs des Landtages geschehen (Schickfufs I 206 f.), ebenso 1543 (ebd. III 178).
[2] Fürstentagsbeschlufs vom Oktober 1587, die Musterrollen nach geschehener Musterung beim Oberamte einzustellen. Bresl. Stadtarch. A. P. Ms. 176.
[3] S. Anm. 1.
[4] Bresl. Stadtarch. A. P. II Ms. 163.
[5] Schickfufs III 178.
[6] Bresl. Stadtarch. Scheinig 9a Nachtr. Nr. 93, d. d. 10. Juni 1607. Der Oberhauptmann bietet kraft der Defensionsordnung 2000 Reiter und 1600 Mann zu Fufse auf, um das Land vor dem entlassenen, hier hausenden Kriegsvolke zu behüten.
[7] Beschlufs d. d. 12. Juni 1567 Bresl. Stadtarch. A. P. Ms. 166b fol. 97 ff., April 1584 ebd. Ms. 174 fol. 111 ff., d. d. 25. April 1587 Kgl.

sowie für die Überwachung der Grenzhäuser¹) ein Ausschuſs zusammentreten solle, zu welchem sowohl Mitglieder des Fürsten- und Freiherrnstandes als auch der übrigen Stände gehörten, und in welchem der Oberhauptmann den Vorsitz führte. Die für das Defensionswerk erforderlichen Kosten waren beim Oberamte einzulegen². Wie es scheint, stand dem Oberhauptmann ursprünglich das oberste Kommando über die Defensionstruppen im Kriegsfalle zu; seitdem es aber Regel geworden war, daſs die Bischöfe das Oberamt innehatten, wählten die Stände einen besonderen obersten Feldhauptmann oder Generalobristen entweder aus den Fürsten oder aus den freien Standesherren³.

Aus der Stellung des Oberlandeshauptmannes als des obersten Beamten und Vertreters des Königs ergaben sich für ihn gewisse Sondervorrechte und Sonderpflichten. Wenn der König in das Land kam, so zog er ihm bis zur Grenze Schlesiens entgegen, während die übrigen Fürsten den Herrscher an der Grenze ihres Territoriums oder in Breslau begrüſsten; er traf auch die Anordnungen für den Empfang des Königs, sorgte für die Besserung der Straſsen, für Beschaffung von Proviant und gab an, mit welchem Gefolge die Fürsten und Stände dem Herrscher entgegenreiten sollten⁴. Auch betreffs der Leistung der Hofdienste seitens der Fürsten und Stände bei den Krönungen gebührte ihm die oberste Leitung und Aufsicht⁵. Fremde Monarchen und Angehörige des Königshauses, die Schlesien passierten, muſste er empfangen und durch das Land hindurchgeleiten⁶. Auch sonst besaſs er noch andere Ehrenrechte. In Streitigkeiten zwischen Adligen stellte er „Ehrenversorge" aus, durch welche er bekundete, daſs die entstandene Irrung den Parteien an ihren adligen Ehren unschädlich sein solle⁷; desgleichen gab er Zeugnisse für die altadlige Abkunft solcher Personen, denen dieselbe zu Unrecht bestritten worden war⁸, sowie Ehrenerklärungen anderer Art, z. B. daſs ein eines bestimmten Verbrechens Bezichtigter unschuldig sei⁹. In den kaiserlichen

Staatsarch. Bresl. AA. III 6e S. 287, Okt. 1587 Bresl. Stadtarch. A. P. Ms. 175 fol. 122 ff.
[1] S. den Fürstentagsbeschluſs, d. d. 4. Febr. 1578 bei Schickfuſs III 239.
[2] So z. B. Beschluſs von 1541; ebd. III 178.
[3] Zum ersten Male 1541 (Freiherr Joachim Malzahn). Schickfuſs III 178.
[4] Breslauer Stadtarch. A. P. I Ms. 162 (1511) und Kgl. Staatsarch. AA. III 6d S. 180 (1563).
[5] Ebd. S. 158.
[6] Ebd. AA. III 6b fol. 130 und S. 254.
[7] Ebd. fol. 94 und 215.
[8] Ebd. AA. III 26c fol. 357 ff., d. d. Neiſse, 12. März 1606.
[9] Ebd. AA. III 26c fol. 288 ff., d. d. Neiſse, 2. März 1588, Oberamtspatent, enthaltend eine Ehrenerklärung der von Scher, daſs sie an

Kommissionen zur Erledigung wichtiger Angelegenheiten politischer, staatsrechtlicher und jurisdiktioneller Natur führte er regelmäfsig den Vorsitz[1]. In Fragen von grofser politischer Tragweite beschied ihn der König wohl auch an den Hof, um seinen Rat zu hören[2]; wenn der Herrscher an den Generallandtag irgendwelche Forderungen von Belang stellte, so wandte er sich an den Oberhauptmann als an seinen besonderen Vertrauensmann mit der Bitte, den Fürstentagskommissaren bei den anderen Ständen behülflich zu sein, besonders darin, dieselben „persuadiren zu helfen"[3]. Andererseits freilich war er ebensogut Vertrauensmann der Stände und hatte darüber zu wachen, dafs dieselben bei allen ihren Privilegien erhalten, und dafs seitens der Krone Verletzungen der Verfassung vermieden würden[4]; so war er der natürliche Mittelsmann zwischen Krone und Ständen, bestrebt, alle Disharmonieen zwischen beiden Gewalten zu zerstreuen und dafür zu sorgen, dafs das verfassungsmäfsige Gleichgewicht zwischen ihnen nicht gestört würde.

3. Besoldung und Hülfsorgane des Oberhauptmannes.

Was die Besoldungsverhältnisse des Oberhauptmannes anbetrifft, so ist uns schon aus dem Anfange des 16. Jahrhunderts überliefert, dafs er ein jährliches Einkommen besafs, welches ihm der König zu zahlen hatte, und das sich damals auf jährlich 1200 fl. ung. belief[5]. Aus späterer Zeit hören wir, dafs die Besoldung von den Ständen aufgebracht und aus der Steuerkasse gezahlt wurde; zum Anfange des 17. Jahrhunderts betrug sie jährlich 8000 Thaler[6]. Vermutlich hängt diese Veränderung mit dem Umstande zusammen, dafs seit

den Einfällen der Polen keine Schuld trügen und denselben keinen Vorschub geleistet hätten.
[1] Ebd. AA. III 26b fol. 46, AA. III 26c fol. 44 ff., AA. III 31b, d. d. Oels 30. Juni 1592. AA. III 6d S. 169, AA. III 6b S. 466 u. s. w.
[2] Ebd. S. 64 und 523.
[3] Ebd. AA. III 6d S. 58.
[4] Ebd. AA. III 6a S. 19.
[5] Brief der schlesischen Stände an den König, d. d. Breslau 18. Dezember 1529: Der Oberhauptmann Herzog Karl befinde sich in grofser Armut und werde hart von seinen Gläubigern bedrängt; sie wünschten daher dringend, „das S. K. M auch geruechen zu bevelen, das S. L. und f. gn. [sc. dem Herzoge Carl] die besoldung zum ampt (als einem unvermögenden, der es an sein merklichen schaden zu ersetzen hat) unverzuglich und volliglich, so vil das nachstellig, und sonst allmal zu geburlicher zeit entricht und uberantwort werde." Bresl. Stadtarch. A. P. II Ms. 163 fol. 193. Die oben angegebene Höhe des Gehaltes nach Grünhagen-Markgraf, Lehnsurkk. II 555, d. d. 26. März 1525.
[6] Schickfufs II 100. In den Ausgaberegistern der kgl. Kammer findet sich kein auf eine Besoldung des Oberhauptmannes bezüglicher Posten, — auch ein Beweis dafür, dafs der Oberhauptmann sein Gehalt nur von den Ständen bezog.

der Mitte des 16. Jahrhunderts die Erträge der Steuer nicht
mehr direkt an die Krone abgeführt, sondern erst in einem
besonderen ständischen Landeskasten angesammelt wurden,
aus dem auch die andern ständischen Beamten ihre Gehälter
empfingen.
Zur Hülfe bei der Erledigung der laufenden Geschäfte
der Landesverwaltung bediente sich der Oberhauptmann derselben Beamten, welche er auch zur Regierung seines eigenen
Fürstentums verwandte; so seiner besonderen fürstlichen
Räte[1], sowie des Kanzlers[2], des Vicekanzlers[3] und der
Kanzlei[4] seines Fürstentums. An das Oberamt gelangende
Schriftstücke, wie Steuer- und Musterrollen, Procefsakten
u. s. w. mufsten in die fürstliche Kanzlei eingeliefert werden;
dieselbe hatte auch eine eigene Kanzleitaxe[5]. Ebendaselbst
wurden auch die Rechnungen des Generalsteueramtes aufbewahrt[6], sowie Journale über die laufende Verwaltungsthätigkeit geführt, die uns zum Teile noch heute erhalten
sind (Protokolle des Oberrechtes, Journale für allgemeine
Regierungsangelegenheiten, für Verträge und Entscheidungen,
die mit den schiedsrichterlichen Funktionen des Oberhauptmannes zusammenhingen u. s. w.). Auch Privatdokumente
über Akte freiwilliger Gerichtsbarkeit wurden hier zur
Sicherheit der beteiligten Personen, selbst wenn dieselben
nicht der unmittelbaren Jurisdiktion des Oberamtes unterstanden, aufbewahrt[7] oder in die dazu bestimmten Register
eingetragen[8], worüber dann den betreffenden Parteien Rekognitionen ausgestellt wurden. Für ihre Mühe in den Oberamtsgeschäften bewilligten die Generalstände bisweilen der
bischöflichen Kanzlei eine besondere Gratifikation[9]. Auch
scheint es, dafs ein Gleiches wenigstens dem Kanzler gegen-

[1] Kgl. Staatsarch. Bresl. AA. III 6 b S. 73, d. d. Neifse, 13. März 1552.
[2] Ebd. AA. III 6d S. 39.
[3] Ebd. AA. III 6 b S. 255 und 275.
[4] Bresl. Stadtarch. Schleinig 9a, Nachtrag 150a: Kgl. Staatsarch.
Bresl. AA. III 26d fol. 289f.
[5] AA. III 6d S. 39.
[6] AA. III 6c S. 438.
[7] AA. III 26f. fol. 53f.
[8] AA. III 26b fol. 338.
[9] AA. III 6b S. 533, d. d. 30. Sept. 1560. Schreiben des Oberhauptmannes ad status Silesiae, worin derselbe bittet, für seine Kanzlei aus
den Steuerresten vom Jahre 1556 eine Gratifikation von 100 fl. ung.
zu bewilligen, „dieweil dann E. Liebden bewust ist, was manchfaltige
mühe und arbeit in gemeinen Landissachen biszhero vilfaltig mit
schreiben und anderen aufwenden hat müssecn, dasz sie mehr ursach
hinfürder hetten, gemeiner herrn fürsten und stende sachen mit trewen
fleisz zu befördern." Im Fürstentagsabschiede vom 18. März 1558 wurden
dem bischöflichen Kanzler Nicolaus Kautsch 40, den Sekretären und
Kanzlisten des Bischofs 60 Thaler aus den Steuerresten ebenfalls von
1556 bewilligt. Bresl. Stadtarch. A. P. IV fol. 220f.

über seitens des Königs hin und wieder geschah[1]. Die oberamtlichen Erlasse und Schreiben gingen nicht aus unter einem besonderen Oberamtssiegel, sondern unter dem Fürstentumssiegel des jeweiligen Oberhauptmannes. — Fassen wir noch einmal die Resultate unserer Untersuchung über die Geschichte des schlesischen Oberamtes in der Zeit des Dualismus der schlesischen Gesamtverfassung zusammen, so können wir sagen: Unter Matthias Korvinus wurde in der Oberlandeshauptmannschaft die erste Behörde geschaffen, deren Wirkungskreis das gesamte Schlesien umfafste, und zwar nach dem Vorbilde der in der ersten Hälfte des 15. Jahrhunderts zeitweilig auftauchenden Institution des Hauptmannes der Landfriedenseinungen. Während der Regierung des Ungarnkönigs ist die Entwickelung noch eine flüssige: weder ist der politische und staatsrechtliche Charakter des Oberamtes schon fest und scharf ausgeprägt, noch auch ist die ganze Einrichtung von festem Bestande; zerfällt doch — abgesehen von den wenigen Monaten der Oberhauptmannschaft des Herzogs Friedrich von Liegnitz im Jahre 1488 — Schlesien in den achtziger Jahren in zwei streng von einander getrennte Verwaltungsbezirke, in Ober- und Niederschlesien, an deren Spitze zwei rein königliche Beamte stehen. Nach dem Tode des Matthias Korvinus wird diese administrative Zweiteilung Schlesiens — mit Ausnahme einer kurzen Periode im Anfange des 16. Jahrhunderts — definitiv beseitigt; es wird jetzt ein einziger Oberhauptmann für ganz Schlesien bestellt. Die Stände aber legen jetzt ihre frühere Zurückhaltung ab; sie kommen zur Erkenntnis, dafs eine Centralisation der Verwaltung für ganz Schlesien notwendig und unabwendbar sei, und nur darauf ist all ihr Streben gerichtet, den mafsgebenden Einflufs auf die Centralbehörde zu gewinnen. Dieses Ziel erreichen sie durch jenen Artikel des grofsen Landprivilegs von 1498, welcher festsetzt, dafs der oberste Beamte Schlesiens aus der Zahl der schlesischen Fürsten zu entnehmen sei. Damit ist die Entwickelung zu einem gewissen Abschlusse gelangt. Die Oberhauptmannschaft ist jetzt bezüglich ihres politischen Charakters sehr ähnlich den alten Landeshauptmannschaften der einzelnen Fürstentümer[2]; nur ist eben ihr Wirkungskreis ein weit gröfserer, da er ganz Schlesien umspannt, und demgemäfs auch der Inhalt ihrer Funktionen, da ihr nicht nur die Erbfürstentümer, sondern auch die alten einheimischen Fürsten und die ihnen staatsrechtlich gleichgestellten freien Standesherren unterworfen waren. Wie den alten Landeshauptmannschaften jedoch, so auch war der Oberhauptmannschaft jene Doppelstellung eigen-

---

[1] Vgl. Kgl. Staatsarch. Bresl. Kammerakten AA. III 23 passim.
[2] Vgl. oben S. 74 ff.

tümlich, der zufolge der Oberhauptmann einerseits Statthalter und oberster Beamter der Krone, andererseits aber auch den Bestimmungen über seine Persönlichkeit zufolge Repräsentant und oberste Spitze der Stände, hier also der Generalstände, war; von den einzelnen Zeiten und den einzelnen Persönlichkeiten hing es ab, welches von beiden Momenten das Übergewicht über das andere erlangte. Seit dem zweiten Viertel des 16. Jahrhunderts suchte der König dadurch einen gröfseren Einflufs auf die Verwaltung des Oberamtes zu gewinnen, dafs er dasselbe den Bischöfen von Breslau übertrug, welche, obzwar schlesische Fürsten, doch ihre Erhebung ihm verdankend, in den Kämpfen der Reformation auf seine Hülfe oft angewiesen, von ihm faktisch in höherem Grade abhängig waren als die geborenen, einem andern Glauben angehörigen schlesischen Herzöge, in höherem Grade als diese gefügige Werkzeuge seiner Politik darstellen mufsten; erst in der Zeit, als die Generalstände auf dem Höhepunkte ihrer Macht sich befanden, als die Krone ihnen gegenüber völlig in Schatten und Ohnmacht versank, wurde es Gesetz, dafs nur ein weltlicher Fürst die höchste Landeswürde tragen dürfe. Aber auch auf staatsrechtlichem Gebiete kam der Dualismus in dem Wesen des Oberamtes zum Ausdrucke, zunächst auf dem Gebiete des Verfassungsrechtes, da ja der Oberhauptmann als wesentlicher Bestandteil und als Oberhaupt des Generallandtages teil hatte an dem Gegensatze, der zwischen König und Ständen, zwischen Krone und Land existierte, nicht minder auch auf dem des Verwaltungsrechtes, da er ja die Spitze nicht nur der königlichen, sondern auch der ständischen Administration bildete, da er hier Organ nicht nur der Krone, sondern auch der Fürsten und Stände war. Von vornherein war er hinsichtlich der Erbfürstentümer der Vorgesetzte der einzelnen Landeshauptleute in Vertretung des Königs; den Fürsten und freien Standesherren gegenüber war er der Statthalter ebenfalls der Krone in allen Beziehungen, welche sich aus dem zwischen ihnen und dem Herrscher bestehenden Lehnsbande ergaben, und insofern der letztere nicht bestimmte Gebiete ausdrücklich für sich reserviert hatte oder persönlich einzugreifen beliebte. Als nun dieses Lehnsband im Laufe der Zeit die Tendenz trug, zu einem immer gröfsere Bereiche des Staatslebens umfassenden Souveränitätsverhältnisse sich zu erweitern, vermehrten sich auch die Funktionen des Oberhauptmannes gegenüber den Fürsten und Standesherren, in demselben Mafse freilich, analog dem gesamten Wachstum der königlichen Centralgewalt, auch gegenüber den Ständen der Erbfürstentümer. Wir sehen aber, dafs, als im 16. Jahrhundert eine Kräftigung des Gesamtstaatslebens in Schlesien eintrat, die Vorteile davon nicht nur der Krone, sondern auch den Generalständen anheimfielen; der Central-

gewalt der Krone trat gegenüber, staatsrechtlich von ihr scharf
geschieden, als ebenbürtige Gegnerin zu heifsem Ringen die
Centralgewalt der korporierten Fürsten und Stände. Je mehr
nun auch die ständische Centralgewalt an Inhalt zunahm,
um so mannigfaltiger wurden auch die Funktionen des Oberhauptmannes als des höchsten Organs der ständischen Verwaltung. Die endgültige Ausbildung der Befugnisse des
Oberhauptmannes als des Chefs sowohl der königlichen wie
auch der ständischen Administration fällt in die Zeit der
Regierung Ferdinands I. Soweit Beziehungen mit auswärtigen
Mächten zu regeln waren, handelte der Oberhauptmann als
Beamter des Königs. Auf dem Felde der Rechtspflege und
der Justizverwaltung knüpften seine Funktionen an die Entstehung seines Amtes an, nämlich als des obersten Hüters des
Landfriedens und der öffentlichen Sicherheit; im Laufe der
Zeit aber vermehrten sich dieselben bedeutend. Bezüglich der
ihm zustehenden Oberaufsicht sowie der Handhabung der
administrativen Kontrole gegenüber den Gerichten sowohl der
Fürsten und freien Standesherren als auch der Erbfürstentümer,
bezüglich seiner Befugnisse schiedsrichterlicher Vermittlungs-
gewalt, der Geleitserteilung, der Achterklärung, der Ausübung
von Akten freiwilliger Gerichtsbarkeit zumal gegenüber den
Immediatständen erscheint er als Verwalter königlicher
Rechte; seine Funktionen als Vorsitzender des Ober- und
Fürstenrechtes sowie als Oberhaupt der Landespolizei sind
rein ständischen Charakters. Für die innere Verwaltung ist
er, je nachdem er im Auftrage des Königs oder des Fürstentages handelte, Beamter entweder der Krone oder der Stände.
In Finanzangelegenheiten ist er nur Organ der Stände; die
notwendige Folge davon bestand bei der strengen Trennung
und dem sozusagen feindseligen Dualismus zwischen königlichem
und Landesfinanzwesen darin, dafs er von der Beteiligung
an der Verwaltung des ersteren gänzlich ausgeschlossen war.
Ein ähnlicher Dualismus findet sich im Kriegswesen; in dem
Rahmen der ständischen Defensionsverfassung erscheint er
daher als oberster Beamter der Stände, als solcher der Krone
hingegen für seine Funktionen auf dem Gebiete der Militärverwaltung gegenüber den königlichen Truppen. Die Organe,
deren er sich zur Erledigung der Oberamtsgeschäfte bediente,
waren nicht vom Könige, auch nicht — mit Ausnahme der in
dem Bereiche der Landespolizei, des Landesfinanzwesens und
des Defensionswerkes beschäftigten Beamten — von den
Ständen, sondern von ihm bestallt und persönlich abhängig;
in sein Belieben war es gestellt, diejenigen Reformen in der
Technik der Verwaltung einzuführen oder nicht einzuführen,
welche zum Anfange des 16. Jahrhunderts in den habsburgischen Erbländern allgemein getroffen wurden. Auf die
Dauer konnte die Krone diese Beschränkung ihrer Organi-

sationsgewalt nicht dulden, sondern sie mufste darnach trachten, den in dieser Hinsicht privaten Charakter der Oberamtsverwaltung abzustreifen. Der dreifsigjährige Krieg gewährte dazu die Möglichkeit; im Zusammenhange mit den weitgehendsten Veränderungen im Principe der Oberhauptmannschaft wurde die ganze Behörde einer Reorganisation unterworfen, welche die Grundsätze moderner Verwaltungstechnik auf sie übertrug und den gesamten Verwaltungsapparat des Oberamtes, dem privaten Ermessen des Oberhauptmannes ihn entziehend, von der Krone abhängig machte.

Zweites Kapitel.
Das Ober- und Fürstenrecht.

I. Von seiner Einsetzung bis zur Errichtung der Prager Appellationskammer.

A. Die Einsetzung.

Wie die Oberlandeshauptmannschaft eigentlich erst durch das grofse Privileg von 1498 zu einer ständigen Institution des Gesamtstaatslebens Schlesiens wurde, wie ihr erst damals ihr eigentümlicher staatsrechtlicher Charakter aufgedrückt wurde, so auch wurde durch dasselbe Gesetz der erste für ganz Schlesien zuständige Gerichtshof, das Ober- und Fürstenrecht, geschaffen. Es war damit auf der Bahn der Centralisation ein neuer, sehr bedeutsamer Schritt gethan, dessen Früchte allerdings zunächst nicht der Krone, sondern den Generalständen anheimfallen sollten. —

Schon im Mittelalter existierte bereits in gewissem Sinne eine centrale Gerichtsstelle für ganz Schlesien, und zwar in der Person des böhmischen Königs, der doch gegenüber den schlesischen Fürsten diejenigen Rechte der Gerichtsbarkeit in Anspruch nehmen konnte, welche dem Lehnsherrn gegenüber seinen Vasallen gebührten, der, in den Erbfürstentümern sogar Landesherr, gegenüber den dortigen Gerichten nicht nur das oberste Aufsichtsrecht besafs, sondern auch das Recht der Appellation und Evokation innehatte, insofern dieses nicht, wie es freilich zum Ausgange des Mittelalters immer mehr zur Regel wurde, durch Exemtionen durchbrochen war [1]. Bei der Schwäche der Krone, bei der Entfernung der Herrscher kam jedoch der König kaum in die Lage, allzuoft, geschweige

---

[1] S. darüber Näheres in dem Abschnitte über die Prager Appellationskammer.

denn in ständig ununterbrochener Thätigkeit von diesen seinen jurisdiktionellen Befugnissen Gebrauch zu machen; auch von einer strengen Handhabung seines Aufsichtsrechtes auf dem Gebiete der Rechtspflege konnte keine Rede sein. Bei der Auflösung des Landes in so viele kleine Territorien, bei der Thatsache, dafs die wesentlichsten Bestandteile der fürstlichen Justizhoheit zumeist in die Hände von Privaten übergegangen waren, dafs ferner entsprechend den einzelnen socialen Ständen besondere, scharf von einander geschiedene, feindselig einander gegenüberstehende Rechtskreise sich ausgebildet hatten, bei der völligen Zerrüttung aller rechtlichen Grundlagen der gesellschaftlichen Ordnung zeigte es sich als eine unabweisbare Notwendigkeit, dafs der Staat auch auf dem Felde des Rechtslebens von neuem die Initiative ergreife, dafs er Formen der Organisation schaffe, welche, ganz Schlesien in ihren Bereich ziehend, dem immer dringender auftretenden Bedürfnisse nach Herstellung geordneter Zustände Rechnung trügen. War doch die Ausübung der Rechtspflege beinahe das einzige Ziel, welches der Staat des Mittelalters sich gesteckt hatte, insofern sich seine Thätigkeit auf die inneren Verhältnisse richtete; aber selbst dieser Aufgabe war er untreu geworden, und dem modernen Staate fiel nunmehr die Pflicht zu, auf festerer Grundlage den Bau wieder aufzuführen, welchen frühere Zeiten zerstört hatten. Die mächtige centralistische Bewegung, von welcher Schlesien im 15. Jahrhundert ergriffen wurde, zeitigte die ersten unvollkommenen Versuche in dieser Hinsicht; man erkannte sehr wohl, dafs die Herstellung einer neuen Ordnung der Rechtspflege nicht ausgehen könne von den kleinen autonomen Gewalten; so entstanden jene Landfriedensbündnisse des ausgehenden Mittelalters, die ersten Zeugnisse jener in der Folgezeit immer stärker und unwiderstehlicher auftretenden Tendenz, das staatliche Leben aus den kleinen territorialen Gebieten der Piasten hinüberzuleiten auf den Körper des gesamten Schlesiens. Es ist bereits erörtert worden[1], wie man im Zusammenhange mit diesen Einungen, zumal den aus den Jahren 1427 und 1435, es unternahm, Gerichte zu schaffen, welche in erster Instanz für die Fürsten und die übrigen Mitglieder des Bundes, zugleich aber auch in Fällen von Rechtsverweigerung seitens der ordentlichen Gerichte kompetent sein sollten. Freilich waren diese Einrichtungen, wie die Landfriedensbündnisse überhaupt, nur von kurzer Dauer; wiederaufgenommen wurde der ihnen zu Grunde liegende Gedanke erst in den letzten Jahren des 15. Jahrhunderts. Merkwürdig ist es, dafs selbst unter der Regierung des Matthias Korvinus keinerlei organisatorische Bestimmungen über die Centralisierung der Rechtspflege ge-

---

[1] S. oben S. 85 ff.

troffen wurden; allerdings erfreute sich ja unter seiner Herrschaft bei dem thatsächlichen Übergewicht der königlichen Gewalt und infolge des festen Auftretens derselben das Land verhältnismäfsig ruhiger und gesicherter Zustände. Erst nach dem Tode des grofsen Ungarnkönigs nahmen das Fehdewesen, die Buschklepperei und die allgemeine Rechtlosigkeit wieder überhand. Da von dem schwachen Wladislaus eine energische Abhülfe nicht zu hoffen war, so mufsten wiederum die Stände die Initiative ergreifen. Sie setzten es beim Könige durch, dafs durch das grofse Landesprivileg von 1498 auch die Aufrichtung eines obersten schlesischen Gerichtshofes angeordnet wurde; es wurde eingesetzt das zwar im Namen des Königs fungierende, in Wirklichkeit aber seinem Einflusse ganz und gar entzogene und von den Ständen abhängige Ober- und Fürstenrecht.

Das Ober- und Fürstenrecht schlofs sich eng an das Vorbild der Landfriedensgerichte des Anfanges des 15. Jahrhunderts an. Es sollte alle Jahre zu zweien Malen, am Montage nach dem Sonntage Jubilate und am Montage nach dem St. Michaelistage, in der königlichen Burg zu Breslau zusammentreten[1]; für Oberschlesien wurde — dem strikten Wortlaute des Privilegs zufolge allerdings nur für Adel und Städte, nicht auch für die Fürsten — ein besonderer dritter Rechtstag auf Montag nach Trium Regum festgesetzt, und zwar sollte der Oberhauptmann die Vollmacht haben, diejenige Stadt Oberschlesiens zu bestimmen, in welcher das Gericht tagen sollte[2]. Das Ober- und Fürstenrecht sollte sich zusammensetzen aus den Fürsten des Landes und denjenigen aus ihren Räten, welche sie hinzuziehen würden. Der Wirkungskreis des Gerichtes erstreckte sich auf ganz Schlesien. Schwierig ist die Frage nach der Kompetenz des Oberrechtes;

---

[1] Es wird daher auch oft genannt „das Gericht auf dem köngl. Hofe zu Breslau," ist aber doch streng von dem sog. „Breslauer Hofgerichte" zu trennen. Neufert, Die schlesischen Erwerbungen des Markgrafen Georg von Brandenburg (Hist. In.-Diss. Breslau 1883) S. 50) meint, Ferdinand I. habe in dem Streite um die oberschlesischen Fürstentümer den Markgrafen Georg vor das „Hofgericht zu Breslau" gewiesen, und Grünhagen (Gesch. Schles. II 57) sagt sogar, der König habe dem Markgrafen die Anrufung richterlicher Entscheidung „nicht vor dem Fürstenrechte, wie es nach dem Privilegium von 1498 geboten gewesen wäre, sondern vor dem Breslauer Hofgerichte" anheimgestellt. Diese Behauptungen sind irrig. Das „Gericht auf dem köngl. Hofe zu Breslau," um welches es sich hier handelt, ist nicht das unter dem Namen eines Breslauer Hofgerichtes fungierende Partikulargericht, sondern eben das Ober- und Fürstenrecht.

[2] Solche speciell oberschlesische Rechtstage wurden z. B. in den Jahren 1532 und 1542 beidemal Mittwochs nach Trium Regum abgehalten. Nach fol. 268 und 300 der Troppauer Chronik bei Biermann, Gesch. der Herzogtümer Troppau und Jägerndorf S. 374 Anm. 3. Teschen 1874.

dem Einsetzungsprivileg zufolge war dieselbe kaum so ausgedehnt, wie sie sich in späterer Zeit darstellte. Das Gericht war zunächst erste — wir lassen es vorderhand dahingestellt, ob auch einzige — Instanz für den König und für die Fürsten mit Einschlufs der freien Standesherren, aber nur in Processen, in denen der König, die Fürsten oder die Freiherren als Kläger fungierten[1]. Für alle anderen Sachen, also auch für Klagen der Unterthanen gegen ihre Herrschaft, sowie der einzelnen Einwohner des Landes gegeneinander, sollte der Grundsatz gelten: „Actor sequatur forum rei"; falls aber dem Kläger bei dem ordentlichen Gerichte des Beklagten sein Recht nicht gewährt wurde, so durfte er sich beschwerdeführend an den Oberhauptmann wenden, welcher dann, wenn die erste Instanz auch jetzt noch ein halbes Jahr verstreichen lasse, ohne der Klage Folge zu leisten, die Parteien auf einen der beiden Oberrechtstage — falls der Beklagte in Oberschlesien wohne, auf den Tag nach Trium Regum — laden sollte; bei dem Urteile des Oberrechtes mufste es dann sein endgültiges Bewenden haben. Das Ober- und Fürstenrecht war also ordentliches Gericht in Processen, welche der König, die Fürsten und die freien Standesherren untereinander führten;

---

[1] Späterhin war der Gerichtsstand der Fürsten, gleichviel wer der Kläger war, vor dem Oberrechte; eine Ausnahme davon fand nur dann statt, wenn — gemäfs den Bestimmungen der einzelnen Landesordnungen — bei Klagen von Unterthanen gegen ihre Landesherren irgend ein Gerichtshof des betreffenden Fürstentums die ausschliefsliche Zuständigkeit besafs. Eine derart allgemeine Kompetenz war dem Oberrechte von Anfang an nach Wortlaut des Privilegs (vgl. die erste Nummer des Urkundenanhanges § II) nicht eigentümlich; sie kann sich erst später herausgebildet haben. Schwierigkeiten macht der Ausdruck „Erbsassen" („wo wir . . auf irkainen slesischen fursten odir erpsessen . ., auch widerumb die fursten oder erbsessen des lanndis auf uns . . zu sprechen hetten" [§ II], „dergleichen zwischen den fursten und anndern erbsessen des lanndis gegen einannder sulchs sal gehalten werden" [§ VIII]; ich habe ihn noch gefunden in einer Beschwerde der schlesischen Fürsten („wir aus geistlichem und weltlichem furstenstandt") über die Citation der Herzöge von Münsterberg nach Böhmen: „Bitten wir . . ., dass also E. R. Kgl. M. ihre ladung und erforderung zum gerichtstande gen Behaimb auf die fursten zu Münsterberg (vor die wir als erbsessen im lande ditzfalls . . billich stehen) genedigst aufheben." (Kgl. Staatsarch. Bresl. AA. III 6a 886, August 1540: „Extract auszm alten furstentagsbuche a. 1540 fol. 86"). Der Ausdruck Erbsassen bezieht sich in dieser Stelle offenbar auf die Mitglieder der ersten Fürstentagskurie, umfafst also die Fürsten und die — staatsrechtlich ihnen gleichstehenden — freien Standesherren. In § XII des Privilegs von 1498 werden auch „die von der gemeine ritterschafft und mannschafft, darzu die von stetten oder ire inwonner" im Gegensatze zu den „fursten und erpsessen" der §§ II und VIII angeführt; unter den Fürsten und Erbsassen können also nur die Glieder der ersten Fürstentagskurie, Fürsten und freie Standesherren, zu verstehen sein. Zu der Gesandtschaft, welche das Privileg erwirkte, gehörte übrigens aufser dem Oberhauptmann, dem Herzoge Casimir von Teschen, auch Sigmund Kurzbach, freier Standesherr auf Trachenberg.

es war ferner Forum in Fällen der Rechtsverweigerung seitens der partikularen Gerichte Schlesiens. Seine Kompetenz erstreckte sich nur auf Civilsachen[1]. Was das Verfahren anbetraf, so wurde festgesetzt, dafs die Ladung schriftlich durch den Oberhauptmann ergehen sollte und zwar ein Vierteljahr vor dem jedesmaligen Verhandlungstermine; falls der Oberhauptmann selbst beklagt würde, hatte der älteste Fürst die Citation ausgehen zu lassen. Um Verschleppungen zu verhüten, wurde angeordnet, dafs gegen diejenigen, welche auf die ergangene Citation sich nicht stellten, in contumaciam verhandelt würde. Die Urteile des Oberrechtes sollten ohne irgend welchen Aufschub vollstreckt werden, eine Bestimmung, aus der man später die Folgerung zog, dafs das Gericht inappellabel sei, und zwar mit Recht, da denjenigen, welche bei der Einrichtung des Fürstenrechtes damals beteiligt waren, der Rechtsbegriff der Appellation wenn auch nicht gerade unbekannt war, so doch hinsichtlich des Oberrechtes sehr fernlag.

B. **Das Oberrecht und der Landfriede von 1528.**

Die Geschichte des Oberrechtes im 16. und 17. Jahrhundert ist ungemein interessant und wechselvoll; sie ist ein Spiegelbild der Kämpfe zwischen Krone und Ständen in jener Epoche. Wenn auch die Grundzüge in der Folgezeit dieselben blieben, wie sie im Privileg von 1498 festgestellt waren, so bildete sich doch späterhin im einzelnen teils durch weitere, ergänzende Verordnungen seitens der Krone und der Stände, teils durch die Macht der Gewohnheit eine Anzahl bestimmter Formen und auf die Organisation bezüglicher Rechtssätze aus, welche uns noch zu einem näheren Eingehen auf die Entwicklung dieser Institution zwingen. Freilich ist die älteste Geschichte des Oberrechtes in tiefes Dunkel gehüllt; wir er-

---

[1] S. § II „und wo wir ... in welcherlai sache das wer, auch grunt oder podem betreffent, auch wiederumb die fursten oder erbsessen des landis auf uns .. umb grunt podem odir [was] sunnst ire freyheit oder brievelegia angehen mochte der Slesie betreffend .. zu sprechen hetten." Wenn auch Processe um Grund und Boden und Privilegien ihrer gröfseren Wichtigkeit halber besonders hervorgehoben werden, so geht doch aus dem Wortlaute („in welcherlai sache das wer") hervor, dafs keine civilrechtliche Klage von der Kompetenz des Oberrechtes ausgeschlossen war. Zu modificieren ist demnach die Meinung von Christoph Seidel, Observationes practicae de juribus atque processibus forensibus in Silesia" 1717 S. 20 ff.: aus dem Privilegium Wladislai ergebe sich, dafs vor das Oberrecht diejenigen causae reales gehörten, in denen „ein Fürstentum oder eine freie Standesherrschaft selbsten angesprochen würde;" „in personalibus autem Causis vel etiam realibus ad ipsum Ducatum non spectantibus principes coram Rege Bohemiae sunt conveniendi". Auch was Friedenberg (Tractatus juridico-practicus S. 12) aus dem privilegium Wladislai herausliest, ist unrichtig.

fahren sehr wenig, fast gar nichts darüber, ob und wie es
in den ersten Jahrzehnten des 16. Jahrhunderts fungierte.
Die ersten Spuren seiner Wirksamkeit finden sich erst wieder
nach dem Regierungsantritte Ferdinands I. von Habsburg. Die
schlesischen Stände zeigten damals dem neugewählten Könige
an, dafs der Landfriede, den sie unter seinen Vorgängern
errichtet hätten, jetzt sein Ende genommen habe, „dardurch
im Lande grosser mutwille, unrat und raubercy zu besorgen,
auch das obriste Landgerichte wieder müssen liegen bleiben" [1].
Dieses „oberste Landgericht" aber ist zweifelsohne identisch
mit dem Ober- und Fürstenrechte. In dem Landfrieden vom
22. September 1528 [2], welcher auf die eben angeführte Vorstellung der Stände hin beschlossen wurde, ist als höchstes
schlesisches Gericht das Ober- und Fürstenrecht erwähnt; erhalten ist uns ferner ein „Abschied des Obersten Landgerichtes
zu Breslau" [3], und zwar geht aus dem Datum des Spruches
(nach Jubilate) und aus dem Charakter der Rechtssache, um
die es sich handelt, sicher hervor, dafs unter diesem obersten
Landgerichte das Ober- und Fürstenrecht verstanden werden
mufs. In den Landfrieden von 1528 wurden auch nicht nur
die auf die Einsetzung des Oberrechtes bezüglichen Artikel
in ihrem vollen Wortlaute eingerückt und so einer neuen Bestätigung seitens des Königs und der Stände teilhaftig, sondern
es wurden auch darin ergänzende Bestimmungen über die
Organisation dieses Gerichtshofes getroffen. Hinsichtlich der
Zusammensetzung wurde angeordnet, dafs die Fürsten und
Stände zum Oberrechte alte, verständige, in ihrem Jurisdiktionsbezirke gesessene und beerbte, rechtskundige Personen, welche
auch schon früher daran Teil genommen hätten, entsenden,
und dafs diese Deputierten, falls nicht zwingende Gründe vorhanden seien, mindestens drei Jahre lang hintereinander in
dem Gerichte sitzen sollten [4].

[1] Schickfufs S. 283.
[2] Ebd. S. 283—294.
[3] „Abschied des Obersten Landgerichtes zu Breslau: dass, da der
kgl. anwalt den rath und gerichte zu Breslau auf diesen rechtstag vorgeladen, ersterer aber vorgewandter und nicht bescheinigter ehehaften
halber nicht erschienen, die beklagten von der klage losgespiochen
seien." Bresl. Stadtarch. Ropp. 32d d. d. 11. Mai 1536.
[4] Die Breslauer hatten aufserdem noch den Vorschlag gemacht,
„weil dem ganzen land an demselben recht all ir hochstes vertrawen
gelegen, das der herr Bischow, der oberst konigliche hawbtman und die
stad Breslaw ieder zu den rechten ainen geschigten doctorn der recht
hilden und neben den andern sitzen liessen, die den grund der recht
die andern beisitzer zu berichten und gerechtigkeit zufurdern hetten."
Bresl. Stadtarch. Acta Publica I. Ms. 162 fol. 97 ff. Die oben angeführte Bestimmung des Landfriedens wurde später zu öfteren Malen
erneuert; so durch den Fürstentagsbeschlufs von 1530, welcher zugleich
die säumigen Stände mit Strafe bedrohte: „wer aussenblieb und den
seinen zu angestalten rechts teegen nicht vorordnete und allmal ab-

Diese letzte Mafsregel verfolgte offenbar den Zweck, einigermafsen geschulte Beisitzer heranzuziehen und zugleich eine gewisse Stetigkeit und Tradition in der Geschäftsführung des Oberrechtes herbeizuführen. Die Rechtssitzer mufsten schwören, „dem reichen als dem armen, feinden als freunden die gerechtigkeit zu thun". Den Vorsitz hatte der oberste Landeshauptmann inne, „als ein hauptmann und richter an stat königlicher majestät". Besonders zahlreich und detailliert sind die Vorschriften über den Procefs. Armen und unwissenden Leuten war der Oberhauptmann auf ihr Ansuchen verpflichtet, einen Beistand aus der Zahl der Beisitzer zu stellen. Die Ladung, in welcher die Klage enthalten und mitgeteilt sein sollte, fand statt nur einmal vor Anfang des Processes; zu den folgenden Rechtstagen sollte der Beklagte ohne neue Citation erscheinen. Auf dem ersten Termine durfte der Beklagte um eine Frist bis zur nächsten Sitzung bitten; doch durfte ihm keine längere Frist gewährt werden. Verschleppungen suchte man durch die Bestimmung vorzubeugen, dafs jedweder Procefs mit dem dritten Rechtstage sein Ende erreicht haben müsse. Wenn ein Ausländer oder ein in Schlesien nicht besessener Mann gegen eine in Schlesien besessene Person klagte, so mufste er Personal- oder Realbürgschaft dafür leisten, dafs er im Falle eines für ihn ungünstigen Ausganges des Processes dem Beklagten die Kosten ersetzen würde; war es ihm unmöglich, eine derartige Kaution zu stellen, so sollte das Oberrecht erkennen, durch welche Gelübde der Kläger zu verpflichten sei. Jede Ladung wurde kraftlos, wenn der Kläger zum angesetzten Termine nicht selbst oder vertreten durch Bevollmächtigte erschien; durch Gerichtsbeschlufs wurde dann auch festgesetzt, in welcher Höhe der Kläger dem Beklagten seine Unkosten zu ersetzen habe, und erst wenn er diesen Betrag erlegt hatte, durfte er seine Gegenpartei von neuem laden. Blieb er aber auch beim zweiten Termine aus, ohne ehehafte Not glaubwürdig nachweisen zu können, so wurde er endgültig abgewiesen. Andererseits wurde ebenfalls der Beklagte, wenn er trotz erfolgter Ladung sich nicht einstellte, verurteilt. Die Erledigung der einzelnen Rechtshändel erfolgte je nach dem Datum der Citation. Urteile des Oberrechtes waren ausnahmslos innerhalb zweier Monate nach ihrer Publikation voll-

---

schickte, der oder dieselben sollen vor storer gemainer freyheiten und aussetzungen diser land geacht werden ... Item wo jmants solch lewt zum rechtsitzen verordnet, die zu den gerichtlichen handlen ungeschickt, ob man ir denselben aber dieselben wurd heissen aufsteen, das muest ein jeder furst und stand im selben auf diese vermög schult geben." Ebd. A. P. II M⁹. 163 fol. 222 ff. Ähnlich im Jahre 1543; ebd. A. P. III M⁹. 164 fol. 294 ff.

streckbar. Falls in dieser Zeit der Verurteilte dem Spruche nicht Folge leistete, so durfte sich die andere Partei bei dem Oberhauptmanne beschweren, welcher dann dem Landeskämmerer oder Pfänder des Gerichtes [1], unter dem der Ungehorsame gesessen war, den Befehl gab, die Einweisung des Siegers in die Güter des Gegners vorzunehmen; wenn dieser letztere auch dem Exekutivbeamten sich widersetzte und die Einweisung nicht gestattete, so sollte er als gemeiner Landesfeind betrachtet und die Exekution mit Gewalt unter Leitung des Oberhauptmanns mit Hülfe der Fürsten und Stände vorgenommen werden. Gegen Fürsten und Herren, welche dem Spruche des Oberrechtes sich widersetzten, sollte auf die gleiche Weise vorgegangen werden. Auch die Kompetenz des Oberrechtes scheint durch seine Verbindung mit dem Landfriedensgesetze von 1528 erweitert worden zu sein [2]. Für den Fall, daſs ein Fürst einen Friedensbruch sich zu schulden kommen lassen würde, beschloſs man, daſs „derselbige fürst an den orten und stellen, darzu er ordentlich gehöret, darumb zu antworten und zu haften verpflichtet seyn solle". Wo aber diese Stelle sich befand, darüber giebt Auskunft der Schluſsartikel des Gesetzes von 1528, welcher festsetzte, daſs alle Fürsten und Stände, welche wider den Landfrieden handeln würden, durch Erkenntnis des Königs oder an seiner Statt des Oberhauptmanns in Gemeinschaft mit den schlesischen Fürsten gestraft werden sollten. Man darf sich daher der Schickfufsschen Ansicht anschlieſsen, es sei zwar in dem groſsen Landesprivileg von 1498 darüber nichts zu finden, „daſs ein Fürst oder Oberstand (d. i. ein freier Standesherr) in Schlesien vor diesem Oberrecht peinlich köndte vorgenommen werden"; doch sei solches aus dem Schluſsartikel des Landfriedens von 1528 klar zu erkennen [3]; unter dem daselbst erwähnten Gerichte des Oberhauptmanns an Stelle des Königs in Gemeinschaft mit den übrigen schlesischen Fürsten ist eben nichts anderes zu verstehen, als das Ober- und Fürstenrecht. Aus dieser Kompetenz des Oberrechtes

---

[1] Vgl. über diese Exekutivbeamten oben S. 78.
[2] Nach dem Schickfufsschen Abdrucke des Landfriedens könnte es scheinen, als ob das Oberrecht auch Zuständigkeit für Herren und Ritter, welche des Landfriedensbruches geziehen würden, erlangt habe. Die Schickfufssche Fassung des betreffenden Passus (Art. XI: „darauff der Herr oder Rittermessige Mann in 14 Tagen vor demselbigen gerichte erscheinen, daselbst vor dem obristen Hauptmann und Rechte gestehen, sich daselbst zu entschuldigen und in erkenntnüsz zu begeben") ist aber eine durchaus falsche; in Wirklichkeit ist von dem obersten Hauptmanne gar keine Rede, wie sich aus der auf der Kgl. und Universitätsbibliothek zu Breslau befindlichen Handschrift des Landfriedens ergiebt.
[3] Schickfufs III 294. (Es muſs daselbst heiſsen: Art. XXII, nicht Art. II.)

für die Fürsten im Falle von Landfriedensbrüchen mag sich
der Gerichtsstand der Fürsten und freien Standesherren vor
dem Oberrechte auch in peinlichen Sachen entwickelt haben.

C. **Bedeutung des Oberrechtes für die Zustände
der schlesischen Rechtspflege vor 1548.**

So war denn dem Ober- und Fürstenrechte, zumal seit
seiner Verbindung mit dem Landfrieden von 1528, in der
That die Bedeutung einer Centralstelle für die Rechtspflege
eigentümlich. Freilich griff es in die Wirkungssphäre der
partikularen Gerichte nur dann ein, wenn der Fall direkter
Rechtsverweigerung vorlag; eine Korrektur der einmal von
denselben gefällten Urteile stand ihm nicht zu; es war demnach weit entfernt, etwa den Charakter einer Appellinstanz
für die lokalen und territorialen Gerichte zu tragen. Gewifs
war die Centralisierung der Rechtspflege in der Form, wie
sie seitens der Stände durch die Errichtung des Oberrechtes
bewerkstelligt wurde, ein grofser Fortschritt gegen die recht-
und friedlosen Zeiten zum Ende des Mittelalters; es fragte sich
nur, ob damit alles geleistet war, was jetzt oder in künftigen
Zeiten auf dem Gebiete der Centralisierung der Rechtspflege
als ein notwendiges Bedürfnis sich herausstellen würde, und
ob man nicht dasjenige Ziel, welches sich die Stände bei der
Errichtung des von ihnen abhängigen obersten schlesischen
Gerichtshofes sich gesteckt hatten, auch auf anderem Wege
und mit geringerer Mühe erreichen könne. Und so war es
in der That. Die Centralisation mufste verstärkt werden durch
die Einführung des Rechtsmittels der Appellation; gegen
Rechtsverweigerung konnte man einschreiten durch Handhabung einer scharfen administrativen Kontrole über die
einzelnen partikularen Gerichte Schlesiens. Indem sich die
Krone zur Vorkämpferin dieser beiden Prinzipien, des geordneten Instanzenzuges und einer strengen Durchführung des
Oberaufsichtsrechtes über die partikularen Gerichte in den
schlesischen Territorien, aufwarf, entrifs sie mit einem Schlage
den Ständen den Sieg, welchen dieselben auf einem der wichtigsten Felder des Kampfes um die Centralgewalt bereits errungen zu haben glaubten.

An die Stelle des Landfriedens von 1528[1] trat 1541 eine
Fehdeordnung[2], welche die Kompetenz des Oberrechtes als
Tribunals in Fällen von Rechtsverweigerung, wenn auch nicht

---

[1] Derselbe war inzwischen am 16. Mai 1530 auf ein Jahr bis
Jubilate 1531 verlängert worden. Bresl. Stadtarch. Act. Publ. II Ms.
163 fol. 222 ff.

[2] Kgl. Staatsarch. Breslau. AA. III 26 b fol. 22 ff. Sie galt, wie
es scheint, bis zum Jahre 1571, in welchem sie von den Ständen
revidiert und erneuert wurde (Schickfufs III 161) 1563 baten die
Stände um eine Bestätigung der Ordnung von 1541. Ebd. III 210.

formell, so doch faktisch durchbrach, indem sie verordnete,
dafs derjenige, welcher mit seinen Ansprüchen bei dem zuständigen Gerichte kein Gehör finde, bei demjenigen Fürsten,
Herrn oder Stande, in dessen Herrschaft das betreffende Gericht gelegen sei, oder bei dessen stellvertretendem Hauptmanne Beschwerde führen solle; dieser solle dann den Kläger
mit Geleit zu dem ordentlichen Gerichte versehen und darüber
wachen, dafs dieses seine Pflicht erfülle, oder, falls der Kläger
dazu bereit sein würde, Personen aus Land und Städten zusammenberufen und mit Hülfe derselben nach Untersuchung
der Sache nach Recht und Billigkeit ein Erkenntnis fällen,
welchem strikter Gehorsam alsdann zu leisten sei. In der
erneuten Fehderordnung von 1571 wurde befohlen, dafs die
Fürsten, Stände und Obrigkeiten ihre Gerichte wohl bestellen
und darauf achten sollten, dafs jedermann unverzüglich seine Gerechtigkeit widerfahre; solche Obrigkeiten und Gerichte, welche
darwider verstiefsen, dürften vom Kläger für einen ihm etwa
durch den Verzug entstandenen Schaden haftbar gemacht
werden. In die Regierungszeit Ferdinands I. fällt auch die
Ausbildung des oben bereits erörterten Kontrolrechtes des
Oberhauptmanns über das Gerichtswesen in ganz Schlesien
den Gerichten gegenüber sowohl der Mediatlande als auch der
Erbfürstentümer. Die Hauptthätigkeit des Oberrechtes, seine
Funktion als Forum in Fällen von Rechtsverweigerung, wurde
nun freilich auf diese Weise lahmgelegt, da dafür, dafs solche
Fälle sich nicht mehr ereigneten, schon auf andere Weise gesorgt war; es wurde faktisch jetzt beschränkt auf Fälle, in
denen es von vornherein als erste Instanz zu fungieren hatte,
und da derartige Processe nicht allzu häufig sich ereigneten,
so ward sein Wirken nunmehr nur ein sehr sporadisches.

Daher darf es nicht befremden, dafs wir schon frühzeitig
Spuren des Verfalls des Ober- und Fürstenrechtes bemerken.
Verschiedene Stände, wie die Landstände der Fürstentümer
Schweidnitz-Jauer sowie Troppaus, suchten sich ihrer Sessionspflicht zu entziehen[1]; bei dem Oberrechte, welches an Jubilate 1538 fällig war, erschienen aufser dem Oberhauptmanne
seitens der übrigen Stände nur vier Beisitzer, sodafs die zur
Verhandlung anstehenden Sachen bis zum nächsten Rechtstage verschoben werden mufsten[2]. Die Stände wandten sich

---

[1] Bresl. Staatsarch. A. P. II Ms. 163. Abschied d. d. Breslau
16. Mai 1530, fol. 222 ff. Ebd. Gravamina des Landes Schlesien d. a.
1538 fol. 414—419.

[2] „Gemeiner abschid dises gegenwertigen rechtstages: Nachdem
auf itzig rechtes tag Jubilate der mer teil der verordenten auch gewonlichen rechtsitzer in disen koniglichen oberrecht aussenbliben, also auch
das f. g. der kü. ob. Hauptman in den wenigsten sachen nicht mer als
vier personen von den stenden bey sich gehabt, zu ubermafs aber und
zu erforderung der rechtes sachen bis auf den andern tag als heut
Dinstags nach Jubilate [14. Mai] (ap sich nochmals imand mer von

XIII 1. 197

bei dem sichtbaren Verfalle des Gerichtes, da dasselbe „nicht
mehr so stattlich gehalten werden könne wie früher, und weil
dadurch viele Leute an ihrem Rechte verkürzt würden", an
den König mit der Bitte, „hierin ein bestendig ordenung" zu
machen [1]. Ferdinand I. hütete sich jedoch sehr, diesem Ersuchen Folge zu leisten; er that im Gegenteile alles, was die
Bedeutung des Oberrechtes vermindern mufste. Er machte
den Versuch, Processe, die der inzwischen entstandenen Auffassung zufolge unzweifelhaft vor das Forum des Oberrechtes
gehörten [2], der Kompetenz desselben zu entziehen; ja er befahl sogar mehrere Male dem Oberhauptmanne, das Oberrecht
ganz und gar ausfallen zu lassen, wodurch der Unwille der
Stände freilich dermafsen erregt wurde, dafs sie dem Könige
anzeigten, sie würden dieses eigenmächtige Verfahren fortan
nicht mehr dulden [3]. Ferdinand fand es auch schliefslich auf

---

stenden darzu finden wolden) verzogen, weil aber nymands mer zur
stelle komen, und an s. f. g. noch den andern rechtssitzern zu erfarung
des rechtens kein mangel noch abgang gewest, sunder an den aussen-
pleibenden, welcher ungehorsam R. K. M. wird angezaigt werden,
Derohalbon etc. Ebd. fol. 499 f.
[1] Ebd. fol. 417 b.
[2] So 1538 einen Procefs der Krone gegen die Stadt Löwenberg,
in welchem es sich, wie es scheint, um Grund und Boden handelte,
indem er auf die Beschwerde der Stände hin antwortete, er wolle die
Privilegien des Landes keineswegs anfechten; „wo es aber I. M. Camer-
ent beruren wolt, kunden I. M. ir die haut nit speren lassen sonder
alher oder wo es Ir. M. gefellig zuziehen ider zeit vorbehalten haben;
zudem auch was gewaltsame und ander penfellige handlungen anlangt,
dieselben oder dergleichen sachen, weil yr Mtt. die in iren registraturen
befunden, das bey irer M. vorfarunden kunigen je und alleweg solches
zu sich zuezichen macht gehabt, gedenken sich Ir. M. den selben hochhait und regalien weniger und ungeschmelerter, dann wie die vorigen
hern und kunige in gebrauch gewesen, zu eussern oder sich der zu
begeben." Ebd. fol. 420—423. In ihrer Replik (ebd. fol. 425 ff.) wiesen
die Stände daraufhin, dafs dies eine Verletzung des ersten Artikels
des Privilegs von 1498 sei. Wie wir sahen, fand eine solche Verletzung dem strikten Wortlaute des Privilegs zufolge nicht statt; schon
damals hatte sich also eine Interpretation des Privilegs dahin ausgebildet, dafs man das Oberrecht in allen Processen zwischen der
Krone und irgendwelchen Einwohnern oder Ständen Schlesiens für
kompetent ansah. Die Replik der Stände nutzte auch nichts, da inzwischen bereits in dem Processe ein Urteil aus Prag unter dem
Insiegel des Obersten Landeshofmeisters ergangen war, d. h. ein Urteil
des Judicium camerale; vgl. P. Stransky, Respublica Bohemiae
S. 419 und 450. 1540 citierte der König die Herzöge Heinrich und
Johann von Münsterberg, gegen welche der Abt von Heinrichau eine
Klage eingereicht hatte, nach Prag, wogegen die Stände ebenfalls protestierten, da es gegen des Landes und der Herzöge spezielle Freiheiten
verstofse. Bresl. Stadtarch. A. P. II fol. 456 f. und 477 ff.
[3] Schreiben der Stände auf dem Landtage von Quasimodogeniti
zu Breslau an den König. d. d. Breslau 20. April 1542: „Aller gnedigister
kunig und her. Es hat E. K. M. oberster haubtman, der herr bischof
sein lieb und f. gn. itz bey diesem fürstentage das oberrecht, so auf
nestkunftig Jubilate alhie auf dem kö. hof hat sollen gehalten werden,
abermals aufgehoben und differirt, und wie wir vermerken, dafs es aus

diese energische Sprache hin für angebracht, ihnen zu versichern, dafs er diesen Aufschub des Oberrechtes nicht „gefährlicher Weise, sondern der stürmischen Zeiten und der Kriegsgefahr halber" verordnet habe[1]. Als im Jahre 1546 der grofse Privilegienstreit zwischen Schlesien und Böhmen ausbrach, fochten die Stände der Krone Böhmen auch die Artikel des Freiheitsbriefes von 1498 an, indem sie vorwandten, durch die Bestimmungen, dafs Processe zwischen dem König und den Schlesiern in Schlesien verhandelt werden, dafs die Schlesier Citationen gegen Prag und aufserhalb ihres Landes zu folgen nicht schuldig sein, und dafs die Urteile des Oberrechtes definitive Kraft haben sollten, geschähe den Regalien, der Jurisdiktion und der Hoheit der Krone Abbruch; besonders würde dadurch „den Königen zu Böheimb die hobait der appellation wider alles göttliche, natürliche, beschriebene recht benommen". Mit Recht wandten die Schlesier dagegen ein, dafs den böhmischen Ständen in diesen Verhältnissen kein Recht der Klageführung gebühre, und es wurde formell, soviel wir ersehen können, seitens Ferdinands I. dem Oberrechtsprivilegium keine Beeinträchtigung zugefügt[2]. Er sah ein, dafs er sein Ziel, die oberste Gerichtsgewalt den Ständen zu entreifsen, auch ohne eine offenbare Verletzung ihrer Privilegien erreichen könne; Mittel und

---

r. k. m. schreiben und bevelch herkommen solle. Daran wir warlich in gemaynem grofs beschwer empfunden, ... dann nicht allein der herr von Berstain anstat und von wegen herzog wentzels von Teschen seiner L. und f. gn. auch andere aus und einlendische leute ... aufgehalten werden, sonder es wird dardurch mercklich vernachtaylung des rechts an im selbst mit sambt unsern aussetzungen, freiheyten, privilegien ... Was auch in ein land, da die recht gestort und iren ordentlichen gang nicht haben, schedlicher weyterung zu erfolgen pflegt, das wollen wir e. R K. m. als den gerechten kunig bey sich selber zu erwegen heimgestalt haben. Darumb wir E. R. M. aus obvormelten tapfern ursachen hiermit zum underthenigisten ansagen, das wir E. R. M. zu sonderlichen ehren und wolgefallen itzt zu diesem mal auf Jubylate stat lassen"des hern bischofs s. l. und f. g. gethanen des oberrechts aufgebung oder fortmehr das wir auf keinem gebotnen schueb aber dilationem mer entreumen können noch mogen, es wer den das gemeines land aber die geschwornen rechtssitzer auf ire zum recht gethan eide selbst der redelich und genugsam ursachen bey sich befinden und aussetzen wurden, darmit also menniglich das recht und gerechtigkeit auf die ordentlichen tage zugleich widerfaren und geholfen und in allwege bey wirden erhalten werden." Bresl. Staatsarch. A. P. III Ms. 164 fol. 239 ff. Ebenso bestimmt der Landtagsabschied, d. d. Frankenstein, 8. Januar 1543, dafs das Oberrecht zu seinen gebührenden Zeiten ohne Aufschub gehalten werde, „ausserhalb der vorfallenden ehehaft und not so zu rechte genug und der oberste hawbtman des landes sambt den geschwornen rechtssitzern darfur erkennen wurden." Ebd. fol. 299.

[1] Instruktion für die königlichen Landtagskommissare, d. d. Nürnberg, 29. Januar 1543. Ebd. fol. 300 ff.
[2] Schickfufs III 274—281.

Wege dazu waren ihm gegeben, wie schon oben bemerkt wurde, durch eine schärfere Handhabung der administrativen Kontrole, sowie durch Einführung eines innerhalb der Machtsphäre der Krone organisierten Instanzenzuges. Dies letztere fand statt 1548 durch die Errichtung der Prager Appellationskammer; mit dieser Mafsregel mufste das Oberrecht seinen bisherigen Charakter eines für das Rechtsleben Schlesiens wirklich bedeutsamen Centralgerichtes verlieren, und es datiert daher ungefähr von diesem Jahre ab eine neue Epoche in der Geschichte des Oberrechtes.

2. Das Ober- und Fürstenrecht seit 1548.

A. Vorsitz, Mitglieder, Form der Beratung.

Unter dem Einflusse der zuletzt besprochenen grundlegenden Reformen auf dem Gebiete der Rechtspflege erlitt das Ober- und Fürstenrecht zwar nicht formell, aber doch faktisch wesentliche Beschränkungen seiner Kompetenz;' zugleich bildeten sich auf dem Wege des Gewohnheitsrechtes gewisse feste Formen in seiner Geschäftspraxis heraus, welche zum Teile vielleicht schon vorher bestanden hatten, von denen wir aber erst seit der zweiten Hälfte des 16. Jahrhunderts hören, da erst seit dieser Zeit das Material einigermafsen reichlicher zu werden beginnt. Hatte sich schon früher, wie wir sahen, Ferdinand I. dem Ansinnen der Stände gegenüber, eine Ordnung für das Oberrecht zu schaffen, aus wohlerwogenen Gründen ablehnend verhalten, so kam es jetzt zu einer derartigen Instruktion noch viel weniger, da das Gericht seine frühere Bedeutung zum gröfsten Teile einbüfste. Alles war lediglich der Gewohnheit überlassen, und als im Anfange des 17. Jahrhunderts die Kammer sich an das Oberamt mit der Bitte wandte, ihr Einsicht in eine etwa vorhandene Oberrechtsordnung zu gestatten, beschied sie der damalige Oberhauptmann, Herzog Karl von Oels, abschlägig, da ein derartiges Schriftstück nicht existiere [1]. Auch hier sind also wie beim Oberamte Protokolle und Akten der laufenden Thätigkeit die wichtigsten Quellen für unsere Untersuchung [2].

Vorsitzender des Ober- und Fürstenrechtes war gemäfs der Satzung des grofsen Landesprivileges der oberste Landes-

---

[1] „Nun wollten wir gerne dem herrn hierinnen wilfahrn, wann nur etwas wegen angedeutter ordnung des fürstenrechts bey unserer Oberamts Canzley vorhanden und zu befinden were; können uns auch selber nicht erinnern, dafz Jechtwas deshalb schriftlich vorfasset worden" etc. Kgl. Staatsarch. Bresl. AA. II 11c, d. d. Oels, 30. April 1615.
[2] Dazu kommen die Schriftsteller des 17. und 18. Jahrh. und ein aus der zweiten Hälfte des 16. Jahrh. stammender Bericht, abgedruckt im Urkundenanhange Nr. II 1.

hauptmann als Richter an der Statt des Königs. Falls der Oberhauptmann verhindert war, trat an seine Stelle der älteste Fürst des Landes; doch mufste der König dazu seine besondere Einwilligung geben¹. Wenn der Bischof das Oberamt innehatte, so trat er in peinlichen Prozessen den Vorsitz an einen weltlichen Fürsten ab². Konflikte ergaben sich, wenn die interimistische Verwaltung der Oberhauptmannschaft vom Könige einer nichtfürstlichen Person anvertraut war. Abschiede und Sentenzen konnten nämlich nur im Namen des Oberhauptmanns und der Rechtssitzer ergehen; wenn demnach in solchen Zeiten jemand aus den Fürsten präsidierte, so kam ein formell gültiges Urteil nicht zustande; andererseits aber wurde dem nichtfürstlichen Verweser des Oberamtes das Recht des Vorsitzes bestritten. Die Folge davon war, dafs in solchem Falle das Gericht überhaupt nicht tagen konnte³.

Berechtigt und verpflichtet zur Session im Oberrechte waren alle Fürsten und freien Standesherren, sowie die Stände der Erbfürstentümer. Eine Ausnahme hiervon fand statt hinsichtlich der Landstände von Schweidnitz-Jauer, welche 1526 von König Ludwig das Privileg erwirkt hatten, nur dann das Oberrecht besenden zu dürfen, wenn des Königs eigene Sachen daselbst verhandelt würden⁴. Es scheint jedoch, dafs dieselben anfangs nicht davon Gebrauch machen; denn wie die andern schlesischen Fürsten und Stände vollzogen sie den Landfrieden von 1528⁵, ein Akt, durch welchen sie die Kompetenz des Oberrechtes im vollen Umfange des Landfriedens, also ganz ebenso wie die andern Fürsten und Stände Schlesiens, anerkannten. Als aber dieser Landfriede 1530 prorogiert werden sollte, weigerte sich die Landschaft von Schweidnitz-Jauer, in diese Verlängerung einzuwilligen⁶

---

¹ Kgl. Staatsarch. AA VI 12a (d. a. 1556); ebd. AA. III 6d S. 170 (d. a. 1563). Vgl. Schickfufs III 281.
² Kgl. Staatsarch. AA. 11a fol. 25 ff. und AA III 6e S. 503; ein darauf bezüglicher Befehl des Königs d. d. 24. März 1589. Ebd. S. 660.
³ Vgl. den Bericht des Oberamtsverwesers Hans von Oppersdorf an den Kaiser, d. d. Oppeln, 24. April 1562. Ebd. AA. III 6d S. 75 f.
⁴ Privileg König Ludwigs, d. d. Ofen, Mittwoch nach Invocavit 1526, bestätigt von Ferdinand I., d. d. Prag, 18. März 1530, von Maximilian II., d. d. Prag, 7. April 1571: „Und dieweil auch gemelte unsere fürstenthümber vor alters ihr eigene verordnete ... rechte haben, so wollen wir auch, dafs sie und ihre nachkommen hinfort und zu ewigen zeiten ... ausserhalb derselben fürstenthümbern gränzen zu keinem rechten zu schicken noch zu gestehen schuldig seyn sollen, ... denn in unseren eigen obliegenden sachen zu ziehen und zu schicken verpflicht sein." Schickfufs III 401.
⁵ Ebd. S. 294.
⁶ Auch hierzu waren sie berechtigt nach demselben Privileg Ludwigs, da ihnen auch durch dasselbe anheimgestellt wurde, an den allgemeinen Landesfürstentagen nur dann Teil zu nehmen, wenn es sich um An-

und weiterhin Deputierte zum Oberrechte abzuordnen[1]. Der Aufforderung der Fürsten und Stände, sich binnen Monatsfrist zum Landfrieden zu bekennen und, wie früher lange Jahre hindurch anstandslos geschehen sei, Rechtssitzer aus ihrer Mitte zu den verordneten Rechtstagen auch fernerhin zu schicken, scheint die Landschaft nicht Folge geleistet zu haben; denn auch späterhin erheben sich wieder Klagen über ihr hartnäckiges Ausbleiben[2], denen gegenüber sie sich immer wieder unter Berufung auf ihr Privileg rechtfertigte[3]. Als 1582 die Fürsten und Stände den Versuch machten, das Oberrecht, nachdem es mehrere Jahre darniedergelegen hatte, wieder zu neuem Leben zu erwecken, absentierten sich nunmehr nicht nur die Landstände, sondern auch die Städte der Fürstentümer Schweidnitz-Jauer[4], die ersteren unter abermaligem Hinweise auf das oben erwähnte Privileg. Das Verhalten der Städte rief einen scharfen Protest des Oberhauptmanns hervor, welcher mit der Bemerkung, dafs sich das Privileg von 1526 ja nur auf die Landschaft bezöge, dem Landeshauptmanne zu Jauer den Befehl gab, von amtswegen zu verfügen, dafs die Städte wie vor alters ihre Gesandten wieder zum Oberrechte abfertigten[5]; in der That sind sie von da ab wieder regelmäfsig vertreten[6]. Zur Prüfung des angeblichen Rechtes der Landstände wurde eine Kommission eingesetzt, welche noch 1589 ihre Aufgabe nicht erledigt hatte[7]; wahrscheinlich fiel die endliche Entscheidung, wenn überhaupt eine solche gefällt wurde, zu gunsten der Landschaft aus, da dieselbe noch zum Anfange des dreifsigjährigen Krieges sich ungestört im Genusse ihres Exemtionsprivilegs befand[8].

Aufser der Ritterschaft von Schweidnitz-Jauer versuchten es auch noch die Troppauischen Landstände, ihrer Sessionspflicht für das Oberrecht sich zu entziehen; diese Bestrebungen standen in engstem Zusammenhange mit ihren Plänen, ihr Land, welches ursprünglich zu Mähren gehört hatte, seit dem 15. Jahrhunderte aber als zu Schlesien gehörig betrachtet

---

gelegenheiten des Königs handelte, d. h. hauptsächlich um Steuerbewilligungen.
[1] Bresl. Stadtarch. A. P. II Ms. 163, Landtagsabschied, d. d. Breslau 16. Mai 1530.
[2] Gravamina des Landes Schlesien (wohl d. a. 1538). Ebd. fol. 417b und Kgl. Staatsarch. Bresl. AA. III 6a S. 314.
[3] So z. B. 1551 AA. III 6b S. 23. Schreiben der Herren und gemeinen Ritterschaft der Fürstenthümer Schweidnitz und Jauer, d. d. 17. März 1551.
[4] Ebd. AA. II 12e.
[5] Ebd. AA. II 11a und AA. III 6e S. 183, d. d. Neifse, 11. März 1583.
[6] Schon auf dem Oberrechtstage vom Montag nach Jubilate 1583. Kgl. Staatsarch. Bresl. AA. 11a fol. 9 ff.
[7] Ebd. AA. 12 f.
[8] S. Schickfufs III 281.

wurde, von der staatsrechtlichen Gemeinschaft mit Schlesien wieder zu lösen[1]. Den Landfrieden von 1528 hatten auch die Herren, Ritter und Städte von Troppau unterzeichnet[2], und als 1530 die Landschaft von Schweidnitz-Jauer den ersten Versuch machte, der Teilnahme am Oberrechte ledig zu werden, scheinen die Troppauer sich nicht daran beteiligt zu haben[3]. Allmählich mochten indes die schweren Opfer, welche ihr Anschlufs an Schlesien sie kostete[4], desgleichen die gröfseren Freiheiten, deren sich das Land Mähren im Vergleiche zu Schlesien erfreute, den Wunsch in ihnen wachrufen, wieder die alte Zugehörigkeit zu Mähren zu gewinnen. Die ersten Schritte in dieser Richtung unternahmen sie, indem sie sich der Mitgliedschaft am Oberrechte zu entziehen suchten: mafsgebend dabei dürfte für sie das Beispiel der Schweidnitz-Jauerschen Landschaft gewesen sein. 1538 führten die schlesischen Stände bei dem Könige Beschwerde über die Weigerung der Troppauischen Ritterschaft, im obersten Landrechte zu sitzen[5]; der Herrscher befahl darauf, dafs die Troppauer ihm die Privilegien vorlegen sollten, auf welche sie sich stützten, und versprach, je nach dem Ausgange dieser Untersuchung eine Entscheidung fällen zu wollen[6]. Ob es zu einem Spruche des Königs kam, wissen wir nicht; da 1542 ein Oberrechtstag Mittwoch nach Trium Regum zu Troppau stattfand[7], so dürfen wir wohl annehmen, dafs die Schritte der Troppauer bis dahin erfolglos geblieben waren. Aus dem Jahre 1546 ist uns auch ein Rechtsspruch des Königs erhalten, dafs die Troppauer Ritterschaft die Session vor der Glogauischen sowohl bei Fürstentagen als auch im Oberrechte haben solle[8]; wenn es zu einem Sessionsstreite zwischen den Glogauern und den Troppauern kommen konnte, so müssen

---

[1] Vgl. G. Biermann, Gesch. der Herzogtümer Troppau und Jägerndorf S. 368 ff. (Teschen 1874) und oben S. 201 und 220.
[2] Schickfufs III 294.
[3] 1532 Mittwoch nach Trium Regum fand in Troppau ein Oberrechtstag statt; vgl. oben S. 189 Anm. 2.
[4] So ihre hohe Mitleidenschaft bei der Landessteuer, ferner die Kosten für die Entsendung der Delegierten zum Oberrechte; vgl. Biermann a. a. O. S. 375 f.
[5] Bresl. Stadtarch. A. P. II Ms. 163 fol. 417 b. Das erste Gravamen der schlesischen Stände in dieser Hinsicht erfolgte also 1538, nicht 1554, wie Biermann a. a. O. S. 374 meint.
[6] Bresl. Stadtarch. A. P. II Ms. 163. Antwort des Königs auf die schlesischen Gravamina (wohl d. a. 1538) fol. 420 ff.
[7] S. oben S. 189 Anm. 2. Vgl. auch Schickfufs III 216 Art. XV, die Beweisführung der schlesischen Stände über die staatsrechtliche Zugehörigkeit Troppaus zu Schlesien („Bericht wegen des Fürstenthumbs Troppaw, dafs es zum Land Schlesien gehörig") d. d. Troppau, 11. Febr. 1587.
[8] Angeführt bei Schickfufs III 212 mit falscher Datumsangabe (1556 statt 1546).

doch die letzteren in dieser Zeit ihre Session auch noch ausgeübt haben.

Um die Mitte des 16. Jahrhunderts nahmen die Troppauer ihren Versuch von neuem auf; 1551 behauptete die Landschaft — jetzt aber in Gemeinschaft mit den Städten — unter Berufung auf ihre Privilegien, vom Oberrechte exemt zu sein[1]. Die Folge davon war eine abermalige Beschwerde der schlesischen Stände im Jahre 1554, welche Ferdinand dahin beantwortete, dafs er die Sache selbst in Prag entscheiden wolle. Bei Gelegenheit des Bergwerksprocesses gegen den Markgrafen Georg Friedrich von Jägerndorf[2] befahl der Kaiser 1561 den Troppauern, da es sich um seine Regalien und Kammergüter handele, sich an den Sitzungen des Oberrechtes zu beteiligen, indem er ihnen zugleich die Zusicherung gab, dafs ihr Erscheinen ihren etwaigen Immunitätsprivilegien unschädlich sein solle, und in der That ist Troppau von 1561 bis 1564 in dem Oberrechte vertreten[3]. Mit dem Regierungsantritte Maximilians II. begannen jedoch von neuem die Bestrebungen der Troppauer, sich der Sessionspflicht für das Oberrecht und der staatsrechtlichen Verbindung überhaupt mit Schlesien zu entziehen[4]. 1565 und vier Jahre später nach einem grofsen Processe über die staatsrechtliche Zugehörigkeit Troppaus in Prag fällte der Kaiser vorläufig die Entscheidung, dafs die Troppauer sich zu Schlesien halten sollten[5], ohne dafs die Landschaft jedoch dieser Weisung, insofern sie sich auf das Oberrecht bezog, Folge geleistet hätte[6]. Auch als seit Michaelis 1582 das Oberrecht nach mehrjähriger Pause von neuem abgehalten wurde, absentierten sich die Troppauer trotz dem Widerspruche der schlesischen Stände und trotz kaiserlichen Befehlen beharrlich vom Fürstenrechte[7], freilich nur insofern, als dasselbe als

---

[1] Kgl. Staatsarch. Bresl. AA. III 6a S. 27. Es ist nirgends angeführt, auf welche Privilegien die Troppauer sich beriefen; höchst wahrscheinlich stützten sie sich auf die (bei Biermann a. a. O. S. 410 erwähnte) Bestimmung der Troppauer Landtafel, dafs ein beklagter Troppauischer Landstand sich vor ein anderes als vor das Troppauische Landrecht nicht stellen dürfe. Dies konnte sich aber immer nur auf die Landstände, nicht aber auf die Städte beziehen.
[2] Vgl. Döbner in Zeitschr. für Gesch. u. Alterthum Schlesiens XIV 87 ff.
[3] Biermann S. 375.
[4] Schlesisches Gravamen d. d. Breslau, 7. Novbr. 1565. Schickfufs III 212.
[5] Biermann a. a. O.
[6] Die Präsenzlisten der Oberrechtssitzungen dieser Zeit (Kgl. Staatsarch. Bresl. AA. II 11a, Oberrechtshandlung 1570—1610) führen wenigstens Troppauische Delegierte nicht auf.
[7] S. die Oberrechtsprotokolle von 1582 ff. Ebd. AA. II 11a und AA. II 12e und 12f, ferner AA. III 6e S. 539 ff.; vgl. auch Biermann S. 382.

Gerichtshof fungierte; zu den Beratungen über allgemeine
wichtigere Landessachen, welche seit jener Zeit an die Rechtssitzungen sich anzuschliefsen pflegten, sandten sie hin und
wieder Deputierte[1]. Erst im Anfange des 17. Jahrhunderts
endete der ärgerliche Streit; 1612 gab die Stadt Troppau ihre
bisherige Abstinenzpolitik auf, indem sie sich entschlofs, drei
Vertreter zum Oberrechte zu entsenden[2]. Die Landschaft beharrte bei ihrem Widerstande; ganz unerwartet wurde der Konflikt jedoch dadurch gelöst, dafs der Kaiser am 28. Dezember
1614 den Fürsten Karl von Lichtenstein mit dem Herzogtume
Troppau belehnte und dabei ausdrücklich die Zugehörigkeit
des Landes zu Schlesien aussprach[3]. Die Session sowohl auf
dem Fürstentage als auch auf dem Oberrechte ward jetzt den
Troppauischen Ständen genommen und ging über auf den
neuen Herzog, der nunmehr seinen Sitz in dem Fürstenkollegium einnahm.

Als berechtigt und verpflichtet zur Session im Oberrechte
wurden also die Fürsten und Freiherren sowie die Stände der
Erbfürstentümer betrachtet. Den Fürsten und Freiherren
wurde beim Antritt ihrer Herrschaft das Recht zur Session
formell vom Kaiser durch Vermittlung des Oberhauptmanns
erteilt[4]; sie erschienen entweder persönlich bei den Rechtstagen oder liefsen sich durch Gesandte vertreten, zu denen
sie zumeist Rechtsgelehrte oder die obersten Beamten, so den
Landeshauptmann, den Kanzler oder den Marschall, ernannten[5].
Die Landstände der einzelnen Erbfürstentümer verordneten
aus ihrer Mitte je einen oder zwei Deputierte, von denen aber
gefordert wurde, dafs sie selbst in dem betreffenden Territorium beerbt und besessen, also Mitglieder des ständischen
Korpus daselbst seien; auch die Landesbeamten, der Landeshauptmann, der Kanzler oder der Landschreiber, durften nur

---

[1] So erschien zur Beratung über die Defensionsangelegenheit
Montag nach Jubilate 1584 Bernhard Prażma als Gesandter der Troppauischen Stände; die Teilnahme an der Rechtssitzung jedoch verweigerte Prażma und trat dabei ab, wogegen die anderen Rechtssitzer
protestierten. Kgl. Staatsarch. Bresl. AA. III 6c S. 291, d. d. 23. April
1584 und AA. 11a fol. 17 ff.
[2] Ebd. AA. II 11a, Oberrechtsprotokoll vom Montage nach Jubilate
1612; auch auf dem Rechtstage von Michaelis 1612 erschienen Delegierte
der Stadt.
[3] Biermann S. 384. Revers des Herzogs Karl, dafs er als
Herzog von Troppau aufgenommen und für Schlesien als ein schlesischer
treuer Landstand sich halten wolle, „weil solches von undenklichen
jahren zu dem lant Schlesien gehörig gewesen," d. d. 28. April 1614
bei Friedenberg, Cod. dipl. Sil. Tom. II 1234 ff. Kgl. Staatsarch.
Bresl. Hs. D. 326b.
[4] So bezüglich Herzog Johanns. Ebd. AA. III 6b S. 81, d. d.
4. April 1552.
[5] Vgl. u. a. AA. III 6d S. 73, 75, 300, ferner die Protokolle in
AA. II 12a, 12e u. s. w.

dann als Teilnehmer des Fürstenrechtes erscheinen, wenn sie adlige Landsassen waren[1]. Die Städte, von denen Breslau übrigens analog der Zusammensetzung des Fürstentages nicht mit den Städten, sondern, da es im Besitze der Landeshauptmannschaft des Fürstentums auch die Landschaft desselben repräsentierte, mit den Delegierten der Ritterschaften stimmte, entsandten gleichfalls je nach den einzelnen Fürstentümern ihre Vertreter, meist Ratsmannen oder den Syndikus oder einen Stadtschreiber; regelmässig waren die Delegierten Angehörige der Hauptstädte des betreffenden Fürstentums[2]. Breslau schickte meist den Landeshauptmann, welcher zugleich Ratsältester war, und einen rechtsgelehrten Beamten. Wenn auch der Artikel des Landfriedens von 1528, dem zufolge die Deputierten mindestens drei Jahre hintereinander im Oberrechte sitzen sollten, nicht mehr in Kraft war, so finden wir doch auch jetzt noch fast durchgängig dieselben Personen als Mitglieder dieses obersten ständischen Gerichtshofes; allerdings bedurften sie zu jeder einzelnen Sitzung einer besonderen Vollmacht, welche den Gesandten der Fürsten und Freiherren von eben diesen[3], denen der Erbfürstentümer von ihren speciellen Kommittenten auf den Partikularlandtagen erteilt wurde[4]. Neue Rechtssitzer wurden vom Oberhauptmann eingeführt; sie mufsten bei ihrem Eintritt in das Oberrecht einen Eid schwören, den sie dann, wenn sie späterhin wieder am Oberrechte teilnahmen, nicht zu wiederholen brauchten. Bezüglich der Session war eine strenge Reihenfolge vorgeschrieben: zuerst der Oberhauptmann, sodann die Fürsten von Jägerndorf[5], Liegnitz und Brieg, Teschen, Münsterberg-

---

[1] Vgl. Nr. II 1 des Urkundenanhanges. Auf dem Oberrechtstage von Michaelis 1582 wurden die Gesandten der Landschaften von Sagan und von Münsterberg-Frankenstein (hier der Landschreiber) seitens der Fürsten und Freiherren beanstandet, weil dieselben „nit Landsessen noch deromassen rittersleut, so solch oberrecht vermüge des Privilegii besitzen solten." Auch der Oberhauptmann erklärte, es sei nötig, „so zuvor bein oberrechten und fürstentägen in gebrauch gewesen, dafz solche personen darzue geschickt, die belehnet und neben dem lande die bürde tragen hülfen." Kgl. Staatsarch. Bresl. AA. 12 a Protokoll von Michaelis 1582.
[2] Vgl. die Protokolle in AA. II 11a und AA. III 6e S. 503 ff. u. s. w.
[3] Z. B. AA. III 6d S. 73, 75, 300 u. s. w.
[4] Ebd. S. 76 (Jubilate 1562): „hetten ezliche abgesandte ihrer R. K. M. erbfurstenthumben, als die Schweidnitzischen, Troppauischen, auch die Oppllischen sich angegeben, dafz sie deshalb von ihren herren und freunden nit keiner macht abgefertiget, denn solches wegen der eyl zuvor auf einem gemeinen landtage nit vorkommen."
[5] Der Inhaber von Jägerndorf hatte die vorlerste Session vermutlich deshalb, weil er als Markgraf von Brandenburg auch Reichsfürst war. Übrigens wurde ihm seitens der Liegnitzer Herzöge der Vorrang nicht ohne weiteres eingeräumt; 1562 gab Herzog Heinrich von Liegnitz seinem Gesandten den Befehl, „in der Sefzion und stimm die vorderste als eines Herzogs zu Liegnitz zu halten und sich davon nicht

Oels (seit 1014 auch Troppau), sodann die Freiherren von Trachenberg, Militsch, Wartenberg und Plefs, darauf die Landschaften von Schweidnitz-Jauer, — wenn dieselben zugegen waren, wozu sie ja verpflichtet waren, falls der König als Partei fungierte, — Troppau, Grofsglogau, Oppeln-Ratibor und Sagan, endlich die Städte der Fürstentümer Schweidnitz-Jauer, Troppau und Grofsglogau; die Städte der übrigen Erbfürstentümer, also von Oppeln-Ratibor und von Sagan, waren nicht zur Teilnahme berechtigt[1]. Die Fürsten, welche in Person erschienen, hatten natürlich den Vorrang vor den Gesandten ihrer Standesgenossen. Betreffs der Session der Vertreter der freien Standesherren entspann sich ein ebenso kleinlicher wie heftig geführter Streit mit den Deputierten der Erbfürstentümer, von dem wir 1564 zum ersten Male hören[2]. Der Kaiser zog die Sache vor sein Forum; da aber seine Entscheidung, wie gewöhnlich, auf sich warten liefs, so fanden es die Freiherren für geratener, wenn sie nicht persönlich kommen konnten, sich lieber ganz vom Oberrechte zu absentieren, als den Gesandten der Erbfürstentümer den Vorzug vor ihren eigenen einzuräumen[3]. Als nach 1582 das Oberrecht zu neuem, künstlichem Leben erwachte, war der Streit noch immer nicht beendigt; der Gesandte des Freiherrn Karl Promnitz auf Plefs, — die übrigen Standesherren waren persönlich zugegen, — weigerte sich, an dem Rechtstage von Michaelis 1582 teilzunehmen, eben deshalb, weil er hinter den Erbfürstentümern rangieren sollte. Der Kaiser erklärte jetzt, er wolle selbst in das Land kommen und den Zwist schlichten[4]; und so nahmen denn die Abgeordneten der freien Standesherrschaften bis zum endlichen Austrage der Sache, um ihren Rechten nichts zu vergeben, abseits von den übrigen Mitgliedern Platz[5]. Noch im September 1586 währte der

---

dringen zu lassen." (d. d. Liegnitz, 18. April 1562; Kgl. Staatsarch. Bresl. AA. III 6d S. 73.) Nach der Präsenzliste in den Protokollen zu urteilen, scheint er ihrer mit diesem Anspruche wenig Erfolg gehabt zu haben; nur 1586 und 1587 werden Liegnitz und Brieg vor Jägerndorf aufgeführt, weil damals Liegnitz und Brieg durch die Herzöge in eigener Person, Jägerndorf aber nur durch einen Gesandten vertreten waren. Ebd. AA. III 6e S. 503 und 539.

[1] So nach dem Verzeichnisse in AA. II 11a und den einzelnen Präsenzlisten.

[2] Kgl. Staatsarch. Bresl. AA. II 11g, d. d. Neifse, 10. Juli 1564: Der Oberhauptmann Kaspar erkundigte sich beim Herzoge Georg von Brieg bezüglich des Sessionsstreites zwischen den Gesandten der Freiherrn und der Erbfürstenthümer, wie es früher gehalten worden sei.

[3] Anzeige der Freiherren Kurzbach und Malzahn, dafs sie für das nächste Oberrecht keine Vertreter senden würden, da noch keine Entscheidung seitens des Kaisers bezüglich des Sessionsstreites eingelaufen sei. Ebd. AA. III 6d S. 395, d. d. Oppeln, 7. April 1566.

[4] Kaiserliche Resolution d. d. Wien, 26. Juli 1583; ebd. AA. III 6c S. 209.

[5] „Es haben auf einer seiten wegen hern Carols von Promnitz

Konflikt[1]; wenn uns auch von einem endgültigen Spruche des Kaisers nichts überliefert ist, so mufs wohl doch der Streit zu gunsten der Erbfürstentümer beigelegt worden sein, da die Gesandten derselben von jetzt ab regelmäfsig vor denen der Freiherren angeführt werden[2].

Auf die Art und Weise der Beratung und der Stimmenabgabe hatte übrigens das Sessionsverhältnis keinen Einflufs; sie erfolgten entsprechend der Organisation des Fürstentages — allerdings mit gewissen Verschiedenheiten — gesondert seitens der einzelnen Stände, welche zu diesem Zwecke zu Kollegien zusammentraten, die von einander streng geschieden waren. Das erste derselben wurde von den Fürsten und freien Standesherren oder den Gesandten derselben gebildet; eine Aufzeichnung aus der zweiten Hälfte des 16. Jahrhunderts sagt von ihnen: „die halten gesamleten rath, stehen für einen man und geben ire zwo stimmen zugleich ab." Das zweite Kollegium bestand aus den Landschaften der Erbfürstentümer und aus der Stadt Breslau, das dritte aus den übrigen sessionsberechtigten Städten; sowohl die Ritterschafts- wie die Städtekurie besafsen je ein Votum. Die Proposition stand dem Oberamte zu: dasselbe sammelte die Stimmen der einzelnen Kollegien und besafs das Schlufsvotum, sodafs also, da ja die Stimme der ersten Kurie für doppelt galt, im ganzen fünf Vota vorhanden waren[3]. Hierin liegt denn auch der bemerkenswerteste Unterschied zwischen der Organisation des Oberrechtes und der des Fürstentages, in welch letzterem es bekanntlich nur vier Vota gab. Man mufs wohl annehmen, dafs ein Urteil durch Majorität zu stande kam, dafs es also dazu mindestens dreier übereinstimmender Voten bedurfte. Eine sichtliche Stimmenmehrheit und die daraus entspringende Möglichkeit, ohne langwierige Verhandlungen zu einem bestimmten, sicheren Beschlusse zu gelangen, war aber ein dringendes Bedürfnis in viel höherem Grade für eine rechtsprechende als für eine politische Versammlung im Sinne der alten ständischen Verfassung; darin haben wir denn auch zweifelsohne die Ursache zu erblicken, deren Einwirken die Entstehung jenes Unterschieds zwischen den Einrichtungen des Fürstentages und des Oberrechtes zuzuschreiben ist.

---

freyherrn zur Plefz, und weil die stritt mit der erbfurstenthümer und freyherrn abgesandten noch nit richtig, Daniel Rappolt Lic. und Johannes Wacker Doktor gesessen." Ebd. AA. II 11a (Jub. 1583) fol. 9 ff. (Mich. 1583) fol. 14 ff.
[1] Ebd. AA. III 6e S. 500.
[2] Vgl. die Protokolle von Michaelis 1586 und 1587, ebd. S. 503 ff. und 539 ff. und von 1589 ff. in AA. II 11a fol. 51 ff.
[3] „. . dasz also fünf stimmen in allem seint." Urkundenanhang II 1.

B. Zuständigkeit, Ort, Zeit, Verfahren.

Es wurde bereits erörtert, wie sehr, wenn auch nicht formell, so doch faktisch seit der Mitte des 16. Jahrhunderts die Kompetenz des Ober- und Fürstenrechtes sich verringerte. In der That erscheint seit dieser Zeit das Oberrecht als ein reines Standesgericht für Klagen gegen den König und die sogenannten Oberstände, d. h. die Fürsten und die freien Standesherren [1]. Wie wir sahen, hatten dem Einsetzungsprivileg gemäfs der König und die Oberstände eigentlich nur dann Gerichtsstand vor dem Oberrechte, wenn die Klage, sei es vom Könige gegen einen Oberstand, sei es von den Oberständen gegeneinander oder gegen den König, erhoben wurde. Das Bedürfnis führte aber bald dazu, dafs das Oberrecht für kompetent in allen Civilklagen gegen die Fürsten und Freiherren galt, — ausgenommen nur solche Fälle, in denen durch die einzelnen Landesordnungen den Unterthanen ein besonderer Rechtsweg gegen ihren Landesherrn vorgeschrieben war. Dazu kamen seit der Zeit, da festere Jurisdiktionsverhältnisse über die Immediatherrschaften sich ausgebildet hatten, und seitdem die königlichen Burglehen und Minderherrschaften unmittelbar dem Oberamte unterworfen waren, Aufbietungen der Standes- und der anderen eximierten Herrschaften, zumal der königlichen Burglehen, und zwar mufsten diese Aufbietungen viermal vor dem gehegten Gerichte des Oberrechtes stattfinden; wer binnen Jahr und Tag nach der letzten dieser vier Aufbietungen sein Recht nicht rügte, begab sich für immer seiner Ansprüche [2]. Auch diese Erweiterung der Kompetenz des Oberrechtes scheint sich durch Gewohnheit ausgebildet zu haben. Ebensowenig kann aus dem Privileg von

---

[1] Nur ein einziger Procefs findet sich in den Akten, welcher anderer Natur ist, nämlich ein Procefs der Herren Barfzki aus dem Teschenschen gegen die Stadt Freistadt wegen des Brauurbars und Kretschamverlages. Nun ist es möglich, dafs diese Sache vor das Oberrecht als das Forum in Fällen von Rechtsverweigerung gelangte, und zwar dürfte die Sachlage folgende gewesen sein; Barfzki hatte eine Citation gegen die Stadt vor das Gericht der böhmischen Landesoffizierer auf der grünen Stube zu Prag („Judicium, quod in Conclavi viride vocatur"; s. P. Stransky, Republica Bohemiae S. 450) erwirkt, mit Umgehung also der einheimischen Teschenschen Gerichte; dazu kann ihn doch wohl nur der Umstand bewogen haben, dafs er vor den Teschenschen Gerichten sein Recht nicht erlangte oder nicht erlangen zu können glaubte. Auf die Beschwerde der schlesischen Fürsten und Stände hob jedoch der Kaiser die Citation als widerrechtlich auf, und die Sache wurde dem Oberrechte überwiesen. Bresl. Stadtarch. A. P. Ms. 174, d. d. Prag, 17. Juli 1584.

[2] So z. B. Kgl. Staatsarch. Bresl. AA. III 26d fol. 51 ff. (1596 Aufbietung von Sulau) fol. 239 ff. (1597 „Praescription und aufbietungsbrief uber die herrschafft Trachenberg herrn Adam Gotschen"). S. auch (Seidel) Observationes p. 20 ff. und oben S. 168.

1498 die Zuständigkeit hergeleitet werden, welche das Oberrecht im 16. Jahrhundert in Kriminalprocessen gegen Immediatspersonen besafs[1]. Erst im 17. und 18. Jahrhunderte beschränkte man die Kompetenz des Oberrechtes gemäſs dem Wortlaute des Privilegii Wladislai auf Civilsachen, und zwar auch hier noch mit der Beschränkung auf solche Fälle, in denen es sich um Ansprüche gegen ein Fürstentum oder eine freie Standesherrschaft als solche handelte; dazu kamen ferner noch die Aufbietungen der freien Standesherrschaften, der Minderherrschaften und der königlichen Burglehen[2]. Wenn

---

[1] So wurde in den letzten Jahrzehnten des 16. Jahrhunderts vor dem Oberrechte ein peinlicher Procefs gegen den Freiherrn Georg Wilhelm von Braun wegen Ermordung eines Herrn von Seidlitz verhandelt. Kgl. Staatsarch. Bresl. AA. III 6b S. 503 ff. und 539 ff. Ebd. S. 457 fordert der Kaiser den Oberhauptmann auf, „gutachtlich zu berichten, weil Braun einen stant im Lande repraesentirte, ob der von J. M. vorhabende peinliche procesz bey dem fürstenrecht oder sonst befördert werden müste" (Prag, 16. Febr. 1586). Der Bericht des Oberhauptmanns mufs sich für die Kompetenz des Oberrechtes in solchen Fällen ausgesprochen haben, da einige Monate später (d. d. Prag, 6. Mai 1586, ebd. S. 485) der Kaiser den peinlichen Procefs gegen Braun vor dem Oberrechte anordnete. Vgl. über diesen Procefs J. Franzkowsky, Die Herren von Braun als Besitzer der freien Herrschaft Wartenberg u. s. w. Zeitschr. f. Gesch. u. Altertum Schles. XXIV 154 ff.
Bereits oben (S. 194) habe ich die Vermutung ausgesprochen, dafs die kriminelle Kompetenz des Oberrechtes durch seine Verbindung mit dem Landfrieden von 1528 entstanden sein könnte. Dieser frühere Zusammenhang zwischen Oberrecht und Landfrieden zeigt sich in seinen Nachwirkungen noch in einer Bestimmung der Fehderordnung von 1571 (gedruckt bei Schickfufs III 163, Weingarten, Fasciculi II 362 ff.): „Were es aber ein stand oder amptmann, der den Fehdern nicht nacheilen oder nachtrachten liesze, oder sie wissentlich unter sich duldete, der soll durch den obristen hauptman entweder für das oberrecht oder zur nechsten Landeszusammenkunft erfordert werden, daselbst der fürsten und stände oder ihrer abgesandten erkenntnüfz, wie gegen ihme zu verfahren ohne alles aussenbleiben gewarten und denselben ohne einige provocation gehorsamen." In den seit dieser Zeit erhaltenen Protokollen habe ich nichts darüber gefunden, dafs ein derartiger Fall thatsächlich zur Verhandlung gekommen sei.

[2] Vgl. (Chr. Seidel), Observationes etc. p. 20 ff. über das Oberrecht: „spectant eo causae statuum reales, wenn nemlich ein Fürstenthum oder freie standesherrschaft selbsten angesprochen wird .. In personalibus autem causis vel etiam Realibus ad ipsum ducatum non spectantibus principes coram Rege Bohemiae sunt conveniendi." Die freien Standesherren waren in Fällen letzterer Art seit der zweiten Hälfte des 17. Jahrh. der Jurisdiktion des Oberamtes unterworfen; vgl. das Reskript Kaiser Leopolds d. d. 31. März 1677 in Sachen betreffend den Gerichtsstand des Burggrafen Karl Hannibal Dohna, freien Standesherrn auf Wartenberg, bei Seidel a. a. O. S. 21. S. auch Friedenberg, Tractatus jurido-practicus S. 12 f.: Siquis actionem personalem contra principem vel statum superiorem instituendam haberet, ut ob lites abbreviandas et odia evitanda mox Cesaream Majestatem adeat et petat, ut Causa per Delegationem Caesaream Supremae Curiae (dem Oberampte) summariter tractanda committatur; tunc enim nulla exemptio praetendi aut opponi potest."

auch im Verhältnisse zu den ersten Zeiten seines Bestehens
bedeutend, was den Umfang seiner Thätigkeit und seiner
Kompetenzen betraf, herabgesunken, besafs das Ober- und
Fürstenrecht in der zweiten Hälfte des sechszehnten und im
Beginn des folgenden Jahrhunderts also doch noch immer —
zum Teil erst allmählich auf dem Wege des Gewohnheits-
rechts entstandene — Befugnisse, von denen ihm die wichtigsten nach dem dreifsigjährigen Kriege wieder verloren
gingen.

Ort und Zeit des Oberrechtes blieben die gleichen, wie
durch das grofse Landesprivileg bestimmt war, nur dafs jetzt
der dritte speciell für die Erledigung von Fällen der Rechtsverweigerung in Oberschlesien angesetzte Rechtstag in Wegfall kam, offenbar deshalb, weil die Funktion des Oberrechtes
als Forum in casu denegatae justitiae aufgehört hatte[1]. Der
Oberhauptmann schrieb die einzelnen Sitzungen aus im Namen
und im Auftrage des Königs[2], und zwar mufste die Ladung
der Beisitzer vier Wochen vor dem angesagten Termine erfolgen. Wer nicht persönlich kommen und keinen Vertreter
senden konnte, mufste sich bei ihm entschuldigen[3]; wenn
unvorhergesehene Zwischenfälle die Abhaltung eines schon
angekündigten Rechtstages unmöglich machten, so mufste er
die schon Geladenen noch rechtzeitig genug von dem Aus-
fall benachrichtigen[4]. Am Sonntage vor dem Termine langte
der Oberhauptmann selbst in Breslau an und wurde feierlich
von der Stadt empfangen; noch am Abende desselben Tages
gaben sich die erschienenen Fürsten, Stände und Rechtssitzer
bei ihm an, worauf sie für den folgenden Tag auf eine bestimmte Stunde nach dem Sitzungsorte beschieden wurden.
Wenn daselbst alle angelangt waren, ihre Kredenzschreiben
abgegeben und ihre Session eingenommen hatten, wurde unter
feierlicher Hegung[5] das Gericht vom Oberhauptmann er-

---

[1] Nachdem die kaiserliche Burg im 17. Jahrh. den Jesuiten geschenkt worden war, tagte das Gericht auf dem Rathause zu Breslau.
Seit dem Ende des 17. Jahrh. band man sich auch nicht mehr streng
an die im Landesprivileg angeordneten Termine von Montag nach
Jubilate und Montag nach Michaelis, sondern hielt je nach Bedürfnis
aufserordentliche Sessionen. S. Seidel a. a. O.
[2] Vom Oberrechte Jubilate 1562 heifst es ausdrücklich, dafs es
gehalten worden sei „auf ihrer Kaiserl. Maiestät gnedigste Verordnung."
AA. III 6d S. 75 f. Kgl. Staatsarch. Bresl. Das Folgende hauptsächlich nach Schickfufs III 281 ff. und Friedenberg I 6 ff. und nach
den Protokollen des Bresl. Staatsarchivs.
[3] Kgl. Staatsarch. Bresl. AA. III 6d S. 395 d. d. Oppeln 7. April
1566. Ebd. S. 75 d. d. Breslau 20. April 1562.
[4] Bresl. Stadtarch. Scheinig 9 a Nachtr. Nr. 117 d. d. 29. April 1607.
[5] „In Gottes, der Heiligsten Dreyfaltigkeit, Ihro Römisch-Kayer-
licher auch zu Hungarn und Böheimb Königlicher Majestet als obristen
Hertzogs von Schlesien, Iero fürstlichen Gnaden des Erlauchten Herrn
Präsidis und der sämktlichen anwesenden Hoch- und Wohlanselmlichen

öffnet, das Protokoll der vorhergehenden Sitzung vom Oberamtskanzler verlesen und vom Oberhauptmanne genehmigt, sodann die Vereidigung derjenigen Beisitzer vorgenommen, welche zum ersten Male als Mitglieder fungierten; darauf wurde die vollzogene Hegung bei geöffneter Thür dreimal ausgerufen, und es konnten nunmehr etwa vorhandene Parteien vortreten und ihre Klagen nach der Reihenfolge der vorher erwirkten Citationen vorbringen. Fand sich keine Partei, oder waren die erschienenen Parteien abgefertigt, so wurde das Ende ebenfalls dreimal an der geöffneten Thür ausgerufen; wenn auch dann niemand mehr erschien, so wurde das Gericht vom Oberhauptmanne für geschlossen erklärt.

Citationen mufsten seitens des Klägers ein Vierteljahr vor dem Termine, auf welchem der betreffende Procefs verhandelt werden sollte, beim Oberhauptmanne ausgebracht werden. Die Ladung galt wie beim Reichskammergericht für die ganze Sache, nicht nur für den einzelnen Termin, wiewohl es in das Belieben des Oberhauptmanns gestellt war, auch Ladungen zu den einzelnen Rechtstagen ausgehen zu lassen. Oft wurde, wenn ein Procefs vertagt wurde, ausdrücklich bemerkt, dafs sich die Parteien ohne besondere Citation auf dem nächsten Rechtstage einstellen sollten[1]. Wurde die Ladung nicht rechtzeitig ausgebracht, so wurde der Kläger abgewiesen, und es stand ihm anheim, nach Erstattung der Kosten eine neue Citation zur richtigen Zeit zu beantragen. Später wurde bestimmt, dafs Schriftstücke, deren sich die Parteien vor dem Oberrechte bedienen wollten, acht Tage vor dem Termine, für welchen sie bestimmt waren, beim Oberamte einzureichen seien[2]. Die Parteien konnten ihre Sachen mündlich und schriftlich, persönlich oder durch einen Anwalt, — als solcher konnte mit Einwilligung des Oberrechts auch ein Rechtssitzer auftreten, der dann auf die Session verzichten mufste, — vorbringen; auch war ihnen die Replik und Duplik gestattet, nur dafs in drei Rechtstagen ihre Erörterungen beendigt sein mufsten. Strafbestimmungen für absichtliche Verschleppungsversuche existierten nicht; die Korrektur dagegen ward in das Ermessen des Oberhauptmanns gestellt. Während die Vernehmung der Parteien, die Zeugenund Beweisführung vor dem Plenum des Oberrechtes stattfand, erfolgten die Beratung und die Beschlufsfassung dadurch, dafs die Rechtssitzer auf die Proposition des Oberhauptmanns,

---

Herren Assessorum und Abgesandten Nahmen." Über die Bedeutung des Hegungsaktes vgl. Planck, Das deutsche Gerichtsverfahren im Mittelalter I 130 ff. Braunschweig 1879.
[1] Vgl. z. B. das Protokoll von Michaelis 1586, Kgl. Staatsarch. Bresl. AA. III 6e S. 503 ff.
[2] Durch Resolution des Oberamtes d. d. 9. Nov. 1676 bei Friedenberg I 14.

der ihnen die entsprechenden Punkte zur Entschliefsung darüber vorlegte, in der oben erörterten Weise votierten, indem die Fürsten mit den Freiherren, die Landschaften der Erbfürstentümer und die Städte zu drei gesonderten Kollegien zusammentraten, welche im ganzen vier Stimmen abgaben[1]. Diese wurden gesammelt durch den Oberhauptmann, welcher das fünfte, das sogenannte votum conclusivum, besafs, durch welches die abgegebenen Stimmen zu einem „Abschiede" vereinigt wurden, der im Namen des Oberhauptmanns und der Rechtssitzer erging[2]. Wenn ein Belehrungsurteil eingeholt wurde, so wurde es, falls es dem Gerichtshofe genehm war, ebenfalls in gehegter Sitzung publiciert und galt als Urteil des Oberrechtes selbst[3]. Die Verkündigung des Abschiedes, der ja auch ein Urteil enthalten konnte, geschah, wie es scheint, durch den Oberhauptmann vor dem Plenum, worauf die Parteien eine etwaige Protestation, Provokation oder Appellation einlegten. Schon der Vorschrift des Landesprivilegs zufolge galt das Urteil übrigens als den betreffenden Rechtshandel definitiv abschliefsend, und es mufste ihm seitens des Verurteilten binnen zwei Monaten Folge geleistet werden. Geschah dies nicht, so war es die Pflicht des Oberhauptmanns, wenn der Widerspenstige bei seinem Widerstande beharrte, auf dem Wege der Gewalt das Urteil mit Hülfe einer von den Fürsten und Ständen gestellten Exekutionsmacht nach einem bestimmten Anschlage, welchen das Oberamt anzufertigen hatte, zu endlicher Vollstreckung zu bringen; die Kosten der Exekution wurden auf die Fürsten und Stände ebenfalls auf Ausschreiben des Oberhauptmanns hin repartiert[4]. Die erforderlichen Schreibgeschäfte wurden von der Fürstentumskanzlei des jeweiligen Oberhauptmanns besorgt, welche dafür von den Parteien Gebühren nach einer festen Taxe beanspruchen durfte. Bei ihr mufsten alle auf die Oberrechtsprocesse bezüglichen Schriftstücke eingereicht, sowie die Kosten und alle anderen mit dem Oberrechte in Verbindung stehenden Geldzahlungen entrichtet werden[5].

C. Inappellabilität. Verfall des Oberrechtes. Conventus publicus.

Noch ein Punkt ist hier zu behandeln, ob es nämlich gegen die Sentenzen des Ober- und Fürstenrechtes ein Mittel der Berufung gab. Das Landesprivileg von 1498 bestimmte,

---

[1] S. oben S. 207.
[2] AA. III 6d S. 75 f.
[3] AA. III 6b S. 528 (d. a. 1560).
[4] AA. III 6b S. 3 ff. und 39 (1551).
[5] AA. III 6b S. 347 (d. a. 1557) und AA. III 6d S. 39 (d. a. 1561).

dafs es bei dem Spruche des Oberrechtes sein Bewenden haben, und dafs das Urteil binnen zwei Monaten vollstreckt werden solle; als nun späterhin, worüber noch zu handeln sein wird, das Princip der Appellation seitens des Kaisers den schlesischen Gerichten gegenüber in Anwendung gebracht wurde, konnte man den angeführten Artikel des Freiheitsbriefes dermafsen interpretieren, als ob durch ihn, wenn auch nicht direkt, so doch indirekt die Inappellabilität des Oberrechtes ausgesprochen sei, — eine Auslegung, die sich offenbar ganz im Sinne derjenigen hielt, welche ihrerzeit das Privileg erwirkt hatten. Nun existieren aber aus der zweiten Hälfte des sechszehnten Jahrhunderts mehrere Urteile der 1548 von Ferdinand I. in Prag errichteten Appellationskammer zu Prag in Processen, welche ursprünglich vor dem Oberrechte schwebten und von da an den Prager Appellhof gelangt waren[1]. Es entsteht daher die Frage, ob diese Urteile von der Prager Appellationskammer auf Grund einer an sie gelangten Berufung seitens einer Partei gegen einen Spruch des Oberrechtes gefällt wurden, oder ob sie von den Oberrechtsitzern selbst eingeholt, ob sie also blofse Belehrungsurteile waren. Dafs bei einer Anzahl von ihnen das letztere der Fall ist, kann nicht bezweifelt werden[2]. Andrer-

---

[1] In den Akten habe ich folgende Fälle der oben angemerkten Art gefunden: 1551 steht ein Procefs zwischen dem Könige und den Herzögen von Münsterberg beim Prager Appellhofe „zum versprechen" (AA. III 6b S. 61); auf der Tagesordnung von Mich. 1556 steht die Publikation zweier Urteile der Prager Appellationskammer (AA. II 12a), auf der für Jubilate 1558 ein Beiurteil in einem Processe der Herzöge von Münsterberg gegen den Kurfürsten von Brandenburg um Krossen und Züllichau (AA. III 6b S. 389). 1560 schwebt eine „Frage" des Oberrechtes bei der Appellkammer (ebd. S. 528), 1563 kommt vor ein Appellationsurteil in Sachen der Herzöge von Münsterberg und der Äbtissin von Trebnitz (AA. III 6d S. 109). 1563 in Sachen Zedlitz contra Malzahn, Freiherrn auf Wartenberg (ebd. S. 126). 1565 befindet sich ein Procefs der Stadt Namslau gegen die Herzöge von Münsterberg-Oels in Prag „zum versprechen" (ebd. S. 336), in welchem das Urteil dann d. d. Prag 29. Okt. 1565 ausging (ebd. S. 346). Weitere Urteile des Prager Appellhofes erfolgten 1566 in Sachen Zedlitz contra Malzahn (ebd. S. 396), 1566 in Sachen Barschnitz contra Herzöge von Münsterberg (ebd. S. 451) und 1583 in Sachen Wartenberg-Medziborg (AA. III 6e S. 178).

[2] Zu verschiedenen Malen ist es ausdrücklich erwähnt; vgl. die Belegstellen in der vorigen Anmerkung. Auch wenn wir sehen, dafs die Kosten eines Urteils der Prager Appellation nicht von den Parteien, sondern von den Fürsten und Ständen nach einer vom Oberhauptmanne ausgeschriebenen Anlage getragen werden, so haben wir es sicher mit einem Belehrungsurteile zu thun. So beschwert sich einmal Herzog Georg von Brieg beim Oberhauptmann darüber, „dafz die recht ader beysitzer und nicht die part das urthelgelt, welches auf eine grofze summa und anzahl gerichtet wirt, selber geben und erlegen sollen." AA. III 6d S. 313 (d. d. Brieg 9. Juli 1565). Ebd. (S. 336 d. d Breslau 13. Okt. 1565) werden erwähnt „zwey consignationes, was an der unlage

seits aber steht es auch fest, dafs der König die Forderung
stellte, dafs der Rechtszug vom Ober- und Fürstenrechte auf
die Prager Appellationskammer statthaben solle, und wenn
das Interesse des einzelnen in Frage kam, so ist es mehr als
wahrscheinlich, dafs, wenn ihm ein Weg geboten ward, gegen
ein für ihn ungünstiges Urteil des Oberrechtes noch an eine
höhere Instanz sich zu wenden, er wenig darnach fragte, ob er
dadurch das Gesamtinteresse der schlesischen Stände schädigte;
angenommen jedenfalls wurde seine Berufung zu Prag sehr
gern [1]. Dafs der König ferner für den Fall, dafs er selbst
als Partei vor dem Oberrechte auftrat und dabei unterlag,
aus Rücksicht auf die schlesischen Stände den Zug auf seine
eigene Appellationskammer unterlassen würde, war gänzlich
ausgeschlossen. Es scheint daher, wenn wir selbst die oben
angeführten Urteile des Prager Appellhofes in ihrer Gesamtheit als Belehrungsurteile betrachten wollten [2], dafs die Fürsten
und Stände es vorzogen, ein Urteil aus Prag selbst einzuholen, um einem etwaigen Rechtszuge des Verurteilten, durch
welchen ein den Privilegien des Landes nachteiliger Konflikt
entstehen könnte, von vornherein vorzubeugen. Denn da
für denjenigen, welcher das Rechtsmittel der Appellation ergriff, die Beibringung neuen Materials, welches nicht schon
der niederen Instanz vorgelegen hatte, verboten war, so ist
es klar, dafs ein vom Oberrechte nach Schlufs der Beweis-
aufnahme eingeholtes Belehrungsurteil ebenso lauten mufste
wie ein wirkliches Appellationsurteil, welches der Appellant
auf dem Wege des Instanzenzuges provozieren würde [3]. Auf

zue verschickung der acten [sc. an die Prager Appellationskammer]
zwischen der Kaiserlichen Majest. und Marggraven George Friedrichen
zue Brandenburg (im Bergwerksprozesse) einkommen und was restiret."
[1] Schon 1556 sahen sich die schlesischen Stände zu folgendem
Proteste veranlafst: „Das aber die appellation von der fursten und
stende gerichten sonderlich aber von dem kuniglichen obergerichte in
Slesien [d. h. dem Ober- und Fürstenrechte] an die appellation auf kön.
schlofs Prag gehen sölt, dasselbe ist nicht allein ihren wohlerworbenen
habenden privilegien entkegen und zuwider, sie könden und möchten
auch solches nicht willigen und eingehen . . . Hirumb so thuen die
herren fursten und stende ire R. K. M. in underthenigister demut bitten,
dieweil in der cron Beheim. Marggrafthumb Mechern und andern
landern die appellation von den obergerichten nicht vorstattet, das ihre
R. K. M. die vorkleinerung dem löblichen fürstenstand und so viel
ehrlicher guetherziger herren und ander gueter leut diser Ober- und
Niederschlesischen furtenthumber nicht geschehen und aufthuen lassen
wolt, wie sich denn solches unzweifentlich bei ihrer R. K. M. allergenedigist vortrösten." Fürstentag vom Juni 1556. Bresl. Stadtarch.
A. P. IV Ms. 165 fol. 112 f. Daraus geht mit Bestimmtheit hervor,
dafs Versuche, den Rechtszug vom Oberrechte auf die Prager
Appellationskammer herzustellen, in der That gemacht worden sind.
[2] Wie aus den Protokollen hervorgeht, kommen Prager Belehrungsurteile so ziemlich bei allen in jener Zeit vor dem schlesischen Fürsten-
gerichte schwebenden Prozessen vor.
[3] So schreibt z. B. 1573 der kaiserliche Hofsekretär Walthers-

diese Weise schnitt das Oberrecht den Parteien von vornherein die Möglichkeit ab, im Falle des Unterliegens durch den Zug an das höhere Gericht einen anderen Spruch zu erlangen; zugleich galt das von den Rechtssitzern selbst eingeholte Urteil, wie alle Belehrungsurteile, nicht als ein Ausspruch des belehrenden Gerichtes, hier also der Prager Appellationskammer, sondern des ordentlichen Gerichtes, hier also des Oberrechtes, welches auf diese Weise sich davor schützte, seine Inappellabilität in Frage stellen zu lassen. Zu diesem letzteren Zwecke nahmen die Fürsten und Stände sogar die Kosten des Verfahrens auf sich[1]. Noch aus dem Anfange des siebzehnten Jahrhunderts ist uns ein Fall überliefert, welcher davon zeugt, dafs die Inappellabilität des Gerichtes keineswegs gesichert war, und dafs es hauptsächlich auf den guten Willen der Parteien ankam, wenn sie sich bei seinem Spruche definitiv beruhigten. Als Michaelis 1604 das Oberrecht ein für den Burggrafen Abraham von Dohna, den damaligen Inhaber der freien Standesherrschaft Wartenberg, ungünstiges Urteil fällte, wollte dieser Berufung einlegen und bat den Vorschriften über die Appellationsformalitäten gemäfs

---

berg den Olmützern, sie möchten sich lieber vom Prager Appellhofe als von den Breslauer Schöffen „Belehrungen" einholen, da dieselben sodann auch „bei mehrer Reputation erhalten" würden, indem die Appellationkammer über die eventuelle Appellation nicht anders absprechen würde als in der zuvor vorgelegenen „Belehrungssache." Emil Ott, Beiträge zur Rezeptionsgeschichte des römisch-kanonischen Prozesses in den böhmischen Ländern S. 219 ff. Leipzig 1879.
[1] Vgl. oben S. 213 Anm. 2. Dafs die Stände in der That eine derartige Politik verfolgten, erhellt aus folgendem Umstande. Herzog Georg von Brieg hatte in die Anlage für das Urteilsgeld im Bergwerksprocesse nicht gewilligt und mit der Erlegung seines Anteils gezögert; darauf empfing er ein „hartes schreiben" vom Oberamte, auf welches hin er seine Quote einsandte und bemerkte, er wolle „auch nicht gerne ursach geben, dafs dem gemeinen Landes privilegio zu nahend gegangen werde, auch nicht dem oberrechten." Wie war es nun möglich, dafs der Herzog, indem er seinen Anteil zum Urteilsgelde für die Prager Appellkammer nicht zahlte, „Ursache geben konnte, dafs dem gemeinen Landesprivileg und dem Oberrechten zu nahe gegangen würde?" Einzig und allein eben dadurch, dafs, falls diese Anlage von den Ständen verweigert wurde und so nicht von vornberein ein Urteil der Prager Appellationskammer seitens des Oberrechtes selbst eingeholt werden konnte, zu befürchten stand, dafs der durch den Spruch des Oberrechtes Verurteilte hinterher seinerseits an die Appellationskammer auf dem Wege der Berufung sich wandte, und dafs somit die Prager Appellkammer in die Lage versetzt wurde, als wirklicher Appellationshof, als übergeordnete Instanz dem Oberrechte gegenüber zu fungieren. Ein blofses Belehrungsurteil konnte ja auch von einem gleichberechtigten Gerichte eingeholt werden; dadurch, dafs das Oberrecht ein Belehrungsurteil einholte, vergab es seinem vermeintlichen Rechte der Inappellabilität nicht das Geringste und schnitt zugleich faktisch der unterliegenden Partei die Berufung nach Prag ab. — die einzige Art und Weise, auf die es sein Privileg zu wahren vermochte.

das Oberrecht um die nötigen „apostolos". Daraufhin ersuchte das Oberrecht den Burggrafen, er möge doch „als ein vornehmer Stand von der Appellation absehen und das Privilegium defendieren helfen"[1]. Später gewann die Auslegung, welche die Stände dem in Frage kommenden Artikel ihres grofsen Freibeitsbriefes gaben, die Oberhand[2]; ein Erlafs des Kaisers stellte zum Ende des 17. Jahrhunderts[3] fest, dafs es vom Spruche des Oberrechtes weder Appellation noch Supplikation noch irgend welches andere Remedium Suspensivum aut Devolutivum gebe. Bei dem kümmerlichen Dasein aber, welches das Oberrecht in jener Zeit fristete, hatte dieses Exemtionsprivileg nur wenig zu besagen, zumal da der Herrscher in jener Periode seiner absoluten Machtvollkommenheit im gegebenen Falle über derartige Beschränkungen sich hinwegzusetzen pflegte[4].

Aus den bisherigen Ausführungen geht zur Genüge hervor, dafs dem Ober- und Fürstenrechte seit der Mitte des 16. Jahrhunderts nur noch geringe Bedeutung für das Rechtsleben im Lande Schlesien beizumessen ist. Seit 1570 sind die Protokolle des Oberrechtes vollständig erhalten; wir können daher von diesem Jahre an eine Statistik über die Häufigkeit der Sitzungen aufstellen. 1570 fielen beide Rechtstage aus, 1572 der von Michaelis (wegen der Pest), 1574 der von Jubilate; von Jubilate 1575 bis 1582 fand angeblich „wegen Mangels an Sachen" keine einzige Session statt. Vermutlich erkaltete allmählich das Interesse der Stände, da die Teilnahme besonders für die entfernt wohnenden mit bedeutenden Kosten verknüpft war, und weil die Opfer in keinem Verhältnisse zu dem realen Werte des Privilegiums standen. Erst 1582 machte man, wie man ja überhaupt an den althergebrachten Freiheiten und Gebräuchen, wenn sie auch zur Zeit nur noch wenig zu bedeuten hatten, mit grofser

---

[1] Kgl. Staatsarch. Bresl. AA. II 11a. Vermutlich stand Dohna auf diese Vorstellung der Oberrechtssitzer hin von der Appellation ab, da wir in den Protokollen nichts mehr von der Sache hören.

[2] Schon Schickfufs erläutert den betreffenden Artikel durch die Bemerkung, dafs das Urteil des Oberrechtes „eine sententia definitiva sei, von welcher keine appellation bey verlust der sachen jemals verstattet werden" (III 283). Inwieweit diese Auslegung schon zu seiner Zeit von der Krone anerkannt wurde, mufs dahingestellt bleiben; doch darf man annehmen, dafs er in seiner Eigenschaft als königlicher Kammerfiskal um die damalige Praxis der Krone Bescheid wufste.

[3] d. d. 27. Mai 1681 bei Friedenberg S. 14 und (Seidel) S. 24 f.

[4] So suspendierte der Kaiser im Anfange des 18. Jahrh. die Vollstreckung eines gegen Dohna auf Wartenberg ergangenen Oberrechtsspruches, zog die Sache zuerst nach Wien und verwies sie darauf wiederum an das Oberrecht, — ein Beweis, wie willkürlich der Kaiser mit den ständischen Privilegien verfuhr. Seidel, Observationes a. a. O. S. 25.

Zähigkeit hing, einen Versuch, der Institution ein neues, künstliches Leben einzuflöfsen; damit „dieses köstliche Privilegium und Kleinot des Landes" nicht in Verfall gerate, schrieb der Oberhauptmann nach siebenjähriger Pause wiederum einen Oberrechtstag auf Michaelis 1582 aus, und in der That stellten sich aufser dem Bischofe als dem Oberhauptmanne die Herzöge von Brieg und Münsterberg, sowie die Inhaber der freien Standesherrschaften Trachenberg, Militsch und Wartenberg persönlich ein. Freilich blieben auch viele Mitglieder aus; so die Fürsten von Jägerndorf und Liegnitz, die Landschaften von Troppau, Oppeln-Ratibor und Schweidnitz-Jauer, endlich die gesamte Städtekurie. Die Abwesenden wurden ernstlich ermahnt, von jetzt ab regelmäfsig an den Sitzungen teilzunehmen; bezüglich der Sessionspflicht der Stände von Troppau und der Landschaft von Schweidnitz-Jauer wurde die Untersuchung von neuem aufgenommen. Das Schlimme war nur, dafs keine Parteien sich eingefunden hatten; zur Verhandlung kam daher nur der Rangstreit zwischen den Gesandten der Freiherren und der Erbfürstentümer, desgleichen eine Beschwerde der ersten Kurie, dafs einige Rechtssitzer des Ritterschaftskollegiums nicht in den Fürstentümern, als deren Vertreter sie erschienen waren, rittermäfsig ansässig seien. Das nächste Oberrecht, Jubilate 1583, war fast vollständig besetzt, indem aufser Troppau und der Schweidnitz-Jauerschen Landschaft nur die Landschaft von Oppeln-Ratibor fehlte; es trat aber nur eine einzige Partei vor, deren Klage bereits einer kaiserlichen Kommission zur Verhandlung übergeben war, die auch nicht einmal eine Citation ausgebracht hatte, welche demnach abgewiesen werden mufste. Wir können auf diese Einzelheiten hier nicht weiter eingehen; aus dem Gesagten erhellt, dafs das Oberrecht für das Land Schlesien weniger „ein köstliches Privilegium und Kleinot" als vielmehr ein sehr kostspieliger Luxusgegenstand war. In der Folgezeit lassen sich Oberrechtssitzungen als ausgefallen nachweisen: 1585 Jubilate und Michaelis, 1586 Jubilate, 1587 Michaelis, 1588 beide Rechtstage, desgleichen 1594, 1596 der eine von beiden, 1597 wieder beide u. s. w. Sehr häufig, wenn das Oberrecht auch wirklich abgehalten wurde, stand nichts oder nur eine Aufbietung auf der Tagesordnung; die Anzahl der Processe, welche in der zweiten Hälfte des 16. Jahrhunderts vor diesem Forum geführt wurden, ist eine äufserst geringe; die Urteile wurden fast durchgängig in Prag geholt. Ein einziger Procefs schleppte sich meist lange Jahre durch viele Sitzungen hindurch, ehe er erledigt wurde. In seiner am meisten verkümmerten Gestalt tritt uns das Ober- und Fürstenrecht freilich im 17. und 18. Jahrhundert entgegen, als ihm lediglich noch die Kompetenz in Processen gebührte, in denen Ansprüche auf ein Herzogtum oder eine freie Standesherrschaft als solche erhoben wurden. Es ist uns bezeugt, dafs in jener Zeit die Thätigkeit des Oberrechtes fast nur noch bei Gelegenheit von Aufbietungen sich äufserte, und dafs diese letzteren, da sie viermal erfolgen mufsten, wegen des häufigen Ausfalls der Sitzungen oft lange Jahre sich hinzogen [1]. Einem derartigen Gerichtshofe konnte der Kaiser ganz unbesorgt, ohne fürchten zu brauchen, dafs ihm dadurch ein Abbruch an seiner Omnipotenz geschehe, das Privileg der Exemtion von Appellation und Supplikation erteilen; denn Processe kamen daselbst fast gar nicht mehr vor, und falls wirklich einmal eine Sache daselbst zur Verhandlung gelangte, so kümmerte sich der Kaiser, wenn eine der beiden Parteien bei ihm über den Spruch des Oberrechtes sich beschwerte, wenn es ihm gerade pafste, sehr wenig um das von ihm erteilte Privileg.

Unter diesen Umständen ist es sehr einleuchtend, dafs man die Kosten, welche den Fürsten und Ständen aus der Beschickung des Oberrechtes erwuchsen, doch nicht ganz umsonst aufgewendet haben wollte; da ja die Organisation des Oberrechtes im allgemeinen der Fürstentage entsprach, so begann man jetzt den Umstand, dafs bei Gelegenheit der Rechtssitzungen die Fürsten und Stände persönlich oder durch ihre Abgesandten vertreten waren, behufs Entlastung der allgemeinen Landtage dazu zu benutzen, minder wichtige oder sehr dringende Landessachen hier zu verhandeln; so Besetzung der Landesämter[2], Ausschreibung kleinerer Anlagen[3], Bestimmungen über Eintreibung der Steuerreste und deren Exekutionsmodus[4], Steuer-[5] und Zollsachen[6], Mafsregeln betreffs

---

[1] (Seidel) Observationes a. a. O.
[2] Auf dem Oberrechtstage von Michaelis 1589 wird verhandelt über die Neubesetzung der Zahlmeisterstelle; da die Anzahl der versammelten Stände eine allzu geringe ist, so wird die Sache remittiert bis zum nächsten Fürstentage, — ein Beweis, dafs derartige Angelegenheiten, wie Besetzung der Landesämter, eigentlich zur Kompetenz der Fürstentage gehörten. AA. II 12 f.
[3] Jubilate 1562 steht auf der Tagesordnung eine Beratung über die Anlage der Zehrung auf das polnische Kommissariat. AA. III 6 d S. 75.
[4] Oberamtspublikation des Oberrechtsbeschlusses betreffs der Steuerreste und des modus executionis bei Erhebung derselben. Gedrucktes Patent des Kgl. Staatsarch. Bresl. d. 9. Oktober 1604.
[5] Jubilate 1561; AA. III 23 a fol. 327. Aufnahme der Steuerraitung Michaelis 1598, Protokoll in AA. II 11 a.
[6] Zollsachen natürlich nur, insoweit sie unter die Kompetenz der Stände fielen, also nur die alten Geleitsgelder, nicht auch der 1556 neu errichtete kaiserliche Grenzzoll. So wird Jubilate 1587 auf ein Gesuch der Brüder Suchodolszki um Zulassung eines neuen Zolles auf ihren Gütern, wofür sie die schlechten Wege ausbessern wollen, der Beschlufs gefafst, die lokalen Verhältnisse durch eine oberamtliche Kommission untersuchen zu lassen. A. A. III 6c S. 539 ff. Durch die Bestimmung des privilegii Wladislai war ja die Errichtung neuer Zölle

der Landesdefension[1], Erledigung von Beschwerden und Gesuchen[2] und andere Angelegenheiten allgemeiner Art[3]. Mit der Mitte des 16. Jahrhunderts kommt dieser Brauch auf[4]; seit dem Ende desselben wird er zur Regel. Während aber anfangs die Landessachen — wenigstens nach den Protokollen zu urteilen — in gehegter Sitzung gewöhnlich vor Zulassung der Parteien verhandelt wurden, wurde es später üblich, wie es auch schicklicher war, dafs diese Landessachen erst nach Beendigung der Rechtssitzung beraten wurden[5]. Es bürgerte sich für diese Beratungen der Name „conventus publici" ein, und in ihnen lag die Hauptbedeutung der sogenannten Oberrechtstage des 17. Jahrhunderts; sie schlossen sich entweder an die gehegte Rechtssitzung an oder, falls Rechtssachen nicht zu erledigen waren, so fanden sie alsbald statt, ohne dafs eine Gerichtssitzung erst eröffnet wurde; in sie zog sich zurück, was von ständischem Leben in jener Zeit noch vorhanden war[6], und dessen gab es wahrlich nur noch verschwindende Reste.

(d. h. neuer thelonea im Sinne des Mittelalters) abhängig gemacht von der Zustimmung der Generalstände.
[1] Jubilate 1584; Protokoll in AA. II 11a.
[2] Besonders häufig kamen vor Beschwerden der Breslauer über neu errichtete Wegzölle, zumal in Böhmen, worauf dann die Oberrechtssitzer gewöhnlich den Petenten eine „Vorschrift" an den Kaiser und die obersten Landesoffizierer Böhmens bewilligten; so Michaelis 1584 (Protokoll in AA. II 11a), Michaelis 1586 (AA. III 6 e S. 503ff.) und Jubilate 1587 (ebd. S. 539ff.).
[3] So Michaelis 1598 Zahlung der promnitzischen Reiter, Tuchmacher- und Leinweberhandlung; Protokoll in AA. II 11a. Jubilate 1587 bringt die Landschaft von Oppeln-Ratibor vor, dafs ein polnischer Adliger in ihrem Fürstentume sich ankaufen wolle; da dies durch den Fürstentagsbeschlufs von 1576 verboten sei, so bitten sie um Rat, wie sie sich zu verhalten hätten, und empfangen den Bescheid, sich entweder direkt an den Kaiser zu wenden oder die Sache auf dem nächsten Fürstentage vorzubringen. AA. III 6e S. 539 ff.
[4] Das erste mir bekannte Beispiel rührt her vom Oberrechtstage von Montag nach Jubilate 1542, auf welchem eine Deklaration zu einem Steuerbeschlusse des vorhergehenden Fürstentages erlassen wurde. Dieselbe ist gedruckt bei Kries S. 94 f.
[5] Vgl. Friedenberg a. a. O. S. 6ff.
[6] Auf einem Fürstentage des Jahres 1684 „erinnerten und rekommandierten" die Stände, dafs „die Deliberationes über die Land-Propositiones vorigen Conclusis gemäfs in halben zu halben Jahren zu richtigem Schlufs befördert und ausser denen Ihro Ksl. M. und den statum Publicum concernirenden und keinen verzug leydenden Angelegenheiten sonsten nichts extraordinarie deliberirt und resolvirt werden möge." Ebd. S. 9.

Drittes Kapitel.

Die Appellationskammer zu Prag.

1. Die königliche Gerichtsbarkeit im Mittelalter. Erweiterungen derselben unter Ferdinand I. vor 1548.

Während der Versuch, in dem Ober- und Fürstenrechte ein Centralgericht für Schlesien zu schaffen, von den Ständen seinen Ausgang nahm, knüpften anderweitige Centralisierungsbestrebungen bezüglich der Rechtspflege zum Anfange der Neuzeit an die Person des Königs an. Schon im Mittelalter besafs der König eine auf ganz Schlesien sich erstreckende Gerichtsbarkeit, da er doch den schlesischen Fürsten gegenüber mindestens alle diejenigen Jurisdiktionsbefugnisse in Anspruch nehmen konnte, welche dem Lehnsherrn gegenüber seinen Vasallen gebührten. In den Erbfürstentümern war er, da er hier die unmittelbare Herzogsgewalt innehatte, der Träger der Justizhoheit, insofern dieselbe nicht durch Privilegien seitens der alten piastischen Herzöge und seitens der Krone Böhmen selbst durchbrochen war. Nun hatte sich aber in den Erbfürstentümern der Procefs der Auflösung der alten herzoglichen Gerichtsgewalt am schnellsten vollzogen; niedere und obere Gerichtsbarkeit über die bäuerliche Bevölkerung waren in die Hände der Grundherren geraten, und damit hatten auch zugleich das Jus evocandi und das Jus appellandi des Landesherrn ihr Ende gefunden. Nicht minder hatten die Städte die Gerichtsgewalt in ihrem Bezirke erworben; der Appellationsgang auf den Herzog wurde hier bald verdrängt und gänzlich beseitigt durch das Aufkommen der Konsultationen bei den Schöffen einer anderen Stadt, also bei einem keineswegs übergeordneten, sondern ganz und gar gleichstehenden Forum, dem sogenannten Oberhofe. Was nun endlich die Fürstentumscentral- und Adelsgerichte anbelangte, so wurde auch hier der Rechtszug auf die Krone abgeschnitten. Bereits 1353 erhielten die Landstände von Schweidnitz-Jauer von Anna, der Gemahlin Karls IV. aus piastischem Stamme bei Gelegenheit der von ihnen der Königin und ihren künftigen Nachkommen und Erben geleisteten Eventualhuldigung die Zusicherung, dafs sie und ihre Erben und Amtsleute jeden der Bewohner von Schweidnitz-Jauer, „er sey reich, edel oder arm", gegen den sie irgendwelche Ansprüche haben würden, „betheidigen und anreden an der stadt und in dem gerichte, darinnen er gesessen ist und in keinerley dingtage in anderen städten und auswendig seinem gerichte bescheiden sollten"; wer immer aus diesen Landen einen Anspruch gegen einen andern habe, „der soll in vorbringen für des landes recht, und wir oder unser amptleute und richter sollen denselben auswendig dem obgemelten Lande und Gränzen keinerley dingtage bescheiden"[1]. Lag einmal in diesen Bestimmungen eine Aufhebung des herzoglichen Evokationsrechtes, so war ferner auch in ihnen enthalten, da es ja verboten ward, einen Procefs über die Grenzen von Schweidnitz-Jauer hinauszuziehen, ein Verzicht darauf, irgendwelche Appellationen aus den Fürstentümern anzunehmen, um ihre Erledigung dann irgend einem böhmischen Gerichte, z. B. dem königlichen Hofgerichte, zu übertragen. Durch ein Privileg Georg Podiebrads wurde ausdrücklich angeordnet, dafs sowohl Kläger wie auch Beklagter von den Hofgerichten der einzelnen Weichbilder an das Mannrecht zu Schweidnitz sich ziehen dürften, dafs Hofgerichte wie Mannrecht in zweifelhaften Fällen das Zwölfergericht, welches vierteljährlich tagen solle, konsultieren, und dafs von dem Belehrungsspruche dieser Zwölfer die Parteien sich weder fristen noch ziehen sollten; es wurde ferner bestimmt: „in der städte recht gehen die züge als sie vor alters gegangen haben"[2]; d. h. Spruchinstanzen für die Stadtgerichte bleiben die jeweiligen Oberhöfe. König Wladislaus endlich setzte fest, dafs niemand aus dem Herren- und Ritterstande aus den Fürstentümern Schweidnitz-Jauer „umb keinerley ursache willen aufserhalb landes citiret oder zu ewigen Zeiten bey mancherley peen gefordert, geladen, gezogen werden und daraus zu gestehen schuldig und verpflicht seyn solle", sondern alle Klagen gegen Einwohner dieser Gebiete sollten „vor ihren landesrechten zur Schweidnitz und nirgendsanderswo geschehen und nach genugsamer vorbringung, verhörung, klagen, antwort, gegen und widerreden durch obberurtes rechten geschworne rechtssitzer durch ihre urthel und erkenntnüfs versprochen und geendet werden, davon sich niemand vor uns, unsere erben, nachkommende Könige zu

---

[1] Schickfufs III 390, d. d. Schweidnitz 6. Juli 1353.
[2] Ebd. S. 396, d. d. Jauer 20. Sept. 1459.

Böheimb oder andere recht soll noch mag ziehen, appellieren oder berufen, sondern alle solche züge, appellationen oder beberufungen, wie dieselbigen vorgenommen oder geschehen möchten, sollen jetzt alsdann und dann als jetzt kraftlos und abseyn und vor nichts gehalten werden"[1]. Durch dieses Privileg waren Evokations- und Appellationsrecht des Königs gegenüber den Gerichten der Fürstentümer Schweidnitz-Jauer vollständig und endgültig beseitigt. Auch die anderen Erbfürstentümer erlangten ähnliche Begnadigungen. So versprach König Wladislaus, dafs er von dem Mannrechte des Fürstentums Breslau keinerlei Appellation entgegennehmen wolle[2]. Auch die Glogauer Landschaft hatte ein Privileg für ihr Mannrecht erwirkt, „dafs die vom Herrn- und Ritterstande selbigen Furstenthumbes in gemeine, auch sondern personen nirgends als im furstenthumb Glogau vor dem kunigl. mannrecht gerichtsstand und rechtfertigung zu thuen und leiden schuldig, welchem mannrecht und der mann erkäntnüsz sich ihr R. Ksl. M. sowol derselbigen hauptleute auch nicht alleine unterworfen, sondern was darinne erkant, deme zugeleben und nachzukommen verbunden, auch davon nicht appelliret werden solle"[3]. So war die Appellation auf den König in den Erbfürstentümern überall abgestellt, teils durch ausdrückliche Privilegien — so bezüglich der Adelscentral- und der Patrimonialgerichte —, teils durch Gewohnheitsrecht, so bezüglich der Stadtgerichte[4]. Dafs der König gegenüber den Gerichten in den piastischen Fürstentümern ein Recht der Evokation oder der Appellation besessen und ausgeübt habe, ist nicht nachweisbar und auch nicht wahrscheinlich[5]; seine Gerichtsgewalt diesen Teilen des Landes Schlesien gegenüber beschränkte sich demnach auf die Jurisdiktion über die seiner Lehnshoheit unterworfenen Fürsten[6] und ein gewisses Auf-

---

[1] Ebd. S. 398, d. d. Breslau, 8. April 1511.
[2] Bresl. Stadtarch. H 4c.
[3] Aus einer Beschwerdeschrift der Glogauer Landstände, d. d. Troppau 26. Januar 1567, Kgl. Staatsarch. AA. III 6d S. 463.
[4] Für die Städte und Schweidnitz-Jauer hatte die Krone allerdings diesen Zustand anerkannt und bestätigt. S. oben die Erörterung über das Privileg Georg Podiebrads d. a. 1459.
[5] S. Edm. Franke, „De eo, quo Silesiae Ducatus saeculo XIV. cum Regno Bohemiae fuerint conjuncti, nexu feudali." Diss. Wratisl. d. a. 1865 S. 25 ff. (über den Einflufs der Lehnsabhängigkeit von der Krone Böhmen auf die Gerichtsgewalt der Piasten).
[6] Genau erörtert ist der Inhalt der Jurisdiktionsbefugnisse des Königs über die Herzöge im 14. Jahrh. bei Franke S. 13 ff.: Streitigkeiten zwischen den Fürsten selbst mufsten vor dem Könige ausgetragen werden. Wenn nichtfürstliche Personen gegen einen Fürsten klagten, so war das Hofgericht desselben das zuständige Forum; zu einer derartigen Verhandlung durfte der König einen Delegierten entsenden; falls nach dem Gutachten dieses letzteren ungerecht verfahren worden war, so durfte der Kläger den Herzog vor das Gericht des Königs citieren. Dazu kamen noch die aus der Natur des Lehnsbandes

sichtsrecht darüber, wie dieselben ihre eigene Gerichtsgewalt in einzelnen Fällen handhabten. Daher fanden sich, als gegen Ende des Mittelalters bei den recht- und friedlosen Zuständen im Lande das dringende Bedürfnis sich geltend machte, in die bisherige Autonomie der lokalen und territorialen Justizverwaltung einzugreifen, nur wenige Punkte, an welche eine etwaige Tendenz der Krone betreffs Verstärkung ihrer Gerichtsgewalt anknüpfen konnte. Es lag aber auch ein derartiges Streben in jener Zeit der Krone noch sehr fern; die Fürsten und Stände vielmehr ergriffen die Initiative, und ihre Bemühungen wurden, wie wir sahen, mit Erfolg gekrönt durch die unter königlicher Zustimmung erfolgende Organisation des Ober- und Fürstenrechtes, eines obersten ständischen Gerichtshofes, welcher der Hauptsache nach in erster Instanz in Klagen gegen die Fürsten und Oberstände sowie in Processen zwischen der Krone und Schlesiern zuständig, der zugleich aber auch Forum war für solche Fälle, in denen Rechtsverweigerung seitens der niederen Gerichte vorlag, der in Wahrheit also, insoweit es nach den Anschauungen der damaligen Zeit, insbesondere der schlesischen Stände, möglich war, eine Centralstelle der Rechtspflege für ganz Schlesien geworden war. So schien es, als ob in dem Wettkampfe zwischen Krone und Ständen um die Herrschaft über das Staatsleben diese letzteren der ersteren auf dem Gebiete der Rechtspflege den Rang abgelaufen hätten, als ob der Gewinn der Centralisierung der Rechtspflege ganz allein den Ständen anheimgefallen und die Krone von der Einwirkung auf die Rechtsverwaltung in den einzelnen Territorien Schlesiens so gut wie ausgeschlossen wäre.

Gleichwohl aber mufste es alsbald offenbar werden, dafs der Versuch der Stände, auf diese Weise die Rechtspflege in Schlesien zu reformieren und zu centralisieren, in technischer Hinsicht nur wenig gelungen war. Wenn auch dem Kläger nicht direkt sein Recht verweigert wurde — zur Abstellung von Rechtsverweigerungen und Rechtsverschleppungen war es gar nicht einmal nötig, einen besonderen Gerichtshof, wie das Oberrecht, einzusetzen; es genügte hierzu, wie es später auch geschah, eine schärfere Handhabung der administrativen Kontrolle über die einzelnen Partikulargerichte —, so stand es doch bei der Schärfe der Sonderung des ländlichen von dem städtischen Rechtskreise, bei dem vielfach auftretenden Gegensatze zwischen den einzelnen Territorien und zwischen den einzelnen Grundherrschaften, in sehr vielen Fällen, wenn Angehörige der einen Sphäre von Mitgliedern einer anderen, feindlichen ihr Recht nehmen mufsten, sehr zu befürchten, dafs der Kläger mit dem Urteile sich nicht zufriedengeben

---

und aus der Strafgewalt des Königs sich ergebenden richterlichen Befugnisse desselben über die Herzöge.

konnte. Man suchte die tiefe Kluft, die auf dem Felde des
Rechtslebens zwischen Stadt und Land sich öffnete, durch
Herstellung von gemischten Schiedsgerichten, welche aus
Rittern und Bürgern sich zusammensetzen sollten, zuerst an
verschiedenen einzelnen Orten, so z. B. besonders in Schweidnitz-Jauer, alsdann durchgängig vermittelst der Fehderordnung
von 1541 zu überbrücken; freilich waren diese Bemühungen
ohne Erfolg. Nur ein Mittel gab es, welches hier helfen
konnte: es mufste ein geordneter Rechtszug auf eine
unparteiisch über allen Kreisen der Gesellschaft stehende,
höhere Instanz geschaffen werden, welche, die dem Urteile des
Vorderrichters zu Grunde liegende Ansicht prüfend, seinen
Spruch entweder bestätigte oder verbesserte. Dazu kam noch
ein zweites: nur in verhältnismäfsig langen Zwischenräumen
traten viele Gerichte zusammen; die Pflicht des Beisitzes war
vielen eine unangenehme und kostspielige Last, sodafs sie sich
nur sehr unregelmäfsig einfanden, die Sitzungen oft ausfielen
und die Processe oft jahrelang verschleppt wurden[1]. Bei
derartigen Mifsständen kann es nicht Wunder nehmen, dafs
bei den Parteien die Neigung sich geltend machte, überhaupt
den ordentlichen Rechtsweg nicht erst zu betreten, sondern
die Vermittlung des Königs oder seiner Beamten, zumal des
Oberhauptmanns, anzurufen; galt doch auch jetzt noch immer
die Krone als die oberste Quelle alles Rechtes, wurde doch
daher auch ihren Entscheidungen die stärkste Autorität bei-
gemessen, das gröfste Vertrauen geschenkt[2].

So waren wirklich Bedürfnisse vorhanden, auf welche
eine neue Politik der Krone bezüglich einer, ihrer eigenen
Prärogative im Gegensatze zu der ständischen Gewalt Vorschub leistenden Justizreform sich stützen konnte. Es war
andererseits auch klar, dafs die Fürsten und Stände hier, wo
eine Reorganisation nur unter Verletzung oder Aufhebung
wohlerworbener und mit grofser Zähigkeit behaupteter Rechte
einzelner Personen oder ganzer Korporationen sich vollziehen
konnte, kaum die Initiative ergreifen konnten, da die einzelnen, aus denen die Gesamtheit der schlesischen Stände sich
zusammensetzte, allzusehr an der Fortdauer der bestehenden
Zustände interessiert waren. Auf die Zeit der tiefsten Erniedrigung der königlichen Gewalt unter den Jagiellonen
folgte alsbald, als mit Ferdinand I. das Haus Habsburg den

---

[1] So ordnet König Matthias 1479 eine Reform des Breslauer
Manngerichtes an, da ihm Klagen zugegangen seien, dafs die kgl.
Mannen des Gerichtes auf dem kgl. Hofe sehr lässig wären, sowie dem
Gebote nicht nachkämen, alle 14 Tage das Gericht zu besitzen, auch
die Sachen oft jahrelang aufschöben. Bresl. Stadtarch. d. d. Olmütz
14. August 1479.
[2] Vgl. oben S. 167 f., ferner Stölzel, Gelehrtes Richtertum I 238;
G. von Below, Die Neuorganisation der Verwaltung u. s. w. Histo-
risches Taschenbuch VI 6 310. Leipzig 1887.

böhmischen Thron bestieg, eine schnelle, glänzende Erhebung. Noch 1528 gab der neue Herrscher jenem Landfrieden seine Zustimmung, welcher den Einfluſs der Stände auf die centrale Gestaltung der Rechtspflege nicht nur bestätigte, sondern auch erhöhte; sowie sich aber seine Stellung erst hinlänglich gefestigt hatte, nahm er eine Politik auf, durch welche er Schritt für Schritt das durch die Nachlässigkeit seiner Vorgänger verlorene Feld wiedereroberte, und von der wir, insoweit sie sich gegen das Ober- und Fürstenrecht richtete, schon Kenntnis nahmen.

Freilich ging dies nicht ab ohne Kampf und ohne den heftigsten Widerstand seitens der Schlesier. Schon wenige Jahre nach Ferdinands Thronbesteigung werden die ersten Klagen laut; Breslauer Gesandte erhalten 1534 von ihrem Rate die Weisung, beim Oberhauptmanne darauf zu dringen, daſs gewisse den Freiheiten des Landes und der Städte schädliche Gebräuche abgestellt würden, „dieweil auch dieselb beschwerung itzunt geschwint einwurzeln wil, das die erbsessen und underthane dieser land Slesien durch ungegrueten . . . bericht der part vor die k. m. gezogen, aber auch comissariat und delegation angefangen und decidiret werden sollen wider die freiheiten und begnadungen obgedacht[1]". Kurze Zeit nachher findet sich unter den ständischen Gravamina folgender Passus: „Zum letisten ist der herrn fursten und stände mergliche beschwer, das sich sonderlich personen wider eyner ydem stande eigene auch der ganzen gemaynen landes freiheit und privilegien understehen, von den ordentlichen gerichten unordentlicher weise an E. R. K. M. zu appellieren. Ist unser aller underthenigiste bitt, dieweil solchs wider alle alde gebreuch und gewonhait, E. R. K. M. wollen eynen iden bey seynem geordenten gericht dem alden gebrauch genedigist vorbleiben und dieselbigen unordentlich fürgenomen appelation genedigist eynes iden aigenen auch des ganzen gemaynen landes freiheiten nach abschaffen lassen". An einer andern Stelle desselben Schreibens heiſst es insbesondere wegen der Kommissariate: „Zum sechsten begegen diesem armen lande vil eingriff und schmellerung an unsern gemaynen und sonderlichen privilegionen, als mit unordentlicher ladung gen Behem, . . . desgleichen mit vilfeltigen commissariaten und verglaitung, damit die ordentlichen gericht undergedrucket"; die Fürsten und Stände bitten daher den König, er möge sie mit so vielfachen Kommissariaten „in sachen, die ir ordentlich recht haben, verschonen"[2]. Die Antwort des Königs war

---

[1] Bresl. Stadtarch. A. P. I Ms. 162 fol. 301—307 d. d. 20. Januar 1534.
[2] Gravamina des Landes Schlesien (wohl d. a. 1538). Bresl. Stadtarch. A. P. II Ms. 163 fol. 414—419.

eine beschwichtigende, allerdings ziemlich nichtssagende: er sei gesinnt, die Schlesier bei ihren Freiheiten zu schützen, „und was grund und sachen, die do inen erbaigenthumblich zustendig betreffen thut, bey iren ordentlichen gerichten vorpleiben zu lassen" [1]. Trotzdem mehrten sich die Versuche, die Gerichtsgewalt der Stände zu beschränken und die der Krone zu erweitern, indem Schlesier ohne Rücksicht auf ihre ordentliche Instanz, selbst wenn als solche das Oberrecht in Betracht kam, nach Prag vorgeladen wurden [2], indem ferner immer neue Kommissariate vom Könige ausgingen, sodafs betreffs dieser letzteren schon 1543 der Generallandtag zu einem erneuten Proteste sich gezwungen sah. Es ward darin auf die erst vor fünf Jahren erhobene Beschwerde hingewiesen, sowie darauf, dafs durch die königlichen Kommissariate „die ordentlichen gericht und gerichtsstellen verdruckt und des landes aussatzungen, freihait und gerechtikaiten in nachteil gezogen wurden"; kein Fürst oder Stand könne jetzt mehr das Recht ordentlich verwalten. Sie machten den König darauf aufmerksam, dafs bereits Einrichtungen bei ihnen bestünden, durch die es verhütet werden könne, dafs jemandem sein Recht versagt würde; „und ob es geschee", so fuhren sie fort, „das imands rechtlos gelassen wurd, so wern nnd seind in dieses landes aussatzungen wege begriffen, wo und an welcher stell ein lder zum rechten kommen soll und kan, also endlich, das bey seiner k. m. nimands mit einichen grund mag angeben, er sey ein- oder auslendisch, reich ader arm, das ime das recht zn hohen ader nidern standen bei ordentlicher stell in diesem land vorschrenkt ader benomen sey"; sie fühlten sehr wohl, dafs es sich bei diesem Kampfe um nichts anderes handele als darum, wem von beiden, der Krone oder ihnen selbst, der mafsgebende Einflufs auf die Centralleitung der Rechtspflege, die höchste Gerichtsgewalt für das gesamte Schlesien zufallen würde. Die Entgegnung des Königs war in einem sehr entschiedenen Tone gehalten: keineswegs könne man ihm den Vorwurf machen, dafs er irgend jemandem den Zugang zu seinem ordentlichen Gerichte versperrt habe; er hege vielmehr „in seinem königlichen Gemüthe" keinen andern Wunsch, als das Recht zu fördern und zu handhaben; „das wir aber je in zeiten", so heifst es weiter, „commissariat geben und vorordnen, beschiht nicht in ander wege dann umb bericht des handels. Den es komen dermafzen unzalbar klagen und beschwerung für uns, das nicht umbgangen kan werden, sondere commissarii umb bericht zu geben, Und wan uns derselbe zukombt, lassen wir einen yden

---

[1] Ebd. fol. 420—423.
[2] So die Stadt Löwenberg und (1540) die Herzöge von Münsterberg-Oels: s. o. S. 197 Anm. 2.

bei seinen ordenlichen rechten, wie billich, verbleiben, darzu
dem part zugut wegen vormeidung langweiligen proces, rechtfertigung, vorgeblichs unkosten und gefarlichs verzugs, welchs
dem armut zu erschwingen und auszuharren [sc. nicht muglich].
Wol hetten wir uns gegen etlichen vilmehr zu beschweren,
wie es mit dem armen mann und furnemlich mit unsern erbundertanen zu zeiten umbegangen, sein armut genomen, von
haus und hof getriben, keines geburlichen rechtes bekommen
mag und noch dazu, wil er anders seines leibes und lebens
sicher sein, sich mit dem bettelbrode zun uns weg erlangung
unsers kuniglichen glaites, welchs wir doch keinem anders
dann vor gewalt zum rechten auch eine kleine schlechte zeit
mieeteilen, eine weite reise begeben mufs . . . Das uns aber
mit vorglaitung vor gewalt zum geburlichen rechten die hand
gesperret solt sein, werden die fursten und stende an uns
nicht muten, den solchs unser autoritet, regalien und hochait
anlangt" [1]. Deutlicher und schärfer konnten die traurigen
Zustände der schlesischen Rechtspflege, die egoistische Art
und Weise, wie die Stände die ihnen zustehende Gerichtsgewalt ausübten, nicht gekennzeichnet werden.

Mit dem vierten Jahrzehnte des sechszehnten Säkulums
also nehmen die Bestrebungen der Krone, einen umfassenden
und durchdringenden Einflufs auf das Rechtsleben in Schlesien
zu gewinnen, greifbare Gestalt an. Der Rechtsgrund, auf dem
die Politik des Königs fufst, wird von ihm selbst unzweideutig angegeben, indem er sagt: „den solchs unser autoritet,
regalien und hochait anlangt"; es ist dies die der römischen
Staats- und Rechtsanschauung entnommene Lehre von der
Existenz unveräufserlicher und unantastbarer Staatshoheitsrechte, deren Träger der Inhaber der Krone war. Gewifs lag
darin ein Bruch mit der bestehenden Rechtsordnung, zweifelsohne war dies ein Eingriff in die durch Privilegien geschützte
Rechtssphäre der Stände; aber dieser Schritt war geboten
nicht nur durch das eigene Interesse der Krone, falls dieselbe
sich nicht gänzlich von jeder Einwirkung auf die Gestaltung
des Rechtslebens in Schlesien ausgeschlossen wissen wollte,
sondern auch durch das Bedürfnis des Landes, welches den
festen Willen, eine geregelte, unparteiische Rechtspflege zur
allgemeinen Zufriedenheit und zum öffentlichen Wohle wenn
auch im Widerspruche mit den Vorrechten der alten autonomen
Gewalten zu schaffen, nicht von der Gesamtheit dieser letzteren,
nämlich den Generalständen, sondern einzig und allein von
dem Königtume erwarten durfte. —

Drei Rechte sind es vornehmlich, mit denen der König
seine Justizhoheit ausstatten wollte, das Recht, Appellationen

---

[1] Instruktion der königlichen Landtagskommissare, d. d. Nürnberg
29. Januar 1543. Ebd. fol. 300 ff.

von den schlesischen Gerichten entgegennehmen, Rechtsstreitigkeiten der Parteien durch seine Kommissionen beilegen, das Geleit vor Gewalt zum Rechten erteilen zu dürfen. Indem der König einer Partei das Geleit gewährte, wollte er ihr die Möglichkeit geben, ein fremdes Jurisdiktionsgebiet, in welchem die streitige Sache zur Erledigung kommen sollte, frei und ungehindert zu betreten, ohne einer Vergewaltigung sich besorgen zu müssen[1]. Dadurch, dafs der König einen Procefs auf Ansuchen einer der Parteien vor seine Person zog, die Sachlage durch hierzu besonders delegierte Kommissare untersuchen, sich dann durch dieselben Bericht erstatten und — vermutlich durch die Kommissare oder wohl auch durch die Räte der böhmischen Hofkanzlei — einen Spruch fällen liefs, der in seinem Namen erging, der aber sicher nur dann Geltung hatte, wenn er von beiden Parteien angenommen wurde, übte er eine aufserordentliche Schiedsgewalt in Fällen jeglicher Art aus, welche den Zweck verfolgte, das Procefsverfahren zu beschleunigen und weniger kostspielig zu gestalten[2]. Es war klar, dafs für den Fall des

---

[1] Über den rechtlichen Charakter des Geleites spricht Ferdinand am ausführlichsten in einem Briefe an den Oberhauptmann: „Geleit vor gewalt zum rechten wollen wir nicht anders gedeutet haben, als dafs keinen derselben, so mit unserem geleit begabet, einigerley gewalt sol zugefüget werden; das sie aber hierdurch des rechtens befreyet, ist unser meinung gar nicht; des rechtens soll sich niemandt eufzern, und so eine solche gefreyte person, die dem recht zu geben und zu nehmen mit nichten exiinyrt sein soll, vor recht kombt, was ihm nur das recht zutheilet und auferleget, das sol er geniefszen und entgelten, demselben nachkommen, geloben und folgen thuen: doch dafs auch gleiche vortheil und recht gehalten werde und ergebe, niemant darmit vorfah.et und vorkürzt, und da ein gleich. göttlich urtheil wieder einem solchen erginge und pönfellig erknnt, dafs zu ihm solt gegriffen werden, sol ihn unser geleit darfür nicht schützen, auch von ihnen nicht vorgewant [sc. werden], als würde gewalt wieder ihm fürgenommen; darzu so weistu, das wir keinen vor schult geleitet oder noch des sinnes sein; alleine das niemand gewalt zugefüget, und so sich dergleichen fälle in Ober- und Nieder Schlesien begeben, magstu solche unsere declaration, wie wir solch gelait meinen und gehalten haben wollen, anzeigen." D. d. Wien 20. August 1541 in Fabers Chronik, Kgl. und Univ.-Bibl. zu Breslau. Hs. Steinwehr I in fol. Nr. 53.

[2] Vgl. oben die Erklärung des Königs aus dem Jahre 1543. Oft hatte die kommissarische Untersuchung wohl auch den Zweck, die Sachlage festzustellen zu lassen und das also gewonnene Material dem ordentlichen Gerichte zu unterbreiten, welches, darauf fufsend, den Procefs dann schneller erledigen konnte (s. z. B. Kgl. Staatsarch. Bresl. AA. III 23 a fol. 97 d. a. 1559 betreffs des Processes zwischen Hans von Mühlheim und der Stadt Neumarkt um das Schrotamt). Natürlich hatte eine solche Untersuchung der Sachlage, da sie unter königlicher Autorität erfolgte, obrigkeitlichen Charakter und war gleichsam eine Voruntersuchung zur Beschleunigung des Procefsverfahrens. In einem Schreiben vom Jahre 1564 (ebd. AA. III 6d S. 232) trägt denn auch dieses Verfahren die Bezeichnung „per viam extraordinariam procedendum." Ganz klar aber wird der Charakter dieses aufserordentlichen Verfahrens durch eine kaiserliche Resolution (übermittelt vom Oberhauptmann, d.

Überhandnehmens solcher Kommissariate die Autorität der ordentlichen Gerichte allerdings in hohem Grade geschwächt werden mufste, zumal da die letzteren vor dieser Konkurrenz, auch wenn sie sich bemühten, möglichst unparteiisch zu entscheiden, doch ihrer schwerfälligen Organisation halber bezüglich der Schnelligkeit des Verfahrens kaum sich schützen konnten.

Noch schlimmer aber war es, dafs der König eine ordentliche und zwar die höchste Gerichtsgewalt beanspruchte, indem er das Recht der Appellation für sich forderte. Gegen diese Prätention der Krone richteten daher 1538 die Stände ihre heftigsten Gravamina, und aus dem Umstande, dafs unter den Beschwerden des Jahres 1543 die Appellation nicht mehr erwähnt wird, dürfen wir schliefsen, dafs ihre früheren Klagen gegen die „unordentlichen Appellationen" ihren Eindruck am Hofe nicht verfehlt haben; denn wenn auch gegen die Ausübung des Geleitsrechtes und der aufserordentlichen Schiedsgewalt direkte Privilegien seitens der Stände nicht geltend gemacht werden konnten, so doch gegen das vermeintliche Appellationsrecht der Krone. Ferdinand war jedoch keineswegs der Mann, durch die Fruchtlosigkeit eines ersten Versuches von dem ganzen Unternehmen sich abschrecken zu lassen, sondern mit Zähigkeit hielt er an dem fest, was er als notwendig im Interesse der Krone und des Staatswesens einmal erkannt hatte, und mit Geschicklichkeit verstand er es, einer zur Zeit übermächtigen Opposition auszuweichen, um im gegebenen Moment eine bessere Konjunktur für die Erreichung seines Zieles zu benutzen.

Zunächst fand er einen Bundesgenossen für seine Politik gegen die Schlesier in den Ständen des Königreiches Böhmen, welche kurzsichtig genug waren, die von den schlesischen Ständen der Krone gegenüber erwirkten Rechte und Freiheiten als eine Beeinträchtigung des herrschenden Landes Böhmen und also auch ihrer selbst zu empfinden. Ferdinand zögerte nicht, die gegenseitige Eifersucht und Abneigung zu benutzen und die Stände des einen Landes gegen die des anderen auszuspielen; selbst wenn er nicht persönlich im geheimen, wie man fast vermuten möchte, den Brand geschürt hat, in seinem Interesse jedenfalls war es, wenn die Stände Böhmens 1546

d. Neifse 22. März 1569. Bresl. Stadtarch. Scheinig 9 Nr. 4176): da sich in einem Immobiliarprocesse „die Commission und gütliche handlung zwischen den teilen ohne frucht zerschlagen," so soll der Oberhauptmann die Parteien von Oberamts wegen und an des Kaisers statt an das ordentliche Gericht des Fürstentums Breslau weisen, in dessen Jurisdiktionsbezirke das strittige Gut gelegen ist. Das Kommissariat ist ein besonderer Fall des Kompromisses, indem derselbe nicht vor einer ständigen Verwaltungsbehörde, sondern vor Schiedsrichtern, welche speciell dazu delegiert sind, vollzogen wird. Vgl. über das Kompromifs oben S. 168.

gegen die Schlesiens die Anklage erhoben, dafs dieselben der
königlichen Majestät Regalien, Jurisdiktion und Hoheiten sich
anmafsten, dafs insbesondere durch die Bestimmung, der zufolge
es bei den Urteilen des Oberrechtes unverbrüchlich bleiben
solle, „den Königen zu Böheimb die Hoheit der Appellation
wider alles Göttliche, Natürliche beschriebene Recht benommen
würde" [1]. Wenn so in das vornehmste Privileg der Schlesier
Bresche gelegt wurde, wenn nicht einmal das oberste Gericht
derselben das Vorrecht der Inappellabilität geniefsen sollte,
wie war es dann den niedrigeren Gerichten möglich, ihre Freiheit von der Appellation zu wahren? Es war der Triumph der
Politik Ferdinands, wenn er sah, wie die ständischen Gewalten
Böhmens die ewigen, unveräufserlichen Hoheitsrechte der Krone
anerkannten, jetzt freilich nur dem Lande Schlesien gegenüber,
ohne in ihrer Verblendung sich zu sagen, dafs er eines Tages
von ihnen selbst das beanspruchen werde, was sie als principiell gerechtfertigt den Schlesiern gegenüber ihm zugestanden
hatten. Zu einer definitiven Entscheidung kam es damals kaum;
vielleicht sogar gab er damals eine den Schlesiern nicht ganz
ungünstige Erklärung ab, die einen bindenden Charakter freilich schwerlich besitzen konnte. Wenige Jahre nachher nämlich halten die Generalstände dem Könige vor[2], „sie wüssten
sich wohl zu erinnern, das sich die R. K. M. zur Zeit allergnedigist erklert, ir R. K. M. wolten aus allerley hant beweglichen und dazumal gehabten koniglichen ursachen die appellation zu wider des gemeinen vaterlandes privilegiis hindan-
setzen, allein das die supplication irer M. zugelassen wurde[4].
Da es nun unwahrscheinlich ist, dafs der König ihnen eine
solche Zusicherung nach 1547, als seine Macht plötzlich infolge
der politischen Verhältnisse gestiegen war, als er das alsbald
näher zu besprechende Appellationsgericht stiftete, erst gemacht haben soll, so liegt die Vermutung nahe, dafs dieses
Versprechen, falls es nicht noch früher erfolgte, den Schlesiern
bei Gelegenheit des Privilegienstreites von 1546 gegeben
wurde[3]. Diese Supplikation indes, welche der König unter
Verzichtleistung auf die Appellation sich damals vorbehielt,
war in Wahrheit, wie wir noch sehen werden, nichts anderes
als eine verhüllte Appellation nur unter erschwerten Bedingungen, eine Einschmuggelung der Appellation unter anderer
Flagge. Bald aber traten Ereignisse ein, welche den König
in die Lage versetzten, jegliche Maske der Zurückhaltung
abzulegen, das Hoheitsrecht der Appellation frei und offen zu

---

[1] Schickfufs III 280.
[2] Zuerst im Landtagsabschiede vom 14. April 1553. Bresl. Stadtarch. A. P. IV Ms. 165 fol. 39—50.
[3] Dafs der König in der That 1547 die Supplikation verlangte,
erhellt aus Fabers Chronik, Kgl. und Univ.-Bibl. Breslau, Ms. Steinwehr I in fol. Nr. 33.

proklamieren und zur Durchführung zu bringen. Im Zusammenhange mit dem schmalkaldischen Kriege erfolgte die böhmische Revolution von 1547, aber auch ihre Niederwerfung und das blutige Strafgericht, welches der König über die Häupter des Aufruhrs verhängte; hatte sich auch Schlesien an dem Aufstande selbst nicht beteiligt, so waren doch auch hier die Sympathieen für die norddeutschen Protestanten mehr oder minder unverhüllt zu Tage getreten, sodafs der Herrscher auch hier Gelegenheit fand, seine Strafgewalt geltend zu machen. Die Macht der Krone stieg plötzlich zu ungeahnter Höhe; ihre Autorität gewann für eine kurze Spanne wenigstens ein dermafsen entscheidendes Übergewicht, dafs Ferdinand nunmehr darangehen konnte, den langgehegten Plan zu verwirklichen, das Hoheitsrecht der Appellation nunmehr zur praktischen Geltung zu bringen. Die Art und Weise, wie er dies that, legt ein glänzendes Zeugnis ab für sein staatsmännisches und organisatorisches Talent; indem er den Rechtsbegriff der Appellation aus dem römisch-kanonischen Processe entlehnte, schuf er eine den Gerichten des Königreiches Böhmen übergeordnete Instanz, welche zur Centralstelle der Rechtspflege für alle Länder der Krone werden, an welche ordnungsgemäfs der Zug von den niederen Stellen gehen sollte, die Appellationskammer auf dem königlichen Schlosse zu Prag. Umfafste der Wirkungskreis dieses Gerichtes auch, wie schon bemerkt, alle Länder der Krone Böhmen, so war es doch andererseits eine direkte Centralstelle für die Partikulargerichte Schlesiens, sodafs wir hier auf dasselbe näher eingehen müssen.

2. Einsetzung, innere Organisation, Verfahren und Geschäftsgang der Appellationskammer.

Den unmittelbaren Anlafs zu der Einsetzung der neuen Behörde gab der Umstand, dafs Magdeburg, der — direkte oder indirekte — Oberhof der deutschen Städte Schlesiens und der Lausitz, sowie einiger böhmischen Städte[1], wegen Nichtannahme des Interims in die kaiserliche Oberacht erklärt wurde; die eigentliche Einsetzungsurkunde ist uns nicht mehr erhalten[2]; es wird uns nur berichtet, dafs am 20. Januar 1548 Ferdinand I. durch ein offenes Mandat in Schlesien angeordnet habe, „das fortan kein appellation oder holung einicher urtheile zu Magdeburg solle gesucht werden; denn ire M. bey dem

---

[1] Die böhmischen Städte (nicht die „Landgerichte, wo böhmisches Recht galt," wie d'Elvert S. 64 fälschlich sagt) betrachteten als Oberhof den Rat der Altstadt Prag. und einige wenige Magdeburg; zu den letzteren gehörten Leitmeritz, Laun, Schlan, Nimburg und Aussig, vgl. Stransky, Respublica Bohemiae S. 465.
[2] Was Grünhagen II 75 als „Reskript über die Errichtung der Prager Appellationskammer" bezeichnet, ist in Wirklichkeit die erste Instruktion derselben.

kuniglichen stul zu Prag taugliche personen verordnet, die
nichts anders handeln, den allein ob allen der kunigreiche
Beham, marggraventhumbs mähren. Ober und Nider Slesien,
Marggravthumbs Lausitz appellation erholung blinde oder bey
urtel[1] der rechten zu bekenen, und sol der titel an bemelte
kunigliche appellations Rete also lauten, Nemblich der Römischen, Hungrischen und Behmischen kö. m. verordnete appellations Rete, so auf kgl. Slos Prag über den appellationssachen
sitzen, zu eroffnen und zu erledigen"[2]. Einige Monate darauf
erging von neuem ein offenes Mandat, dafs kein Gericht in den
böhmischen Kronländern fortan irgend ein „Bei-, Blind- oder
Belernungsurteil" zu Leipzig oder Magdeburg holen, noch auch
dafs dorthin irgend welche Appellation ergehen, sondern dafs
in allen diesen Fällen einzig und allein die Prager Appellationskammer kompetent sein solle[3]. Durch diese Edikte wurde
es den Städten und allen Gerichten fortan verboten, den Rechtsgang in irgend welcher Gestalt nach Leipzig oder Magdeburg
zu nehmen; auch wurde es untersagt, Rechtsbelehrungen bei
irgend welchen anderen Schöppenstühlen oder bei irgend welcher Universität zu holen[4]. Damit war allerdings die Appellationskammer zu Prag zur übergeordneten Instanz nur für
die Stadtgerichte in den böhmischen Kronländern und höchstens noch für diejenigen Gerichte erklärt, denen gegenüber
der Krone das Appellationsrecht zustand[5], deren es in Schlesien freilich kaum noch gab. Das Appellationsrecht wurde
zunächst also geltend gemacht nur gegen die Städte, bei denen
— ausgenommen etwa die Städte von Schweidnitz-Jauer —
der Zug nach Magdeburg rein auf Gewohnheit beruhte,
und für die eine, auf ausdrücklichen Privilegien beruhende

---

[1] Grimm, Wörterbuch I 1406: „beiurteil = sententia interlocutoria; es mufs erst durch die Definitivsentenz bestätigt werden."
[2] D. d. Augsburg, 20. Januar 1548. Bresl. Stadtarch. Franc.
Fabri, collectanea Pars II Hs. 84 fol. 27 „appellations Cammer zu
progn erstlich aufgericht". Das Datum jedoch, welches Faber (und
diesem wahrscheinlich folgend Schickfufs III 254) angiebt (20. Januar
1547), ist offenbar irrig.
[3] Bresl. Stadtarch. Franc. Fab. coll. ebd. fol. 54, d. d. Augsburg
20. Juni 1548.
[4] S. die Instruktion des Appellationsgerichtes vom 20. Januar 1548
bei F. B. von Buchholtz, Gesch. der Regierung Ferdinands I. IX
(Urkundenband) 484. Wien 1838. Noch 1548 indes wurden diese Bestimmungen teilweise, insofern dadurch nicht das eigentliche Appellationsrecht berührt wurde, durch die Verordnung wiederaufgehoben:
„Blint oder vorsuch urtel mogen sich die fursten und stende derselben
gelegenheit nach sowohl zu Prag als an anderen orten erholen, alleine
das die appellation bei Prag an die k. m. vorblybe, dyweil den beschwerten parteyen allewege dye supplication an die k. m. vorbehalten."
Fr. Fabri, collectanea a. a. 0.
[5] Buchholtz ebd.: „desgleichen soll . . . bei gemelten unseren
dazu verordneten räthen . . die appellation von den gerichtsstellen, da
es billig geschicht, geben und genomen werden."

Appellationsexemtion nicht bestand; bei der Art und Weise,
wie Ferdinand gerade in jener Zeit mit ihnen umsprang[1],
dürften sie sich auch sehr gehütet haben, irgend welche Opposition laut werden zu lassen; sogar die Städte von Schweidnitz-Jauer dürften sich gescheut haben, durch eine voraussichtlich
doch nutzlose Berufung auf das Privileg Georg Podiebrads
den Zorn des Gewalthabers noch zu erhöhen. Inwiefern diese
Appellationskammer im Laufe der Zeit aber doch für das
Rechtsleben Schlesiens eine umfassendere Bedeutung erhielt,
wird später erörtert werden; jetzt soll die Organisation, welche
Ferdinand seiner neuen Schöpfung gab, dargelegt werden[2].

Die Prager Appellationskammer war ein rein königliches
Gericht; ihre Mitglieder wurden vom König ernannt und
konnten von ihm nach Belieben abgesetzt werden; ihre Urteile
gingen aus im Namen des Königs[3]. Es bestand ursprünglich
aus einem Präsidenten und 13 Beisitzern; der Präsident und
zwei von den Beisitzern wurden aus dem Herrenstande entnommen, drei Mitglieder dem Ritterstande und je vier weitere
aus der Prager Bürgerschaft und aus dem Stande der Doktoren der Rechte[4]. Adlige und Bürgerliche fanden sich also
hier nebeneinander; mit dem Grundsatze der Ebenbürtigkeit
und der geschlossenen Standesgerichte, welcher das Mittelalter
beherrscht hatte, wurde gebrochen. Zuerst war noch Sorge
dafür getragen, dafs Vertreter aller Stände dem Gerichte an-

---

[1] S. Wuttke, Die Entwicklung der öffentlichen Verhältnisse
Schlesiens I 184ff. Leipzig 1842; Grünhagen II 77f.
[2] Die Quelle dafür ist vornehmlich die älteste, der Kammer bei
ihrer Einsetzung gegebene Instruktion d. d. Augsburg 20. Januar 1548
in Weingartens Vindemiae judiciales S. 664—670. Prag 1692: F. B.
von Buchholtz, Gesch. Ferdinands I. IX 483—487; Schmidt, Monographie des k. k. Appellationsgerichtes S. 41—46. Prag 1850. Das
eben genannte Buch von Schmidt, sowie das ältere Werk vom Grafen
Auersperg (Gesch. des k. k. Appellationsgerichtes zu Prag. Prag
1804 2 B.) beschränken sich leider auf eine Geschichte der rein äufserlichen Organisation der Appellationskammer, ohne auf ihre Bedeutung
für das Rechtsleben der damaligen Zeit einzugehen.
[3] Die vorgeschriebene Form der Urteile war folgende: „Wir
Ferdinand von G. Gn. etc. bekennen, dafs von unseren verordneten
räthen, so über den appellationen auf unsern konigl. schlofs Prag
sitzen, auf die eingebrachte und hierin verschlossene akta nach genugsamer ersehung und erwägung derselben zwischen N. an einen und N.
am andern vor dem N. Gericht ergangen, zu recht erkannt [oder:
bessern und verändern das urthel in deme etc., oder: lassen es bey dem
urthel, dieweil in der sache, was recht, gesprochen, verbleiben]. Mit
Urkunt" etc. Unterzeichnet wurden die Urteile von dem Könige, vom
Präsidenten der Appellationskammer und einem Sekretär.
[4] Stransky, Respublica Boh. S. 461. Im Jahre 1628 wurde bestimmt, dafs das Prager Appellationsgericht aufser dem Präsidenten
16 Mitglieder haben solle, acht auf der Herren- und Ritterbank, ebenso
acht auf der Doktorenbank. Später wurde diese Zahl noch um vier
erhöht. Weingarten, Repertorium super Jus Provinciale Regni
Bohemiae fol. 15—18; ders., compendium etc. S. 131.

gehörten; bald aber verwischten sich die ständischen Unterschiede zwischen den Mitgliedern, und diese letzteren erschienen nunmehr — auch die Beisitzer aus dem Herren- und Ritterstande — lediglich als Berufsbeamte, bei denen die Frage nach ihrer Herkunft von untergeordneter Bedeutung war. In späterer Zeit, wie es scheint seit dem 17. Jahrhundert, gewann diese Wandlung auch insofern praktischen Ausdruck, als jetzt von den Mitgliedern entsprechend ihrem Charakter als Berufsbeamteter auch der Nachweis einer gelehrten juristischen Vorbildung verlangt wurde, und zwar in Gestalt einer Prüfung, der sich alle Aspiranten auf die Appellationsgerichtsstellen, auch solche, die aus dem Herren- und Ritterstande stammten, unterziehen mußten[1]. Die Verfassung des Gerichtes war eine kollegiale; die Prager Appellationskammer war die erste Kollegialbehörde, welche direkt für Schlesien zuständig war. Alle Beschlüsse mußten von der Mehrheit der Räte gefaßt sein und galten dann als Beschlüsse der ganzen Kammer. Mehr noch, als durch die Bestimmung, „daß die Räte mit treuem Fleiß in Betracht des Eides, den sie geschworen, dem Armen als dem Reichen gleich Recht und Gerechtigkeit mitteilen sollten, damit keinem Verkürzung geschehe, weder übereilt noch gevorteilt noch geflihlicherweis aufgezogen werde, und daß sie in solchen allen weder Freundschaft, Feindschaft, Gunst, Gabe, Verehrungen, oder wie dies sonst genannt werden möge, ansehen noch annehmen sollten", wurde Gleichmäßigkeit und Unparteilichkeit des Verfahrens, sowie Integrität der Richter durch dieses Kollegialsystem gewährleistet, da es in sich eine fortwährende scharfe gegenseitige Kontrolle der Mitglieder über ihre Amtsführung barg. Stetigkeit und Tradition der Geschäftsführung, eine gewisse Praxis der Rechtsprechung konnten jetzt sich ausbilden. Die Leitung und die Umfrage bei den Beratungen standen dem Präsidenten zu. Von Anfang an war der Charakter der Beisitzer als Berufsbeamteter scharf ausgeprägt. Sie waren verpflichtet, alle Tage mit Ausnahme der gebotenen Festtage, des Montags, Mittwochs und Samstags vormittags, im Winter von 7, im Sommer von 6—10 Uhr, nachmittags von 1—4 Uhr in ihrem vorgeschriebenen Amts-

---

[1] In der Liste der Appellationsräte, welche Weingarten, Fasciculi jurium diversorum libri I pars III 113 ff. giebt, findet sich bei den Angaben von Bestallungen neuer Räte seit 1664 fast durchgängig die Bemerkung, dieselben seien vereidigt und installiert worden, „praestitis praestandis" oder „praestitis requisitis". Der eben geschilderte Brauch scheint also ungefähr seit Mitte des 17. Jahrhunderts Vorschrift geworden zu sein. S. auch Weingarten, Vindemiae judiciales (Prager Ausgabe von 1679 S. 195 f.): „. . und jeder rath. ob daß er angenommen wird, vorhero 2 schwere casus, einen civilem, den andern criminalem nach allgemein kays: sächsisch und Boehmischen recht deduciren mufz." S. auch Ott, Beiträge zur Rezeptionsgeschichte S. 225.

lokale Sitzungen abzuhalten; auch hatte der Präsident das
Recht, aufserordentliche Sitzungen anzusagen, bei denen die
Räte zu erscheinen verbunden waren. Um Verschleppungen
vorzubeugen, wurde die Vorschrift erlassen, dafs keiner der
Räte ohne Erlaubnis des Königs und in seiner Abwesenheit
des Präsidenten von Prag sich entfernen durfte. Dem Vor-
sitzenden ward auch das Recht erteilt, falls er Unfleifs und
Nachlässigkeit bei einem der Räte fand, ihn zu monieren und,
falls derselbe der Mahnung nicht Folge leistete, dem Könige
Anzeige zu erstatten. Zur Erledigung der Schreibgeschäfte
war den Räten ein Sekretär mit einigen Kanzlisten beigegeben [1].
Kollegiale Verfassung, möglichste Durchführung des Princips
des Berufsbeamtentums sowie Ständigkeit waren also die vornehmsten Kriterien der inneren Organisation des Prager
Appellationsgerichtes.

Das Appellationsverfahren [2] schlofs sich eng an sein Vorbild an, den römisch-kanonischen Procefs [3]. Man mufs bezüglich der Thätigkeit der Appellationskammer zwei von einander
getrennte Funktionen scharf auseinanderhalten; sie war nicht
nur die höhere Instanz über gewissen böhmisch-schlesischen
Gerichten, sondern sie war auch Spruchkollegium für Rechtsbelehrungen. In dem letzteren Falle gab sie auf Ansuchen
eines anderen Gerichtes, welches ihr nicht unbedingt untergeordnet zu sein brauchte, einen Spruch, der nicht eigentlich
als Urteil anzusehen ist; ihre Mitwirkung bei der Rechts-
weisung war lediglich beschränkt auf die Feststellung eines
möglichst zutreffenden Rechtsinhalts; dieser Inhalt wurde zum
Urteile erhoben erst durch den vom ersten Gerichte ausgehenden Rechtsbefehl. Die Appellationskammer lieferte also nur den
Urteilsinhalt; dieser konnte Gerichtsurteil erst werden durch
den Rechtsbefehl der zuständigen Obrigkeit, d. h. desjenigen

---

[1] S. Weingarten, Fasciculi I, 3, S. 121 und 123. Seit dem
Anfange des 17. Jahrhunderts wurde das Sekretariat geteilt, indem ein
besonderer böhmischer und ein besonderer deutscher Sekretär angestellt wurden.
[2] S. die oben zitierten Instruktionen, ferner Weingarten, Vindemiae (Ausgabe von 1679) S. 279—318; Ders., Manuductio, Prag 1680,
S. 24—29; Ders., Fasciculi I, 1. 89 ff.
[3] Vgl. über denselben u. a. G. W. Wetzell, System des ordentlichen Civilprozesses. Aufl. III. Leipzig 1878. S. 663 ff.; Theod.
Pachmann, Lehrbuch des Kirchenrechtes mit Berücksichtigung der
kirchlichen Verhältnisse Österreichs. III³. Wien 1866. S. 176 bis 184.
Man darf annehmen, dafs in allen Fällen, welche in der alten Instruktion von 1548 nicht besonders vorgesehen waren, die Bestimmungen
des römisch-kanonischen Processes angewandt wurden; später wurden
die wichtigsten derselben auch ausdrücklich recipiert (so in der neuen
Appellationsordnung des 17. Jahrhunderts und in den verschiedenen
kaiserlichen Reskripten). Wir beschränken uns hier auf eine Darstellung des Verfahrens nach der Instruktion von 1548 und führen spätere
Ergänzungen nur gelegentlich in den Anmerkungen an.

Gerichtes, welches sich bei dem Appellationshofe des Rechtens erholt hatte; erst durch das Gebot des betreffenden Partikulargerichtes wurde der aus Prag übersandte Urteilsentwurf ein Gerichtsurteil[1]. Das auf diese Art und Weise zustande gekommene Urteil galt als Urteil nicht der Prager Appellationskammer, sondern des heimischen zuständigen Gerichts. Später wurde es Vorschrift, dafs in schweren Kriminalfällen alle Gerichte Böhmens, Schlesiens und Mährens mit Ausnahme nur derjenigen, welche ausdrücklich davon befreit waren, bei der Prager Appellationskammer sich „belernen" lassen mufsten[2]. Die Einholung von Belehrungsurteilen ist demnach vom eigentlichen Appellationsverfahren principiell verschieden. Dieses letztere fand statt, wenn eine der Parteien ein bereits ergangenes Urteil der niederen Partei für ungerecht hielt und sich dadurch beschwert fühlte[3]. Die Berufung konnte eingelegt werden ohne Unterschied sowohl gegen jedes Interlokut[4] als auch gegen ein Endurteil und zwar bei dem Unterrichter (Judex, a quo) innerhalb einer Frist von zehn Tagen, mit deren Ablauf das Berufungsrecht erlosch. Die Interposition der Appellation hatte zunächst sogenannten Suspensiveffekt; d. h. die Rechtskraft des Urteils erster Instanz wurde vorläufig aufgehoben und das weitere Verfahren eingestellt, da die Entscheidung der Sache jetzt an die höhere Stelle über-

---

[1] Vgl. über diesen Unterschied zwischen Rechtsinhalt und Rechtsbefehl beim Urteile Aug. Schulze, Privatrecht und Prozefs in ihrer Wechselbeziehung. Freiburg i./B. 1883. I 97 ff.
[2] S. Weingarten, Vindemiae (Ausgabe von 1679) S. 196. Brauch scheint dies schon im 16. Jahrhunderte mindestens vielfach gewesen zu sein. In dem Mordprozefs gegen David Breulet fällt das Breslauer Stadtgericht alle Urteile, sowohl Interlokute als auch Definitivsentenzen, auf Grund von Belehrungsurteilen aus Prag; s. Bresl. Stadtarch., Reusz-Faber, Collectanea IV. Ms. des Bresl. Stadtarch. fol. 90—277.
[3] In peinlichen Fällen durften, wie später bestimmt wurde, auch andere Personen für den Verurteilten Berufung einlegen. Weingarten, Vindemiae (1679) S. 315.
[4] Weingarten, Fasciculi I, 1. S. 91 (noch nach der erneuten Appellationsinstruktion): „appellatur a definitiva et ab interlocutoria." Im römischen und im kanonischen Rechte dagegen gab es Beschränkungen der Appellation gegen interlokutorische Urteile; vgl. darüber Wetzell a. a. O. S. 705 und 660 ff., Pachmann a. a. O. S. 176. Später, als das Appellationsrecht der Krone unbestritten feststand, kamen Erschwerungen der Appellationsbedingungen auf, nach dem Vorbilde der auch im römisch-kanonischen Prozesse (Wetzell 701 ff.) bestehenden Beschränkungen (Weingarten, Vindemiae [Ausg.] von 1679] S. 802 ff.): so bei Vernachlässigung der bestimmten Fristen, wenn auf die Appellation schon Verzicht geleistet worden ist, wenn in der Sache bereits zwei konforme Urteile ergangen sind u. s. w. Auch wurde es damals Sitte, eine Appellationsgrenze zu ziehen, sodafs bei Geringfügigkeit des streitigen Objektes ein Rechtszug ausgeschlossen wurde. Alle diese Beschränkungen traten aber erst nach dem dreifsigjährigen Kriege ein, als die Appellationshoheit der Krone an und für sich über jede Anfechtung erhaben war.

ging; auch die Vernehmung neuer Zeugen war verboten[1]. Die Partei, welche appellierte, war verpflichtet, binnen acht Tagen[2], vom Zeitpunkte der Einlegung der Berufung an gerechnet, apostolos reverentiales ausstellen zu lassen, d. h. das vom Judex a quo auf den Judex ad quem, nicht etwa an die Parteien auszufertigende Schreiben über die eingelegte Berufung und deren processualisches Verhältnis; sie wurden auch litterae dimissoriae genannt, weil durch sie die Sache an die obere Instanz verwiesen wurde. War der Unterrichter der Ansicht, dafs die Appellation frivol eingelegt sei, so erteilte er apostolos refutatorios, d. h. er brachte in dem Schreiben an den Judex ad quem seine Meinung über die Unzulässigkeit der Berufung zum Ausdruck. Der Erstrichter war bei einer Strafe von 50 fl. verpflichtet, die apostolos innerhalb der achttägigen Frist nach Einbringung der Appellation dem Appellanten versiegelt zuzustellen. In der Bitte um die Erteilung der litterae dimissoriae wurde auch zugleich die um Edition der Akten behufs Einreichung beim Oberrichter als enthalten gedacht. Die Apostel wurde gegen eine besondere Gebühr, die sogenannten Schubgelder, verabfolgt; konnte der Appellant dieselben nicht erlegen, so mufste er wenigstens entsprechende Bürgschaft stellen. Falls beide Parteien gegen eine Sentenz appellierten, so erhielten beide die apostolos. Zur Inrotulierung wurde ein Termin angesetzt; Akten und apostolos mufste alsdann der Appellant auf seine Kosten nach Prag senden; mit ihrem Eintreffen bei der Prager Kammer begann der eigentliche Appellationsprocefs. In diesem Augenblicke erst rief der Appellant das Obergericht an, introducierte er die Appellation bei der oberen Instanz. Zur Introduktion der Appellation war dem Appellanten eine Frist von 6 Wochen und 3 Tagen gegönnt[3].

Mit ihrer Introducierung begann die Appellation ihren Devolutiveffekt zu äufsern, d. h. die unterrichterliche Kompetenz ging jetzt über auf den Oberrichter; dieser letztere erhielt die Befugnis, an die Stelle des durch die Appellation suspendierten unterrichterlichen Urteils ein neues bestätigendes oder abänderndes Urteil zu setzen. Die Appellation wurde erledigt auf Grund der übersendeten Akten der der niederen Instanz; die Thätigkeit der Appellationskammer

---

[1] Ebensowenig wurde — in Kriminalfällen — ein etwa Inhaftierter aus seiner Haft entlassen.
[2] Ein weiterer Unterschied vom römisch-kanonischen Prozesse, in welchem diese Frist 30 Tage betrug.
[3] So wenigstens war es im 17. Jahrh., s. Vindemiae (edit. 1679) S. 311. In Böhmen betrug diese Frist nur 30 Tage; die Differenz ist durch die Rücksicht auf die gröfsere Entfernung Schlesiens zu erklären. Im Falle, dafs der Appellant Ehehaften nachweisen konnte, war eine Gewährung von drei weiteren sächsischen Fristen möglich.

bestand also im wesentlichen in der Prüfung der dem Urteile
des Erstrichters zu Grunde liegenden Ansicht und ihres Verhältnisses
zu dem Thatbestande, wie er durch seine eigene
Untersuchung ermittelt war. Rechtlichem Herkommen zufolge
war es den Parteien verboten, neue Momente für den Appellationsprocefs
aufser gegen Ableistung eines Calumnieneides
herbeizuziehen¹; oft jedoch wurde davon in späterer Zeit abgegangen
und zur Verhütung von Zwischenfällen und unnötiger
Verschleppung sogar angeordnet, „dafz derley allegata extra
rotulam beyzubinden; der Judex ad quem würde schon wissen,
wieweit und ob solche zu attendiren sein." Das Verfahren
war also durchweg ein schriftliches. Je nach dem Ausfalle
der Prüfung wurde das Urteil der ersten Instanz entweder
bestätigt oder verändert; an der Feststellung des Appellationsurteils
aber mufsten mindestens neun Mitglieder der Kammer
teilnehmen. Es mufste ergehen — ebenso Belehrungsurteile,
die beim Prager Appellhof eingeholt wurden — nach demselben
materiellen Rechte, welches bei dem unteren Gerichte in Anwendung
gekommen war; die Räte mufsten demnach nicht
nur des römischen, sondern auch des sächsischen Rechtes sowie
der statutarischen Rechte der einzelnen Länder und Gebiete
kundig sein, aus denen der Herrschaftsbereich der Krone
Böhmen sich zusammensetzte². In wichtigen oder in zweifelhaften
Fällen ward die Kammer angewiesen, die Sache dem
Könige oder in seiner Abwesenheit seinem Statthalter zu unterbreiten,
welch letzterer dann mit den anderen vom Herrscher
ihm beigeordneten Räten in Gemeinschaft mit dem Appelhofe
sitzen und das Urteil zu finden behülflich sein sollte³. Das
Urteil ging aus, wie schon erwähnt, im Namen des Königs
und wurde unterzeichnet von ihm, dem Präsidenten und dem
expedierenden Sekretär; die Appellationskammer führte auch
ein eigenes Gerichtssiegel, mit welchem die ausgehenden Urteile
besiegelt wurden. Der Appellant mufste das Urteil durch
einen Boten abholen lassen; versiegelt wurde es demselben
mit den dazu gehörigen Akten eingehändigt und von diesem

---

¹ Der Appellant mufste schwören, „dafs er seines angegebenen
neuen An- und Vorbringens in erster Instanz nicht Wissenschaft gehabt
oder solches dermalen nicht einbringen können oder einzubringen
nicht für dienlich oder nötig erachtet, nunmehr aber davor halte, dafs
solches zur Erhaltung seines Rechtens dienlich oder notwendig sei".
S. Wetzell S. 755. Das Verfahren bei der Prager Appellkammer
weicht also in diesem Punkte vom römischen und kanonischen Rechte
ab und ist genau nachgebildet dem Verfahren vor den beiden höchsten
Reichsgerichten.
² Vgl. jedoch Ott a. a. O. S. 226, welcher bereits aus dem Jahre
1554 Reformaterkenntnisse aufführt, die im Sinne des gemeinen Rechtes
die erstinstanzlichen Urteile abändern.
³ Ott a. a. O. S. 228 Anm. 34 bezweifelt es, dafs diese Bestimmung
jemals zur praktischen Anwendung gekommen sei.

alsdann dem Richter erster Instanz überbracht, der es aber nur im Beisein beider Parteien eröffnen durfte und zu diesem Zwecke einen besonderen Termin ansetzen mufste. Die Exekution gebührte dem Untergerichte. Man wird zugeben müssen, dafs alle diese Bestimmungen über das Verfahren bei der Prager Appellationskammer genau den entsprechenden Vorschriften des römisch-kanonischen Prozesses nachgebildet sind[1].

Strenge, sehr detaillierte Instruktionen regelten zugleich den Geschäftsgang und das Schreibwesen. Der Sekretär nahm einlaufende Appellationen in Empfang und stellte dem Boten dafür einen Schein aus, welcher das Datum des Einganges enthielt; desgleichen zeichnete er in ein dazu bestimmtes Register einen Vermerk über den Eingang ein und über das Datum desselben. Das Urteilsgeld war bald bei der Überreichung der Appellation von dem Überbringer zu erlegen; nicht beide Parteien hatten dasselbe zu tragen, sondern nur der Appellant[2]. Die Höhe war durch eine vom Könige aufgestellte Taxe geordnet. Mit der Einkassierung war gleichfalls der Sekretär betraut, welcher das Geld alsbald in eine dafür bestimmte Truhe legte, aus der nur auf Befehl des Königs irgend welche Summe entnommen werden durfte. Zur Kontrolle besafsen der Präsident und der Sekretär je einen besonderen Schlüssel zu der Truhe, sodafs dieselbe nur im Beisein dieser beiden geöffnet werden konnte; aus demselben Grunde wurde bestimmt, dafs beide je ein besonderes Kassenbuch über die Gebühren führen sollten. Die einzelnen Appellationen mufsten nach dem Datum ihres Einganges bearbeitet werden; jede aus Böhmen selbst stammende Appellation sollte innerhalb der Frist eines Monats, aus Mähren, Schlesien und der Lausitz überbrachte Berufungen mufsten binnen anderthalb Monaten erledigt sein. Gerade deshalb wurde dem Überbringer eine Empfangsquittung mit Datum ausgestellt, damit derselbe nach Ablauf der für die Erledigung vorgeschriebenen Frist von einem oder anderthalb Monaten sich wieder zur Abholung des Urteils einstellen könne. Nur bei sehr grofsen und wichtigen Sachen, die man „sobald nicht verfertigen und versprechen könnte", war es den Räten gestattet, den Boten unverrichteter Dinge wieder heimzuschicken; sie mufsten ihm dann aber

---

[1] Der Verfasser glaubte, diese Übereinstimmung um so eher nachweisen zu müssen, da die bisherigen Bearbeiter der Geschichte des Prager Appellationshofes, Graf Auersperg und Schmidt von Bergenhold, auf diesen Punkt nicht hingewiesen haben, und da auch Ott in seiner Rezeptionsgeschichte ihn nicht in den Kreis seiner Betrachtungen zieht.

[2] Ein sehr bemerkbarer Unterschied von dem anderorts üblichen Appellationsverfahren; s. Wetzell S. 767, Pachmann 181.

einen neuen Termin ansagen, der einen Aufschub von höchstens noch einem Monat bedeutete. Die formelle Ausfertigung des Urteils hatte der Sekretär, welcher dafür neben seiner ordentlichen Besoldung seitens der Parteien eine Gebühr von fünf weifsen Groschen zu beanspruchen hatte; dem Präsidenten und den Räten wurde es eingeschärft, darauf zu achten, dafs der Sekretär und die ihm beigeordneten Hülfsschreiber über diese Taxe hinaus keinerlei Zuwendungen annähmen. Offenbar bedeuteten diese Vorschriften einen grofsen Fortschritt in der Technik der Verwaltung; war schon durch die Existenz einer so detaillierten, schriftlich festgelegten Instruktion für die schlesische Administration ein bisher unbekanntes, aber sehr heilsames Princip eingeführt, so ward erst durch sie Regelung und Promptheit des Verfahrens, genaue Funktionierung des gesamten Behördenapparates, Integrität, Pflichttreue und Eifer des Personals, zumal der unteren Beamten, sowie scharfe Kontrolle über sie gewährleistet. Feste, nicht nur durch die Gewohnheit geregelte Formen der Geschäftsführung bildeten sich aus; von besonderer Wichtigkeit waren die Bestimmungen über die ordnungsmäfsige Führung besonderer Einlauf- und Auslaufregister, sowie doppelter Kassenbücher bezüglich der Einnahmen der Gerichtskasse, von denen das eine der zugleich die Rendanturgeschäfte führende Sekretär, das andere zur Kontrolle des Sekretärs der Präsident unter sich hatte. So beruhte die Bedeutung der neuerrichteten Prager Appellationskammer hinsichtlich ihrer inneren Organisation auf der Reception der Principien der kollegialen Verfassung, der Ständigkeit und des Berufsbeamtentums, hinsichtlich des bei ihr geltenden Verfahrens auf der Reception der entsprechenden Vorschriften des römisch-kanonischen Processes, hinsichtlich der Technik der Verwaltung im Geschäftsgange auf der Reception der Grundsätze des entwickelten Schreibwesens, der Erteilung genauer Instruktionen und geregelter Bestimmungen über genaue Kassenführung und Kassenkontrolle. Dies aber sind die Grundlagen, auf denen die moderne Verwaltung in ihrer ganzen Gröfse und Vollkommenheit sich aufbaut, die unerläfslichen Vorbedingungen eines geordneten und gesunden Staatslebens. Zu beachten aber ist es, dafs diese Reformen, welche von mafsgebendem Einflusse auf die Fortentwickelung der öffentlichen Verhältnisse Schlesiens werden sollten, ausgingen von der Krone, nicht von den mit ihr um die centrale Staatsgewalt ringenden Generalständen; wie wir dies hier für das Gebiet der Rechtspflege nachwiesen, so werden wir sehen, dafs auch auf den anderen Gebieten des Staatslebens die führende Rolle dem Königtume zufiel. —

3. Die Supplikation.

Nicht nur in der Reception der Idee eines den lokalen Gerichten eines bestimmten Sprengels übergeordneten, als Berufungsinstanz für dieselben fungierenden, höheren Forum, nicht nur in der Entlehnung der Grundzüge des Appellationsverfahrens zeigt sich die Einwirkung des römisch-kanonischen Rechtes, sondern auch in der Art und Weise der Ausgestaltung des allgemeinen staatsrechtlichen Satzes, dafs der König als der oberste Träger der Staatsgewalt zugleich Subjekt der Gerichtbarkeit sei, in der Formulierung der Ansprüche, welche der Herrscher, sich stützend auf den Rechtstitel der Majestät, auf die höchste Gerichtsherrlichkeit in dem ganzen Bereiche der Kronländer erhob. Denn er verlangte nicht nur das Recht, Appellationen entgegennehmen zu dürfen von allen denjenigen Gerichtsstellen, welche keines ausdrücklichen Inappellabilitätsprivilegs sich erfreuten, und für die er seit 1548 als einen Ausflufs eben dieser seiner Appellationshoheit und zur Verwaltung derselben die Prager Appellkammer als höhere Instanz organisiert hatte, sondern er forderte auch für sich das ebenfalls aus dem römisch-kanonischen Processe entnommene Recht der Supplikation oder Revision[1], nämlich das der Krone als der höchsten Autorität zustehende Recht auf nochmalige Prüfung eines Urteils auf Bitten der dadurch sich beschwert fühlenden Partei, und zwar um die Prüfung einer bereits endgültig entschiedenen, rechtlich inappellablen Sache. Eigentlich bezieht sich der Ausdruck „Supplikation" auf die Handlung des Gravierten, die Bezeichnung „Revision" auf die Handlung des obersten Richters; doch finden sich beide Ausdrücke ohne Unterschied als Bezeichnung des Mittels, die Abänderung von inappellablen Urteilen zu bewirken[2]. Indem sich der König die Supplikation vindicierte, nahm er also deren Rechtsbegriffe zufolge das Recht für sich in Anspruch, jedes von einem schlesischen Gerichte ergangene inappellable Urteil vor sein Forum zu ziehen und, sei es in eigener Person oder durch eine damit betraute Person, Kommission oder Behörde, einer nochmaligen Prüfung zu unterwerfen. Fafst man aber das jus appellandi in seinem weitesten Sinne auf als das Recht des obersten Gerichtsherrn,

---

[1] S. Wetzell a. a. O. S. 774 ff.
[2] Grünhagen, Gesch. Schlesiens II 75 erklärt die Supplikation dahin, „dafs dem Oberlandesherrn das Recht gewahrt werde, auf eine an ihn gerichtete und wohlbegründete Supplik hin auch einmal eine von den Gerichten gefällte Sentenz zu ändern". Wie man sieht, fehlt dieser Definition das wesentlichste Merkmal, dafs nämlich die von den Gerichten gefällte Sentenz den Charakter der Inappellabilität tragen mufste. Über die der faktischen Durchführung des Revisionsrechtes vorausgehende Doktrin bei den italienischen und deutschen Juristen vgl. Wetzell S. 778 Anm. 36.

ein in seinem Herrschaftsbereiche gefälltes Urteil noch einmal
zu definitiver Entscheidung an sich zu nehmen — und
dieser Art war zweifelsohne jenes Appellationsrecht, dessen
sich, wie wir sahen, die Inhaber der fürstlichen Gewalt, insbesondere die Könige von Böhmen in ihrer Eigenschaft als
unmittelbare Landesherren in den Erbfürstentümern, allenthalben in Schlesien begeben hatten —, so war die im 16. Jahrhundert von der Krone in Anlehnung an die Begriffsbestim-
mungen des römisch-kanonischen Rechtes als ein wesentlicher
Bestandteil ihrer Majestät geforderte Supplikation nichts anderes als eine besondere Art der Appellation. Indem die
Krone als Attribut ihrer höchsten richterlichen Gewalt die
Appellation im neueren Sinne, d. h. den ordentlichen Rechtszug von den unteren Gerichten an die höhere Instanz des
Prager Appellhofes, daneben aber auch noch die Supplikation,
den letzten Rechtsgang auf die eigene Person des Königs
gegen Urteile von Gerichten, deren Inappellabilität durch
Privilegien festgestellt war, erklärte, stellte sie die unumschränkte Gerichtsgewalt des Landesherrn in der alten
piastischen Zeit wieder her, nur eben als ein rein abstraktes,
jeder Sphäre des Privaten entrücktes Staatshoheitsrecht, ver-
nichtete sie in Wahrheit die seit dem Ende des Mittelalters
erteilten Inappellabilitätsprivilegien. Der Begriff der Appellation wurde jetzt durch die Reception des römisch-kanonischen Processes enger gefafst, als dies im Mittelalter der
Fall gewesen war; erst wenn man ihm den der Supplikation
hinzufügte, ward der Umfang des mittelalterlichen Appella-
tionsbegriffes wieder erreicht. Mit dieser Verschiebung der
Begriffe, deren Bedeutung den Ständen entging, aber ward
zuwege gebracht, dafs nunmehr von allen Gerichten der
Zug an die Krone ging, und zwar solche Züge, die als Appellationen im neueren Sinne aufzufassen waren, an den königlichen Appellhof zu Prag, solche Züge indes, welche von
nunmehr nur noch dem Namen, nicht mehr jedoch der Wahrheit nach „inappellablen" Gerichten kamen, an die Person
des Königs. Damit war natürlich gegeben, dafs auch von
der Prager Appellationskammer, die ja insofern inappellabel
war, als es eine als höhere Instanz ihr übergeordnete Gerichts-
behörde nicht gab, die Supplikation an den König gestattet
sein mufste[1]. In dem Wesen der Supplikation als des letzten
Rechtsganges auf die Person des Königs selbst lag es begründet, dafs eine besondere Behörde zur Verwaltung dieses
Rechtes nicht organisiert wurde; vermutlich übertrug der

---
[1] So war es auch in der That; auf die Gravamina der schlesischen
Stände vom Jahre 1556 antwortete der König, es könne sich niemand
durch die Prager Appellation beschwert fühlen, da ja von dort immer
noch die Supplikation an den König offenstünde. D. d. Prag 18. Mai
1556, Bresl. Stadtarch. A. P. IV Ms. 165 fol. 97 ff.

Herrscher, falls eine Supplikation an ihn gelangte und er geneigt war, sie anzunehmen, die Untersuchung des betreffenden Falles entweder einer speciell zu diesem Zwecke delegierten Kommission oder den zur Erledigung der einlaufenden Justizsachen bestimmten Räten der böhmischen Hofkanzlei oder auch sogar der Prager Appellationskammer[1].

Das Verfahren bei der Revision war dem der Appellation sehr ähnlich, nur dafs ihre Bedingungen erschwert waren[2]. Der Verurteilte mufste die Supplikation ebenfalls binnen zehn Tagen bei dem Gerichte einlegen, durch dessen Urteil er sich beschwert fühlte, und sich darüber, dafs dies geschehen sei, daselbst eine schriftliche Bescheinigung ausstellen lassen. Innerhalb einer weiteren bestimmten Frist mufste der Kaiser um Annahme der Supplikation ersucht[8] und, falls der Bitte stattgegeben wurde, ein Zeugnis darüber dem Unterrichter vorgelegt werden. Dieser setzte dann einen schleunigen, aber mindestens sechs Wochen entfernten Termin an, auf welchem der Supplikant die Gründe, derentwegen er die Revision erbeten, zu Protokoll zu geben hatte; dabei durfte er sich nur auf bereits herangezogenes Material stützen; in

---

[1] Durch ein am 11. Januar 1599 gefälltes Endurteil des (inappellablen) Schweidnitzer Mannrechtes fühlte sich der Verurteilte, Christoph von Schaffgotsch, beschwert; er supplicierte daher an den Kaiser, welchem auch die Akten zugeschickt wurden, und der die Erledigung der Sache dem Prager Appellationsgerichte übertrug. Das Urteil desselben (d. d. 16. Sept. 1605) unterscheidet sich in seiner Form von den gewöhnlichen Appellationsurteilen nicht im geringsten; es ist gedruckt bei Weingarten, Fasciculi jurium I 1 S. 79. Litt. E. Wahrscheinlich wurde es anfangs mit der Erledigung der Supplikationen durchgängig so gehalten, indem die Appellkammer zur Erledigung der einzelnen Fälle immer ad hoc speciell delegiert wurde; faktisch, wenn auch keineswegs formell, war also damals der Appellhof doch die übergeordnete Instanz auch gegenüber den sogen. inappellablen Gerichten. Im 17. Jahrhundert, als die Supplikationen, wie wir noch sehen werden, seltener wurden, wurde die Erledigung der vom Kaiser angenommenen Supplikationen einer Neunmännerkommission übertragen, welche innerhalb sechs Wochen von dem Zeitpunkte an, da der betreffende Fall ihr überwiesen worden war, in der kgl. böhmischen Hofkanzlei zusammentreten mufste „und das Urthel bifs auf königl. allerg. Ratification entweder zu conformiren oder zu reformiren hatte". Weingarten Vindemiae (1697) S. 196.

[2] Siehe die Oelsnische Landesordnung bei Schickfufs III 317 und das kaiserliche Statutum wegen der Supplikation und Revision für die Fürstentümer Schweidnitz-Jauer, d. d. Prag. 20. März 1601, ebd. S. 407 ff. Die nachstehende Darstellung bezieht sich nur auf das Verfahren bei Supplikationen gegen Urteile schlesischer Gerichte; in Böhmen fanden in den Einzelheiten Abweichungen davon statt.

[3] Im Fürstentum Oels, wo das Kammergericht das höchste Gericht war, von dessen Urteilen dann nur noch Supplikation an den Kaiser möglich war, mufste die Supplik vom Datum der Publikation des angefochtenen Urteils an bis zum nächsten (ein Quartal später stattfindenden) Kammergerichtstermine angenommen und die Annahme durch glaubwürdiges Zeugnis belegt sein. S. o. Anm. 2.

ähnlicher Weise mufste die Gegenpartei ihre Einwendungen
protokollieren lassen. Um das allzuhäufige und leichtfertige
Betreten des Revisionsweges abzuschneiden, wurde festgesetzt,
dafs der Supplikant eine Summe in der Höhe eines Sechstels
des Wertes des Streitobjektes nach gerichtlicher Taxation
zugleich hinterlegen müsse, deren er, falls die Revision zurückgewiesen würde, verlustig gehen sollte [1]. Falls er jedoch
durch Eidesleistung sein Unvermögen nachwies, mufste
er durch Bürgen oder, wenn er solche nicht aufzutreiben
wufste, eidlich sich verpflichten, zur Eröffnung des Revisionsurteiles sich in Person einzustellen, worauf ihn dann für den
Fall eines ihm ungünstigen Spruches eine sechswöchige
Gefängnisstrafe treffen sollte. Wenn diese Formalitäten, Vernehmung des Supplikanten und der Gegenpartei, Hinterlegung
der besagten Summe oder Stellung von Bürgen, oder Eidesleistung, erledigt waren, so wurden im Beisein der Parteien
die Akten nebst den Protokollen, welche die Vernehmung des
Supplikanten über die Motive für die Einlegung der Revision,
sowie die gegenteiligen Ausführungen der Widerpartei enthielten, inrotuliert und an den König geschickt, welcher die
Sache seinen Räten zur Fällung des Revisionsurteiles überwies. Die Oelsner Landesordnung gab dem Supplikanten
eine Frist von Jahr und Tag zur Introducierung des Revisions-
processes. Die Kosten desselben trug der Unterliegende. Sowie das Urteil aus Prag einlief, wurde es vom Erstrichter
publiciert. Damit die Sache nun ihr definitives Ende habe,
wurde bestimmt, dafs jeder, welcher über diesen ordnungs-
mäfsigen Weg der Supplikation hinaus einen Procefs noch
weiterhin fortzusetzen sich unterfangen würde, all seines
Habes und Gutes, halb zu Gunsten des Landes, dem er
angehörte, halb zu Gunsten des Fiskus, sowie aller ständischen Rechte verlustig erklärt würde; wenn sein Vermögen
die Höhe von tausend Thalern nicht erreichte, so sollte er mit
einjährigem, schwerem Gefängnisse bestraft werden. In
Kriminalfällen gab es keine Revision, sondern die gleichfalls
aus dem römisch-kanonischen Rechte entlehnte Nichtigkeits-
beschwerde [2]. Der wichtigste Unterschied zwischen Appellation
und Supplikation bestand darin, dafs trotz Einlegung der
letzteren das Urteil der ersten Instanz doch sofort vollstreck-
bar wurde, wenn nur die siegreiche Partei für den Fall des
Unterliegens im Revisionsverfahren eine cautio de restituendo
leistete, — ein Grundsatz, der ebenfalls dem römischen
Rechte entnommen war. —

[1] Nach den Bestimmungen der Schweidnitz-Jauerschen Suppli-
kationsordnung zu Gunsten der Richter der ersten Instanz. Im 17.
Jahrh. fiel die Bufse dem Fiskus zu: Vindemiae S. 299.
[2] Wenigstens im 17. Jahrh., Weingarten, Vindemiae S. 303
Nr. 12, 13.

4. Der Kampf um Supplikation und Appellation zwischen Krone und Ständen.

Wir wollen nun darlegen, wie es der Krone gelang, im Streite gegen die heimischen Gewalten Schlesiens diese Rechte der Appellation und Supplikation durchzuführen und zur Anerkennung zu bringen; mit der Ausdehnung dieser Rechte, wenigstens des der Appellation, wuchs auch die Kompetenz des Appellationsgerichtes. Wir erwähnten bereits, dafs vor 1548 die schlesischen Stände beharrlich das jus appellandi der Krone bestritten, wie sie ihr endlich — wahrscheinlich 1547 — das jus supplicationis zugestanden, nachdem Ferdinand seinerseits erklärt hatte, dafs er auf die Appellation zuwider des gemeinen Vaterlandes Privilegien verzichten wolle. Nun erfolgte dennoch 1548 die Errichtung der Prager Appellationskammer, die allerdings, wie wir auseinandersetzten, im grofsen und ganzen, was Schlesien betrifft, zuerst nur den Stadtgerichten der Erbfürstentümer gegenüber als höhere Instanz gelten konnte. Bald aber müssen Versuche gemacht worden sein, die Kompetenz der Prager Appellkammer auszudehnen; sehen wir doch, wie selbst das Ober- und Fürstenrecht solchen Unterfangens kaum sich erwehren konnte. Schon auf dem Fürstentage vom April 1553 erklärten die Stände: „Es will auch dem gemeinen vaterlant nicht wenig beschwerlich fürfallen, weil dasselbe mit sonderlichen privilegiis begnadet und vorsehen, dafz zu beförderung der billigkeit ist allein ein ider furst und stand eigen recht, sondern die R. K. M. durch die hern fursten und stende ihr eigenes kgl. oberrecht haben, alda meniglich des rechtens unvorschrenkt ist, niemands auch zu wieder der gebur uberlenget oder vorkurzet wirt, dafs demnach hieruber meniglichen ofentlich und frei appellation vorstattet und zugelossen, darunder allerlei langwierige aufzuege zu vormerken sein." Klar und deutlich geht aus diesen Worten hervor, dafs die Appellationskammer schon damals Versuche machte, nicht nur die städtischen Gerichte, sondern auch die der Fürsten und anderen Stände, ja sogar das höchste ständische Centralgericht, das Ober- und Fürstenrecht, sich unterzuordnen. Die Stände erinnerten den König daran, dafs er einige Jahre zuvor versprochen habe, auf das Appellationsrecht, da es den Privilegien des Landes zuwiderlaufe, verzichten und mit dem Supplikationsrechte sich begnügen zu wollen. Sie erklärten, die Appellation werde nur von böswilligen Parteien benutzt, welche schlechte Sachen auszufechten hätten, und die, da sie das nötige Vermögen besäfsen, durch langes Hinschleppen der Processe die Exekution aufzuhalten und ihre Gegner zu ermüden strebten: „Seint sie höheres vermugens dann das kegenteil, und dasjenige ausweren können, so underfangen sie sich under dem schein der appelation nicht allein dieselbigen rechtmessigen urteil zu impugniren, sonder wann sie gleich justificirt, so darfen sie noch daruber suppliciren, welchs dem mehrenteil darumb beschicht, dafz sie nur die exekution mit des parts merklichen nachteil und schaden aufhalten und die recht stecken, dardurch also unaufhorliche ausflucht gesucht, das kegenteil mude gemacht, beiweilen die sachen liegen lassen mussen." Sie forderten daher die Erneuerung und ausdrückliche Bestätigung derjenigen Bestimmungen des Privilegs von 1498, denen zufolge jeder Fürst und Stand darauf halten solle, dafs jedem unverkürzt sein Recht widerfahre, und dafs nur dann, wenn es irgend einem länger als ein halbes Jahr verweigert würde, die Sache zu endlicher Entscheidung an das Oberrecht gelangen solle; es bleibe dann, wie sie meinten, jedem noch immer unbenommen, vom Spruche des Oberrechtes an den König zu supplicieren, nur dafs das Urteil sofort inzwischen vollstreckt werden sollte[1]. An dem Grundgedanken des Privilegs, welches von einem Supplikationsrechte der Krone nichts wufste, da ja der Spruch des Oberrechtes unter jeder Bedingung definitiv sein sollte, wagten also die Stände selbst nicht mehr festzuhalten; so sehr machte sich auch bei ihnen der Einflufs der neuen Lehre von der höchsten Gewalt der Krone geltend. Die Antwort des Königs lautete, wie unschwer vorauszusehen war, durchaus abweisend: er könne in Sachen der Beschwerden der Fürsten und Stände über das zu Prag errichtete Appellationsgericht für dieses Mal keine Veränderung vornehmen; doch wolle er darob sein, dafs die Processe daselbst beschleunigt würden, damit niemand mehr über unbilligen Verzug zu klagen brauche[2]. In der That lag in der Herstellung eines geordneten Instanzenzuges, in der Schöpfung eines ständigen, in technischer Hinsicht in einer für Schlesien bisher unbekannten Vollkommenheit organisierten Appellhofes ein so grofser Fortschritt, dafs die Stände selbst einsehen mufsten, dafs ein einfacher Rückgang auf die rohen Bestimmungen des Privilegs von 1498 bezüglich der Centralisierung der Rechtspflege durch Errichtung eines Forums für Fälle der Rechtsverweigerung ganz und gar unmöglich wäre; sie kamen jetzt — freilich spät genug — auf den Gedanken, ein eigenes Berufungsgericht sich zu erkämpfen. Auf dem Fürstentage vom 12. Oktober 1564[3] erneuerten sie ihre Beschwerden über den allzu langsamen Verlauf der bei der Prager Appellationskammer schwebenden Processe und fanden den Grund dafür

[1] Gravamina im Fürstentagsabschiede, d. d. Breslau, 14. April 1553. Bresl. Stadtarch. A. P. IV Ms. 165 fol. 39—50.
[2] d. d. Wien, 26. Mai 1553. Ebd. fol. 51 f.
[3] Ebd. fol. 55 ff.

in dem Umstande, dafs man in Schlesien seit Menschengedenken sich nicht des römischen, sondern des sächsischen Rechtes bedient habe, dafs ferner in Schlesien fast jedes Fürstentum und jeder Kreis seine sonderlichen alten Gewohnheitsrechte habe, dafs aber die Prager Appellationsräte des Sachsenrechtes und der statutarischen Rechte Schlesiens nicht genug erfahren seien; dadurch entstehe denn nicht nur den Parteien „ganz schmurz und wehe", sondern auch im gesamten Lande „allerley zerittlichkeit und aufwickelung". Sie ersuchten daher den König um die Erlaubnis zur Organisation eines von den Fürsten und Ständen abhängigen Quartalgerichtes, von welchem die ordentlichen Gerichte in zweifelhaften Fällen sich Belehrungsurteile holen könnten, dessen Beisitzer auch in Grenzprocessen nach Lokalbesichtigung Sprüche zu fällen befugt sein sollten: „Dafs ein ieder furst und stand des Jahres vier mal die ihres rechts verstendigen und abgesanten gegen Breslaw vorordneten, damit was von partheysachen schriftlich vor sie kweme, ader des rechtens sich erholen werden wolt, dieselben neben der gebur und pilligkeit erledigten und sie darauf des rechtens beschieden, und da auch zwuschen einen ader dem andern fursten ader stand vrrthumb grenizen halben, wie es sich oftermals begiebet, verfiele, das sie sich, was in die sühne nit könde beigeleget werden, ader an die jenigen zu versprechen gelanget, auf die stellen verfuegten, die gelegenheit in augenschein nemen und die pilligkeit darinnen sprechen, vorordnen möchten, welches je, wenn solche und dergleichen grenzhendel, in schriften vorfast, ausserhalb des landes vorschickt werden, von den auslendern nit geschehen kan." Die Appellation von den Urteilen dieses Quartalgerichtes sollte aber nur gehen an das Jubilate und Michaelis zu Breslau tagende Ober- und Fürstenrecht, dessen Urteile zu schleuniger Vollstreckung gelangen sollten, auch wenn dagegen Supplikation beim Könige eingelegt würde. Dafs der ganze Plan in technischer Hinsicht von keiner besonderen Reife zeugt, liegt auf der Hand. Das Oberrecht, welches dem Privileg von 1498 zufolge den partikularen Gerichten gegenüber lediglich Forum in Fällen von Rechtsverweigerung war, sollte jetzt zwar nach dem Vorbilde der von der Krone geschaffenen Institutionen den Charakter eines Appellhofes tragen, ohne dafs es jedoch einer gründlichen Reform zumal hinsichtlich des Principes der Ständigkeit unterworfen wurde; daneben war die Errichtung einer Art von Zwischeninstanz geplant für die Einholung von Belehrungsurteilen für die niederen Gerichte und für Grenzprocesse, in denen lokale Besichtigung notwendig war; es war demnach projektiert ein zweifacher Rechtszug, zunächst nämlich auf dem Wege der Konsultation an das aus Rechtskundigen bestehende, von den Fürsten und Ständen abhängige Quartalgericht und sodann von diesem hinwiederum auf dem Wege der Berufung an das nunmehr als Appellationsinstanz fungierende Ober- und Fürstenrecht; dadurch aber mufste der Procefs doppelt verlangsamt werden. Schon wegen dieser Mängel technischer Natur, — ganz abgesehen von dem politischen Momente, — konnte der König nicht geneigt sein, das Begehren der Stände zu erfüllen; seine Erwiderung lautete daher auch in fast allen Punkten abschlägig. „Mit grofser mue und arbeit", so führt er aus, „auch zeitlich gehabten rath, aus viel beweglichen guten ursachen zuerhaltung ihrer M. reputation nit mit kleinen kosten der cron Beheim, auch denselben zugethanen landen zum besten" habe er die Appellation zu Prag aufgerichtet und unterhalten; er habe freilich nichts dawider, dafs die Fürsten und Stände Versuchs- und Blindurteile sowohl zu Prag als auch an anderen Orten sich holten, verlange aber, dafs die Appellationen an seine dazu bestimmte Kammer nach Prag gingen, und dafs es dabei verbleibe, zumal da die Fürsten und Stände dadurch nicht im geringsten beschwert würden, weil den Parteien, die mit dem Spruche des Appellhofes nicht zufrieden seien, immer noch die Supplikation an ihn selbst vorbehalten bleibe. Er schlug es auch rundweg ab, dafs Grenzstreitigkeiten durch die Fürsten und Stände allein oder durch ein nur von ihnen abhängiges Gericht entschieden würden, da dadurch seine Autorität und seine Regalien, desgleichen die Grenzen der Erbfürstentümer und seiner Kammergüter beeinträchtigt würden. Dagegen zeigte er sich bereit, der Appellation neue Beisitzer zuzuordnen, welche der Rechte und Gebräuche Schlesiens kundig wären[1]. Diese Ablehnung ihrer Wünsche erbitterte die Stände nicht wenig; auf dem Fürstentage vom Juni 1556[2] erklärten sie, sie könnten sich nicht erinnern, den König um die Erlaubnis gebeten zu haben, sich bei andern Rechtsstühlen als in Prag Rechtens belehren oder Grenzstreitigkeiten, welche die Erbfürstentümer angingen, ohne Wissen des Königs beilegen zu dürfen, sondern sie hätten um Zulassung eines Gerichtes ersucht, welches alle Quatember zu Breslau zusammentrete, und zu welchem die Fürsten und Stände der Landesrechte erfahrene Adlige und Doktoren senden, und dessen Funktionen darin bestehen sollten, „darauf zu sprechen, was vor sachen in schriften ader mundlich sich des rechtes bei ihnen zuerlernen und zupflegen vorgetragen wurden", also Belehrungsurteile für die Partikulargerichte zu erteilen. Die Grenzhändel seien nur deshalb, — so führten sie weiter aus, „zu einer ursach mit eingezogen worden", damit nicht über sie in anderen Ländern von Richtern geurteilt würde, welche von der ört-

---

[1] d. d. Prag, 18. Mai 1556, fol. 97 ff.
[2] Ebd. fol. 110 ff.

lichen Beschaffenheit und „von den Malzeichen und der Gelegenheit keine Kundschaft hätten." Noch einmal wiederholten sie ihr Ansinnen, dafs von den schlesischen Gerichten, insbesondere von diesem alsbald zu errichtenden Belehrungs- und Grenzprocefstribunal, die Appellation nur an das Ober- und Fürstenrecht gehen dürfe, indem sie darauf hinwiesen, dafs sie auf keinen Fall es dulden könnten, dafs die Prager Appellationskammer als übergeordnete Instanz für die Gerichte der Fürsten und Stände Schlesiens zumal für das Oberrecht bestehen bleibe, da ein derartiger Zustand „ihren wohlerworbenen habenden Privilegien entgegen und zuwider sei". „Hierumb so thuen die herren fürsten und stende", also lautete der Schlufs ihrer Beschwerde, „ire R. K. M. in underthenigister demut bitten, dieweil in der cron Beheim, marggrafthumb Merhern und anderen landern die appellation von den obergerichten nicht vorstattet, das ihre R. K. M. die vorkleinerung des loblichen furstenstands und so viel ehrlicher guetherziger herren und anderer gueter leut diser Ober und Niederschlesischen furstenthumer nicht geschehen und aufthuen lassen wolt, wie sie sich denn solches unzweifenlich bei ihrer R. K. M. allergenedigist vortrösten." Der König gestattete hierauf, dafs die Fürsten, — aber nicht die Erbfürstentümer, — in ihren eigenen Sachen das von ihnen gewünschte Belehrungstribunal errichteten; doch behielt er sich die Appellation von diesem Forum vorderhand vor, indem er erst später endgültig darüber entscheiden wollte, ob nur die Supplikation an seine eigene Person oder auch die Appellation auf das Prager Schlofs statthaben solle; was die Kompetenz dieses neuen Rechtsstuhles der Fürsten hinsichtlich der Grenzprocesse anbetraf, so setzte er fest, dafs Fälle, in denen es sich um geistliche Lehen, — über die er ja das Obereigentum beanspruchte, — Pfandschillinge und die Grenzen der Erbfürtentümer handele, davon ausgeschlossen sein sollten [1]. Eine solche Antwort war natürlich gleichbedeutend mit einer Ablehnung. Bezüglich der Frage des Appellationsrechtes beharrte der König „vorläufig", — und es gehörte kein prophetischer Blick dazu, zu erkennen, dafs er davon niemals abgehen werde, — auf seinem alten Standpunkte, dafs dasselbe ihm, nicht der ständischen Gewalt gebühre; an der Errichtung eines blofsen Belehrungstribunales, welches dazu nicht einmal für die Erbfürstentümer zuständig war, konnte den Ständen auch nichts Besonderes liegen, da es ohne den Zug auf das Oberrecht eine bedeutungslose, kostspielige Institution war, und da seine Kompetenz in Grenzprocessen aufserdem eine sehr beschränkte war. Erwähnt mufs übrigens noch werden, dafs die Landschaft von

---

[1] d. d. Prag, 20. April 1557. ebd. fol. 199—204.

Schweidnitz-Jauer und die Troppauischen Stände gemäfs ihrer bereits oben gekennzeichneten Abstinenzpolitik gegenüber dem Ober- und Fürstenrechte auch von dem Versuche sich ausschlossen, dieses höchste ständische Gericht zum Appellhofe für Schlesien zu erheben. Kläglich demnach aus allen diesen Gründen, wie es begonnen, so auch endigte dieses Unternehmen der Stände, dem Könige das von ihm wieder aufgenommene Appellationsrecht zu entreifsen[1]. Nicht nur den Städten gegenüber machte der König es geltend, sondern auch gegenüber allen anderen Gerichten der Erbfürtentümer, desgleichen gegenüber dem Ober- und Fürstenrechte. Nur für diejenigen Gerichte, welche ein ausdrückliches Privileg der Inappellabilität aufzuweisen hatten, galt die Prager Appellationskammer nicht als die ordentliche Berufungsinstanz; ihnen gegenüber beanspruchte der König nur das Recht der Supplikation oder Revision, welche, wie wir sahen, freilich nichts anderes als eine Art der Appellation unter erschwerten Umständen war. Genau im Einzelnen zu unterscheiden, welchen Gerichten gegenüber das Recht der Appellation, und welchen gegenüber das der Supplikation zur Durchführung gebracht wurde, ist ziemlich schwer; wahrscheinlich galt als nur der Supplikation unterworfen allein das Centralgericht der Fürstentümer Schweidnitz - Jauer, das Schweidnitzer Mannrecht, welches 1511 vom Könige Wladislaus als inappellabel erklärt worden war, und betreffs dessen Kaiser Rudolf II. auf eine Beschwerde der Landstände von Schweidnitz-Jauer über die Verletzung ihrer Privilegien die Verfügung traf[2], dafs es zwar beschwerlich sei, wenn seinen Unterthanen hier, falls sie sich durch irgend einen Rechtsspruch der Mannrichter beeinträchtigt fühlten, das beneficium appellationis verschränkt sein solle, dafs er dennoch aber, da die Worte ihres Privilegs sonnenklar seien[3], demselben

---

[1] Dafs die Appellation selbst eine wesentliche Reform des Gerichtsverfahrens bedeute, sahen die Stände selbst ein; da ihnen aber die Krone mit der Einführung der Appellation zuvorgekommen war und sich das ausschliefsliche Recht derselben gewahrt hatte, so hatten sie das Nachsehen und verloren allen ihren Einflufs auf die Centralisierung der Rechtspflege. 1573 fand Markgraf Georg Friedrich von Jägerndorf, der energischeste Verfechter der ständischen Libertät zu jener Zeit, es für unbillig, dafs von dem Spruche des Jägerndorfer Landrechtes keine Appellation zulässig sei, da „Appellationes ein stück natürlicher defension sein, und keiner so verständig und witzig, dass er nicht irren könnte"; er befahl daher, dafs jeder, der vom Urteile des Landrechtes sich beschwert fühle, an das Oberrecht zu Breslau zu appellieren Fug und Macht habe. In den Oberrechtsprotokollen sehen wir freilich nichts davon, dafs diesem Befehle, zu dem der Markgraf übrigens kaum befugt war, Folge geleistet worden wäre.
[2] d. d. Prag. 6. April 1587 bei Friedenberg, Cod. dipl. Siles. Hs. des Bresl. Staatsarch. D. I 107 ff.
[3] Dieselben lauteten: „was die mannen . . . sprechen, das solle

keinen Abbruch thun wolle, sondern sich nur die Supplikation von dem Mannrechte vorbehalte und dieser keineswegs sich begeben könne in der Hoffnung, die Stände würden ihm nicht entziehen, was ihm von Rechts- und Billigkeitswegen zustände. 1601 erliefs er sodann eine eingehende Ordnung für Supplikationen gegen Urteile des Schweidnitzer Mannrechtes [1]. Dafs es im 16. Jahrhundert schon eine Berufung in Strafsachen gab, ist wenig glaubhaft, da noch in der zweiten Hälfte des folgenden Säkulums die schlesischen Fürsten und Stände unter Beifall des Oberamtes behaupteten, dafs die Appellation in criminalibus im Lande Schlesien nicht üblich sei [2]. Dagegen kam der Brauch, in peinlichen Fällen Belehrungsurteile von dem Prager Appellhofe einzuholen, wohl schon sehr früh auf, bis er endlich im 17. Jahrhundert zum Zwange wurde. In der That finden sich Appellationsurteile der Prager Kammer in Strafsachen im 16. Jahrhundert noch nicht, sondern nur Belehrungsurteile. Die Patrimonialgerichte waren vor dem dreifsigjährigen Kriege schwerlich appellabel. Eine Unterordnung der Gerichte der mediaten Fürstentümer unter das Prager Appellationsgericht durchzusetzen, war der Krone unmöglich. Die Landesordnung des Herzogtums Liegnitz setzte fest einen doppelten Instanzenzug von den Hofgerichten der einzelnen Weichbilder an das Centralgericht des Fürstentums, an das Liegnitzer Mannrecht, von dort sodann an den Herzog [3]; von der Existenz eines Rechtes der Appellation oder Supplikation des Königs gegenüber den Liegnitzer Gerichten ist in ihr keine Rede; ebensowenig in der Teschenschen Landesordnung von 1599 [4]. Für das Fürstentum Oels wurde als höchste Instanz gegen Anfang des 17. Jahrhunderts das Kammergericht erklärt, von dessen Urteilen

---

recht sein und niemand solle sich davon mögen fristen, ziehen, appellieren oder berufen, sondern alle züge, appellationen oder berufungen, wie diese vorgenommen oder geschehen möchten, sollen kraftlos, abe sein und vor nichts gehalten werden." Ebd.
[1] S. oben S. 243 Anm. 2. Die Supplikation hatte auch statt von dem Münsterberg-Frankensteinischen Centralgerichte (Landrechte); s. die Münsterbergisch-Franckensteinische Landesordnung bei Schickfufs III 506. Auch in demjenigen Abschnitte der Oppelner Landesordnung, welcher vom Landrechte handelt (ebd. S. 465 ff.), steht nichts davon, dafs Appellation von demselben zulässig sei.
[2] Aus einem Gutachten der Prager Appellationskammer, d. d. 13. März 1664, bei Weingarten, Manuale seu fav. mellis, Class. 4, Sect. 1. p. 601. Vgl. auch Artikel XVII der Saganer Landesordnung, d. a. 1655 (Weingarten, Fasciculi II 420): „Alldieweilen aber in causis criminalibus und peinlichen sachen die appellationes zu recht nicht verstattet werden, so sollen" etc.
[3] Landesordnung für die Weichbilder des Herzogtums Liegnitz (aus der Regierung des Herzogs Georg Rudolf in der ersten Hälfte des 17. Jahrhunderts), Hs. der Kgl. und Univ.-Bibliothek zu Breslau. Classis IV in folio 133a.
[4] Weingarten, Fasciculi II 317, Artikel X.

den Parteien die Supplikation an den König gestattet war[1]. So herrschten im Einzelnen Verschiedenheiten, indem gegenüber den einheimischen Fürsten die Krone je nach der Widerstandskraft, welche ihr dieser oder jener von ihnen entgegenzusetzen vermochte, und je nach den augenblicklichen politischen Machtverhältnissen bald in stärkerem, bald in schwächerem Grade ihre Ansprüche auf die Justizhoheit zur Geltung brachte. Im übrigen gewährt es den Anschein, als ob die Fürsten nach dem Mifslingen ihres Versuches, für die schlesischen Partikulargerichte ein ständisches Centralappellationsgericht zu schaffen, wenigstens zum Teil, ein jeder in seinem eigenen Gebiete, den Instanzenzug nach dem Vorbilde des königlichen Appellationsverfahrens neu geordnet hätten[2].

Allmählich verstummte der Widerspruch gegen die neue Einrichtung. Die Gravamina der schlesischen Generalstände nach 1557[3] rügen nur noch den langsamen Geschäftsgang bei der Prager Appellationskammer, ohne noch principielle Einwendungen gegen dieselbe zu erheben; man mochte die Nutzlosigkeit fernerer Opposition und auch die Wohlthat einsehen, welche dem Lande durch Herstellung eines geordneten Instanzenzuges erwiesen ward. Zu vollständigem Abschlusse kam die Entwicklung freilich erst im 17. Jahrhundert, als die Krone mit absoluter Machtfülle aus den Stürmen des dreifsigjährigen Krieges hervorging[4]. Jetzt wurde die oberste Justizhoheit des Königs aufs neue unerschütterlich festgestellt und — zumal nach dem Aussterben der letzten Piasten, des Hauses Liegnitz-Brieg — jede konkurrierende Gewalt der Her-

---

[1] Ebd. S. 157. Artikel V der Ölsnischen Landesordnung. d. a. 1610.
[2] Darauf deutet z. B. die zehntägige Frist, welche die Liegnitzer Landesordnung für die Einlegung einer Provokation an den Herzog festsetzte. Auch in anderer Hinsicht wurde das Beispiel der königlichen Verwaltung zum Vorbilde für die Handhabung der Rechtspflege in den einzelnen fürstlichen Territorien; so findet sich in manchen derselben z. B. das Kompromifs seit dem Ende des 16. und dem Anfange des 17. Jahrhunderts; so in Liegnitz und Öls.
[3] So das Gravamen von 1563: „So were auch von den armen unterthanen grosz beschwer wegen langsamer ihrer sachen in der appellation erledigung umb allergenedigste verordnung, dasz hinfüro schleuniger expeditiones erfolgen möchten." AA. III 6d S. 192. In der Antwort des Kaisers im Jahre 1570 auf eine an ihn ergangene Beschwerde heifst es: „betreffend die beschwer der langsamen expedition bey ihr Mtt. appellation wolln ihr Mtt. darauf genedigst bedacht sein, damit dieser gerichtsstul mit geschickten und tauglichen personen allwegen ersatzt und männiglich zur billigkeit möglich befördert werden möge." Ebd. S. 714 ff.
[4] Wir übergehen hier die kurze Episode der Regierung des Winterkönigs, in der es den Ständen gelang, „den obersten Appellationshof nach Schlesien zu versetzen und also unter ihren Einfluſs zu bringen". Kries, Rezension des ersten Bandes von Wuttkes Entwickelung der öffentlichen Verhältnisse Schlesiens. Breslau 1842. S. 34.

zöge beseitigt. Der Kaiser erklärte, das summum regale appellationis stehe ihm allein zu, und hob, wo ein solcher noch bestand, den Zug von den Territorialgerichten an die Inhaber der fürstlichen Würde vollständig auf[1]. Die Prager Kammer wurde jetzt zuständig für Appellationen nicht nur in bürgerlichen, sondern auch in peinlichen Sachen[2]. Die definitive Durchführung des Appellationsrechtes in dieser Zeit steht im Zusammenhange mit der zugleich vorgenommenen allgemeinen Justizreform, der zufolge die Gerichte der einzelnen Weichbilder abgeschafft und auch die bisherigen Centralgerichte der einzelnen Fürstentümer ihrer Funktionen zum grofsen Teil zu Gunsten neuer Centralgerichte, der nunmehr kollegial organisierten Ämter oder Landeshauptmannschaften, beraubt wurden. Diese Ämter wurden jetzt allüberall dem Prager Appellhofe untergeordnet; ihrerseits wiederum waren sie Forum erster Instanz für den Adel und eine Art zweiter Instanz für die grundherrlichen und städtischen Gerichte ihres betreffenden Fürstentums. Bürger nämlich (mit Ausnahme Breslaus) und Bauern konnten „provocierten zur Sühne" jetzt in Fällen, da das Processobjekt unter 200 Thlr. betrug, von ihrem ordentlichen Gerichte zunächst an das Amt der Landeshauptmannschaft; von dort erst ging der eigentliche Zug an die Prager Appellkammer; nur für die Angehörigen der Landstände ging er vom Amte oder auch vom Mannrechte, wo das letztere jurisdiktionelle Befugnisse sich noch gewahrt hatte[3], alsbald nach Prag. Dagegen kam jetzt das Recht der Supplikation, welches im 16. Jahrhundert eine so wichtige Rolle gespielt hatte, indem es den Zug auf den Kaiser ermöglichte, wo ausdrückliche Privilegien die Inappellabilität eines Gerichtes gewährleisteten, umsomehr in Wegfall, je mehr das Appellationsrecht der Krone sich erweiterte; zum Teil hörte die Revision gänzlich auf, zum Teil verschmolz sie mit der Appellation; man unterschied jetzt zwischen einer Appellation an den König immediate und einer an die königliche Appellationskammer zu Prag, nicht mehr zwischen einer Supplikation und einer Appellation[4]. Als inappellabel, d. h. als der Prager Appellationskammer nicht unterworfen, galten in Schlesien jetzt nur die alten Schweidnitz-Jauerschen Centralgerichte, zumal das Mannrecht, das Ober- und Fürstenrecht

---

[1] Reskript Leopolds I. an die Prager Appellationskammer betreffs der Jurisdiktion des Fürsten von Liechtenstein, des Inhabers des Herzogtums Troppau, d. d. Wien, 7. März 1674 bei Weingarten, Fasciculi II 437.
[2] Reskript Leopolds I., d. d. 22. April 1662, ebd. S. 449, Gutachten der Prager Appellationskammer, d. d. 13. März 1664 bei Weingarten, Manuale S. 601 und Vindemiae (Ausgabe von 1692) S. 597.
[3] Im Fürstentum Breslau war das Mannrecht beschränkt auf Cridaprozesse, und gerade bei Cridaurteilen war die Appellation späterhin unstatthaft; s. Weingarten, Vindemiae (Ausgabe von 1679) S. 305.
[4] Ebd. S. 310.

und das Oberamt[1]; von ihnen gab es allein Supplikation
oder, wie man jetzt auch sagte, direkte Appellation an den
Kaiser. Die Inappellabilität des Schweidnitzer Mannrechtes
hatte wenig zu besagen, da dasselbe an Bedeutung verloren
hatte. Welchen Wert das Oberrecht für das Rechtsleben
jener Zeit besafs, haben wir bereits auseinandergesetzt. Vom
Oberamte als „einer immediaten königlichen Regierung" endlich gab es ganz ebenso wie vom Oberrechte zwar keine Berufung an das Prager Tribunal, wohl aber an die Person des
Königs, der den fraglichen Rechtsfall dann gewöhnlich der
Prager Kammer zur Entscheidung übertrug[2]; dieses Berufungsverfahren entsprach zwar ganz dem Rechtsbegriffe der
Supplikation, wurde aber dennoch auch Appellation genannt,
— ein neuer Beweis dafür, wie sehr die Grenzen zwischen
Supplikation und Appellation sich damals verwischten, und
wie sehr im letzten Grunde beide gleichen Wesens waren.
Jetzt, da das jus appellationis der Krone unantastbar feststand, unterwarf diese dasselbe sogar freiwillig gewissen Beschränkungen, indem sie aus praktischen Gründen für Civilprocesse eine untere Appellabilitätsgrenze festsetzte[3]. —

Durch den Zerfall des Landes in zahllose kleine Territorien, durch die auf das Gebiet des Rechtslebens sich übertragende strenge Sonderung der Stände im Mittelalter war
das Gerichtswesen in Schlesien zersplittert worden, war
eine Unmenge kleiner, derartig lokal und ständisch scharf von
einander getrennter Rechtskreise entstanden, dafs es dem
Mitgliede des einen schwer, um nicht zu sagen, unmöglich
wurde, gegen Angehörige eines anderen sein Recht zu erlangen. Die Folge davon war eine unerhörte Recht- und
Friedlosigkeit, ein stetiges Überhandnehmen von Unbill und
Gewaltthat. Unzweifelhaft mufste der Staat — und zwar der
gegen Ende des Mittelalters emporwachsende Gesamtstaat,
auf den immer mehr das politische Leben aus den einzelnen
Territorien des Landes sich zurückzog —, die Initiative zu
einer Reform der Rechtspflege ergreifen. An eine generelle

---

[1] Vindemiae (Ausgabe von 1692) S. 342 und 597.
[2] (Christoph Seidel), Observationes practicae 1717, S. 28.
[3] In Breslau betrug dieselbe (laut Reskript Leopolds I., d. d. Graz,
16. Juni 1660) 150 fl. In Processen, bei denen es sich um geringere
Summen handelte, durfte nur appelliert werden bei „im Rechten sonst
zweifelhaften Fällen. Actiones armer Parteien und causae piae". Auch
mufste der Appellant den zehnten Teil der Processsumme bei den Ratmannen oder dem Stadtgerichte hinterlegen oder verbürgen. Wurde
nun die eingelegte Appellation als frivol erklärt, so wurde dieses Zehntel
zu Gunsten der Stadt konfisziert, und der Appellant mufste alle Kosten
tragen. Arme Leute, welche den zehnten Teil der Processsumme zu
hinterlegen und zu verbürgen nicht imstande waren, sollten im Falle
frivoler Appellation mit Gefängnis bestraft werden u. s. w. Die
Appellabilitätsgrenze im Fürstentum Troppau betrug 200 Thl. schles.,
Weingarten, Fasciculi I, 1. 88 f.

Reorganisation der territorialen und lokalen Justizbehörden konnte bei den wohlbegründeten, althergebrachten Ansprüchen, welche die einzelnen Gerichtsherren — ob Landes- oder Grundherren —, die Städte und die verschiedenen ständischen Korporationen besafsen, nicht gedacht werden; die Besserung mufste anheben mit der Errichtung einer Centralinstanz, deren Aufgabe es sei, dort ergänzend und korrigierend einzusetzen, wo die bisherige partikulare Organisation Lücken und Schäden aufweise. Es ist das Verdienst der einheimischen ständischen Gewalten, dies erkannt und die ersten Mafsregeln zur Abhülfe getroffen zu haben; es war dies eines der Hauptmotive, aus denen die Landfriedenseinungen des 15. Jahrhunderts und zumal die Landfriedensgerichte mit ihrer Kompetenz als ordentliche Instanzen für die Fürsten und die übrigen Mitglieder der Bündnisse und als Instanzen in Fällen von Rechtsverweigerung seitens der Partikulargerichte hervorgingen. Wie aus den Landfriedenseinungen dieser ersten Zeit seit Matthias Korvinus der Generallandtag auf dem Gebiete des Verfassungslebens entstand, so schliefst sich in seinem Wesen und in seiner Gestaltung an jene Landfriedensgerichte infolge seiner Einsetzung durch das grofse Landesprivileg von 1498 das Ober- und Fürstenrecht als ordentliche Instanz für die Fürsten und Oberstände, als Forum in Fällen der Rechtsverweigerung seitens der partikularen Gerichte. Wie hoch man aber auch immer dieses Verdienst der Generalstände um die Reform nicht und um die Centralisierung der Rechtspflege anschlagen mag, so kann doch kein Zweifel darüber bestehen, dafs durch diejenige Form der Organisation, wie sie von den Fürsten und Ständen in das Leben gerufen war, nur den äufserlichsten und rohesten Mifsständen Abhülfe geschah. Niemandem zwar konnte jetzt direkt sein Recht mehr verweigert werden; ein anderes aber schon war es — ganz abgesehen von allen anderen Bedenken —, ob sich der Kläger bei der Geltung des Satzes: actor sequatur forum rei — mit dem von Angehörigen eines fremden, ja sogar vielleicht feindlichen Interessenkreises ausgehenden Urteile zufriedengestellt erklären konnte. Inzwischen freilich wuchs die Bedeutung des Oberrechtes; im Anfange des 16. Jahrhunderts trat es wieder in unmittelbaren Zusammenhang mit dem Landfrieden und erhielt als oberstes Landfriedensgericht sogar kriminelle Funktionen. Anders wurde es erst, als mit Ferdinand I. ein König den Thron bestieg, der seiner Pflichten sich voll und ganz bewufst war, welcher der Begründer des modernen Staatsprincipes für Schlesien wurde. Das Ober- und Fürstenrecht freilich bedeutete nicht den geringsten Eingriff in die Gerichtsprivilegien der einzelnen Fürsten und Stände; sollte aber eine wirksame, den immer mächtiger und unabweisbarer sich geltend machenden Anforderungen des Rechtslebens entsprechende Centralisierung der Justizverwaltung angebahnt werden, so standen überall die Sondervorrechte einzelner hemmend im Wege. Diese Aufgabe, welche die Stände nicht zu lösen vermochten, da dazu ein Eingriff in die privilegierte Rechtssphäre des Einzelnen erforderlich war, welchen vorzunehmen sie in ihrer Gesamtheit sich nicht entschliefsen konnten, da dazu auch eine Resignation der Einzelnen zu Gunsten der doch von ihnen gebildeten Gesamtheit nötig war, an welcher sie durch ihren Partikularismus, durch ihren beschränkten Blick gebindert waren, ging daher jetzt an die Krone über, und diese zeigte sich den an sie gestellten Anforderungen vollkommen gewachsen. Durch schärfere Ausbildung des Principes der administrativen Kontrolle des Oberamtes über die Partikulargerichte verlor das Ober- und Fürstenrecht, wenn auch nicht formell, so doch faktisch seinen Charakter als Forum in Fällen von Rechtsverweigerung; demselben ging ferner mit Ablauf des Landfriedens seine Kompetenz als oberstes Landfriedensgericht verloren. Es wurde jetzt reines Pairsgericht für die Fürsten und freien Standesherren sowohl in Civil- wie auch in Strafsachen; seine Bedeutung für das Staats- und Rechtsleben wurde immer geringer; ganze Landschaften absentierten sich von ihm, jahrelang fiel es aus, der Geschäftsgang war ein schleppender; nicht einmal seine Inappellabilität vermochte es zu bewahren, und dennoch hingen die Stände an dieser in der That ziemlich wertlosen Institution mit der gröfsten Zähigkeit und schätzten sie „als ein köstliches Privilegium und Kleinod des Landes." Immer gröfser dagegen wurde der Einflufs, den das Königtum auf die Ausübung der Rechtspflege in Schlesien gewann. Durch die Einführung der Institute des Schiedsvertrages durch königliche Kommission und durch Kompromifs vor dem Oberamte wurde die Thätigkeit der ordentlichen alten Partikulargerichte beschränkt und ein materieller Einflufs der Krone und ihrer Beamten auf die Schlichtung der Rechtshändel im Lande gesichert. Dominierend aber wurde der Einflufs der Krone auf die materielle Feststellung des Urteiles, als ihre Versuche, eine von ihr abhängige, neue, im Verhältnisse zum Oberrechte weit vollkommenere Centralinstanz der Rechtspflege zu schaffen, mit Erfolg gekrönt wurden. Sie recipierte aus dem römisch-kanonischen Rechte als Attribute ihrer höchsten Gerichtsgewalt die Rechte der Appellation und der Supplikation, und indem sie unter den günstigen Machtverhältnissen, zu denen sie nach den Siegen des Jahres 1547 gelangte, zur Handhabung des Appellationsrechtes die Prager Appellationskammer errichtete, den durch ausdrückliches Privileg jedoch für inappellabel erklärten Gerichten gegenüber das Recht der Supplikation in Anwendung brachte, stellte sie einen geordneten Instanzenzug her und gewann zugleich für ihre Justizhoheit eine fast unumschränkte Machtfülle. Erst jetzt ward eine Einwirkung auf die Thätigkeit der Partikulargerichte, eine Kontrolle hinsichtlich des materiellen Inhaltes der von diesen ausgehenden Urteile ermöglicht, erst jetzt war der Schutz der rechtsuchenden Parteien vor Unwissenheit, Voreingenommenheit und falschen Auffassungen des ordentlichen Richters garantiert. Trotz mannigfacher Verschiedenheiten liefen Appellation und Supplikation im letzten Grunde auf dasselbe hinaus; abgesehen davon, dafs für die letztere die Bedingungen einigermafsen erschwert waren, bestand der Hauptunterschied zwischen beiden darin, dafs mit der generellen Verwaltung des Appellationsrechtes eine besondere Behörde, eben die Appellationskammer zu Prag, betraut war. Organisiert war diese Behörde nach den Principien der Kollegialität, der Ständigkeit und des Berufsbeamtentums, ausgestattet mit festen Instruktionen, sodafs sie in sich selbst die sicherste Bürgschaft für Gesetzmäfsigkeit und Unparteilichkeit der Rechtspflege, Stetigkeit, Genauigkeit und Tradition der Geschäftsführung, sowie starker Kontrolle über die einzelnen Mitglieder trug. Da ihre Zuständigkeit nicht allein auf Schlesien, sondern auf die gesamten Länder der böhmischen Krone sich erstreckte, so bedeutete die neue Kammer einen wichtigen Schritt auf der Bahn der Centralisation; sie wurde zugleich die wichtigste Pflanzstätte des römischen Rechtes für Böhmen und seine Nebenländer. Das Gericht war rein königlich, sodafs die Schlesier nicht zu klagen brauchten, ihrer alten Unabhängigkeit etwa zu Gunsten der herrschsüchtigen böhmischen Stände beraubt zu sein; dadurch, dafs immer Schlesier dem Kollegium angehörten, war Sorge für eine Vertretung der speciell schlesischen Interessen getroffen. Sehr oft wurde der Appellhof auch mit der Handhabung des Supplikationsrechtes betraut, freilich immer nur auf Grund einer speciellen Delegation in jedem einzelnen Falle. Das Verfahren sowohl bei der Appellation als auch bei der Supplikation war genau geregelt unter Anlehnung an die Vorschriften des römisch-kanonischen Processes. So hatte die Krone es verstanden, der ihr anheimgefallenen Aufgabe zu genügen; sie hatte alles geleistet, was dem Bedürfnisse der Zeit entsprach. Wenn sie auf diesem Felde des Staatslebens einen völligen Sieg über die mit ihr ringenden ständischen Gewalten davontrug, so hatte sie dies in erster Reihe ihrer Entschlossenheit und der Vollkommenheit der Technik der Mittel zu verdanken, mit denen sie an die Bewältigung ihrer Aufgabe herantrat; in dem Augenblicke, als den Ständen der Wille und die Kräfte zu weiterer Reform versagten, sprang sie ein und wufste mit gröfserem Geschick das schwierige Werk zu vollenden. Zu spät erkannten jetzt, nachdem ihnen die Krone den richtigen Weg vorgezeichnet hatte, die Stände, welche Richtung sie hätten einschlagen müssen, um die Centralgewalt auf dem Gebiete der Rechtspflege zu bewahren. Der Kampf gegen die Appellation verwandelte sich jetzt in einen Kampf um die Appellation; die Stände recipierten das von der Krone zuerst aufgenommene, von ihnen aber befehdete Appellationsprincip und trachteten darnach, das Ober- und Fürstenrecht zur Berufungsinstanz für die Partikulargerichte Schlesiens zu erheben. Aber schon dieser Gedanke, ein zweimal im Jahre zusammentretendes Gericht, welches nicht einmal von dem ganzen Lande beschickt und anerkannt wurde, sowie die weiteren Details ihres Planes von 1554 zeigen auf das deutlichste, dafs sie auch jetzt noch nicht der technischen Schwierigkeiten ihres Unternehmens sich bewufst waren, und beweisen, falls es eines weiteren Beweises überhaupt noch bedürfen sollte, dafs das Königtum der einzige politische Faktor war, von welchem eine zweckentsprechende Centralisierung der Rechtspflege ausgehen konnte, und dafs sein Triumph über die Stände in dieser Hinsicht nicht nur die Folge augenblicklicher gröfserer Gewalt, sondern auch innerer Notwendigkeit war, da es die Bedürfnisse seiner Zeit besser verstand und zu deren Befriedigung die passenderen Formen zu schaffen wufste.

Drittes Buch.
Die Gesamtstaatsverwaltung Schlesiens im XVI. Jahrhundert.

II.
Die Finanzbehörden.

Einleitung.

Abrifs der Geschichte des schlesischen Finanzwesens im 16. Jahrhundert.

Wenn schon, wie wir sahen, im sechzehnten Jahrhunderte in der obersten Instanz die Rechtspflege die Tendenz zeigte, sich möglichst von der allgemeinen Verwaltung abzulösen, so geschah ein weiterer Schritt der Arbeitsteilung auf dem Gebiete des Staatslebens insofern, als damals das Finanzwesen ein völlig selbständiger Zweig der Administration wurde. Freilich hatte auch die Entwicklung der Verwaltungsorganisation in den einzelnen Territorien schon zu ähnlichen Ergebnissen geführt; an die Stelle des Kämmerers war der Rentmeister getreten; das Burggrafentum war bei dem Verfalle der alten fürstlichen Hoheitsrechte vielfach ein reines Wirtschaftsamt geworden. Jetzt jedoch, als zum Anfange der Neuzeit eine neue centrale Organisation der Finanzverwaltung für ganz Schlesien geschaffen wurde, schied man dieselbe principiell und bewufst durchgängig von den übrigen Zweigen der Administration. Ehe wir jedoch auf die Geschichte der Finanzbehörden in dieser Epoche eingehen, wird es nötig sein, eine kurze Darstellung der Geschichte der materiellen Finanzordnung jener Zeit voraufzuschicken.

Wie in der ältesten Zeit die gesamte Staatsgewalt in der Person des Herrschers sich koncentrierte, als dessen privater Besitz erscheinend, so auch stellte sich das wirtschaftliche Leben des Staates dar als die Privatwirtschaft des Fürsten. Wir sahen, wie umfangreich die Rechte des Staates und damit des Herrschers auf dem Gebiete des wirtschaftlichen Lebens waren, mit welch vielfachen Regalen und Einkünften die landesherrliche Gewalt ausgestattet war, wie aber infolge der privaten Auffassung des staatlichen Principes die Finanzhoheit des Fürsten immer mehr an Umfang und Inhalt verlor, wie ferner unter dem Eindringen abendländischer Anschauungen jene Grundherrschaften sich ausbildeten, welche, selbst frei von den öffentlichen Abgaben, diejenigen Leistungen, zu denen ihren Hintersassen an den Landesherrn verpflichtet waren, in ihren eigenen Besitz brachten. So führte denn die Entwicklung für die Finanzgeschichte Schlesiens im grofsen und ganzen zu demselben Resultate wie für die anderen Länder Europas: die einzelnen Jurisdictiones fühlten sich dem Herscher gegenüber nur zu gewissen Naturalleistungen verpflichtet, zum Dienste bei Hof, bei Heer und Gericht; die Staatsgewalt hatte kein Recht, von den Ständen etwas anderes zu fordern, falls es dieselben nicht eben freiwillig thaten oder gaben; die Steuerpflicht schien des freien Mannes unwürdig zu sein [1]. Derselbe Grundsatz wurde übertragen auf den neuen schlesischen Gesamtstaat, der dem Matthias Korvinus seine Entstehung verdankte; in dem grofsen Landesprivileg von 1498 erhielt die Freiheit der Fürsten und Stände von der Steuerpflicht ihre ausdrückliche Sanktion durch die Krone. Es ist uns nichts davon bekannt, dafs den böhmischen Königen aus dem jagiellonischen Hause in den Jahren von 1498 bis 1526 von den Fürsten und Ständen Schlesiens eine Steuer bewilligt worden wäre, und nicht mit Unrecht führte der Chronist die Katastrophe von Mohacz auf die Engherzigkeit und die Habsucht der Stände zurück [2]. Jetzt aber, nach der schimpflichen Niederlage des Jagiellonen, nach seinem elenden Tode, mufsten die Augen aller sich öffnen. Die Vormauer Europas war gefallen, Ungarn den osmanischen Horden preisgegeben, welche jeden Augenblick ihren Vorstofs zu erneuern und die alte Kultur des Christentums zu vernichten drohten. Nachfolger Ludwigs wurde in Böhmen und wenigstens dem Namen nach auch in Ungarn Erzherzog Ferdinand aus dem Hause Habsburg; als dieser zur Abwehr gegen die Türkengefahr alle Länder seiner Herrschaft zu kräftiger Hülfe ermahnte, da

---

[1] Vgl. hierzu Schmoller in seinem Jahrbuche N. F. I 40 f. und Lorenz von Stein, Finanzwissenschaft I⁵ 103 ff.

[2] Man vergleiche die schöne Schilderung der Finanznot König Ludwigs und der in seinen Reichen herrschenden Verwirrung bei Schickfufs I 200: „Die Bischoffe und Landherrn neideten einander, und wolte iner einer über den andern seyn und liessen sich umb des Königreichs Wohlfahrt unbekümmert. Dann indem sie allein auff ihren eignen nutz trachteten, standen die Landgräntzen blos, unbesetzt uud unverwahrt, derhalben hatte der Feind gut machen. So richteten sich die andern benachbarten Landen auch nach den Ungern und waren in solcher grossen vorstehenden Noth gar nicht sorgfältig und erzeigeten sich unmild gegen dem Könige. Dann es ist am tag und vielen Leuten wissentlich, dasz man dem Könige eine geringe Stewer und Anlage wider den Türcken versagt hat, das hernach verstendige Leut offtmals beklaget haben. Und das heifst, wie der Poet sagt:

Die Königreiche in der Welt,
Sünd, Schand, Hasz, Neid und Hoffardt fellt."

konnten auch die Schlesier nicht mehr dieser Aufforderung
sich entziehen. 1527 bewilligten sie die erste allgemeine
Landessteuer des 16. Jahrhunderts, und bald wurde diese Bewilligung immer mehr ständiger Natur. So war das Werk
wiederaufgenommen, an welchem ein halbes Jahrhundert zuvor König Matthias unabläſsig gearbeitet hatte, und das nach
seinem Tode wieder verfallen war. Waren die ersten Schritte,
welche Matthias gethan hatte, noch unsicher, tastend, zum
Teile roh und gewaltthätig gewesen: jetzt begann alles allmählich
in feste Bahnen einzulenken, bestimmte Formen bildeten sich
aus, und eine neue Epoche in der Finanzgeschichte Schlesiens
begann. Der gesteigerte Bedarf für die Erhaltung der äuſseren
Machtstellung und damit zum Schutze der gesamten Civilisation des abendländischen Christentums — dem östlichen
Reiche der Habsburger war jetzt diese Aufgabe zugefallen —
schuf in Schlesien neue wichtige Einnahmequellen für den
Staat; da aber diese neuen Einkünfte gröſstenteils auf der Zustimmung der Stände basierten, so nahm die Finanzwirtschaft
dieser Zeit ebenso wie in anderen Ländern der germanischen
und romanischen Völkerfamilie jenen Doppelcharakter an, der
seinen Ursprung in einer Rechtsauffassung fand, der zufolge
Landesherr und Landstände als zwei schroff einander gegenüberstehende, nur durch eine Reihe einzelner Rechte und
Pflichten mit einander verbundene Subjekte des öffentlichen
Rechts erschienen. Daher zerfiel auch gemäſs der verschiedenen
staatsrechtlichen Natur der Einnahmen das gesamte Finanzwesen in zwei streng von einander gesonderte Gebiete, von
denen das eine, dem Einflusse der Stände entzogen, nur der
Krone unterstellt war, während auf dem anderen der ausschlieſsliche Einfluſs der Stände sich geltend machte[1].

1. Das königliche Finanzwesen.

a. Ordentliche Einnahmen.

Das königliche Finanzwesen, das Aerarium, beruhte in
erster Linie auf dem Domanium und den Regalien. Es wurde

---

[1] Gindely (Geschichte des böhmischen Finanzwesens von 1526
bis 1618. Denkschriften der Wiener Akademie. Phil.-Hist. Klasse
1868. S. 90) unterscheidet zwischen einem ordentlichen und einem
auſserordentlichen Budget, indem er als die Grundlage des ersteren
die auf dem eigenen Rechte des Königs beruhenden Einnahmen, als
die des letzteren die Steuern auffaſst. Da diese Ausdrucksweise leicht
zu Miſsverständnissen Anlaſs geben könnte, für Schlesien auch in den
Quellen nicht begründet ist, da in diesen auch auſserordentliche Einnahmen die durch Kreditoperationen u. s. w. erschlossenen Einkünfte
bezeichnet werden, so schlieſse ich mich der Terminologie Steins an,
welcher das Finanzwesen der Krone als Aerarium von dem der Stände
unterscheidet.

früher geschildert, wie die fürstliche Omnipotenz der ältesten Zeit allmählich immer mehr sich auflöste, sodafs die volle Ausübung der Staatsgewalt dem Landesherrn schliefslich nur noch dort zustand, wo er auch Grundherr war. Auch der König konnte also in Schlesien die volle Staatsgewalt nur noch dort in ihrem ursprünglichen Umfange besitzen, wo er Herzog und zugleich auch Grundherr war, d. h. auf etwa vorhandenen Domanialgütern der Erbfürstentümer. Der Domanialbesitz des Königs aber war 1527, als das Haus Habsburg zur Regierung kam, äufserst gering. In den Fürstentümern Breslau und Schweidnitz-Jauer war er bereits veräufsert oder doch wenigstens, in der Form von Burglehen, für empfangene Darlehen zum Lehnsbesitze bis zu dereinstiger Wiedereinlösung verpfändet, dem Einflusse der Krone schon seit langer Zeit gänzlich entfremdet. Beträchtlicher war der königliche Grundbesitz in den Fürstentümern Troppau [1], Grofsglogau [2], Oppeln-Ratibor [3] und Sagan (mit Priebus und Naumburg) [4]. Von einer unmittelbaren Verwaltung der hier befindlichen Güter für die Krone war jedoch keine Rede, sondern sie wurden lediglich als Objekte für Staatskreditoperationen betrachtet und im Bedürfnisfalle gegen entsprechende Darlehen verpfändet [5]. Zum Domanium als gehörig betrachtet, daher auch ganz ebenso zu Kreditzwecken benutzt und im Notfalle sogar verkauft wurden alle übrigen, als Einnahmequellen irgendwie in Betracht kommenden, aus dem alten jus ducale stammenden Rechte. So waren schon bei Ferdinands I. Regierungsantritte die Landeshauptmannschaft und die Kanzlei des Fürstentums Breslau an die Stadt Breslau, das Oberhofrichteramt und die Kanzlei der Fürstentümer Schweidnitz-Jauer an die Schaffgotsche versetzt; ebenso verhielt es sich mit den Hauptmann-

---

[1] Es gab hier im 16. Jahrh. zwei königliche Pfandgüter, das Schlofs Grätz, welches 1535 auf den Leib, und das Schlofs Troppau, welches 1562 auf zwanzig Jahre verschrieben wurde. Im Anfange des 17. Jahrh. betrug die Pfandsumme für Troppau 125000 Thlr.; s. Biermann, Troppau, S. 313.

[2] Hier waren die wichtigsten Pfandschillinge: Guhrau, Freistadt, Sprottau, Schwiebus und Grünberg.

[3] In Oppeln-Ratibor starb zwar 1532 der letzte piastische Herrscher, Herzog Johann; die Fürstentümer gingen aber zunächst in den Pfandbesitz des Markgrafen Georg von Brandenburg über (Grünhagen II 59), dessen Sohn sie 1552 im Austausche gegen Sagan, Priebus, Naumburg, Sorau und Triebel an die Königin Isabella, die Witwe des Johann Zapolya, abtreten mufste (ebd. 83).

[4] Sagan wurde 1548 von Moritz von Sachsen an den Kaiser abgetreten (ebd. S. 78), wurde jedoch schon 1552 an den Markgrafen Georg Friedrich, 1558 gegen 60000 Thlr. auf zwanzig Jahre an die Promnitze verpfändet.

[5] So nicht nur in Schlesien, sondern auch in allen Ländern der habsburgischen Monarchie noch im 18. Jahrhunderte. Vgl. Franz Freiherr von Mensi, Die Finanzen Österreichs von 1701 bis 1740. Wien 1890. S. 9 und S. 300 ff.

schaften Sprottau und Schwiebus, den Hofgerichten zu Striegau, Schweidnitz, Haynau und Landeshut, dem Landgericht in Stadt- und Weichbild Hirschberg, sowie mit zahlreichen Obergerichten, Geld- und Getreidezinsen, Stadtgeschofsen, Münzgeldern u. s. w.[1]. Alles eben, was an liegenden Gründen, an Einnahmen und finanziell nutzbaren Rechten seinen Ursprung in dem alten jus ducale hatte, gehörte in den Erbfürstentümern zum Domanium des Königs und stand im Privateigentum der Krone. Der Umfang des Domanium war freilich in der ersten Hälfte des 16. Jahrhunderts noch ein sehr geringer, wuchs aber in der Folgezeit, als verschiedene Fürstentümer nach Aussterben der in ihnen regierenden Piastenhäuser heimfielen (besonders nach Aufhören der Pfandschaft von Oppeln und Ratibor)[2], da die einheimischen Herzöge ihr Gut nicht in dem Mafse verschleudert hatten, als dies seitens der böhmischen Könige in den alten Erbfürstentümern der Fall gewesen war. Diejenigen Domänen, welche als Pfandschillinge versetzt waren, waren den Inhabern entweder auf eine Anzahl von Jahren oder auf den Leib oder, wie die Burglehen, als erbliche Lehen bis zur Auslösung verschrieben und fielen nach Ablauf der Pfandzeit je nach den Pfandverträgen ohne Entgelt oder gegen Erlegung der Pfandsumme an den König zurück. Gegen Ende des 16. und Anfang des 17. Jahrhunderts führte die infolge der damals wiederum heftig entbrannten

---

[1] S. auch die Antwort der Breslauer auf gewisse Anfragen des Königs gleich nach seiner Thronbesteigung im Bresl. Stadtarch. Acta Publica I (1511—1528) Ms. 162 fol. 406 ff.: „Auf den ersten, das k. m. begeren, das wir seiner k. m. renten, so wir in versatzung halden solten, ohne entgeltnuss widerumb in ir kamer frey und geruglich wolden zukomen und widerfaren lassen, ist es an dem ..., das wir vor gemeiner stat von k. m. camerguet nichts pfentlichs innehaben, sonder alle der stat renten, gulte und einkomen sein erblich ...... Die ko. renten aber und grosse tail der geschösser und munze geldes nicht allaine bey der stat Breslaw sonder dem gauzen [se. wohl furstenthume] und andern leuten zum teil auch fursten von den vorfordern konigen milder gedechtnus in grossen summen versatzt und impignorirt worden." Auf das Verlangen des Königs, ihm doch ein Register über das Einkommen der alten Fürsten aus dem Fürstentume Breslau zu schicken, erwiderte die Stadt, dafs sie keine derartigen Verzeichnisse besäfse, da dieselben wohl in die königliche Kammer gekommen seien und sich dort noch befinden müfsten. Die Regierung eines Landes (wie des Fürstentums Breslau) anzutreten, in dem es auch nicht einen einzigen Pfennig regelmäfsiger Einkünfte gab, mag für Ferdinand I. allerdings nicht besonders erfreulich gewesen sein.

[2] Die vornehmsten Pfandschillinge in Oppeln-Ratibor waren Falkenberg, Neustadt, Rosenberg, Gleiwitz, Sohrau, Krappitz, Oberglogau und Kosel, Lublinitz, Grofsstrehlitz, Ratibor, Tost, Preiskretscham, Rybnik, Zülz, Slawentitz, Schurgast und Steinau (Kgl. Staatsarch. Bresl. AA. I 95a). Im 17. Jahrh. vermehrte sich der Dominialbesitz in noch viel höherem Grade nach dem Erlöschen der Liegnitzer Piastenlinie.

Türkenkriege unablässig steigende Finanznot zu einer fast allgemeinen Veräufserung der königlichen Domänen[1].

Hinsichtlich der Regalien — hier kommen in Betracht natürlich nur die später sogenannten niederen Regale — müssen wir uns erinnern, dafs gerade damals jener Procefs sich vollzog, dessen Tendenz in einer allmählichen Umwandlung der einstmaligen Landesherrlichkeit der schlesischen Herzöge in eine blofse Grundherrlichkeit bestand, und dafs eine neue staatsrechtliche Anschauung sich geltend machte, der zufolge die Fürsten in dem Besitze ihrer Regalien nur dann gesichert blieben, wenn sie ausdrückliche Privilegien dafür nachweisen konnten. Wenn die historische Bedeutung der Regalien darin bestand, dafs sie auf der, wenn auch noch so unklar gedachten Idee von der Stellung des Fürsten als des Vertreters der wirtschaftlichen Gemeinschaft aller Mitglieder des Staates beruhten[2], so darf man es als ganz angemessen bezeichnen, wenn nunmehr, da das staatliche Leben von den einzelnen Teilen Schlesiens auf das gesamte Land überging, als Vertreter dieser neuen wirtschaftlichen Gemeinschaft von ganz Schlesien nicht mehr die alten Partikularherzöge, sondern der König von Böhmen als der oberste Herzog von ganz Schlesien erschien, dafs die Regalien also von jetzt ab als eine Pertinenz der Krone, nicht mehr der einzelnen schlesischen Fürsten galten. In der thatsächlichen Entwicklung kam dieses Princip eben dadurch zum Ausdruck, dafs als natürlicher Inhaber der Regalien kraft des Rechtes seiner Stellung von jetzt ab der König angesehen, den Herzögen aber eine Teilnahme an diesen Rechten nur insofern zugeschrieben wurde, als sie darüber bestimmte Privilegien seitens der Krone Böhmen aufweisen konnten. Als derartige financielle Regale des Königs kamen in Betracht das Münz- und Berg-, das Zoll- und das Salzregal. Während das Zoll- und das Salzregal erst in der zweiten Hälfte des 16. Jahrhunderts zur Durchführung gelangten und bis dahin in ihrer besonderen Gestalt unbekannt waren, knüpften Münz- und Bergregal in der Form, wie sie von den Habsburgern gleich bei ihrem Regierungsantritte beansprucht wurden, an ältere Einrichtungen an.

---

[1] So wurden erblich verkauft: 1582 Krappitz, 1602 Oberglogau und Kosel, 1587 Lublinitz, 1613 Grofs-Strehlitz, 1609 Ratibor, 1585 Tost und Preiskretscham, 1607 Rybnik, 1606 Zülz und Strehlitz, 1604 Slawentitz, 1605 Schurgast, 1600 Steinau O.S., 1615 Troppau, 1601 Guhrau, 1611 Sprottau, 1596 Grünberg, 1602 Priebus und Naumburg, 1600 das Burglehen zu Neumarkt, 1604 das zu Auras, 1605 Schlofs und Herrschaft Fürstenstein samt den öden Schlössern Hornschlofs und Freudenberg, der Stadt Freiburg und den dazu gehörigen Dörfern für 75000 Thaler. 1603 das Burglehen zu Jauer, 1607 das zu Schweidnitz, um dieselbe Zeit die Burglehen zu Bunzlau und Bolkenhain, sowie Schlofs und Herrschaft Kiensburg. (Ebenfalls aus AA. I 95a.)

[2] Lorenz von Stein a. a. O.

Was die Geschichte des **Münzregals**[1] in dem von uns jetzt behandelten Zeitraum anbelangt[2], so müssen wir im Auge behalten, dafs dasselbe aus zwei Bestandteilen sich zusammensetzte, einmal aus dem Rechte, den Münzen ihre Währung zu verleihen, sodann aus der Befugnis, selbst Münzen zu prägen; nur in dieser letzteren Hinsicht gestand Ferdinand I. den mit der Münze privilegierten schlesischen Fürsten oder Ständen ein mit seinem Münzregale konkurrierendes Recht zu. Kaum hatte Ferdinand den böhmischen Thron bestiegen, als die schlesischen Generalstände ihn baten, auf die Herstellung eines gemeinsamen Münzfufses für Böhmen, Mähren und Schlesien „unbeschadet des Münzrechtes der Stände" hinzuwirken[3]. Versuche des Königs in der Folgezeit, eine Münzstätte in Breslau einzurichten, blieben ohne Erfolg; die daselbst geprägten Münzsorten reichten bei weitem nicht hin, um das Bedürfnis zu decken, geschweige denn die schlechten Geldsorten zu verdrängen. Entschiedener trat der König erst seit dem Jahre 1546 auf; er verbot während seiner Anwesenheit in Breslau im Mai dieses Jahres die Silberprägung, welche bisher vom Herzoge Friedrich von Liegnitz und dem Breslauer Rate ausgeübt worden war, und erliefs einige Wochen

---

[1] Die Regierung des Königs Matthias war, wenn auch alle Reformversuche hinsichtlich des Münzfufses fehlschlugen, für die schlesische Münzgeschichte doch insofern epochemachend, als unter ihrem Einflusse jene Wandlung der staatsrechtlichen Anschauung sich vollzog, infolge deren als principieller Träger der Münzhoheit der König galt, sodafs den einzelnen Fürsten und Ständen ihr Münzrecht jetzt nur noch als ein Privileg gebührte. So lassen sich 1505 die Liegnitzer Herzöge, 1495, 1502 und 1504 die Münsterberg-Oelsnischen Fürsten, 1498 der Herzog von Teschen, 1504 und 1505 Sigmund von Glogau, 1515 der Bischof ihr Münzrecht durch königliches Privileg bestätigen (Friedensburg, Schles. Münzgesch. im Mittelalter. II. Codex dipl. Siles. XIII 89 f.). In den auf den Tod des Matthias Korvinus folgenden herrenlosen Zeiten unter Wladislaus und Ludwig II. wurden die Münzwirren immer ärger, und es ergriffen daher in den Münzeinungen der Jahre 1505 und 1511 die Fürsten und Stände ihrerseits die Initiative, ohne jedoch eine Abstellung der Schäden zustande zu bringen. Das Münzelend war ein derartig grofses, dafs es Wunder nehmen mufs, „wie bei diesen Verhältnissen, wo nicht eine Münzsorte, nicht ein Rechnungswert eine sich gleichbleibende bestimmte Summe darstellten, Handel und Wandel überhaupt bestehen konnten". (Ebd. S. 103.) Der Thätigkeit Ferdinands I. war hier ein fruchtbares Feld eröffnet.

[2] Benutzt wurden für die folgende Darstellung in erster Reihe die Aufsätze Friedensburgs, „Studien zur Münzgeschichte Schlesiens II" (Zeitschr. für Numismatik, ed. Franz von Sallet XVII 213 ff., Berlin 1890) und III (ebd. XVIII 157 ff., 1892), sowie „der Breslauer Pfönfall und die Münzordnung König Ferdinands" in der Zeitschr. f. Gesch. u. Alterthum Schlesiens XXIV 88 ff., Breslau 1890.

[3] Dafs durch die Klausel „unbeschadet des Münzrechtes der Stände" jeder Versuch, energisch durchzugreifen, von vornherein lahmgelegt werden konnte", wie Friedensburg (ebd. S. 90) meint, trifft nicht zu. An und für sich war eine Reform des Münzfufses, während das Prägungsrecht der Stände unangetastet blieb, sehr gut denkbar.

später, am 12. Juni 1546, in Regensburg eine Münzordnung für Schlesien und die Lausitzen, der zufolge Groschen, 96 Stück auf die gemischte Breslauer Mark zu 6 Lot 3 Quint fein, Pfennige, deren 7 gleich einem Groschen, sowie Heller, deren 2 gleich einem Pfennige sein sollten, endlich auch Thaler zu 30 Groschen geschlagen werden sollten, und die auch den Umlauf des Geldes zu anderem Münzfufse streng verbot. Ein neues Münzwerk des Königs wurde in Breslau aufgerichtet. dessen Leiter ein Jude, Namens Isaak Mayer, war. Das Volk behauptete alsbald, durch das neue Geld beschwert zu sein; auch erweckte die Person des neuen Münzmeisters, den man noch dazu betrügerischer Praktiken beschuldigte, grofses Mifsfallen. In Breslau liefs sich der Pöbel zu Zügellosigkeiten hinreifsen [1] und terrorisierte den Rat, welcher erst im Dezember 1546 nach Eintreffen einer besonderen königlichen Kommission. und nachdem diese letztere einen Befehl, der verschiedene vornehme Personen des Rates und der Bürgerschaft in Bestrickung nahm und vor die Person des Königs zur Verantwortung forderte, vorgelegt hatte, sich zur öffentlichen Ausrufung der neuen Münzordnung und zum Versprechen weiteren Gehorsams bequemte. Die damals eintretenden politischen Ereignisse, die Beendigung des schmalkaldischen Krieges, drängten die schlesische Münzangelegenheit zunächst in den Hintergrund; erst im Jahre 1549 wurden die Städte der Erbfürstentümer wegen ihrer dem Schmalkaldener Bunde bewiesenen Sympathieen, Breslau auch wegen seiner Opposition gegen die neue Münzordnung, zur Rechenschaft gezogen und mit hohen Geldbufsen, darunter einem ewigen Biergelde, belegt; der Betrieb der königlichen Münzstätte zu Breslau war schon im August 1549 gänzlich eingestellt worden.

Aus Mangel an Edelmetallen war man nicht imstande, soviel neuen Silbergeldes zu prägen, als nötig gewesen wäre, das fremde und alte Gold zu verdrängen, an dem das Volk trotz alles Schadens, den es dabei erlitt, doch mit grofser Zähigkeit hing. Es begann daher jetzt die Zeit der sogenannten „Valvationen"; man beschränkte sich nämlich darauf, die älteren und fremden Münzen, die man doch nicht abzuschaffen vermochte, je nach ihrem Werte zu tarifieren, d. h. ihnen einen bestimmten Kurs beizulegen und diesen in Valvationstabellen oder -patenten öffentlich bekanntzumachen. „Die Aussichtslosigkeit dieses Mittels braucht nicht erst dargelegt zu werden; es liegt auf der Hand, dafs der gemeine Mann ungeachtet der in den Valvationen gebotenen Beschreibungen,

---

[1] So rifs man das am königlichen Hofe angeschlagene Münzmandat herab und heftete dafür einen „lesterlichen Zedel" an mit der Inschrift:
„Kunig Ferdinand ein trewloser man,
Der guete munze vortrayben wil und nit kan."

denen später oft sogar Abbildungen zugefügt wurden, sich in der unendlichen Menge von Münzsorten nicht zurechtfinden konnte." Auch in der Folgezeit ruhten die Versuche Ferdinands, das Münzregal in seinen beiden Bestandteilen zur Anwendung zu bringen und die Ordnung wiederherzustellen, keineswegs. Die Reichsmünzordnung von 1551 [1] wurde noch in demselben Jahre vom Könige auch auf die Länder der Krone Böhmen übertragen. Alle älteren Reichsordnungen aber wurden bekanntlich aufgehoben durch die Münzordnung von 1559, nach welcher die kölnische Mark (zu 233,85 gr. oder 16 Lot) die Grundlage für die Prägung aller Gold- und Silbermünzen bildete. Aus der Mark zu 14 Lot 16 Grän reinen Silbers und 1 Lot 2 Grän Kupferzusatzes wurden 9½ Reichsgulden (auch Speziesgulden) zu 60 Kreuzern geprägt; an Goldgulden sollten auf die Mark zu 18 Karat 6 Grän 72 Stück ausgebracht werden, während aufserdem die mehrfach übliche Ausprägung von Dukaten, 67 Stück auf die Mark zu 23 Karat 8 Grän, gestattet wurde. Das Wertverhältnis von Gold und Silber wurde nur im Maximum festgesetzt, indem ein Dukaten höchstens zu 105, ein Goldgulden höchstens zu 75 Kreuzern gerechnet werden sollte. Verbunden war mit diesen Bestimmungen rücksichtlich des Münzfufses eine gesetzliche Tarifierung der alten Münzen [2]. Auch diese Münzordnung, bei der besonders die Einführung der sogenannten Guldenthaler zu 60 Kreuzern wichtig ist, wurde auf die böhmischen Länder ausgedehnt, ohne dafs man jedoch in der königlichen Münze, wie es scheint, an die Ausprägung solcher neuen Gulden ging [3]. Bis auf eine Episode unter Maximilian II. blieb fortan der Münzfufs der Reichsmünzordnung von 1559 in Kraft; damit war eine einheitliche, feste Währung hergestellt, nach der auch die übrigen Münzen, wenn sie auch nicht gänzlich abgeschafft oder unschädlich gemacht werden konnten, tarifiert wurden. Ganz unglücklich aber waren die Bestrebungen der Habsburger, ihr Prägungsrecht zur Anwendung zu bringen. Die verschiedenen Versuche, die Breslauer Münze wiederaufzurichten, führten zu keinem bedeutenden Resultate; seit 1567 aber ruht die Prägung auf dem königlichen Hofe zu Breslau länger als ein Menschenalter, also bis in den Anfang des dreifsigjährigen Krieges hinein [4]. Die Mifsstände im Münz-

---

[1] Neue Sammlung der Reichstagsabschiede II 634 f.
[2] Vgl. Richard Schröder, Lehrbuch der deutschen Rechtsgeschichte S. 775. Leipzig 1889.
[3] Geprägt wurden von 1561—1564 nur Zweikreuzerstücke, Kreuzer und Heller.
[4] Um so eifriger betrieben die münzberechtigten Fürsten und Stände, welche sich dabei freilich eigentlich nach den vom Könige erlassenen Münzordnungen richten mufsten, die Prägung (vgl. Friedens-

wesen ganz und gar zu beseitigen, war unmöglich; der Gipfel des Münzelends wurde allerdings erst in den Kipper- und Wipperzeiten des dreifsigjährigen Krieges erreicht. Ebensowenig wie es der habsburgischen Politik gelang, sich in dem Münzregale eine ergiebige Einnahmequelle zu erschliefsen, ebensowenig glückte ihr das gleiche Streben hinsichtlich des Bergregals. Wie alle Regale, so gebührte auch das Bergregal in Schlesien ursprünglich den piastischen Fürsten [1]; es bestand, wie neuerdings nachgewiesen worden ist [2], in einem vollständigen Eigentumsrechte des Regalherrn an den Bergwerken, während den arbeitenden Genossenschaften, den Gewerken in ihrer ursprünglichen Bedeutung, keineswegs ein Eigentum, sondern nur ein durch den Arbeitszwang und sehr hohe Abgaben begrenztes Leihe- oder Nutzungsrecht überlassen wurde. Als nun im 16. Jahrhunderte jene schon so oft berührte Verfassungsänderung sich vollzog, durch welche die Macht der centralen Staatsgewalt stieg, erklärte die staatsrechtliche Doktrin der juristischen Beiräte der Krone die Bergwerke als ein „kuniglich Regali"; als Friedrich von Redern das Vitztumsamt innehatte, forderte der Kaiser durch ein Generalmandat alle Fürsten und Stände auf, ihre Bergwerksprivilegien seinem Vitztume zur Prüfung vorzulegen, ohne dafs indes dieser Befehl befolgt worden wäre [3]. Das Bergregal teilte das Geschick aller anderen Regale: als principieller Träger desselben galt jetzt der allgemeinen Anschauung zufolge [4] der König, während den Fürsten ein entsprechendes

burg, Bd. XVIII der Numism. Zeitschr. S. 178 ff.). War es früher Politik der Krone, besonders unter Ferdinand I. gewesen, die Münzverwirrung durch möglichste Beschränkung der einheimischen Prägung, wenigstens von Silbergeld, zu beseitigen, so wurde diese letztere späterhin allmählich immer mehr freigegeben; seit 1600 kam es zu einer allgemeinen und äuserst lebhaften Prägung, welche das gröfste Münzelend hervorrief (ebd. S. 185).
[1] Tzschoppe-Stenzel, Einl. S. 5.
[2] G. Schmoller, Die geschichtliche Entwicklung der Unternehmung. VIII und IX: „Das mittelalterliche Genossenschaftswesen und die deutsche Bergwerksverfassung von 1150—1400" in dem Jahrb. für Gesetzgebung u. s. w. XV Heft 3 S. 35 ff. Leipzig 1891.
[3] Kgl. Staatsarch. Bresl. AA. III 23a fol. 71 (Kammer an den Kaiser, d. d. Breslau 4. März 1559).
[4] Auch die Gegner der Krone wagten dies nicht zu bestreiten. Als in den sechsziger Jahren des 16. Jahrh. der Kaiser auf Betreiben der Kammer wegen der Tarnowitzischen Bergwerke vor dem Ober- und Fürstenrechte einen Procefs gegen den Markgrafen Georg Friedrich anstrengte, da die Bergwerke als Regal in die Verleihung der Herrschaft Beuthen als Pfandschillings nicht mit einbegriffen seien, opponierte der Markgraf nicht dagegen, dafs principiell die Bergwerke königliches Regal seien, versuchte aber durch seine Anwälte aus dem römischen Rechte den Nachweis zu führen, dafs unter den Regalien nur die Gewinnung von Gold und Silber, nicht aber auch die von Blei einbegriffen sei, um welches Metall es sich hier ausschliefslich handele. Vgl. R. Döbner, Der Prozefs des Markgrafen Georg Friedrich von

Recht nur insofern gewährt wurde, als sie es durch ausdrückliche königliche Privilegien erhärten konnten[1]. Der Inhalt des Bergregals beschränkte sich freilich zu jener Zeit auf die Verleihung des Rechtes zum Bergbau, auf den Zehntenbezug und die polizeiliche Oberaufsicht über den Bergbau, d. h. die Berghoheit[2]; im Zusammenhange mit ihm standen das Vorzugsrecht betreffs des Gold- und Silberkaufes, die Befugnis, die Erlaubnis zum Hüttenbetriebe zu erteilen, sowie die Einfuhr oder Ausfuhr gewisser Metalle zu verbieten[3]. Im 16. Jahrhunderte wurde besonders in Tarnowitz auf Silber und Blei gebaut; die Ertragsfähigkeit der dortigen Bergwerke wurde 1559 auf 10000 Thaler geschätzt[4]. Im Bischofslande waren von Bedeutung die Goldbergwerke von Freiwaldau und Zuckmantel; betreffs der Zuckmanteler Werke berichtete die Kammer 1559 an den Kaiser, dafs sie in Blüte gekommen seien, da „etliche gewerke sich in statliche gepeu eingelassen" und dem Bischofe einen erheblichen Nutzen brächten[5]. Bergbau auf Gold wurde ferner noch mit sehr reichen Erträgnissen in Reichenstein getrieben; erst 1570 verfiel das Bergwerk infolge der schlechten Wirtschaft Herzog Johanns, aus Mangel an Holz; elf Jahre später ging es aus dem Besitze der Münsterbergischen Herzöge an das böhmische Herrengeschlecht der Rosenberge über, von diesen zum Anfange des 17. Jahrhunderts an die Liegnitzer Herzöge[6]. Dafs es aber dem Kaiser gelungen wäre, diesen Bergwerken gegenüber sein Regal geltend zu machen, ist unerweislich; der Bergbau in den Erbfürstentümern andererseits lag sehr darnieder und stockte so gut wie gänzlich[7]. Zur Wiederbelebung des Betriebes schlug die Kammer 1576 vor, einen Oberbergmeister einzusetzen, den Gewerken auf eine Anzahl von Jahren den Zehnten zu erlassen, sowie ihnen einen leidlichen Gold- und Silberkauf (d. h. einen leidlichen Preis für das von ihnen gemäfs dem kaiserlichen Vorkaufsrechte an die Kammer einzuliefernde Gold und Silber) zu bewilligen. Im folgenden

---

Brandenburg mit dem Kaiser über die Tarnowitzer Bergwerke (1560 bis 1570); Zeitschr. f. Gesch. u. Altert. Schles. XIV 87 ff.
[1] Der Bergwerksvergleich von 1534 (erneuert 1575) zwischen Ferdinand I. und den böhmischen Ständen hatte für Schlesien keine Geltung.
[2] Wagner, Finanzwissenschaft I⁵ 603 ff.
[3] Ausfuhrverbot für Gold und Silber, d. d. 3. Sept. 1556, Bresl. Stadtarch. H 84 u. a., Einfuhrverbot von nichtböhmischem Alaun und Vitriol, d. d. 25. Okt. 1549, in Fabers Chronik, Ms. der Königl. und Universitätsbibliothek zu Breslau, Steinwehr. I in fol. Nr. 53 (unpaginiert).
[4] Döbner a. a. O. S. 87.
[5] Kgl. Staatsarch. AA. III 23a fol. 71.
[6] Friedensburg, Zeitschrift für Numismatik XVIII 181 f.
[7] Eine Statistik des Bergbaubetriebes in den Erbfürstentümern folgt unten bei der Besprechung der königlichen Bergverwaltung.

Jahre erliefs der Kaiser in der That eine sehr ausführliche Bergordnung für Schlesien[1] nach dem Vorbilde der Joachimsthalischen Bergordnung Ferdinands I. vom Jahre 1558. Ob dieses verstärkte Eingreifen der Krone in den so wichtigen Zweig der Volkswirtschaft von Erfolg gekrönt wurde, läfst sich sehr schwer sagen. In den Rentamtsrechnungen finden sich besondere Einnahmeposten aus den Bergwerkszehnten[2] nach wie vor nicht angeführt; der financielle Ertrag des Bergregals kann demnach, wenn überhaupt ein solcher vorhanden war, nur sehr gering gewesen sein.

Gewinnbringender als das Münz- und Bergwerksregal waren das Zoll- und das Salzregal. Das Zollregal[3], wie Ferdinand I. es geltend zu machen versuchte, knüpfte äufserlich an das mittelalterliche Zollrecht an, ohne doch innerlich mit demselben viel gemein zu haben. Das Zollregal des Mittelalters bezog sich auf die alten thelonea oder passagia, bei denen der gebührenartige Charakter überwog, indem sie für Herstellung und Sicherheit der Strafsen, Flüsse, Brücken, Häfen und Märkte entrichtet wurden[4]. Durch einen Paragraphen des grofsen Landprivilegs von 1498 wurde es dem Könige verboten[5], an irgend welchen Fürsten oder Stand das Recht, neue Zölle zu errichten, ohne Zustimmung des Fürstentages zu erteilen; die Zölle, von denen dabei die Rede ist, sind derartige Geleitsgelder mittelalterlichen Ursprunges[6]. Bald nach seiner Thronbesteigung aber suchte Ferdinand I. ein Zollregal zur Anerkennung zu bringen, welches sich auf wirkliche Zölle bezog, d. h. auf solche Abgaben, welche ihrem finanzwissenschaftlichen Begriffe zufolge als indirekte, also mittelbar und zwar speciell von irgend welchen Verbrauchsgegenständen beim Überschreiten der Landesgrenze, bei Einfuhr und Ausfuhr zu erhebende Steuern sich darstellten. Es ist

---

[1] Gedruckt bei Franz Anton Schmidt, Sammlung der Berggesetze III 336, interpretiert bei Steinbeck, Schlesische Bergwerksgeschichte I 219 ff.
[2] Sehr häufig war der königliche Bergwerkszehnt wenigstens zeitweise den Grundherreu bewilligt, denen die ihnen zustehenden vier Erbkuxe als kein genügendes Äquivalent für ihre Pflicht, den Gewerken das nötige Holz zu liefern, erschienen; so beim Giehrener Zinnbergwerk (Steinbeck S. 243), ferner beim Kropsciffener Gold-, Berg- und Waschwerk (ebd. S. 244).
[3] S. für diesen Abschnitt Kries § 28—31 S. 72 ff. und Arthur Kern, Der neue Grenzzoll in Schlesien, Berl. Diss. 1892.
[4] S. u. a. G. Cohn, System der Nationalökonomie II. Finanzwissenschaft. 325 ff. Stuttgart 1889.
[5] Privileg von 1498, § 20; im Urkundenanhange.
[6] In den Akten des 16. Jahrhunderts finden sich oft noch Petitionen einzelner Stände an den Fürstentag, derselbe möge ihnen, da sie die Strafsen in ihrem Gebiet ausgebessert hätten, die Aufrichtung eines neuen Zolles gestatten, damit sie auf die Kosten der geleisteten Reparatur kämen.

demnach klar, dafs dem Wesen nach der neue Zoll von dem
mittelalterlichen durchaus verschieden war; in Wirklichkeit
erhob also Ferdinand I., als er scheinbar das alte Zollregal
wiederaufnahm, Anspruch auf Abgaben, die diesem ursprünglich durchaus fremd waren, und welche gemäfs ihrem Charakter
als — indirekte — Steuern unter das ständische Bewilligungsrecht fallen mufsten. Wir finden aber nicht, dafs man dem
Unterfangen des Königs, neue Zölle dieser Art einzuführen,
damit entgegengetreten wäre, dafs man die principielle Berechtigung der Krone, auf Grund des angeblichen Zollregals
dem Lande Steuern aufzuerlegen, bestritten hätte; andererseits
aber werden wir hinwiederum finden, dafs der König den
Fürstentag um die Bewilligung von Abgaben ersuchte, die
ihrem Begriffe nach unzweifelhaft ebenfalls Zölle waren, seiner
Ansicht zufolge daher vom ständischen Bewilligungsrechte unabhängig hätten sein müssen. Wir werden diese Widersprüche
nicht anders zu erklären vermögen als durch die Annahme,
dafs der damaligen Zeit die Erkenntnis des Wesens der Zölle
noch abging, sodafs man dieselbe Abgabe einmal als dem Bewilligungsrechte der Stände unterworfen, ein anderes Mal als
unter das Zollregal des Königs fallend ansehen konnte. Allerdings bestritten die Stände auf das energischste das Zollrecht
der Krone; diese Opposition knüpfte aber nicht an ein Verständnis des eigentlichen Charakters der Zölle überhaupt an,
sondern an eine von den Ständen willkürlich aufgestellte Interpretation des Zollparagraphen im Privileg von 1498. Sie behaupteten nämlich, in der Bestimmung, dafs der König Niemandem ohne Genehmigung des Fürstentages die Aufrichtung
neuer Zölle gestatten dürfe, liege es enthalten, dafs auch der
König, wenn er neue Zölle zu seinem eigenen Vorteile ansetzen wolle, an ihre Zustimmung gebunden sei. Ferdinand
widersprach diesen Ausführungen mit der Behauptung, dafs
der König 1498 nur darauf verzichtet habe, einzelnen Fürsten
und Ständen die Errichtung neuer Sonderzölle zu gestatten,
nicht aber auch darauf, nach Belieben einen allgemeinen Zoll
für ganz Schlesien einzuführen. So standen sich Krone und
Stände in ihren Anschauungen schroff gegenüber; von den
jeweiligen Machtumständen hing es ab, wer den Sieg davontragen würde[1].

[1] Nach den obigen Ausführungen sind die Darstellungen von Kries
§ 28 und (des ihm beipflichtenden) Kern (S. 13 f.) zu berichtigen; beide
verkennen den principiellen Unterschied, welcher zwischen den gebührenartigen Partikularzöllen des Privilegs von 1498 und dem Grenzzoll von
1556 obwaltet, der in Wirklichkeit eine indirekte Steuer ist, und lassen sich
dadurch täuschen, dafs beide Abgaben in ihrer historischen Entwicklung
denselben Namen von „Zöllen" führen. Wenn auch in Deutschland
der Sprachgebrauch zwischen ihnen nicht unterschied, so erkannte man
doch z. B. in England die Verschiedenheit beider bezüglich ihrer
Natur und gab daher auch beiden verschiedene Namen, indem man

Schon 1527 dachte der König an die Aufrichtung eines neuen Land- und Wasserzolles auf Grund seiner „regirender volkomtlicher Gewalt." Die Breslauer rieten ihm jedoch, vorderhand noch zu warten, bis ihre Niederlage und ihr Handel wieder emporgekommen seien; dann würden sie schon „trewlichen und undertheniglich verhelfen, das nach derselben handel gelegenheit alsdann uf leidliche und ertregliche zolle aufzurichten gehandelt, darmit die lande nit ubermefsig beschwert, die handel auch nit ganz vorwendet wurden und ir. k. m. gleichwol iren nutz haben möchten"; allerdings beriefen sie sich zugleich schon damals darauf, dafs ein derartiger Zoll „wider die freiheit und privilegien des ganzen landes ist, nach inhalt welcher kein neuer zoll in der schlesien aufgerichtet soll werden[1]." Die Ausführung dieses Planes unterblieb jedoch, da 1527 dem Könige eine dreijährige Schatzungssteuer bewilligt wurde; die staatsrechtliche Seite der Frage blieb daher für Schlesien damals noch unentschieden. Dagegen wird uns von Böhmen berichtet, dafs 1528 der Landtag zu Prag dem Könige auf zwei Jahre einen Zoll von allen Exportartikeln zugestanden habe; hier erscheint also der Zoll von der ständischen Bewilligung abhängig. 1546 forderte der König von den schlesischen Ständen für die Baulichkeiten in den ungarischen Grenzfestungen von jedem Fuder Salz einen Einfuhrzoll von 1 Fl. ung. auf vier Jahre, erhielt aber eine abschlägige Antwort. Man kann diesen Vorgang, dafs der König diesen Salzzoll dem ständischen Bewilligungsrechte unterwarf, nur durch die Annahme erklären, dafs entweder der Charakter des Einfuhrzolles als einer indirekten Steuer hier von der Krone anerkannt wurde, oder dafs Ferdinand damals, die Überlegenheit der ständischen Gewalt und die Unmöglichkeit der Durchführung seines prätendierten Zollregals einsehend, einstweilen Abstand davon nahm, dasselbe geltend zu machen.

Erst die glückliche Beendigung des schmalkaldischen Krieges gab der Krone auch gegenüber den protestantisch gesinnten Ständen Böhmens und dessen Nebenländern ein grofses politisches Übergewicht. Den so über die Stände gewonnenen Vorsprung benutzte Ferdinand, um das von ihm beanspruchte

---

jene alten gebührenartigen Entgelte mit der alten niederdeutschsächsischen Bezeichnung „toll" auch noch weiterhin bis zur Gegenwart belegte, für den Begriff des Einfuhr- und Ausfuhrzolles aber im Sinne des neueren Staatswesens das Wort „custom" gebrauchte; vgl. Cohn a. a. O. S. 327 f. Irrig ist auch die Behauptung von Kries (S. 79), dafs Ferdinand I., indem er 1546 einen Einfuhrzoll auf Salz begehrt und, als die Stände denselben abschlugen, ihr Weigerungsrecht nicht bestritten habe, das ständige Zollprivileg mit Wort und That für gültig anerkannt habe. Es ist dies ein einmaliger, nicht ein genereller Verzicht auf die Ausübung eines Rechtsanspruches.

[1] Bresl. Stadtarch. A. P. I Ms. 162 fol. 40 ff. und fol. 60.

Zollregal endlich zur Durchführung zu bringen. 1549 ordnete er einen Viehzoll an (besonders von dem durch Schlesien getriebenen polnischen Vieh), dessen Erträgnisse aber ungemein gering waren[1]. Ernstlich durchgeführt wurde das Zollregal erst seit 1556. Am 1. Mai 1556 unterzeichnete der König ein neues Zollmandat für Schlesien, welchem in den folgenden Jahren noch mannigfache Ergänzungen hinzugefügt wurden[2]. Der neue schlesische Zoll von 1556 war teils ein Einfuhrzoll, besonders für Luxusgegenstände, Gold, Silber, Sammet und Seidenwaren, teils ein Ausfuhrzoll für gewisse schlesische Landesprodukte wie schlesische Landestücher, Bier, Getreide, Wolle, Metalle, Vieh, Röte, Mühl- und Schleifsteine, teils ein Durchfuhrzoll, zumal für polnische Exportartikel wie Ochsen, Wachs und Honig, desgleichen für fremde Tuche und Weine, teils auch endlich eine Verkaufssteuer für den inneren Verkehr, nämlich für Färberöte; verboten wurde zugleich die Ausfuhr von Kriegsmunition. Wir sehen, dafs der König vermöge seines Zollregales nicht nur das Recht zu selbständiger Auflegung von Zöllen aller Art, sondern auch einer inneren Verbrauchssteuer forderte. Der neue Zoll war lediglich Finanzzoll, ohne dafs prohibitive Tendenzen zunächst wirksam waren. Die Stadt Breslau und die schlesischen Stände protestierten anfangs sehr energisch gegen die neuen Auflagen vermochten aber aufser einigen Ermäfsigungen nichts zu erlangen; sie mufsten schliefslich auch selbst einsehen, dafs die durch den Zoll gewonnenen Einnahmen für die Krone und für das Staatswesen eine Notwendigkeit seien und auf eine andere Weise nicht ersetzt werden könnten. Der Kampf gegen den Zoll verwandelte sich daher jetzt in einen Kampf um den Zoll, indem die Stände darnach trachteten, einen bestimmenden Einflufs auf die Zollgesetzgebung zu erlangen. Es wiederholte sich also hier dasselbe Spiel, wie wir es schon bei der Geschichte der Rechtspflege kennen lernten; auch hier hatte der König gegen den Widerspruch der Stände das Princip eines geordneten Instanzenzuges vermöge des von ihm beanspruchten Appellationsregals verwirklicht; mit der Zeit kamen die Stände zur Einsicht, dafs das Appellationsverfahren für die Entwicklung der Rechtspflege heilsam und notwendig sei, und strebten nunmehr — freilich vergeblich — darnach, der Krone das Appellationsrecht wieder zu entreifsen und an sich zu ziehen. 1579 bewilligte der Fürstentag dem Kaiser eine Verkaufssteuer, die indes in mehreren Fällen nur dann

---

[1] Vgl. Kries S. 73 Anm. 1. Im Viehzollamte zu Schwiebus fielen vom 28. Sept. 1549 bis zum 14. Febr. 1555: 50 fl., 26 gr., 3 Heller; in dem Grünbergischen in derselben Zeit: 19 fl., 5 gr. (Nach der Vitztumsrechnung d. a. 1555, Kgl. Staatsarch. Bresl. AA. VI 1c fol. 39.)
[2] Das Folgende vornehmlich nach den citierten Schriften von Kries und Kern.

erhoben werden sollte, wenn die Waren aus dem Lande gingen, die also in diesen Fällen weniger eine Verkaufssteuer als vielmehr ein Ausfuhrzoll war, — ein neuer Beweis dafür, wie sehr die Grenze zwischen Zoll und Steuer schwankte. Aufs neue entbrannte der Kampf zwischen Krone und Ständen über den Zoll, als 1600 Rudolf II. ein Reformationsedikt erliefs, welches bedeutende Tariferhöhungen festsetzte, den bisherigen Stückzoll vielfach in einen Wertzoll verwandelte und die bislang in Kraft gewesene Zollfreiheit des Adels aufhob. Sofort wurde gegen das Mandat ein heftiger Widerspruch seitens der Stände und der Kaufleute laut; damit verband sich der Gegensatz zwischen den Interessen der agrarischen und denen der handeltreibenden Kreise. Als nämlich der Kaiser die Kaufleute, welche über die Erhöhungen der Zollsätze sich beschwerten, dadurch zu beruhigen suchte, dafs er für den Handelsverkehr der fremden Kaufleute — nahm doch in ganz Deutschland gegen Ende des 16. Jahrhunderts der Handel dadurch ein ganz anderes Ansehen an, dafs die Schotten, Engländer und Niederländer zum Einkaufe deutscher Waren eigene Vertreter in das Innere Deutschlands schickten und die deutschen Händler bei Seite schoben, ein Vorgang, der auch in Schlesien, wo die fremden Faktoren besonders Färberöte, Wachs, Wolle, Garn und Leinwand aufkauften, sich bemerkbar machte, — zwei- bis dreifach höhere Zollsätze einführte, entstand in den landwirtschaftlichen Kreisen eine starke Erbitterung. Die Stände sprachen sich offen für Handelsfreiheit aus und erklärten, dafs der Kaiser durch die Unterdrückung der ausländischen Handelskonkurrenz den Landmann vollständig dem einheimischen Kaufmanne preisgebe, welcher jetzt die Preise für den agrarischen Producenten nach Belieben herabdrücken werde; zugleich forderten sie im Jahr 1604, „dafs dem Lande zu mehrerer beschwer aufser dem alten kö. grenzzoll kein anderer ohne des landes vorwissen sollte aufgerichtet werden", d. h. Mitwirkung des Fürstentages bei jeder neuen Zollgesetzgebung, also Aufhebung des königlichen Zollregals. 1611 wiederholten sie dieses Ausuchen, dafs „hinfürder keine erhöhung alter zolle ohne Bewilligung unser vermöge des Landes privileg" stattfinden solle. Über ein Jahrzehnt währte der Streit; das Zollmandat des Jahres 1613 gewährte zwar dem Fürstentage keinen Einflufs auf die Zollgesetzgebung, trug aber den Wünschen der ständisch-agrarischen Interessensphäre vollkommene Rechnung. Alle Mafsregeln gegen die fremden Kaufleute wurden aufgehoben, der Wertzoll wieder abgeschafft, die Tarife durchaus ermäfsigt. Ihren Höhepunkt erreichten die Macht und die Aspirationen der Stände nach dem Sturze der Habsburger, während der kurzen Regierung des Winterkönigs, der ja um die Gunst derer buhlen mufste, denen er seine Krone verdankte. Im Jahre 1619 forderte der Fürsten-

tag nicht mehr und nicht weniger, als dafs alle Einnahmen
und Ausgaben der Kammer „ihren Respekt" auf die Stände
haben, dafs in dem Interesse der Letzteren alle „Zölle, Bier-
und Ausfuhrgroschen" verwandt werden sollten, d. h. die Vernichtung des bisherigen staatsrechtlichen Dualismus auf dem
Gebiete des Finanzwesens zu Gunsten der Stände. Die Schlacht
am weifsen Berge bereitete den kühnen Hoffnungen ein jähes
Ende; das Zollregal der Krone blieb von nun an unangetastet;
durch die Edikte von 1623, 1624 und 1638 wurden die Gegenstände des Zolles vermehrt, die Tarife erhöht und der
einheimische Kaufmannsstand insofern bevorzugt, als der Ausfuhrzoll für fremde Händler verdoppelt, für die Juden verdreifacht wurde. Alle Reklamationen dagegen blieben nutzlos;
das Mandat von 1638 blieb bestehen ohne irgend welche
wesentliche Abänderung bis zum Jahre 1718, in welchem eine
neue Ära der Zollpolitik für Schlesien begann, insofern als
dem damals erlassenen neuen Edikte die Absicht zu Grunde
lag, die Einfuhr von Rohstoffen sowie die Ausfuhr von Manu-
fakturen zu erleichtern und so nicht nur wie seit dem Anfange
des 17. Jahrhunderts den einheimischen Handel, sondern auch
den inländischen Gewerbefleifs zu befördern. Ihren Höhepunkt
erreichte diese Politik freilich erst zu einer Zeit, da an die
Stelle der habsburgischen bereits die preufsische Herrschaft
getreten war[1].

Eng verwandt mit dem Zollregal war das Salzregal;
das Salzregal aber, wie es die habsburgischen Herrscher seit
dem 16. Jahrhundest aufnahmen, war verschieden von dem
piastischen Salzregal des Mittelalters. Schon in der polnischen
Zeit war der Salzverkauf ein landesherrliches Vorrecht, welches
bedeutende Summen abwarf und von den Herzögen späterhin

---

[1] Zum Schlusse noch einige statistische Angaben über die Erträgnisse des Zolles: 1558 beliefen sich die Einnahmen aus demselben auf
25500, 1560 auf 37200 (Kries, Beilage H). 1570 gab der König den
finanziellen Ertrag des neuen Grenzzolles auf über 40000 fl. (zu 60 kr.)
an. Nach den Rechnungsakten in AA. I 78d des Kgl. Staatsarch.
Bresl. betrug die Bruttoeinnahme des Jahres 1573: c. 36900, 1574:
37000, 1576: 41000 fl. Davon sind abzurechnen für die reine Einnahme
c. 5000 fl. (ebenfalls à 60 kr.) an Unkosten der Erhebung. Das Sinken
des Reinertrages von 40000 fl. im Jahre 1570 bis auf c. 32000 fl. im
Jahre 1573 dürfte eine Folge des Umstandes sein, dafs inzwischen 1572
die Lausitzen von der schlesischen Zollverwaltung abgezweigt worden
waren. Die Reineinnahme des Oberzollamtes, in welches die kleinere
Hälfte sämmtlicher Zolleinnahmen fiel, belief 1584 auf 17100 fl.,
1585 auf 19700 fl., 1587 auf 17600, 1590 auf 20400, 1593 auf 24900 fl.
Noch höher stieg die Reineinnahme des gesamten Zolles im Anfange
des 17. Jahrhunderts unter dem Einflusse der damals vorgenommenen
Tariferhöhungen; sie betrug im Durchschnitte in den Jahren 1608 bis
1610: 56800 fl. (Die Verwaltungsunkosten hatten eine Höhe von nur
4500 fl.) 1622 belief sich die Reineinnahme auf 106000 fl. (die Verwaltungsunkosten auf 11—12000 fl.), 1650 auf 86300 fl. (Kries, Beilage G und H.)

sehr häufig an die Städte abgetreten oder verkauft wurde[1]. Da in Schlesien selbst kein Salz gefunden wurde, so mufste es von auswärts eingeführt werden; hauptsächlich wurde konsumiert Salz aus Wieliczka und aus Halle, späterhin auch Lüneburgisches Salz[2]. Teils die politischen Verhältnisse, teils auch die Unsicherheit der Strafsen, sowie der Rückgang der Production in Halle und der Verfall der Salzbetriebe sowohl zu Halle[3] als auch bei Krakau[4] riefen grofse Störungen in der Salzversorgung Schlesiens und oft eine förmliche Salznot in Schlesien oder doch den einzelnen Teilen des Landes hervor; die Folge davon waren ungemessene Preissteigerungen, welche besonders von den privaten Händlern ausgingen, denen die Zufuhr des Salzes von den Produktionsstätten bis zu den einzelnen schlesischen Salzmärkten überlassen war[5]. Ein Eingreifen der Staatsgewalt schon aus volkswirtschaftlichen Gründen, wie wir es seit dem Anfange der Neuzeit allenthalben finden, war daher auch auf diesem Felde geboten, und die Krone verstand sich dazu um so eher, da sie so hoffen konnte, wenn sie kraft des von ihr prätendierten Salzregals jene privaten Händler verdrängte, einen namhaften Gewinn zu erlangen. Die eigentümliche Form des königlichen Salzregals im 16. Jahrhunderte bestand daher in dem ausschliefslichen Vorrechte der Krone, zwar nicht alles Salz, aber doch eine gewisse Sorte des Salzes, nämlich das sogenannte Boisalz, aus dem Auslande nach Schlesien herbeizuschaffen und alsdann den an den lokalen Verkaufsstätten zum Salzmarkte berechtigten Fürsten oder Städten zu verkaufen; es verdrängte daher das alte Salzregal der Fürsten und der Städte, welche dasselbe erworben hatten, keineswegs, sondern monopolisierte nur einen Teil der Salzzufuhr zu Gunsten der Krone.

Das Boisalz, dessen Zufuhr und Versiedung der König zu seinem ausschliefslichen Vorrechte zu erheben suchte, stammte von der Küste von Poitou und anderen Küsten der südeuropäischen Länder; seit der zweiten Hälfte des Mittelalters war der Transport des Baiensalzes der Hauptzweck der

---

[1] S. Tzschoppe-Stenzel S. 198 und 258.
[2] Vgl. Konrad Wutke, „Die Versorgung Schlesiens mit Salz während des Mittelalters" in der Zeitschr. für Gesch. und Altertum Schles. XXVII 238—290. Breslau 1893.
[3] Ebd. S. 284 f.
[4] Ebd. S. 282 f.
[5] „... do doch die anfuhr des salzes menicklichen frey und offen stehet." (Aus den Gravamina der schlesischen Stände auf dem Fürstentage d. 8. Januar 1562, Bresl. Stadtarch. A. P. IV fol. 256—272.) Über die Preistreibungen der Händler läfst sich aus ein Passus in der Antwort des Königs auf diese Gravamina (ebd. fol. 302—304; d d. 16. Febr. 1562), dafs das Vaterland „durch die polnischen sechsischen und ander salzfuhrer und handler ires gefallens gesteygert und ubersetzt werde."

„Baienfahrt", d. h. der hanseatischen Schifffahrt nach Baie, einem kleinen südfranzösischen Hafen in der Gegend von Nantes, einem damals sehr bedeutenden Handelsplatze[1]. Im 16. Jahrhunderte teilte sich das Boisalz mit dem Lüneburger Salze in die Versorgung des ganzen den Küsten nabegelegenen Gebietes von Westfalen und Niedersachsen bis Schlesien[2]. Nach diesem letztgenannten Lande wurde es von Stettin her auf der Oder, von Hamburg her auf der Elbe heraufgeschifft und im Lande selbst gesotten[3]. Bisher hatte dieser Boisalzhandel von Stettin und Hamburg bis Schlesien in den Händen privater Unternehmer gelegen[4]. Seit der Mitte des 16. Jahrhunderts richtete die schlesische Kammer ihr besonderes Augenmerk auf das Boisalz; sie gab ihm aus volkswirtschaftlichen und politischen Gründen den Vorzug vor allem anderen Salze, da es einmal billiger sei, da ferner durch den Transport desselben die Schifffahrt auf der Oder befördert und ein Schlag gegen Polen und Sachsen geführt würde[5]; zugleich aber führte sie Klage darüber, dafs die augenblicklichen Unternehmer den Handel nicht ordentlich betrieben und nicht für die nötigen Vorräte sorgten, „dardurch willen sy das land der noturft nach nicht versehen muchten[6]." Bald kamen dunkele Gerüchte von einer bevorstehenden fiskalischen Mafsregel hinsichtlich des Salzhandels den Ständen zu Gehör. Sofort erliefsen sie auf dem Fürstentage im Januar des Jahres 1562 einen geharnischten Protest gegen die Absichten des Kaisers; sie führten in einer Beschwerde[7] aus, sie hätten „glaubwirdigen Bericht entpfangen, wasmassen über die anderen dieses armen vaterlandes hoch angelegene beschwer etzliche privatpersonen bei ihrer R. K. M. sich umb den salzorbar und vorlag, damit ihnen in diesem land Schlesien

[1] S. Th. Hirsch, Danzigs Handels- und Gewerbegeschichte im Mittelalter S. 92.
[2] S. G Schmoller, Studien über die wirtschaftliche Politik Friedrichs des Grofsen, Jahrb. für Gesetzgebung u. s. w. N. F. XI Heft 3 und 4 S. 100 f. Leipzig 1887.
[3] Salzsiedereien von Kaufleuten befanden sich hauptsächlich in der Stadt Breslau (Bresl. Stadtarch. A. P. a. a. O.), ferner in Glogau und Sanbor (Niederschlesien); Bericht der Kammer an den Kaiser, d. d. Breslau, 17. April 1560, Kgl. Staatsarch. Bresl. A. A. III 23a fol. 164.
[4] Mehrfach versuchten verschiedene Handelsgesellschaften mit Hülfe kaiserlicher Privilegien die Zufuhr des Boisalzes zu besorgen, ohne jedoch wegen der Unzulänglichkeit ihrer Mittel und wegen der Schwierigkeiten der Schiffahrt auf der Oder Erfolge zu erzielen. Als erster „Anzeiger und Erfinder" des Boisalzhandels wird ein gewisser Anton Schmidt aus Danzig mit seiner Gesellschaft genannt.
[5] d. d. 14. Dez. 1558; Kgl. Staatsarch. Bresl. AA. III 23a. Was den Preis des Salzes anbelangt, so erfahren wir, dafs das Viertel polnischen Salzes 10 bis 12 gr. kostete, während die gleiche Quantität Boisalzes 6 w. gr. galt. Ebd. fol. 30 ff.
[6] Ebd. fol. 164.
[7] Bresl. Stadtarch. A. P. IV, d. d. 11. Januar 1562 fol. 273—280.

derselbe allein zuestehen möcht, hoechlichen bemuhen solten."
Sie fürchteten, dafs der Kaiser einigen grofsen Unternehmern
natürlich gegen die entsprechenden Abgaben an seine Kasse
ein Monopol für den Salzhandel bewilligen wolle, und wiesen
darauf hin, dafs dann das Land ungemein beschwert und
seitens der Polen Repressalien zu erwarten seien, dafs schon
jetzt, da noch für den Salzhandel freie Konkurrenz herrsche,
die Salzpreise eine ungewöhnliche Höhe erreicht hätten, dafs
endlich betreffs des Salzmarktes schon jetzt eine Reihe von
Privilegien bestünde. Der König antwortete[1], dafs den mit
dem Salzmarkte privilegierten Fürsten nnd Ständen durch
seine Pläne kein Nachteil zugefügt werden sollte: „Und op
sie gleich über Salz margte einiche begnadung hetten, so kan
doch dieser handel und irer k. m. vorhaben denselben zu
keinem schaden ader nachtail geraichen, weil inen der gestalt
einen weg als den anderen ire ausgesatzte salz margte sambt
dome, so sy bisher davon gehabt, unbenomen bleibt." Er
beabsichtige auch gar nicht, so fuhr er fort, dem Lande das
Salz zu verteuern, sondern vielmehr „solchen salzhandel irer
k. m. und derselben lande zum pesten und wolfart als der
hoen koniglichen und landsfurstlichen regalien eines zu iren
handen und camer zu bringen und darinne zu behalten und
gar nicht andern kauf- oder handelsleuten, wye vielleicht die
Fursten und stende bericht worden seyn mochten, zu bekommen zu lassen, sonder dasselbe wider aus derselben
salzkammer iren underthanen in eynem rechtlichen und
gebührlichen kauf geben zu lassen, dardurch dem vaterlant,
das durch dye polnischen sechsischen und ander salzfuhrer
und handler ires gefallens gesteygert und ubersetzt, nicht
allain ersprislich geholfen sonder auch gemeinem man zu gute
durch den wolfeylen kauf in ein ansehnliche sum gelds, dye
sonst in andere lant vorfurt, darin erhalten wirde"; auf keinen
Fall werde er sich in seine „sondere hohe und fast furnembste
konigliche und landesfurstliche hocheiten und regalia greiffen
lassen". Diesen Ankündigungen folgte die That auf dem
Fufse; einige Monate später[2] zeigte die Schlesische Kammer
dem Bischofe und Oberhauptmann Kaspar an, dafs der Kaiser
„den salz handel mit den boyen oder seesalz, so uber see
gebracht, als ein rechts landsfurstlichs regali an sich genommen" und drei Salzsiedewerke, eines zu Breslau, eines im
Glogauischen und das letzte zu Oppeln, errichten wolle[3].
Die Organisation des neuen Salzhandels und ihre Entwicklung

---

[1] d. d. Prag. 11. Febr. 1562; ebd. fol. 302—304.
[2] d. d. 11. Juli 1562; Kgl. Staatsarch. Bresl. AA. III 6d S. 95.
[3] Angelegt wurden schliefslich zwei Siedewerke, eines zu Guben
in der Lausitz, das zweite bei den Dörfern Moderitz und Kasser im
Glogauischen; aus dem letzteren entwickelte sich später die Stadt
Neusalz.

werden wir später noch des näheren kennen lernen; hier sei nur noch einmal ausdrücklich bemerkt, dafs sich das auf diese Weise proklamierte Monopol nur auf das Boisalz bezog[1]. Wegen der Niederlagsprivilegien der Städte Stettin und Frankfurt bedurfte es erst längerer Verhandlungen mit den brandenburgischen und pommerschen Fürsten, ehe die Oderschiffahrt für den Salzhandel freigegeben wurde. Seit den siebziger Jahren des 16. Jahrhunderts wurde das Boisalz in Hamburg angekauft, und zu diesem Zwecke wurden Abschlüsse auf längere Zeit mit einigen Hamburger Handelshäusern gemacht. Mit dem Zollregal hatte das Salzregal gemein, dafs es einen immerhin nicht ganz unbeträchtlichen Gewinn abwarf[2]; mit dem Münz- und dem Bergregale zeichnete es sich dadurch aus, dafs bei ihnen der König von vornherein nicht lediglich auf fiskalischen Nutzen, sondern auch auf die Förderung der volkswirtschaftlichen Interessen des Landes sah; so knüpften sich an die Finanzpolitik jener Zeiten die ersten Anfänge einer bewufsten Volkswirtschaftspflege.

b. Aufserordentliche Einnahmen.

Auf dem Domanium und den Regalien beruhte vornehmlich das königliche Finanzwesen; aus ihnen flossen die Haupteinnahmen des Ärars. Da aber die Domänen nicht selbst bewirtschaftet wurden, die Regalien ferner teilweise — so das Berg- und Münzregal — einen nennenswerten Gewinn überhaupt nicht abwarfen, oder doch, wie das Zoll- und das Salzregal, erst seit der zweiten Hälfte des 16. Jahrhunderts aufgenommen und nutzbar gemacht wurden, so kam neben dem ordentlichen, d. h. seiner Natur nach einer regelmäfsigen Wiederholung von Periode zu Periode fähigen Einkommen des Königs[3] auch

---

[1] Vgl. über ähnliche Verhältnisse in Brandenburg im 16. Jahrh. Schmoller in seinem Jahrb. N. F. XI 101.
[2] Allerdings sind wir über den financiellen Ertrag des Salzregals nicht zum Besten unterrichtet; 1570 betrug die in das Rentamt abgelieferte Reineinnahme aus dem Salzregale c. 9700 fl. In den Rentamtsrechnungen späterer Jahre sind die Einnahmen aus dem Salzregal nicht mehr besonders aufgeführt, sondern in den Rent- und Amtsgefällen enthalten; dieselben betrugen 1587: 10 500 fl., 1608: 13 800 fl. Da von diesen Summen ungefähr 2000 fl. auf die Oppelner Amtsgefälle zu rechnen sind, so dürfte die Einnahme aus dem Salzregal 1587 c. 8000 fl., 1608 c. 11 000 fl. betragen haben; der Ertrag scheint also ziemlich konstant gewesen zu sein und sich im Durchschnitte jährlich auf 9—10000 fl. belaufen zu haben. Den aus dem Jahre 1569 „verbliebenen Rest an baarem Gelde und Guthaben" als den Reinertrag des Jahres 1569 aufzufassen, wie Branisch (Gesch. von Neusalz a. O. 1893 S. 11) thut, ist unzulässig.
[3] Wagner, Finanzwissenschaft I² 144. Von gewissen anderen Einnahmen wie Konfiskationen und Sporteln — speciell beim Gerichtswesen (beim Prager Appellationshof; die Sporteln der Gerichte in den Erbfürstentümern gehörten zum Domanium) und beim Lehnswesen — sehen wir

noch das aufserordentliche, auf Veräuſserungen des Staatseigentums und Benutzung des Staatskredits basierende Einkommen sehr in Betracht[1]. Von den Veräufserungen der königlichen Domänen war schon früher die Rede; besonders massenhaft traten sie auf, wie wir sahen, um die Wende des 16. zum 17. Jahrhundert und brachten damals dem Fiskus sehr erhebliche einmalige Einnahmen[2]. Das Staatsschuldenwesen befand sich damals noch auf jener primitiven Stufe der Entwicklung, auf welcher der öffentliche Kredit mit dem privaten Kredit des Herrschers zusammenfiel, die Staatsschuld als Privatschuld des Landesherrn — entsprechend dem Umstande, daſs ja das gesamte Ärar im Privateigentume der Krone stand, — sich darstellte[3]. Von einem speciell schlesischen Schuldenwesen der Krone darf man freilich nur insofern sprechen, als die Verwaltung des schlesischen Ärars vom Könige mit der regelmäfsigen Deckung gewisser Ausgaben und mit der Tilgung bestimmter Schulden betraut war; die oberste Leitung der gesamten königlichen Kreditpolitik stand der Wiener Hofkammer zu, während die königlichen Finanzbehörden der einzelnen Länder nur einer beschränkten Selbständigkeit innerhalb des Rahmens der ihnen von der Centralstelle überwiesenen Aufgaben sich erfreuten.

Bezeichnend nun für das gesamte Schuldenwesen der damaligen Zeit war es, daſs eine regelmäſsige Deckung des ordentlichen Finanzbedarfes durch die ordentlichen Einnahmen nicht stattfand. Es lag dies zum groſsen Teil daran, daſs ordentliche Einnahmen des Ärars lange Zeit gar nicht existierten, daſs fernerhin die auf ständischer Bewilligung beruhenden ordentlichen Einkünfte, die Landessteuern, viel zu unregelmäſsig einliefen, als daſs eine feste Finanzpolitik auf sie sich hätte gründen können. Es war daher geboten, die ordentlichen Einnahmen zu „anticipieren", d. h. ein Darlehn aufzunehmen und für dessen Tilgung diejenige ordentliche Einnahme zu bestimmen, aus der die Leistung der betreffenden Ausgabe eigentlich hätte geschehen müssen. In noch höherem Grade muſste diese Schuldenwirtschaft eintreten, wenn ausserordentliche Bedürfnisse gedeckt werden muſsten. Wenn aber die königliche Finanzverwaltung nicht zufällig in der Lage war, dem Gläubiger zu seiner Sicherheit ein Faustpfand in Gestalt

---

hier ab teils ihrer Geringfügigkeit halber, teils weil sie bei der mangelhaften Durchführung des Principes der fiskalischen Kasseneinheit mit der eigentlichen Finanzverwaltung in keiner direkten Beziehung standen.
[1] In den Rechnungsbüchern der ersten Hälfte des 16. Jahrh. finden sich überhaupt keine ordentlichen Einnahmen des Ärars.
[2] 1587 wurden aus dem Verkaufe von Pfandschillingen 12 000 fl. gelöst. Die hauptsächlichsten Veräufserungen und die aus ihnen sich ergebenden Einnahmen sind oben S. 266 Anm 1 angeführt.
[3] L. von Stein, Finanzwissenschaft III 2 S. 16. Cohn, Finanzwissenschaft S. 670 ff.

irgendwelcher Bestandteile des Krondomanium einzuräumen, so vermochte sie Darlehen zum gröfsten Teile nur auf sehr kurze Fristen zu erhalten. Man mufs daher zwei Arten der Kronschuld in den ersten Zeiten der habsburgischen Herrschaft unterscheiden: einmal solche Darlehen, bei denen dem Gläubiger ein Faustpfand (Burglehen oder Pfandschilling) gegeben war, die auf längere Zeit berechnet waren und demnach gewissermafsen als die „fundierte Schuld" jener Zeit aufzufassen sind [1]; ihnen stand gegenüber die grofse Masse der übrigen Anlehen, die auf kurze Fälligkeitstermine kontrahiert waren und sich daher als die „schwebende Schuld" jener Zeit darstellen. Nach und nach aber befestigten sich die Kreditverhältnisse; neben das Faustpfand traten als annähernd gleichwertig für den Gläubiger die blofse rechtliche Sicherstellung und die Bürgschaft, und so verlor die schwebende Schuld immer mehr an Terrain zu Gunsten der fundierten Schuld. Mindestens seit dem Anfange des 17. Jahrhunderts unterschied die Finanztechnik der schlesischen Kammer selbst zwei Hauptarten der Staatsschuld, — Schulden im engeren Sinne, Anlehen oder Posten einerseits und Verweisungen andererseits [2]; im wesentlichen fällt diese Unterscheidung zusammen mit der zwischen fundierter und schwebender Schuld.

Unter Schulden im engeren Sinne wurden nämlich solche verstanden, bei denen man entweder eine längere Dauer des Verhältnisses durch ein ausdrückliches Übereinkommen mit dem Gläubiger vereinbarte oder stillschweigend voraussetzte. Diese fundierte Schuld wurde zunächst eingeteilt in eine unverzinsbare und eine verzinsliche. Freilich gab es eine unverzinsliche fundierte Schuld nur scheinbar; zu ihr gehörten eben diejenigen Anleihen, bei denen der Gläubiger ein Faustpfand in Gestalt irgendwelcher Schlösser des Domanium oder anderer Liegenschaften erhalten hatte. Es liegt nun auf der Hand, dafs die Unverzinsbarkeit von Anleihen dieser Art (Pfandschillingen und Burglehen) nur eine scheinbare war, da man zwar direkt keine Interessen auszuzahlen brauchte, aber andererseits ja doch die Nutzungen der betreffenden als Faustpfand gegebenen Domänen nicht in das königliche Ärar flossen, sondern von dem Pfandinhaber behufs Verzinsung oder Verzinsung und Tilgung seines Darlehns erhoben wurden. Seit den grofsen Domänenveräufserungen vor und nach 1600, von denen wir oben schon sprachen, war die Zahl der schlesischen Pfandschaften, d. h. der Betrag der angeblich unverzinsbaren

---

[1] Cohn, Finanzwissenschaft S. 758.
[2] S. das Aktenstück „Schlesischer Cammer schulden last, wie derselbe mit end decembris anno 1619 beschaffen," Kgl Staatsarch. Bresl. AA. VI 41o fol. 1—329.

fundierten Schuld, sehr gesunken; 1619 belief sich die letztere auf c. 163400 fl.[1]. Die verzinsbare fundierte Schuld unterschied man hinwiederum darnach, ob dem Gläubiger aufser der Obligationsurkunde noch eine anderweitige rechtliche Sicherstellung zuteil wurde oder nicht; die Anleihen „mit Sicherheit" sodann zerfielen in solche, welche auf Güter — nicht nur auf königliche, sondern auch auf geistliche oder städtische — oder Ämter versichert waren, sodafs der Gläubiger befugt war, sowohl an diesen als auch an den aus ihnen fliefsenden Gefällen für Kapital und Interessen sich eventuell schadlos zu halten[2]. und solche, welche verbürgt waren, bei denen entweder Einzelpersonen oder Korporationen, wie Städte, Klöster und Stände, die Haftung für die Zahlung von Kapital und Zinsen übernommen hatten[3]. Besonders häufig mufsten die Beamten der schlesischen Kammer, der Präsident, die Räte und der Rentmeister, solche Bürgschaften leisten[4]; diese Bürgschaften erstreckten sich aber nicht nur auf die eigentlichen Bürgen selbst, sondern auch auf deren Erben und Erbnehmer; dafür erhielten die Bürgen vom Kaiser einen Schadloshaltungsbrief nicht nur für sich, sondern auch für ihre Erben, dafs alles, was sie etwa infolge ihrer Mitverschreibungen aufbringen mufsten, ihnen vom Kaiser wiedererstattet werden solle[5]. Ein Zustand, in dem lediglich die Verpflichtung des Staates und die verfügbare financielle Kraft desselben als die einzigen — jegliches Unterpfand ersetzenden — Bürgschaften gegolten, in dem das Vertrauen auf die Festigkeit des Staatswesens dem Kreditgeber genügt hätte, existierte noch nicht. Zwar

---

[1] Es gab 1619 noch folgende Pfandgüter: die Commenda Corporis Christi, dem Rate von Breslau ursprünglich um 4000 fl. ung. verschrieben, später auf 41500 fl. rh. gesteigert; Schlofs uud Hauptmannschaft Schwiebus, 1506 für 1717 fl. ung. an Hans von Nostitz verpfändet, später bis 19000 fl. rh. gesteigert; das Burgleben Namslau (39500 fl. Rh.) Schlofs Freistadt (9600 fl. rh.), Schlofs Sprottau (2400 fl. rh.), Schlofs Neudeck mit Stadt Beuthen, 1477 an Jan von Zierotin um 8000 fl. ung. versetzt, später an die brandenburgischen Markgrafen übergegangen und bis 52000 fl. gesteigert. Bei allen diesen Pfandschillingen mufste die ganze Pfandsumme erlegt werden, wenn sie ausgelöst werden sollten: ebd. fol. 113—128.

[2] Die Höhe derselben betrug 1619 c. 147000 fl. rh.: ebd. fol. 84—108.

[3] Die verbürgte Schuld (mit Ausnahme der von den Kammerpersonen übernommenen Bürgschaften) belief sich 1619 auf c. 640000 fl. rh., ebd. fol. 1—84.

[4] Schon 1566 klagt die Kammer, dafs sie Geld an verschiedenen Orten nur gegen Verschreibungen „für aigene schuld bey verpfendung aller unserer hab und gueter trawen und glaubens" habe aufbringen können. (Ebd. AA. III 23d fol. 60), und 1576 bittet der Präsident, ihn mit der Übernahme weiterer Bürgschaften verschonen zu wollen (ebd. AA. III 23k fol. 165b). S. auch ebd. AA. III 23h fol. 198. 1619 betrug die Summe, für welche sich die Beamten der Kammer hatten verbürgen müssen, 130600 fl.: ebd. AA. VI 41o fol. 108—113.

[5] Ebd. AA. III 23d fol. 60.

finden wir auch schon fundierte Schulden und zwar sogar in ziemlicher Höhe[1], bei denen der Gläubiger keine „Sicherheit" erhielt; das Motiv des Kreditgebers ist aber hier nicht lediglich durch das Vertrauen auf die Kreditwürdigkeit des Staates gegeben. Als Gläubiger bei Schulden dieser Art treten nämlich auf entweder gewisse Korporationen wie die Städte oder die geistlichen Institute, — welche sich von der Krone eine politische Bevormundung oder auch sogar eine starke Beschränkung ihrer Eigentumsbefugnisse gefallen lassen mufsten, sodafs bei diesen von Freiwilligkeit als Motiv keine Rede sein kann —, oder Privatpersonen, welche irgend ein Amt, ein Privileg oder sonst Förderung ihrer Interessen, so besonders Eingreifen des Kaisers in einen von ihnen geführten Procefs behufs beschleunigter Beendigung desselben, erreichen wollten; zu der letztgenannten Kategorie gehörten auch solche Darlehen, welche von den beim Kassenwesen beschäftigten Beamten als Kautionen hinterlegt werden mufsten. In allen diesen Fällen zeigt sich recht deutlich der dem Staatsschuldenwesen jener Epoche noch anhaftende private Charakter. Die sonst — besonders in Italien, Frankreich und den Niederlanden — übliche Form der Staatsschuld, die Rentenschuld (die montes), ist in Schlesien nicht zur Anwendung gelangt[2].

War bei der fundierten Schuld der Unterschied zwischen verzinsbarer und nicht verzinsbarer Schuld nur ein scheinbarer, so war die Sachlage eine andere hinsichtlich der „Verweisungen", d. h. der schwebenden Schuld. Diese letztere setzte sich zusammen aus den Anticipationen, welche man machen mufste, wenn ordentliche Ausgaben fällig waren, ohne dafs bereits die zu ihrer Deckung bestimmten ordentlichen Einnahmen eingelaufen waren, ferner aus Darlehen, die auf kurze Fälligkeitsfristen zur Bestreitung aufserordentlicher Ausgaben kontrahiert wurden, endlich aus Bewilligungen und Gnadengaben aller Art. Für alle Schulden dieser Art war eine baldige Tilgung in Aussicht genommen; daher wurden sie „verwiesen" auf irgend welche demnächst in Aussicht stehenden Einnahmen des Årars, mit deren Hülfe sie abgestofsen werden sollten. Diese schwebende Schuld zerfiel in eine verzinsbare und in eine unverzinsliche; zu der zweiten Art gehörten besonders die Bewilligungen und Gnadengaben, bei denen es selbstverständlich war, dafs der Empfänger so lange warten mufste, bis der augenblickliche Zustand des königlichen Finanzwesens ihre Realisierung gestattete; oft dauerte dies freilich so lange,

[1] Ebd. AA. VI 41o fol. 128—161: c. 110 000 fl. rh.
[2] Aufser den besprochenen Kategorieen der fundierten Schuld findet sich ganz vereinzelt nur noch ein Posten wiederkäuflicher Zinse von jährlich 185 fl., denen ein Kapital von 5255 fl. zu Grunde lag (ebd. S. 161—167). Die Gesamtsumme der fundierten Schuld des schlesischen Årars betrug 1619 c. 1 205 000 fl. rh.

dafs der Kaiser, um den Berechtigten zu trösten, ihm entweder von Anfang an oder nach einiger Wartezeit eine Verzinsung seines Guthabens zugestand. Je nach den Einnahmequellen, aus welchen sie gezahlt werden sollten, gab es Verweisungen auf den „Vorbehalt nacher Hof", d. h. auf diejenigen Gefälle des schlesischen Ärars, welche ständig für das Hofzahlamt reserviert waren, auf Steuern, auf Erbfälle (in denen der Fiskus beim Mangel rechtmäfsiger Erben succedierte), auf Darlehen (d. h. auf fundierte Schuld; es handelte sich hier also um geplante Konversionen schwebender in fundierte Schuld) und besonders auf das Salzamt[1]. Als besondere Kategorieen der schwebenden Schuld wurden aufserdem noch betrachtet die auf das schlesische Ärar verwiesenen Provisionen (d. h. Pensionen im heutigen Sinne, Ruhegehälter) und Pensionen (d. h. aufserordentliche Jahresgelder neben dem ordentlichen Gehalte)[2].

Nicht nur bezüglich der Leihfrist, sondern auch hinsichtlich des Zinsfufses und der übrigen Darlehnsbedingungen läfst sich eine fortschreitende Entwicklung des Staatsschuldenwesens in der von uns behandelten Periode erkennen. Um die Mitte des 16. Jahrhunderts schaffte Ferdinand I. zunächst den bisher geübten Brauch ab, dafs die Darleiher von der königlichen Finanzverwaltung Geschenke, so an Kleidern, Schmuckgegenständen usw., erhielten[3]. Immerhin war aber der Zinsfufs um diese Zeit noch ein sehr hoher; er variierte zwischen 6 % und 10 %, und zwar in der Weise, dafs meist, wenn auch anscheinend ein niederer Zinsfufs (6 %) festgesetzt war, dem Gläubiger doch noch aufserdem ein jährliches Gnadengeld bewilligt wurde, welches in Wirklichkeit nichts anderes als eben eine Erhöhung des Zinsfufses bis 8 % oder 10 % bedeutete[4]. Oft kam es auch vor, dafs alsbald bei Erlegung des Geldes die jährlichen Zinsen ganz oder teilweise vorweg

---

[1] Die Gesamtsumme der verzinsbaren schwebenden Schuld belief sich 1619 auf 182 000 fl., der unverzinslichen auf 312 000 fl. Ebd. fol. 167—318.

[2] 1619 waren jährlich an solchen Provisionen und Pensionen zu zahlen 2950 fl. (Ebd. fol. 318—329.) Doch betrug in demselben Jahre die Summe der rückständigen Provisionen und Pensionen eine ungefähr dreimal so hohe Summe (nämlich c. 8670 fl.) Diese rückständigen Gehälter, sowie die verfallenen Zinsen der verzinslichen fundierten und unfundierten Schuld erhöhten natürlich den Gesamtbetrag der schwebenden Schuld.

[3] 1559 erklärte sich Anna von Salza bereit, in die Prolongation eines vom Kaiser bei ihrem inzwischen verstorbenen Ehemanne aufgenommenen Darlehns von 2100 fl. ung. gegen 8 % Zinsen und eine jährliche Verehrung von 20 Ellen Seide, Atlas und Damast zu willigen. AA. III 23a fol. 56 f. u. s. w.

[4] Vgl. z. B. AA. III 6c S. 90 ff. (d. d. 1. Juli 1559: 10 %), AA. III 23a fol 195 (d. d. 19. Juli 1560: 9 %) u. s. w.

abgezogen wurden[1]; auch diese Unsitte wurde in stetem Kampfe ausgerottet. Die Kündigungsfrist betrug anfangs oft nur ein Vierteljahr oder auch gar nur sechs Wochen; dieser Umstand, desgleichen die anfangs übliche ungemein kurze Rückzahlungsfrist, die mitunter nur ein Jahr betrug, gaben neue Gelegenheiten, die Belastung des Årars zu vermehren, da der König selten in der Lage war, zum fälligen Termine die Rückzahlung zu leisten, eine Prolongation aber oft nur dann erlangen konnte, wenn er sich zu erschwerten Bedingungen verstand. Dabei genofs der König immer noch den meisten Kredit im Lande, während es den einheimischen Fürsten bedeutend schwerer wurde, Geld aufzutreiben, wenn sie dessen benötigten[2]. Gegen Beginn des 17. Jahrhunderts ist der Zinsfuſs jedoch ein bedeutend niedrigerer. 1619 betrug die Gesamtsumme der fundierten verzinsbaren Schuld 1042500 fl. rh., die mit c. 62720 fl. rh. jährlich verzinst werden mufsten; der Zinsfufs belief sich also durchschnittlich hier auf 6 %, die verzinsbare schwebende Schuld betrug 182000 fl. rh., der Gesamtzins davon c. 9690 fl., der durchschnittliche Zinsfufs also c. $5^{1}/_{3}$ %. Selbst wenn diese Ziffern (6 % resp. $5^{1}/_{3}$ %) durch hin und wieder dem Gläubiger gewährte Gnadengelder, obgleich auch dieser Brauch immer mehr in Abgang kam, sich etwas erhöhen sollten, so würde doch immer noch ein starkes Sinken des Zinsfufses der Staatsschuld bemerkbar sein.

Im grofsen und ganzen gewahren wir also, wie das Staatsschuldenwesen in unserer Periode in fortschreitender Richtung ziemlich schnell sich entwickelte; wir dürfen dabei nicht vergessen, dafs die Zeiten des kanonischen Zinsverbotes, in denen jegliches Zinsgeschäft von der Kirche als sündhafter Wucher angesehen wurde, noch nicht gar so lange überwunden waren. Die primitive Form der Sicherstellung des Gläubigers durch Faustpfand begann zu schwinden[3]; die Tilgungsfristen wurden immer weniger begrenzt, die schwebende Schuld daher

---

[1] So riet die Kammer (d. d. Breslau, 27. Juli 1559; ebd. fol. 100) zur Annahme zweier Darlehen von je 2000 Dukaten, von denen das eine mit 10 % verzinst werden sollte, während für das andere 6 % Zinsen nebst einem Dienstgelde von 40 Dukaten verlangt wurden. Von beiden Summen aber sollte ein halber Jahreszins von vornherein abgezogen werden; in Wirklichkeit sollten also nur 1900 Dukaten in dem einen, 1940 Dukaten in dem andern Falle zur Auszahlung gelangen.

[2] Als Hans Gotsch auf dem Kynast 1559 sich zur Gewährung eines Darlehns von 3500 Thalern gegen 6 % Zinsen und 80 Thaler Dienst- oder Gnadengeld (d. h. in Wirklichkeit gegen einen Zinsfufs von über 8 %) erbot, riet die Kammer zur Annahme, „weil di fursten in Slesien, die sich dann an allen orten umb geld bemuhen, viel ein mereres geben und auf gewisse einkumben versichern" (aus AA. III 23 a).

[3] 1619 waren nur noch kaum 10 % der gesamten Ärarschuld durch Faustpfand sichergestellt.

vermindert zu Gunsten der fundierten; der Zinsfuſs sank, und gewisse Zinssurrogate wurden wie die Geschenke ganz und gar, die Gnadengelder nach Möglichkeit abgestellt; die Darlehnskapitalien wurden vollständig ohne vorgängigen Abzug der Zinsen ausgezahlt[1].

2. Das Landesfinanzwesen.

Wie das königliche Finanzwesen auf dem Domanium und den Regalien, so beruhte das Landesfinanzwesen auf den von der ständischen Bewilligung abhängigen Steuern. Zu diesen gehörten aber keineswegs alle Abgaben, die wir heute ihrem finanzwissenschaftlichen Begriffe zufolge als Steuern bezeichnen würden; sahen wir doch, wie die Zölle als Regal aufgefaſst, daher in der damaligen Zeit nicht zu den Steuern gerechnet wurden und auch nicht unter das Bewilligungrecht der Stände fielen. Waren so die indirekten Steuern zum groſsen Teile der ständischen Machtsphäre entzogen, so waren die direkten Steuern derselben ohne Ausnahme unterstellt. Es ist bekannt, wie in den „drei Fällen" des Feudalrechtes, beim Ritterschlag des Sohnes, bei der Ausstattung von Töchtern, bei Gefangennahme des Landesherrn durch die Feinde, wenn es galt, ihn auszulösen[2], im Mittelalter sonst in den abendländischen Reichen für die Stände eine Steuerpflicht bestand. In Schlesien jedoch, speciell im 16. Jahrhundert, der Krone Böhmen gegenüber, existierten derartige Restriktionen nicht. 1563 wies der König die schlesischen Fürsten und Stände darauf hin, es sei ein alter Brauch, „wan eines koniges einfurung beschicht,

---

[1] Über das Wachstum der Staatsschuld können hier nur vereinzelte Notizen zusammengestellt werden. Es wurden Anleihen gemacht 1555 in der Höhe von 22900 fl. (à 35 w. gr.), 1558 von c. 63000 G. (à 35 w. gr.), 1560 von c. 38000 G. (à 35 w. gr.), 1570 von c. 154000 fl. Rh. (à 30 w. gr.), 1587 von c. 75000 fl. rh., 1608 von c. 20000 fl. — Im Jahre 1558 wurden zur Schuldentilgung und Verzinsung c. 522000 G. (à 35 w. gr.) (Auslösung des Fürstentums Oppeln-Ratibor aus der Pfandschaft des Markgrafen), 1560 c. 56000 G. (für Kriegsschulden), 1570 c. 163000 fl. rh., 1587 c 115000, 1608 c. 162000 fl. Rh. ausgegeben. — 1619 betrug die fundierte Schuld 1205000 fl. rh, die schwebende 494000 fl. rh.; von dieser muſsten verzinst werden 182000 fl. rh. zu durchschnittlich 5¹/₂ %, von jener 1042000 zu durchschnittlich 6 %. Die Summe der jährlichen Zinsen betrug (inkl. 2590 fl. an Ruhegehältern und Gehaltszuschüssen) c. 75000 fl. Dazu kamen aber noch 235000 fl. verfallene Zinsen, welche die schwebende Schuld um diesen Betrag vermehrten. Die Höhe der gesamten Schuldenlast belief sich also Ende 1619 auf c. 1935000 fl. rh. 1624 betrug die Gesamtschuld 2148000 fl., davon an Kapitalien 1662000, an verfallenen Zinsen 486000 fl. (AA. VI 41o fol. 329 ff.). Allerdings befinden wir uns 1619 und 1624 nicht mehr in gewöhnlichen Zeiten, sondern inmitten der Stürme des Krieges; daher die Menge der verfallenen Zinsen.

[2] Wagner, Finanzwissenschaft, Theil III (Bd. VII des Lehrbuches der politischen Ökonomie von Wagner-Nasse) Spezielle Steuerlehre S. 61. Leipzig 1889.

oder je ein furst von seinem land angenommen und eingefuret wirdet, das im nit allain ein steuer derhalben folget, sonder da er auch konftig sohn und tochter zu vorheyraten hett, demselben von den underthanen ein aussteurung und hulf bewilligt und gelaistet wirdet"[1]. Die Stände blieben jedoch bei einer Ansicht, der sie schon im Jahre 1549 Ausdruck gegeben hatten, als sie den Beschlufs fafsten: „Obwol nie erfahren, auch keines weges zu beweisen, dafs die land jemals einige heurathstewer gereichet, auch jemals schuldig gewesen, ... und leicht böse sequel, ja eine ewige servitut auf die land möchte gedrungen werden, jedennoch wollen sie nicht aus pflicht oder im namen der heurathhülfen, sonder aus underthenigsten trewen ein hülfgeld verwilligen"[2]. Es war zwar Sitte, dafs bei Huldigungen, bei persönlicher Anwesenheit des Herrschers in Schlesien, bei Heiraten in seiner Familie der König von den Ständen ein Geschenk oder eine Steuer forderte; doch war dazu die Zustimmung der Stände erforderlich[3]. Abhängig von dem landständischen Bewilligungsrechte waren demnach alle direkten Steuern, sowie die indirekten, insofern die letzteren nicht etwa in der Form von Regalien eigenmächtig vom Könige auferlegt wurden. Als die vornehmste direkte landständische Steuer erscheint die Schatzung, daneben auch der Erbsilberzins sowie eine Juden- und Ausländersteuer, als vornehmste indirekte Steuer das Biergeld, daneben einige andere Auflagen auf den Verkehr.

a. Staatsrechtliche Grundlagen des Steuerwesens.

Wir wollen jetzt die für das landständische Steuerwesen in Betracht kommenden staatsrechtlichen Verhältnisse erörtern. Den Fürsten und Ständen gebührte durch ausdrückliche Anerkennung seitens des grofsen Landesprivilegs von 1498 nicht eine absolute Steuerfreiheit, sondern nur ein Recht[4] der

---

[1] Bresl. Stadtarch. A. P. IV fol. 307 ff. (Fürstentag vom 6. Dez. 1568.)
[2] Landtag von Judica 1549 bei Schickfufs III 184.
[3] Ebd. S. 139 und Kries S. 8 f.
[4] Kries meint, dafs durch den Steuerparagraphen des Privilegii Wladislai („sagen wir zu fursten herren land stetten und allen einwonern der Slezien, das wir kainerlay beistewer nit begeren noch durch cynicherle weyse suchen wollen, ausgezogen von den, dowider sie sich rechtes halben mit zu setzen hetten"; latein.: „quas de jure negare non possunt") eine absolute Steuerfreiheit der Stände, d. h. ein Verzicht des Königs auf das Recht der Bede gegenüber den schlesischen Generalständen, sich ergebe, indem durch diese Bestimmungen allen Steuergesuchen des Königs hätte vorgebeugt werden sollen; der Zusatz „quas de jure negare non possunt" bedeute keine „verfängliche Klausel, welche gleichsam eine Hinterthüre öffnen solle, um den Steuern doch noch Eingang zu verschaffen, wenigstens im Sinne derer, welche das Privileg erteilten und empfingen," sondern beziehe sich vielmehr „auf die althergebrachten Einnahmen und Gefälle". Dies ist falsch. Gab es

Steuerbewilligung für sich, ihre Unterthanen und für das gesamte Land[1]. Diese Freiheit von der Steuerpflicht, d. h. von einseitig durch den König aufgelegten Steuern, kam besonders darin zum Ausdrucke, daſs der König für jede neue Steuer, die ihm zu Teil wurde, einen Revers ausstellen muſste, durch welchen er die eben beschlossene Abgabe dem ständischen Bewilligungsrechte für unschädlich erklärte[2]. Der Fürstentag genehmigte die Steuerforderungen des Königs, wenn derselbe den Nachweis der Rechtmäſsigkeit seines Begehrens führte, daſs nämlich ein Bedürfnis, eine „Gemeine Not", eine necessitas

denn überhaupt „althergebrachte Einnahmen und Gefälle", welche dem Könige als dem Inhaber der Centralgewalt über ganz Schlesien zustanden? Existierten doch kaum solche, die ihm als dem speciellen Landesherrn in den Erbfürstentümern zukamen! Der Sinn des Privilegs von 1498 ist derselbe, wie der eines ganz ähnlich lautenden Steuerprivilegs Herzog Friedrichs von Liegnitz für seine Landschaft (d. s. 1511, Kgl. und Univ.-Bibl. zu Breslau, Hs. Classis IV, hist. in quart. 135, fol. 9 ff.): „Zum vierden, das sie sambt ihren armen leuten uns bei unsern erben zu ewigen zeiten keine steuer geben sollen, dergleichen nach unserm tode . . . ., es weren denn steuren, darumb unsere erben oder nachkomende fürsten und herren sie anlangen würden, die sie von rechtwegen nicht wegern könten." Durch beide Privilegien wird bestimmt, daſs hier der Herzog von den Liegnitzer Ständen, dort der König von den Generalständen nur solche Steuern fordern sollten, deren Ursache derart gegründet sei, daſs auch die Stände ihre Berechtigung anerkennen müſsten; sie enthalten also keineswegs einen Verzicht der betreffenden Herrscher, Steuern von den Ständen zu fordern, sondern vielmehr eine Anerkennung des Rechtes der Stände, über die Rechtmäſsigkeit (hier im Sinne von Billigkeit oder Notwendigkeit) der Steuerforderung zu entscheiden und demgemäſs die letztere zu bewilligen oder zu verwerfen, d. h. eine Anerkennung des ständischen Bewilligungsrechtes. Die Richtigkeit der hier vorgetragenen Interpretation des Steuerparagraphen wird bestätigt durch eine Urkunde desselben Königs Wladislaus (d. d. Ofen 1508, 26. August, bei Schickfuſs III 430), durch welche das Fürstentum Glogau (als Immediatbesitz) der Krone Böhmen einverleibt wird, und in der die Glogauischen Stände begnadigt werden, „daſs sie uns, unsern erben, nachkömlingen, zu jetzigen und zukünftigen zeiten keine stewer noch andere beschwerung, wie man die benennen mag, geben dürften, allein, wenn man gemeine stewer auf das fürstenthumb Schlesien und andere Lande daselbst schlagen und anlegen würde, neben andern zu geben verpflichtet seyn sollen." Man sieht daraus deutlich, daſs Wladislaus eine absolute Abschaffung jeglicher allgemein-schlesischen Steuer durch das Privileg von 1498 nicht beabsichtigt haben kann, da hier von der Möglichkeit einer „gemeinen stewer" für das Land Schlesien die Rede ist. Dagegen enthält die Urkunde von 1508 einen völligen Verzicht des Königs auf die Partikularsteuer von Glogau; doch nur den Glogauischen Ständen gegenüber entsagt Wladislaus auf das Bederecht, während er sich gegenüber den schlesischen Fürsten und Ständen dasselbe vorbehält. Übrigens ist diese Urkunde ein charakteristisches Zeichen dafür, wie das politische Leben den einzelnen Bestandteilen Schlesiens immer mehr auf das gesamte Land überging.

[1] Über das Recht der Generalstände zur Vertretung des Landes bei der Bewilligung der Steuern s. o. S. 151 Anm. 1.
[2] Solche Reverse sind gedruckt bei Kries, Beilage A 1—4: vgl. auch Schickfuſs III 173, Kries 42 ff, und Mensi S. 28.

oder utilitas publica vorliege. Das Land stand hier dem
Könige ganz selbständig gegenüber; es existierte kein Zwang
für das Land, dem Könige auf sein Verlangen eine Steuer zu
geben, und daher darf man, da ja das staatliche Princip in
jener Zeit vornehmlich an die Person des Königs sich knüpfte,
allerdings sagen, dafs die Steuern einseitig vom Staate auferlegte Zwangsbeiträge der einzelnen Unterthanen nicht waren,
und dafs eine absolute Steuerpflicht des Einzelnen gegenüber
dem Staate schlechthin noch nicht existierte. Hatten aber die
Stände als die Organe des Landes einmal die Steuer beschlossen,
so waren die Anteile des Einzelnen Zwangsbeiträge gegenüber
dem gesamten Lande, welches nunmehr zur Aufbringung der
Gesamtsumme gegenüber dem Könige verpflichtet war, freilich
ohne dafs etwa, wie durch mehrfache Fürstentagsbeschlüsse
erklärt wurde, eine gegenseitige Haftung der Stände behufs vollständiger Erlegung der bewilligten Summe eintrat,
sondern indem das Land gegen Säumige mit Zwangsbeitreibung
vorzugehen verbunden war. Daraus, dafs die Stände über
die Notwendigkeit und daher über die Berechtigung der Steuerforderung zu erkennen hatten, folgte, dafs sie auch über die
Zeit der Bewilligung zu entscheiden hatten und das Recht
besafsen, die Dauer der Forderung abzukürzen.

Aus dem Bewilligungsrechte der Stände entsprang ferner
noch eine Reihe weiterer Rechte und zwar zunächst „aller
Dekretierung und Exekution in Steuersachen", d. h. die gesamte Steuergesetzgebung und die oberste Leitung der gesamten Steuerverwaltung. Wenn wir sehen, wie bisweilen der
König an diesen Befugnissen rücksichtlich der Steuerverwaltung
teil hatte, so ist dies dadurch zu erklären, dafs in diesem
einzelnen Falle die Stände auf das principiell ihnen zustehende
Recht verzichteten; alle derartigen Zugeständnisse an die Krone
dauerten immer nur für die jeweilige Bewilligung und mufsten
bei neuen Bewilligungen eigentlich wiederholt werden, wenn
die Stände es nicht vorzogen, stillschweigend den König im
Genusse der ihm in vorhergehenden Fällen gemachten, jederzeit widerrufbaren Vergünstigungen zu belassen [1]. Der Fürsten-

---

[1] Es ist also falsch, wenn Kries (S. 33) meint, dafs der Fürstentag erst allmählich dazu „gelangt sei", die Schatzungssteuer zu erheben
und zu verwalten. Dies könnte den Anschein gewähren, als hätten
sich die Stände den mafsgebenden Einflufs auf die Steuerverwaltung
erst nach und nach gegen ältere Rechte des Königs erkämpfen müssen.
Diese Annahme wird aber dadurch widerlegt, dafs der Fürstentag vom
ersten Augenblicke an allein die gesamte Steuergesetzgebung in den
Händen hat. Wenn auch die Steuern in der ersten Hälfte des 16. Jahrh.
oft durch königliche Beamte verwaltet wurden, so folgt daraus noch
nicht ein principielles Recht des Königs auf die oberste Leitung der
Steuerverwaltung; die betreffenden königlichen Beamten fungierten
als Organe der Steuerverwaltung auf Grund von Fürstentagsbeschlüssen,
nicht auf Grund königlicher Verordnungen.

tag allein also entschied über die Modalitäten der Verteilung und Erhebung, über Subjekt und Objekt der Steuer, über Steuernachlässe, Steuerexemtionen und über die formelle Organisation der Steuerverwaltung; er war in Sachen financieller Rechtsprechung, insofern dieselbe auf Steuerangelegenheiten sich bezog, die höchste Instanz, von der es eine Appellation an den König nicht gab[1]. Wenn wir trotz dessen in einigen Fällen sehen, wie die Stände, falls sie uneins in derartigen Dingen waren, sich an den Herrscher wandten[2], so darf man aus diesem Vorgange nicht schliefsen, dafs dem Könige doch ein verfassungsmäfsiger Anteil an der Steuer-Gesetzgebung, -Verwaltung und -Rechtsprechung zugestanden hätte, sondern man rief die Krone deshalb an, weil sie als die höchste Quelle alles Rechtes schlechthin jenseits aller Verfassung galt. Die einlaufenden Steuergelder gerieten noch nicht ohne weiteres in das Eigentum des Königs, sondern blieben vorderhand noch in dem des Landes; es erhellt dies daraus, dafs die Stände es gar nicht nötig hatten, die bewilligten und eingegangenen Gelder dem Könige abzuliefern; sie konnten es vielmehr vorziehen, die Verwendung selbst in die Hand zu nehmen und dieselben für diejenigen Zwecke, für die der Herrscher sie erbeten hatte, selbst auszugeben[3]. Waren aber irgend welche Steuer-

---

[1] Vgl. die bei Kries S. 52 Anm. 10 angeführten Fürstentagsaussprüche. Die eigenen Ausführungen von Kries über diese Punkte leiden allerdings an einer unzulässigen Vermischung der Rechtsverhältnisse mit den thatsächlichen Zuständen. Es ist falsch, dafs der König bei Steuerstreitigkeiten deshalb zugezogen werden mufste, weil sonst, wenn diese Zwistigkeiten sich lange hinschleppten, seine Einnahmen eine Einbufse erlitten. Einen rechtlichen Anspruch auf Zuziehung bei solchen Auseinandersetzungen besafs der König nicht; wenn man ihm die Sache schliefslich unterbreitete, so hatte dies mit der staatsrechtlichen Seite der Steuerfrage an und für sich nicht das geringste zu thun. Ebenso irrig ist die Behauptung, dafs zum Nachlafs von Steuerresten die Einwilligung des Königs nötig war, „da das Geld ihm gehörte". Nicht einmal die eingelaufenen Steuern „gehörten" ihm Gelder, welche noch nicht einmal erlegt waren. Nur so viel darf man zugeben, dafs die Stände verpflichtet waren, und dafs der König zur Forderung berechtigt war, dafs eine einmal bewilligte Summe auch aufgebracht würde; daher war die Einwilligung des Königs zum Nachlafs von Steuerresten erforderlich.

[2] Erwähnt werden derartige Vorgänge bei Kries a. a. O.

[3] 1531 bewilligten die Stände 200000 Gulden, von denen aber dem Könige nur die Hälfte bar auszuzahlen war, während für die andere Hälfte Kriegsvolk gestellt werden sollte (Bresl. Stadtarch. A. P. II Ms. 163, Landtag d. d. 16. April 1531; auf einem kurz darauf folgenden Landtage (im Juni 1531; ebd. fol. 262 ff.) verlangte der König noch 12000 Gulden zu Händen seines schlesischen Rentmeisters für die Grenzhäuser und ein Truppenkontingent. Die Geldforderung wurde abgelehnt, dagegen eine Kriegshülfe von 1000 Reisigen und 3000 Fufsknechten auf vier Monate von den Ständen auf ihre eigene Besoldung bewilligt. Zum

eingänge der königlichen Kasse abgeführt worden, so gingen sie in das Privateigentum des Königs über, und es hörte über sie jedes Verfügungsrecht der Stände auf; den letzteren stand nicht die geringste staatsrechtliche Kontrolle darüber zu, wie der König die ihm nunmehr gehörigen Erträgnisse der Steuer verwandte, insbesondere ob er sie für diejenigen Zwecke ausgab, welche er den Ständen angegeben hatte, als er sich um die Bewilligung bewarb. Wollte der Fürstentag verhüten, dafs der König die eingelaufenen Steuern etwa anderweitig ausgebe, so blieb ihm nichts übrig, als dieselben überhaupt nicht erst in das Eigentum der Krone gelangen zu lassen, d. h. in der eben geschilderten Weise die Verwendung derselben selbst zu übernehmen[1]. Das gesamte Steuerwesen unterstand eben principiell den Ständen; die Rechte, welche dieselben dem Könige überliefsen, galten immer nur für die jeweilige Bewilligung. Genehmigte aber der Fürtentag, dafs die eingelaufenen Gelder dem Könige abgeliefert wurden, so gingen sie sofort in das rechtlich un-

---

Ende des Jahrhunderts wurde es, wir wir noch näher erörtern werden, stehender Brauch, die „Türkenhülfe" dem Könige gar nicht erst auszuzahlen, sondern durch besondere ständische Verwaltungsorgane direkt denjenigen Truppenteilen zuzuführen, für welche sie als Besoldung bestimmt war.

[1] Von einem „Rechte, eine Kontrolle über die Verwendung der Hülfsgelder zu üben", kann demnach für die Stände keine Rede sein. Die Gründe, welche Kries (S. 35) anführt, um seine Behauptungen zu stützen, sind hinfällig. Wenn die Generalsteuereinnehmer 1591 von den Ständen angewiesen wurden, die zur Tilgung der königlichen Schulden bestimmten Gelder erst nach Einreichung einer vollständigen Liste der zur Tilgung bestimmten Schulden an das königliche Rentamt auszuzahlen, so hat man darin noch kein Recht der Kontrolle zu erblicken. Denn trotz dieser Liste blieb es dem Könige unbenommen, wenn er gerade wollte, das erhaltene Geld anderweitig zu verwenden; ob dies gerade politisch klug gewesen wäre, ist freilich eine andere Sache. Wenn sich die Stände in der That auf einem Fürstentage des Jahres 1592 über unangemessene Verwendung der Steuern beschwerten und erklärten, dafs der König, falls er darin fortfahre, das Aufhören der Schuldenlasthülfe sich selber werde zuschreiben müssen, so ist auch hierin keine Ausübung eines Kontrollrechtes zu erkennen, sondern nur eine Drohung der Stände, von dem ihnen positiven Rechte der Steuerbewilligung entsprechenden negativen Rechte der Steuerverweigerung Gebrauch machen zu wollen. Wenn die Stände auf demselben Fürstentage beschlossen, die Steuer durch einen eigenen Zahlmeister an Ort und Stelle dem Kriegsvolke auszahlen zu lassen, so nahmen sie damit die Verwendung der Steuer selbst in die Hand, übten aber kein Kontrollrecht aus. Auch dadurch, dafs die Bewilligungen immer nur auf kurze Zeit, ein bis drei Jahre, geschahen, erhielt der Fürstentag nicht „die Möglichkeit einer wirksamen Kontrolle", wenn darunter eine staatsrechtliche Kontrolle verstanden werden soll. Eine solche hätte nur dann stattgefunden, wenn der König verpflichtet gewesen wäre, über die Art und Weise der Verwendung den Ständen Rechenschaft zu legen und ihre Genehmigung einzuholen; ein derartiges Verhältnis aber widerspricht dem staatsrechtlichen Dualismus der ständischen Epoche und gehört der modernen verfassungsmäfsigen Finanzwirtschaft an.

beschränkte Privateigentum der Krone, in das Ärar, über und waren damit der ständischen Machtsphäre ganz und gar entrückt.

Im Zusammenhange mit allen diesen Befugnissen stand noch ein weiterer Komplex von Rechten. Da den Ständen principiell die Verwaltung der Steuer gebührte, mufsten sie, falls sie diese Verwaltung durch eigene Organe führten, für die Aufbringung der Verwaltungsunkosten sorgen. Man that dies nun dadurch, dafs man von vornherein eine gröfsere Summe ausschrieb, als die Bewilligung für den König betrug, und dafs man den Uberschufs zur Kostendeckung für die Verwaltung verwandte[1]. So zerfiel eigentlich jede Steuer in zwei Teile, einmal die Bewilligung für den König, alsdann die Ausschreibung behufs Aufbringung der Unkosten. Es war nur ein weiterer Schritt auf derselben Bahn, wenn man später eine gewisse Summe bewilligte mit der Bestimmung, dafs ein Teil derselben für das „Land" zurückbehalten und zum Nutzen desselben ausgegeben werden solle[2], und wenn man später auch von jeder königlichen Bewilligung unabhängige Landes-

---

[1] Schon bei Gelegenheit der ersten Bewilligung für Ferdinand I. im Jahre 1527, bei der die lokale Verteilung und Erhebung durch Vertrauenspersonen erfolgen sollte, deren Ernennung den Fürsten, in den Erbfürstentümern auf dem platten Lande den Hauptleuten, in den Städten den Magistraten überlassen war, beschlofs der Fürstentag (gedruckt bei Kries, Beilage C Nr. 2), dafs jede Herrschaft und Obrigkeit diesen Vertrauensmännern Entschädigungen gewähren sollte, „dardurch es ohne derselben schaden und der k. m. zusagen der hunderttausend gulden unabbrechlich sei"; d. h. die einzelnen Fürsten und Stände bekamen das Recht, einen Zuschlag zu der Bewilligung für den König zu erheben, von welchem jene „Verordneten" besoldet werden sollten. Später wurde vom Fürstentage eine die bewilligte Steuer überschreitende Summe zur Besoldung der Einnehmer und zur Deckung der anderen Unkosten, wie der Transporte nach den Sammelkassen u. s. w., ausgeschrieben.

[2] So wurden 1565 2000 Thaler für das Land zurückbehalten (Schickfufs III 211); 1575 wurde eine Schatzungssteuer von 0.05 °/° bewilligt, von denen 0,045 °/o dem Könige abgeführt, 0.005 °/° „jedes orts zu besoldung und zehrung der einnehmer und anderm abgange von idem fursten und stande, land, empter und herrschaft nach gelegenheit ... gebraucht werden sol" (Bresl. Stadtarch. A. P. Ms. 169). Als 1579 fünf Biergroschen für das Fafs Bier bewilligt wurden, setzte man fest, dafs vom fünften Groschen 6000 Thaler nicht dem Könige ausgehändigt, sondern für des Landes „Notturfft" verwendet werden sollten, und bei diesem Abzuge blieb es auch in der Folgezeit. In den Fürstentagspropositionen gegen Ende des 16. Jahrhunderts beklagt sich der König fortwährend über die „Vorbehalte" bei der Schatzungssteuer und wirft den Ständen vor, dafs sie die zuerst einlaufenden Steuergefälle im Interesse des Landes sofort angriffen, sodafs er selbst alsdann auf die unsicheren Restanten angewiesen sei (ebd. Ms. 172). Als Zweck des Reservates der 6000 Gulden wird in dem Fürstentagsbeschlusse von 1585 (ebd. Ms. 174, fol. 250—298) angegeben: „Zu befridung des landes, einsehung und straf des bösen, zu fortstellung der reisen und absendung, auch andern notwendigkeiten."

abgaben für die Kosten von Gesandtschaften an den Hof oder an die Generallandtage der böhmischen Krone, für die Besoldung der Landespolizei u. s. w. ausschrieb. Einer Zustimmung des Königs bedurfte es dabei nicht; ebensowenig gestatteten die Fürsten und Stände, dafs einzelne unter ihnen von derartigen Anlagen sich ausschlossen[1].

b. Die direkten Steuern.

Die wichtigste direkte Steuer war die Schatzungssteuer. Sie wurde zum ersten Male 1527 im Betrage von 100000 fl. ung. auf Antrag des Königs von den Fürsten und Ständen beschlossen. Obgleich man damals noch keineswegs daran dachte, dafs diese Bewilligung eine ständige Einrichtung werden würde, so blieben doch die Grundsätze, nach denen ihre Ausschreibung und Verteilung damals geregelt wurde, im wesentlichen bis zum 18. Jahrh. in Geltung.

Als Steuersubjekte bei der Schatzung erschienen nach dem Fürstentagsbeschlusse von 1527[2] Fürsten, Adlige, Geistliche, Bürger unter Stadtrecht (Kaufleute, Handwerker, Einwohner), von Bauern nur Frei- und Lehnsbauern. Für exemt wurden erklärt auf Grund späterer Landtagsabschiede die Witwen, die nicht über 30 fl. ung. (spälterhin erhöht auf 50 fl. ung.) Einkommen oder Leibgedinge hatten, ferner die Hospitäler (welche ja oft mit liegenden Gütern oder Renten ausgestattet waren)[3] und die Geistlichen, welche keine Landgüter besafsen[4]. Erlafs der Steuer wurde allen denjenigen gewährt, welche durch plötzliche Unglücksfälle, wie Brand-, Wetter-, Wasser- und Kriegsschaden, betroffen worden waren[5]. Ein Streit entspann sich über die Steuerpflicht der königlichen Kammergüter, welcher deshalb, weil dieselben, wie wir an anderer Stelle erörterten, sich nicht in der Eigenwirtschaft der Krone befanden, sondern als Burglehen oder Pfandschillinge an die Gläubiger des Ärars versetzt waren, auf einen Streit über die Steuerpflicht der betreffenden Pfandsinhaber hinauslief. Diese letzteren behaupteten zunächst Steuerfreiheit, indem sie vorgaben, dafs es doch, da die Steuer für den König bestimmt sei, die Güter aber, auf denen sie säfsen, eigentlich dem Könige gehörten, widersinnig sei, selbige zur Schatzung heranzuziehen; aber schon im Jahre 1544[6] wurde

---

[1] Kries S. 36.
[2] Gedruckt ebd. Beilage C 2.
[3] Nicht die „Armenhospitaliten", wie Kries (S. 42) meint.
[4] S. die Fürstentagsbeschlüsse von 1553 und den folgenden Jahren bei Schickfufs III 188 ff.
[5] S. den Beschlufs von 1554, ebd. S. 193 u. a. m.
[6] Fürstentagsbeschlufs d. a. 1544, gedruckt bei Kries S. 93 Beilage C 3.

ihre Ausnahmestellung aufgehoben, und diese Mafsregel wurde durch vielfache Landtagsbeschlüsse der Folgezeit bestätigt[1].

Auffallend erscheint es, dafs nicht alle Bauern in der Schatzung von 1527 mit einbegriffen waren, sondern nur die Frei- und Lehnsbauern[2]. Man darf nun nicht etwa glauben, dafs die übrigen Bauern deshalb von der Steuer exemt gewesen wären; die Bestimmung, dafs sie nicht geschatzt werden sollten, hatte vielmehr den Sinn, dafs dadurch dem Grundherrn die stillschweigende Erlaubnis gewährt sein sollte, seine bäuerlichen Hintersassen zur Aufbringung seiner eigenen Steuerquote heranzuziehen, d. h. seine eigene Steuerquote, wenn auch nicht ganz, so doch teilweise auf seine Bauern abzuwälzen. Erst im Jahre 1542 wurde bestimmt, dafs auch die Bauern geschatzt werden und eine Vermögenssteuer von $1^2/3\,^0/_0$ zahlen sollten, während die der übrigen Stände nur $1\,^0/_0$ betrug[3]. Die Bedeutung dieser Mafsregel bestand zweifelsohne darin, dafs der Rechtlosigkeit der Bauern gegenüber ihren Grundherren ein Ende gemacht werden sollte. Indem die Bauern jetzt formell zur Steuerzahlung herangezogen und die von ihnen aufzubringende Quote gesetzlich fixiert wurde, sollte verhütet werden, dafs die Steuer der Grundherren in allzu hohem Grade auf sie abgewälzt würde; da also ein Teil der Gesamtsteuersumme von den Bauern besonders aufgebracht wurde, so konnte der Steuerfufs der höheren Stände ermäfsigt werden (auf $1\,^0/_0$ gegen $1^1/3\,^0/_0$, wie es im Jahre 1527 der Fall gewesen war). Wiewohl nun der Steuersatz der Bauern immerhin schon um $^2/_3\,^0/_0$ höher war, versuchten die Grundherren doch noch, auch zur Tragung ihrer Quote ihre Unterthanen heranzuziehen; wenigstens klagte der König auf dem nächsten Landtage bitter über derartige Versuche, die Bauern gegen die Bestimmungen des letzten Abschiedes über ihre besondere Quote hinaus zu Gunsten der Grundherren zu belasten[4].

---

[1] 1553 bei Schickufs III 189, 1573 ebd. S. 221, 1574 S. 222, 1581 Bresl. Stadtarch. A. P. Ms. 172 fol. 115 ff.

[2] Auch die Frei- und Lehnsbauern waren erbunterthänig; vgl. o. S. 59 Anm. 1. Der Grund für die Bestimmung der Sonderschatzung von Frei- und Lehnsbauern liegt wohl in ihrem gröfseren Besitz und in ihrer Zinsfreiheit gegenüber dem Grundherrn. In den nachfolgenden Fürstentagsbeschlüssen wird hinsichtlich der Schatzung kein Unterschied mehr zwischen ihnen und der übrigen bäuerlichen Bevölkerung gemacht.

[3] Abschied vom 9. Januar 1542. Bresl. Stadtarch. A. P. III Ms. 164 fol. 100.

[4] Fürstentag d. d. 22. Okt. 1542 (ebd. fol. 254 ff.): „. . . welchs ein grosse zeitung auch mit allain unter dem gemainen man, sonder auch bei andern landen grosses gemurmel und beschwer furgewandt": dringend forderte der König, „dafs der pawerschaft schatzung in allweg sonderlich beleib, die fursten und stende dieselben in ir schatzung ine selbs zu hulf und guet mit ziehen; dann weil diese stewer nicht weniger hohen stenden als den niedern zu schutz und schirm irer leib,

Die bauernfreundlichen Bestrebungen der Krone fanden bei den Ständen indes wenig Anklang; schon im Jahre 1545 wurde die Sonderschatzung der Bauern wieder abgeschafft. Es wurde nämlich festgesetzt, „dafs ein jeder furst und stand, der da land und leute unter sich hat, dieselben land und leute sammt den kammernutzungen schätzen und zu entrichtung solcher schatzung zu sich ziehen und zu hulf nehmen sollen alle ihre underthanen und verwandte von adel, landschaften, städten und dörfern, sowohl auch die herrschaft und adel die ihren; doch soll der gemeine pauersmann nichtmehr denn der adelsmann geben" [1]. Infolge dieser Anordnung, welche ziemlich wörtlich auch im folgenden Jahre wiederholt wurde [2], durfte also von jetzt ab jeder Grundherr seine Bauern zur Teilnahme bei der Aufbringung der auf ihn fallenden Steuerquote veranlassen, doch so, dafs der Steuerfufs für beide der gleiche sei; dafs sich der Adlige freilich sonderlich an diese Beschränkung gebunden haben soll, ist nicht glaublich, zumal da sich ja der König um die Verteilung der Steuer in den Herrschaftsbezirken der einzelnen Fürsten und Stände nicht kümmern durfte, der Fürstentag aber nicht wollte. Wiewohl der König immer wieder auf eine besondere Heranziehung der Bauern zur Steuer drängte [3], so blieb es doch in der Folgezeit, — abgesehen, wie es scheint, von nur einer einzigen Ausnahme, — dabei, dafs die Bauern nicht besonders geschatzt wurden, sondern ihren Grundherren bei der Aufbringung der auf dieselben fallenden Quoten behülflich sein mufsten, wobei es der Herrschaft überlassen war, in welcher Höhe sie ihre Unterthanen zu diesem Zwecke belasten wollte; wahrscheinlich bildeten sich für die einzelnen Dorfschaften Kataster, nach deren Mafsgabe die Grundherrschaft ihre Unterthanen je nach der Höhe der erfolgten Bewilligung für die von ihr zu erlegende Quote heranzog [4].

---

weib, kinder, hab und guter geraicht, so ist auch pillich, recht und christlich, das sie sich davon auch nit legen oder sondern."
[1] Gedruckt bei Kries S. 95, Beilage C Nr. 5.
[2] Schickfufs III 180.
[3] 1554 begehrte der König eine Sonderschatzung von den Ständen und ihren Unterthanen im Betrage von je 1%. Die Stände bewilligten darauf für sich 0,5%, für die Bauern 0,3% (Schickfufs III 192). Dies war, soviel ich ersehen konnte, die letzte Sonderschatzung der Bauern. 1559 forderte Ferdinand I. von Herrschaften und Unterthanen eine besondere Schatzung von je 1,5% auf 6 Jahre; die Stände schlugen die Sonderschatzung der Bauern ab und bewilligten 1,2% auf 3 Jahre (ebd. S. 204 f.).
[4] Die Darstellung, welche Kries (S. 54 f.) über die Vorgänge betreffs der Partikularschatzung der Bauern giebt, ist durchaus unzutreffend: so sagt er z. B., 1527 sei beschlossen worden, dafs alle Bauern, welche Freie oder Lehnsleute wären, von der Schatzung frei sein sollten. Das Umgekehrte ist der Fall. Verwunderung muls es erregen, wenn Zimmermann (die Steuerverfassung in Schlesien Beilage Nr. 3)

Als **Steuerobjekt** wurde durch den Landtagsabschied von 1527 alles Vermögen und alles Einkommen aus beweglichem und unbeweglichem Vermögen der zur Steuer verpflichteten Personen erklärt; speciell werden genannt das Einkommen und die Nutzungen der Fürsten „von geschossern, landen, steten, merkten, dörfern, teichen[1], welken und holden, rutticht und struticht, und woran das sey, an ligenden grunden aber nutzungen clein und grofz"; ebenso sollen alle Steuerpflichtigen ihre Barschaft versteuern, sowohl Fürsten wie geistliche als auch weltliche Stände, nicht minder diejenigen, welche zum Stadtrechte gehören: „und was zum stadtrecht gehort, soll vorgeben alle barschaft, die einer vor seine verkauften erbgueter hett eingenomen oder die barschaft die einer sonst rhuen[2] hett und vormaint, widerumb erblich, widerkeuflich oder auf wucher anzulegen, aber das einer sonst in nutz, kaufmanshandel oder wucher und zinsen hett ... Alle die obgemelten stende ... sollen geben von selben iren gutern und nutzungen, an ligenden grunden oder woran[3] das sey, und von allem dem, das sie haben und besitzen, in massen es uf die Fursten hierein vorzaichent ist". Man sieht daraus, dafs es sich nur um eine Steuer auf das Vermögen und auf alles aus beweglichem oder unbeweglichem Vermögen fliefsende Einkommen handelte; von einer Besteuerung des Handels- und Gewerbebetriebes als solchen, wie Kries und Mensi meinen[4], ist keine Rede, sondern nur von einer Steuer auf das Vermögen, in welcher Gestalt auch immer dasselbe auftrete, als landes- oder grundherrliche Ge-

---

und nach Z. Kries (Beilage D 1) einen Partikularschatzzettel des Hans Raussendorf zu Logischen abdrucken, dem zufolge dieser sich auf 1900 Thaler und seine beiden Unterthanen, der eine auf 30, der andere auf 50 Thaler, schätzen. Da der Fürstentagsbeschlufs von 1527 ausdrücklich die Schatzung unterthäniger Bauern ausschliefst („Item von dieser schatzung sollen alle bawren, die nicht frey oder lehenleut sein, ausgeschlossen sein," wie es übereinstimmend in den Fürstentagsexemplaren sowohl der Warmbrunner Schaffgotschschen Bibliothek als auch der Breslauer Stadtbibliothek heifst), so ist anzunehmen, dafs es sich hier um einen auch von Kries nicht bemerkten Irrtum Zimmermanns hinsichtlich des Jahres handelt, aus dem der Steuerzettel stammen soll. Diese Vermutung wird dadurch zur Gewifsheit erhoben, dafs, wie wir wissen, die Schatzung von 1527 bis 1552 auf ungar. Gulden, nicht aber auf Thaler gerichtet war; der Schatzzettel stammt also nicht aus dem Jahre 1527, sondern höchst wahrscheinlich aus dem Jahre 1554 (vgl. die vorige Anmerkung).
[1] Kries (S. 93) druckt fälschlich ab „Kirchen".
[2] Das für den Charakter der ganzen Steuer wichtige Wort „rhuen" fehlt im Kriesschen Abdrucke.
[3] Kries druckt statt „woran" sinnlos „Waaren".
[4] Kries (S. 42) ist der Meinung, dafs auch die Nahrung und das Gewerbe der Städte in dieser Schatzung mit eingeschlossen seien; Mensi (S. 28) behauptet, dafs das Einkommen aus Handel und Gewerbe steuerpflichtig gewesen sei. Aus den Quellen lassen sich diese Ansichten nicht rechtfertigen.

fälle, als Grund und Boden und endlich als Barschaft, sei es, dafs dieselbe ruhe oder auf Zins oder in Handelsgeschäften angelegt sei. Solche Vermögensstücke, welche in der Form von Renten, feststehenden Gefällen oder anderen Nutzungen sich darstellten, mufsten natürlich zur Berechnung des Wertes, den sie repräsentierten, kapitalisiert werden. Die Steuer von 1527 war also ihrer Bemessungsgrundlage nach eine reine Vermögenssteuer[1], aber eben nur nominell; in Wirklichkeit war sie eine Einkommensteuer, da der Steuerfufs, — das gesamte Schatzungsvermögen belief sich auf ca. 11½ Millionen Thaler schles., die bewilligte Steuer auf 100000 fl. ung. = 150 000 Thaler schles., — etwas mehr als 1⅛ % betrug[2]; man mufs dabei bedenken, dafs die Nutzung des Vermögens zwischen 10 % bis 20 % variierte.

Im Laufe der Zeit wurden hinsichtlich der Steuerobjekte eine Reihe ergänzender Bestimmungen, andererseits aber auch Anordnungen getroffen, durch welche eine Anzahl von Gegenständen nunmehr von der Steuerpflicht befreit wurde und auch das Princip der Steuer zugleich grofse Veränderungen erlitt. Ergänzender Natur waren die Beschlüsse des Fürstentages von 1544 betreffs der Kapitalisierung der stehenden Einkünfte und Gefälle. Bis jetzt war es dem Steuerpflichtigen anheimgestellt, wie hoch er den Kapitalswert solcher Nutzungen für die Berechnung seines steuerpflichtigen Vermögens anschlagen wolle. In Betracht kamen hierbei in erster Linie die Erbzinse der grundherrlichen Hintersassen sowie Leibgedinge; 10 fl. Einkünfte dieser Art sollten gleich 100 fl. Kapital gelten. Bei den Gefällen aus den alten, nunmehr oft durch Verkauf oder Verpfändung an Private gelangten Regalien, sowie aus Gerechtigkeiten, welche gewissermafsen eine wirtschaftliche Kapitalsanlage darstellten, so aus Wiesen-, Gras- und Holzgerechtigkeit, aus Brauanlagen, Mühlen, Zöllen, Malzhäusern, Wasserzinsen, Salzmärkten, Hämmern, Kalköfen, Steinbrüchen, Handwerkerzinsen (d. h. aus solchen Zinsen, welche die Handwerker auf Grund der alten Hoheit der Landes-

---

[1] Kries (S. 42) nennt die Schatzung von 1527 eine Vermögens- und Einkommensteuer: ihm folgen Mensi (S. 28) und Wagner (S. 89). Kries rechtfertigt dies mit der Behauptung, dafs nur die Nutzung des Eigentums habe besteuert werden, Besitz dagegen, der keinen Nutzen (kein Einkommen) gewähre, habe freibleiben sollen. Dies ist ein entschiedener Irrtum, wie aus den Worten des Landtagsabschiedes („die barschaft, die einer sonst rhuen hett und vormaint, widerumb etc.) hervorgeht; freilich hat Kries das entscheidende Wort „rhuen" übersehen. Ebenso irrig ist es, wenn er meint, alles, was Einkommen gewährte, sei der Steuer unterworfen worden; im Gegenteil war das Einkommen aus blofsem Gewerbebetriebe und auch aus dem Handel, ohne dafs dabei eine besondere Kapitalsanlage ins Spiel kam, von der Steuer befreit.

[2] Wahrscheinlich wurden 1527 zur Deckung der Verwaltungsunkosten 1,4 % erhoben.

fürsten in Gewerbesachen entweder an die Herzöge oder an Private, welche diese Abgaben erworben hatten, erlegen mufsten) wurden auf 20 fl. Einkommen 100 fl. Kapital gerechnet. Auch bei Vermögensobjekten anderer Art war die Taxierung bisher so willkürlich, dafs einheitliche Wertbestimmungen über sie notwendig schienen. Bei einem Brauurbar wurden von jetzt ab 10 Malter Weizen und 15 Malter Gerste auf 100 fl. ung., bei der Ackerwirtschaft 6 Malter Winter- und 6 Malter Sommeraussaat, desgleichen 400 Schafe auf je 100 fl. ung. an Kapitalswert veranschlagt; ein Malter Weizen beim Getreidezins wurde auf 2 schwere Mark (= 1 fl. ung. 21 w. gr.), ein Malter Korn auf 2 (= 1 fl. ung. 10 w. gr.), ein Malter Gerste auf 1½ (= 48 w. gr.), ein Malter Haber auf 1 leichte Mark (= 32 w. gr.) geschätzt u. s. w. Jeder, der nach der Schatzung von 1527 weniger gezahlt hatte, als nach den Bestimmungen von 1544 erforderlich gewesen wäre, mufste sich nach ihnen richten. Nur die Inhaber derjenigen Güter durften bei der alten niederen Schatzung verbleiben, bei denen dieselbe ausdrücklich beim Ankaufe in Anrechnung gebracht worden war [1]; so entfernte sich die Schatzung immer mehr von ihrem eigentlichen Charakter als der Deklaration der Vermögensverhältnisse der einzelnen Steuersubjekte und nahm den eines auf ein bestimmtes Gut gelegten und eingeschriebenen Steuerkapitals an, einer ständigen Reallast, welche auf den Preis des Gutes im privaten Verkehrsleben einen bestimmenden Einflufs ausübte [2].

---

[1] Schon 1545 wurden übrigens diese Neuerungen wiederaufgehoben und Rückkehr zur Schatzung von 1527 angeordnet; s. u. S. 304 Anm. 4.

[2] Die Beschlüsse von 1544 sind gedruckt bei Kries S. 63ff., Beilage C 3 und 4; vgl. auch Kries S. 44 Anm. 2. Seiner daselbst ausgesprochenen Meinung, dafs es der Fürstentagsbeschlufs von 1544 „der Obrigkeit jedes Ortes überlassen habe, das Gewerbe der Kaufleute, Bürger und Einwohner nach den Ortsverhältnissen zu schätzen," kann ich nicht beipflichten; der von Kries gebrauchte Ausdruck erweckt den Anschein, als ob damals eine Gewerbesteuer eingeführt worden wäre. Der Wortlaut des Beschlusses besagt: „sonder in andern gewerben und urbar der kaufleute, auch bürger und inwohner in städten und bauernschaften soll von mäniglich nach gelegenheit eines jeden vermögens und nutzung ihrer habe und güter auf anzahl des bieres und andres ihrer nahrung nach kenntnifs seiner obrigkeit mit der schatzung treulich verfahren werden". Daraus geht denn doch hervor, dafs die Kaufleute, Bürger u. s. w. von der Steuer nur betroffen werden sollen, insofern sie im Besitze von Vermögen oder solcher gewerblichen Anlagen und Gerechtigkeiten waren, welche einen gewissen Kapitalswert repräsentierten. Auch in der Deklaration des Fürstentagsbeschlusses (gedruckt bei Kries, Beilage C Nr. 4 S. 94 f.) ist nichts enthalten, was auf eine Steuer vom Ertrage gewerblicher Arbeit schliefsen liefse, ohne dafs dabei Kapitalsanlagen und Gerechtigkeiten im Spiele wären.

1546 beschlofs der Fürstentag eine Schatzung von 1,2% mit der Bestimmung, dafs die Fürsten und Stände das Recht haben sollten, die in- und ausländischen Gewerbe der Kaufleute zur Mitleidenschaft

Gegenüber den Festsetzungen des Jahres 1527 wurde der Umfang der steuerpflichtigen Objekte 1544 vermindert. Eine völlige Durchbrechung des Principes der Schatzung als einer Vermögenssteuer bedeutete es, dafs ebenfalls auf dem Fürstentage von 1544 „Kleinodien, Kleider und liegendes bares Geld", d. h. nicht nur Wertgegenstände aller Art, sondern auch das nicht ausgeliehene oder sonst irgendwie nutzbar angelegte Geld für ausgeschlossen von der Schatzung erklärt ward. Seit der zweiten Hälfte des 16. Jahrhunderts endlich wurde es sogar Bestimmung, dafs das bare, auf Zins geliehene Geld nicht mehr der Schatzung unterworfen wurde [1]. Anders wurde es gehalten mit den Renten; schon 1544 wurde angeordnet [2], dafs bei Gütern, auf denen Renten (auch Leibrenten) ruhten, die Steuer von dem Besitzer nach dem vollen Werte entrichtet und für ihren Betrag der Gläubiger an seinem Zinsbezuge verkürzt werden solle, — ein Verfahren, welches auch später immer wieder Anwendung fand [3]. Man sieht daraus, dafs die Schatzung ihrem ursprünglichen Charakter als einer allgemeinen Vermögenssteuer untreu geworden war; durch die Beschlüsse von 1544 und 1563 [4] war das mobile Kapital — mit einziger Ausnahme des in wiederkäuflichem Zins angelegten Geldes — von der Steuer befreit worden; die Schatzung nahm daher immermehr den Charakter einer lediglich auf dem Grundeigentum ruhenden Steuer an.

Als im Jahre 1527 der Fürstentag eine Schatzung von 100 000 fl. ung. dem Könige bewilligte, entstand die Frage, wie man diese Summe verteilen solle. Der Modus der Verteilung nun war ein sehr einfacher. Zunächst handelte es sich darum, die einzelnen steuerpflichtigen Personen und Gegenstände, d. h. die Subjekte und Objekte der Steuer, zu ermitteln, sodann die ersteren nach Mafsgabe der letzteren zur Steuer zu veranlagen. Die Ermittelung der für die Steuerpflicht begründenden Thatsachen geschah auf dem Wege der Selbsteinschätzung. Nach den Beschlüssen von 1527 sollte die Selbsteinschätzung der Landstände und der städtischen Einwohner vor Vertrauens-

---

heranzuziehen (Schickfufs III 280); nach Analogie der Landtagsabschiede von 1527 und 1544 darf man vermuten, dafs es sich dabei lediglich um eine Steuer der im Handelsbetriebe angelegten Kapitalien handelte.

[1] Schon auf dem Fürstentage von 1554 (Schickfufs III 193) baten die Stände den König, die baren ausgeliehenen Gelder von der Schatzung auszunehmen, da die Gläubiger sonst ihre Darlehen kündigen und die Schuldner so in Bedrängnis geraten und ihrer Güter verlustig gehen würden. 1563 endlich (ebd. S. 209) wurde die Steuer auf die Zinsdarlehen trotz alles Protestes des Königs abgeschafft, und dabei blieb es bis zum dreifsigjährigen Kriege (Kries 47 Anm. 13).

[2] Gedruckt ist dieser Beschlufs bei Kries, Beilage C 4.

[3] Vgl. die Beschlüsse von 1552 (Schickfufs III 187), 1553, 1554, 1556 u. s. w. (ebd. 189 ff.).

[4] S. oben Anm. 1.

personen erfolgen, welche einzusetzen in den mittelbaren Fürstentümern den Fürsten, in den Erbfürstentümern den betreffenden Beamten, also den Landeshauptleuten und den Magistraten, überlassen war. Für die Städte war ihre Zahl nicht näher bestimmt; auf dem platten Lande sollten in jedem Weichbilde je zwei rittermäfsige Personen als Einschätzungskommissare gegen eine Entschädigung fungieren[1]. Diese „Verordneten" sandten die Schatzzettel, auf denen die einzelnen Steuersubjekte die ihnen zugehörigen Steuerobjekte (nicht jedes einzelne Objekt, sondern die Summen der einzelnen Kategorieen, des Wertes der liegenden Güter, des baren Geldes) verzeichnet hatten, an ihren Fürsten oder Landeshauptmann, von denen dann die Totalsumme der Schatzungen ihres Bezirkes (ebenfalls nach den Kategorieen der liegenden Güter, des baren Geldes u. s. w. geordnet) dem Oberhauptmann eingereicht wurde. Diese Totalsumme eines Fürstentums, einer freien Standesherrschaft, einer dem Oberamte immediat unterworfenen Herrschaft, ferner der Landschaft eines Erbfürstentums oder der Gesamtheit der Städte eines solchen hiefs die Generalschatzung, auch kurzweg Schatzung oder Ansage[2]; davon führte die ganze Steuer den Namen der indictio oder Schatzungssteuer. Durch Addition der Summen aller Generalschatzungen erhielt man das Steuerkapital des ganzen Landes. Unter Partikularschatzung verstand man eine der Einzelsummen, aus deren Gesamtheit eine Generalschatzung sich zusammensetzte[3]. Auf diese Art und Weise gewann man für die Steuer von 1527 einen Kataster, den man für die Verteilung der Steuer

---

[1] Im Falle zu geringer Deklarationen sollten diese Kommissaare dem vorgesetzten Fürsten oder Landeshauptmann Anzeige erstatten.
[2] Vgl. Kries S. 37 f. Mensi hat also Unrecht, wenn er (S. 28) unter Generalschatzung das Steuerkapital des ganzen Landes Schlesien versteht; man hat darunter nur zu verstehen die Totalsumme der Schatzungen eines Fürstentumes, einer freien Standes- oder Minderherrschaft oder eines Standes (d. h. der Landschaft oder des Städtekorpus eines Erbfürstentums). 1527 gab es solcher Generalschatzungen 18, die erste vom Bischof und dem Breslauer Domkapitel, alsdann von 6 Fürsten, von 4 freien Standesherrschaften, einer separierten (Minder-) Herrschaft (Füllenstein), zwei gesamten Erbfürstentümern (Breslau und Troppau), endlich von je zwei Landschaften und Städtekörperschaften (Glogau und Schweidnitz-Jauer). Man sieht also, dafs in den Erbfürstentümern der Modus der Generalschatzung ein verschiedener war, indem bei zweien (Breslau und Troppau) die Totalsumme der gesamten Stände zusammengefafst, in den beiden anderen (Glogau und Schweidnitz-Jauer) die Generalschatzungen der Landschaften und der Städte auseinandergehalten wurden. Infolge staatsrechtlicher Veränderungen wuchs die Zahl der Generalschatzungen; 1700 gaben aufser 15 Fürsteutümern und 6 Standesherrschaften einige 60 separierte Minderherrschaften, Burglehen, Städte u. s. w. ihre besondere Generalschatzung beim Oberamte ein (vgl. Kries S. 38).
[3] Muster von Partikularschatzzetteln sind gedruckt bei Kries, Beilage D Nr. 1 und 2, eines Generalschatzzettels ebd. Nr. 3.

mit Leichtigkeit benutzen konnte. Die Bewilligung erfolgte nämlich in der Art, dafs der Fürstentag entweder eine gewisse Summe ausschrieb, oder dadurch, dafs er das Mille als Steuereinheit annahm und den von diesem Mille als Steuer zu erhebenden Satz (z. B. 14 pro Mille oder 1,4 %) verkündigte. Auch im ersteren Falle, wenn eine bestimmte Summe bewilligt wurde, so mufste dieselbe doch in der Weise veranlagt werden, dafs man ihr Verhältnis zu dem gesamten Steuerkapitale des Landes, d. h. den Steuersatz oder Steuerfufs, ermittelte; dieser Steuerfufs wurde wieder pro Mille ausgedrückt. Da 1527 eine Steuer von 100 000 fl. ung. (= 150 000 Thaler schles.) beschlossen war, und da die Totalschatzung des gesamten Landes sich auf c. 11$^1/_2$ Mill. Thaler belief, so betrug der Steuerfufs etwas mehr als 13 pro Mille; vermutlich aber wurden 1,4 % erhoben, indem man den Überschufs zur Deckung der Verwaltungsunkosten verwandte. Wurde demnach eine Steuer von 14 pro Mille ausgeschrieben, so hatte jeder, der zur Partikularschatzung verpflichtet war, eine derartige Quote seines angegebenen Vermögens, also auch jeder Fürst, sowie die Erbfürstentümer, resp. die einzelnen Ständekorporationen derselben, die gleiche Quote von ihrer Generalschatzung aufzubringen. Offenbar empfahl sich dieses System „durch seine Einfachheit und durch die Leichtigkeit, mit der man übersah, wie eine bestimmte Summe aufzubringen sei, und wie hoch ein jeder durch die Bewilligung belastet werde" [1]. Noch dachte freilich damals niemand daran, dafs diese Einrichtung eine dauernde werden könnte; die Schatzung war deshalb übereilt und ungleichmäfsig angestellt worden; es soll auch vorgekommen sein, dafs einzelne und ganze Korporationen teils aus Eitelkeit teils aus Patriotismus teils auch vom Wunsche bewogen, ihren Kredit zu vermehren, sich zu hoch einschätzten [2]. Die 11$^1/_2$ Millionen Thaler, auf welche die damalige Schatzung Schlesiens gerichtet war, können schon deshalb — ganz abgesehen von anderen Gründen — als die Summe des damaligen Landesvermögens, wie Kries richtig bemerkt, keineswegs aufgefafst werden, ebensowenig die Schatzung eines bestimmten Fürstentums oder Standes als dessen Vermögen. Die Schatzung bedeutete ein von nun an sozusagen auf dem Lande oder auf den Gütern der einzelnen Stände haftendes Steuerkapital.

Dieses Mifsverhältnis zwischen der wirklichen und der fingierten Steuerquelle trat im Laufe der Entwicklung noch viel krasser zu Tage. Da die Schatzungssteuer immer wieder von neuem bewilligt wurde, so hätte man erwarten müssen, dafs jedes Mal, wenn eine neue Steuer ausgeschrieben wurde, behufs gerechter Verteilung derselben das Schatzungsverfahren

---
[1] Kries S. 38.
[2] Ebd. S. 44.

wiederholt werden würde. Dem war aber keineswegs so. Die Schatzung von 1527 erhielt den Charakter eines stabilen Katasters; neue generelle Veranlagungen erfolgten jetzt nicht mehr[1]. Für die einzelnen Länder und Ständekorpora wurden ihre Generalschatzungen eine ständige Last, desgleichen für die einzelnen Güter und Städte ihre Partikularschatzungen. Die Veranlagung vollzog sich jetzt in der Weise, dafs zwar jede Stadt und jedes Ständemitglied bei jeder neuen Steuerausschreibung seine Partikularschatzung späterhin an den für das ganze Fürstentum bestallten Einnehmer einsandte[2]; diese Einnehmer stellten die an sie einlaufenden Partikularschatzungen zu einer Generalschatzung für das betreffende Fürstentum zusammen und übermittelten dieselbe schliefslich direkt oder indirekt durch den Landeshauptmann in den Erbfürstentümern, durch den Fürsten in den mediaten Herzogtümern dem Oberhauptmanne[3]. Es wurde nun von den Einnehmern und dem Oberamte nicht etwa darauf gesehen, dafs die Partikularschatzungen, was ihre Wertangabe anbetraf, genau mit den einzelnen Vermögensstücken des Steuerpflichtigen übereinstimmten, sondern lediglich darauf, dafs die neue Wertangabe nicht hinter den früheren, in letzter Reihe also hinter der von 1527, zurückbleibe[4]. Die bei jeder neuen Bewilligung von Steuern erfolgende Einlegung der Partikularschatzzettel hatte daher nur den Zweck, eine Kontrolle darüber auszuüben, dafs nicht etwa eine Stadt oder ein Stand eigenmächtig ihre Partikularschatzungen erniedrigten. Man kümmerte sich nicht

---
[1] Wagner (Nasse-Wagner VII) S. 89.
[2] Vgl. den Anfang des dritten Kapitels dieses Buches über die lokale Organisation der Steuererhebung.
[3] So lange es Kreiseinnehmer gab (bis zur Mitte des 16. Jahrh.; vgl. die vorige Anm.), war die Manipulation betreffs Einsendung der Schatzzettel an das Oberamt dieselbe wie im Jahre 1527. Über die Zustände seit der Mitte des 16. Jahrh. vgl. die Beschlüsse des Gesamtlandtages der Länder der böhmischen Krone zu Prag (böhmische Landtagsakten II 631), sowie der schlesischen Landtage von 1553, 1554, 1556 u. s. w (Schickfufs III 187 ff.). Dafs die Fürstentumseinnehmer die Partikularschatzungen zur Generalschatzung ihres Fürstentums zusammenstellten und nur diese letztere dem Oberamte einschickten, geschah erst seit 1554; bis dahin übermittelten sie die Partikularschatzungen so, wie sie bei ihnen selbst einliefen, dem Oberamte. Diese Veränderung war von sehr grofser Bedeutung, da dem Oberamte, seitdem es nur die Generalschatzungen erhielt, die Einwirkung auf die Partikularschatzungen, falls nicht etwa mit diesen letzteren zusammenhängende Streitfälle im Instanzenzuge an den Oberhauptmann gelangten, entzogen war.
[4] Einen einzigen Versuch, dieses Princip zu durchbrechen, machte der Fürstentag von 1544 durch seine Beschlüsse über die Kapitalisierung der Renten und Gefälle (s. o. S. 300), bei deren genauer Durchführung die Partikularschatzungen sich hätten erhöhen müssen; aber schon 1545 wurden diese Neuerungen wieder aufgehoben und ausdrücklich festgesetzt, dafs die Schatzung von 1527 wieder mafsgebend sein sollte.

darum, ob die alten Vermögensangaben noch zuträfen; nur wenn eine Minderung in der Ansage stattfand, so prüfte der Fürstentag, ob dieselbe gerechtfertigt sei, um darauf je nach dem Ergebnisse, zu welchem er gelangte, die Entscheidung zu fällen, ob die Erniedrigung in der Selbsteinschätzung des betreffenden Standes zu genehmigen sei oder nicht[1]. Dem einzelnen Grundherrn blieb es überlassen, die Verteilung der auf ihn fallenden Quote, seiner Partikularschatzung, so zu regeln, dafs auch seine Unterthanen zur Aufbringung derselben herangezogen wurden; in den Städten wiederum war die Unterverteilung den Magistraten übergeben. Über die Art und Weise, wie die Grundherren und die Magistrate dabei verfuhren, erhob der König bittere Klagen. Von den letzteren behauptete er, dafs das von ihnen bei der Veranlagung ermittelte Steuerkapital oft bis auf das Doppelte der für die Stadt geltenden Partikularschatzung sich beliefe, während sie andererseits für einzelne Begünstigte Ermäfsigungen eintreten liefsen, und dafs sie die Differenz zwischen der von den Bürgern erhobenen und der an den König abzuliefernden Summe für ihren privaten Nutzen einstrichen; betreffs des Adels beschwerte er sich, dafs derselbe die Steuer unter seinen Bauern so zu verteilen wisse, dafs er nicht nur für seine eigenen Güter steuerfrei ausginge, sondern sogar noch einen erheblichen Sondernutzen habe[2]. Trotz der um die Mitte des 16. Jahrhunderts allgemein eintretenden Preissteigerung wurde 1552 die Schatzung von Dukaten auf Schlesische Thaler herabgesetzt, sodafs das Steuerkapital des Landes Schlesien von 11 1/2 Mill. Thalern auf c. 8 1/2 Mill. Thaler herabsank[3]. So konnte denn der König schon 1558 bemerken, dafs bei dem gröfsten Theile der Steuerpflichtigen die Schatzung nur den fünften Teil des wahren Wertes ihrer Güter betrage[4].

Unter diesen Umständen ist es begreiflich, dafs der König unablässig auf Reformen drang; da er freilich von jeder Mit-

---

[1] Derartige Fälle sind angeführt bei Kries S. 38 Anm. 4 und S. 48 Anm. 4 (Ermäfsigungen der Partikularschatzungen für die Städte Breslau und Schweidnitz), sowie ebd. Beilage F Nr. 2.
[2] Fürstentagsinstruktion für den Landtag von 1603, angeführt bei Kries S. 56 ff.
[3] Fürstentagsbeschlufs d. a. 1552 bei Schickfufs III 186 Nr. 3. Vgl. auch Kries S. 45 f., der allerdings fälschlich angiebt, die Mehrzahl der Stände hätte 1553, einer durch das Beispiel des anderen bewogen, die Schatzung statt, wie bisher, auf fl. ung., jetzt auf schles. Thaler gerichtet. Kries hat den Beschlufs vom Februar 1552 übersehen: „Es soll die schatzung ergehen wie 1527..., es soll die schatzung nach thalern gerichtet werden."
[4] Königliche Proposition zum Landtage von Trium Regum 1559 bei Schickfufs III 204; ähnlich in der Proposition d. a. 1562. Bresl. Stadtarch. A. P. IV Ms. 165 fol. 256 ff.

wirkung bei der Steuergesetzgebung ausgeschlossen war, so blieb ihm nichts übrig, als immer wieder mit neuen Klagen an den Fürstentag heranzutreten und um endliche Beseitigung der gröbsten Mifsstände zu bitten. In der That erlangte er 1554 vom Fürstentage das Versprechen einer neuen Schatzung, bei der jeder Steuerpflichtige seine Güter nach dem richtigen Werte mit genauer Specifikation der ihm zugehörigen Steuerobjekte angeben sollte. An dem Widerstreben einzelner Stände, besonders der Stadt Breslau, scheiterte jedoch die Durchführung dieses Beschlusses; der Breslauer Rat erklärte, dafs eine genaue Untersuchung der Vermögensverhältnisse aller Bürger unmöglich sei, dafs ferner das Bekanntwerden der Ergebnisse einer solchen den Kredit untergraben und den Verkehr vernichten würde [1]. So oft auch der König in den folgenden Jahren um „Partikularschatzung" bat, d. h. in diesem Falle um die Anstellung einer neuen Schatzung, bei der jeder die ihm gehörigen Steuerobjekte mit genauer Wertangabe zu specialisieren verpflichtet wäre, und dabei auch darauf hinwies, dafs dieselbe auch in Böhmen erfolge, und dafs die dabei gemachten Angaben bei der Kammer in tiefstem Geheimnisse bewahrt werden würden [2], so fand er doch mit seinen Wünschen kein Gehör. 1576 wurde noch einmal eine Steuerreform geplant; auf Antrag des Königs wurde beschlossen, dafs alle Häuser und Hufen des Landes, desgleichen die Teiche zu einem allgemeinen Kataster zusammengefafst, und dafs dieser zur Grundlage für die Verteilung der Steuern benutzt werden sollte [3]; doch scheint es, dafs wegen des bald darauf erfolgten Todes Maximilians II. dieses Unternehmen, wenn es überhaupt begonnen wurde, so doch mindestens bald ins Stocken geraten ist. So blieb denn die Schatzung von 1527 in ihrer im Laufe der Jahre immer mehr verstümmelten Gestalt „als eine in der Hauptsache feste Ertragssteuer vom Grundeigentum nach stabilem, bis 1700 nicht wesentlich verändertem Kataster natürlich mit wachsender Ungleichheit" [4] bestehen. Die Stände zeigten sich der Pflicht, auf dem Gebiete des Finanzwesens eine den realen Bedürfnissen des Staatslebens entsprechende Politik zu führen, nicht gewachsen. Die Lösung dieser Aufgabe ging daher unter den Einwirkungen des dreifsigjährigen Krieges von den Ständen über auf den Herrscher; das „Steuerregal" der Krone wurde damals, wenn auch nicht

---

[1] S. Kries S. 46.
[2] So 1556 (Schickfufs III 194), 1559 (ebd. 204), 1562 (ebd. 207), 1566 (ebd. 214), 1567 (Bresl. Stadtarch. A. P. Ms. fol. 40 ff.).
[3] Schickfufs III 229 f.
[4] Wagner a. a. O. Eine Übersicht der Veränderung in der Gesamtschatzung Schlesiens giebt Kries, Beilage F Nr. 1. 1620. also zum Ende der von uns behandelten Periode, war die Schatzung auf ca. 8120000 Thlr. schles. herabgesunken.

formell, so doch faktisch durchgeführt. Die Zeiten allerdings des sechzehnten Jahrhunderts, in denen ein Ferdinand und Maximilian noch mit einem seltenen Verständnisse für die Anfforderungen des Staatslebens und des Volkswohls, mit einem warmen Herzen für die Lage der bäuerlichen Klassen gegenüber den Unterdrückungsversuchen der Grundherren sich begabt gezeigt hatten, waren längst vorüber; die habsburgischen Herrscher des 17. Jahrhunderts zeigten sich der Reform ebensowenig gewachsen wie die Fürsten und Stände des voraufgegangenen Säkulums. Die alte Schatzung von 1527 blieb in Kraft bis zum Anfange des 18. Jahrhunderts; erst damals begann man mit neuen, lange Jahre fruchtlos sich hinschleppenden Katastrierungsarbeiten, bis die Okkupation Schlesiens durch Friedrich den Grofsen dem österreichischen Regimente ein unerwartet schnelles Ende bereitete [1].

---

[1] Was die Erhebung der Steuer anbetrifft, so wird davon in dem Kapitel über die Finanzbehörden die Rede sein. Die Termine der Steuerzahlung wurden immer in dem betreffenden Fürstentagsbeschlusse ausdrücklich angegeben; gewöhnlich gab es ihrer zwei im Jahre (z. B. Lichtmefs und Bartholomäi, oder Jakobi und Galli etc.). Über die Exekution gegen Säumige bestimmte der Fürstentag von 1579: „Inner zwei monaten soll jeder stand seine stewer resta zahlen; wo nit, sollen die haupt-, amptleute, Bürgermeister oder rathspersonen vom oberampt in ein wirthshaus bestrickt werden, bis der rest abgeführet worden, bey den fursten oder freyherrn soll man ein cammergut einnehmen." Vgl. auch über die Exekution das Kapitel über das Oberamt o. S. 173.
Ein Verzeichnis der Bewilligungen von 1527 bis 1546 findet sich (nach Aufzeichnungen der Faberschen Chronik) bei Kries S. 14 Anm. 3, welches allerdings nicht vollständig ist. Überhaupt keine Steuern wurden in dieser Zeit bewilligt in den Jahren 1533 bis 36 inkl., da 1533 ein sog. „ewiger Frieden" mit den Türken geschlossen worden war, ebenso 1539, 40 und 45. Seit dem sechsten Jahrzehnt wurde meist eine Schatzung von 12 pro Mille, seit 1570 eine regelmäfsige Türkensteuer von 70000 Thlrn. bewilligt; gegen Anfang des 17. Jahrh. stieg die Steuer auf 2 bis 400000 Thlr. jährlich (Kries S. 15). Der financielle Ertrag dieser Bewilligungen läfst sich schwer übersehen, da besonders im Anfange manche Schatzungen so gut wie gar nicht und auch die späteren Summen nur sehr unregelmäfsig einkamen. Ein tabellarisches Verzeichnis der Bewilligungen nebst Bemerkungen darüber, in welchem Umfange sie eingingen, findet sich bei Kries, Beilage G.
Von weniger wichtigen direkten Steuern gewahren wir in Schlesien den sog. „halben Silberzins", welcher zweifelsohne mit dem „halben Zins" identisch ist, den die böhmischen Stände 1548 und 1549 entrichteten (Gindely a. a. O. S. 93); er bestand darin, dafs die Fürsten und Stände, d. h. die Grundherren, dem Könige die Hälfte des Erbzinses bewilligten, welchen sie von ihren Unterthanen zu Georgi und Galli empfingen. Er tritt auf in den Jahren auch 1549 in den Zahlmeisterrechnungen von 1549/50 (Kgl. Staatsarch. Bresl. A. A. VI 1b) und in der Vitztumsrechnung von 1555 (ebd. A. A. VI 1c); die Einnahme aus ihm betrug 1549/50 15260 fl., 1550/51 35920 fl. 1563 bewilligten die Stände für König Maximilian ein Viertel der Erbsilberzinsen des Jahres 1564 (Schickfufs III 210). Endlich wurde 1570 und 1579 eine Kopfsteuer auf die Juden und die Ausländer bewilligt

c. Indirekte Landessteuern.

Bezüglich der indirekten Steuern wurde schon bemerkt, daſs dieselben zum groſsen Teile, vom Könige auf Grund seines prätendierten Zollregals einseitig auferlegt, dem ständischen Bewilligungsrechte entzogen waren. Da wir die Einnahmen aus dem Zollregale bereits behandelt haben, so besprechen wir hier nur die dem Könige von den Fürstentagen bewilligten indirekten Auflagen. Die erste derselben wurde 1528 beschlossen; es wurde nämlich damals eine Verkaufssteuer, „ein zoll-, hülf- und biergeld" auf Getreide, fremdes und einheimisches Bier, Wein, Wolle, Fische und Salz für drei Jahre, von Trinitatis 1529 bis 1532, ausgeschrieben, deren jährlicher Ertrag sich auf c. 45 000 bis 55 000 fl. (à 34 Gr.) belief[1]. Ein Scheffelgeld wohl ähnlicher Art wurde 1538 bewilligt, kam aber nicht zur Erhebung, da man inzwischen an seiner Statt eine Schatzungssteuer votiert hatte[2]. Mit neuen Forderungen bezüglich indirekter Steuern trat der König im Frühjahre 1546 an die Stände heran: neben einer Schatzungssteuer von 1,2 % verlangte er damals vom platten Lande eine Verkaufssteuer für jedes Viertel Bier im Betrage von 1 böhm. Gr. (à 14 Heller) und in den Städten eine Brausteuer in gleicher Höhe für jeden Scheffel Weizen oder Gerste und zwar deshalb, weil er aus Schlesien für die Unterhaltung seines Hofes — aus Mangel an Domanium und Regalien — kein Einkommen habe, und weil diese Abgabe insofern am wenigsten beschwerlich sei, als „der gemeine Mann sie zahle, ohne daſs er es innen werde". Für die Herstellung der Baulichkeiten auf den Grenzfestungen in Ungarn forderte er ferner von jedem Fuder Salz einen Einfuhrzoll von 1 fl. ung. ebenfalls auf vier Jahre. Der Fürstentag bewilligte auſser der Schatzung nur die Biersteuer auf vier Jahre mit einigen geringfügigen Änderungen: auf dem Lande sollten vom Viertel, das in den Wirtshäusern zum Ausschanke gelange, wenn es Weizenbier war, 14 Heller, wenn es Gerstenbier war, 12 Heller entrichtet werden; ebenso sollte in den Städten eine Brausteuer vom Scheffel Weizenmalz im Betrage von 14 Hellern, vom Scheffel Gerstenmalz im Betrage von 12 Hellern gezahlt werden[3].

(Schickfuſs III 218; Bresl. Stadtarch. A. P. Ms. 170 fol. 255 ff.) über deren Verhältnisse wir nichts näheres wissen.
[1] Schickfuſs III 175 f. Vorhanden sind noch die auf diese Einnahmen bezüglichen Raitungsbücher des Gegenschreibers Wolf von Egen von Trinitatis 1529 bis Trin. 1530 und von Trin. 1531 bis 1532. Bresl. Kgl. Staatsarch. AA. I 78a und b. Vgl. auch Kries S. 15 f.
[2] Nach Kries S. 17 f., der diese Nachricht aus den Warmbrunner Acta Publica entnommen hat.
[3] Schickfuſs III 179 f.

Dieses Biergeld nun ist die einzige vom Landtage abhängige indirekte Steuer, welche bis zum dreifsigjährigen Kriege in Schlesien ständig wurde [1]. Es wurde in der Folgezeit immer auf ein, zwei oder auch drei Jahre bewilligt; anfangs betrug es einen Groschen für das Fafs, 1554 wurde es verdoppelt, später auch verdreifacht, vervierfacht und verfünffacht, bis es (seit 1585) auf das Sechsfache seiner ursprünglichen Höhe stieg. Freilich wuchs der Ertrag des Biergeldes nicht in dem gleichen Grade; während es 27000 schles. Thl. einbrachte, als noch vom Fasse ein Groschen erhoben wurde, kamen jetzt nur 70- bis 80000 schl. Thl. ein, als das Fafs mit 6 Groschen besteuert war[2]. Die Ursache für diesen relativen Rückgang liegt zweifelsohne in den massenhaften Hinterziehungen der Steuer, da für eine sichere Kontrolle kaum gesorgt werden konnte[3]. Steuerfrei war anfangs das für den Hausgebrauch gebraute, nicht zum Verkaufe gelangende Bier[4]; späterhin galt für exemt nur noch das Bier, welches Prälaten, Priester und Adel verbrauchten, bei den Bürgern und Bauern nur noch das Bier, welches auf Hochzeiten und bei anderen derartigen Festlichkeiten getrunken wurde[5]. Erhoben wurde die Steuer anfangs beim Verkaufe des Bieres, sodafs der Käufer und der Verkäufer je die Hälfte tragen sollten, mancherorts auch beim Verkaufe von Malz; erst später wurde die Abgabe eine eigentliche Brausteuer, indem (seit 1567) das Bier gleichförmig beim Brauen versteuert und erst nach Erlös eines Brauzettels Feuer angelegt werden durfte; die Steuer wurde dann immer für ein ganzes Gebräu (zu 15 Fafs von 20 Scheffeln Malz) gezahlt[6]. Verwendet sollte das Biergeld teils für den Hofhalt des Königs teils für die Schuldentilgung werden.

---

[1] Auch eine gewisse Art des Biergeldes war freilich der ständischen Bewilligung entzogen, nämlich das sog. „ewige Biergeld", welches den Breslauern und den Schweidnitz-Jauerschen Städten zur Strafe dafür, dafs sie während des schmalkaldischen Krieges der protestantischen Sache sich geneigt gezeigt hatten, auferlegt worden war. Bresl. Stadtarch. Trebelade Ms. 107 fol. 160 (d. d. Breslau, 25. November 1549): Die Breslauer versprechen, „dafs sie von yden scheffel waizen ader gersten malz, das alhie in der stadt ader vorstadt verbreuet ader sunst aus der stadt verkauft wirt, einen weyssen behemischen groschen und vor einen groschen sieben weisse pfennige geben sollen und wollen". Dafür bewilligt der König dem Rate, „solch geld anzulegen und auszuebrengen, wie das einem erbarn rath nach gelegenheit gutduncken wirt."
[2] Kries S. 64. Dabei wurden noch 6000 Thlr. vom sechsten Biergroschen für die Bedürfnisse des Landes zurückbehalten.
[3] Ebd. S. 67f.
[4] S. die Beschlüsse von 1557 und 1559 bei Schickfufs III 197ff.
[5] S. die Beschlüsse von 1562, 1565, 1573, 1574 u. s. w. Schickfufs III 206ff. Umsonst suchte der Kaiser die Aufhebung dieser Exemtionen zu bewirken, da besonders der Adel damit Mifsbrauch trieb und Unterschleife ins Werk setzte.
[6] Kries S. 63ff.

Die Exemtionen des Adels, die Ungleichheit der Maafse, die Schwierigkeit der Kontrolle begünstigten aufserordentlich den Unterschleif; wiewohl immer wieder vom Könige ermahnt, die Mifsstände auf dem Wege der Gesetzgebung zu beseitigen, konnten doch die Stände sich dazu nicht entschliefsen. Eine gründliche Reform wurde erst nach dem Aufhören des Dualismus in der Verfassung von der Krone durchgeführt[1].

3. Das Verhältnis von Einnahme zu Ausgabe.

Die Anfänge des Etatswesens.

Der staatsrechtliche Doppelcharakter des Finanzwesens, der unentwickelte Zustand des Staatskredits, der unregelmäfsige Eingang besonders der landständischen Steuern hatten zur Folge, dafs es zu einer planmäfsigen Ordnung in dem Verhältnisse von Einnahme zu Ausgabe, zu einer festen, geregelten Finanzwirtschaft überhaupt noch nicht kommen konnte. Das Etatswesen befand sich noch in seinen ersten Anfängen. Der schlesische „Camerstaat", wie er seit der Mitte des 16. Jahrhundertes für die königliche Finanzverwaltung eingeführt

---

[1] Das Biergeld blieb in unserer Periode die vornehmste Form der indirekten Steuer in Schlesien; andere indirekte Auflagen waren von nur vorübergehender Dauer. 1559 verlangte der König zwar eine Verkaufssteuer auf Fische, Getreide u. s. w., wurde aber abgewiesen (Schickfufs III 203 ff.). Dagegen bewilligte 1569/70 der Fürstentag als eine Schuldenlasthülfe eine Viktualiensteuer auf Getreide, Fische und Wein, welche Käufer und Verkäufer zur Hälfte tragen sollten, indem der Verkäufer die Abgabe zahlen und für die eine Hälfte derselben durch einen entsprechenden Preisaufschlag an dem Käufer sich schadlos halten sollte. Jeder Fürst und Stand sollte alles richtig angeben, was er verkauft habe, und darauf achten, dafs bei den Unterthanen ein Gleiches stattbabe; auch sollten in jedem Dorfe zwei taugliche Männer zu Einnehmern verordnet und vereidigt werden. In der Stadt mufste der Rat darüber wachen, dafs alles richtig zugehe. In jedem Kreise wurden je ein Bürger und ein Adliger zu Obereinnehmern verordnet; dieselben sollten vierteljährlich Zusammenkünfte halten, zu denen die Stände dann die Untereinnehmer mit den Gefällen und mit Registern darüber, wie viel sie selbst, wie viel ihre Unterthanen verkauft hätten, abordneten (Schickfufs III 218 und Bresl. Stadtarch A. P. Ms. 169). Die Unmöglichkeit, die Durchführung dieser zum gröfsten Teile von einer sehr primitiven Finanztechnik zeugenden Mafsregeln zu überwachen, leuchtet ein. Der Ertrag blieb denn auch hinter allen Erwartungen zurück; man hoffte, dafs jährlich 50000 Thlr. einlaufen würden, während in der That nur 8000 Thlr. eingingen, von denen noch dazu 1100 Thlr. auf Erhebungskosten abgingen (Kries S. 16). 1579 wurde eine neue Tranksteuer auf Bier (1 gr. über das schon vorhandene Biergeld von 4 gr.), sowie auf Wein (bei Ausschank oder Ausfuhr 1 gr. pro Eimer Landweines oder böhmischen Weines, 4 w. gr. pro Eimer österreichischen, 6 gr. pro Eimer Rhein- oder Ungarweines, 1/3 Thlr. pro Lägel [= 30 Pinten = 45,193 Liter] süfsen Weines), ferner ein Ausfuhrzoll auf Pferde und Getreide gelegt.

wurde¹, umfafste lediglich die jährlichen Ausgaben für die
Kosten der laufenden Verwaltung und für die Zahlung der
Interessen der Kammerschulden; zur Deckung dieser „Ordinari-
Ausgaben" war der Kammer seit 1572 ein jährliches „Deputat"
zugewiesen, nämlich die Erträgnisse zweier Biergroschen; es
gab von vornherein ein budgetmäfsiges Defizit, da die Ausgaben die zu ihrer Deckung bestimmten Einnahmen, wie schon
vorhergesehen wurde, überstiegen². Neben diesem „Camerstaat", der zugleich als Generalzahlungsmandat für die in ihm
enthaltenen Ausgaben galt, und der nur über einen geringen
Teil der ordentlichen Einnahmen disponierte, wurden zweifelsohne vor Beginn einer Finanzperiode noch umfassendere Be-
rechnungen angestellt, welche sich mit dem Verhältnisse der
gesamten einigermafsen voraussehbaren Einnahme und Ausgabe beschäftigten, aber noch keineswegs den Charakter von
festen Voranschlägen trugen, welche etwa als Norm für die
laufende Finanzgebahrung dienen sollten³. Der Voranschlag

---

¹ Alsbald nach Errichtung der Kammer gab der Kaiser den Befehl
zur Aufrichtung eines „Cammerstats", der alle Gehälter der Beamten,
desgleichen die Provisionen, welche aus dem Rentamt bezahlt wurden, sowie die Zinsen der auf die schlesische Kammer verwiesenen Schulden enthalten sollte. S. Kgl. Staatsarch. Bresl. AA. III 23a fol. 60 (Kammerbericht d. d. Breslau, 31. Januar 1559). Schon damals klagte die Kammer, dafs sich „die jarlichen ausgaben umb ein 18000 mer als die
gefell erstrecken;" es gab also schon damals ein budgetmäfsiges Defizit
von 18000 Gulden.
² Vgl. die Kammerordnung von 1572 (gedruckt im Anhange) fol. 13.
Im Jahre 1570 wurden fünf Biergroschen bewilligt, welche c. 100000 fl.
rh. einbrachten (Kries, Beilage G Nr. 2); ein Biergroschen betrug
also 1570 c. 20000 fl. rh., das der Kammer überwiesene Deputat
40000 fl. rh. (= c. 33300 Thlr. schles.). 1560 betrugen die jährlich
zahlbaren Schuldenzinsen 21000 Thlr. schles. (Kgl. Staatsarch. AA. III
23a fol. 204-209); ungefähr die gleiche Höhe dürften sie wohl 1570
gehabt haben. Nun wurden 1570 ausgegeben an Besoldung und Dienst-
geldern 17000 fl. rh. (= 14200 Thlr. schles.), an Provisionen (d. h.
Pensionen) c. 5700 fl. rh. (= 4750 Thlr. schles.), für Zehrungen und
Unkosten 6000 fl. rh. (= 5000 Thlr. schles.), für Gnadengelder und
Verehrungen 6400 fl. rh. (= c. 5300 Thlr. schles.). Die Gesamtausgabe
an Besoldungen, Verwaltungsunkosten u. s. w. (allerdings wissen wir
nicht, ob dieselben sämtlich in den Cammerstaat aufgenommen worden
waren) belief sich also auf c. 29000 Thlr. schles. Wenn auch diese
Schätzung natürlich nur eine sehr oberflächliche sein kann, so läfst
sie doch erkennen, dafs schon die projektierten Ausgaben die überwiesenen ordentlichen Einnahmen weit überschritten haben müssen, da
für 1570 einem Kammerdeputate von 33300 Thlr. Schles. eine faktische
Ausgabe an Verzinsung und Verwaltungskosten von c. 50000 Thlrn.
gegenüberstand.
³ Eine derartige Berechnung findet sich in dem Berichte der Kammer an den Kaiser d. d. 23. Juli 1560; Kgl. Staatsarch. Bresl. AA. III
23a fol. 204-209. Wir lernen daraus verschiedene interessante Details
kennen. Als Einnahmen waren veranschlagt das Zollgeld und das
Biergeld. Das Zollgeld war von vornherein den Herbrotschen Erben verschrieben; auf das Biergeld, welches 1560 c. 65000 fl. einbrachte, war
König Maximilian mit 40000 fl. angewiesen (ein „Kammerdeputat" aus

war jedenfalls noch weit davon entfernt, die Bedeutung eines festen Finanzplanes für die Verwaltung, geschweige denn den Charakter eines Gesetzes an sich zu tragen. Niemals war der gesamte Finanzbedarf von vornherein genau berechnet, niemals auch von vornherein für seine Deckung ausreichende Fürsorge getroffen. Die Folge davon war, dafs die laufenden Verwaltungsbedürfnisse immer wieder durch Anleihen gedeckt werden mufsten, und dies hinwiederum führte zu einem beständigen Wachstum der Schuldenlast.

Wir geben zum Schlusse dieses Abschnittes einige Zahlen über die Entwicklung des thatsächlichen Verhältnisses zwischen Einnahme und Ausgabe in dieser Periode[1]. Im Jahre 1529 betrug die Einnahme (aus dem Scheffelgelde) 54 200 fl. (à 34 w. gr.), im Jahre 1531 44 000 fl., denen sich eine Ausgabe von 42 800 fl. gegenüberstellte. Von diesen Ausgaben fielen auf Unkosten der Erhebung (Besoldung der Untereinnehmer usw.) 2 700 fl., auf Schuldenabtragung 30 000 fl., auf Besoldungen (für den Oberhauptmann, die Centralfinanzbeamten und einige kaiserliche Räte) 3800 fl.; an das Hofzahlamt wurden nur 550 fl. abgeführt. In dem Rechnungsjahre 1542/43 wurden vereinnahmt 119 000 fl. (à 32 gr.; c. 91 000 fl. der Steuer von 1542, 12 000 fl. Restanten der Steuer von 1541, c. 16 000 fl. aufserordentliche Einnahmen an Geschenken, Darlehen und Strafgeldern). 1549.50 standen in Empfang c. 66 000 fl. (à 35 w. gr., 27 000 fl. Biergeld, 15 000 fl. halben Erbsilberzins, 8000 fl. aufserordentlicher Einnahme, 15 000 fl. Kassenbestand) gegen eine Ausgabe von 35 000 fl. (2000 fl. an Besoldungen, 2500 fl. an Gnadengeldern und Geschenken. 30 000 fl. für Schuldentilgung und Zinszahlung), 1550/51 in Empfang 131 000 fl. (18 000 fl. Kassenbestand, 21 000 fl. Biergeld, 36 000 fl. halber Silberzins, 56 000 fl. Darlehen) gegen eine Ausgabe von 125 000 fl. (2500 an Besoldungen, 37 000 in das Hofzahlamt, 83 000 für

---

dem Biergelde existierte 1560 noch nicht). Die jährlich zahlbaren Schuldeninteressen betrugen 21 000 Thlr.; man sah bereits ein Jahresdefizit von c. 20 000 Thlrn. voraus. Die Einkünfte der Steuer wurden als ganz unberechenbar nicht erst veranschlagt; es blieb der Finanzkunst der Kammer überlassen — natürlich mit Genehmigung des Kaisers —, über die Erträgnisse der Steuer in zweckmäfsiger Weise zu disponieren behufs Ablegung der aufgekündigten oder sonst fälligen Schulden; die Überschüsse mufsten dem Wiener Kriegszahlamte eingesandt werden. Es kam jedoch auch vor, dafs die Wiener Hofkammer (d. h. der Kaiser) von vornherein eine bestimmte Summe für das Kriegszahlamt forderte; die schlesische Kammer mochte dann sehen, wie sie sich mit den auf die schlesischen Einkünfte verwiesenen Gläubigern auseinandersetzte oder aufgekündigte Darlehen durch neu kontrahierte Schulden tilgte.

[1] Das Folgende nach den Rechnungsbüchern im Kgl. Staatsarch. Bresl. AA. I 78, AA. VI 1 und den daraus bei Kries (Beilage II) gegebenen Auszügen.

Interessen- und Schuldenzahlung). 1555 wurden eingenommen 100000 fl. (à 35 w. gr., 76 000 an ständischen Steuern, 23 000 an Darlehen), verausgabt 86 000 (23 000 fl. Interessen, 4000 fl. Besoldungen, 58 000 fl. in das Hofzahlamt). In der Folgezeit erhöhte sich die ordentliche Einnahme infolge der Durchführung des Zoll- und Salzregals. Im Jahre 1558 betrug die Einnahme 670 000 fl. (à 35 w. gr., 97 000 fl. Steuern, 25 000 fl. Zollgelder, 72 000 Kassenbestand, 63 000 an Darlehen und 413 000 durch Verpfändungen), während die Ausgabe auf 658 000 fl. sich belief. 1560 kamen ein 284 000 fl. (à 35 w. gr. 13 600 Bestand, 194 000 an Steuern und Steuerresten, 37 000 durch den Zoll und 38 000 durch Anlehen); ausgezahlt wurden 250 000 fl. (61 000 an den Hof und das Kriegszahlamt, 159 000 für Schulden und Interessen, 16 000 für Besoldungen, Gnadengelder, Verwaltungsunkosten usw.). Im Jahre 1570 standen 330 000 fl. (à 30 w. gr.) Einnahmen (16 000 Bestand, 125 000 Steuern, 43 000 Salz-, Zoll- und Domänengefälle, 146 000 Anlehen) einer Ausgabe von 327 000 fl. (110 000 fl. an den Hof und das Kriegszahlamt, 180 000 für Schulden und Interessen, 34 000 fl. für Besoldung usw.) gegenüber. 1587 wurden in Empfang gestellt 255 000 fl. (17 000 Bestand, 50 000 Zoll- u. a. Gefälle, 75 000 Anlehen, 12 000 Verkauf von Staatsgütern, 87 000 an Biergeld [1]), in Ausgabe 230 000 fl. (Hofzahlamt 40 000, Schuldentilgung und Verzinsung 171 000, Besoldungen, Provisionen, Tagegelder usw. 15 500 fl.), 1608 in Empfang 220 000, in Ausgabe c. 210 000. Man sieht aus diesen Zahlen das beständige Anschwellen des schlesischen Budgets, sowie der Landessteuern, die — freilich ziemlich bescheidene — Zunahme der ordentlichen Einnahmen des Arars, die Vermehrung der Ausgaben für die Kosten der immer komplicierter sich gestaltenden Verwaltung und endlich die grofse Bedeutung, welche das Schuldenwesen für die schlesische Finanzwirtschaft besafs, wie das Gleichgewicht zwischen Einnahme und Ausgabe immer nur durch neue Kreditoperationen hergestellt werden konnte. Gewifs war dies ein nichts weniger als erfreulicher Zustand; man würde aber sehr irren, wenn man die Verantwortung dafür irgendwelchen persönlichen Einflüssen aufbürden würde; nicht nur die Entwicklung des Finanzwesens an sich, sondern auch der gesamten politischen Verhältnisse bedingte mit Notwendigkeit das Entstehen dieser Schuldenwirtschaft; die Fortschritte, welche die Geschichte des schlesischen Finanzwesens innerhalb eines Jahrhunderts zu verzeichnen hatte, waren grofs genug, um allen Nachtheilen, die

---

[1] Die Schatzungssteuer wurde 1587 direkt von den Ständen an die Truppen und nicht erst in das Rentamt ausgezahlt, ebenso 1608. Es wurde schon erwähnt, dafs seit dem Anfange des 17. Jahrhunderts die direkte Steuer auf 3—400 000 Thlr. stieg.

sich etwa mit eingeschlichen hatten, das Gleichgewicht zu halten. Die führende Rolle aber gebührt, wie auf anderen Gebieten des Staatslebens, so auch hier wiederum dem Königtum, welches die oft nur widerwillig folgenden Stände durch seine höhere Einsicht mit fortrifs, wiewohl es nicht immer das Zweckmäfsige gegen die Opposition des hier übermächtigen Fürstentages durchzusetzen vermochte.

Erstes Kapitel.

Die Finanzbehörden bis 1552.

Konnte es in der Zeit von 1527 bis 1552 zu einer festen materiellen Ordnung der schlesischen Finanzen nicht kommen, da es bis dahin, wie wir sahen, ein ordentliches Einkommen des königlichen Ärars nicht gab, da ferner die ständischen Bewilligungen nur mit Unterbrechungen erfolgten und keineswegs sehr regelmäfsig einliefen, so war die natürliche Folge davon, dafs eine beständige formelle Ordnung des schlesischen Finanzwesens noch weit weniger möglich war. Nur bei Gelegenheit von landständischen Bewilligungen und nur für die Dauer derselben entstanden speciell für Schlesien Finanzbehörden, und je nach der Verschiedenheit der einzelnen Steuern änderte sich auch die Organisation der mit ihrer Erhebung beauftragten Beamten. Bald nach der Erwerbung Böhmens errichtete Ferdinand I. die Raitkammer zu Prag, deren Kompetenz gemäfs der für sie bestimmten Instruktion sich auch auf Schlesien erstreckte[1]. Da es aber ein eigentliches Kammergut in Schlesien damals kaum gab, so fungierte sie vornehmlich als Kontrollstelle und Forum der Rechnungslegung für die mit der Erhebung der schlesischen Steuern betrauten Beamten. Um zu schildern, wie diese Erhebung vor sich ging, welcher Art die dafür mafsgebenden politischen und administrativen Principien waren, müssen wir die Entwicklung der schlesischen Finanzbehörden Schritt für Schritt, Jahr für Jahr im Zusammenhange mit

---

[1] Böhmische Raitkammerordnung d. d. Prag, 25. März 1527, gedruckt bei Rosenthal, Die Behördenorganisation Kaiser Ferdinands I. im „Archiv für österr. Gesch." LXIX 281 ff., Wien 1887. Ein Zeugnis für die Wirksamkeit der Prager Kammer für Schlesien bietet ein Mahnschreiben der böhmischen Kammerräte an den Bischof Jakob von Breslau im Namen des Königs wegen des Ungeldes und Biergeldes (d. d. 31. Dez. 1529); Kgl. Staatsarch. Bresl. AA. III 6a.

der Geschichte der einzelnen Abgaben dieser Zeit verfolgen; da unser Material für diese Periode aufserdem sehr lückenhaft ist, indem es an Instruktionen sogar gänzlich fehlt, so müssen wir uns mit einer Feststellung der äufseren Umrisse der Geschichte des damaligen Behördenwesens auf dem Gebiete der Finanzverwaltung begnügen.

Als 1527 in Schlesien die erste direkte Steuer in habsburgischer Zeit bewilligt wurde, traf man die Verordnung, dafs auf dem platten Lande in jedem Weichbilde zwei adlige Personen und in den Städten „sonst redliche Leute" als Kommissare, vor denen die Einschätzung geschehen sollte, bestellt würden; in den mittelbaren Territorien stand die Ernennung derselben dem Fürsten, in den Erbfürstentümern auf dem platten Lande dem Landeshauptmanne, in den Städten dem Magistrate zu. Wie aus der Eidesformel [1] dieser „Verordneten" erhellt, waren dieselben zugleich mit der Erhebung der Steuer betraut. Die Einnehmer der Erbfürstentümer waren auf den König und ihre Landeshauptmannschaft vereidigt; ob auch die Einnehmer der Mediatfürstentümer dem Könige schwören mufsten, bleibt dahingestellt. Für die Erhebung der Steuer waren also Stadt und Land geschieden, die Landschaften selbst wiederum geteilt nach den einzelnen Weichbildern. In den Städten sammelten die städtischen Kommissare die Steuer von den steuerpflichtigen Einwohnern, auf dem platten Lande die Kreiseinnehmer von den Grundherren ihres Weichbildes, welche an die ersteren sowohl ihre eigenen Beiträge wie die ihrer Unterthanen abführten. Bei der Erhebung der Steuer von ihren Hintersassen bedienten sich die Grundherren wahrscheinlich der Hülfe des Schulzen. Auf welche Art und Weise die Stadt- und Kreiseinnehmer die bei ihnen eingelaufenen Gelder weiter beförderten, ist unbekannt; wir wissen nicht einmal, welches bei der Bewilligung von 1527 die Centralstelle für sämtliche Steuereingänge von ganz Schlesien war. Aus späteren Verhältnissen [2] läfst sich vermuten, dafs in den mittelbaren Fürstentümern und Herrschaften die Lokaleinnehmer ihre Gefälle dem Landesherrn zur Weiterbeförderung zustellten: in den Erbfürstentümern ordneten wohl Adel und Städte für sich gesonderte Deputierte zur Ablieferung der bei ihnen gefallenen Steuer bei der Centralstelle ab.

Für die Jahre von 1529 bis 1532 wurde dem Könige, wie wir erwähnten, eine indirekte Auflage vornehmlich auf Bier, Getreide, Wolle, Fische und Salz bewilligt. Über die

---

[1] Gedruckt ist bei Kries, Beilage C Nr. 1. die Eidesformel für den Einnehmer der Stadt Breslau; wie aus den Eingangsworten zu entnehmen ist („darauf die Einnehmer [Kries druckt hier sinnlos „Einwohner"] vereidet, wie folget"), galt sie aber mutatis mutandis für das ganze Land.

[2] S. den Anfang des dritten Kapitels.

Modalitäten bei der Erhebung dieser Abgabe sind wir besser unterrichtet[1]. In den Städten der einzelnen Weichbilder safsen „Ungelter" meist mit einem Schreiber; zur Unterstützung dieser Beamten und zur Verhütung von Hinterziehungen wurden in den gröfseren Orten Thorhüter und Stadtknechte angestellt. In sehr bedeutenden Städten befand sich auch eine Wage (behufs Bestimmung des Gewichtes bei Wolle und Steinsalz) mit einem Wagemeister; in Schweidnitz, wo die Brauindustrie blühte, gab es auch einen Schrotmeister. Die Ernennung aller dieser Beamten stand wahrscheinlich dem Könige und seinen Organen zu; meist befanden sie sich eigentlich in städtischen Diensten und bekleideten ihre Stelle bei der Steuerverwaltung nur als Nebenbeschäftigung, wurden aber für ihre Thätigkeit in dieser Hinsicht auf den König vereidigt[2]. Mit der Empfangnahme der Steuer in den Städten waren die Ungelter betraut, welche die vereinnahmten Beträge mit Angabe des speciellen Postens, um den es sich handelte, buchen mufsten. Was die Kontrolle über ihre Geschäftsgebahrung anbelangt, so wissen wir nur, dafs sie neben der vorgeschriebenen Buchung auch „Polleten" ausfertigen mufsten, auf denen wohl Objekt, Höhe und Datum der Erlegung der Steuer enthalten waren; auf welche Weise aber die Poleten zur Kontrolle benutzt wurden, ist unklar. Wenn der übergeordnete Beamte die eingegangenen Gefälle abhob, so verglich er, wie es scheint, den Kassenbestand, die Poleten und die Bücher des Einnehmers, um dadurch sich von der Richtigkeit der Amtsführung des letzteren zu überzeugen. Wo mehrere Beamte an einem Orte vorhanden waren, hatten dieselben natürlich sich gegenseitig zu überwachen, während Stadtknechte, Thorhüter usw. offenbar Durchstechereien seitens des Publikums verhüten sollten. Auf dem platten Lande erhoben, falls steuerpflichtige Geschäfte abgeschlossen wurden, die Schulzen die schuldigen Abgaben und brachten sie von da zur Weichbildstadt.

Für diese lokalen Hebestätten gab es eine centrale Sammelstelle. Bald nach Beginn der neuen Steuer wurde eine oberste königliche Finanzbehörde[3] für ganz Schlesien eingesetzt,

---

[1] Das Folgende nach den Raitbüchern des Kgl. Staatsarch. Bresl. AA. I 78a (1529/30) und AA. I 78b (1531/32).
[2] Die Gehälter dieser Beamten sind sehr verschieden je nach der Gröfse des Ortes; die der Ungelter, der eigentlichen Einnehmer, schwankten zwischen einigen wenigen Gulden und c. 33 fl. (à 34 w. gr.); die der Thorhüter betrugen bis 10 fl. jährlich. 1531/32 wurden für die Besoldung dieser Unterbeamten insgesamt 2750 fl. ausgegeben.
[3] Auf Grund der Warmbrunner A. P. erzählt Kries (S. 17) einige Einzelheiten, welche ich nicht zu kontrollieren vermag: „Vielmehr sollte das bewilligte Geld (100000 fl. ung.) 1527 sogleich an die königlichen Beamten abgeliefert werden, und den ihm 1528—29 bewilligten Zoll durch seine Steuermeister zu erheben, bleibt dem Könige ebenfalls überlassen. Es ist, als ob das bewilligte Geld die Stände nun nicht

bestehend aus Doktor Heinrich Riebisch als Rentmeister und
Wolfgang von Egen als dessen Gegenschreiber[1]. Der Rentmeister durchreiste von Zeit zu Zeit zu gewissen Terminen
das Land, hob die Steuereingänge bei den einzelnen Unter-
einnehmern ab, revidierte deren Geschäftsführung und gab
ihnen Quittungen; mitunter sandten die Untereinnehmer das
Geld auch direkt nach Breslau. Über alle Eingänge und
Ausgänge der schlesischen Centralsteuerkasse führte er genau
Buch; zu seiner Kontrolle war der Gegenschreiber bestellt,
welcher ebenfalls über alle Einnahmen und Ausgaben ein
Gegenbuch halten mufste. Der Rentmeister war befugt, die
kleineren Ausgaben auf Besoldung der Untereinnehmer, Trans-
portkosten usw., die also mit der Erhebung der Steuer in
Zusammenhang standen, alsbald bei der Einnahme in Abrechnung zu bringen; bei allen anderen gröfseren Ausgaben bedurfte es einer speciellen Anweisung des Königs. Nur das,
was von den Einnahmen nach Abzug sämtlicher Kosten für
die Erhebung der Steuer, Gehälter usw., sowie der auf königlichen Befehl zumal behufs Ablegung der Schulden gethanen
Ausgaben übrig blieb[2], wurde abgeführt und zwar nicht an
die böhmische Rentkammer, sondern direkt an das kaiserliche
Hofzahlamt[3]; auch die Rechnungslegung, welche für jedes

---

weiter kümmerte. Nur dafür tragen sie Sorge, dafs sie nicht über die
Bewilligung beschwert werden, wie denn bestimmt ward, die königl.
Zolleinnehmer sollten denselben nach dem Rat und Willen eines jeden
Standes und der betreffenden Obrigkeit erheben. ... 1528 wurde Graf [?]
Caspar Schaafgotsch zum „Steuermeister" über das bewilligte Bier- und
Scheffelgeld ernannt." Wer die königlichen Beamten waren, an welche
die Steuer von 1527 abgeliefert wurde, weifs auch Kries nicht. Die
Rolle des Kaspar Schaffgotsch als „Steuermeisters" des 1528 bewilligten
Scheffelgeldes ist gänzlich unklar; königlicher Beamter kann er wohl
nicht gewesen sein, da er nicht einmal unter denjenigen Personen genannt wird, die zu jener Zeit Besoldungen auf Rechnung des Königs
empfingen; auch mit der Erhebung der Steuer hatte er nicht das geringste zu schaffen. Vielleicht war er ständischer Beamter, und es
beschränkten sich seine Funktionen auf die Überwachung der Erhebung
im Interesse des Landes, sodafs er darauf zu achten hatte, dafs die
Höhe der Bewilligung nicht überschritten werde, dafs die Steuerbeamten
keine widerrechtlichen Bedrückungen sich erlaubten u. s. w.
[1] Kgl. Staatsarch. Bresl. AA. VI 1 b „Inventari aller der Schlesischen steuer und piergelt, vitzthumb und rentmaister ambtsraitungen":
fol. 17b: „Ain kuniglich bestallung doctor Ribisch betreffend" (d. d.
1. August 1529), „ain kuniglich bestallung wolfgang Egen betreffend"
(d. d. 4. Januar 1530). Wie aber aus dem Raitungsbuche 1529/30 hervorgeht, traten sie ihr Amt sogleich mit Beginn des Rechnungsjahres
(Trinitatis) an, also noch vor Ausfertigung der officiellen Bestallungsurkunden. Übrigens war Riebisch Rentmeister auch für die Lausitz:
„Vollmacht vor dero rath, rentmeistern in Schlesien und Lausitz, Heinrichen Ribisch" (Kgl. Staatsarch. Bresl. AA. III G e S. 68, d. d. 9. Januar
1530). „Dr. Heinrich Riebisch, Rentmeister in Ober- und Niederschlesien
auch Lausitz" (d. d. 27. April 1530).
[2] Im Rechnungsjahre 1531/32 war dies eine Summe von nur 550 fl.
[3] Vgl. über dasselbe Rosenthal a. a. O. S. 134.

Jahr vorgeschrieben war, wurde nicht vorgenommen vor der böhmischen Kammer und deren Buchhalterei, sondern vor der Wiener Hofkammer und der Wiener Hofbuchhalterei. Wenn uns auch Instruktionen für diese ältesten königlichen Finanzbeamten Schlesiens unter Ferdinand I. nicht überliefert sind, so sehen wir doch aus den zum Teil uns erhaltenen Akten ihrer Geschäftsführung, zumal aus ihren Rechnungsbüchern, dafs bereits eine feste, wohlgefügte und vervollkommnete Ordnung des Finanzdienstes, vornehmlich hinsichtlich der Kassenführung, der Kontrolle und des Rechnungswesens, bestanden haben mufs; wir gehen kaum irre, wenn wir diese Fortschritte dem Einflusse der Principien der unter Maximilian I. in Österreich recipierten, unter Ferdinand I. dauerhaft begründeten französisch-burgundischen Verwaltungsorganisation zuschreiben.

Mit der indirekten Steuer selbst hörte auch die zur Erhebung derselben geschaffene Organisation auf. Die Stände mochte es doch wenig ratsam dünken, die Erhebung der von ihnen bewilligten Abgaben rein königlichen Beamten zu überlassen; zugleich wollten sie auch nach Möglichkeit dem Herrscher die Verwendung der von ihnen aufgebrachten Summen entziehen. Der König zeigte sich geneigt, diesen Wünschen Folge zu leisten; als er 1531 eine neue Türkenhülfe verlangte, erklärte er sich bereit, damit die Stände Gewifsheit hätten, dafs das Geld zu keinem andern als zu dem geforderten Zwecke verwandt würde, zu gestatten, dafs die Steuer einem eigenen Zahlmeister der Stände anvertraut würde, der sie dann gemäfs den Beschlüssen des Fürstentages ausgeben sollte [1]. Es scheint jedoch, dafs dieser Gedanke, welcher merkwürdig genug vom Könige selbst angeregt worden war, wiewohl er ganz dazu geeignet war, die Macht der Krone auf das empfindlichste zu schwächen, damals noch nicht zur Ausführung kam, sondern dafs die Steuern von 1531 und 1532, — insofern die Stände ihre Hülfen in Gold und nicht etwa in Truppen leisteten, deren Bestallung und Bezahlung sie selbst übernahmen —, noch weiter durch den königlichen Rentmeister vereinnahmt wurden [2]. Da von 1533 bis 1537 keine Steuern bewilligt wurden und auch ordentliche Einkünfte des Ärars noch nicht vorhanden waren, so war auch eine speciell schlesische Finanzbehörde in dieser Zeit nicht vonnöten [3]; Geschäfte aufserordentlicher Natur, die sich damals etwa ereigneten, konnten mit Leich-

---

[1] Landtag vom 16. April 1531 Bresl. Stadtarch. A. P. II Ms. 163 fol. 245 ff.: „die stend wollen iren aigen zalmaister mit dem hülfgelt bey uns haben und dasselbe in angezaigt wege ausgeben lassen."

[2] So fordert der König auf dem Landtage vom 10. Juni 1531 12000 Gulden zu Händen seines schlesischen Rentmeisters: ebd. fol. 262 ff.

[3] In der That erscheint Dr. Riebisch 1533 zum letztenmale als Rentmeister (AA. III 6a S. 158, d. d. 11. Juli 1533).

tigkeit von der böhmischen Kammer besorgt werden. Als 1537 wieder eine Kontribution von 72 000 fl. bewilligt wurde, beschlofs man, die Erhebung durch die einzelnen Stände (also wie 1527) vornehmen zu lassen, welche die empfangenen Gelder dann an den Breslauer Rat zu dreien Terminen abliefern sollten; als jedoch der Rat zur Übernahme dieser Last wenig Neigung zeigte, setzte man fest, dafs zu einem gewissen Termine jeder Stand selbst seinen Betrag an einen Finanzbeamten der Krone in Breslau auszuzahlen habe. Für das 1538 genehmigte Scheffelgeld schlug Ferdinand I. die Ernennung eines ständischen Ausschusses vor, zu dem auch er einige seiner Räte abordnen wollte, und der als Centraleinnahmestelle fungieren sollte[1]. Da jedoch infolge persönlicher Anwesenheit des Königs noch in demselben Jahre diese indirekte Steuer in eine Schatzung verwandelt wurde, proponierte der Herrscher, „auch derohalben einen zahlmeister zu verordnen mit dem befehlch, die bewilligung, so sie [sc. die Stände] thun würden, auf das angenommene kriegsvolk, so zu dieser christlichen notturft bestalt, und zu nichts anderm zu verwenden und auszugeben[2]." Der Landtag ging darauf ein, indem er die Ernennung eines Landeszahlmeisters beschlofs, der, falls es zum Kriege komme, die Steuer von den Ständen einkassieren sollte; bleibe jedoch der Friede gewahrt, so sollte jeder Stand das eingegangene Geld für künftige Gefahr behalten und aufheben, ohne es etwa angreifen zu dürfen[3].

Nachdem in den beiden folgenden Jahren keine Steuer gezahlt worden, eine besondere Finanzbehörde für Schlesien also überflüssig war, häuften sich seit 1541 die landständischen Bewilligungen, ohne dafs wir zunächst über die dabei stattfindende Organisation des Finanzdienstes etwas erfahren. Im Jahre 1542 wurde eine Steuer genehmigt, für deren eine Hälfte die Stände selbst Truppen annehmen wollten, während sie die andere Hälfte dem Könige in Bar auszuzahlen beschlossen. Dies letztere sollte geschehen durch Vermittelung des Pfennigmeisters, der sowohl auf den König als auch auf das Land vereidigt werden, das von den Ständen empfangene Geld dem Beschlusse des Fürstentages gemäfs dem kaiserlichen Kriegsrate zu militärischen Zwecken aushändigen und dann dem Lande über Empfang und Ausgabe richtige Rechnung legen sollte[4]. Von den Ständen ernannt und ihnen zur Rechnungslegung verpflichtet, war der Pfennigmeister faktisch lediglich

---

[1] So Kries S. 17 nach den Warmbrunner Acta Publica.
[2] Fürstentagsprotokoll vom 10. Mai 1538 im Kgl. Staatsarch. Bresl. AA. III 6a S. 303 ff.
[3] Kries S. 17 f. meint irrig, dieser Beschlufs bezöge sich auf die Erhebung des Scheffelgeldes; er bezieht sich vielmehr auf die an die Stelle des letzteren getretene Schatzungssteuer.
[4] Bresl. Stadtarch. A. P. III. Ms. 164 fol. 254 ff. und 285 f.

von den Ständen abhängig, wiewohl er nebenbei auch noch
auf den König vereidigt wurde; so war es den letzteren
nunmehr gelungen, eine Garantie dafür zu erhalten, dafs die
Verwendung der Steuer auch wirklich für die von ihnen beschlossenen Zwecke erfolgte. Schon nach einigen Monaten
finden wir den Wolf von Egen als „königlichen und des gemeinen Landes Zahlmeister"; auch er wird auf den König und
die Stände vereidigt, nimmt die bewilligten Steuern in Empfang
und zahlt sie aus nach Mafsgabe der Fürstentagsbeschlüsse
„zu notdurft der armada, schiffrüstung und andere kriegsnoturft,
dazu es ihre königliche majestät zu gebrauchen vermeinten[1];"
es sind dies im wesentlichen dieselben Funktionen, wie wir
sie beim Pfennigmeisteramte gewahrt haben. Auch 1544 bestimmte der Landtag, dafs jeder Fürst, Stand und Amt das
innerhalb seines Jurisdiktionsbezirkes aufgebrachte Steuergeld
„des Landes hierzu verordnetem zahlmeister" entrichten sollte,
indem die Person dieses Beamten noch späterhin bezeichnet
werden würde[2]; betreffs der Schatzung von 1546 aber wurde
auffallenderweise verordnet, dafs dieselbe zu Handen des
Oberamtes erlegt werden sollte[3]. Seit dem Ende des fünften
Jahrzehntes indes existiert wiederum das schlesische Zahlmeisteramt als Generalkasse für alle von den Ständen bewilligten Anlagen, für das seit 1546 erhobene Biergeld[4], sowie
auch für den halben Erbsilberzins[5]; über die innere Organisation jedoch dieses Amtes wissen wir nur sehr wenig. Wenn
aber, wie wir sahen, das schlesische Zahlmeisteramt des Jahres
1542 von den Ständen abhängig war, wie ja auch vor diesen
die Rechnungslegung erfolgte, so ward dies jetzt anders; wir
wissen, dafs mindestens seit 1549 die Rechnungslegung vor
der königlichen Raitkammer zu Prag erfolgte[6], und nur eben
dieser Umstand, dafs das schlesische Landeszahlamt jetzt den
Charakter einer rein königlichen Behörde trug, vermag es zu
erklären, wenn seit 1552 neben ihm der Fürstentag eine rein
ständische Behörde, das Generalsteueramt, errichtete[7]. 1553

---

[1] Kries S. 18 nach den Warmbrunner Acta Publica.
[2] Abschied d. d. Breslau, Judica 1544, gedruckt bei Kries S. 93 f.
[3] Schickfufs III 179 f.
[4] Die lokale Organisation der Erhebung des Biergeldes wird im
nächsten Kapitel geschildert werden.
[5] S. über den halben Erbsilberzins oben S. 307 Anm. 1. Der Zahlmeister empfing denselben in den Erbfürstentümern von den „Obersten
Einnehmern des halben Silberzinses", deren es für jedes ein oder zwei
Personen von Adel gab, in den mediaten Fürstentümern und Herrschaften von dem Landesherrn. Was wieder das einzelne Fürstentum
anbetraf, so scheint die Erhebung von den Mitgliedern der Landschaft
gesondert nach den einzelnen Weichbildern erfolgt zu sein.
[6] Aus AA. VI 1b des Kgl. Staatsarch. zu Bresl.
[7] In ihrem Gravamen gegen das rein königliche Vitztumsamt (d. d.
18. Sept. 1555) erklärten die Stände, dafs die Geschäfte dieser Behörde
„under dem alden titel des kgl. Slesischen Zalmeisters" ebensogut be-

erscheint Wolf von Egen zum letzten Male als schlesischer Zahlmeister[1]; an seine Stelle trat im Jahre darauf der königliche Vitztum.

Noch ist es also in der Entwicklung der Organisation der Finanzbehörden in der Zeit von 1527 bis 1552 zu festen Formen nicht gekommen. Die Wiener Hofkammer und unter dieser die Prager Raitkammer erstrecken ihren Wirkungskreis auch auf Schlesien. Eine besondere Organisation tritt in dieser Periode nur dann ein, wenn der Fürstentag eine Steuer bewilligt hat. Die örtliche Erhebung wenigstens der Schatzungssteuer ist in den Händen der einzelnen Fürsten und Stände und ihrer Organe. Nicht immer sind wir darüber unterrichtet, welcher Art diejenige Behörde war, welche als centrale Sammelstelle für die Landesabgaben diente; besonders grofse Schwankungen zeigte der staatsrechtliche Charakter der Centralbehörden, indem sie bald nominell vom Könige und den Ständen, bald aber auch faktisch und sogar auch nominell nur von einem dieser beiden Machtfaktoren des politischen Lebens abhingen.

Erst seit der Mitte des 16. Jahrhunderts gewann die Organisation des schlesischen Finanzdienstes Dauer und Stetigkeit. Epochemachend für die Geschichte der schlesischen Finanzbehörden wurde der Generallandtag der Länder der böhmischen Krone, welcher zu Prag im Januar des Jahres 1552 abgehalten wurde, durch dessen Beschlüsse der gesamte Finanzdienst, insofern er sich auf die Erhebung und Sammlung der Schatzungssteuer bezog, der Sphäre des königlichen Einflusses entzogen wurde. Seit dieser Zeit spaltete sich der gesamte Finanzdienst für Schlesien bis auf die untersten Organe in zwei scharf von einander gesonderte Komplexe; an der Spitze des einen stand seit 1552 das ständische Generalsteueramt, an der Spitze des anderen zunächst der schlesische Zahlmeister, seit 1554 der Vitztum und seit 1558 die königliche Kammer. Diese Zweiteilung des Finanz- und des Kassenwesens bestand sodann in Schlesien, wenn sie auch seit dem dreifsigjährigen Kriege ihrer politischen Bedeutung zum weitaus gröfsten Teile beraubt wurde, bis zur Erorberung durch Friedrich den Grofsen.

---

sorgt werden könnten (Bresl. Stadtarch. Franc. Fabri collect. Pars II Hs. 84 fol. 91). Auch hieraus erhellt, dafs der schlesische Zahlmeister in der letzten Zeit seines Bestehens ein rein königlicher Beamter war.
[1] In einer königlichen Verfügung an den Oberhauptmann, d. d. Grätz, 8. April 1553, AA. III 6 b S. 125.

Zweites Kapitel.

Die königlichen Finanzbehörden von 1552 bis 1618.

1. Die Breslauer Rentkammer.

Es wurde bereits darauf hingewiesen, dafs seit 1552 der Finanzdienst in Schlesien sich in einen rein königlichen und einen rein ständischen teilte. Was die königliche Centralfinanzbehörde anbetraf, so trat an die Stelle des Landeszahlmeisters seit 1554 der Vitztum (vicedominus)[1]. Träger dieses Amtes war Friedrich von Redern[2]; ihm lagen ob alle Aufgaben der eigentlichen Finanzverwaltung zugleich mit dem Kassen- und Zahlungswesen; behufs ständiger Kontrolle

[1] Die folgende Darstellung gründet sich hauptsächlich auf den in der Zeitschrift für schles. Gesch. (Bd. XI) aus dem Wiener Archive mitgeteilten Entwurf einer schlesischen Kammerordnung vom Jahre 1557, ferner auf die im Anhange abgedruckte erneuerte Kammerordnung von 1572 (die erste Kammerordnung von 1558 ist weder in den Wiener noch in den Breslauer Archiven erhalten), ferner auf die im Breslauer Staatsarchive vorhandenen zahlreichen Foliobände der Korrespondenz zwischen dem Kaiser (d. h. der Hofkammer) und der schlesischen Kammer, welche mit dem Ende der siebziger Jahre aufhört. Nur anderweitige besondere Quellen werden ausdrücklich citiert. Zu vergleichen sind die über die Organisation der Finanzkammern handelnden Partieen bei Adler, Die Organisation der Centralverwaltung unter Kaiser Maximilian I., Leipzig 1886; Rosenthal, Die Behördenorganisation Kaiser Ferdinands I. im Archiv für österr. Gesch. LXIX 51 ff., Wien 1887, und in desselben Verfassers „Geschichte des Gerichtswesens und der Verwaltungsorganisation Bayerns" Band I, Würzburg 1889. Über die Organisation der habsburgischen Verwaltung im 16. Jahrh. handeln ferner noch Huber, Gesch. der österr. Verwaltungsorganisation bis zum Ausgange des 18. Jahrh. Akadem. Vortrag. Innsbruck 1884; Bidermann, Gesch. der österr. Gesamt-Staatsidee I. Innsbruck 1867 und Th. Fellner, Zur Gesch. der österr. Centralverwaltung in „Mitt. des Instituts für österr. Gesch." VIII 258 ff.

[2] Redern wurde zum Vitztum bestellt am 3. Januar 1554; siehe Franc. Fabri Collect. II, Bresl. Staatsarch. Hs. 84 fol. 90.

seiner Kassengebahrung wurde ihm ein Gegenschreiber zur Seite gesetzt, der über alle Einnahmen und Ausgaben des Vitztumsamtes Gegenrechnung zu führen hatte[1]. Der Vitztum war der böhmischen Kammer unterstellt, vor der er auch zur Rechnungslegung verpflichtet war. Die Energie, mit welcher Redern das financielle Interesse der Krone wahrnahm[2], machte ihn bald in Schlesien und zumal in Breslau höchlichst verhafst. Auf einem Fürstentage am Ende des Jahres 1555 erhoben die Fürsten und Stände scharfen Protest gegen das Vitztumsamt, da dasselbe im Lande ungewöhnlich sei, und baten um Abschaffung der neuen Einrichtung, sowie um Wiedereinführung des alten Zahlmeisteramtes[3]. Der König antwortete ihnen kurz, er fände es unbillig, dafs die Stände ihm Vorschriften darüber machen wollten, wie er seine Beamten nennen solle, zumal da er auch in andern Landen Diener dieses Titels halte[4]. Er war so wenig geneigt, dem Begehren der Stände nachzugeben, dafs er schon kurze Zeit darauf mit Plänen über eine neue, in noch höherem Grade durchgreifende Organisation des Be-

---

[1] Hans Matschpergers Gegenbuch der Einnahmen und Ausgaben des Vitzthumsamtes 1558. Kgl. Staatsarch. Bresl. AA. VI 1 f.

[2] So befahl Ferdinand I. den Breslauer Rathsmannen, sie sollten seinen Rat und Vitztum Friedrich von Redern auf seine Erkundigung, mit welchem Rechte sie die königlichen Regalien, Rechte, Geschösser, Hauptmannschaften, Burglehen, Vogteien, Kanzlei und andere Einkommen innehätten, mit gründlicher Antwort nicht aufziehen (d. d. Wien, 2. August 1554; Bresl. Stadtarch. EEE. 926). Über die Bestrebungen Rederns, eine zweckmäfsige Veranlagung der Schatzungssteuer und besonders eine neue Vermögenseinschätzung in den Städten durchzuführen vgl. Kries S. 46 f. Höchst bezeichnend vergleicht daher der Breslauer Stadtschreiber Franz Faber den Friedrich von Redern mit Georg von Stein, indem er sich zugleich bemüht, beide Männer als Ausbünde von Habsucht, Eigennutz und Gewaltthätigkeit zu schildern. Auch ein sehr langes lateinisches Spottgedicht, betitelt Faunus sideratus, welches Faber gegen Redern anfertigte, befindet sich noch handschriftlich in der Bresl. Stadtbibliothek. Neben Redern erfreute sich des Hasses der Breslauer besonders Dr. Fabian Kindler, späterhin Kammerrat und Organisator des neuen Grenzzolls, ein geborener Breslauer, der auf Kosten der Stadt studiert hatte und zuerst im Dienste derselben thätig gewesen war, dann aber bei Gelegenheit einer Legation an den Hof sich für den Dienst des Königs gewinnen liefs. Sowohl er wie sein Vater waren wegen dieses „Undanks" Gegenstand mannigfacher Bedrängnisse seitens der Breslauer.

[3] „Und dieweil dann unsers einfeltigen erachtens under dem alden titel des kgl. Slesischen zalmeisters ire R. K. M. so wol als zuvor und mit vil weniger unkosten als itzo ausgericht werden mögen, so thuen die herren fursten und stende die R. K. M. ganz underthenigist bitten, solche vorweifzliche neuerung hinwegzuenemen und von ihnen allergnedigist zu wenden." Bresl. Stadtarch. A. P. IV Ms. 165 fol. 84—89 und Franc. Fabri Coll. II Hs. 84 fol. 91.

[4] Ebd. Übrigens scheint es doch, dafs zwischen dem Zahlmeister- und dem Vitztumsamte ein Unterschied nicht nur der Namen bestand. Die Funktionen des Zahlmeisters scheinen sich so ziemlich nur auf die Kassengeschäfte beschränkt zu haben; Aufgaben der Finanzpolitik scheint er wenigstens nicht ausgeübt zu haben.

hördenwesens sich trug; veranlafst dürfte ihn dazu die 1556 erfolgte Aufrichtung des neuen Grenzzolls haben, durch welche die Geschäfte der schlesischen Finanzverwaltung dermafsen sich vermehrten, dafs ein einziger Mann der erhöhten Arbeitslast nicht mehr gewachsen erschien. Es handelte sich dabei um nichts Geringeres als um die administrative Trennung Schlesiens von Böhmen und seine Erhebung zu einem selbständigen Bezirke der Finanzverwaltung, zugleich auch um eine Übertragung der in Frankreich entstandenen, von dort nach Burgund gelangten, unter Maximilian I. in Österreich recipierten und unter Ferdinand I. zu dauernder Gestaltung gelangten Behördenorganisation[1] nunmehr auch auf Schlesien. Diese neuen Verwaltungsinstitutionen charakterisierten sich durch eine vollkommene Selbständigkeit des Finanzwesens, sowie durch die in ihnen herrschenden Principien der Centralisation, der Kollegialität, der Ständigkeit und des berufsmäfsigen Beamtentums, nicht minder auch durch die detailliertesten Vorschriften über das Schreibwesen und die Kanzlei, über die financielle Kontrolle und die Rechnungslegung, deren Zweck es war, das Verfahren vor den Behörden auf das genaueste zu regeln und in dem Geschäftsgange an die Stelle der Willkür Einzelner generelle Bestimmungen zu setzen. Stellte sich die Errichtung der Kammer, äufserlich betrachtet, vornehmlich als eine Umwandlung des Vitztumsamtes zu einer kollegialen Behörde dar, so kommt ihr dennoch — abgesehen von der Wichtigkeit dieser kollegialen Organisation an und für sich, durch welche Gleichmäfsigkeit und Unparteilichkeit, gegenseitige Kontrolle der Mitglieder, Stetigkeit und Tradition der Geschäftsführung verbürgt wurden, — eine weit höhere Bedeutung zu. Denn erst jetzt wurden die Grundsätze einer zweckmäfsigen Administration in ihrem vollen Umfange für Schlesien verwirklicht und damit die Grundlagen gefunden, auf denen eine den Bedürfnissen des fortgeschrittenen Staatslebens entsprechende Verwaltungsthätigkeit im modernen Sinne überhaupt erst sich entfalten konnte.

Mit dem Frühlinge des Jahres 1557 begannen die Verhandlungen betreffs Errichtung der schlesischen Kammer[2]. Besondere Schwierigkeiten machten die Personenfrage, sodann die Fragen, ob die Lausitzen der schlesischen Kammer unterstellt, und ob diese letztere hinwiederum direkt der kaiserlichen Hofkammer oder der böhmischen Kammer als Zwischeninstanz untergeordnet werden sollte. Im Sommer des Jahres 1558 wurde die feierliche Installation der Breslauer Kammer voll-

---

[1] Vgl. die citierten Werke von Adler und Rosenthal, sowie Gachard, Inventaire des archives des chambres des comptes. Brux. 1837 ff.
[2] Vgl. für das Folgende Franz Kürschner, „Die Errichtung der Königlichen Kammer in Schlesien", in der Zeitschr. für Gesch. und Alterth. Schles. XI 1 ff.

zogen¹, und im August desselben Jahres begann die neue Behörde ihre Thätigkeit; das kaiserliche Patent jedoch, durch welches ihre Einsetzung publiciert und alle Unterthanen, insbesondere aber alle mit Finanzgeschäften beauftragten königlichen Beamten, zu Gehorsam verpflichtet wurden, erging erst im Spätherbst². Begegnete schon das Vitztumsamt einer heftigen Opposition seitens der Schlesier, besonders seitens der Breslauer, so noch mehr die neue Kammer. Nur widerwillig folgte der Breslauer Rat der kaiserlichen Weisung, der Kammer einen Teil der Burg einzuräumen, die er ja als Inhaber der Landeshauptmannschaft in seiner Hut hatte. Er weigerte sich, die von der Kammer ausgehenden kaiserlichen Mandate in seinem Jurisdiktionsbezirke öffentlich bekannt zu machen, und liefs sich dazu erst durch scharfen Befehl seitens des Herrschers zwingen. Auch an kleinlichen Plackereien fehlte es nicht. Es ward den Beamten der Kammer zuerst unmöglich, sei es durch Kauf, sei es durch Miete, Wohnungen zu erhalten³. Man mochte in der Stadt wohl fürchten, dafs mit jeder Stärkung der Gewalt der Krone eine Gefahr für den Protestantismus verbunden sei; die lutherischen Prädikanten predigten von der Kanzel gegen die Kammerräte und erklärten dieselben „fur hofteufel, die umb einer hofsuppen willen redten, was E. M. gern hören". Das Volk wurde durch solche Agitationen derart aufgeregt, dafs die Kammerräte „in täglicher Gefahr ihres Leibes und Lebens zu stehen" vermeinten⁴. Einer der Räte, Dr. Fabian Kindler, der als geborener Breslauer, und da er aus den Diensten der Stadt in die des Königs übergetreten war, doppelt verhafst und als Verräter angesehen ward, wurde thätlich beleidigt; zwischen den Dienern der Kammerräte und den Breslauer Bürgern kam es zu blutigen Zusammenstöfsen⁵. Wenn auch diese gewaltsamen Szenen allmählich aufhörten, so dauerten doch die gegenseitigen Reibereien zwischen der Kammer und dem Rate vornehmlich deshalb, da die Angehörigen der ersteren von der städtischen

¹ Der kaiserliche Befehl für die Installation der Kammer ist datiert vom 29. Juli 1558 aus Wien. Fabri collect. II Bresl. Stadtarch. Hs. A. 84 fol. 98.
² d. d. Prag, 21. November 1558, gedruckt u. a. bei Schickfufs III 245 f.
³ S. Kgl. Staatsarch. Bresl. AA. III 23a (August 1558). Noch 1561 beklagte sich der Rentamtskontroleur Peter Hertwig Tillmann, er habe sich durch seine Beteiligung bei der Aufrichtung des neuen Grenzzolls so grofsen Hafs bei den Breslauern zugezogen, dafs anfangs niemand ihm eine Wohnung gewähren wollte; jetzt habe er endlich ein Haus mit nur einer einzigen Stube erlangt, in der er mit Weib und Kindern hausen und die Zolleinnehmer und Verwalter empfangen müsse. (Ebd. AA. III 6c S. 410 ff.)
⁴ Ebd. AA. III 23a fol. 58 f. (Bericht der Kammer an den Kaiser, d. d. 30. Januar 1559).
⁵ Ebd. fol. 64 ff. (d. d. 24. Februar 1559).

Jurisdiktion exemt zu sein behaupteten, bis in den Anfang
des 17. Jahrhunderts hinein¹. —
Die Breslauer Rentkammer bestand aus einem Präsidenten
und drei, späterhin vier Räten; ihr beigeordnet waren das
Rentamt, zu welchem der Rentmeister und der Gegenschreiber
oder Kontroleur, die Kanzlei, zu der ein Sekretär, ein Registrator und zwei Ingrossisten, endlich die Buchhalterei, zu der
ein Buchhalter, zwei Raiträte und mehrere Ingrossisten gehörten.
Das Subalternenpersonal wurde in der Folgezeit beträchtlich
vermehrt; es gab später zwei Sekretäre und drei Raiträte;
dazu kamen in der Kanzlei Konoipisten und Registranten,
sowie eine erhöhte Anzahl der schon vorhandenen Kanzlei-
und Buchhaltereibedienstetcn². Zu den Bedingungen für den
Posten eines Kammerrates gehörte es, dafs der Bewerber
„mühsam, geschickt, ansehnlich, guten Kredits und Vermögens,
sowie in den Geschäften der Verwaltung erfahren sei"³. Der
Kammerpräsident war immer von Adel, möglichst aus dem
Herrenstande; von den Räten gehörten anfangs zwei dem
Adelsstande an, während der dritte ein Rechtsgelehrter war.
Adjungiert waren der Kammer auch noch ein oder mehrere
Fiskale. Neu eintretende Beamte wurden vereidigt, niedere
Beamte vor der Kammer, der Präsident und die Räte vor
dem Kaiser selbst oder seinem Specialdelegierten.
Die Verfassung der neuen Behörde war eine kollegiale;
Sitz und Stimme in dem Kollegium hatten nur der Präsident
und die wirklichen Kammerräte. Die Umfrage stand dem
Präsidenten zu. Für die Abstimmungen galt das Majoritätsprincip; der Präsident sollte die Anfrage immer zuerst an
denjenigen Rat richten, der mit der Bearbeitung der in Frage

[1] Das Material dafür findet sich ganz besonders in den vier Bänden
der Kollektaneen des Franz Faber und seines Amtsnachfolgers Andreas
Reufs. Auf die Kammerräte beziehen sich die im zweiten Bande der
Kollekt, aufgezeichneten Verse:
„Tot piscaturi observant amnesque lacusque
Vulturij quot agunt timidae sub gurgite ranae."
[2] Je nach dem Range stuften sich die Besoldungen ab. Die
Kammerräte erhielten 4—500 Thlr. Gehalt, daneben eine aufserordentliche Gehaltszulage (s. Exkurs IV) von 1—200 Thlrn.; die Bezüge des
Präsidenten erhöhten sich noch um einige hundert Thaler. Die Sekretäre, Buchhalter und Raiträte empfingen 1577 ein Gehalt von 300 Thlrn.
(Kgl. Staatsarch. AA. III 23e fol. 90), der Registrator 150—200 Thlr.,
die Kanzlei- und Buchaltereigehülfen je nach Dienstalter, Rang und
Geschicklichkeit 60—120 Thlr., der Rentmeister 3—400 Thlr., der Rentamtskontroleur 2—300 Thlr. Auch freies Holz wurde wenigstens Einigen
aus dem Kammerpersonal geliefert, den Kammerräten im Werte von
20 Thlrn. p. a.
[3] Vgl. Staatsarch. Bresl. AA. III 23c fol. 79. Einmal wurde ein
Bewerber zurückgewiesen, da er nur 5000 Thlr. Vermögen besafs
eine für jene Zeit doch gewifs ansehnliche Summe. Dafs die Kammerräte selbst vermögend waren, war daher notwendig, weil sie oft genug
für den König bürgen mufsten.

stehenden Angelegenheit beschäftigt gewesen war. In weniger wichtigen Sachen durfte beschlossen werden, wenn die Mehrzahl der Räte anwesend war. Falls die Abstimmung zweifelhaft war, hielt der Präsident eine nochmalige Umfrage. Schwierige, nicht allzu eilige Entscheidungen sollten zurückgestellt werden, bis vier Räte (mit Einschlufs des Präsidenten) oder das ganze Kollegium versammelt waren. Sehr bedenkliche Fälle, in denen die Meinungen sich schroff gegenüberstanden, mufsten mit Angabe der Motive und der Bedenken der einzelnen Räte dem Kaiser unterbreitet werden. In ihren eigenen Sachen hatten der Präsident und die Räte abzutreten. Die Expeditionen wurden unter die einzelnen Mitglieder verteilt. Der Präsident hatte das Kreditwesen sowie die Aufbesserung der Kammergüter in seiner Obhut; er mufste ein Register über die schuldigen Kapitalien mit Angabe der Zinsen und der Fälligkeitstermine führen. Ein Rat bearbeitete Steuer, Biergeld und deren Restanten, ein zweiter geistliche und weltliche Kammergüter, Lehen, Pfandschaften, Bergwerke, Münz- und Parteisachen, ein dritter Salz- und Zollverwaltung, Rechnungen der Amtsleute sowie deren Mängel und Reste. Von Zeit zu Zeit sollten diese Expeditionen gewechselt werden, damit jeder Rat Kenntnis des gesamten Verwaltungsbetriebes erhalte.

Die Organisation der Kammer beruhte, aufser auf der Kollegialität, auf den Principien der Ständigkeit und des Berufsbeamtentums; nach beiden Richtungen hin existierte eine Anzahl von Vorschriften. Alle Tage fanden Sitzungen statt mit Ausnahme der Donnerstage, Samstage und Sonntage, desgleichen der hohen Feiertage. Die Amtsstunden lagen des Vormittags im Winter von sieben bis zehn, im Sommer von sechs bis neun, Nachmittags von ein bis vier Uhr. Die Räte durften nur in dringenden Fällen den Dienst versäumen und mufsten sich dann die Erlaubnis des Präsidenten oder seines Stellvertreters einholen. Falls sehr wichtige und eilige Sachen zu verhandeln waren, berief der Präsident die Kammer auch aufserhalb der festgesetzten Amtstage und Dienststunden. Dagegen wurde den Räten zugestanden, dafs sie von aufserordentlichen Kommissionen, welche nichtfiskalische Sachen anbetrafen, befreit bleiben sollten. Auch die zulässige Urlaubsfrist war genau vorgeschrieben; sie betrug im Jahre vier Wochen, durfte aber nicht auf einmal genossen werden. Der Urlaub mufste immer beim Kaiser selbst nachgesucht und durfte ohne seine Erlaubnis nicht angetreten werden. Zwei Räte zugleich durften sich nicht vom Sitze der Kammer entfernen; der Präsident hatte nur die Befugnis, in sehr dringenden Notfällen einen vier- bis fünftägigen Urlaub zu erteilen, der jedoch von der Gesamtfrist der vier Wochen abgerechnet wurde. Auch die Sekretäre, die Buchhalter und Raiträte bedurften zum Verreisen der kaiserlichen Genehmigung, das übrige Personal der des Präsidenten. Urlaubsüberschreitungen wurden vom Präsidenten gerügt und im Wiederholungsfalle dem Kaiser gemeldet. Den Beamten war es auf das strengste untersagt, während der Amtsstunden sich mit privaten Beschäftigungen abzugeben; ebenso war es verboten, für dienstliche Funktionen Geschenke anzunehmen zumal von solchen, die mit der Kammer in Geschäftsverbindung standen, sich auch in Gesellschaften zu kaufmännischem oder bergmännischem Betriebe oder zu Geldgeschäften einzulassen. Wahrung des Amtsgeheimnisses wurde besonders eingeschärft; keine unbefugte Person durfte in die Ratsstube oder in die Kanzlei eingelassen werden, wie denn auch die Amtsräume aufserhalb der officiellen Geschäftsstunden streng verschlossen sein sollten. Wenn auch manche dieser Bestimmungen teils selbstverständlich, teils kleinlich erscheinen könnten, so waren sie doch in Wirklichkeit von der gröfsten Bedeutung und bezeichneten einen sehr grofsen Fortschritt; nur in derart detaillierten Vorschriften lag eine Garantie für die Pflichttreue und die Integrität des Beamtenpersonals.

Was die örtliche Zuständigkeit der Kammer anbetraf, so war anfangs geplant worden, nicht nur Schlesien, sondern auch die Lausitzen ihr zu unterstellen; schliefslich liefs man das letztgenannte Land doch bei der böhmischen Kammer[1]. Nur bezüglich der Zollverwaltung wurde eine Ausnahme insofern gemacht, als die lausitzischen Zollbehörden anfangs der Breslauer Kammer untergeordnet waren und die lausitzischen Zollgefälle in das schlesische Rentamt flossen. Erst 1572 wurde die Lausitz auch hinsichtlich der Zollverwaltung der böhmischen Kammer untergeben. Dies bedeutete für die schlesische Kammer eine starke Minderung ihrer Einnahmen, während doch andererseits die hohen Verweisungen, die auf dem lausitzischen Zoll lagen, nicht auch zugleich auf die böhmische Kammer übertragen wurden[2].

Die schlesische Kammer war eine rein königliche Behörde, beauftragt mit der Verwaltung des im Privateigentum des Königs stehenden Ärars. Da nun die Rechtsverhältnisse des Ärars in allen Ländern der habsburgischen Monarchie die gleichen waren, so ergiebt sich daraus, dafs für das Gebiet des königlichen Finanzwesens eine Centralisation der Verwaltung für das gesamte österreichisch-habsburgische Reich

---

[1] S. Kürschner in Band XI der Zeitschrift f. Gesch. Schlesiens S. 4 und 6.
[2] S. Kern a. a. O. S. 41. Kern irrt allerdings mit der Vermutung, dafs dies in Verbindung mit der damals angeblich stattgehabten Exemtion der schlesischen von der böhmischen Kammer geschehen sei. Eine Unterordnung der schlesischen unter die böhmische Kammer existierte auch vor 1572 nicht; s. darüber den folgenden Abschnitt.

möglich war. So erscheint denn auch die schlesische Kammer nur als ein Glied des gesamten Organismus der königlichen Finanzverwaltung des österreichisch-ungarisch-böhmischen Gebietskomplexes. Wir haben in dem vorigen Kapitel gezeigt, wie in der Periode vor 1552 hinsichtlich der Administration der Finanzen Schlesien nicht nur von der Centralstelle am Hofe abhängig war, sondern auch als ein Annex von Böhmen behandelt wurde. Anfangs dachte man noch daran, diese Unterordnung Schlesiens unter Böhmen auf dem Gebiete der Finanzverwaltung auch für die schlesische Kammer fortbestehen zu lassen; der Entwurf der Kammerordnung vom Jahre 1557 wollte noch, dafs in Gegenständen financieller Jurisdiktion den Parteien der Rechtsweg von der schlesischen zur böhmischen freistände, und dafs die letztere als Vorgesetzte der ersteren überhaupt gelte. In den für die Zeit nach der definitiven Gründung der Kammer sehr vollständig erhaltenen Akten der laufenden Verwaltung findet sich jedoch keine Spur, dafs die böhmische Rentkammer irgendwie eine regelmäfsige Superiorität über die schlesische ausgeübt hat; in der erneuerten Kammerordnung von 1572 ist direkt ausgesprochen, dafs die schlesische Kammer aufser auf den Kaiser „allein auf die Hofkammer ihren Respekt haben solle". Obere Instanz für die schlesische Kammer war von Behörden demnach nur die Hofkammer, sowie das schlesische Ärar nur ein Teil des gesamten kaiserlichen Ärars war. Die Hofkammer stellte den Finanzplan für das ganze habsburgische Reich fest; sie überwies gewisse Aufgaben (zumal hinsichtlich des Schuldenwesens) der schlesischen Kammer zur Erledigung; an sie mufsten Berichte über den Stand der Dinge in regelmäfsiger periodischer Wiederholung eingereicht werden; an sie ging der Instanzenzug in der financiellen Rechtsprechung; an das Hofzahlamt endlich mufsten eventuelle Überschüsse abgeliefert werden. Allerdings war der schlesischen Kammer ein freier Spielraum in mancher Hinsicht gegeben; abgesehen von der eigentlichen Verwaltung des speciell schlesischen Ärars war ihr ein Kreis bestimmter Aufgaben besonders, wie schon bemerkt, auf dem Gebiete des Kreditwesens zur Erledigung nach eigenem Ermessen überwiesen; die Hofkammer aber hatte jederzeit die Befugnis, in die Geschäfte der schlesischen Kammer einzugreifen; diese letztere besafs demnach nur eine beschränkte Selbständigkeit innerhalb des ihrer Thätigkeit durch den Kaiser und die kaiserliche Hofkammer vorgezeichneten Rahmens. —

Die Funktionen der Kammer waren zunächst dieselben wie die aller Raitkammern überhaupt; einmal war sie betraut mit den Geschäften der schlesischen Finanzverwaltung im eigentlichen Sinne; sodann fungierte sie als Rechnungshof und hatte endlich die financielle Jurisdiktion auszuüben. Daneben lagen ihr noch einige andere Aufgaben ob, die teils mit den eben angegebenen drei Hauptaufgaben zusammenhingen, teils aus den besonderen schlesischen Verhältnissen zu erklären sind. Bemerkt sei von vornherein, dafs die Kammer für das Schreibwesen ein Hülfsorgan in der Kanzlei, für das Zahlungwesen in dem Rentamte, für die Rechnungskontrolle in der Buchhalterei besafs. Wir stellen daher hier zunächst die der Kammer im engeren Sinne, d. h. dem Kollegium der Kammerräte, übertragenen Funktionen dar und besprechen die Ordnung des Geschäftsganges und des Schreibwesens, des Zahlungwesens und der Rechnungslegung alsdann ein Jegliches für sich gesondert.

Die Aufgaben der Kammer auf dem Gebiete der eigentlichen Finanzverwaltung bezogen sich zunächst auf das Aerarium, sodann auf die landständischen Bewilligungen. Hinsichtlich des Ärars verlangte der Entwurf der Kammerordnung von 1557, dafs die schlesische Kammer „alle haubtmanschaften, ambter, burglehen, pfandschaften, munzgelde, geschösser, lehengefell, landgericht, davon buessen und felligkeiten vermueg der recht genomen, zölle, renten und guett, wirtschaften, alle nutzungen und einkomen derselbigen in Ihrer Mt. schlesischen erbfurstenthumbern, als Brefslaw, Schweidnitz, Jawer, Grossenglogau, Oppeln, Ratibor, Troppau, Sagan, und derselben einverleibten gepieten und waichbilden in gueter richtiger acht und ordnung" halten solle, ferner „das auch ir rö. ku. mt. regalien folgen und dienste, wie solchs namen haben mag, so mit und unter vermainter prescription auch kraftlosen privilegionen bisher unterdruckt und verhalten, wail sich regalien, kunigliche landsfurstliche renten und einkomen nit verschwaigen mugen, nachgefragt, und soviel recht und billich, wieder zu Ihrer Mt. handen und adesse bracht wuerden". Sowohl das Domanium in seinem weitesten Sinne, d. h. der gesamte Komplex der aus dem alten jus ducale stammenden Einnahmen und financiell nutzbaren Rechte, waren der Aufsicht der Kammer unterstellt; wir wollen alsbald hinzufügen, dafs ein Gleiches bezüglich der aufserordentlichen Einnahmen des Ärars stattfand. Wir haben bereits die Bedeutung des Domanium für die Finanzwirtschaft des 16. Jahrhunderts klargelegt, dafs dasselbe nicht für die Gewinnung erheblicherer ordentlicher, sondern lediglich der aufserordentlichen Einnahmen des Ärars durch Benutzung des Staatskredits und Veräufserung von Staatsgütern inbetracht kam. Die Kammer war daher angewiesen, besonders den Verkauf gewisser, eben aus dem alten jus ducale stammenden Gerechtigkeiten, der Vogteien, der Land- und Stadtgerichte, sowohl der böheren wie der niederen, der Zinsgefälle, Münzgelder usw. zu betreiben, da ja doch von diesen Gerechtsamen nur noch so wenig sich erhalten hatte, dafs eine organische Verwaltung auf sie sich nicht gründen liefs, da ja ferner in der jüngsten Zeit die Krone in den landständischen Steuern, in dem neugeschaffenen Instanzenzuge der Rechtspflege für den Verlust der meisten Bestandteile der alten herzoglichen Gewalt einen Ersatz gefunden hatte. War nun auch der unmittelbare Grundbesitz der Krone seinem Umfange nach sehr gering, so nahm doch der Kaiser nicht nur gegenüber den augenblicklich im Pfandbesitze befindlichen Domanialgütern, sondern auch gegenüber den Gütern der geistlichen Korporationen und der Städte eine Anzahl von Befugnissen in Anspruch; er forderte für sich in den Erbfürstentümern als regierender Herzog gewisse Rechte, welche eine starke Beschränkung des Eigentums der geistlichen Institute und der Städte bedeuteten. In der Fürstentagsproposition von 1576 führte er aus, dafs, „weil das Fürstenthumb [sc. Breslau] ihrer Kay. May. eigen, die geistligkeit und die stadt Brefslaw ihrer Mayt. cammergüter seyn[1]". Verkäufe von Immobilien und Wertsachen seitens der geistlichen Institute ohne kaiserlichen Konsens waren ungültig; über den Nachlafs verstorbener Prälaten wurde die Sperre verhängt, damit dem Kloster nichts entfremdet würde. In ähnlicher Weise beanspruchte die Krone die Oberaufsicht über die Finanzlage der Städte, besonders über deren Schuldenwesen[2]. Die Auffassung, dafs die geistlichen und die städtischen Güter „Kammergüter" des Königs wären, fand ihren praktischen Ausdruck besonders darin, dafs es dem Herrscher freistand, sie zur Sicherheit für Ärarschulden dem Gläubiger zu verschreiben; wenn man wirklich dazu die Einwilligung des Eigentümers einholte, so war dies ein Akt von kaum mehr als rein formaler Bedeutung. Die Klöster wurden auch genötigt, dem Kaiser Darlehen zu milderen Bedingungen, als sie sonst üblich waren, zu gewähren, sodafs diese Anleihen schon weniger freiwillige als vielmehr Zwangsanleihen waren. Der Kammer nun war die Aufsicht über die geistlichen Stifter in temporalibus übertragen; sie mufste darauf achten, dafs nichts davon entfremdet wurde, und dafs immer zuverlässige, ordentlich zu Priestern geweihte Personen die Abtswürde bekleideten, und gegenteilige Fälle dem Bischofe zur Anzeige bringen. Wenn die Äbte, Äbtissinnen, Klostervögte und andere Amtsleute das Klostergut vergeudeten, so mufste sie an den Hof Bericht erstatten; andererseits aber sollte sie auch den geistlichen Personen und Instituten Schutz gegen Bedrükkungen durch Laien gewähren. Die geistlichen Güter sollten des öfteren von der Kammer revidiert werden, damit man erkenne, ob sich alles in ordnungsmäfsigem Zustande befinde. Das Gleiche war Vorschrift hinsichtlich der Pfand-

---

[1] Schickfufs III 230.
[2] Kgl. Staatsarch. Bresl. AA. III 23i fol. 192 ff. und 306 ff.

schaftsgüter. Sowohl den geistlichen wie den Pfandschaftsunterthanen stand es frei, falls sie durch ihre Herren bedrückt wurden, sich um Schutz an die Kammer zu wenden. Diese hatte auch die Finanzgebahrung der städtischen Magistrate zu überwachen. Der wertvollste Teil der in unmittelbar königlicher Verwaltung befindlichen Domänen waren die Forsten besonders in den Fürstentümern Oppeln - Ratibor und Sagan; die Kammer sollte dieselben gründlichen Inspektionen unterwerfen sowie für die Aufforstung kahler Flächen und die Hegung des Wildes sowie für angemessenen Verkauf des gefällten Holzes Sorge tragen. Zu diesem Zwecke waren ihr die Forstämter zu Oppeln[1] und Sagan sowie die Holzämter zu Oppeln und Breslau untergeben. Die Kammer hatte auch für die Instandhaltung der im Eigentum der Krone stehenden Baulichkeiten zu sorgen, durfte aber nur geringe Reparaturen in der Höhe von 30 bis 40 Gulden selbständig vornehmen und mufste, falls dieser Betrag überschritten wurde, vorher die Einwilligung des Kaisers einholen. Für gröfsere Bauten auf den verpfändeten Kammergütern war ebenfalls die kaiserliche Genehmigung erforderlich; die Kammer mufste einen Kostenanschlag aufstellen lassen, dem der Kaiser seine Zustimmung zu erteilen hatte, und alsdann darauf sehen, dafs dieser Anschlag genau ausgeführt wurde. Die Kosten legte der Pfandschaftsinhaber aus, wofür sie dann der Pfandsumme zugeschlagen wurden.

Neben dem Domanium waren die Regalien der Kammerverwaltung übertragen. Die Funktionen der Kammer auf diesem Gebiete waren im allgemeinen gegeben durch den Inhalt der Regale; sie führte hier auch nur eine Oberaufsicht, da für die Administration der einzelnen Regale, besondere ihr unterstellte Behörden geschaffen waren, deren Organisation wir noch weiter unten in kurzem Umrisse behandeln werden. Speciell wurde die Kammer angewiesen, Beeinträchtigungen des Bergregals und des Gold- und Silberkaufes durch die schlesischen Fürsten nicht zu gestatten und darauf zu achten, dafs ohne ihr Vorwissen nirgendswo Bergbau getrieben und so die Krone an ihren Einkünften verkürzt würde. Ohne ausdrückliche Erlaubnis des Kaisers durfte sie die Aufrichtung von Glashütten, von Eisen-, Alaun- und Vitriolbergwerken nicht gestatten, da durch diese zu viel Holz verschwendet würde. Den Gewerken sollte sie einen guten Gold- und Silberkauf bewilligen, heimliche Ausfuhr von Edelmetallen und unbefugtes Einschmelzen von Gold und Silber verhindern. Sehr weitgehend war die Mitwirkung der Kammer bei der

---

[1] Der Oppelnsche Forstmeister erhielt 1574 240 fl. rh. Gehalt und mufste davon zwei Forstknechte halten (AA. III 28c fol. 246 b). Man sieht daraus die Dürftigkeit des Beamtenapparates jener Zeit.

Zollgesetzgebung; von ihr gingen alle Vorschläge über die Organisation des Zolles, über Erhöhungen, Ermäfsigungen und sonstige Veränderungen der Tarife aus. Hinsichtlich des Salzhandels war ihr aufgetragen, selbst beträchtliche Kosten nicht zu scheuen, damit derselbe nicht etwa Stockungen erleide. Wenn auf der See Krieg herrschte, so sollten die Räte besorgt sein, noch zur Zeit genügende Vorräte an Boisalz einzuschaffen, damit die Siedewerke ihre Thätigkeit nicht einzustellen brauchten; zu diesem Zwecke sollten in den Seeplätzen vertraute Leute bestallt werden, welche den notwendigen Nachrichtendienst übernähmen.

Auf dem Gebiete des Kreditwesens machte sich die Abhängigkeit der schlesischen Kammer von der Hofkammer, d. h. die Unselbständigkeit der Verwaltung des schlesischen Ärars, am meisten fühlbar. Die Centralstelle durfte für die von ihr aufgenommenen Darlehen die Gläubiger auf die speciell schlesischen Gefälle verweisen, indem derartige Verweisungen der schlesischen Kammer lediglich angezeigt wurden. Daneben war die letztere auch zur selbständigen Vornahme von Kreditoperationen ermächtigt, wenn die ordentlichen Einkünfte nicht zureichten oder unregelmäfsig einliefen; alle Schuldverschreibungen mufsten damals freilich noch vom Kaiser selbst unterfertigt werden [1]. Die Kammer sollte insbesondere darauf achten, dafs für die Anleihen keine allzuschweren Bedingungen gestellt, und dafs keine anderen Gegenstände anstatt baren Geldes in Zahlung gegeben würden, dafs die Gläubiger nicht schon bei Erlegung des Darlehns Zinsabzüge machten, dafs neben den Interessen nicht noch besondere Geschenke beansprucht, und dafs die Zinsen auch nicht willkürlich gesteigert würden. Sie sollte daraufhin wirken, dafs die Fälligkeitstermine auf möglichst lange Zeit, jedenfalls nicht unter der Frist eines oder höchstens eines halben Jahres sich erstreckten; man sieht daraus, wie anspruchslos die Staatsschuldenverwaltung jener Zeit noch war. Wenn Zahlungstermine für zinsfreie Guthaben an das Ärar nicht innegehalten werden konnten, so durften die Räte nicht aus eigenen Stücken Zinsen zur Vertröstung bewilligen. Mit Gläubigern, die auf Befriedigung drängten, mufsten sie um Stillstand handeln oder andernfalls das zur Bezahlung notwendige Geld durch Aufnahme von Darlehen an anderen Stellen aufbringen; hauptsächlich sollten sie bestrebt sein, Zinsreduktionen zu erwirken oder Schuldkonvertierungen zu betreiben, indem sie zur Abstofsung von allzuhoch verzinsbaren Kapitalien solche zu

---

[1] Später wurde in der österreichischen Finanzverwaltung der freilich wirklich schon lange bestehende Unterschied zwischen eigentlichen Darlehen und kurzfristigen Vorschüssen auch insofern äufserlich zum Ausdrucke gebracht, als für jene kaiserliche Obligationen, für diese einfache Kassaamtsquittungen ausgestellt wurden. Mensi S. 41.

niederem Zinsfufse aufnähmen. Bei Verpfändung von Kammergütern mufsten alle Rechte und Einkommen genau aufgezeichnet, desgleichen ein Inventar der vorhandenen Baulichkeiten und Zugehörungen angefertigt werden; der betreffende Pfandschilling sollte sich bei seiner Abtretung in ganz demselben Zustande befinden, in dem er dem Inhaber übergeben worden war. In alle Pfandverschreibungen mufste, wenn nicht der Kaiser ausdrücklich davon dispensierte, ein Vorbehalt darüber aufgenommen werden, dafs, falls der Ertrag 6 % der Pfandsumme überschreite, die letztere entsprechend gesteigert werden würde. Um die Höhe des Ertrages zu ermitteln, sollte die Kammer alle zwei Jahre eine Inspektion sämtlicher Pfandschillinge anordnen; sie durfte auch auf keinen Fall die Endtermine verabsäumen, zu denen eine Pfandverschreibung ablief.

Was die landständischen Bewilligungen anbetraf, so war die Thätigkeit der Kammer bezüglich der Verwaltung des Biergeldes eine wesentlich andere als gegenüber der der Schatzungssteuer. Da für die letztere besondere, von den Generalständen abhängige Behörden existierten, so war die Kammer hier lediglich auf eine Wahrnehmung der Interessen der Krone gegenüber den Ständen angewiesen. Die Kammer bereitete die königlichen Propositionen für die Landtage vor; sie achtete auf richtige und rechtzeitige Einbringung der Steuer, beantragte beim Oberamte die Zwangsbeitreibung und sollte, falls sie mit diesem Antrage beim Oberamte kein Gehör fand, dem Kaiser Meldung erstatten. Zeitweise, wenn es der Fürstentag gestattete[1], lieferte auch das Oberamt der Kammer die Schatzzettel ein, damit dieselbe sich vergewissere, dafs kein „Abfall" gegenüber früheren Schatzungen eingetreten sei, und zur Kontrolle darüber, ob die Steuer später richtig an den König abgeführt werden würde. Alle Quartale berichtete die Kammer an den Hof, wie es mit dem Eingange der Schatzungssteuer sich verhielte, wie viel davon schon erlegt sei und noch ausstehe, welche Mängel bei der Einbringung der Steuer sich gezeigt hätten, und wie denselben abgeholfen werden könne. Bei der Schatzungssteuer kam es zu einer eigentlichen Verwaltungsthätigkeit der Kammer erst dann, wenn die eingelaufenen Gelder vom Generalsteueramte dem Rentamte abgeliefert waren und damit in das Eigentum der Krone übergingen. Bekanntlich war dies aber nicht immer und seit dem Ende des 16. Jahrhundert wenigstens hinsichtlich der Türkenhülfe überhaupt nicht mehr der Fall. So lange es aber noch geschah, mufsten die Erträgnisse der Steuer, da sie für die Verteidigung der Grenze gegen die Osmanen be-

---

[1] S. die Fürstentagsbeschlüsse von 1554, 1559 und 1562 bei Schickfufs III 191. 194 u. a. a. O.

stimmt waren, gesondert von den andern Gefällen im Rentamte verwahrt werden. Das Gleiche war geboten bezüglich der Biergelder, die mit Ausnahme des seit den siebziger Jahren festgesetzten Kammerdeputates, welches aus zwei Biergroschen bestand, für die königliche Hofhaltung bestimmt waren. Das Biergeld wurde auch direkt von den lokalen Einnehmern an die Kammer abgeführt; daher stand auch der gesamte, bei der Erhebung des Biergeldes beschäftigte Beamtenapparat, — allerdings war dies erst eine Errungenschaft eines langen Kampfes mit den Ständen, den wir später noch darstellen werden, — unter der Kammer. —

Die Breslauer Rentkammer war die vorgesetzte Behörde aller königlichen Finanzbeamten Schlesiens, sowie für alle Mittel- und Unterbehörden der allgemeinen Verwaltung, insofern denselben zugleich financielle Funktionen oblagen, allerdings eben nur für diese Seite ihrer Amtsthätigkeit. Sie vereidigte die ihr unterstellten Finanzbeamten, erteilte ihnen die nötigen Instruktionen, unterhandelte mit ihnen über die Höhe der Besoldungen; in dringenden Fällen durfte sie dieselben vorläufig vom Amte suspendieren, ihre Kautionen einziehen, sogar ihre Verhaftung verfügen[1] und den betreffenden Posten interimistisch einer anderen Person anvertrauen; alsdann sollte sie dem Kaiser Bericht erstatten und seine weiteren Befehle abwarten. Durch Todesfall erledigte Ämter besetzte sie ebenfalls provisorisch und schlug zugleich dem Kaiser geeignete Kandidaten unter Angabe der näheren Verhältnisse derselben, zumal ihrer Vermögensumstände, vor. Nur solche Zoll- und Biergeldeinnehmerstellen durfte sie aus eigener Vollmacht vergeben, bei denen die jährliche Besoldung nicht die Höhe von dreifsig Thalern überstieg. Die unteren Behörden brachten ihre Beschwerden zunächst bei der Breslauer Kammer vor; hier mufsten sie sich auch in zweifelhaften Fällen Rates erholen. Alle Ämter wurden mindestens alle drei Jahre einmal von Kommissaren der Kammer revidiert, das Salzamt sogar durch einen Rat und ein Mitglied der Buchalterei halbjährlich. Nicht minder lag der Kammer ob die provisorische Bestallung der Hauptmannschaften, Vogteien und anderer aus der mittelalterlichen Behördenorganisation stammender Ämter; auch bei den Landeshauptmannschaften kam ja das financielle Interesse in Frage, da diese mit der Verreichung der Lehen gegen Erlegung der bestimmten Gebühren, wenn der Ausdruck gestattet ist, mit der Verwaltung des „Lehnsregals" betraut waren. Sonst aber waren diese Beamten der letztgenannten Art nur in Finanzsachen der Kammer, „in Justiz- und Regimentssachen" aber dem Oberamte und weiterhin der böhmischen Kanzlei unterstellt[2].

---
[1] Durch Vermittelung der ordentlichen Obrigkeit des Schuldigen.
[2] Grünhagen (II 95) giebt an, die Kammer sei „unter dem Deck-

Auf diese Art und Weise koncentrierte die Kammer in sich den gesamten Finanzdienst, insofern derselbe von der Krone abhing. Eine vollständige Kasseneinheit bestand in Schlesien schon wegen des im Finanzwesen herrschenden staatsrechtlichen Dualismus nicht; einige schwache Versuche des Königs [1], durchzusetzen, dafs der gesamte Finanzdienst, wie dies in den österreichischen Ländern bereits erreicht worden war[2], auch in Schlesien einheitlich gestaltet würde, fanden bei den Ständen kein Entgegenkommen. Nur die lokalen Verwaltungsunkosten, Gehälter u. s. w., durften bei den niederen Einnahmeämtern bald in Abzug gebracht werden; sonst waren alle Einkünfte periodisch regelmäfsig — meist quartaliter — an das Breslauer Rentamt abzuführen. Es wurden zwar Anweisungen auf specielle Gefälle ausgestellt; dieselben durften jedoch nicht bei den lokalen Hebestellen, sondern nur bei der Kammer realisiert werden. Die Durchführung dieses Principes der Centralisation im Einnahmedienst werden wir noch unten bei der Besprechung des Kassen- und Zahlungswesens des Näheren erörtern.

Auf dem Felde des Ausgabedienstes war die Thätigkeit der Kammer den meisten Beschränkungen unterworfen; hier kam vorzüglich ihre Abhängigkeit von der Centralstelle zur Geltung. Denn das gesamte Ausgabewesen war beherrscht von dem Principe des financiellen Anweisungsrechtes. Der Kammer stand jedoch ein solches selbständig nur zu für sehr geringe Beträge (bis 10 fl. rh., bei dringenden Baulichkeiten bis 40 fl. Rh.), sowie für Tagegelder, wenn einzelne Mitglieder der Kammer in Amtsgeschäften verreisen mufsten. Alle anderen Ausgaben bedurften der Genehmigung und einer speciellen Anweisung des Kaisers; den Charakter solcher Anweisungen trugen auch Schuldobligationen und ähnliche Urkunden. Eine

---

mantel fiskalischer Interessen mit einer Aufsicht über die Gerichte betraut" worden. Diese Behauptung beruht auf der falschen Interpretation eines Passus des Kammerordnungsentwurfes von 1557, dem zufolge der Kammer die Fürsorge für die richtige Einbringung der von den Gerichten verhängten Bufsen, der Pönfälle u. s. w. übertragen wurde. Mit der Übertragung einer „Aufsicht über die Gerichte" schlechthin hat diese Bestimmung nichts zu schaffen.

[1] Auf dem Landtage im März des Jahres 1558 stellte Ferdinand I. den Antrag, dafs die gesamte Steuerverwaltung ihm überlassen und der neu zu errichtenden Kammerverwaltung unterstellt werde, indem er zur Begründung seines Verlangens anführte, dafs auf diese Weise die Kosten für das Generalsteueramt erspart blieben. Die Stände antworteten mit dem Beschlusse, dafs es bei der bisherigen Kassentrennung bleiben sollte (Bresl. Stadtarch. A. P. IV Ms. 165 fol. 206 ff.). Auch für den Landtag von Troppau im Jahre 1567 stellte die Kammer einen Artikel auf, in welchem Abschaffung der Generalsteuereinnehmer vorgeschlagen wurde, sodafs die Partikulareinnehmer jetzt direkt ihre Steuern an das Rentamt abführen sollten (Kgl. Staatsarch. Bresl. AA. III 23a fol. 5 ff.).

[2] Vgl. Rosenthal im Archiv f. österr. Gesch. LXIX 122.

Reihe derjenigen Ausgaben, die in ständiger Wiederkehr auftraten, Gehälter, Pensionen, Provisionen, Schuldzinsen, war zusammengefafst in dem „Cammerstaat", der für die durch ihn angeordneten Zahlungen als Generalmandat galt. Derartige im Voranschlage vorhergesehene Posten hiefsen „ordinari-Ausgaben"; während diejenigen, für welche ein Specialmandat, sei es der Kammer, sei es des Kaisers selbst, notwendig war, „extraordinari-Ausgaben" genannt wurden. Zur Deckung der in dem Voranschlage vorhergesehenen ordinari-Ausgaben bewilligte der Kaiser der Kammer „zur Hülfe ihres Deputats" zwei Biergroschen, — eine Summe, von der er selbst von vornherein erkannte, dafs sie ungenügend sei. Daher wurde die Kammer angewiesen, „mit getreuer und richtiger administration der einkommen und auch mit ersparung übriger ambtleut und in summa durch mugliche leidenliche einziehung des wesens", ferner durch regelmäfsige Aufnahme der Rechnungen und Sorge für die rechtzeitige Einbringung der Landesbewilligungen und Eintreibung der noch aufsenstehenden Reste darauf hinzuwirken, dafs das bemeldete Deficit gedeckt und die für das Kammerdeputat bestimmten zwei Biergroschen ihrem ursprünglichen Zwecke, der Unterstützung für die Kosten des Hofhaltes, wieder zugewendet werden könnten. Zum Abschlusse eines jeden Rechnungsjahres mufste die Kammer einen Voranschlag für das nächste Jahr aufstellen, die Abweichungen desselben von dem Finanzplane des Vorjahres motivieren und zugleich angeben, ob und inwiefern der Bedarf mit Hülfe des Kammerdeputates gedeckt werden könne, oder ob noch andere Mittel dazu nötig seien. Hauptaufgabe der Kammer war es also immer, zwischen Einnahme und Ausgabe der laufenden Finanzperiode das Gleichgewicht herzustellen. —

Der Kammer war anvertraut ferner „die Erledigung der Parteisachen." Der Umfang dieses Begriffes ist nirgendswo genau beschrieben; er umfafste die Rechtsprechung in Angelegenheiten der Finanzverwaltung, besonders Klagen der Unterthanen gegen Beamte, sowie gegen die Inhaber von Pfandschaften oder von geistlichen Gütern, da die letzteren ja zu den Kammergütern gerechnet wurden, gegen Auflegung höherer Lasten und Abgaben, als sie zu leisten verpflichtet zu sein glaubten, Rekurse gegen Strafverfügungen bei Zolldefraudationen, Konfiskationen, Geldbufsen u. s. w.[1]. Die Kammer mufste diese Parteisachen, damit

---

[1] Ein merkwürdiger Fehler ist Kries begegnet, indem er (S. 21) sagt: „Selbst auswärtige Fürsten, welche schlesische Länder zu Lehen hatten, wie Sachsen (Sagan) und Brandenburg (Crossen), sollten dieser wegen bei der schlesischen Kammer zu Recht stehen." Als Beleg dafür citiert er Schickfufs III 247 (so mufs es nämlich heifsen, nicht 249); der hier vorkommende Passus bezieht sich aber gar nicht auf die Kammer, von der allerdings kurz vorher die Rede ist, sondern auf die

nicht die eigenen Angelegenheiten des Königs Vorzug litten,
an einem einzigen dazu bestimmten Tage der Woche erledigen.
Eine Bevorzugung irgendwelcher Partei war verboten; sie
wurden abgefertigt in der Reihenfolge, wie ihre Sachen eingelaufen waren; auch wurde es den Räten eingeschärft, sie
glimpflich zu behandeln. Aufser in sehr wichtigen Fällen
oder auf speciellen Befehl des Königs durften — zum Zwecke
der Zeitersparnis — die Parteien nicht ihre Sachen mündlich
im Rate vortragen, sondern sie mufsten ihr Anliegen aufserhalb der Session mündlich beim Präsidenten anbringen oder
schriftlich einreichen und sich nach Schlufs der Session, in
welcher über sie verhandelt wurde, beim Präsidenten oder
bei demjenigen Sekretär, an welchen der Präsident sie weisen
würde, nach der Entscheidung erkundigen. Der Entwurf
der Kammerordnung von 1557 wollte, dafs den Parteien von
dem Spruche der schlesischen Kammer der Zug zum Könige
(d. h. der Hofkammer) oder zur böhmischen Kammer frei-
stehen solle; da aber der Nachweis einer anfänglichen Unterordnung der schlesischen unter die böhmische Kammer sich
nicht führen läfst, so ist anzunehmen, dafs der Zug von der
schlesischen Kammer in Sachen der Finanzjurisdiktion von
Anbeginn an immer an die Hofkammer, d. h. den Kaiser,
gegangen ist. —

Der Geschäftsgang bei der Kammer war durch eine
Menge von Bestimmungen und durch besondere Instruktionen
bis in die geringsten Einzelheiten auf das eingehendste ge-
geordnet. Alle einlaufenden Sachen wurden vom Präsidenten
eröffnet und eingesehen; dieser vermerkte auf dem betreffenden Schriftstücke das Datum, an welchem es ihm vorgelegt
war (das sogenannte „Präsentatum"), und verzeichnete dabei
auch in Kürze den Inhalt. Alsdann wurde es der Kanzlei
überantwortet, damit es daselbst vom Registrator in ein „Gedenkbuch" oder „Einschreibbuch" [1] mit kurzer Angabe von Tag,
Monat und Jahr des Einlaufes, der in Frage kommenden
Personen und Sachen eingetragen würde; das Einschreibbuch
mufste mit einem ordentlichen Register versehen sein. Dar-

---

kaiserliche Burg zu Breslau und das daselbst abgehaltene Ober- und
Fürstenrecht; es ist nicht die Rede von einer Jurisdiktion der Kammer
über die Kurfürsten von Brandenburg und Sachsen hinsichtlich ihrer
schlesischen Lehen, sondern des Oberrechtes. Allerdings ist auch schon
der Ausdruck bei Schickfufs sehr unklar. Übrigens besafs Sachsen
bei Errichtung der schlesischen Kammer schon längst Sagan nicht mehr.

In einem Berichte an den Kaiser (d. d. 11. Dez. 1559 in AA. III 23a)
erklärt die Kammer, dafs sie „mit Justicia oder gerichtssachen und
händeln ausser das, was E. M. cammergut anlangt", nichts zu schaffen
habe.

[1] Von einem „Gedenkbuche" ist in der Kammerordnung, von einem
„Einschreibbuch" in der Kanzleiordnung die Rede. Dem sachlichen
Zusammenhange zufolge sind beide identisch.

auf wurde das Schriftstück wieder dem Präsidenten zugestellt, der es im Rate vorlegte, und zwar so, dafs eilige Sachen den Vorzug hatten. Für die Erledigung der Parteisachen war, wie schon bemerkt, ein besonderer Tag in der Woche festgesetzt. Jede Woche entwarf der Präsident einen Arbeitsplan, welche Art von Geschäften, d. h. welche der oben angeführten vier Expeditionen, an den einzelnen Tagen der Woche verhandelt werden sollte, damit derjenige Kammerrat, in dessen Decernat eine bestimmte Sache fiel, desgleichen derjenige Sekretär, der in ihr nach Anordnung des Präsidenten thätig sein sollte, sich für die Erledigung der betreffenden Angelegenheit bereit halten könnten. Die Akten mit in ihre Wohnungen zur Bearbeitung zu nehmen, war den Räten und Sekretären verboten; für jede Session sollte immer möglichst derselbe Sekretär funktionieren. Dem letzteren lag es ob, alle auf die zur Verhandlung stehende Sache bezüglichen früheren Akten aus der Registratur herbeizusuchen und in den Rat mitzubringen.

In der Sitzung des Kammerrates wurde das zur Verhandlung stehende Schriftstück zunächst verlesen und darauf die Umfrage gehalten, welche bei demjenigen Rate begann, in dessen Decernat die Sache gehörte, oder der sie schon früher bearbeitet hatte. Wie der Beschlufs zu stande kam, wurde schon früher erörtert. Der Sekretär zeichnete den Beschlufs auf und notierte auf dem Aktenstücke auch zugleich die bei der Beschlufsfassung beteiligten Räte. Der Präsident führte ein Memorial über diejenigen Angelegenheiten — mit Ausnahme der Parteisachen —, über welche das Kollegium schon entschieden hatte, und achtete an Hand desselben darauf, dafs nichts, was im Rate schon erledigt war, in der Kanzlei unexpediert bleibe und in Vergessenheit gerate. Auf Grund desselben Memorials richtete er, wenn in irgendwelcher Sache beschlossen war, einen Bericht von einer andern Stelle einzuholen, seine Aufmerksamkeit darauf, ob die verlangte Auskunft auch einlief, und erliefs, falls sie sich verzögerte, die notwendigen Mahnschreiben. Jeder Sekretär und Buchhalter sollte auch alle Wochen oder mindestens alle vierzehn Tage hinsichtlich seiner Expedition ein Verzeichnis darüber einreichen, was noch unerledigt, oder was an Berichten von auswärts noch einzumahnen war. Beschlüsse des Kammerkollegiums, welche sich auf Geldsachen, insbesondere auf Schuld-, Gnaden- und Pfandverschreibungen bezogen, sollte der Sekretär erst in die Buchhalterei und das Rentamt zur Einsicht überantworten, damit man daselbst davon ein Wissen habe und in die hier geführten Bücher die nötigen Eintragungen machen könne; auch sollte er anordnen, wenn er Schriftstücke ausfertigte, in denen „Geldhandlungen" in Frage kamen, dafs man dem Rentmeister oder Buchhalter, wen von beiden es anging, eine Abschrift zustelle.

Derjenige Sekretär, welcher bei der Beratung zugegen
gewesen war, koncipierte den daselbst gefafsten Beschlufs;
dieses Koncept legte er dem Kollegium zur Genehmigung vor
und fügte die Verbesserungen, welche von den Räten getroffen
wurden, dem Texte ein. Daraufhin übergab er das Koncept
den Ingrossisten in der Kanzlei zur Mundierung, zeigte denselben
an, ob etwa auch Einschlüsse beizufügen waren, und ordnete
die Abschrift der letzteren an. Abschriften durften nur von
den durch Eid zur Amtsverschwiegenheit verpflichteten Ingrossisten und Kanzleidienern, keineswegs von fremden Personen
angefertigt werden. Die also hergestellte Abschrift wurde
nunmehr dem Registrator überantwortet, der sie gegen das
Koncept des Sekretärs durchsah oder, wo es sonst angeordnet
wurde, kollationierte, dem beteiligten Sekretär und nachher
den Räten zum Unterzeichnen vorlegte, gewisse wichtige
Sachen aber, besonders solche, die auf eine Anzahl von
Jahren oder für bestimmte Personen auf lebenslang ausgingen,
so alle Vergabungen, Verschreibungen, Obligationen, Pafsbriefe [1],
Bewilligungen, Verträge und Befehle, die sich auf Ausgaben
bezogen, durch die Registranten in besondere Registrierbücher
einschreiben liefs. Der Registrator hatte auch das kleine
Siegel in Verwahrung, welches die Kammer zu führen berechtigt war, und nahm damit die Besiegelung der ausgehenden
Schriftstücke vor; wenn dieselben aber des grofsen Siegels
bedurften [2], so mufsten sie erst an die böhmische Kanzlei
geschickt werden, da diese allein im Besitze des grofsen Siegels
sich befand.

Zugleich mit Koncept und Reinschrift der ausgehenden
Sachen erhielt der Registrator das darauf bezügliche Schriftstück, welches dem Kammerkollegium zur Beschlufsfassung
vorgelegen hatte; vorher mufste der Sekretär allerdings erst
darauf bemerkt haben, wie und wann die Erledigung im
Kammerrate stattgehabt hatte. Auch diese eingegangenen Stücke
liefs der Registrator durch die Registranten in besonderen
Büchern registrieren; sodann hatte er sie an den gehörigen,
dazu bestimmten Orten aufzubewahren und „Gedenkbücher"
(d. h. Repertorien) darüber zu führen, wo jede Sache zu finden war; nur die Rechnungen wurden der Buchhalterei übergeben. Alle Obligationen, Reverse usw., die wieder eingeliefert worden waren, versah er mit einem Kassationsvermerk,
ehe er sie an ihren Aufbewahrungsort legte. Überhaupt war
es die Pflicht des Registrators, alle zur Kanzlei gehörigen
Akten ordentlich zu inventarisieren und zu verwahren, geheime

---
[1] D. h. Exemtionen von den königlichen Zöllen und Mauthen, für
die immer erst die Einwilligung von Hofe eingeholt werden mufste.
[2] So z. B. Fertigungen über Pfandschaften, Burglehen u. a. m.,
weil diese aufser zu den Finanzsachen auch zu den „Regimentssachen"
gehörten.

Sachen zu verschließen und jedem Unbefugten den Zutritt
zu verwehren. Einsicht, Bescheid und Abschriften hinsichtlich der Akten der Kanzlei durfte er nur auf Befehl der
Kammer oder der Sekretäre gewähren; den letzteren gebührte
die Oberaufsicht über die Registratur. War so das eingelaufene Schriftstück vollständig erledigt und das darauf von der
Kammer ausgehende Schriftstück ordnungsmäfsig besiegelt,
so wurde es vom Registrator auf die Post verordnet, d. h. den
bei der Kammer bestallten Fufsboten oder reitenden Boten,
die besonders zwischen Breslau als dem Sitze der Kammer
und dem Hofe regelmäfsig kursierten, übergeben oder den
Parteien gegen Erlegung der Taxe ausgehändigt[1]. Nun erst,
nachdem er das ausgehende Schriftstück abgefertigt hatte,
und ehe er das eingelaufene in seiner Registratur niederlegte,
trug der Registrator einen Vermerk über die Angelegenheit
mit Angabe des Datums und der Art und Weise der Erledigung sowie des beteiligten Sekretärs in das „Expeditbuch"
ein und machte zugleich in dem Einschreibbuch bei dem
betreffenden Posten eine Marginalnote über den Vollzug der
Expedition. Damit nun nichts vom Kammerkollegium unerledigt und von der Kanzlei unexpediert bleibe, wurden von
Zeit zu Zeit das Einschreibbuch und das Expeditouch mit
einander verglichen und alle hierbei als noch rückständig
befundenen Posten in einem besonderen Memoriale zusammengefafst.

Mögen auch diese Einzelheiten uns heutzutage geringwertig und selbstverständlich erscheinen[2], so wohnte ihnen
doch für ihre Zeit eine Wichtigkeit bei, die man keineswegs
unterschätzen darf; wir haben in ihnen jedenfalls einen der
gröfsten Fortschritte zu erblicken, den die Verwaltungsgeschichte auf dem Gebiete administrativer Technik überhaupt
zu verzeichnen hat. Mit Recht betont Schmoller[3], dafs das
in der Übergangszeit vom Mittelalter zur Neuzeit sich entwickelnde Schrifttum das wesentlichste Werkzeug des Beamtenstaates gewesen sei, dafs auf ihm das moderne Recht, die

---

[1] Die Gebühren, welche die Parteien zu zahlen hatten, waren
durch eine Taxordnung des Königs genau vorgeschrieben. Aus diesen
Taxgeldern sollten die Bedürfnisse der Kanzlei bestritten werden, während die Überschüsse an das Rentamt abzuliefern waren. Dem Registrator war für Einnahme und Ausgabe der Taxgelder ein anderer
Kanzleibeamter als Gegenschreiber zur Kontrolle zur Seite gesetzt.

[2] Kries (S. 23) meint: „Dafs im Übrigen zu der Kammer noch
eine Menge untergeordneter Beamten gehörte, wie Secretäre, Buchhalter,
Rechnungsräte, Canzelisten, Expeditoren u. s. w., bedarf keiner weiteren
Erörterung." Es scheint, als ob Kries mit dieser Behauptung eine die
principielle Bedeutung der Verwaltungsreformen Ferdinands keineswegs
gerecht würdigende Vorstellung an den Tag legt.

[3] G. Schmoller. Strafsburg zur Zeit der Zunftkämpfe. Strafsburg 1875. Band XI der „Quellen und Forschungen zur Sprach- und
Kulturgeschichte der germanischen Völker" S. 72.

moderne integre Verwaltung beruhe. Erst durch diese mit der peinlichsten Genauigkeit eingreifenden, die scheinbar geringsten Details regelnden Instruktionen, erst auf Grund dieses in allen seinen Einzelheiten fixierten und geregelten Verfahrens in der Geschäftsführung und erst dann, wenn alle diese Vorschriften auf das strikteste befolgt und ihre Beobachtung immer wieder auf das strengste eingeschärft wurde [1], ward es möglich, dafs der Lässigkeit und dem bösen Willen des Einzelnen mit Erfolg entgegengearbeitet wurde, dafs ein tüchtiges, pflichttreues und technisch geschultes Beamtentum sich heranbildete. An die Stelle der Willkür des Einzelnen traten jetzt generelle, in jeglicher Hinsicht bindende Vorschriften; die sichere Bahn ward vorgezeichnet, aus der abzuweichen als der schwerste Verstofs gegen die einmal beim Amtsantritte übernommene Pflicht und Verantwortlichkeit sich offenbarte. Und wie sehr sich die Verwaltungsreformen jener Zeit bewährten, erhellt schon daraus, dafs die Gesichtspunkte, welche für die Ordnung des Geschäftsganges noch bei den heutigen gröfseren Behörden mafsgebend sind, als eben dieselben sich darstellen, welche in die schlesische Staatsverwaltung im 16. Jahrhunderte durch Ferdinand I. und Maximilian II., eingeführt wurden. —

Gleich bedeutungsvoll wie die eben besprochenen Vorschriften über den Geschäftsgang sind diejenigen Bestimmungen, welche sich auf die Kassengebahrung und die Rechnungslegung in der Verwaltung des königlichen Ärars von Schlesien bezogen. Für jede dieser beiden Aufgaben existierten besondere Organe, welche in Abhängigkeit von dem Kammerkollegium standen. Vor Errichtung der Kammer war der Vitztum auch mit der Führung der Kassengeschäfte betraut; erst 1558 wurde Friedrich von Redern, der bisherige Vitztum und nunmehrige Kammerpräsident, des „Einnehmens und Ausgebens" entlastet, das Zahlungswesen aber zu einer gesonderten Funktion erhoben und dem mit der Kammer in Verbindung stehenden und von ihr abhängigen Rentamte übertragen. Von drei Principien war, wie sich aus der speciellen Darstellung ergeben wird, das Kassensystem der damaligen Zeit vornehmlich beherrscht, von den Grundsätzen der Centralisation, der Kontrolle und des financiellen Anweisungsrechtes [2].

---

[1] War es doch Verordnung, die Instruktion der Kammer „alle quatember einmal nach lengs im rath abhören und verlesen zu lassen"; ein Gleiches sollte stattfinden bezüglich der Kanzlei- und Buchhaltereiordnung.

[2] Die Instruktion des Rentamtes zwar ist nicht mehr vorhanden; wir wissen jedoch, dafs eine solche 1558 von der böhmischen Kammer erteilt werden sollte (Kürschner a. a. O. S. 10). Da sich nun bei den schlesischen Kammerakten ein Exemplar der böhmischen Rentamtsinstruktion erhalten hat (Kgl. Staatsarch. Bresl. AA. VI 59 aa), so sind

Das Kassenpersonal bei der schlesischen Kammer bestand aus dem Rentmeister und seinem Gegenschreiber. Dem letzteren lag es ob, die laufende Geschäftsgebahrung des ersteren zu kontrolieren und für alle Einnahmen und Ausgaben desselben eine Gegenrechnung zu führen. Beide mufsten Kaution stellen; entweder mufsten sich andere, sichere Personen für sie bis zu einer bestimmten Höhe verbürgen, oder sie mufsten eine Kautionssumme in Form eines Darlehens bei der Kammer hinterlegen, von der sie die Zinsen bezogen; solange sie diese Darlehnssumme nicht zurückerhielten, waren weder sie noch ihre Erben vom Amte abzutreten schuldig. Wenn die Personalbürgschaft nur von Jahresrechnung zu Jahresrechnung lief, und wenn die Bürgen nach Abschlufs der Rechnung nicht weiterhin haften zu wollen erklärten, so mufste der betreffende Beamte, falls er nicht neue Bürgen fand, den Dienst quittieren. Für Rechnungsmängel und Reste (d. h. Fehlbeträge) mufsten der Bürge und seine Erben unbeschränkt einstehen, und diese Haftpflicht dauerte so lange, bis alles in Ordnung gebracht und dem Beamten sein Raitbrief (Entlastung) erteilt worden war.

Das Rentamt stand unter fortwährender Aufsicht der Kammer. Es mufste alle Wochen (mindestens vierzehn Tage nach Ablauf der betreffenden Woche) sogenannte „Wochenzettel" über den stattgefundenen Empfang und Ausgang sowie über den vorhandenen Barbestand bei der Kammer einlegen; es sollten darin enthalten sein der Name der Partei, von welcher der Empfang, oder an welche die Auszahlung erfolgt war, das Datum der Befehle und der „Kammercertifikationen", durch welche das Rentamt die Ermächtigung zur Vornahme seiner Kassenoperationen erhalten hatte, ferner bei Zahlungen von Kapitalien oder Zinsen das Datum des Schuldscheins mit Anführung der gesamten Schuldsumme (in Worten). Auch kurze Quartalsauszüge gab das Rentamt ebenfalls binnen vierzehn Tagen nach Ablauf jedes Vierteljahrs der Kammer ein, und diese beförderte dann dieselben an die Hofkammer weiter. Sowohl Rentmeister wie Gegenschreiber unterfertigten diese Wochen- und Quartalszettel. Gut verwahrte Amtstruhen sollten gehalten werden, zu welchen Rentmeister und Gegenschreiber je einen verschieden konstruierten Schlüssel besafsen, sodafs keiner ohne Mitwirkung des Anderen Zutritt zur Kasse hatte. Der Bestand dieser Truhen wurde mitunter unver-

---

wir berechtigt anzunehmen, dafs die böhmische Rentamtsinstruktion mutatis mutandis auch für das schlesische Rentamt gegolten hat. Wir werden daher aus ihr dort, wo die allgemeine Kammerordnung und die laufenden Verwaltungsakten etwa noch Lücken lassen, das Fehlende ergänzen dürfen. Es ist dies übrigens ein Beispiel dafür, wie sich wenigstens für das königliche Ärar eine gewisse Uniformität des Verwaltungsrechtes in den Ländern der habsburgischen Monarchie entwickelte.

muteten Visitationen unterworfen; für Defekte hafteten Rentmeister, Kontroleur und ihre Bürgen mit allen ihren Erben. Falls der Fehlbetrag nicht nur auf Versehen, sondern auf böswilligem Vorsatze beruhte, so erfolgte Suspension vom Amte und strafrechtliche Verfolgung der ungetreuen Beamten.

Der Dienst bei der Kasse zerfiel in den Einnahme- und den Ausgabedienst. Alle Gefälle des Ärars mit Einschlufs der landständischen Bewilligungen, wenn der Fürstentag seine Genehmigung dazu gegeben hatte, dafs dieselben unmittelbar oder mittelbar der königlichen Kasse zugeführt würden, oder vielmehr nur die Überschüsse aller dieser Einkünfte mit Abzug der Kosten für die Erhebung oder lokale Verwaltung, mufsten in das Rentamt abgeliefert werden. Dennoch aber war dieses letztere nicht zur selbständigen Entgegennahme von Zahlungen befugt. Jeder Beamte, der Gefälle abliefern, oder jeder Privatmann, der Zahlungen z. B. von Darlehen leisten wollte, mufste sich erst zum Präsidenten oder dessen Stellvertreter begeben und diesem ein Verzeichnis der abzugebenden Summe mit Specificierung der Münzsorten und Ansage ihres Wertes einreichen; der Präsident stellte dann auf Grund dieser Angaben dem Einzahler einen sowohl datierten als auch mit seiner eigenhändigen Unterschrift versehenen „Geldzettel" aus und wies ihn damit zur Kasse. Aufserordentliche Einnahmen, deren man sich nicht vorgesehen hatte, so Zahlung von Steuerresten usw., wurden von der Kammer in das Rentamt und in die Buchhalterei gemeldet, damit sie nicht in Vergessenheit gerieten; ebenso sollte die Buchhalterei dem Rentamte anzeigen, welche Einnahmen an den bestimmten Terminen fällig seien, damit dasselbe darauf achten könne, ob sie wirklich eingingen, um andernfalls der Kammer Nachricht zur weiteren Verfügung zu geben. Die Biergeld- und Zolleinnehmer sowie die anderen niederen Kassenbeamten sollten ihre Gefälle dem Rentamte vierteljährlich mit einem Auszuge über die bei ihnen erfolgten Einnahmen und Ausgaben erlegen. Zahlungen durfte der Rentmeister nur in Anwesenheit des Kontroleurs entgegennehmen; für jede derselben mufste eine besondere Quittung ausgestellt werden, in welcher die Art der Gefälle, sowie die Zeit, zu der sie einkamen, bei Darlehen die Bedingungen und das Datum der Obligation verzeichnet und alle Summen mit Worten ausgeschrieben waren. Rentmeister und Kontroleur mufsten die Quittungen eigenhändig unterfertigen, und beide mufsten alle Quittungen je in ein besonderes Buch einschreiben, sowie sie auch besondere Kassenbücher über allen Empfang und Ausgang zu führen hatten. Der Rentmeister untersiegelte die Quittungen; Rasuren und Angabe falschen Datums in denselben waren auf das strengste verboten. Nur bares Geld durfte in Zahlung genommen werden, jeder Ersatz dafür war untersagt. Für den Fall, dafs Abschlagszahlungen geleistet wurden,

sollte das Rentamt die betreffende Einnahme nicht erst buchen
und in die Wochen- und Quartalsauszüge aufnehmen, wenn
die Totalsumme gänzlich erlegt war, sondern jeden Posten
gehörig besonders buchen. Auch betreffs der Geldsorten bestanden bindende Vorschriften; wenn der Rentmeister minder-
wertige Münzsorten annahm, so mufste er den dadurch entstandenen Münzschaden tragen, aufser wenn er durch specielle
Ermächtigung der Kammer für die Annahme der leichten
Münze gedeckt war. Dagegen sollte er darnach streben,
Münzsorten zu bekommen, welche entweder am Orte selbst
oder anderwärts höher galten, als der Wert betrug, zu dem
er sie angenommen hatte. Über derartigen Gewinn führte er
ein besonderes Buch[1], und überhaupt mufste er alle in die
Kasse eingehenden oder auch von ihr ausgehenden Münzsorten
mit genauer Unterscheidung in Rechnung stellen, sowie zur
Kontrolle seines Empfanges für jeden Posten die dazu gehörigen, vom Präsidenten ausgestellten Münzzettel aufbewahren
und bei der Rechnungslegung vorweisen. Die Einkünfte aus
der Türkenhülfe und der für den kaiserlichen Hofhalt bewilligten Biersteuer — mit Ausnahme der zwei Biergroschen
des Kammerdeputates — wurden in je einer verschlossenen
Lade unangetastet und abgesondert von den übrigen Einkünften
des Rentamtes aufbewahrt.

Wie demnach dem Einnahmedienste die drei Principien
der Centralisation, der Kontrolle und des financiellen Anweisungsrechtes zu Grunde lagen, so auch dem Ausgabewesen.
Alle Auszahlungen durften nur auf das Rentamt, nicht auf
die lokalen Hebestellen verwiesen werden. Ausnahmen davon
waren nur gestattet, wenn dadurch eine Ersparnis an Unkosten
bewirkt wurde; das betreffende niedere Amt hatte alsdann
für die ausgelegte Summe die Quittung des Empfängers einzureichen; ein derartiger Posten durfte aber immer nur in
der Rentamtsrechnung in Ausgabe gestellt werden, gleich als
ob die Ausgabe in der That im Rentamte geleistet worden
wäre. Keine Auszahlung durfte das Rentamt selbständig
vornehmen, sondern nur auf Grund eines Zahlungmandates.
Für alle im „Cammerstaate" vorhergesehenen Posten, d. h.
für die „Ordinari - Ausgaben", galt eben dieser Voranschlag
als Generalmandat; bezüglich der „Extraordinari - Ausgaben"
besafs die Kammer nur ein beschränktes Anweisungsrecht, wie
wir oben schon bemerkten (bis zur Höhe von 10 fl., bei
Baulichkeiten bis zu 40 fl., sowie für Reisediäten); falls sich
dringende Ausgaben ereigneten, so konnte die Kammer allerdings provisorisch auch für höhere Summen die Zahlung ver-

---

[1] Der „gewynn am gelt" war keineswegs so unbeträchtlich; 1555
z. B. betrug er 235 fl. (à 35 w. gr.).

fügen, mufste aber unverzüglich beim Kaiser um definitive Genehmigung nachsuchen. Wer nun eine Zahlung beim Rentamte beanspruchte, mufste sich ebenfalls zunächst beim Präsidenten oder dessen Stellvertreter melden, welcher die Zahlungsforderung prüfte und — je nachdem sie im Etat vorhergesehen war oder auf ein Specialmandat des Kaisers sich gründete oder von der Kammer selbst auf Grund ihres Anweisungsrechtes definitiv oder endlich im Notfalle auch bei höherem Betrage provisorisch angeordnet werden konnte — ihre Realisierung dem Rentamte durch eine „Certifikation" auferlegte. Diese Certifikation mufste vom Präsidenten, einem Kammerrate und einem Sekretäre unterzeichnet sein. Wenn die Certifikation auf eine Summe lautete, die aufserhalb des Bereiches des definitiven Anweisungsrechtes der Kammer lag, so mufste der Rentmeister darauf dringen, dafs bald ein kaiserliches Specialmandat nachträglich eingeholt und gegen das Certifikat der Kammer ausgetauscht wurde, da ihm sonst die betreffende Ausgabe nicht „passiert", d. h. für unrechtmäfsig erklärt wurde. Zahlungen an Gläubiger, für Sold usw. wies die Kammer nur gegen Vorlegung der Obligation oder sonstiger Urkunden an; die letzteren wurden auch alsbald zurückgenommen, sowie die Ausgabe effektuiert war. Erfolgte nur eine Abschlagszahlung, so wurde dieselbe auf dem Originaldokument vermerkt und von dem Empfänger ordentliche Quittung genommen. Nichts durfte aus der Amtskasse dargeliehen werden aufser auf Anweisung des Königs oder in seinem Namen der Kammer, — eine Bestimmung, die sich vornehmlich auf die unstatthafte Gewährung von Gehaltsvorschüssen durch den Rentmeister an die anderen Beamten bezog. Darauf sollte die Kammer vor allem ihr Augenmerk richten, dafs nicht mehr Zahlungen angeordnet würden, als Geld vorhanden oder verfügbar war.

Die Zahlungen selbst nahm gegen Einhändigung der Certifikation und des Specialmandates, wo ein solches notwendig war, der Rentmeister in Gegenwart des Kontroleurs vor; er liefs sich dafür von den Parteien Quittungen ausstellen, welche dem Certifikate der Kammer genau entsprachen und dessen Datum trugen, bei Extraordinari-Ausgaben aufserdem das Datum des dazu gehörigen Specialmandates, bei Ordinari-Ausgaben Zahlungstermin und Datum der Bestellung, Verschreibung usw. enthielten. Betreffs der Münzsorten bestanden für den Ausgabedienst ähnliche Bestimmungen wie für den Einnahmedienst. Die Gefälle der Schatzungssteuer sowie des Biergeldes und sonst etwa noch durch Aufnahme von Anleihen, Veräufserung von Staatsgut usw. entstandene Überschüsse wurden auf Befehl der Hofkammer durch einen eigens zu diesem Zwecke angestellten Beamten unter sicherer Bedeckung in das kaiserliche Hof- und Kriegszahlamt befördert. Nach

dem Vorbilde des Rentamtes waren alle anderen gröfseren
Kassen der königlichen Finanzverwaltung organisiert; für den
Wert aller dieser Einrichtungen auf dem Gebiete des Kassenwesens, welche damals zuerst in die schlesische Finanzverwaltung aufgenommen wurden, zeugt ebenfalls der Umstand,
dafs die gleichen Grundsätze noch heute mafsgebend sind. —
Die königliche Kammer war endlich auch Rechnungshof
für die Beamten der schlesischen Ararverwaltung; sie war die
Centralstelle für die Aufnahme der Rechnungen und die daran
sich schliefsende Rechenkontrolle. Zur Ausübung dieser
Funktion stand der Kammer als Hülfsorgan die Buchhalterei
zur Seite; die Abhängigkeit der letzteren von der ersteren
drückte sich schon darin aus, dafs sie regelmäfsig wöchentlich
von ihr revidiert werden sollte[1]. Alle mit der Führung von
Kassengeschäften betrauten Beamten der königlichen Verwaltung in Schlesien hatten vor der Kammer Rechnung zu
legen. Zu diesem Zwecke lieferte das Rentamt über seine
Einnahmen und Ausgaben Wochenzettel bei der Kammer ab,
welche von dieser hinwiederum an die Buchhalterei übermittelt
wurden. Die andern Kassenbeamten reichten je nach ihrer
Entfernung von Breslau und je nach specieller Anordnung
entweder monatliche oder vierteljährliche Auszüge über die
Thatsachen ihrer Geschäftsgebahrung ein. Das Jahr galt als
die einheitliche Finanzperiode; zum Ausgange des Jahres
wurden die Rechnungen überall abgeschlossen und zugleich
mit sämtlichen Belegen, Quittungen, Specialmandaten und
Kammercertifikaten der Kammer zur Revision vorgelegt.
Das Rentamt mufste seine Jahresrechnung binnen sechs Wochen,
die anderen Amtsleute binnen vierzehn Tagen nach Ende des
Jahres einreichen. Demjenigen Kassenbeamten, der seine
Monats-, oder Quartalsauszüge nicht rechtzeitig einschickte,
wurde die Hälfte seiner Quartalsbesoldung abgezogen; wer
die Frist für die Einbringung der Jahresrechnung versäumte,
verfiel einer Strafe im Betrage seiner ganzen Quartalsbesoldung.
Die Rechnungskontrolle bestand nun darin, dafs in der Buchhalterei zunächst die Wochen-, Monats- oder Quartalsauszüge
mit den Jahresrechnungen verglichen wurden. Die Prüfung war
ferner sowohl eine kalkulatorische als auch auf die Übereinstimmung zwischen den Rechnungen und den Belegen und
auf die Gültigkeit der Belege gerichtete; sie untersuchte desgleichen die Richtigkeit der Einnahme- und der Ausgabeposten,
insbesondere ob das Rentamt nicht Zahlungen ohne die erforderliche Anweisung geleistet hätte; sie war also Rechen-
und Verwaltungskontrolle. Zur Aufnahme der Münz- und

---

[1] Alle Quartale mufste auch der Buchalter einen Bericht über die
in dieser Zeit aufgenommenen Rechnungen und die sonstige Thätigkeit
der Buchhalterei einreichen.

Bergwerksrechnungen war späterhin ein besonderer Raitrat
bestallt [1]. Bei wichtigen Rechnungen wohnte ein Kammerrat
der Rechnungsaufnahme in der Buchhalterei bei; Punkte, bei
denen Bedenken aufstiefsen, wurden durch den Buchhalter
oder einen Raitrat zur Entscheidung dem Kammerkollegium
vorgetragen, welches an einem oder zweien Tagen in der
Woche mit der Bearbeitung der Rechnungssachen sich beschäftigen sollte. Wenn Mängel in den Rechnungen befunden
wurden, so wurde ein Auszug darüber dem betreffenden Beamten zur schleunigen Verantwortung übersandt; war seine
Entgegnung nicht stichhaltig, so wurde er erst mit Güte, dann
mit Gewalt dazu angehalten, den ermittelten Rest richtig zu
machen. Erst wenn alle Mängel erledigt und die Rechnung
für durchaus richtig befunden war, wurde dem Beamten über
seine Thätigkeit in derjenigen Finanzperiode, über die er
Rechnung gelegt hatte, Decharge erteilt und zwar vermittelst
eines vom Kaiser selbst unterzeichneten „Raitbriefes", nach
dessen Erteilung erst die Bürgen ihrer Bürgschaft ledig wurden;
bis dahin hafteten der Beamte und seine Bürgen nebst allen
ihren Erben mit ihrem ganzen Vermögen [2]. Um ihrer Pflicht
hinsichtlich der Revision genügen zu können, mufste die Buchhalterei eine Anzahl von Büchern führen, aus denen sie sich
jederzeit über die den von ihr zu prüfenden Rechnungen zu
Grunde liegenden Thatsachen belehren konnte; diese und andere
Bücher waren auch für den Fall notwendig, dafs es sich darum
handelte, überhaupt irgendwelche in das Fach des Rechnungs-
oder Zahlungswesens schlagenden Verhältnisse festzustellen, da
für derartige Fälle die Buchhalterei als ordentliche Auskunfts-
stelle fungieren sollte. Daher mufsten bei der Buchhalterei
hinsichtlich des Zahlungswesens Bücher über die Pfandschaften
und deren Inventare, über die auf der Kammer lastenden
Schulden, über die Landtage (d. h. die ständischen Bewilligungen), über die Einnahmen des Rentamts, über die Besoldungen, Rechte, Instruktionen, Provisionen und Tagegelder
der Beamten geführt werden. Andere Bücher wieder bezogen
sich auf die Verhältnisse der Rechnungslegung selbst; so gab
es Register über die Befehle der Kammer an die Beamten
in dieser Hinsicht, über die bei der Einlegung von Rechnungen
inbetracht kommenden Personen und Termine, über die Aus-
stellungen an den Rechnungen und ihre Erledigungen, über

---

[1] Kgl. Staatsarch. Bresl. AA. III 23k fol. 40, d. d. 28. Febr. 1576.
[2] Bis alle diese Bestimmungen streng durchgeführt wurden, war
besonders bei den Biergeldeinnehmern das „Restemachen" sehr im
Schwunge. Nach Einsetzung der Kammer wurden die Rechnungen der
vorhergehenden Jahre allmählich aufgenommen, und es stellten sich
fast bei jedem Beamten „Reste" in Menge heraus; 1573 betrugen dieselben für das Biergeld, nachdem schon viel abgezahlt worden war,
immer noch ca. 9000 Thlr. (AA. III. 23h fol. 9 ff.).

die Abrechnungen der Parteien, ferner Verzeichnisse aller eingelegten, aufgenommenen und unaufgenommenen Rechnungen, endlich Bücher, welche die wörtlichen Abschriften aller erteilten Raitbriefe enthielten. Für die Anfragen der Kammer um Bericht mufste ein Expeditenbuch gehalten werden[1], damit dieselben rechtzeitig beantwortet würden. Erwähnt sei zum Schlusse noch, dafs durch die Kammerordnung von 1572 eine Inventarisierung des gesamten Ärarvermögens verfügt wurde: es sollte ein Urbar für sämtliche schlesischen Kammergüter, Fürstentümer, Herrschaften, Liegenschaften, Mauthen und Zölle, Bergwerksgerechtigkeiten, kurz über alle Vermögensstücke des Arars, mit Beifügung aller dazu gehörigen regelmäfsigen Einkünfte und Gefälle, ferner mit Angaben, ob dieselben verpfändet, wer die Inhaber, wie hoch die Verschreibung, welches die Bedingungen betreffs der Zeit der Verpfändung, der Ablösbarkeit usw. seien, in gehöriger Ausführung auf Grund des vorhandenen Aktenmaterials aufgerichtet und eine Abschrift davon an die Wiener Hofkammer eingeschickt werden; alle im Laufe der Zeit sich vollziehenden Änderungen sollten darin sofort nachgetragen werden. Damit war — freilich in viel gröfserem Umfange und auf der Grundlage einer ungleich mehr vervollkommneten Verwaltungstechnik — das Werk wiederaufgenommen, welches Karl IV. zwei Jahrhunderte zuvor mit seinem Breslauer Landbuche zuerst begonnen hatte. —

Eine eigene Verwaltungsexekution, d. h. das Recht, ihre Entscheidungen und Verfügungen mit Anwendung von Zwangsmitteln durchzusetzen[2], stand der Kammer nicht zu. Sie durfte weder die dem Ärar gebührenden Gefälle für sich allein auf dem Verwaltungswege beitreiben, noch auch durfte sie Beamte, deren Rechnung Mängel aufwies, selbständig zur Richtigmachung derselben zwingen[3]. Sie mufste vielmehr für die Exekution in solchen Fällen sich der Vermittelung der ordentlichen Obrigkeit, unter welcher der Säumige oder Schul-

---

[1] „Expediten Buch der Schlesischen Camerbuchhalterei, was für sachen von der camer herüberkomen, entgegen, wie der bericht beschehen und übergeben worden." Kgl. Staatsarch. Bresl. AA. VI 4 c. Es war so eingerichtet, dafs immer zwei zu einander gehörige Kolumnen einander gegenüberstanden; die erste enthielt eine genaue Angabe des Inhaltes der Anfrage der Kammer mit dem Datum ihres Einganges bei der Buchhalterei, die andere einen Vermerk der Buchhalterei darüber, wann und wie die Anfrage erledigt wurde.
[2] G. Meyer, Lehrbuch des deutschen Staatsrechtes II 556. Leipzig 1885.
[3] Vgl. z. B. Kgl. Staatsarch. Bresl. AA. III 23h fol. 9 ff. Die Kammer weist den Hauptmann von Glogau an, gegen den früheren Oberbiergeldeinnehmer Engelmann, der noch einen Rest von 1783 Thalern schulde, mit Einweisung in dessen Güter vorzugehen; sie befiehlt dem Magistrate von Freistadt, den früheren Einnehmer Michael Perker zur Bezahlung seines Restes von 350 Thlrn. anzuhalten.

dige gesessen war, bedienen; diese war andererseits durch
kaiserlichen Befehl verpflichtet, den Weisungen der Kammer
in dieser Hinsicht Folge zu leisten. Bei allen Edikten, welche
sie erliefs, bedurfte sie bezüglich der Publikation der Mitwirkung der Behörden für die allgemeine Landesverwaltung,
also des Oberamtes für Schlesien in seinem ganzen Umfange,
sowie der Landeshauptmannschaften und der städtischen Magistrate in den Erbfürstentümern, in den mediaten Gebieten
der Landesherren[1]. Auch die Zwangsgewalt der einzigen
Exekutivbeamten, welche der Kammer direkt unterstellt waren,
der Zollreiter, war eine sehr beschränkte und eigentlich auch
unselbständige; ihre Instruktion lautete daraufhin, „mit Hülfe
der Obrigkeit alle unverzollten waaren anzuhalten[2]"; d. h.
sie durften solche Reisende und Kaufleute, die ihnen des
Schmuggels verdächtig erschienen, nur mit Hülfe der ordentlichen Obrigkeit des in Frage kommenden Bezirkes durchsuchen, und Gegenstände, von denen es sich herausstellte, dafs
sie defraudiert waren, wurden als Kontrebande gerichtlich
eingezogen und gerichtlich verkauft; also auch hier stand die
eigentliche Exekutive den ordentlichen Landesbehörden zu.
Es kann daher nicht Wunder nehmen, wenn die Breslauer,
die erbittertsten Feinde der Kammer, dieselbe mitunter dadurch
verächtlich zu machen suchten, dafs sie ihr den Charakter
einer wirklichen „Obrigkeit" abstritten[3]. Die Ursache für

---

[1] Fabri collect. II Bresl. Stadtarch. Hs. A. 84. fol. 98 d. a. 1559.
Die Kammer schickt dem Breslauer Rate drei Mandate, an Statt des
Kaisers befehlend, dafs er dieselben in der Stadt und in dem Hauptmannschaftsbezirke publiciere. Ebd. fol. 100 f. ist enthalten ein Brief
des obersten böhmischen Kanzlers an den König, in welchem Protest
über gewisse der Kammer überwiesene Kompetenzen erhoben und u. a.
auch ausgeführt wird: „Zu dem auch die publication der mandata des
landes Slesien privilegia gemes keinem andern von Ew. Maytt. wegen
dan eynem oberhauptman daselbst zustehet und geburt, wie das E. M.
solchs E. M. vitztumb in Slesien, der sich publicirung der mandata einst
angemafst, auf beschwer des herren bischofs als E. M. oberhauptmans,
so E. M. stelle helt, abgeschaft und endlich verboten haben, dyweil
solchs der fursten und stende landesprivilegien betrifft." In Rücksicht
auf diesen Protest des böhmischen Kanzlers, der sich allerdings nur
gegen die selbständige Publikation von Mandaten durch die Kammer
wendet, sowie aus der Erwägung, dafs durch die überschickten drei
Edikte seinen Privilegien zuwidergehandelt würde, weigerte sich der
Rat, dem Befehle der Kammer nachzukommen, und wufste auch in
diesem einzelnen Falle die Publikation der Erlasse zu hintertreiben;
später aber ist es allgemein, dafs die Obrigkeiten die Mandate, die von
der Kammer im Namen des Kaisers ausgehen, zu veröffentlichen gezwungen sind.

[2] Dieser Ausdruck findet sich allerdings erst in einer Instruktion
d. a. 1660 (Kgl. Staatsarch. Bresl. AA. I 78a fol. 126), trifft aber dem
thatsächlichen Verhältnisse nach schon für das 16. Jahrh. zu.

[3] Dafs der Kammer eine wirkliche Zwangsgewalt und Verwaltungsexekution mangelte, erhellt aus den Akten der laufenden Verwaltung
zur Genüge; wir führen hier nur einige Beispiele an: 1586 (d. d. 20. Dez.)

dieses Verhältnis ist unschwer einzusehen; die Kammer war das Organ der Ärarverwaltung, das Ärar aber hinwiederum stand im Privateigentume des Königs; daher mufste auch die Kammer, da sie mit der Administration des königlichen Privateigentums betraut war, als eine private Behörde des Königs erscheinen, die alsdann in solchen Fällen, in denen zufolge der Verknüpfung des staatlichen Principes mit der Person des Herrschers die Finanzwirtschaft des Königs als Staatswirtschaft, demgemäfs auch je nach der Natur der Umstände als Zwangswirtschaft sich darstellte, auf die Mitwirkung der eigentlichen öffentlichen Behörden angewiesen war.

2. Die der Kammer untergeordneten Behörden.

Fiskalat, Regalbehörden, Biergeldämter.

Der Kammer unterstellt war eine Reihe von Behörden, deren Funktionen in den Rahmen der schlesischen Gesamtstaatsverwaltung gehörten, und deren Organisation wir daher hier in Kürze schildern müssen. Es sind dies das Fiskalat, ferner die zur Administration der einzelnen Regale, des Münz-, Berg-, Zoll- und Salzregals, sowie endlich die zur Erhebung des Biergeldes eingesetzten Ämter.

Das Amt eines königlichen Prokurators oder Fiskals[1] findet sich in Schlesien schon vor Errichtung der Rentkammer. Derselbe war damals höchstwahrscheinlich noch der böhmischen Kammer untergeordnet; seine Hauptaufgabe bestand hier wie überall „in der processualen Vertretung des Landesherrn in allen seinen financiellen Ansprüchen ohne Rücksicht auf den

---

ersucht die Kammer den Breslauer Rat, „Verordnung zu thun", dafs ein früher stets offener, jetzt plötzlich geschlossener Weg in Krittern für „hiesige zweene camer postreuter" wieder geöffnet werde (Bresl. Stadtarch. Scheinig 3, 1 Nr. 3085); 1588 fordert sie den Rat auf, sich die Handlungsbücher zweier Kaufleute vorlegen zu lassen, um festzustellen, ob dieselben das kaiserliche Verbot, Waffen nach Polen auszuführen, wissentlich übertreten hätten (ebd. Nr. 3058); 1595 fordert die Kammer von dem Rate die eidliche Vernehmung zweier Personen, die ein Gespräch zwischen dem kaiserlichen Zoll- und Strafsenbereiter Braun und einem niederländischen Kontrebandisten gehört haben sollen (ebd. Nr. 3014). Für Stadt und Land Breslau ist demnach der Breslauer Rat das kompetente Organ, dessen sich die Kammer bedienen mufste, wo es sich um die Ausübung von Zwangsrechten handelte; durch Vermittelung des Rates treibt sie fällige Abgaben und Aufsenstände ein, legt sie Arreste auf Güter und hebt dieselben wieder auf, läfst sie Personen verhaften u. s. w.

[1] Vgl. über die Geschichte des Fiskalats in Deutschland überhaupt Rosenthal u. a. O. und Ortloff, Die öffentliche Anklage in Deutschland mit besonderer Berücksichtigung des Fiskalates, Zeitschrift für deutsches Recht XVI 254 ff. Der erste böhmische Fiskal erscheint 1416 (d'Elvert S. 106).

Rechtsgrund derselben¹ᵃ. Der erste dem Namen nach bekannte Fiskal in Schlesien war Dr. Georg von Mehl, später Vicekanzler der Krone Böhmen². In der Folgezeit trat Dr. Fabian Kindler im Jahre 1554 unter dem Namen eines fiscalis regius auf³. Als man einige Jahre später die Vorbereitungen zur Errichtung der Kammer traf, und Kindler dabei für die Stelle eines Kammerrates in Aussicht genommen wurde, hielt man die Einsetzung eines eigenen Kammerprokurators nicht mehr für nötig, da die Kammer doch nicht sofort mit allerlei Rechtshändeln zu thun haben werde; zudem habe ja der Kaiser zwei Rechtsgelehrte als Räte in Breslau in Bestallung und Besoldung, die man in vorkommenden Fällen verwenden, und denen bei eintretender Notdurft auch Kindler zur Seite treten könnte⁴. Trotzdem wurde aber schon 1558 bei der definitiven Aufrichtung der Kammer auch, wie aus den Akten der laufenden Verwaltung und späteren Notizen erhellt, ein direkt und zwar allein der Kammer untergeordneter procurator fiscalis in der Person des Dr. Andres Hertwig eingesetzt⁵. Wie wir aus der Kammerordnung von 1572 erfahren, gab es damals bereits nicht nur einen obersten der Kammer aggregierten Fiskal, sondern auch noch Prokuratoren für die einzelnen Erbfürstentümer⁶; es wird dabei ausdrücklich erwähnt, daſs eine besondere Instruktion für dieselben damals

---

¹ Rosenthal a. a. O. S. 220.
² Wahrscheinlich in dem vierten und fünften Jahrzehnte des 16. Jahrhunderts; s. u. a. auch Kgl. Staatsarch. Bresl. Jauersche Mss. Nr. LI.
³ „A⁰ 1554 umb dyse zeit hot Dr. Fabianus Kindler der Junger, welchen die stat zu beforderung seiner studien in seiner jugent mit gelt verlegt und aufsehen, nochmals laut- und scheppenschreiber gewest und in legation am kgl. hof gebraucht, nochmals koniglicher rat, volgent in der Slesien camer rat worden, sich in seinen schreiben fiscalem Regium genannt. Wie aber ein solch ampt uf die arme Slesie vielleicht zu wenig ader in einem kleinen anschen befunden, ist balde das vitztum ampt in Slesien, demnach eine kays. camer in Ober und Niederslesien verordnet; was zuletzt doraus uns hoches werden wird, giebt die zeit, die besserung aber stehet bey got."
⁴ Zeitschr. für schles. Gesch. XI 5.
⁵ Eine Notiz in dem handschriftlichen Codex dipl. Siles. des Friedenberg zum 21. Nov. 1558 spricht von der Einsetzung eines kgl. Oberfiskals in Ober- und Niederschlesien, der seine Dependenz von dem Könige und der Breslauer Kammer gehabt habe. Hertwig lebte bis 1575. Eine Liste der schlesischen Kammerfiskale unserer Periode giebt u. a. Schickfuſs III 249.
⁶ Eine Liste der oberschlesischen Prokuratoren druckt ab Weltzel in der Zeitschr. f. Gesch. und Altert. Schlesiens XII 42 ff. Der erste oberschlesische Prokurator war Wenzel Reiswitz von Kanderzin, der von Beginn der Kammer bis zu seiner Entlassung im Jahre 1577 sich im Amte befand. Der oberschlesische Prokurator muſste der deutschen, der lateinischen und der czechischen Sprache kundig sein; er erhielt 100 Thaler Jahresgehalt, freies Zimmer auf dem Oppelner Schloſs und Futter für drei Rosse. Der Kaiser ernannte immer einen Landsassen aus dem Ritterstande.

noch nicht existierte. Durch die allgemeine Kammerordnung wurden sie angewiesen, darauf zu achten, dafs Urteilserkenntnisse, Pön- und Lehnsfälligkeiten nicht in Vergessenheit gerieten, sondern exekutiert würden, dafs ferner Regalien, Folgen und Dienste, welche das Kammergut beträfen, nicht durch vermeintliche Präskription, die es bei Regalien und Rechten der Krone nicht gebe, oder durch kraftlose Privilegien entfremdet würden. Wo dies dennoch geschehen sei, sollten sie die fraglichen Ansprüche der Kammer gerichtlich verfechten; doch durften sie derartige Processe nur mit Vorwissen und Erlaubnis der Kammer anstrengen und mufsten Verzeichnisse anlegen, in denen alle zur Zeit schwebenden Processe mit Angabe der für sie angesetzten Termine eingetragen waren, und je ein Exemplar davon der Kammer einreichen. Verschleppungsversuchen der Parteien sollten sie entgegentreten, und ohne Vorwissen des Kaisers durften weder Kammer noch Fiskale in eine gütliche Handlung sich mit den Parteien einlassen. Zugleich ward angeordnet, dafs in der böhmischen Hofkanzlei Abschriften der Privilegien aller Fürstentümer und Stände angefertigt würden; diese sollten alsdann an die Kammer überschickt werden, damit sie dort von den Fiskalen eingesehen und als Material für deren Amtsthätigkeit benutzt werden könnten. Von kriminellen Funktionen des Fiskals ist in der Kammerordnung noch keine Rede. Die ersten Anzeichen einer Umbildung und Erweiterung des Fiskalamtes in strafprocessualer Hinsicht finden sich aber bald darauf: im Jahre 1573 erläfst der Kaiser an den Oberhauptmann der Fürstentümer Oppeln und Ratibor einen Befehl[1], „das in mord- und totschlags oder anderen dergleichen strafmessigen handlungen er oberhauptman jederzeit unerwartet ainiger vorgeender clage ex officio doch mit vorwissen der schlesischen camer fürgehen und dem verordneten camerprocurator die rechtfertigungen gegen den verbrecher furzunemben und auszuuben auferlegen solle", da es fortmehr nicht geduldet werden dürfe, dafs die Mörder „um schlechtes geld mit der furchtsamben freundschaft" des Ermordeten sich vertragen, „angesehen das es den rechten in aller billichnit zuwider und auch dadurch an unsern hohaiten und regalien zu nachtl . . . gehandelt wurde". Der Gedanke machte sich mit Nachdruck geltend, dafs die Verfolgung von Delikten in jedem Falle im öffentlichen Interesse liege; es wurde principiell und durchgängig mit der mittelalterlichen Auffassung gebrochen, dafs es da, wo kein Kläger sei, auch keinen Richter gäbe[2], und dafs unter Einverständnis zwischen Kläger und Richter jede

---

[1] Angeführt in einem Briefe der Kammer an den Kaiser, d. d. 6. Juni 1573 im Kgl. Staatsarch. zu Breslau AA. III 23h fol. 94.
[2] S. auch Ortloff a. a. O. S. 292 f.

Strafe auf dem Wege der Sühne zwischen den Parteien gemildert und in eine Geldbufse umgewandelt werden könnte. Merkwürdig ist es, dafs auch für seine neuen strafprocessualen Funktionen der Fiskal der Kammer unterstellt wurde; es rührt dies daher, dafs das pekuniäre Interesse der Krone einen nicht zu verkennenden Ausgangspunkt für die neue Phase in der Entwicklung des Strafrechtes bildete [1], dafs aber auch andererseits der Wirkungskreis der Kammer weit über das nominell ihr zugewiesene Gebiet der königlichen Finanzen hinausreichte, dafs die Kammer in Wirklichkeit die vornehmste Trägerin jener Bewegung war, deren Tendenz auf eine Erhebung des staatlichen Principes über alle privaten Verhältnisse, auf eine Verstärkung der staatlichen Gewalt auf allen Gebieten des Lebens der menschlichen Gemeinschaft hinauslief. Auch hier in dieser Verschlingung des fiskalischen und des öffentlichen Interesses zeigte es sich, wie sehr der Staat und jede Fortbildung des staatlichen Lebens in aufsteigender Richtung an die Person des Königs geknüpft war.

Eine Instruktion des Fiskalamtes, die uns aus dem Anfange des siebzehnten Jahrhunderts erhalten ist [2], stellt sich uns rücksichtlich ihres Inhaltes dar als der Abschlufs des geschilderten Entwicklungsganges. Die Funktionen des Kammerprokurators werden darin in zwei Gruppen zerlegt; die erste bezieht sich auf seine Thätigkeit als des Vertreters der Interessen des Kronärars, die zweite auf seine Befugnisse in strafprocessualer Hinsicht. Er sollte daher einerseits „die Keys. und Landesfurstlichen Hoheiten, Regalien, nutz und Frommen suchen, betrachten und gebührlich in acht nehmen, Schaden und Nachtheil, so viel als müglich, . . verhüten, warnen und wenden" und zu diesem Zwecke, falls den Rechten und Einkünften der Krone irgendwelche Beeinträchtigung widerfahre, den gerichtlichen Procefs einleiten, andererseits aber auch bei den Verbrechen, wie Wucher, Mord, Todtschlag, Ehebruch u. s. w., als öffentlicher Ankläger auftreten [3]. In derartigen Civil- und Kriminalprocessen mufste er Zeugnis und Beweis zu rechter Zeit und nach dem gebräuchlichen Landesrechte führen. Es verstand sich von selbst, dafs er

---

[1] Dies zeigte sich z. B. bei Gelegenheit des Processes gegen den Freiherrn Georg Wilhelm von Wartenberg wegen der Ermordung des Wolf von Seidlitz. Braun hatte sich schon mit den Verwandten des Erschlagenen vor dem Oberrechte sühnweise verglichen, als der Kaiser angeblich im öffentlichen Interesse durch den Fiskal eine nochmalige Anklage vor dem Oberrechte erheben liefs. Dieselbe endigte freilich damit, dafs Braun nunmehr auch an den Fiskus eine hohe Summe, damit der neue Procefs niedergeschlagen werde, zahlen und einige Jahre gegen die Türken zu kämpfen sich verpflichten mufste.
[2] Gedruckt bei Schickfufs III 248. Bekanntlich war Schickfufs selbst Kammerprokurator.
[3] Vgl. auch Ortloff S. 304 f.

für seine sonstige Anwaltsthätigkeit keine Sache annehmen durfte, die dem fiskalischen Interesse zuwiderlief. Er war nur der schlesischen Kammer und in zweiter Instanz der Hofkammer unterstellt; in schwierigen Fällen mufste er sich bei der Kammer Rates erholen, wie er denn ohne deren Vorwissen überhaupt keinen Procefs anstrengen durfte. Erst späterhin, als das Oberamt infolge der Verfassungsänderungen der Zeit des dreifsigjährigen Krieges seinen bisherigen dualistischen Charakter abstreifte und ebenfalls eine rein königliche Behörde wurde, wurden die Fiskale auch dem Oberamte untergeordnet und eine — wenn auch nicht vollkommen durchgeführte — Beschränkung der Kammer auf das Gebiet der Finanzverwaltung erstrebt. —

Der Kammer waren unterstellt ferner die Behörden für die Verwaltung der einzelnen Regale, zunächst des Münzregals. Die Administration des letzteren, insofern es sich dabei um die Ausübung des Rechtes der Münzprägung handelte, war dem Münzamte übertragen. Da aber, wie wir bei der Geschichte des Münzregals auseinandersetzten, der König von seinem Rechte der Münzprägung in unserer Epoche nur vorübergehend Gebrauch machte, so war auch die Einrichtung des Münzamtes durchaus keine feste[1]. Die beiden königlichen Münzstätten zu Breslau und zu Schweidnitz, welche zu Beginn der habsburgischen Herrschaft in Schlesien bestanden, befanden sich im Privateigentume der Königin-Witwe Maria; erst 1530 setzte Ferdinand I. einen von ihm abhängigen Münzmeister, den Konrad Sauermann, ein, der bis 1536 eine, freilich sehr mäfsige Münzthätigkeit entwickelte. Der Münzmeister jener Zeit war noch kein eigentlicher Beamter, sondern ein Unternehmer, der die Beschaffung des Prägematerials, die Herstellung und auch den Vertrieb der Münzen, also das Wechselgeschäft, auf eigene Rechnung ins Werk setzte, mit dem Münzherrn aber in regelmäfsiger Wiederkehr wegen der Einnahmen aus dem Schlagschatze sowie wegen der Auslagen und Provisionen Abrechnung hielt[2]. Nachdem die königliche Münze drei Jahre hindurch geruht hatte, wurde sie 1539 einem Konsortium übergeben, welches aber bald mit dem von ihm angenommenen technischen Leiter[3] in einen Zwist geriet, und dessen Haupt, Hans Krappe, schon nach wenigen Jahren in Schuldhaft kam. Zum dritten Male wurde 1546 die königliche Münze aufgerichtet und mit der Prägung von Groschen und Hellern begonnen; wir haben bereits des kläglichen Erfolges des Unter-

---

[1] Vgl. für das Folgende die schon oben citierten Friedensburgschen Abhandlungen.
[2] Vgl. Schröder, Deutsche Rechtsgeschichte S. 509 f.
[3] Der Münzmeister war damals meist nur der Kapitalist, welcher die für den Betrieb nötigen Auslagen leistete und die kaufmännische Seite des Unternehmens vertrat.

nehmens, welches 1549 den Betrieb einstellen mufste, Erwähnung gethan. Als man ungefähr ein Jahrzehnt später eine grundsätzliche Neugestaltung des Finanzdienstes ins Werk setzte, dachte man auch an eine nunmehr zweckmäfsigere Neuordnung der Münzverwaltung. Der wichtigste Unterschied zwischen der Münze, wie man sie jetzt plante, und den bisherigen Einrichtungen bestand darin, dafs von nun an der Münzmeister nicht mehr als ein selbständiger Unternehmer, sondern als ein von der Kammer abhängiger Beamter fungieren sollte. Der Entwurf der Kammerordnung von 1557 schweigt zwar noch gänzlich von diesen Projekten; bald nach Einrichtung der Kammer wurden aber auch die Verhältnisse des Münzamtes neu geregelt. Schon seit einigen Jahren war der Ärarverwaltung ein Wardein[1] beigegeben[2], dem die Aufgabe oblag, die im Lande kursierenden Münzen zu untersuchen und auf ihren Feingehalt hin zu prüfen, damit ihnen je nach ihrem Werte ein bestimmter Kurs beigelegt werden könnte; der Wardein hatte also die sogenannten „Valvationen" unter Aufsicht der Kammer vorzunehmen[3]. Als nun der Kaiser an die Einführung der Reichsmünzordnung von 1559 auch in Schlesien schritt, sollte zur Prägung der neu verordneten Münzen auch ein neues Münzamt geschaffen werden. Es wurden mit dem bisherigen Wardein Wolf Freiberger seitens des Erzherzogs Ferdinand als Statthalters der böhmischen Krone und der Breslauer Kammer Verhandlungen gepflogen, bei denen aber von vornherein betont wurde, dafs der neue Münzmeister in reinem Beamtenverhältnisse stehen sollte. Als nämlich Freiberger die Vollmacht verlangte, hundert Mark Silbers kaufen und auf seine Rechnung nur unter Abgabe des königlichen Schlagschatzes prägen zu dürfen, wurde ihm seine Forderung abgeschlagen, da es bekannt sei, „das die R. K. M. in derselben kunigreich und erblanden nimals mehr kainen munzmaister haben, der seine bevolne münz auf schlagschatz oder genants, sondern gostraks durchaus ordenliche und schleuniche rechnung in ihrer verwaltung haben"[4]. Der Münzmeister sollte eben aus der Sphäre eines

---

[1] Siehe über die allgemeine Geschichte dieses Amtes Kruse, Kölner Geldgeschichte, Trier 1888 S. 112 f.
[2] In der Person des Wolf Freiberger, der zum erstenmale 1553 als königlicher Wardein in Schlesien erscheint (Friedensburg, Zeitschrift für Numismatik 18 S. 172).
[3] Siehe den Bericht der Kammer d. d. 13. März 1560; Kgl. Staatsarchiv AA. III 23a fol. 146.
[4] Hinzugefügt wurde noch zur Begründung dieser Ablehnung: „Ist auch bisher nie der gebrauch gewesen, wo ain muntzmaister sein ausdrückliche und gewisse besoldung hat, das er ime zum pesten etliche hundert mark silber soll macht haben zu kauffen und one rechnung seiner obrigkeit seinem nutz nach, wie ers begert, zu vermuntzen, dann

selbständigen Unternehmers, der die Münze auf eigene Rechnung nur unter Abgabe des königlichen Schlagschatzes leitete, hinabgedrückt werden zum besoldeten und nur auf Rechnung des Ärars arbeitenden Beamten, — gewifs ein neuer, nicht unbeträchtlicher Fortschritt in der Verwaltung. Das Münzamt sollte sich zusammensetzen aus einem Münzmeister, dem eigentlichen technischen Vorsteher des Betriebes, einem Wardein, von dem man wohl annehmen darf, dafs seine Funktion darin bestand, die fertigen Münzen auf Schrot und Korn zu untersuchen, desgleichen die Geschäfte der Buchführung zu besorgen und die laufende Geschäftsgebahrung des Münzmeisters ständig zu kontrolieren, aus einem Eisenschneider, welcher die nötigen Münzstempel anzufertigen hatte, endlich aus einer Anzahl von Münzgesellen [1]. Einige Wochen später erliefs der Erzherzog eine Instruktion [2] für das neu zu bildende Münzamt, durch welche der Münzmeister auf die Reichsmünzordnung von 1559 verpflichtet wurde; er ward ferner angewiesen, sich mit den nötigen Stempeln und Werkzeugen in Bereitschaft zu setzen, damit man sich im gegebenen Augenblicke mit genügenden Quantitäten an neuem Gelde zur Einwechselung der jetzt noch kursierenden Münzen versehen könnte. Da die schlesischen Bergwerke nur einen geringen Ertrag gewährten und Silbermangel daher vorauszusehen war, so sollte der Münzmeister bedacht sein, das eingelieferte Pagament nach dem richtigen Korne zu vermünzen und Vorrat an Silber aus Joachimsthal herbeizuschaffen; eben des Silbermangels halber sollten zunächst nur Zweikreuzer, Weifspfennige und Heller in nicht allzu grofser Anzahl nach dem Bedarfe des Landes zum Münzfufse der Reichsmünzordnung geschlagen werden [3]. Um dieselbe Zeit wurde auch das kaiserliche Münzmandat publiciert, durch welches die Reichsmünzordnung auf die Erblande und insbesondere auf Schlesien ausgedehnt wurde [4]; im Zusammenhange damit dürfte das schlesische Münzamt in Thätigkeit getreten sein.

Wenn alle diese Mafsregeln nicht von dem gewünschten Erfolge begleitet waren, so lag die Schuld davon nicht etwa an einer Unvollkommenheit der neuen Einrichtung des Münzamtes, sondern einmal an den eigentümlichen staatsrechtlichen

---

es der K. M. geferlich und ainem munzmaister zue grossem verdacht kommen mocht." Erzh. Ferdinand an die Bresl. Kammer, d. d. Prag, 21. Juni 1561, ebd. AA. III 6c S. 385—392.
[1] Ebd.
[2] Ebd. S. 463 ff. (d. d. Prag, 14. August 1561).
[3] Die Vermutung Friedensburgs (Numism. Zeitschr. XVIII 165), dafs die Prägung von 1561 bis 1564 nur auf kleine Münzen sich beschränkt habe, wird demnach durch diese Münzamtsinstruktion bestätigt.
[4] Kgl. Staatsarch. Bresl. AA. III 6c S. 479 (d. d. Prag, 21. August 1561): Erzh. Ferdinand überschickt eine Anzahl von gedruckten kaiserlichen Münzmandaten mit dem Befehle, dieselben überall zu publicieren.

Verhältnissen Schlesiens, denen zufolge einer umfassenden Ausübung der kaiserlichen Münzhoheit die Münzprivilegien der einzelnen schlesischen Mediatherren entgegenstanden, sowie endlich an demjenigen Umstande, der von vornherein die äufserste Einschränkung des Betriebes der Münzstätte erfordert hatte, nämlich an dem obwaltenden Silbermangel. Die Folge davon war, dafs schon 1564 die Thätigkeit des Breslauer Münzamtes aufhörte[1]. Die Beamten wurden auf Wartegelder gesetzt[2] und gelangten nur in vereinzelten Fällen dazu, ihre Thätigkeit ausüben zu können, wenn nämlich infolge des königlichen Vorkaufsrechtes an Edelmetallen Gold und Silber der Kammer eingeliefert wurden. In solchen Fällen wurden die einkommenden Metalle vom Münzmeister und Wardein untersucht und sodann vom Rentamtskontroleur angekauft. Wiewohl das gesamte Münzamt auf diese Weise wenig leistete und viel kostete, so riet die Kammer doch dringend, es nicht abzuschaffen, da man seiner zur Verhütung der Gold- und Silberausfuhr bedürfe[3]; auch sollte es wohl eine Kontrolle über die Münzthätigkeit der dazu berechtigten Fürsten und Stände ausüben. Aus den nächsten Jahren ist uns eine Anzahl von Spuren für den Fortbestand des Münzamtes erhalten, indem die Beamten noch weiterhin auf Wartegeld gestellt waren, ohne dafs jedoch gemünzt wurde[4]. 1576 fragte der Kaiser die Breslauer Kammer an, ob man nicht den Münzmeister Wolf Freiberger, da ja schon lange nicht mehr in Breslau gemünzt worden sei, zur Ersparung unnötiger Unkosten entlassen könne. Die Kammer entgegnete darauf, dafs die Münzthätigkeit allerdings schon lange eingestellt sei, dafs aber der Münzmeister seit vielen Jahren in seiner Rechnung einen grofsen „Rest" (von c. 1180 fl. rh.) schuldig geblieben sei, und dafs sie daher, da diese Summe von Freiberger seiner Armut halber auf keine andere Weise zu erlangen wäre „dann von seiner besoldung", da man ferner immer noch auf einen Aufschwung des Bergbaus und der Silberproduktion hoffen dürfe, den Münzmeister im Dienste und Wartegelde belassen habe; sie bat zugleich den Kaiser um die Erlaubnis, den Freiberger, welcher jetzt noch 213 fl. dem Arar schulde, bis zu deren vollständiger Abtragung auf seinem Posten behalten zu dürfen[5]. Bald darauf mufs indes das Münzamt ganz

---

[1] Friedensburg a. a. O.
[2] Der Münzmeister bekam jährlich 100 fl. rh., der Wardein für die Woche 1 Thlr. schles., der Münzgeselle, „der von wegen vermünzung der einkommenen gold und silber gehalten wird", für die Woche 1 fl. rh. Bericht der Kammer an den Kaiser, d. d. 8. Juni 1568: Kgl. Staatsarch. Bresl. AA. III 23f fol. 53—61.
[3] Ebd.
[4] Friedensburg a. a. O. S. 172.
[5] Kgl. Staatsarch. Bresl. AA. III 23k fol. 51 (8. März 1576).

eingegangen sein; einige Versuche, in den letzten beiden Jahrzehnten des 16. Jahrhunderts, dasselbe zu reformieren und die Münzthätigkeit von neuem aufzunehmen, waren von nur vorübergehendem Erfolge gekrönt[1]. Bis zum dreifsigjährigen Kriege „ruhte der Hammer"; falls ein Bedürfnis nach Prägung irgendwelcher Münzen sich einstellte, so wandte sich die Kammer, wie es scheint, zu diesem Zwecke an eine benachbarte Münzstätte[2].

Was die Administration des Bergregals in den Erbfürstentümern[3] anbetrifft, so war hier der lokale Beamtenorganismus, welchen Ferdinand I. vorfand, derselbe, wie anderwärts in der deutschen Bergwerksverwaltung; es gab für Schweidnitz-Jauer einen Bergmeister, welchem für die einzelnen Reviere Berggeschworene zur Seite standen[4]. Als die Kammer neu

---

[1] Friedensburg u. a. O. S. 178 ff.
[2] 1587 fiel dem Arar aus der Erbschaft des Johannes Cyrus, Abtes von St. Vincenz zu Breslau, eine Quantität von Gold und Silber zu, welche die Kammer der Jägerndorfer Münze, die dem Markgrafen gehörte, zur Vermünzung übergab; es wurden daraus an Gold 1343 fl., an Silber 216 fl. gemünzt. Der Jägerndorfer Schmiedemeister erhielt dafür an Lohn 43 fl. 12 kr.; er stand in keiner festen Bestallung bei der Kammer, sondern erhielt, wenn er in ihrem Auftrage münzte, Stücklohn. Kgl. Staatsarch. Bresl. AA. VI 60 f.
[3] In Betracht kommen Schweidnitz-Jauer und Münsterberg und zwar in ihnen folgende Bergwerke: das Silberbergwerk von Gablau (bei dem wöchentlich 1—2 Mark Silbers gewonnen wurden), zu Gottesberg (das aber in der Mitte des 16. Jahrhunderts völlig darniederlagt, ferner das Bergwerk bei Kupferberg (im 16. Jahrh. an das Geschlecht der Burghaufs verkauft) auf Vitriol und später auf Kupfer. Der Bergbau auf Silber bei Altenberg, Kolbnitz und am Hausberge bei Hirschberg, desgleichen auf Gold am Wildberg bei Schönau, endlich auf Quecksilber bei Striegau brachten wenig oder nichts. Die der Krone allerdings nicht gehörigen Eisenhämmer zu Schmiedeberg hatten einen jährlichen Ertrag von ca. 10 000 fl. Mäfsig war der Gewinn, den der Silberbergbau bei Silberberg abwarf. Über das Reichensteiner Goldbergwerk besafs der König nicht das Regal. Die dem Kronregal unterliegenden Bergwerke brachten wenig, fast gar nichts. Vgl. auch Steinbeck, Gesch. des schlesischen Bergbaus I 178 ff.
[4] Über die Funktionen dieser Beamten s. Steinbeck I 196 und 204 ff. (nach Agricola) und Schmoller (Gesch. Entw. der Unternehmung X. Die deutsche Bergwerksverf. von 1400—1600, im Jahrb. für Gesetzgebung u. s. w. XV, 4. Leipzig 1891. S. 59 ff.): „Dem Bergmeister werden die Mutungen angemeldet; er erteilt Mutzettel, prüft die entblöfsten Gänge, mifst die neuen Zechen, besichtigt alte verlassene und weist in sie ein, wenn sie neu gebaut werden sollen. Er wird gerufen, sobald man neue Erze findet; er erteilt Fristung, wenn irgendwo der Betrieb ohne den Nachteil des Verlustes der Verleihung unterbrochen werden soll; ohne sein Wissen darf keine Stelle verbaut oder verstürzt werden; ... er hat Gewalt, nach bergrechtlichem Herkommen Strafen und Bufsen zu verhängen. Die Geschwornen sollen alle 8—14 Tage jede Zeche befahren, die Arbeit besehen und Gebrechen dem Bergmeister melden. Der Bergschreiber trägt die neuen Verleihungen, die Fristungen, die Schiede und die Verträge, die verliehenen Mafse und die Retardate, je in ein besonderes Amtsbuch ein." Das Amt des Zehntners findet sich bei den schlesischen Bergwerken nicht, vermutlich wegen ihres allzu geringen Ertrages. In der Fortbildung des alten

gegründet wurde, wurde sie auch mit der obersten Aufsicht
über die königlichen Bergwerke betraut. Der Entwurf der
Kammerordnung von 1557 wollte der Kammer die Vollmacht
übertragen, einen Berghauptmann, desgleichen einen Bergbe-
reiter oder Bergmeister mit Vorwissen der Hofkammer oder
der böhmischen Kammer zu bestallen. Zur Einsetzung eines
Berghauptmannes kam es damals noch nicht; die nächsten
Jahrzehnte werden ausgefüllt durch immer wieder sich er-
neuernde, von der Breslauer Kammer ausgehende Versuche
und Vorschläge zur Hebung des Bergbaues, die jedoch einen
greifbaren Erfolg nicht zeitigten[1]. Erst 1577 wurde nach
dem Vorbild der Joachimsthalschen mit den nötigen Änderungen eine schlesische Bergordnung erlassen. Jede Art von
Metall, Gold, Zinn, Kupfer, Eisen und Blei, wurden darin
dem Bergregale unterworfen; um die Lust zum Bergbau an-
zuregen, wurden den Schürfern für Erzfunde Belohnungen,
den Unternehmern von Erbstollen Geldhülfen versprochen,
der kaiserliche Gold- und Silberkauf festgestellt (der Preis
für eine Mark freien Brandsilbers wurde auf 7 Thlr. schl.,
für ein Loth Goldes à 23 Karat, 1 Grän auf 5 Thaler und
ein Ort normiert). Alle andern Metalle durften, nachdem der
Zehnte von ihnen entrichtet war, aufser Landes geführt werden;
der Zehnte wurde jedoch für neue Gänge sowohl bei „hohen
wie bei niederen Metallen" auf zehn Jahre zur Hälfte, bei
alten auf sechs Jahre gänzlich erlassen. Dem Grundherrn
wurden vier, den Kirchen, Schulen und Spitälern des Ortes
zwei Freikuxe zugesprochen; die alten Freiheiten der Bergleute wurden bestätigt. Wichtig aber war die damals vorgenommene Einsetzung eines neuen Bergbeamten über alle
Bergwerke Schlesiens. Im Jahre 1576 hatte bereits die
Kammer die Bestallung eines schlesischen Oberbergmeisters
beantragt und zu diesem Amte den bisherigen Breslauer Raitrat
Georg Bart vorgeschlagen, der, des Bergbaues von Jugend auf
kundig, zuerst Bergschreiber in Joachimsthal gewesen und
alsdann von dort in die schlesische Buchhalterei hauptsächlich
zur Aufnahme der Bergwerks- und Münzrechnungen berufen
worden war[2]. Im folgenden Jahre wurde Bart in der That
zum Oberbergmeister ernannt. „hinfur den bergwerken und

---

lokalen Beamtentums, in der genauen Fixierung ihrer Amtspflichten
und Kontrollen, nicht sowohl in besonderen technischen Fortschritten,
liegt die Hauptbedeutung der Reform des Bergwesens in der Übergangszeit vom Mittelalter zur Neuzeit; s. Schmoller ebd. S. 56—59.
[1] Vgl. die ausführlichere Darstellung bei Steinbeck I 153 ff.
[2] Bart sollte seine bisherige Raitratbesoldung in der Höhe von
300 Thlr. auch als Oberbergmeister behalten; dafür sollte die Besoldung
des Schweidnitzschen Bergmeisters, da demselben durch das neue Amt
viele Mühe abgenommen würde, von 100 Thlr. auf 60 Thlr. herabgesetzt
werden. Kgl. Staatsarch. Bresl. AA. III 23 k fol. 193—197 (d. d. 27. Sept.
1576).

allen bergleuten zu mehrerm trost, schutz und handhabung unserer bergordnung, recht und gerechtigkeit"[1]. Sein Wirkungskreis sollte sich erstrecken auf Ober- und Niederschlesien, natürlich aber nur für diejenigen Bergwerke, die unter das königliche Bergregal fielen[2]. Aus der Bergordnung von 1577 und den Akten der laufenden Verwaltung erhellt, dafs derselbe die Funktionen eines Berghauptmanns[3] ausüben sollte. Ihm lag ob die Aufsicht über das ganze Bergwesen; gewisse Aufgaben, wie Rechnungprüfung, Retardatverfahren, Zubufseerhebung, Erlaubnis von Gewerkschaftstagen, Aufsicht über alle Gewerke und Beamten, übte er gemeinschaftlich mit dem Bergmeister aus und hatte die Entscheidung in schwierigeren Streitigkeiten. Der Oberbergmeister sollte im Speciellen die einzelnen Bergwerke regelmäfsig inspicieren und Mängel, die er dabei fände, entweder selbst abstellen oder die Hülfe der Kammer dazu anrufen; er sollte ferner verhüten, dafs durch mutwilliges Schürfen Äcker und Wiesen nutzlos zerwühlt würden. Besonders war es seine Pflicht, zwischen Gewerken und Grundherren zu vermitteln. Da nämlich die letzteren mit den ihnen zustehenden vier Freikuxen, welche zugleich die Grundentschädigung in sich schlossen, keineswegs zufrieden waren, und da ihnen die Freiheiten der Bergleute lästig waren, so kam es mitunter soweit, dafs sie die Bergleute verjagten, die Schächte verstürzten und die Kauen niederrissen. Der Oberbergmeister sollte daher darauf achten, dafs überall ein gutes Verhältnis zwischen Grundherren und Gewerken hergestellt, und dafs insbesondere diesen von jenen das nötige Holz zu billigen Preisen geliefert würde. Er durfte auch „mit Vorwissen der Kammer und mit Rat und Willen der Grundherren und Gewerke" Bergbeamte, wie Berggeschworene, Berg- und Gegenschreiber, einsetzen; ausdrücklich wurde allerdings dabei bemerkt, dafs es augenblicklich noch unnötig sei, „die Bergwerke mit vielen Amtleuten zu belegen", da die Erträge des Bergbaues noch zu gering seien. Ein grofser Fehler der Organisation war freilich die Niedrigkeit der Gehälter und Gebühren der unteren Beamten, welche deshalb auf unrechtmäfsigem Wege ihre Einnahmen zu erhöhen suchten. Im Anfange des 17. Jahrhunderts gab der damalige Oberbergmeister „dem Unfleifse der Bergmeister, der grofsen Untreue der Vorsteher, Arbeiter und Schmelzer" die Schuld an dem Darniederliegen des Berg-

---

[1] Bart starb 1587; sein Nachfolger wurde der bisherige königliche Münzwardein Salomon Löw zu Breslau.
[2] In Oberschlesien gab es allerdings keine derartigen Bergwerke; man mufs jedoch in Betracht ziehen, dafs der Kaiser manche Fürsten und Herren der unberechtigten Ausübung des Bergregals zieh: so den Bischof, die Würben auf Freudenthal und den Markgrafen für die Bergwerke von Beuthen und Tarnowitz.
[3] S. über dieselben Schmoller a. a. O. S. 60.

baues [1]. Die Hauptursache aber dafür, dafs die Reform der Bergbehörden der damaligen Zeit für das Aufblühen des bergmännischen Betriebes in Schlesien nicht diejenigen günstigen Wirkungen zeitigte, wie dies in andern Ländern der Fall war, lag doch in der minimalen Ergiebigkeit des damals noch fast gänzlich nur auf Edelmetalle gerichteten Bergbaues. — Die wichtigste, von der Kammer abhängige Regalverwaltung wurde gebildet durch die Behörden zur Erhebung des neuen Grenzzolls von 1556 [2]. Der Erhebungsmodus war verschieden, je nachdem es sich um Einfuhr- oder Ausfuhrzölle handelte; den letzteren standen gleich in dieser Hinsicht die Durchfuhrzölle. In den Städten des ganzen Landes, zumal in den Weichbildstädten, wurden Zollämter eingerichtet und je nach der Gröfse und Bedeutung des betreffenden Ortes mit mehr oder weniger Beamten besetzt. Bei ganz kleinen Zollstätten gab es nur einen Einnehmer, bei den gröfseren auch noch Beschauer, Wagediener und Thorhüter, zum Teil städtische Beamte, denen die Zollgeschäfte als Nebenamt übertragen waren. Für mehrere Fürstentümer hinwiederum gab es je einen Zollbereiter, d. h. berittene Beamte, deren Aufgabe es war, zu verhüten, dafs ungewöhnliche Strafsen, — natürlich bestand Strafsenzwang, indem die Benutzung anderer als der meist von altersher bestimmten Handelsstrafsen untersagt war, — von den Kaufleuten befahren und also Zollhinterziehungen versucht würden [3]. Falls nun Waren, welche dem Einfuhr-

---

[1] Steinbeck I 242.
[2] Vgl. für das Folgende die oben citierte Schrift von Kern. Da die Organisation der Zollbehörden daselbst sehr ausführlich dargestellt ist, begnügen wir uns mit der Hervorhebung der Hauptzüge der Entwicklung.
[3] Siehe die Instruktion für Georg Preufsl, Strafsenbereiter der Fürstentümer Schweidnitz-Jauer und Münsterberg-Frankenstein (d. d. Breslau, 12. Juli 1607, schon vorher gültig gewesen für Preufsls Vorgänger Martin Rudolf d. d. 7. April 1601; Kgl. Staatsarch. Bresl. AA. I 78a fol. 18 ff.), ferner die Instruktion für den Zollbereiter des Fürstentums Breslau (d. d. 30. August 1607; ebd. fol. 24 ff.). Eine Konsignation der königlichen Zollstädte aus dem 17. Jahrhundert, die wohl im grofsen und ganzen auch schon für das 16. Jahrhundert zutrifft, findet sich ebd. fol. 219 f., desgleichen eine Konsignation der Zollbereiter für Niederschlesien (12 an der Zahl), ebd. fol. 127 f. Wenn der Zollbereiter Kontrebande abfing, so erhielt er ein Drittel der konfiszierten Gegenstände; waren noch andere Personen bei der Aufspürung beteiligt, so wurde dieses Drittel zwischen ihnen und dem Zollbereiter zur Hälfte geteilt. Besonders mufsten die Zollbereiter darauf achten, dafs nicht bei Transporten, die ins Ausland gingen, und die an der Aufladestätte der Waren verzollt wurden (z. B. in Breslau), zu den verzollten Gegenständen unterwegs noch unverzollte heimlich hinzugesteckt wurden. Diese Revisionen der Frachtwagen durch die Zollbereiter waren der Ausgangspunkt vieler Zollplackereien einerseits und ewiger Beschwerden der Handelsleute andererseits.

Die Gehaltsverhältnisse der Zollbereiter waren verschieden; der von Tarnowitz erhielt 1577 136 fl. rh., wofür er jedoch zwei Pferde

zolle unterlagen, die schlesische Grenze passierten, so mufste
sie der Fuhrmann an der ersten Zollstätte, die er passierte,
anmelden, woselbst der Einnehmer die Fässer und Ballen ver-
siegelte und dem Fuhrmann einen Ansagezettel oder „Polet"
gab, aus dem die gemeldete Zahl und, seitdem Wertzoll war,
der Wert der Frachtstücke ersichtlich war. Am Bestimmungsorte angelangt, mufste sich der Transportführer nach der Wage
begeben; hier wurden die Waren in Gegenwart des Empfängers
abgeladen, entsiegelt, ausgepackt, abgewogen und vom Beschauer sowohl eventuell auf ihren Wert als auch daraufhin
untersucht, ob die Ansagezettel mit dem thatsächlichen Be-
funde übereinstimmten; je nach dem Ergebnisse dieser Prüfung
wurde die Höhe des zu zahlenden Zolles nach Mafsgabe des
Zolltarifes ermittelt. Wurde demgemäfs der Einfuhrzoll an
dem Bestimmungsorte entrichtet, so wurde der Ausfuhrzoll
an denjenigen Orten gezahlt, von denen der Transport ausging, oder wenigstens an der zunächst gelegenen Zollstätte.
Der Kaufmann mufste die Waren, welche er ausführen wollte,
hier eidlich ansagen und den gebührenden Zoll dafür erlegen:
darüber empfing er ein Polet, das er dem Zollbereiter, der
ihn unterwegs etwa traf, auf sein Verlangen vorzeigen und
an der letzten Zollstelle vor der Grenze abgeben mufste.
Für Breslau [1] speciell war es vorgeschrieben, dafs der Fuhrmann, welcher den Transport verzollter Exportwaren leitete,
zwei Poleten mit specificierter Angabe seiner Ladung erhielt,
von denen das eine am Thore der Stadt abgegeben wurde.
Die Thorhüter durften keinen Fuhrmannswagen aus der Stadt
passieren lassen, ohne zu untersuchen, ob die thatsächliche
Fracht mit der Angabe auf dem Poleten übereinstimmte. Das
zweite Polet wurde sodann auf der letzten Zollstätte abgegeben.
Diese Poleten hatten nicht nur den Zweck, Defraudationen
zu verhüten, sondern sie waren auch dazu bestimmt, eine
Kontrolle über das Beamtenpersonal auszuüben. Sowohl Einnehmer wie Gegenschreiber waren nämlich aufser zur Ausstellung der nötigen Poleten auch zur Führung von Büchern
über die einkommenden Zollgefälle verpflichtet; wenn sie nun
ihre Jahresrechnung legten, so konnte, da die Poleten dort,
wo sie abgegeben wurden, auch aufbewahrt und dann der
Buchhalterei eingeliefert werden mufsten, durch Einsichtnahme
in dieselben sofort erkannt werden, ob an den Orten, an denen
sie ausgestellt waren, auch alle Posten richtig gebucht seien.
Es ist selbstverständlich, dafs der Verkehr an den andern

---

halten mufste (AA. III 231 fol. 179): doch gab es auch geringere Besoldungen.
  [1] Die Breslauer Kaufleute brauchten den Zoll nicht sogleich zu
bezahlen, da ihnen derselbe quartaliter gestundet wurde; nach Ausgang
des Vierteljahres wurden ihnen ihre Rechnungen zugeschickt und Säumige durch Hülfe des Rates zur Zahlung gezwungen.

Zollstätten hinter dem am Breslauer Grenzzollamte weit zurückstand[1]; daher war das letztere auch der Kammer unmittelbar unterstellt und lieferte seine Einkünfte nach Abzug der im Etat vorhergesehenen Besoldungen und der geringen sonstigen Unkosten direkt an das schlesische Rentamt ab. Die übrigen Zollämter führten ihre Einnahmen nicht direkt an das Rentamt ab, sondern an eine Zwischeninstanz als an die für sie bestimmte Sammelstelle, nämlich an die Oberzolleinnehmer. Solcher Oberzolleinnehmer gab es vor 1572 drei, nämlich zwei für Niederschlesien (einen in den Fürstentümern Glogau und Sagan, einen zweiten für Liegnitz) und einen dritten für Oberschlesien, dem aber auch noch ein Teil der niederschlesischen Lokalämter untergeben war[2]. Seit 1572 wurde ein einziger Oberzolleinnehmer für ganz Schlesien bestallt[3]. Dieser sollte vierteljährlich ganz Schlesien bereiten, die wichtigeren Zollämter — mit Ausnahme des von seiner Aufsicht exemten Breslauer Amtes — besuchen und ihre Einnahmen gegen Ausstellung gebührlicher Quittungen in Empfang nehmen, um sie dann dem Breslauer Rentamte abzuliefern. Die Untereinnehmer weniger wichtiger oder entfernterer Zollstätten sollte er halbjährlich an bestimmte Orte mit ihren Einkünften und Büchern vorfordern[4]. Er war befugt, die Kosten für Besoldungen, Botenlohn u. s. w. bald von den Einnahmen in Abzug zu bringen, mufste aber den gesamten Überschufs an die Kammer abliefern. Wie alle mit der Verwaltung von Kassengeschäften betrauten Personen, so mufsten auch Ober- und

---

[1] 1573 betrugen die Einnahmen des Breslauer Grenzzollamtes ca. 20500 fl., die der sämtlichen übrigen schlesischen Zollämter ca. 16500 fl; 1574 überstieg die Einnahme des Breslauer Zollamtes die der übrigen um 5500 fl.

[2] Bald nach Errichtung des Zolles hatte der Glogau-Saganer Einnehmer auch Liegnitz in seiner Verwaltung; erst später wurde aus Liegnitz ein besonderer Oberzollbezirk gebildet. Zum Amtsbezirke des oberschlesischen Zolleinnehmers gehörten Oppeln, Ratibor, Troppau, Teschen, Plefs, Beuthen, Neifse; derselbe scheint auch die Zollgefälle aus den übrigen niederschlesischen Gebieten (aufser Glogau, Sagan und Liegnitz) gesammelt zu haben; für Schweidnitz-Jauer und Neumarkt ist uns dies bezeugt (Rentamtsraitung d. a. 1570; Kgl. Staatsarch. Bresl. AA. VI 60d).

[3] Das Folgende über die Zollreform von 1572 hauptsächlich nach AA. III 23g. d. d. 24. Febr. 1572.

[4] Der Oberzolleinnehmer (später auch Oberzollamtmann genannt) war der Vorgesetzte aller Untereinnehmer, Gegenschreiber und Strafsenbereiter; er hatte sie daraufhin zu kontrollieren, ob sie ihren Amtspflichten getreulich nachkämen, und Lässige der Kammer zu melden. Im 17. Jahrhundert durfte er die Unterbeamten selbständig ein- und absetzen (s. Kern S. 69, sowie die Oberzollamtsinstruktionen des 17. Jahrhunderts im Kgl. Staatsarch. Bresl. AA. I 77a); erst 1702 wurde ihm seine Kompetenz, Unterbeamte, die er für untauglich hielt, ohne weiteres abzusetzen, genommen und die Bestimmung getroffen, dafs er hinsichtlich der Ein- und Absetzungen an die Einwilligung der Kammer gebunden sei. Ebd. fol. 196.

Unterzolleinnehmer jährlich Rechnung legen. Die Quittungen, welche der Obereinnehmer den Untereinnehmern ausgestellt hatte, dienten dabei zugleich als Kontrolle für seine eigene Kassengebahrung, indem sie mit seinen eigenen Rechnungsbüchern verglichen wurden; aus den abgegebenen Poleten wieder liefs es sich erkennen, wenn Unrichtigkeiten in der Buchführung bei den lokalen Einnahmeämtern vorgekommen waren. Auch das dem Obereinnehmer nicht unterstellte Breslauer Grenzzollamt wurde 1572 reformiert. Während es früher an demselben zwei Einnehmer und zwei Gegenschreiber gegeben hatte, wurden von jetzt ab die Geschäfte von einem einzigen Einnehmer und dem ihm zugeordneten Gegenschreiber geführt; beide mufsten getrennte Bücher über Einnahme und Ausgabe halten, und ihre Buchführung wieder wurde kontroliert durch die zu den einzelnen verzollten Gegenständen gehörigen Poleten, sowie durch das Buch, welches der Beschauer über die von ihm inspicierten und auf ihre Zollsätze hin bestimmten Güter anlegen mufste. Man wird dieser Organisation nicht das Zeugnis versagen dürfen, dafs sie ebenso einfach wie praktisch war, da durch sie — nämlich durch die Einrichtung der Poleten — eine zugleich gegen das Publikum und gegen die Beamten gekehrte Kontrolle ermöglicht wurde; sie leistete an technischer Vollkommenheit das Höchste, was man damals mit Fug fordern durfte; sie verlangte zudem nur ein geringes Beamtenpersonal und verursachte daher relativ nur mäfsige Kosten[1]. Gewifs hatte der Umstand, dafs die Zollabfertigung nicht an der Grenze stattfand, mancherlei Beschwerden für den Binnenverkehr zur Folge, die sehr häufig zu den lautesten Klagen Anlafs gaben, und die man mehrfach abzustellen sich bemühte; im grofsen und ganzen aber empfahl sich das geschilderte System sowohl seiner eben angedeuteten Vorzüge halber, da es mit einfachen Mitteln Bedeutendes leistete, wie auch wegen des Einklanges, in welchem es zu den einfachen, noch wenig komplicierten Verkehrsverhältnissen jener Zeit stand. —

Die Organisation des Salzhandels war diejenige Regalverwaltung, welche am spätesten entstanden ist. Als 1562 der Kaiser den Handel mit dem Boisalz als Regal an sich nahm, hatte er die Absicht, drei Siedewerke, zu Breslau, im

---

[1] 1573 betrug die Gesamteinnahme aus dem Zolle ca. 37000 fl., die Erhebungskosten beliefen sich auf ca. 5500 fl. Diese relativ geringe Höhe der Erhebungskosten war nur dadurch möglich, dafs die Besoldungen der Untereinnehmer sehr knapp waren, in vielen Fällen nur 10—20 fl. jährlich (nicht etwa 250 fl., wie Kern S. 30 fälschlich angiebt) betrugen. Gröfsere Gehälter empfingen nur der Obereinnehmer (350 fl. p. a. und Liefergeld auf vier Pferde, wenn er Dienstreisen unternahm), sowie die Beamten des Breslauer Grenzzollamtes. 250 fl. der Einnehmer, der Gegenschreiber 120—180 fl., der Beschauer 100 fl.). AA. III 23 g.

Glogauischen und zu Oppeln, zu errichten¹. Wie für alle Zweige der Administration, so auch machte es hier Schwierigkeiten, geeignete Beamte zu finden. Zum Obersalzamtmann wurde Matthias von Logau ernannt, dem auch ein „Gegenhandler" beigegeben wurde; für die einzelnen Siedewerke sollten je ein Einnehmer und ein Kontroleur eingesetzt werden, jedoch erst nach vollständiger Einrichtung des Betriebes². Als Logau schon 1564 wegen Alters seine Stelle niederlegte, berichtete die Kammer an den Kaiser, dafs eine Person vom Adel sich nur dann bereit finden lassen würde, den erledigten Posten zu übernehmen, wenn zugleich ein Unteramtmann zu seiner Vertretung gehalten würde; falls der Kaiser darauf eingehen sollte, so schlug die Kammer für den Posten eines Obersalzamtmannes auf ein bis zwei Jahre den Hans von Braun vor; im Übrigen aber empfahl sie, zur Ersparung der doppelten Besoldung, und da sehr viel mit Kauf- und Handelsleuten zu verkehren sei, einen der beiden Raiträte mit der Leitung des Salzhandels zu betrauen³. Da jedoch der Kaiser sehr darauf sah, dafs, soweit es anging, zur Erhöhung des Ansehens der kaiserlichen Verwaltung die wichtigeren Stellen mit Adligen besetzt würden, so wurde schliefslich an die Spitze des Salzhandels Hans von Braun als Obersalzamtmann und unter ihn ein Unteramtmann und Buchhalter gestellt⁴. Das Boisalz kam damals noch hauptsächlich über Stettin, woselbst ein Faktor angestellt war, welcher behufs des Einkaufes mit den dortigen Kaufleuten zu verhandeln hatte. Die Bedrückungen jedoch, die der Handelsverkehr in Stettin erfuhr, desgleichen der Umstand, dafs die Boisalzschiffahrt immer mehr von Stettin sich abwandte, erweckten im Kaiser den Wunsch, den Salzhandel auf andere Wege zu leiten. Als im Jahre 1572 das gesamte Kammerwesen einer gründlichen Revision und Reform unterworfen wurde, ging man auch an eine Neuordnung des Salzhandels; wir hören, dafs damals Ernst von Rechenberg und der Kammersekretär Alexander Albrecht „als salzkommissare zu völliger richtigmachung des pafz und eröffnung des elbstrambs und einschiffung des boyen-salz" abgefertigt wurden⁵.

---

¹ Ebd. AA. III 6d S. 95.
² Ebd. AA. III 23c fol. 10 ff. (d. d. 24. Januar 1564).
³ Ebd. AA. III 28d fol. 118 (d. d. 15. Sept. 1565).
⁴ Ebd. fol. 147 (d. d. 1. Dez. 1565). Die Besoldung Brauns betrug 500 Thlr.; davon mufste er den Buchhalter und einen Schreiber für zusammen ungefähr 150 Thlr. unterhalten. Wenn Braun in Amtsgeschäften aus dem glogauischen Fürstentum — es scheint damals nur ein einziges Siedewerk im Glogauischen gegeben zu haben — nach Breslau verreiste, so erhielt er Liefergeld auf vier Rosse; falls er zum Einkaufe von Boisalz aufser Landes sich aufhielt, bekam er ein Liefergeld auf fünf Pferde, sein Buchhalter ein solches auf ein Rofs.
⁵ Ebd. AA. III 23g fol. 127 ff.

In der That wurde der Salzhandel damals gänzlich von neuem organisiert. Für die Salzverwaltung wurde Schlesien mit der Lausitz verbunden und gemeinsam der Breslauer Rentkammer unterstellt. Diese hatte die Aufsicht über die beiden, im Bereiche ihrer Administration aufgerichteten Salzsiedewerke, von denen das eine zu Moderin (später Neusalz) bei Freistadt, das andere zu Guben in der Lausitz belegen war. Zur Hülfeleistung bei dem Betriebe und zur Deckung der Betriebsunkosten wurden beiden Salzämtern die an den Orten, wo sie angelegt waren, wohnenden Kammerunterthanen mit ihren Roboten und Gefällen zugewiesen. Bezogen wurde das Salz, welches auf diesen beiden Werken versotten wurde, nunmehr vornehmlich über Hamburg, indem es von hier zu Schiffe durch die Elbe, die Havel und die Spree bis Fürstenwalde, von dort auf dem Landwege bis Frankfurt transportiert wurde, um sodann wiederum zu Schiffe nach Schlesien befördert zu werden. Die Stettiner Faktorei verlor an Bedeutung und wurde 1575 aufgehoben[1]. Die Oberleitung des gesamten, sowohl des technischen als auch des kaufmännischen Betriebes wurde dem Obersalzamtmanne[2] übertragen. Es war demselben verboten, Nebengeschäfte zu treiben; den Boisalzkauf sollte er, falls es sich um mehr als hundert Lasten handelte, möglichst mit Vorwissen der Kammer selbst abschliefsen und zusehen, dafs Kauf und Lieferung ordnungsmäfsiger Weise sich vollzögen, dafs ferner auch der Verschleifs des versottenen Salzes richtig vor sich ginge. Er hatte die Administration über die zu den beiden Siedewerken geschlagenen Güter mit ihren Unterthanen, sowie die Aufsicht über die niederen Salzbeamten; auch expedierte er, wenn die Schiffe stromabwärts fuhren, die Gegenladungen, die meist aus Hölzern bestanden, aus welchen die für den Transport des Salzes notwendigen Tonnen in Frankfurt gezimmert wurden. Mit „Einnahme und Ausgabe", d. h. mit den Kassengeschäften, hatte er nichts zu schaffen und brauchte daher auch keine Bürgschaft zu stellen ; er sollte „summarie ain vorsteher oder oeconomus des ganzen

---

[1] „Diese factorey zu Stettin, weil alda hin kain boyen mehr kumbt, ist zue end des 75. jars eingestalt, dem Engelhard sein dienst aufgekundiget und die factorey zue Hamburg, alda die Boyenschiffart sich gewendet, entgegen aufgericht." Bresl. Staatsarch. AA. I 78d. Die Hamburger Faktorei bestand allerdings schon seit 1572.

[2] Als solcher trat an die Stelle des Hans von Braun, der, wie es den Anschein hat, dem erhöhten Betriebe nicht gewachsen war, der frühere Kammersekretär Alexander Albrecht, dem eine Besoldung von 400 Thalern nebst dem gleichen Liefergelde, wie es sein Vorgänger gehabt hatte, bewilligt wurde. Siehe für das Folgende ebd. AA. I 78d fol. 63—70, AA. III 23g fol. 129 ff., AA. III 23h fol. 24 ff. (Vorschläge der Kammer behufs Organisation des Salzhandels, bestätigt durch kaiserliche Resolution, d. d. 23. Juli 1573) und die entsprechenden Partieen der Kammerordnung von 1572.

wesens seyn, auf den die andern ambtleut und diener ir aufmerken und respect haben."

Jedem der beiden Siedewerke[1] war ein Unteramtmann vorgesetzt, dem ein Gegenschreiber beigeordnet war. Unteramtmann und Gegenschreiber sollten „stets auf der stell bleiben, alle empfang, einnamb und ausgaben verrichten und verwalten"; sie waren kautionspflichtig, nahmen das ankommende Boisalz in Empfang, überwachten die Versiedung desselben und verkauften das versottene Salz. Die einzelnen Salzämter wurden halbjährlich von einem Kammerrate und demjenigen Buchhaltereibeamten, der ihre Rechnungen aufnahm, visitiert; sie sandten auch alle Quartale Auszüge darüber, wieviel sie an Boisalz empfangen, wieviel sie davon versotten und verkauft hatten, und wieviel noch lagerte, an die Breslauer Kammer ein, welche diese Berichte dann mit ihrem Gutachten der Hofkammer überschickte. Natürlich mufsten sie auch jährlich Rechnung legen; bei den Salzrechnungen war der Wichtigkeit des Gegenstandes gemäfs stets ein Mitglied des Kammerkollegiums anwesend. Daneben gab es noch je einen Faktor zu Hamburg und Frankfurt. Der Hamburger Faktor mufste mit den Lieferanten verhandeln[2], das erhandelte Boisalz in Empfang nehmen, verwahren und die Heraufschiffung desselben bis Fürstenwalde leiten. Von hier bis zu den Siedewerken besorgte den Transport der Frankfurter Faktor, dem auch die Aufsicht über den Frankfurter Holzplatz übertragen war, auf welchem das für die Verarbeitung zu Fässern bestimmte Holz lagerte. Beide Faktoren standen unter der Aufsicht des Obersalzamtmannes, der von Zeit zu Zeit Frankfurt und Hamburg bereisen mufste, teils eben um die gröfseren Käufe abzuschliefsen, teils um mit den Mächten zu verhandeln, durch deren Gebiet der Transport ging, teils um die Geschäftsführung der beiden Faktoren zu überwachen; diese beiden letzteren waren ebenfalls zu regelmäfsiger Rechnungslegung über die von ihnen vereinnahmten und verausgabten Gelder, über die durch ihre Hände gehenden Salz- und Holztransporte verpflichtet. —

Der Kammer untergeordnet war seit Ende des 16. Jahrhunderts die Verwaltung noch einer weiteren Einnahme, die mit dem Ärar allerdings staatsrechtlich nicht zusammenhing,

---

[1] 1576 sollte ein drittes Siedewerk im Gebiete des Stiftes Neuenzell zu Fürstenberg angelegt werden (A.A. III 23 k fol. 118); ob es dazu in der That kam, konnte ich nicht ermitteln. Das technische Personal bei den Siedewerken setzte sich zusammen aus den Salzmessern, dem Siedemeister, den Salzsiedern (in Moderin 12 an Zahl) und den nötigen Handwerksleuten.

[2] Einkäufe über 100 Lasten (die Last kostete 1576 ca. 13 Thlr.) aber durfte, wie schon bemerkt, nur der Obersalzamtmann mit Genehmigung der Kammer abschliefsen.

sondern auf der Bewilligung des Fürstentages beruhte, nämlich die Administration der Biergeldereinnahme. Allerdings bedurfte es eines längeren Kampfes, bis es dem Könige gelang, die Erhebung dieser Gefälle in seine Hand zu bekommen: dafs ihm die Stände hier nachgaben, während sie die Erhebung der Schatzungsteuer ihm beharrlich verweigerten, hatte seine Ursache darin, dafs das Biergeld seiner Bestimmung gemäls, da es als ein Zuschufs zu den Kosten des königlichen Hofhaltes bewilligt wurde, doch einmal in seine Kasse übergehen mufste, während man hinsichtlich der Schatzungsteuer ein Gleiches verhindern wollte, um dem Herrscher die Möglichkeit zu rauben, dafs er sie anstatt für die Zwecke des Krieges anderweitig verwende.

Für die Erhebung des seit 1546 eingeführten Biergeldes waren in den einzelnen Städten des Landes Einnehmer mit Gegenschreibern bestallt, an welche die Steuer nach den jeweiligen Vorschriften entweder beim Verkaufe des Bieres oder des Malzes oder, wie es seit 1567 gleichförmig der Fall war, beim Brauen entrichtet wurde. Nachdem die Bestimmung von 1567 durchgedrungen war, der zufolge das Biergeld recht eigentlich eine Brausteuer wurde, mufste der Brauer, ehe er das Feuer anlegte, bei dem Einnehmer das Quantum angeben, welches er verbrauen wollte, und unter Erlegung der dafür festgesetzten Steuer einen Brauzettel lösen. In den gröfseren Städten gab es noch einen Bierzollamtsdiener oder Zettelträger, der die einzelnen Brauzettel austrug und sich dabei wohl auch überzeugen mufste, ob die Ansage nicht eine zu geringe wäre. Eine feste Ordnung der Kontrolle zur Verhütung von Unterschleifen war sehr schwer möglich; Vervielfältigung der Aufsicht und Eide, dafs die Ansage richtig sei, spielten hinsichtlich der Kontrolle die Hauptrolle; Einnehmer, Braumeister, Schenkwirte und Ortsobrigkeiten (Magistrate, Grundherren und Dorfschulzen) waren zu gegenseitiger Beaufsichtigung und getreuer Angabe des gebrauten, verkauften und verschenkten Bieres eidlich verpflichtet[1]. Einnehmer und Gegenschreiber in den kleineren Orten befanden sich in einem ähnlichen Verhältnisse wie die Beamten der geringeren Zollämter; sie bekleideten ihren Posten meist nur im Nebenamte, indem sie eigentlich Kommunalbeamte, Bürgermeister oder Stadtschreiber, waren, indem sie ferner für ihre Mühewaltung rücksichtlich der Einnahme des Biergeldes demgemäfs auch nur geringe Besoldungen bezogen.

Wie nun die Einnahmen der Unterzollämter von Oberzolleinnehmern gesammelt und an die Rentkasse abgeführt wurden, so auch geschah es mit den Gefällen des Biergeldes;

---

[1] Kries S. 67 Anm. 2 nach der Biergeldereinnehmerinstruktion von 1572.

dieselben wurden vierteljährlich von den Unterämtern durch Oberbiergeldeinnehmer unter Prüfung der dazu gehörigen Bücher und Belege abgehoben, um sodann nach Abzug der Kosten für die Besoldungen und anderweitigen Auslagen dem Rentamte übermittelt zu werden. Solcher Oberbiergeldeinnehmer gab es für jedes Fürstentum, desgleichen auch für eines oder mehrere der separierten Weichbilder und Herrschaften je einen [1]. Wie es scheint, wurde bei den Oberbiergeldeinnehmern von der sonst für die Kassenbeamten erforderlichen Kautionsstellung abgesehen, da sie dem Adel entnommen wurden und daher „als vornembe und wol angesessene leute" schon durch ihre Persönlichkeit und ihren Grundbesitz die nötigen Garantieen boten [2]. Nur für das Fürstentum Breslau gab es seit 1572 keinen Oberbiergeldeinnehmer, sondern das Breslauer „Bierzollamt" wurde nach dem Vorbilde des dortigen Grenzzollamtes direkt der Kammer unterstellt; auch die beiden andern Biergeldämter des Fürstentums, zu Neumarkt und zu Namslau, hatten ihre Gefälle von nun an direkt bei dem Rentamte abzuliefern. Das Breslauer Bierzollamt war bei weitem das bedeutendste im ganzen Lande, da viel Breslauer Bier ausgeführt wurde. Es handelte sich hier um ähnliche, wenn auch nicht ganz so hohe Summen wie bei dem Grenzzollamte, daher denn auch dem Breslauer Biergeldeinnehmer und seinem Gegenschreiber jedes Nebengewerbe untersagt, Kautionspflicht auferlegt und eine ähnliche Besoldung wie den Beamten des Grenzzollamtes bewilligt wurde [3]. Wie alle Kassenbeamten, so waren auch die Biergeldämter zu regelmäfsiger Rechnungslegung verpflichtet.

Es fragt sich nun, von wem diese Behörden abhingen, ob von der Krone oder von den Ständen. Dafs die Organisationsgewalt hinsichtlich der Erhebung des Biergeldes den Ständen gebührte, hängt zusammen mit den staatsrechtlichen Verhältnissen des damaligen Finanzwesens; dem Belieben der Stände war es gleichwohl überlassen, eine Abhängigkeit der von ihnen eingesetzten Beamten vom Könige zu gestatten, oder gar die Bestallung derselben ganz und gar dem Herrscher anzuvertrauen. Die jeweilige Organisation bestand immer nur für diejenige Zeit, auf welche die ihr zu Grunde liegende Bewilligung sich erstreckte; der Umstand, dafs faktisch die Einrichtungen immer dieselben blieben, darf uns die Erkenntnis

---

[1] Vgl. die Rechnungsakten des 16. Jahrhunderts und besonders das Aktenstück „Auszug aller der ksl. M. amtleut" etc. d. a. 1572 im Bresl. Staatsarch. AA. I 78c.
[2] Ebd. AA. III 23i fol. 54b (d. d. 12. März 1574). Die Besoldung des Liegnitzer Oberbiergeldeinnehmers betrug 1577 90 fl. p. a. (ebd. AA. III 23l fol. 114); doch bekam derselbe keine Reisekostenentschädigung, sodafs die Hälfte seines Gehaltes für Zehrung u. s. w. aufging.
[3] Ebd. AA. III 23g fol. 1—40.

nicht verdunkeln, dafs bei jeder neuen Bewilligung die gesamte Organisation eigentlich immer wieder erst, — sei es nun durch ausdrücklichen Beschlufs des Fürstentages, sei es durch stillschweigende Anerkennung, indem Änderungen nicht getroffen wurden, — von neuem in das Leben gerufen werden mufste. Die Permanenz der mit der Erhebung des Biergeldes betrauten Behörden war daher nur eine faktische, keineswegs eine rechtlich unbedingte.

Soviel uns nun bekannt ist, erscheinen die bei der Verwaltung des Biergeldes beschäftigten Beamten zuerst als Organe des Königs, da diesem der Fürstentag ihre Bestallung anheimgestellt hatte; noch 1552 beschlossen die Stände: „es soll auch ihrer Maj., wafzer gestalt solches soll gegeben und am richtigsten eingenomen werden, zu verordnen und anzustellen, derselben gefallen bevorstehen" [1]. Im Zusammenhange mit jener Bewegung aber, der zufolge seit 1552 rein ständische Organe für die Erhebung und Verwaltung der Schatzungsteuer sich bildeten, stand es, wenn nunmehr die Stände darnach trachteten, auch die Erhebung des Biergeldes der königlichen Verwaltung abzunehmen. Auf dem Fürstentage von 1554 wurde beschlossen, dafs jeder Fürst und Stand in seinem Jurisdiktionsbezirke die Einnehmer verordnen, und dafs die einkommenden Gelder an die Generaleinnehmer und erst von diesen an die königliche Kasse abgeführt werden sollten; nur für die Erbfürstentümer blieb die Einsetzung der Einnehmer dem Könige frei [2]. In dem folgenden Jahre indes wurde das Biergeld an den Vitztum direkt eingeliefert, und wir finden auch — mit Ausnahme des Fürstentums Liegnitz, wo der herzogliche Rentmeister Valentin Seydel das eingegangene Biergeld abführte, — in allen übrigen schlesischen Gebieten kaiserliche Oberbiergeldeinnehmer [3]. Dem in Liegnitz gegebenen Beispiele folgten bald andere Stände; schon drei Jahre später sah sich der König genötigt, beim Fürstentage die Forderung zu stellen, „dafs auch der König eigene einnehmer zu den Biergeldern in jedem fürstenthumb bestellen und vereyden lassen möge; sonsten kömpt wenig ein, bleibet auch bisweilen gar hinterstellig" [4]. Als ihm die Stände darauf eine abschlägige Antwort erteilten, bemühte sich der Kaiser, durch

---

[1] Vgl. hierfür und für das Folgende Kries S. 65 Anm. 4 und 5.
[2] „Des biergeldes halben, wie solches soll einbracht werden, soll ein jeder furst und stand in seine lande trewliche ordnung geben und dieselben personen zum einnemen veraiden; in der k. m. erbfurstenthumern wird ihr R. K. M. die ihren dazu zu deputiren wissen ,. Was also an steuer und biergelt einkomen wirt, das soll nachmals der Röm. k. M. von den generaleinnehmbern neben erforderung eines genuegsamen reverses auf erfolgete quittung herausgegeben werden." Bresl. Fürstentag vom 12. Okt. 1554. Bresl. Stadtarch. A. P. IV fol. 55 ff.
[3] Vitztums-Raitung d. a. 1555; Kgl. Staatsarch. Bresl. AA. VI 1c.
[4] Schickfufs III 199 (Fürstentag von Oculi 1558).

Sonderverhandlungen mit den einzelnen Fürsten und Ständen sein Ziel zu erreichen, und erhielt in der That sowohl für die Erbfürtentümer als auch für die Gebiete des Bischofs, des Markgrafen Georg Friedrich und für Oels von den beteiligten Ständen die Erlaubnis, bei ihnen Ober- und Untereinnehmer verordnen zu dürfen; nur die Herzöge von Liegnitz, Brieg, Teschen und Bernstadt, sowie die Standesherren von Trachenberg und Militsch wollten die Biergefälle in ihren Ländern durch ihre eigenen Organe erhoben lassen[1]. Wenn uns berichtet wird, dafs in Liegnitz damals schon das dritte Jahr kein Pfennig vom Biergelde gefallen sei[2], so erscheint uns das Motiv der Weigerung der letztgenannten Stände in sehr bedenklichem Lichte; sie fürchteten offenbar, dafs kaiserliche Beamte in der Beitreibung der Steuer mit einer für sie und für ihre Unterthanen allzu lästigen Energie vorgehen würden; vielleicht hofften sie auch, wenn die Erhebung ihren eigenen Organen zustünde, um so leichter hin und wieder einen Eingriff in die für den König bestimmten Einkünfte vornehmen zu können. Der Kampf, ob die Einnahme der Biergelder königlichen oder ständischen Beamten anvertraut werden solle, währte mehrere Jahrzehnte. Auf dem Fürstentage von 1561 verlangte der Kaiser, dafs die Anordnung der Biersteuer, wie in Böhmen und Mähren, so auch in Schlesien ihm gänzlich anheimgestellt werde; darauf ging man zwar nicht ein, beschlofs aber, dafs die Einnehmer überall auch auf seinen Namen vereidigt und der Instruktion der königlichen Kammer unterworfen würden[3]. Auf dem Troppauer Fürstentage von 1567 trat der Kaiser mit seiner alten Forderung hervor, erhielt aber die Antwort, es solle betreffs der Bestallung der Einnehmer alles beim Alten bleiben[4]. Im Jahre 1570 wurde, wie aus den für dieses Jahr erhaltenen Rechnungsbüchern[5] hervorgeht, das Biergeld wohl in ganz Schlesien, sogar in den Fürstentümern Liegnitz und Brieg, durch kaiserliche Beamte erhoben. In den Erbfürstentümern scheinen die Beamten des Biergeldes — sicherlich aber das Breslauer Bierzollamt — stets der Kammer unterstellt gewesen zu sein; bezüglich der mittelbaren Fürstentümer waren diese Verhältnisse augenscheinlich ebenso in der zeitlichen Entwicklung schwankend wie lokal von einander abweichend. 1577 schlug die Kammer dem Kaiser vor, auf dem nächsten Fürstentage die unregelmäfsige Amtsführung der Oberbiergeldeinnehmer zu rügen und den Antrag zu stellen, dafs sie nicht nur auf die Fürsten

---

[1] Vgl. den Kammerbericht, d. d. Breslau, 25. Febr. 1559. Kgl. Staatsarch. Bresl. AA. III 23a fol. 67.
[2] Ebd.
[3] Kries 65 Anm. 5.
[4] Bresl. Stadtarch. A. P. V Ms. 166 fol. 70—77.
[5] Kgl. Staatsarch. Bresl. AA. VI 60d und e.

und Stände, sondern auch zugleich auf die Krone vereidigt würden [1]; es müssen demnach sowohl die Bestallung wie die Amtsführung der Biergelderbeamten — wenigstens in den Mediatgebieten — ganz und gar dem Einflusse des Kaisers und der Kammer sich entzogen haben. Als zwei Jahre später das Biergeld von 4 gr. auf 5 gr. erhöht und zugleich eine Tranksteuer auf Wein und ein Ausfuhrzoll auf Pferde und Getreide bewilligt wurde, wurde die Verwaltung der Einnahmen aus diesen Gefällen eine durchaus ständische; sämtliche Einnehmer, auch in den Erbfürstentümern, wurden von den Ständen ernannt, auf das Land vereidigt und mufsten ihre Eingänge in das rein ständische Generalsteueramt abführen, welches über die Verwendung und die Auszahlung an das Rentamt — zwei Groschen waren für den königlichen Hofhalt, drei Groschen für die Schuldentilgung bestimmt — an die Weisungen der Stände gebunden war [2]. Allerdings war dieser Zustand der ständischen Omnipotenz hinsichtlich der Verwaltung des Biergeldes von sehr vorübergehender Dauer; denn der Kaiser, von Schulden damals bedrückt, hatte nur deshalb zu einer so grofsen Nachgiebigkeit, die sich auch auf die andere Steuer erstreckte, sich verstanden, da er hoffte, dafs die Stände zum Ersatze dafür sorgen würden, dafs ihm aus der Steuer ein erhöhtes und sicheres Einkommen zuteil werde; da er sich in dieser Erwartung getäuscht sah, so trat er alsbald mit seinen alten Forderungen wieder auf. Schon im nächsten Jahre stellte er den Antrag [3], dafs die Verwendung der Schatzungsteuer und die Erhebung des Biergeldes in sein Belieben gelegt würden; hinsichtlich des ersten Punktes seines Begehrens abgewiesen, erhielt er die Erlaubnis zur Ernennung der Biersteuereinnehmer, deren Eingänge fortmehr dem Breslauer Rentamte direkt zufliefsen sollten. So blieb es auch in der Folgezeit; nur der sechste Biergroschen, von dessen Ertrage 6000 Thaler für die Bedürfnisse des Landes zurückbehalten wurden, wurde seit den achtziger Jahren von den Biergeldeinnehmern dem Generalsteueramte eingeliefert und von dort erst nach Abzug des „Landesreservates" dem Rentamte ausgezahlt [4]; sonst blieb die Erhebung und Verwaltung

---

[1] Kgl. Staatsarch. Bresl. AA. III 231 fol. 124 (d. d. Breslau, 10. April 1577).
[2] Bresl. Stadtarch. A. P. Ms. 170 fol. 285; vgl. Kries S. 66 Anm. 8.
[3] Fürstentag vom Juni 1580. Bresl. Stadtarch. A. P. Ms. 172 fol. 1 ff.
[4] Vgl. die Fürstentagsbeschlüsse vom Oktober 1584 (ebd. Ms. 174 fol. 162 ff.) und vom 2. April 1585 (ebd. fol. 290 bis 298): „also dafz, wan zu quatembers zeiten die biergelder … der cammer alhier abgegeben und gut gethan oder abgefordert werden, dabei auch der sechste biergroschen in das generalsteuerambt altzeit damit und zugleich abgeben und zalet, und wan die sechs tausent taler dem lande vollig gezalet, das ubrige alles und ohne saumsal irer k. m. an gehörige ort

des Biergeldes bis zum Schlusse der von uns behandelten Periode der Kammer unterstellt und war durchaus vom Kaiser abhängig[1]. — So war die gesamte Verwaltung der königlichen Finanzen der Breslauer Rentkammer untergeben; in ihr koncentrierte sich der gesamte königliche Finanzdienst für Schlesien, und selbst die Administration der landständischen indirekten Steuer war von ihr abhängig, wenn auch der Fürstentag kraft der ihm hier zustehenden Organisationsgewalt auf diesem letzteren Gebiete vorübergehend den königlichen Einflufs beschränkte oder gar gänzlich aufhob. Das Kammerkollegium war aber nicht nur reine Finanzbehörde, sondern es hatte in dieser Periode eine noch viel weitergehende Bedeutung. Die Kammer wurde, den abstrakten Staatsgedanken erfassend und die Majestät der Krone, sowie ihr unveräufserliches Recht, als vornehmste Trägerin der staatlichen Entwicklung in alle Verhältnisse des Lebens der Gemeinschaft einzugreifen, überall in nie ermattendem Eifer, in rastloser Thätigkeit verfechtend, zur stärksten Vorkämpferin moderner Centralisation wie auch der Beschränkung der Macht der Feudalgewalten. Von ihr ging aus eine Reihe der wichtigsten Regungen des modernen Staatslebens, anknüpfend an ihre financielle Wirksamkeit, in der That aber hinübergreifend auf Gebiete der inneren Verwaltung und der Rechtspflege. Es ist bekannt, dafs sich die ersten Elemente der Volkswirtschaftspflege mit der Finanzverwaltung verschmolzen, da man von der richtigen Erkenntnis ausging, dafs eine Hebung der Einnahmen des Staates zur Grundlage haben müsse eine Hebung ihrer Quellen, des Volkswohlstandes[2]. Die Kammer war vornehmlich das Organ, welches den Übergang von der mittelalterlichen Stadtwirtschaft zur Territorialwirtschaft vermittelte. Sie erstattete dem Kaiser Bericht über die wirtschaftliche Lage Schlesiens, zumal der für die damalige Zeit so wichtigen Tuchindustrie, und machte Vorschläge, wie eine Förderung dieses oder jenes Zweiges des Gewerbefleifses möglich war. Sie war die treibende Kraft bei jenen ersten Versuchen, eine principielle Reform der mittel-

---

solle von den einnemern oder deren zugeordneten buchhalter angesaget und ordentlichen abgeben würde. Damit auch das lant zu solchem irem vorbehalt und dem irigen zu geburender zeit und gerecht kommen und gesehen werden muge, wer restiret, und wie es zu erheben und einzubringen, dafs von J. Ks. M. cammer, wan erfordert, mergedachten [sc. general] einnemern, wafz am fumfften biergroschen einkommen, und wie es allerthalb mit demselbten beschaffen, begrunte anzeig und schriftliche nachricht gegeben werden solle."

[1] Auch in Liegnitz und Brieg gab es nunmehr kaiserliche Biergeldeinnehmer; vgl. die Rechnungsakten von 1608; Kgl. Staatsarch. Bresl. AA. VI 60g.

[2] Vgl. Lorenz von Stein, Finanzwissenschaft I⁵ S. 373, und Rosenthal, Geschichte des Gerichtswesens u. s. w. S. 478.

alterlichen Verkehrsverhältnisse durch Öffnung der Oder und
Verbindung der Elbe und Oder herbeizuführen[1], um dadurch
dem Handel neue Bahnen zu eröffnen, zugleich aber auch
gewissen Landesprodukten, wie Garn, Wolle, Kupfer und
Färberröte, die auswärtigen Märkte zu erschliefsen. Gewisse
Regale, deren Verwaltung die Kammer führte, so das Berg-,
Münz- und Salzregal, liefen ja aufser auf den fiskalischen
Vorteil auch auf die Förderung der volkswirtschaftlichen Interessen hinaus, und sogar bei der Durchführung des Zollregals liefs man sich seit dem Anfange des 17. Jahrhunderts
von der Tendenz leiten, den einheimischen Handel zum Nachteile der fremden Kaufleute zu begünstigen, wie ja auch mit
Recht darauf hingewiesen worden ist, dafs sich die ersten
Spuren des Prohibitivsystems nicht in Frankreich und England,
sondern in den Ländern der habsburgischen Monarchie wahrnehmen lassen[2]. Die Kammer bekämpfte den starren, exklusiven Geist des damaligen Zunftwesens, so gut es anging,
und versuchte auch hier immer mildernd, versöhnend und
reformierend zu wirken[3]. Es sind dies die ersten Flügelschläge
jener Politik des Merkantilismus, welche späterhin für die
volkswirtschaftliche Entwicklung so Grofses geleistet hat. Indem die Fiskale auch für ihre kriminelle Amtsthätigkeit von
der Kammer abhingen, erhielt die letztere Funktionen, welche
in den Bereich der Strafrechtspflege gehörten, gewissermafsen
die Befugnisse einer obersten Staatsanwaltschaft[4]; wenn auch
hier wieder das financielle Interesse den Ausgangspunkt bildete, so war damit doch ein Princip aufgenommen, welches
charakteristisch ist für den modernen Staat, nämlich der
Grundsatz, unabhängig von jeder privaten Anklage und ohne
Rücksicht auf die privaten Interessen lediglich im öffentlichen

---

[1] Vgl. jetzt über die Geschichte des Kanalbaues von Müllrose
K. Toeche-Mittler, „Der Friedrich-Wilhelm-Kanal" in den staats-
und socialwiss. Forschungen, hsg. von G. Schmoller XI, 3. Leipzig
1891. S. 12 ff. Über die Thätigkeit der Kammer in dieser Angelegenheit s. z. B. Kgl. Staatsarch. Bresl. AA. III 23a fol. 3 ff. (d. d. 22. Sept.
1558), fol. 30 ff. (d. d. 7. Dez. 1558).
[2] Vgl. G. Schmoller, „Die nationalökonomischen Ansichten in
Deutschland während des Reformationszeitalters" in der Tübinger
Zeitschrift für die ges. Staatswiss. XVI 643. 1860.
[3] Vgl. z. B. die Verwendung der Kammer beim Breslauer Rate
für den Breslauer „Mitwohner", Barett- und Handschuhsticker Friedrich
Zwickauer, dem die Zeche seines Gewerkes den Eintritt versagen
wollte, weil er noch nicht lange genug auf der Wanderschaft gewesen
wäre; die Kammer drang darauf, dafs Zwickauer wegen nicht gänzlich
vollbrachter Wanderschaft gestraft werde, sonst aber das Meisterrecht
erhalte (Bresl. Stadtarch. Scheinig III, 3 Nr. 3487, d. d. 11. Nov. 1609)
u. a. m.
[4] Vgl. ebd. Nr. 3402 (d. d. 10. Juli 1603); es wird darin erwähnt
eine Verfügung des Kaisers an die Kammer, bei Tötungen die Gerichte
zur Einleitung und Verfolgung des Strafverfahrens gegen die Missethäter
zu veranlassen.

Interesse gerichtliche Ahndung der Frevel gegen die Gesetze zu fordern. Ja, sogar in rein politischen Sachen, bei denen nicht das geringste financielle Moment ins Spiel kommt, finden wir die Kammer als Ratgeberin und Helferin des Kaisers; war sie doch eben — im Gegensatze zum Oberamte — eine rein königliche, von den Ständen ganz und gar unabhängige Behörde, nur der Krone zu Treue und Ergebenheit verpflichtet, nur im Dienste des Königs wirkend[1]. Erst als infolge der Ereignisse des dreifsigjährigen Krieges das Oberamt ebenfalls durchaus in die Sphäre des königlichen Einflusses geriet, wurde die Kammer wieder mehr auf das rein financielle Gebiet zurückgedrängt. Für die Zeit des Dualismus in der Verfassung war die Kammer der Grundstein und Eckpfeiler des beginnenden Baues des modernen Staates, die Haupttrügerin der fortschreitenden Staatsidee; für die Geschichte der öffentlichen Verhältnisse Schlesiens war sie von einer so epochemachenden Bedeutung wie keine andere Behörde bis zu dieser Zeit.

---

[1] Wir führen für diese Seite der Thätigkeit der Kammer nur einige Beispiele an: 1577 meldete die Kammer, dafs die Tataren in Podolien eingefallen seien und nach Polen ziehen wollen (Bresl. Staatsarch. AA. III 231 fol. 113 f.). In den Unruhen, welche Herzog Heinrich von Liegnitz in den siebziger und achtziger Jahren stiftete (Grünhagen II 108 ff.), nahm die Kammer eine Vertrauensstellung ein, indem sie dem Kaiser die nötigen Berichte lieferte, Ratschläge erteilte u. s. w. Ebd. AA. III 23h u. ff. Als eben desselben Heinrichs Vorgänger Georg Friedrich auf Befehl des Kaisers 1559 verhaftet wurde, wurde er der Bewachung der Kammer anvertraut (ebd. AA. III 23a). Die Kammer meldete die Erkrankung (ebd. AA. III 23i fol. 134, d. d. 3. Juni 1574) und den Tod des Bischofs und Oberhauptmanns (ebd. fol. 135, d. d. 4. Juni); sie riet zugleich, die interimistische Verwaltung des Oberamtes „zur Förderung der Landessachen und dabei interessierten Parteien, sowie der ausständigen bewilligten Landeshülfen" dem Herzoge Georg von Brieg zu übertragen. Wenige Wochen später riet sie dem Kaiser (d. d. 23. Juni, ebd. fol. 149), die Bewerbung des Grafen und Dompropstes Rofzdrzoff um den erledigten Bischofsstuhl seiner polnischen Nationalität halber und seiner Verbindungen mit Polen abzuweisen. In der That wurde Rofzdrzoff trotz aller Umtriebe seiner Partei übergangen und durch einen starken Druck seitens des Hofes auf das Breslauer Kapitel die Wahl des Dr. Martin Gerstmann, des früheren Erziehers der Söhne des Kaisers, durchgesetzt (ebd. fol. 157). Als König Heinrich von Polen auf die Kunde vom Tode seines Bruders Karl IX. nach Frankreich entwich, gab die Kammer von diesem bedeutsamen Ereignisse dem Kaiser sofort Kunde (d. d. 23. Juni 1574; ebd. fol. 150).

Drittes Kapitel.

Die Landesfinanzbehörden seit 1552.

Nirgends trat der Dualismus der Verfassung in der ständischen Periode so klar zu Tage wie in dem Finanzwesen. Dem Könige gebührte eine vom ständischen Einflusse gänzlich unabhängige Organisationsgewalt für die Verwaltung des Ärars, dem Fürstentage nicht minder eine durch die Krone völlig unbeschränkte entsprechende Befugnis für die Administration der landständischen Bewilligungen. War es aber dem Herrscher gelungen, den Ständen das Zugeständnis abzuringen, dafs seine Organe die Erhebung der indirekten Steuer besorgen durften, so war ein gleiches Streben für das Gebiet der direkten Steuer erfolglos. Seit 1552 trennten sich definitiv die Wege der ständischen von der königlichen Finanzverwaltung. Zwar glückte es dem Könige, mitunter noch die Bestallung und die Aufsicht über die Amtsführung der bei der Verwaltung der Landessteuern beteiligten Behörden an sich zu ziehen; aber solche Errungenschaften beruhten immer auf ständischen Koncessionen, bezogen sich nur auf die jeweilige Bewilligung und waren jederzeit widerrufbar, sodafs die Organisationsgewalt des Fürstentages auf dem Felde der Steuerverwaltung dadurch nicht im mindesten beeinträchtigt wurde.

Die Organisation der mit der Verwaltung der Schatzungsteuer betrauten Behörden war dreifach gegliedert: es gab zunächst lokale Beamte, welche mit der eigentlichen Erhebung betraut waren, sodann eine als Sammelstelle fungierende Centralbehörde, das Generalsteueramt, endlich mit der Verausgabung der Steuer beauftragte Organe, die Muster- und Zahlmeister. Bemerkt sei noch, dafs, wie wir schon mehrfach erörterten, die oberste Leitung der gesamten Steuerverwaltung dem Oberamte zukam, dem auch die oberste Sorge für die Zwangsvollstreckung gegenüber den säumigen Fürsten und Ständen oblag.

1. Die lokalen Hebestellen.

Die lokalen Einnahmeämter waren verschieden für Land und Stadt. In den Städten besorgten die Erhebung in den Erbfürtentümern von den Magistraten, in den Mediatgebieten von den Landesherren verordnete Personen, für die Unterthanen des platten Landes die Grundherren mit Hülfe ihrer Organe in den einzelnen ländlichen Gemeinden, nämlich der Schulzen. Die Grundherren wieder lieferten ihre und ihrer Unterthanen Steuer an Untereinnehmer ab, deren es — noch nach Mafsgabe des Fürstentagsbeschlusses von 1527 — je zwei für jedes Weichbild gab, und deren Einsetzung den einzelnen Fürsten oder Ständen gebührte. In den mittelbaren Territorien sandten die Kreis- und Stadteinnehmer die bei ihnen eingegangenen Gefälle dem Landesherrn zu, der dieselben alsdann der schlesischen Centralsteuerbehörde abführte; hinsichtlich der Erbfürstentümer darf man annehmen, dafs in jedem von ihnen der Adel und die Städte gesondert Deputierte zur Ablegung der bei ihnen eingelaufenen Steuer nach Breslau abordneten[1]. Der König fand diese Organisation allzu kostspielig und führte für die schlesischen Erbfürstentümer, nachdem er (seit 1553) die Erlaubnis erwirkt hatte, hier selbst die Einnehmer bestellen zu dürfen, eine Vereinfachung insofern ein, als er für jedes Fürstentum nur noch zwei, höchstens drei Einnehmer ernannte[2], an welche die Grundherren und mitunter auch die Städte[3] das bei ihnen eingekommene Geld auszahlen mufsten, damit jene es an die Centralstelle nach Breslau übermittelten. Diese Neuerung erhielt sich auch dann noch, als dem Könige die Anordnung der Einnehmer wieder abgenommen ward, in den Erbfürstentümern, und zwar dergestalt, dafs auch die in den Städten erhobenen Steuern überall erst an diese beiden Einnehmer abgeführt wurden[4].

---

[1] Fürstentagsbeschlufs vom 8. Febr. 1552: „Sunderlich aber soll die überreichung der summirten schatzung (sc. an die Generaleinnehmer) geschehen durch einen oder zweene geschickten von ydem stande." (Bresl. Stadtarch. A. P. IV Ms. 165.)

[2] Vgl. dafür die Vitztumsrechnung von 1555. Kgl. Staatsarch. Bresl. AA. VI 1 c.

[3] In den Fürstentümern Breslau und Schweidnitz-Jauer führten die Städte 1555 ihre Gefälle nicht an die beiden Fürstentumseinnehmer, sondern direkt an die Centralstelle nach Breslau ab. Ebd.

[4] Vgl. z. B. Acta Publica von 1556 (Bresl. Stadtarch. A. P. IV fol. 114): „Eid, so die einnehmer diser schatzung im Breslischen furstenthumb, Neumargt und Namslau uffin land und stetten auf verordung der erbaren hauptmanschaft gethon 1556: Ich glob und schwere dem allerdurchleuchtigsten grofzmechtigsten fursten und herren, herren ferdinando, Rö: zu Hungern, Beheim etc. kunige, meinem allergnedigisten herrn. Demnach ich von einem erbarn rat der stat Breslau als an statt hochgedachter Ro: ko. M. verwaltender hauptmanschaft zu einnehmung der schatzung nach beschlus des gehaltenen furstentags Montags nach Trinitatis ditz laufenden 1556 Jares vorordnet bin wor-

In den mediaten Herrschaftsbezirken blieb indes die alte Ordnung[1] bestehen, nur dafs jetzt nicht mehr zwei, sondern je ein Unternehmer für den einzelnen Kreis existierten. Erst im folgenden Jahrzehnte machte der Kaiser Versuche, auch hier auf eine Verringerung des unnötigen Beamtenpersonals zu wirken. Im Jahre 1562 teilte die Kammer dem Bischofe Caspar von Breslau mit, der König habe befohlen, da deshalb, weil fast in jedem Kreise ein Einnehmer gehalten würde, die Erhebungskosten der Steuer zu hoch seien, dafs fortan nur zwei dieser Beamten in jedem Fürstentume gehalten würden, und legte daher dem Bischofe auf, zwei in seinem Fürstentume gesessene taugliche Personen zu nennen, damit sie zu solchem Amte bestätigt „und in ihrer Ks. M. pflichten, d. f. gn. pflichten unvorgriffen, genommen werden möchten"[2]. Dieser Befehl bedeutete einen unerhörten Eingriff in die privilegierte Rechtssphäre der Stände; denn nicht nur, dafs dem Kaiser eine Organisationsgewalt auf dem Gebiete der Steuerverwaltung durchaus fehlte, so war durch den letzten Fürstentagsbeschlufs[3] ausdrücklich festgesetzt worden, dafs dem Kaiser für die Steuer von 1562 ein Einflufs auf die Ernennung der Einnehmer nicht zustehen solle. Dafs der Bischof auch in der That wenig Lust zeigte, dem verfassungswidrigen Begehren des Kaisers Folge zu leisten, läfst sich schon daraus entnehmen, dafs die Kammer einige Zeit darauf ihren Befehl zu wiederholen sich genötigt sah[4]. Noch 1567 gab es Einnehmer für die einzelnen Kreise und Weichbilder[5]; es läfst sich auf Grund des vorhandenen Materials nicht sagen, ob auch in den Mediatfürstentümern späterhin die Kreiseinnehmer von den Fürstentumseinnehmern verdrängt wurden.

Diese Partikularsteuereinnehmer, zumal die der Erbfürstentümer, von sich abhängig zu machen, war zuerst des

---

den, das ich in einnehmung derselben schatzung irer R. K. M. zu gut ganz treulich unangesehen jemandes person und also handeln wil, das ich gegen got, der Ro. ko. Mt. und einer erbarn hauptmanschaft und sunst meniglich mit gutem gewissen verantworten kan, Als mir gott helfe".

1557 wurden auf diese Weise zu Einnehmern für Stadt und Land Breslau (mit Einschlufs von Neumarkt und Namslau) verordnet Hans Kökritz, Johann Uthmann und Nicolaus Rhediger, 1559 Christoph Schindel, 1562 Georg Schellendorf und Wolf Seidlitz, 1566 Wolf Seidlitz und Hans Dompnig.

[1] 1557 wird beschlossen, dafs die Partikulareinnehmer „jedes Kreises" 15 Thlr. jährliche Besoldung bekommen sollen. Ebd. fol. 190 bis 198.
[2] Kgl. Staatsarch. Bresl. AA. III 6d S. 82 (d. d. Breslau, 25. Mai 1562).
[3] d. d. 6. Januar 1562: Schickfufs III 207 Nr. III.
[4] d. d. 10. Juni 1562; Kgl. Staatsarch. Bresl. ebd. S. 85.
[5] Kammerbericht d. a. 1567 (ebd. AA. III 23e fol. 5 ff.): „sonderlich weil die fursten und stende ain jeder in seinem furstenthumb craifs und weichbild die einnember seines gefallens verordent."

Königs heifsestes Streben. In den Jahren 1553 und 1554 gelang es ihm, beim Fürstentage durchzusetzen, dafs in den mittelbaren Fürstentümern jeder Fürst, in den Erbfürstentümern aber der König die Untereinnehmer verordnen solle [1]; schon bei der nächsten Bewilligung aber, welche 1556 erfolgte, wurde beschlossen, dafs die Einnehmer des ganzen Landes zwar auf den König vereidigt, aber auch überall, sogar in den Erbfürstentümern, von den Fürsten und Ständen bestallt würden [2]; da man zugleich die Bestimmung traf, dafs die Partikulareinnehmer an die von der Krone ganz unabhängigen, auf den König nicht vereidigten Generaleinnehmer ihre Einkünfte abführen sollten, so war das von den Ständen eingeräumte Zugeständnis von sehr geringem, fast nichtigem Werte. Ganz ebenso blieb es auch zunächst; das in der Proposition zum Landtage von 1558 geäufserte Begehren des Königs, überall die Einnehmer seines Gefallens verordnen und vereidigen zu dürfen, wurde rundweg abgeschlagen [3]. Offenbar haben wir in diesen Beschlüssen der Stände Repressalien gegen die damals geschehene Aufrichtung des neuen Grenzzolles und der Rentkammer zu erblicken; wir erinnern uns, dafs um dieselbe Zeit auch die Erhebung des Biergeldes dem Einflusse der Krone entrückt zu werden drohte. Nicht einmal die Befugnis, in den Erbfürstentümern die Partikulareinnehmer einsetzen zu dürfen, vermochte der Herrscher zu erhalten, wiewohl er zu wiederholten Malen darum bat [4]. Zu einem gewaltsamen Eingriff in die Rechtssphäre der Stände mochte sich der Kaiser — ausgenommen einen einzigen schwachen Versuch gegenüber dem Bischofe, von welchem er noch am ehesten Gefügigkeit erwarten durfte [5], — trotz des Drängens der Kammer [6] nicht verstehen, und so blieben denn die lokalen Behörden der Steuerverwaltung dem Bereiche des Einflusses der Krone entrückt. —

[1] S. die betreffenden Beschlüsse bei Schickfufs III 188 und 193.
[2] In den Erbfürstentümern lag die Bestallung dem Landeshauptmanne (wohl im Einvernehmen mit den Ständen ob); s. S. 379 Anm. 3.
[3] Bresl. Stadtarch. A. P. IV Ms. 165 fol. 206 ff.
[4] So 1565 (ebd. Ms. 166 a fol. 1 ff.) und 1567 (ebd. fol. 40 ff.).
[5] Im Jahre 1562; s. o. S. 380.
[6] In ihrem Gutachten über die Proposition von 1567 riet die Kammer, den Artikel betreffs der Bestallung der Einnehmer in den Erbfürstentümern fortzulassen, da er doch auf Annahme nicht rechnen könnte, und befürwortete es, „dafs J. M. alsbald nach beschliefsung des landtages den hauptleuten in den furstenthumbern auferlegen, das sie mit bestallung der einnemer stillhalten, und daneben der cammer bevelch thun, das sie von E. K. M. wegen aus einem jeden furstenthumb taugliche personen zu einnembern verordnen ... sollen." Daneben schlug die Kammer auch noch die Abschaffung des Generalsteueramtes vor. Alle diese Mafsregeln bedeuteten natürlich offenkundige Verletzungen der Verfassung, und so stark fühlte sich der König doch nicht, dafs er es wagen durfte, einen derartigen Rechtsbruch ohne jede Veranlassung zu begehen. Kgl. Staatsarch. Bresl. AA. III 23c fol. 5 ff.)

2. Das Generalsteueramt.

Von den Partikulareinnehmern wurde die Steuer an eine Centralstelle abgeführt, als welche seit 1552 das Generalsteueramt erscheint. Wie alle übrigen Behörden der Steuerverwaltung war auch das Generalsteueramt keine im eigentlichen Sinne ständige Behörde. Seine Wirksamkeit erstreckte sich rechtlich nur auf die jeweilige Bewilligung, und wenn seine Thätigkeit als eine kontinuierliche erscheint, so ist diese Ständigkeit nur eine faktische, darauf begründet, dafs auch die Steuer jetzt insofern eine permanente wurde, als seit 1552 kein einziges Jahr mehr ohne Bewilligung verstrich. Zum ersten Male findet sich die neue Landescentralbehörde, wie schon erwähnt wurde, im Jahre 1552; der Fürstentag ernannte damals den Philipp Popschütz und den Stephan Heugel zu Generaleinnehmern der Steuer[1]. Für die Schatzung des nächsten Jahres wurde angeordnet, dafs die Partikulareinnehmer ihre Eingänge an den Breslauer Rat ablieferten, dem aufserdem der Bischof als Oberhauptmann und Herzog Georg von Liegnitz-Brieg noch je einen Vertrauensmann zur Seite setzten; die Kommissare des Rates und beider Fürsten sollten die einlaufenden Gefälle in Empfang nehmen und an die königliche Kasse abführen[2]. Wenn man diese Form der Organisation überhaupt noch mit dem Namen eines Generalsteueramts belegen darf, so ist doch ersichtlich, dafs sie sich von der Behörde des Jahres 1552 schon dadurch unterschied, dafs sie nicht eine Landesbehörde war, sondern dafs die Einnehmer, nunmehr von einzelnen Mitgliedern der Stände ernannt, nur von ihren speciellen Auftraggebern abhängig und demnach auch nicht gegenüber dem Lande, sondern nur gegenüber ihren besonderen Kommittenten, und dafs erst diese letzteren wiederum gegenüber dem Lande verantwortlich waren. Offenbar war dies ein arger Rückschritt; vermutlich machte man auch nicht sehr günstige Erfahrungen mit der neuen Einrichtung, sodafs man schon 1554 dazu zurückkehrte, unmittelbar vom Lande abhängige Generaleinnehmer, und zwar drei an der Zahl (neben der Steuer damals auch zugleich für das Biergeld) einzusetzen. Bei jeder neuen Steuerbewilligung wurde von jetzt ab diese Behörde entweder von neuem bestellt, oder es wurde ihr Fortbestand durch stillschweigende Anerkennung bestätigt. 1556 wurde den drei Generaleinnehmern noch ein Schreiber zugesellt; 1557 wurde ihre Zahl auf zwei verringert, indem ihnen fernerhin im folgenden Jahre noch ein Buchhalter beigegeben wurde. In dieser Verfassung, zusammengesetzt aus zwei Einnehmern und einem Buchhalter, bestand das Generalsteueramt fortmehr ohne weitere Veränderungen.

---

[1] Schickfufs III 187 f.
[2] Bresl. Stadtarch. A. P. IV Ms. 165 fol. 39–50.

Im Zusammenhange mit seinem Streben, die Partikulareinnehmer von sich abhängig zu machen, standen die wiederholten Versuche des Königs, auch auf das Generalsteueramt Einflufs zu gewinnen. Noch eifersüchtiger aber als anderswo wachten hier die Stände über ihre Rechte, da sie sich dessen wohl bewufst waren, dafs, falls sie in diesem Punkte sich nachgiebig zeigten, die gesamte besondere Organisation der Steuerverwaltung ganz und gar zwecklos wäre, und dafs die Funktionen des Generalsteueramtes dann schliefslich auch bald der Kammer übertragen werden könnten. Auf dem Fürstentage von 1556 bat der König, dafs die General- und die Partikulareinnehmer auf ihn vereidigt würden; hinsichtlich der ersteren wurde sein Gesuch abgeschlagen [1]. In der That war es nicht nur Streben nach Erweiterung seiner Machtsphäre, was den Kaiser zu diesem Streben bewog, sondern in erster Reihe der Umstand, dafs die Amtsführung der Generaleinnehmer eine schlechte, und dafs die gesamte Technik des ständischen Behördenwesens eine ungenügende war [2]; auch schien es ihm, dafs das Generalsteueramt eigentlich ganz überflüssig sei, und dafs die durch dasselbe erforderten Kosten erspart werden könnten, wenn die Steuer bei der Kammer abgeliefert würde. Als er 1558 die Kammer einrichtete, stellte er einen auf Abschaffung des Generalsteueramtes zielenden Antrag, ohne jedoch Gehör zu finden [3]. 1559 [4] und 1562 [5] wurde zwar beschlossen, dafs das Personal des Generalsteueramtes zugleich auf den Kaiser und auf das Land schwören solle; aber auch diese Koncession wurde wieder zurückgenommen, und 1567 nur gestattet, dafs das Generalsteueramt monatlich der Kammer mitteile, wieviel bei ihm eingekommen sei und bar vorhanden liege [6]. Einen letzten Vorstofs wagte der Kaiser 1578, indem er begehrte, dafs die Generaleinnehmer entweder auch auf ihn vereidigt, oder dafs wenigstens eine mit Pflichten und Gehorsam ihm zugethane Person dem Generalsteueramte beigeordnet würde; nur soviel aber wurde ihm gewährt, dafs die Kammer zur Rechnungslegung der Generaleinnehmer Deputierte senden durfte [7]. Von da ab stellte der Kaiser seine Bemühungen ein, die Erfolglosigkeit derselben einsehend; die staatsrechtliche Trennung der Finanzbehörden blieb nunmehr unangefochten bestehen.

---

[1] Bresl. Stadtarch. A. P. IV Ms. 165 fol. 206 ff.
[2] Näheres darüber folgt unten.
[3] Bresl. Stadtarch. A. P. IV Ms. 165 fol. 206 ff. Für den Fürstentag von 1567 riet die Kammer, dasselbe Verlangen zu wiederholen. Bresl. Staatsarch. AA. III 23e fol. 5 ff.
[4] Bresl. Stadtarch. ebd. fol. 226 ff.
[5] Ebd. fol. 256 ff.
[6] Ebd. Ms. 166 fol. 40 ff.
[7] Ebd. Ms. 170 fol. 23 ff.

Die Grundsätze, welche die Kompetenzen, den Geschäftsgang, das Zahlungs- und Rechnungswesen beim Generalsteueramte regelten, waren primitiver Natur[1]. Die Einnehmer und der ihnen zugewiesene Buchhalter wurden ganz allgemein angewiesen, ihren Wohnsitz zu Breslau zu nehmen; eingehendere Bestimmungen über Amtszeit, Dienstpflichten u. s. w. fehlten. Die jährliche Besoldung der Generaleinnehmer betrug späterhin 300, die des Buchhalters 200 Thaler[2]. Ihre Funktionen bestanden lediglich in Einnahme und Ausgabe der Schatzungsteuer. Der unter ihrer Obhut stehende „Landeskasten" auf dem Ratshause zu Breslau war die Centralsammelstelle für alle Gefälle der direkten Steuer in Schlesien, welche von den Untereinnehmern oder den einzelnen Fürsten und Ständen hier abgeliefert werden mufsten. Jeder Einnehmer und der Buchhalter besafsen verschiedenartige Schlüssel zu der Steuertruhe, sodafs dieselbe nur unter Mitwirkung sämtlicher Beamten des Generalsteueramtes geöffnet werden konnte. Das Generalsteueramt war zur Ausstellung gebührlicher Quittungen und zu ordentlicher Buchführung verpflichtet; monatlich mufste es dem Oberamte darüber Bericht erstatten, wieviel an Abgaben oder Rückständen bei ihm eingelaufen sei, desgleichen wie hoch sich etwaige Rückstände der einzelnen Fürsten und Stände beliefen, damit das Oberamt um so schneller die Säumigen mahnen oder die Zwangsbeitreibung verfügen könne. Die Kosten für die Besoldungen (15 Thaler jährlich) und für die Tagegelder (1½ Thaler für 1 Rofs) der Untereinnehmer, desgleichen für die eigenen Gehälter durften die Generaleinnehmer bald in Abzug bringen; sonst waren sie hinsichtlich der Ausgaben an die Beschlüsse des Fürstentages gebunden. Als noch die Steuer direkt von ihnen dem königlichen Rentamte abgeführt wurde, sollten sie die Kammer in fortwährender Gewifsheit darüber erhalten, welche Summen bei ihnen eingingen[3], und auf Erfordern derselben die vorhandenen Barbestände dem Rentamte auszahlen, doch so, dafs sie durch ihren Buchhalter dem Kammerkollegium vor jeder Zahlung ansagen liefsen, wie hoch sich die letztere belaufen, und in welchen Münzsorten sie erfolgen würde, damit ihnen vorher eine Quittung ausgefertigt würde; erst gegen Überreichung dieser Quittung durften sie die angekündigte Summe aushändigen.

„Gemeine Landesanlagen", d. h. Steuern, die im Interesse

---

[1] Vgl. für das Folgende die Generalsteueramtsinstruktionen vom 5. Januar 1571 und vom 7. August 1573 im Kgl. Staatsarch. Bresl. AA. VI 7a (die letztere ist im Anhange gedruckt).
[2] Anfangs nur 100 Thlr. für die Einnehmer, 50 für den Buchhalter. Fürstentagsabschied d. d. 13. Mai 1557. Bresl. Stadtarch. A. P. IV Ms. 165 fol. 198 f.
[3] 1567 wurde beschlossen, dafs sie der Kammer Monatszettel einzusenden hätten.

des „Landes" auferlegt waren, durften sie nur gemäſs den
Beschlüssen des Fürstentages ausgeben und, wie es scheint,
nur auf vorher erfolgte Anweisung des Oberamtes. Als später
die Stände selbst die Verwendung der Steuer in die Hand
nahmen, zahlten die Generaleinnehmer die eingekommenen
Gefälle nicht mehr dem Rentamte, sondern dem Landeszahlmeister aus, jedoch nur auf specielle Anweisung des Oberamtes, welches dabei wieder in Exekutive des Fürstentagsbeschlusses handelte, und gegen die erforderliche Quittung.

Am unvollkommensten aber auf dem Gebiete der ständischen
Steuerverwaltung war die Rechnungslegung geordnet. Das
Merkwürdigste war es von vornherein, daſs die anfänglich
festgesetzte Rechnungslegung der Untereinnehmer bald abgeschafft wurde. Hinsichtlich des Generalsteueramtes wurde die
Rechnungslegung für die einzelnen Bewilligungen entweder
ausdrücklich anbefohlen oder als notwendig stillschweigend
vorausgesetzt. Die Generaleinnehmer muſsten, ehe sie die
eingelaufenen Gefälle wieder ausgaben, dem Oberhauptmanne
mitteilen, wie viel jeder einzelne Stand[1] von seiner Schatzung
eingelegt habe[2], und zwar verfolgte diese Bestimmung einen
doppelten Zweck: es sollte einmal auf Grund dieser Angaben
unter Vergleichung der Schatzungszettel eine Kontrolle darüber
ermöglicht werden, ob jeder Stand die auf ihn fallende Steuerquote entrichtet habe, damit er um etwaige Reste gemahnt,
oder damit Zwangsbeitreibung verfügt werden könne[3]; dann
sollten aber auch diese Angaben für die Rechnungslegung der
Generaleinnehmer benutzt werden, nämlich um festzustellen,
ob sie auch alle Gelder, welche nach Ausweis der besagten
Meldungen an das Oberamt bei ihnen eingekommen seien,
an ihren Bestimmungsort, an das Rentamt oder an den
Landeszahlmeister u. s. w., vollständig weiterbefördert hätten.
Wenn die Generaleinnehmer es unterlieſsen, stattgehabte Eingänge dem Oberhauptmanne anzuzeigen, so muſste sich dies
bei Gelegenheit der Mahnschreiben an die vermeintlichen
Restanten herausstellen, da ja dann diejenigen Stände, bei
denen die Einnehmer falsche oder unvollkommene Meldungen
gemacht hatten, durch Vorlegung der ihnen erteilten Quittungen
den richtigen Sachverhalt nachweisen konnten. Damit war
an und für sich eine sehr brauchbare Grundlage für die Ord-

---

[1] D. h. jeder Fürst und Standesherr, sowie jede Ständekörperschaft
der Erbfürstentümer, kurz alle diejenigen, welche eine Generalschatzung
beim Oberamte einzureichen verpflichtet waren.
[2] Fürstentagsbeschluſs von 1552. Bresl. Stadtarch. Ms. 165.
[3] Zunächst muſste jeder Fürst und Landeshauptmann (in den Erbfürstentümern) darauf achten, daſs in ihrem Jurisdiktionsbezirke eingesessene Steuersubjekte ihre Schatzung richtig einbrachten, und gegen
Säumige mit Gewalt einschreiten; vernachlässigten sie diese ihre Pflicht,
so wandte sich das Oberamt gegen sie mit militärischer Exekution,
Bestrickung der Fürsten und der Hauptleute u. s. w. S. o. S. 307.

nung der Rechnungslegung, allerdings immer nur des Generalsteueramtes, gefunden [1]. Es war nur betrübend, dafs den Ständen die Kraft fehlte, dieses Princip mit Entschiedenheit für die gesamte Steuerverwaltung durchzuführen. Als 1553 zum ersten Male ein Termin für die Abnahme der Rechnungen des Generalsteueramtes über die Steuer von 1552 beschlossen wurde, gestatteten die Stände, dafs dieselbe in Anwesenheit eines Delegierten des Königs oder des Erzherzogs Ferdinand, des Statthalters der Krone Böhmen, stattfände, und verfügten, dafs alle Fürsten und ständischen Korporationen dazu ihre Vertreter entsendeten [2]. Die Sache wickelte sich aber keineswegs so glatt ab, wie man wohl erwartet hatte. Denn die Rechnungslegung der Generaleinnehmer war ja zugleich auch eine sehr unangenehme Kontrolle für die einzelnen Stände: die Einnehmer konnten natürlich nur über diejenigen Summen Rechenschaft legen, die bei ihnen eingelaufen waren, und es kamen daher bei dieser Gelegenheit auch die Rückstände zur Sprache. Als der festgesetzte Termin, zu welchem sich auch zwei königliche Kommissare eingefunden hatten, herangelangt war, kam es zu gar keiner Rechnungslegung, da die Königin Isabella, welche Oppeln-Ratibor und Münsterberg-Frankenstein innehatte, für diese Länder überhaupt keine Steuer gezahlt hatte, wie es auch sonst noch Reste in Hülle und Fülle gab, da ferner einige Stände über ihre Schatzung mit den Einnehmern, die doch dazu erbötig waren, sich in keine Rechnung einliefsen. Es wurde daher beschlossen, diese Zustände dem Könige zu melden und um seinen Bescheid zu bitten; sobald

---

[1] Denn es konnte auf diese Weise immer nur ermittelt werden, ob die Generaleinehmer die ganzen Summen, die sie von einem Fürsten, einem Erbfürstentume oder einer Ständekorporation eines Fürstentums erhielten, richtig verrechnet hatten. Solange nicht eine Rechnungsprüfung der Partikulareinnehmer stattfand, war die Kontrolle eine absolut ungenügende, da ja z. B. zwischen diesen und den einzelnen Fürsten oder Ständen Durchsteckereien stattgefunden haben konnten, die durch eine blofse Revision der Geschäftsführung des Generalsteueramtes nicht an den Tag kamen.

[2] „Die Raitung der generalsteuereinnemer betreffend, das dieselben vor i. f. d. ader derjenigen vorordenten gescheen solt, obwol die einnemer von gemeinem land geordent, bestalt und angenomen, denen pillich raittung bescheen solt; zweiffeln auch nit, die R. K. M. so wol f. d. trauen den hern fursten und stenden nichts weniger als den andern landen. Dann sie sich hindaungesetzt aller übermessigen ausgaben, da sich die R. K. M. ader J. f. d. nicht vorsehen dorffen, das ymanden was übermessiges solt passiret, sondern viel mehr aufs genauste aufmerken gegeben werden soll. Nichts weniger sind sie unscheulich, das die R. K. M. ader i. f. d. anstatt derselben imanden auf den benembsten tag als die mittwoch nach nechst komenden pfingsten [24. Mai] des abends kegen der neifz [Neifse] davor einzukomen, darzu ein ider furst und stand die seinen abfertigen sol, diesmal vorordne, welcher dobey sey und der raittung diesmals ubersitzen helfe". Fürstentagsabschied. d. d. 14. April 1553. Bresl. Stadtarch. A. P. IV Ms. 165 fol. 39—50.

dieser eingelaufen wäre, sollte ein neuer Rechnungstag angeordnet werden[1]. In den nächsten Jahren wurde es nicht besser. Im Jahre 1557 war über die Kassenführung des Generalsteueramtes seit 1553 noch keine Rechnung gelegt worden; ein Teil der Einnehmer war bereits verstorben, und die überlebenden baten dringend, sie möchten doch endlich mit ihrer Rechnung vernommen werden; der Fürstentag beschlofs daher[2], es solle jeder Fürst und Stand seinen Einnehmern befehlen, „mit iren habenden registern und quitanzen, und was sunst zu richtigkeit dienstlich sein mag . . . sich zur rechenschaft allenthalben gefast zu machen". Es erhellt hieraus zweierlei, einmal dafs damals die Rechnungsprüfung noch auf die Untereinnehmer ausgedehnt werden sollte, andererseits dafs die Schuld der Verzögerung in erster Reihe an den Ständen und nicht an den Beamten lag. Im folgenden Jahre wurde die Kommission für die Abnahme der Rechnungen vereinfacht; es sollten nicht mehr die Gesandten aller Fürsten und Stände zu diesem Zwecke zusammentreten, sondern nur der Oberhauptmann, Herzog Georg von Brieg und Herzog Johann von Oels oder deren Gesandte sowie Deputierte des Rates von Breslau[3]; um dieselbe Zeit mufs es auch Brauch geworden sein, die Rechnungslegung nur von den Generaleinnehmern zu fordern.

Umsonst bemühte sich der Kaiser, den Geist der Strenge, durch den sich die Rechnungsprüfung in der Ärarverwaltung auszeichnete, der ständischen Administration einzuflöfsen: alle seine Reformversuche scheiterten an dem Widerstreben der Stände, und nicht einmal soviel vermochte er durchzusetzen, dafs auch die Rechnungslegung der Untereinnehmer wiedereingeführt würde. Das Motiv der Stände für ihren hartnäckigen Widerstand gerade gegen die letztgenannte Forderung des Kaisers liegt auf der Hand; erstreckte sich die Rechnungsprüfung auch auf die Untereinnehmer, so kamen die Rückstände der einzelnen Grundherren, welche sonst interne Sache des betreffenden Fürstentums oder der betreffenden Ständekorporation blieben, nunmehr öffentlich vor dem Könige und vor dem ganzen Lande zur Sprache, und dies eben wollte man verhindern. Umsonst wiesen darauf die Kammermitglieder, welche als Kommissare der Krone auf einem Rechnungstage des Jahres 1564 anwesend waren[4], darauf hin, „wo nicht vor den undereinnehmern eines jeden furstenthumbs und weich-

---

[1] Abschied der Herren Fürsten und Stände Gesandten auf die Generalsteuereinnehmerraitung zu Neifse, d. d. Neifse, 2. Juni 1553. Ebd. fol. 52 f.
[2] Fürstentagsabschied d. d. 5. Januar 1557; ebd. fol. 146 ff.
[3] Fürstentagsabschied d. d. Breslau, 18. März 1558; ebd. fol. 220 ff.
[4] Kgl. Staatsarch. Bresl. AA. III 23c fol. 42 (d. d. Breslau, 14. März 1564).

bilds zuvor vor den generaleinnembern raytung aufgenommen,
das es alles ein vergeben ding, muhe und arbait sein wurde",
da ja doch die Obereinnehmer nur diejenigen Summen zu
verrechnen hätten, die sie von den Untereinnehmern im ganzen
empfingen, und die sie später wiederum in das königliche
Rentamt erlegt hätten; die Gesandten der Fürsten und Stände
antworteten hierauf, dafs der Fürstentagsbeschlufs nur von
einer Rechnungsprüfung der Obereinnehmer, nicht auch der
Untereinnehmer spreche. Als nun nach diesen Auseinandersetzungen die eigentliche Rechnungsabnahme begann, erklärten
die Gesandten zweier Fürstentümer sogar, sie müfsten aus
etlichen Ursachen, besonders da sie auf die Quittungen und
„andere Notdurft" sich nicht gefafst hätten, die Raitung
für dieses Mal einstellen, und wollten die betreffenden
Schriftstücke späterhin dem Oberhauptmanne einsenden. In
anbetracht dieser Übelstände versuchte der Kaiser, nunmehr
einmal energischer aufzutreten. Auf dem nächsten Rechnungs-
termine liefs er durch seine Kommissare den Gesandten der
Fürsten und Stände eine Instruktion vorlegen, „wafs massen
particulariter von den undereinnembern anzusahen, ordentlich
darinnen procedirt, die schatzzedl verlesen und die abfäl von
einem jahr zu dem andern verzaichnet, dieselben uberrechnet
und nachmals gegen der generaleinnember pücher übersehen
werden sollten". Gewifs wurde durch diese Instruktion das
Verfahren bei der Revision der Rechnungen auf eine ebenso
einfache wie zweckmäfsige, eine möglichst genaue Kontrolle
versprechende Art und Weise geregelt; das Bedenkliche dabei
lag nur darin, dafs der Kaiser aus eigenen Stücken nicht die
geringste Spur von Organisationsgewalt auf dem Gebiete der
Steuerverwaltung besafs, und dafs daher vom staatsrechtlichen
Standpunkte die ganze Verfügung als durchaus widerrechtlich
oktroyiert erscheinen mufste. Der Raitungsausschufs erklärte
demgemäfs auch, „das die fursten und stende durch ire
abgesanten allein von den generaleinnembern, und nicht die
commissarien raitung aufnemben sonder allain zu anhörung
derselben verordnet werden sollten; so hetten sy auch von
iren fursten und herren austrücklichen bevelch, kein anders
zu thun, in sonderhait die particularraitung gar nicht einzugehen". Trotz der Ermahnungen des Oberhauptmanns, der
sich dieses Mal auf die Seite der Krone stellte, und der kaiserlichen Kommissare beharrten die ständischen Deputierten auf
ihrem Rechte, sodafs die Kommissare von ihrem Vorhaben,
auf Grund der Instruktion des Königs die Rechnungsrevision
selbst zu leiten, abstehen mufsten; die Rechnung wurde durch
den Ständeausschufs unter passiver Assistenz der Kommissare
aufgenommen[1]. So blieb es auch fernerhin: Bevollmächtigte

---

[1] Nach dem Berichte der Kammer an den Kaiser, d. d. 19. April
1564; ebd. fol. 94 f.

Gesandte der Fürsten und Stände[1] prüften in Gegenwart kaiserlicher Kommissare, wenn der Fürstentag dazu die Erlaubnis gab[2], die Rechnung des Generalsteueramtes; wenn bei der Verwaltung einer bestimmten Bewilligung sich Mängel nicht herausgestellt hatten oder beseitigt waren, so wurde den Obereinnehmern samt ihrem zugeordneten Buchhalter für eben diese Steuer Entlastung erteilt[3].

Wenn auf diese Weise die Ordnung der Rechnungsprüfung bei der ständischen Steuerverwaltung als eine höchst unvollkommene bezeichnet werden mufs, wenn wir sehen, dafs den Ständen selbst die Revision der Steuerrechnung eine sehr lästige Sache war, und dafs ihnen daher Mangel an eigener Integrität verbot, mit Energie auf Integrität ihrer Beamten zu wirken[4], so darf es uns nicht Wunder nehmen, wenn einerseits die Steuerreste anschwollen, andererseits die ständischen Finanzbehörden den kaiserlichen sich als absolut nicht gewachsen zeigten. Bezüglich der Partikulareinnehmer läfst uns unser Material allerdings im Stiche; von den Generaleinnehmern läfst es sich nachweisen, dafs sie allzu grofsen Amtseifer und ein allzu sehr entwickeltes Pflichtgefühl keineswegs an den Tag legten. Schon 1560 sah sich der Kaiser genötigt, beim Oberhauptmanne, dem ja die Oberaufsicht über die ständische Finanzverwaltung zustand, sich über die Lässigkeit der Generaleinnehmer zu beschweren und ihn zu ersuchen,

---

[1] Es waren bei der General-Steuereinnehmer-Raitung Gesandte sämtlicher Fürsten und Stände anwesend, z. B. auf der vom 20. Febr. 1585: drei Gesandte für den Bischof, je einer für den Markgrafen Georg Friedrich, für Herzog Friedrich von Liegnitz, für den Herzog von Oels, je zwei für Herzog Georg von Brieg und für Teschen, je zwei für die Stände von Schweidnitz-Jauer, Troppau, Oppeln-Ratibor, je einer für Sagan, Münsterberg, die Glogauer Landschaft und die Glogauer Städte, fünf für Breslau. Als kaiserliche Kommissare fungierten der Hofkammerrat Georg von Redern und ein Buchhalter nebst einem Raitrate der schlesischen Kammer. Ebd. AA. III 6e S. 381.

[2] Dafs „bei der Ablage der Steuerrechnung königliche Beamte gar nicht zugegen waren", wie Kries (S. 39) meint, trifft für die ersten Jahrzehnte nach 1552 nicht zu. Richtig ist allerdings, dafs späterhin (besonders infolge des Fürstentagsbeschlusses vom 4. August 1592) bei der Rechnungsrevision kein königlicher Beamter mehr geduldet wurde; die ständische Kommission, vor welcher die Rechnungslegung erfolgte, sollte über deren Verlauf lediglich der Kammer Bericht erstatten; würde die Kammer daraufhin Fragen stellen, welche der Kommission bedenklich vorkämen, so sollten dieselben nicht beantwortet, sondern dem nächsten Fürstentage vorgelegt werden (vgl. Kries S. 44 Anm. 12).

[3] Für etwaige Mängel und Defekte hafteten die Generaleinnehmer und ihre Erben mit allen ihren Gütern. Eine Kautionspflicht existierte nicht.

[4] 1567 verlangte der Kaiser, dafs die Stände endlich einmal einen Rechnungstermin für die Generalsteuereinnehmer ausetzen sollten, auf dem sich die letzteren wegen der Mängel bei der Einbringung der Steuer von 1552 verantworten sollten. Akten des Troppauer Fürstentages; Bresl. Stadtarch. A. P. V Ms. 166 fol. 40—63.

die Verfügung zu treffen, dafs dieselben mit gröfserem Fleifse als bisher ihres Dienstes warten möchten[1]. Ähnliche Klagen wurden auf dem Landtage von 1565 laut[2], und 1573 meldete gar die Kammer dem Kaiser, dafs die Generaleinnehmer sich allerhand Eingriffe in das ihnen anvertraute Geld erlaubten, die Summen des Landeskastens zu ihrem eigenen Nutzen und zur Abzahlung ihrer eigenen Schulden gebrauchten, „auch daneben mit auswexlung der guetten müntzen und sonst contraband trieben", sodafs zum Schaden des Ärars viele bösen und verbotenen Münzen in das Rentamt flössen. Es wurde auch noch hinzugefügt, dafs die Generaleinnehmer ganz verschuldet seien; es stünde daher, wenn ihnen nicht ihr Handwerk rechtzeitig gelegt würde, zu befürchten, dafs es mit ihnen ein gleiches Ende nehmen werde wie mit ihren Vorgängern, welche einen Rest von dreizehntausend Thalern schuldig geblieben seien[3]. Auch für die Folgezeit wollten ähnliche Beschwerden niemals verstummen; die Rechnungslegung ging nur unregelmäfsig und ungenügend vor sich[4]. Sowohl in technischer Schulung als auch in sittlicher Haltung waren die königlichen Finanzbehörden den ständischen weit voraus, und zwar nicht zum mindesten durch die Schuld der einzelnen Fürsten und Stände selbst, welche, von kleinlichen Anschauungen befangen, ihren egoistischen Interessen nachgehend, auch ihrerseits zum grofsen Teile durch sittliche Haltung keineswegs sich auszeichnend, den Pflichten, die ihnen als den Vertretern des Landes oblagen, nur in sehr mäfsigem Grade gerecht wurden.

3. Das Landeszahlmeisteramt.

Neben das Generalsteueramt trat anfangs vorübergehend, später dauernd bis zum Schlusse dieser Periode, eine zweite ständische Centralbehörde für die Verwaltung der Schatzungssteuer, insofern dieselbe für militärische Zwecke bestimmt war,

[1] Kgl. Staatsarch. Breslau AA. VI 7a (d. d. 12. Okt. 1560).
[2] „Und dieweil sich bisher zugetragen, wan die untereinnember aus den furstenthumbern mit steuergelt kegen Preslaw komen, das sy aus abwesenhait oder mangl der generaleinnember, als die nit alzeit zur stelle sein kunden, entweder lang vorharren oder aber wider zuruckzihen und das gelt mit sich fueren mussen, daraus dan nit allain langsame erlegung sonder auch vast duppelter unkosten und zerung erfolgt ist, so sollen demnach unsere commissarij an die fursten und stende begeren, bey denselben general einnembern die vorordnung zu thun, das sy one unterlafs bey der stelle sein und iren ambtern mit vleifz abwarten wollen." Königliche Proposition zum Landtage vom November 1565; Bresl. Stadtarch. A. P. V Ms. 166 fol. 1 ff.
[3] Kgl. Staatsarch. Bresl. AA. III 23h fol. 69 f. (d. d. 10. März 1573).
[4] So heifst es in der Proposition zum Fürstentage von 1581, die Stände möchten sich auf einen Modus vergleichen, „wie nicht allein die kunftigen sondern auch die vorgangene steuerraitungen von den einnemern und zalmeistern ubernomen und damit weiter gar nicht vorzogen werde". Bresl. Stadtarch. A. P. Ms. 172 fol. 92 ff.

also der Türkenhülfe. Es war dies das Amt des schlesischen Landeszahlmeisters; seine Existenz hängt aufs innigste zusammen mit den bei der Steuer inbetracht kommenden staatsrechtlichen Verhältnissen. Es ist bereits erörtert worden, daſs es eine einheitliche, das gesamte öffentliche Finanzwesen umfassende Staatskontrolle noch nicht gab, daſs selbst die Steuergefälle, sobald sie der königlichen Kasse abgeführt waren, in das unbedingte Eigentum des Königs übergingen, und daſs den Ständen dann eine verfassungsmäſsige Kontrolle über die Art und Weise der Verwendung ihrer Bewilligungen nicht mehr zustand. Um nun zu verhüten, daſs die zu Kriegszwecken beschlossenen Steuern anderweitig ausgegeben würden, blieb den Ständen nichts übrig, als die Verwendung der Steuer selbst in die Hand zu nehmen, d. h. Organen zu übertragen, die nur von ihnen und nicht von der Krone abhängig waren. Zum ersten Male geschah dies in der jetzt behandelten Periode schon bei der Steuer von 1552 und zwar für den ganzen Umfang der Krone Böhmen, indem damals auf dem Prager Generallandtage vom 15. Januar[1] „bevelshaber der schatzung der cron Beheim und der andern zugetanen lande in Prag" eingesetzt wurden, an welche gemäſs dem Fürstentagsbeschlusse vom 15. des folgenden Monats[2] auch die schlesischen Generaleinnehmer die bei ihnen gefallene Steuer gegen gebührliche Quittung abliefern muſsten. Dieser Centralisationsversuch, eine einheitliche Spitze für die ständische Steuerverwaltung Böhmens und aller seiner Nebenländer zu schaffen, hatte keinen dauernden Bestand; die nationalen Gegensätze, die wechselseitige Eifersucht, die noch immer nicht verschollenen Erinnerungen an die Hussitenzeit verhinderten den festen Zusammenschluſs der Stände der einzelnen Teile des böhmischen Reiches, der, wiewohl vom Könige selbst angeregt, der Krone eine furchtbare Gefahr bereiten konnte. Bereits für die Steuer des Jahres 1553[3] sowie für die der nächsten Jahre wurde die Auszahlung an die königliche Kasse genehmigt. Auf einem neuen Generallandtage der Krone Böhmen kam man jedoch wiederum überein[4], die Verwendung der Steuer dem Könige zu entziehen und dieselbe eigenen ständischen Organen und zwar für dieses Mal nicht des gesamten Reiches, sondern jedes Landes im besonderen zu übertragen. Demzu-

---

[1] S. den Beschluſs (czechisch) in den „Böhmischen Landtagsakten" II 631.
[2] Bresl. Stadtarch. A. P. IV Ms. 165 fol. 1 ff.
[3] Als ständische Centralsammelstelle fungierten damals Bevollmächtigte des Oberhauptmanns. Georgs von Krieg und des Breslauer Rates; diese sollten „der R. K. M. kegen genugsamer quittung die steuer ausgeben". Ebd. fol. 39—50.
[4] Beschluſs des Prager Generallandtages d. d. 3. Mai 1557; ebd. fol. 176—184.

folge wurde auf einem bald nachher abgehaltenen Fürstentage[1] Wolf Büttner, Ratsmann der Stadt Breslau, zum Zahlmeister des Landes Schlesien ernannt; derselbe wurde auf das Land nicht aber auf den König vereidigt; es wurde ihm vorgeschrieben, „das geld ader steuer nindert anderswohin dann wider den erbfeind zu verwenden", und zwar sollte er sich bei Ausgabe des Geldes dann im speciellen nach den Befehlen des Königs richten; auch wurde er dem Lande zu Rechenschaft verpflichtet. Zunächst war diese Einrichtung eines besonderen schlesischen Landeszahlamtes eine vorübergehende Episode in der schlesischen Finanzgeschichte; in den darauf folgenden beiden Jahrzehnten wurde die Steuer wieder dem Könige durch das Generalsteueramt ausgehändigt und ihm zu freier Verfügung gestellt.

Eine dauernde Institution des schlesischen Finanzwesens wurde das Landeszahlamt erst seit dem Ende des 16. Jahrhunderts, und zwar ging die Initiative dazu, der Krone die Verwendung der Steuer zu entreifsen, wiederum vom Prager Generallandtage aus. Im Jahre 1579 nämlich wurde zu Prag bestimmt, dafs die Steuer fortmehr nur „zu underhaltung und bezalung des kriegsvolkes auf die granitz angewendet und von der herren fursten und stende vorordenten personen ausgezelet und gebraucht" werden solle. Dabei blieb es denn auch trotz aller Proteste des Kaisers[2]. Die Stände gingen sogar so weit, dafs sie dem Zahlmeister diejenigem Truppen bezeichneten, auf deren Besoldung er die Steuer auszugeben habe. 1583 forderte der Kaiser, dafs wenigstens diese für ihn sehr lästige Beschränkung aufgehoben, und dafs es ihm selbst überlassen würde, durch seine eigenen Kommissare den Zahlmeister dort zur Zahlung anzuweisen, wo eine solche am notwendigsten wäre[3]; erst im folgenden Jahre aber vermochte

---

[1] Fürstentagsbeschlufs d. d. 13. Mai 1557: ebd. fol. 190—198.

[2] So begehrt derselbe 1580: „Dafz auch uns umb die bezalung der granitzen selbst vertrawet, der unkosten, so auf ire der fursten und stende muster und zalmaister und dergleichen personen, als deren wir ohne das genug in unserer bestallung hetten, geben thete, abgestelt würde." (Ebd. Ms. 172 fol. 1 ff.) In den folgenden Jahren wiederholen sich die Anträge des Königs, ihm die Disposition über die Steuer zuzugestehen, unablässig, nicht minder die abweisenden Antworten des Fürstentages. Umsonst machte der Kaiser die Stände 1583 darauf aufmerksam, dafs die Unkosten des Transportes der Steuer von Schlesien nach Oberungarn durch den ständischen Zahlmeister sich auf ca. 1000 Thaler beliefen, während der Transport durch kaiserliche Beamte nur 300 Thaler betragen würde (ebd. Ms. 174 fol. 250 ff).

[3] „da dann uns gar nit zuwider sey, das ir der gehorsamen fursten und stende zahlmeister bei solcher austeilung des geldes nit allein selbst gegenwertig sei, sondern auch die zalung von der hand, sowol hernach den fursten und stenden ordentlich relation darumben thun, alleine dafz es, wie gemelt, auf unserer vorordneten commissarien anweisen, und wie es der granitzen und gemeinen wesens unvormeidliche notturfft erfordern wirt" (ebd. Ms. 172 fol. 278 ff.).

er eine Erklärung zu erwirken, durch welche sie ihrem Zahlmeister befahlen, dafs er unter den Truppen in Oberungarn und der Grafschaft Zips, von wo aus die schlesische Grenze am meisten bedroht würde, denjenigen ihren Sold auszahle, welche ihnen von den kaiserlichen Kommissaren bezeichnet würden [1].

Über die Funktion des schlesischen Zahlmeisters (oder Muster- und Zahlmeisters oder Musterherrn, wie er auch genannt wurde) giebt uns eine Reihe von Instruktionen [2] hinlänglich Auskunft. Sechs bis acht Wochen, ehe der Sold für die Truppen an der ungarischen Grenze notwendig war, machte der Kaiser dem Oberhauptmanne davon Anzeige und sandte einen Geleitsbrief für den Zahlmeister. Erst dann, wenn das kaiserliche Geleite angekommen und vom Oberamte der Befehl zur Abreise eingetroffen war, durfte der Zahlmeister die zur Bezahlung des Kriegsvolkes bestimmten Summen dem Generalsteueramte abfordern; dieses letztere mufste aber zur Aushändigung dieser Gelder durch ein besonderes Mandat ermächtigt sein, welches der Oberhauptmann in Exekutive der Fürstentagsbeschlüsse erteilte. Nach seiner Ankunft in Ungarn hielt der Zahlmeister zunächst über diejenigen Truppen, denen er die Besoldung auszuzahlen sollte, eine Musterung ab [3], und zwar auf Grund von Registern, in denen die Namen der ihm vorzuführenden Soldaten enthalten waren; er achtete darauf, dafs kein Unterschleif oder Betrug hinsichtlich der Zahl des Kriegsvolkes geschehe. Untaugliche oder schlecht ausgerüstete Truppen wies er zurück und besetzte ihre Stellen, soweit es

---

[1] Ebd. Ms. 174.
[2] Instruktion für den vom Fürstentage des 28. Okt. 1579 bestallten Muster- und Zahlherrn, erteilt von einem ständischen Ausschusse, nämlich dem Oberhauptmanne, dem Herzoge Georg von Liegnitz-Brieg und dem Breslauer Rate, d. d. Neifse, 21. Nov. 1579; ebd. Ms. 170 fol. 363 ff. (gedruckt im Anhange); Instruktion des Muster- und Zahlmeisters Bernhard von Waldau, d. d. Breslau, 29. Mai 1581, erteilt wiederum von einem ständischen Ausschusse, nämlich dem Oberhauptmanne, dem Herzoge Georg von Brieg, dem Herzoge Karl von Oels, dem Freiherrn Georg von Braun auf Wartenberg und dem Breslauer Rate, ebd. Ms. 172 fol. 148, sowie Instruktion für den schlesischen Muster- und Zahlmeister Gabriel Schmolz, d. d. Breslau, 28. August 1583; ebd. fol. 317 ff. Vgl. auch Kgl. Staatsarch. Bresl. AA. III 31a fol 256 ff.
[3] 1579 wurde ihm auferlegt, sich zu seinen Amtsgenossen von Böhmen und Mähren zu begeben und die Musterung erst dann vorzunehmen, nachdem dieselbe seitens der Böhmen und Mähren geschehen sei; später wurde er angewiesen (1581), sich bei den kaiserlichen Musterkommissar, daneben auch (seit 1583) beim kaiserlichen Feldobersten zu melden. Durch den Fürstentagsbeschlufs waren ihm entweder bestimmte Truppen (so 1581 die deutschen Reiter in Oberungarn und die Besatzung vom Fort St. Andreas, dann, falls ihm noch Geld übrig blieb, die Besatzung der für Schlesien am nächsten gelegenen Grenzhäuser) zur Musterung vorgeschrieben; oder es war ihm befohlen, sich in dieser Hinsicht nach den Weisungen der kaiserlichen Kommissare zu richten.

möglich war, mit Schlesiern, wie er überhaupt darauf zu achten hatte, dafs die von ihm gemusterten Mannschaften möglichst aus Schlesiern bestünden. Natürlich durfte er nur soviel Truppen mustern, als die mitgebrachten Gelder ihm gestatteten. Darauf liefs er durch seinen Musterschreiber, — eine schreib- und rechnungskundige Person, die er auf eigene Kosten halten mufste[1], — ein Verzeichnis über die für tauglich befundenen Reiter und Knechte anlegen, welches von ihm und dem kaiserlichen Musterkommissar[2] unterfertigt und besiegelt werden, und das er nach seiner Rückkunft in Schlesien bei seiner Rechnungslegung vorweisen mufste. Nach Beendigung der Musterung zahlte er den ausgemusterten Truppen ihren Sold gegen die erforderlichen Quittungen. Wenn er alle diese Geschäfte erledigt hatte, so trat er die Heimreise wieder an. Überschüsse, welche er wieder zurückbrachte, lieferte er dem Generalsteueramte ab; er erstattete ferner dem Oberamte Bericht über seine Reise und die dabei entfaltete Thätigkeit und legte endlich auch vor einem ständischen Ausschusse[3] zu Breslau auf einem vom Oberamte ausgeschriebenen Termine seine Rechnung, wobei er alle seine Belege, eine Certifikation des Generalsteueramtes über die Höhe der ihm übergebenen Summe, Musterregister und Quittungen, einreichte, um dann, wenn seine Rechnung für richtig befunden wurde, Decharge zu bekommen. Seine jährliche Besoldung wurde in zwei Raten gezahlt und betrug 500 Thaler, von denen er jedoch aufser dem Musterschreiber das nötige Personal zur Bedienung und Bewachung des Wagens (für den Transport des Geldes) unterhalten mufste; aufserdem bekam er für seine Reise nach Ungarn Tagegelder für sechs Pferde in der Höhe von je vier Gulden[4]. —

[1] 1583 wird derselbe „Kontralor und Musterschreiber" genannt, ist aber nicht in ständischen Diensten, sondern Privatbeamter des Zahlmeisters.
[2] 1579 noch nicht vom Musterkommissar, sondern vom „obristen krigesherrn", d. h. dem kaiserlichen Feldobristen.
[3] 1579 vor Bevollmächtigten des Oberhauptmannes, der Herzöge von Brieg und von Oels und des Breslauer Rates.
[4] Die Thätigkeit des Zahlmeisters bezog sich lediglich auf die Türkenhülfe, nicht auf die Schatzungssteuer überhaupt. Als z. B. 1591 der Fürstentag dem Kaiser eine Schatzung als „Schuldenlasthülfe" bewilligte, beschlofs der Fürstentag, dafs das Generalsteueramt die eingegangenen Gelder, immer wenn eine Summe von 4—5000 Thlr. zusammen wäre, keinesfalls aber in Beträgen unter 1000 Thlr. der Kammer übermittele. Dabei waren zahlreiche Vorsichtsmafsregeln vorgeschrieben, durch welche verhütet werden sollte, dafs der Kaiser diese Steuer zu anderen Zwecken als zur Schuldentilgung benutze; so mufste die Kammer, ehe ihr irgend welche Summe aus der gefallenen Steuer eingehändigt wurde, ein Verzeichnis, in dem die Namen der Gläubiger, welche aus dieser Summe befriedigt werden sollten, das Datum der betreffenden Obligation nebst Angabe der Höhe der Zinsen enthalten waren, desgleichen eine ordentliche Quittung einschicken (Bresl. Stadtarch.

So bedeutete das Jahr 1552 die Epoche einer Bewegung in der Geschichte des schlesischen Finanzwesens, welche ihren Abschlufs erst in dem vorletzten Jahrzehnt des 16. Jahrhunderts fand. Denn im Jahre 1552 trennten sich der königliche und der ständische Finanzdienst auch in der Centralstelle; nichtsdestoweniger blieben in den nächsten Decennien die staatsrechtlichen Abhängigkeitsverhältnisse innerhalb der Finanzverwaltung doch noch sehr schwankend und wechselnd. Nur selten machten die Stände von ihrer Organisationsgewalt auf dem Gebiete der Administration der von ihnen bewilligten Abgaben einen derartigen Gebrauch, dafs die Steuerverwaltung gänzlich der Machtsphäre der Krone entrückt wurde; gelang es doch dem Könige mitunter noch einigen Einflufs, wenn auch nicht gerade auf das Generalsteueramt, so doch auf die Partikulareinnehmer, zu gewinnen; ward ihm doch die Bestimmung über die Verwendung der Schatzung zunächst nur vorübergehend entzogen; auch die Administration des Biergeldes war zum grofsen Teile von ihm abhängig. Das Jahr 1579 bezeichnet den tiefsten Standpunkt der kaiserlichen Macht; damals wurde sowohl die Verwendung der Schatzung als auch die Erhebung der indirekten Steuer dem Könige gänzlich entrissen, sodafs die Stände nunmehr kraft der ihnen gebührenden Organisationsgewalt die Mitwirkung der Krone bei der Verwaltung der Steuer so gut wie ganz beseitigten. Der Triumph der Stände aber war von kurzer Dauer; schon im folgenden Jahre wurde ein Zustand geschaffen, der sich im grofsen und ganzen bis zum Beginne des dreifsigjährigen Krieges erhielt: die Stände überliefsen dem Kaiser die Verwaltung der indirekten Steuer, indem sie sich die der direkten Steuer — mit Einschlufs der Verwendung derselben, insofern es sich dabei um die Türkenhülfen handelte, — vorbehielten. So war nach langen Kämpfen ein Waffenstillstand zwischen beiden Parteien abgeschlossen, das Gleichgewicht zwischen ihnen hergestellt worden. Neben der Kammer als der Centralbehörde der königlichen Finanzverwaltung, welche in sich den gesamten königlichen Finanzdienst koncentrierte, und der auch die Erhebung der indirekten landständischen Steuer unterstellt war, bestanden das Generalsteueramt und das Landeszahlamt als die Centralbehörden des ständischen Finanzdienstes, betraut mit der Administration der direkten Steuer.

Vergleicht man nun freilich die Organisation des königlichen mit der des ständischen Finanzdienstes sowohl auf den

---

A. P. Ms. 177 fol. 260, d. d. Breslau, 28. Nov. 1591. Es ist jedoch klar, dafs diese Kautelen einen sehr problematischen Wert hatten; sie bewirkten immer nur eine Art moralischer, niemals eine staatsrechtliche Kontrolle über die Verwendung der Schuldenlasthülfe seitens der kaiserlichen Verwaltung.

Geist hin, welcher beide belebte, als auch auf die Art und
Weise, wie beide den übernommenen Aufgaben gerecht zu
werden versuchten, als auch endlich auf die Resultate hin,
welche so hier wie dort erzielt wurden, so unterliegt es, wie
wir ja Punkt für Punkt nachwiesen, keinem Zweifel, dafs die
Wagschale sehr zu Gunsten der von der Krone ausgegangenen
Behördenorganisation sinkt. Das königliche Beamtenwesen
war dem ständischen an Technik, an Sachkenntnis, an Pflichtgefühl, idealer Auffassung des Berufes und somit auch an
sittlicher Haltung weit überlegen. Hier ein heiliger Eifer für
die Rechte und die Gröfse der Krone, eine vertiefte und erhabene Auffassung von dem Wesen und den Pflichten des
Staates und des Königtums als des vornehmsten Vertreters
des staatlichen Principes; dort oft genug bezeugte Trägheit
und Lässigkeit sowie mangelhaft entwickelter Gemeinsinn.
Hier ein durch die genauesten und ausführlichsten Instruktionen
gut geordnetes, im wesentlichen für alle Länder der habsburgischen Herrschaft einheitlich geregeltes Verwaltungsrecht,
ein berufsmäfsiges, von früh auf wohlgeschultes, mit festen
Traditionen ausgestattetes Beamtentum, ein bis in die niedrigsten Tiefen hinab wohl funktionierender Behördenapparat; dort
die ersten tastenden Versuche, durch gelegentliche Ordnungen
die Thätigkeit der Beamten zu umgrenzen, eine erst allmählich
entstehende und mäfsig sich vervollkommnende Organisation
des Schrifttums, der Kontrolle und der Rechnungslegung, die
unteren Beamten, als von den einzelnen Fürsten und Ständen
unmittelbar abhängig, einer wirksamen Aufsicht und Leitung
seitens der Centralinstanz entrückt. Es ist bezeichnend, dafs
bei der Kammerverwaltung die Instruktionen meistens auf
das Amt lauteten; dasselbe wurde eben als eine einheitliche
Institution aufgefafst, deren Wesen durch einen Wechsel in
der Person seines Inhabers nicht berührt wurde. In der
Landesverwaltung dagegen waren die Instruktionen gerichtet
auf die einzelnen Personen, und dies darf nicht Wunder
nehmen, da es ja rechtlich hier überhaupt eine Permanenz
der Behörden nicht gab, sondern für den Einnahme- und
Ausgabedienst immer wieder erst besondere Organe von neuem
geschaffen werden mufsten, und, wenn eine scheinbare Ständigkeit dieser Organe sich entwickelte, dieselbe lediglich dem
Umstande zuzuschreiben war, dafs an jede einzelne Steuerbewilligung nunmehr ohne Unterlafs eine neue sich anreihte.
So übertraf die königliche Finanzverwaltung die ständische
durchaus. Trotz alledem aber enthielt der ständische Finanzdienst ein Element von fruchtbarer Bedeutung; in ihm waren
gegeben die ersten Keime einer rein verfassungsmäfsigen, nur
durch die Gesetze geordneten, von jeder privaten Willkür
unabhängigen Finanzwirtschaft. Hier zeigten sich die ersten
Anfänge eines verfassungsmäfsigen Anweisungsrechtes, indem

das Oberhaupt der ständischen Verwaltung, der oberste Landeshauptmann, von dem gegenüber den eigentlichen Centralfinanzbehörden des Landes, dem Generalsteueramte und dem Landeszahlamte, ihm zustehenden Anweisungsrechte nur insofern Gebrauch machen durfte, als er sich dabei innerhalb der Schranken der Fürstentagsbeschlüsse hielt; hier auch sind bemerkbar die ersten Anfänge einer rein verfassungsmäfsigen Kontrolle, indem sie sich lediglich darauf erstreckte, ob die obersten Verwaltungsorgane die durch das Gesetz, d. h. durch die Beschlüsse des Fürstentages, gezogenen Grenzen nicht überschritten hätten. Wie es in der von uns behandelten Periode zwei von einander getrennte öffentliche Gewalten gab, das Königtum einerseits und die Stände andererseits, so gab es auch zwei von einander unabhängige Organisationen des Finanzdienstes, von denen die eine der Krone, die andere dem Fürstentage unterstellt war; was wir nun von der Existenz einer rein verfassungsmäfsigen Finanzwirtschaft in jener Zeit behaupteten, hat seine Gültigkeit nur für das Gebiet der landständischen Administration. Für die Finanzwirtschaft der Krone waren gleiche Zustände schon deshalb unmöglich, weil hier Gesetzgebung und Verwaltung an oberster Stelle identisch waren.

Schlufs.

Auf die lose, atomistische Gau- und Stammesverfassung der slavischen Urzeit war das grofse altpolnische Reich mit seiner omnipotenten, alle Freiheit des Individuums negierenden Staatsgewalt gefolgt. Eine in diesem Grade übermäfsige, dabei so unvollkommen organisierte Centralgewalt konnte auf die Dauer sich nicht halten; es trat daher ein eine Periode jahrhundertelanger Decentralisation sowohl äufserer Art, indem zunächst Schlesien von Polen sich trennte, und indem jenes hinwiederum in eine Unzahl kleiner Territorien sich zersplitterte, als auch innerer Natur, indem sich die fürstliche Gewalt fast vollständig auflöste und verflüchtigte. Wenn diesem Processe nicht rechtzeitig Einhalt geboten wurde, so mufsten Staat und Gesellschaft zu Grunde gehen. So begann denn ein Zeitalter neuer Centralisation. Matthias Korvinus stellte die äufsere Einheit Schlesiens wieder her, indem er die einzelnen Teile Schlesiens abermals zu einem Gesamtstaate verschmolz; unter der Ägide des Königtums — zumal Ferdinands I. — einerseits und der Fürsten und Stände Schlesiens andererseits wurde zugleich eine Centralisierung des inneren Staatslebens angebahnt. Und in der That: Grofsartiges wurde binnen Kurzem geleistet. Die Krone, — dieser Inbegriff von lehns- und landesherrlichen Rechten oder vielmehr von deren Trümmern, — wurde zu einer wahren Obrigkeit und Staatsgewalt; aus den gewillkürten Einungen des 15. Jahrhunderts erwuchs die Zwangsgenossenschaft der zum Fürstentage korporierten Fürsten und Stände; die alten landesherrlichen Regalien wurden zu Privilegien, die — als eine Art von Vereinbarungen völkerrechtlicher Natur sich darstellenden — Landfrieden des 15. Jahrhunderts zu Fehder-, Polizei- und Landesordnungen, Akten staatlicher Gesetzgebung. Auf allen Gebieten des Staatslebens vollzogen sich einschneidende Änderungen. An die Stelle des alten Lehnskriegssystems traten die der fortgeschrittenen Taktik Rechnung tragenden Söldnerheere, allerdings zumeist noch in loser Abhängigkeit vom Kriegsherrn, mit ihm nur durch die Kapitulationen der Obersten zusammenhängend, die Gestalt privater Unternehmungen noch tragend. Die Kirche empfand wieder nach langer Vorherrschaft die Gewalt des Staates. Durch den Kolowratischen Vertrag von 1504 wurde die Pflicht der „Mitleidenschaft" der geistlichen Güter bei den Lasten und Abgaben des Landes fixiert; das Eigentumsrecht der geistlichen Institute wurde durch die Krone sowohl wie durch den Fürstentag[1] stark beschränkt, sodafs das Kirchengut jetzt im ausgedehntesten Mafse zur Deckung der staatlichen Bedürfnisse herangezogen wurde; es ist auch bekannt, wie vom 16. Jahrhundert ab das freie Wahlrecht des Breslauer Domkapitels zwar nicht rechtlich aufgehoben, aber doch faktisch illusorisch gemacht wurde. Nicht nur in den protestantischen, sondern auch in den katholischen Ländern vollzog sich im Reformationszeitalter eine principielle Wandlung in dem Verhältnisse zwischen Staat und Kirche. Die Rechtspflege war durch die Verhütung von Fällen der Rechtsverweigerung, durch die Einführung der Schiedsgerichte und des Rechtsmittels der Berufung und des geordneten Instanzenzuges von Grund aus verbessert worden; durch die letzte dieser Mafsregeln insbesondere war die rechtliche Kluft zwischen den einzelnen Ständen überbrückt, für die Rechtsprechung eine einheitliche Spitze wieder geschaffen worden. Eine gemeinsame Steuerverfassung war für das Land errichtet, die Idee der Pflicht des einzelnen, nach Kräften beizusteuern für das Wohl des Ganzen, in unablässigem Kampfe zur Verwirklichung gebracht, die financiellen Hülfskräfte des Staates erhöht und vermehrt worden. Nicht minder beachtungswert waren die Fortschritte auf dem Felde der inneren Verwaltung; wir gewahren die Anfänge einer Sicherheits-, Jagd- und Forstpolizei, eine löbliche Fürsorge für die Aufrechterhaltung von Zucht und Sitte, ein principielles Eingreifen in die wirtschaftlichen Verhältnisse. Dem Verkehrs-, dem Bergwerks- und Münzwesen wurde eine erhöhte Sorgfalt zugewendet, das Verhältnis des Gesindes und der Unterthanen zu ihren Herrschaften geregelt, auf eine Versöhnung der Gegensätze zwischen Stadt und Land nach Möglichkeit hingewirkt, der einheimische Handel gefördert und die Umwandlung des Landes zu einem territorial geschlossenen, einheitlichen Wirtschaftskörper mit immer wachsendem Eifer und Verständnis betrieben. Nehmen wir noch hinzu, dafs im grofsen und ganzen eine leidliche religiöse Duldung wenigstens für die

---

[1] Auf dem Fürstentage von 1529 wurde beschlossen, zur Aufbringung der Kriegskosten die Kirchenkleinodien eventuell zu verwenden. Bresl. Stadtarch. A. P. II Ms. 163 fol. 190.

Augsburger Konfessionsverwandten sogar seitens der Breslauer Bischöfe herrschte, — zumal unter Maximilian II., wie auch endlich kurz vor dem dreifsigjährigen Kriege der Protestantismus durch die Erlangung des Majestätsbriefes, durch die Ausschliefsung des Bischofs vom Oberamte sogar im Übergewichte sich befand, — so werden wir die inneren Verhältnisse Schlesiens in dieser Periode als vorwiegend glückliche, das Staatsleben als in aufsteigender Entwicklung begriffen bezeichnen müssen.

Die Frage ist nun allerdings, wem von den beiden Trägern der centralen Staatsgewalt an diesen Errungenschaften der gröfste Anteil zuzuschreiben ist, ob dem Königtume oder den Ständen. Die Antwort kann nicht zweifelhaft sein. Gewifs darf das Verdienst der Stände keineswegs unterschätzt werden. Von ihnen gingen die ersten Einheits- und Reformbestrebungen aus, ehe noch, — wenn wir von der Regierung des Matthias Korvinus absehen, deren Mafsregeln, wie gut und trefflich auch oft ihre Intention war, dennoch vielfach den Charakter roher Experimente trugen, — die Krone ihres Berufes zur Förderung des Staatswohles sich überhaupt erst bewufst wurde. Die Stände schufen jene ersten Landfrieden und Münzeinungen, jene ersten Versuche, den schreiendsten Mifsständen in der Rechtspflege abzuhelfen; auch die Mafsregeln der inneren Verwaltung waren bis tief in das 16. Jahrhundert hinein zum gröfsten Teile ihr Werk. Aber es darf ihnen der Vorwurf nicht erspart bleiben, dafs sie einmal meist auf halbem Wege stehen blieben, und dafs ferner die von ihnen geschaffenen Formen der Organisation weit hinter dem zurückblieben, was geleistet werden konnte und mufste. Und das erstere von diesen beiden Momenten darf uns nicht Wunder nehmen. Bestand doch der letzte Grund dafür, dafs neue centralistische Einrichtungen notwendig wurden, eben darin, dafs die alten durchbrochen worden waren, und zwar von eben denselben Ständen, welche jetzt bemüht waren, in Rivalität mit der Krone neue zu schaffen. Es war unmöglich, dafs dieselben Gewalten, welche den alten Bau zerstört hatten, den Willen und die Fähigkeit besafsen, einen neuen, festeren aufzuführen; denn es war klar, dafs durch die Herstellung einer straffen Centralgewalt den alten Landesherren viel von dem geraubt werden mufste, was sie noch als Trümmer aus dem allgemeinen Schiffbruche des Mittelalters gerettet hatten, den Ständen jedoch der Erbfürstentümer viel von dem, was ihnen als reiche Beute bei dem Untergange der alten Staatsgewalt anheimgefallen war, und dafs sie alle auf ihre besonderen Rechte und Privilegien, auch wenn es sich um das Wohl des Staatsganzen handelte, aus freien Stücken zu verzichten so leicht nicht gesonnen sein konnten, da ja eben auf diesen die den einen unter ihnen noch gebliebene, von den anderen bisher erreichte

Machtstellung beruhte. Zwiespältig, auf ihre speciellen persönlichen oder Standesinteressen bedacht, konnten sie zu einer festen inneren Einheit, zu einem kraftvollen Auftreten nicht gelangen. Nur ein Beispiel für viele. Vergebens versuchten die Breslauer auf dem Fürstentage von 1505, als sie die Schiffbarmachung der Oder durchsetzen wollten, den Abt von Leubus zur Abbrechung seines Wehres zu zwingen; da sich derselbe auf sein gutes Recht berief, so fanden die Stände es nicht für statthaft, dem privaten Rechte gegenüber hier dem Interesse des Ge-Gemeinwohles zum Siege zu verhelfen. Sie waren eben noch von der Anschauung befangen, dafs das Recht über dem Staate stehe. Mangel an Energie und Konsequenz, ihr nicht zu überwindender Egoismus und Partikularismus, endlich auch die technische Unvollkommenheit ihrer Einrichtungen hemmten ihre Reformthätigkeit. Die von ihnen beschlossenen Defensionsverfassungen waren schwerfällig und entbehrten des praktischen Wertes; mit der Errichtung des Oberrechtes als einer Instanz in Fällen von Rechtsverweigerung war nur den äufserlichsten Mifsständen in der Rechtspflege abgeholfen; zu den doch so dringenden Steuerreformen konnten sie sich nicht entschliefsen; immer wieder legten sie das Hauptgewicht auf ihren privaten Vorteil, darnach trachtend, alle Lasten von sich auf die Schultern der niederen Bevölkerung abzuwälzen, sowie die Abhängigkeit derselben immer fester zu gestalten. Wie sehr endlich der Gegensatz zwischen Stadt und Land die Fürsten und Stände spaltete, dafür genügt es, auf den Kampf zwischen dem adlig-agrarischen und dem städtisch-merkantilen Interessenkreise in der Geschichte des neuen Grenzzolles hinzuweisen. So war es denn natürlich, dafs sie schliefslich bezüglich des mafsgebenden Einflusses auf die öffentliche Entwicklung von der Krone in den Schatten gestellt wurden. In beständiger Zwietracht, von gegenseitigem Mifstrauen erfüllt, blieb ihnen nichts übrig, als ihre Streitigkeiten immer wieder der Krone, der Quelle alles Rechtes, zur Schlichtung vorzulegen; es fehlte ihnen die Kraft, an und für sich treffliche Beschlüsse durchzuführen, da eben diese den „habenden Freiheiten" der einzelnen zu nahe gingen. Ihre Uneinigkeit drohte eine Auflösung der gesamten Landesverfassung herbeizuführen. Einzelne Stände wollten hinfort nur noch Steuern für den König, nicht mehr für das Land bewilligen und ihre Deputierten nur mit beschränkten Instruktionen und Vollmachten ausstatten[1] — ein Vorgehen, welches zu einer Vernichtung der verfassungsmäfsigen Bedeutung des Fürstentages und seiner vornehmsten Rechte führen mufste; als nun auf einem Landtage im Jahre 1593 darüber verhandelt wurde,

---

[1] Vgl. Kries a. a. O. S. 54 Anm. 6.

konnte trotz aller Vermittelungsversuche des Kaisers eine Einigung nicht erzielt werden, da die dissentierenden Stände zur Nachgiebigkeit nicht zu bewegen waren, und der Fürstentag ging daher ratlos und resultatlos auseinander, indem er es „Gott, dem Kaiser und der Zeit" überlassen mufste, diese Wirren beizulegen. Die Entscheidung, welche die Stände damals anriefen, wurde schliefslich gefällt; aber sie war gleichbedeutend mit der Vernichtung ihrer Macht.

Die Lösung der Aufgaben, welche den Ständen unmöglich gewesen war, ging jetzt über auf das Königtum, und man mufs gestehen, dafs sich dieses seit Ferdinand I. seinen neuen Pflichten gewachsen zeigte. Es schuf eine wahre Staatsgewalt; es nahm auf den abstrakten Staatsgedanken. Ihm war zu verdanken eine neue Kriegsverfassung; es verdrängte die Kirche von dem okkupierten politischen Terrain und unterwarf sie wieder dem Staate; es rief die zweckmäfsigsten Reformen der Rechtspflege ins Leben; es eröffnete dem Staate neue financielle Hülfsquellen. Über allen zerklüfteten und zerspaltenen Einzelinteressen stehend, wandte es den wirtschaftlichen Verhältnissen sein Augenmerk zu, unparteiisch nur auf das Wohl des Ganzen bedacht. Von ihm gingen aus die wichtigsten Fortschritte des Verkehrswesens, die Eröffnung der Oder, das Unternehmen, Oder und Elbe zu verbinden; es nahm sich der Bauern an gegen die Grundherren, suchte die Interessen von Stadt und Land in das richtige Gleichgewicht zu bringen und schützte den einheimischen Handel, zugleich auch bemüht, die Mifsbräuche der damaligen Gewerbeverfassung nach Möglichkeit abzustellen und zu mildern. Dazu kam noch ein Anderes: die königliche Verwaltung war der ständischen in technischer Hinsicht weit überlegen; Ferdinand I. übertrug die moderne französisch-burgundische Verwaltungsorganisation mit ihrem Kollegialsystem, ihren durch die detailliertesten Instruktionen fest abgegrenzten Specialkompetenzen, ihrer weitgehenden Arbeitsteilung, ihren genauen Vorschriften über Kontrolle und Rechnungslegung auf Schlesien; es leuchtet ein, dafs eine derartige Verwaltung mehr zu leisten imstande war, als die primitive, über die Region tastender Versuche erst allmählich hinausstrebende ständische Organisation. So hatte das Königtum in dem Wettkampfe mit den Ständen um die Reform der öffentlichen Zustände den entschiedenen Sieg davongetragen; es hatte sich diesen überlegen gezeigt an Verständnis für die Bedürfnisse des fortschreitenden Staatslebens, nicht minder an organisatorischer Kraft und Fähigkeit. Die Folge davon war, dafs die Gewalt der Krone immer mehr um sich griff und sich verstärkte, während der Anteil der Stände an der centralen Staatsgewalt immer mehr verkürzt und schliefslich auf

das Gebiet ihrer, ausdrücklich vom Herrscher bewilligten und
feierlichst ganrantierten Privilegien eingeschränkt wurde [1].
Auf dem Bereiche ihrer Privilegien war allerdings die
Macht der Stände unantastbar, und alle im Laufe des 16.
Jahrhunderts von der Krone hie und da unternommenen
Versuche, an diesen Grundfesten der ständischen Gewalt zu
rütteln, waren vom Erfolge nicht begleitet. Und doch waren
gerade diejenigen Gebiete, auf denen eine Alleinherrschaft der
Stände existierte — es sei hier nur an die Steuergesetzgebung
und Steuerverwaltung erinnert —, von elementarer Wichtigkeit
für das gesamte Staatsleben, und die hier bestehenden Mifsstände bedeuteten nicht nur Wunden an einem einzelnen
Gliede des Staatskörpers, sondern vielmehr tiefwurzelnde,
chronische Krankheiten, die den ganzen Organismus um so
mehr zerrütteten, als eine Heilung, da sie nur von den Ständen ausgehen konnte, diese jedoch durch ihre egoistischen
Interessen an dem Fortbestande dieser Übel auf das engste
beteiligt waren, in geradezu aussichtslose Ferne gerückt schien.
Waren die Stände zu einer Reform unfähig, so mufste das
Königtum um so mehr für seine Aufgabe es erachten, auch
hier energisch durchzugreifen. Freilich schlofs hier die auf
den ständischen Privilegien beruhende Verfassung den König
von jedem staatsrechtlichen Einflusse aus. Doch diese Privilegien fanden ja schliefslich ihren Ausgangspunkt in der
Krone; die ständische Gewalt war im letzten Grunde nur
eine abgeleitete, ihrem Ursprunge zufolge vom Königtum her-
rührende, von ihm verliehene. Indem die Stände im dreifsigjährigen Kriege die Pflichten verletzten, durch welche sie an
den König gekettet waren, indem sie die vasallitische Treue
brachen, die sie ihm schuldeten, fand derselbe einen unbe-
streitbaren Rechtsgrund — und auch die faktische Gewalt
dazu erlangte er —, diese Privilegien umzustofsen. Für die
staatsrechtliche Beurteilung dieser Verhältnisse kommt das
politisch-religiöse Moment aufser Betracht, nämlich die Frage,

---

[1] Es ist mir in Rücksicht auf die oben dargelegten Verdienste der
Krone unmöglich, mich dem Urteile anzuschliefsen, welches Grünhagen (Gesch. Schles. II 90) über die innere Geschichte Schlesiens im
16. Jahrh. fällt: „Die Regenten des Habsburger Hauses haben nach
dieser Richtung (nämlich auf dem Gebiete der inneren Politik) sonst
nicht allzu viel gethan und sich wenig darum bemüht, durch eine weise
angepafste Gesetzgebung die verschiedenen, ihrem Szepter unterworfenen
Lande im Sinne der modernen Zeit zu einem einheitlichen Staate zu
verschmelzen und ein gewisses Mafs der landesväterlichen Fürsorge an
sie zu wenden. Wer eine unserer schlesischen Geschichten aufschlägt,
erfährt aus dieser Epoche von der Thätigkeit der Landesherren (Gr.
meint dabei die böhmischen Könige) nur, wieviel sie zur Bekämpfung
des Protestantismus gethan haben." Dafs die „schlesischen Geschichten"
von einer inneren Thätigkeit der Könige für Schlesien nichts zu berichten wissen, ist wahrlich nicht die Schuld der betreffenden Herrscher.

ob von einem höheren politischen und sittlichen Standpunkte aus der Widerstand der Fürsten und Stände gegen die Krone zur Erhaltung ihrer Glaubensfreiheit als ein berechtigter erklärt werden darf. Für die Entwicklung des Staatslebens in Deutschland zeitigte der dreifsigjährige Krieg ein zweifaches Ergebnis von universalhistorischer Bedeutung. Einmal wurde in ihm und durch ihn die Superiorität der landesherrlichen Gewalt über die ständischen Körperschaften hergestellt, der bisherige Dualismus des Staatswesens in den zu lebenskräftiger Existenz berufenen Territorien aufgehoben oder eine derartige Bewegung doch wenigstens angebahnt. Es gab von nun an nicht mehr zwei Träger centraler Staatsgewalt, sondern nur einen, die Monarchie, und auf diese ging jetzt die ausschliefsliche Pflicht zur Lösung der staatlichen Aufgaben, die Führerschaft auf dem Gebiete der öffentlichen Entwicklung über. Es beginnt nunmehr das zweite Stadium in der Geschichte der gegen Ende des Mittelalters neu entstandenen staatlichen Centralisation, indem dieselbe ihren Mittelpunkt jetzt allein in der fürstlichen Gewalt mit Ausschlufs aller Rivalität seitens der ständischen Körperschaften fand. Die andere Wirkung des dreifsigjährigen Krieges aber bestand darin, dafs jetzt jenes Princip zu schwinden begann, demzufolge als die festete, keinesfalls zu entbehrende Grundlage jeglichen Staatswesens die im Notfalle mit Gewalt aufrechtzuerhaltende Einheit der Religion oder Konfession galt, und dafs man jetzt durch andere Mittel eine Bürgschaft für die Festigkeit und den Zusammenhalt des Staates zu gewinnen strebte. Es ist bekannt, dafs die brandenburgisch-preufsischen Herrscher des 17. und 18. Jahrhunderts in der Beförderung des Staatswohles Staunenswertes vollbrachten, dafs sie ebenso die Idee der staatlichen Toleranz eher als anderswo aufnahmen und planmäfsig durchführten. Von der Thätigkeit der habsburgischen Kaiser für Schlesien kann ein Gleiches nicht behauptet werden. Von der gewonnenen Suprematie, derzufolge die Centralleitung des Staates jetzt von ihnen, wenn auch nicht ganz und gar formell, so doch thatsächlich abhängig wurde, machten sie nicht den entsprechenden Gebrauch. Die Verwaltungsreformen, welche Schlesien im 17. und im Anfange des 18. Jahrhunderts erfuhr, sind mit denen, welche um dieselbe Zeit in Brandenburg-Preufsen sich vollzogen, an Bedeutung keineswegs vergleichbar. Es schien, als ob seit dem Aufhören der ständischen Rivalität die Krone an Pflichtgefühl, Eifer, Thätigkeitsdrang und Verständnis für die Bedürfnisse der Zeit verloren, als ob ihr früher so inniger Zusammenhang mit dem Leben der Gemeinschaft aufgehört habe. Nicht einmal das so wichtige Werk der Reform der Steuerverfassung, an dem schon die Stände gescheitert waren, wurde begonnen; der

Geist, welcher den ersten Ferdinand belebt hatte, fehlte dem zweiten und dem dritten Ferdinand. Dazu kam eine starre religiöse Unduldsamkeit und Härte; es ist in dieser Hinsicht ein entschiedener Rückschritt gegen die Zustände des 16. Jahrhunderts zu verzeichnen. So mufste denn die Okkupation durch Friedrich den Grofsen für Schlesien und für die Entwicklung seiner öffentlichen Verhältnisse als eine Stunde der Erlösung erscheinen.

Exkurse.

I.

Die Ansichten über die Entstehung der altpolnischen Gesellschaft.

Die Entstehung der altpolnischen Gesellschaft ist sowohl in der deutschen wie auch in der polnischen Geschichtsforschung seit langer Zeit ein bevorzugter Gegenstand der Untersuchung. Wir führen im Folgenden in Kürze die vornehmsten der bisher aufgestellten Hypothesen an:

1. Stenzel (Einl. zu Tzschoppe-Stenzel, Urkundenbuch S. 3 ff., sowie Berichte der schles. Gesellsch. f. vaterl. Kultur 1841, Hist. Sekt. Beilage I 134 ff. und sonst) unterscheidet zwischen einem staatsrechtlich nur aus einer Klasse bestehenden Adel und zwischen Bauern, welche teils frei, teils hörig gewesen seien. Seine Ansichten sind veraltet.

2. Nach Röpell (Gesch. Polens I 89) gab es aufser den Sklaven ursprünglich nur freie Stammesgenossen; ein dritter Stand schob sich zwischen diese beiden im Laufe der Zeit dadurch ein, dafs eine Menge Freier, durch Krieg, Unglücksfälle u. s. w. ihrer Grundstücke verlustig gegangen, dieselben Reicheren aufliefsen und meistens von diesen unter Vorbehalt des eigentlichen Eigentumsrechts gegen Zins und Dienste wiedererhielten. Dies waren die halbfreien Kmeten, welche „persönlich frei, dinglich aber unfrei" waren; ihnen gegenüber erhielt sich nur eine sehr geringe Anzahl von Vollfreien, die Szlachta, anfänglich der Inbegriff aller Freien des Volkes, jetzt allmählich immer mehr den Charakter eines Adels annehmend, je geringer ihr Umfang wurde. Diese Theorie ist im wesentlichen eine Übertragung von Ansichten über die Entwicklung der Standesverhältnisse bei den Deutschen auf die altpolnischen Zustände.

3. Stanislaw Smolka (Mieszko Stary i jego wiek. Warszawa 1881) unterscheidet für die älteste Zeit zwischen

Freien und (durch Krieg, Kauf oder Schuldverknechtung dazu gewordenen) Unfreien (zu denen auch die adscripticii, narocznicy und decimi gehören). Die Hauptklasse der Volksgenossen (noch c. 1130) sind die freien, kleinen Eigentümer (haeredes), die aber mit der Zeit untergehen; aus ihnen entstehen, wenn sie ihr Eigentum verlieren, die Kmeten, welche als persönlich frei aufzufassen sind und, auf herzoglichem Acker angesiedelt, goście (hospites) heifsen. Als höhere Klasse der freien Bevölkerung erscheinen die Ritter (rycerz, vladiken), welche von den ältesten Inhabern fürstlicher Rechte aus der Zeit noch vor den Piasten oder von ausländischen, in Polen eingewanderten Rittern abstammen, und die sämtlich Grundherren sind. Wenn jemand eine grofse Anzahl von Gütern hatte, so galt er als nobilis oder baro, wenn er ein entsprechendes Amt hatte, auch als comes, ohne dafs er jedoch deshalb etwa durch ein eigentümliches Privileg vom einfachen Ritter sich unterschied. Aller Stündeunterschied gründete sich auf den Unterschied des Besitzes; wie der haeres durch Verlust seines Eigentums Kmet wurde, so wurde er andererseits durch Vermehrung seines Besitzes Ritter, ebenso der Ritter hinwiederum Baron; wurde der Ritter arm, so sank er zu den niederen Klassen hinab. Die Hypothese Smolkas leidet daran, dafs sie die gesamte ständische Gliederung auf rein sociale Verschiedenheit zurückführt.

4. Mich. Bobrzyński (Dzieje Polski w zarysie. Warsz. 1880. Geneza społeczeństwa polskiego na podstawie kroniki Galla i dyplomatów XIIgo wieku. Rozprawy i Sprawozdania wydziału hist.-fil. Akad. umiejętności. Tom. XIV. Kraków 1881) teilt die lechitische Urbevölkerung Polens in sieben Klassen:

a) Sklaven, Privat- und Herzogssklaven (servi, familia, adscripti, centum servi etc.), unfähig vor dem öffentlichen Rechte, verkäuflich und vererblich.

b) Dziedzice-czynszownicy, haeredes censuarii, possessores, aratores, manchmal auch rustici und homines, Autochthonen, Unterthanen des Herzogs mit Gerichtsstand vor den öffentlichen Gerichten, auf den herzoglichen Ländereien ohne Grundeigentum gegen Zinszahlung angesiedelt.

c) Unterthanen der Kirche, entweder vom Herzoge oder von Privatleuten geschenkt.

d) Freie, entweder frühere Sklaven, die vom Herzoge für frei erklärt sind, oder eingewanderte Fremde, die sich dem Handwerk oder Ackerbau widmen; sie können Grundeigentum besitzen und sind rechtsfähig.

e) Ritter, Berufskrieger, deren Standescharakter nicht erblich, sondern persönlich ist; sie besitzen volle persönliche Freiheit und Gerichtsfähigkeit, sowie das Recht, Grundeigentum zu erwerben.

f) **Szlachta**, Erbritter, von den Fürsten stammend, die vor den piastischen Herzögen über kleinere Gebiete herrschten, von nur geringer Anzahl (ca. 40—50 Familien), bei Gallus und sonst nobiles, duces, magnates, domini, proceres, comites, majores, principes genannt, durchaus frei, im Besitze grofser Güterkomplexe mit Gerichtsstand vor dem Herzoge, späterhin (seit saec. 12.) aus den niederen Klassen stark vermehrt.

g) **der Klerus**.
Nicht alle diese Klassen kommen zu einer und derselben Zeit vor. Die Sklaven, haeredes und Szlachta in dem oben erwähnten Sinne (als Nachkommenschaft der ältesten Fürsten) gehören der Urzeit an, sterben allmählich ab und sind schon im 12. Jahrhundert veraltet; Adel, Geistlichkeit und Unterthanen der Kirche bleiben bestehen und entwickeln sich weiter, während die homines liberi überhaupt erst im 12. Jahrhundert ihren Ursprung nehmen. In demselben Bande der Abhandlungen der Krakauer Akademie, wie die eben besprochene Abhandlung Bobrzyński's, erschien eine Schrift von

5. **Franc. Piekosiński** (O powstaniu społeczeństwa polskiego w wiekach średnich i jego pierwotnym ustroju; späterhin hat P. seine Theorie des weiteren ausgeführt und unter Zuziehung der Verhältnisse der späteren Zeit erläutert in seinem Buche: O dynastycznem szlachty polskiej pochodzeniu). Piek. stellte darin die sogenannte „Überschüttungstheorie" auf, deren Inhalt folgender ist: Bis zum 8. Jahrh. lebten die polnischen Slaven beschäftigt mit Ackerbau, Viehzucht, Fischfang und Jagd; sie zerfielen in zwei Klassen, gröfsere Grundbesitzer und in den Opolen organisiert lebende Bauern; beide Klassen waren persönlich frei und voll rechtsfähig; ihre Mitglieder hatten Eigentum. Seit dem 8. Jahrh. vollzog sich jedoch ein völliger Umschwung der Verhältnisse. Bei den Elbslaven nämlich, die von den Sachsen und von Karl d. Gr. bedrängt wurden, machte sich eine rückwärts gegen Osten flutende Bewegung geltend. Ein Haufen solcher Elbslaven, die sich von den Normannen eine höhere Civilisation und besonders eine festere militärische Organisation angeeignet hatten, erschien unter der Führung eines gewissen Popiel um 800 in Grofspolen und liefs sich in der Gegend von Gnesen nieder; sie behielten ihre straffe Organisation, bauten Burgen und unterwarfen, immer mehr um sich greifend, die benachbarten Gegenden; so entstand das polnische Reich der Piasten. Ihr Häuptling betrachtete das ganze Land mit seiner Bevölkerung als Kriegsbeute und daher als sein Privateigentum; während er die grofsen Grundbesitzer der Autochthonen in seine Drushina (Gefolgschaft) aufnahm und so den mit ihm eingedrungenen Kriegern gleichstellte, wurden die Mitglieder der bäuerlichen Bevölkerung als Sklaven betrachtet, indem man sie ruhig, ohne sie schwer zu bedrücken, ihren

Acker weiterbestellen liefs, der jetzt nur in das Eigentum der Piasten überging. Aus diesen Ursachen entwickelte sich bis zur Zeit des Boleslaus Chrobry (ca. 1000) folgende Schichtung der polnischen Gesellschaft:

a) Szlachta, Zeichenrittertum, nämlich solche Ritter, die ein Wappen führten; dazu aber waren berechtigt nur die Abkömmlinge der eingedrungenen elbslavischen Dynasten, der Unterhäuptlinge Popiels, sowie der autochthonischen Fürsten.

b) Die gemeine Ritterschaft (miles simplex oder m. medius oder m. gregarius, später auch wlodyka oder scierciatka, szkartabel [ital. scartabello = ex carta belli]), abstammend von den unter den eingedrungenen Häuptlingen stehenden elbslavischen Kriegern und den gröfseren Grundbesitzern unter den Autochthonen.

c) Hörige und Sklaven (Autochthonen, angesiedelte Kriegsgefangene, eingewanderte ausländische Bauern, Privatsklaven).

Auf die Einzelheiten ist bereits am gehörigen Orte eingegangen worden; hier soll nur zu dem Grundgedanken der Theorie Stellung genommen werden. Piek. fand nämlich, dafs bis zum Ausgange des Mittelalters auf das strengste zwischen zwei Klassen des polnischen Adels unterschieden wurde, zwischen der Nobilität, d. h. zwischen solchen Edelleuten, welche ein Geschlechtswappen und einen dem Geschlechte eigentümlichen Schlachtruf führten (cum clenodio et proclamatione), und zwischen Rittern, denen eine derartige Auszeichnung nicht zukam; während die ersteren szlachta, domini, nobiles seu milites vere procreati ex genealogia hiefsen, wurden die letzteren milites medii, Wlodyken, scartabelli, milites communes, qui non sunt nobiles, sed habent jus militare, genannt. Nun waren aber die polnischen Wappen von den westeuropäischen sehr verschieden, indem sie meist aus sehr einfachen Figuren, Kombinationen von Strichen, Kreuzen, Haken, kreis-, hufeisen- oder keilförmigen Bogen, bestanden; Piek. glaubte daher gefunden zu haben, dafs diese Wappen ursprünglich Runen bedeutet hätten. Man könnte dann freilich glauben, der Umstand, dafs der vornehmste Adel Runen als Wappenzeichen geführt habe, sei weniger ein Beweis für eine „Überschüttung" der Autochthonen seitens elbslavischer, als vielmehr — analog der Entwicklung der staatlichen Verhältnisse bei den Ostslaven — seitens normannischer Eindringlinge, und in der That fehlt es auch nicht an einer Hypothese, welche eine normannische „Überschüttung" Polens behauptet (Karol Szajnocha, Lechicki pocz tek Polski, Lwów 1858). Dem gegenüber führt Piek. aus, dafs die Namen der ältesten polnischen Herrscher und seines Adels slavisch seien: die Eindringlinge müfsten daher der slavischen Nationalität angehört, zugleich aber auch, da sie eben Runen als Wappen führten, mit den Skandinaviern in Verbindung gestanden haben. Da nun aber Runen bei den anderen Slaven nicht in Gebrauch waren, so können wir uns unter den Eroberern nur Elbslaven vorstellen, von denen es ja bekannt ist, dafs sie mit den Normannen in engem Verkehr standen; der Einbruch derselben in Polen mufs nach Piek. ferner im 9. Jahrh. erfolgt sein, weil die Runen, die sie in ihrem Wappen führten, nur um diese Zeit angewendet wurden. Gegen diese ganze Beweisführung giebt es ein sehr einfaches Argument. Angenommen, dafs die polnischen Wappen wirklich auf Runen zurückgehen, ist es dann unbedingt nötig, dafs die Runen von den Normannen erst durch Vermittlung der Elbslaven nach Polen gelangten? Wenn Runen wirklich bei den Polen sich finden, so wird dadurch eben nichts anderes bewiesen, als dafs diese Zeichen von den Polen recipiert wurden. Auch die übrigen Gründe, welche Piek. für seine Ansicht anführt, die unbeschränkte Machtstellung des Fürsten, die bevorzugte Lage des Adels, zumal der Szlachta, die Recht- und Besitzlosigkeit der Bauern — Zustände, welche nach Piek. nur erklärbar sind durch die Annahme einer Unterjochung der autochthonischen Bevölkerung seitens fremder Eindringlinge —, sind nicht entscheidend. Wir finden ganz dieselben Verhältnisse in den anderen westslavischen Reichen, ohne einen Anhaltspunkt dafür zu haben, dafs in ihnen die Begründung der fürstlichen Gewalt ebenfalls auf eine Unterwerfung von aufsen zurückzuführen wäre. Man erklärt diese Zustände ebenso gut aus dem patriarchalischen Charakter des ältesten slavischen Staatswesens, aus der Bildung der fürstlichen Gewalt nach dem Muster der Stareissina.

II.

Zur Geschichte der slavischen Besitzverhältnisse.

1. Über das Gesamteigentum bei den Slaven.

Hervorragende Forscher auf dem Gebiete der Socialgeschichte haben bisher die Existenz des Gesamteigentums bei den Slaven als eine über jeden Zweifel erhabene Thatsache angenommen. Neuerdings ist jedoch von Stähr (Das russische Artel I 29 ff. und 40 ff. in einer vornehmlich gegen Keufzler gerichteten Polemik) der Versuch gemacht worden, den Nachweis zu führen, dafs der Familienbesitz in Rufsland älter sei als der Gemeindebesitz; sollte diese Behauptung begründet sein, so würden sich aus ihr schwerwiegende Analogieschlüsse für die Geschichte der Eigentumsverhältnisse auch bei den Westslaven ergeben, da wir für diese infolge des vollständigen Mangels an Quellen auf eine Vergleichung mit den entsprechenden Zuständen bei den übrigen Slaven angewiesen sind.

Stähr sucht das höhere Alter des Familienbesitzes in Rufsland dadurch zu beweisen, dafs, wie er des näheren ausführt, die Besiedelung Rufslands durch die Ostslaven familienweise erfolgt sei. Er stützt sich dabei vornehmlich auf die etymologische Bedeutung des Wortes derewnja (jetzt schlechthin gleich Dorf, abzuleiten jedoch von derewno = Holz, also durch Neurodung entstandene Ansiedelung). Da nun die russische Gemeinde, die werwj, aus einem kleinen Hauptdorfe, dem sselo, sowie aus einigen noch kleineren Dörfern, den derewni, und aus einigen Einzelhöfen sich zusammensetzt, so meint Stähr, dafs die Einwanderung der Ostslaven in Rufsland familienweise derart erfolgt sei, dafs immer je eine Familie in einem sselo sich niedergelassen habe; erst bei Vermehrung der Bevölkerung seien die derewni durch

Neurodung ebenfalls als familienweise vorgenommene Aus- und Neusiedelungen entstanden: so habe sich der sselo zur werwj erweitert, indem zunächst jede Familie Sonderbesitz gehabt hätte; erst sehr spät hätten die Familien der werwj aus mannigfachen Gründen ihre Sondergrundstücke zu einem Gemeindeeigentum mit einer nach den Familien getrennten Nutzung vereinigt.

Gegen diese Theorie läfst sich zunächst einwenden, dafs der Schlufs aus der etymologischen Bedeutung des Wortes derewnja auf eine Nichtexistenz des Gemeindebesitzes in der ältesten Zeit doch nicht als allein ausschlaggebend erachtet werden kann. Es liegt uns fern, uns in eine Erörterung des Problems über die Entstehung des russischen Gemeindebesitzes in seiner jetzigen Gestalt irgendwie einzulassen; nur darauf wollen wir hinweisen, dafs die Unrichtigkeit der Be- Behauptungen Stührs von der Entstehung eines ostslavischen Gesamteigentums an Grund und Boden überhaupt erst in späterer Zeit durch ein bestimmtes Quellenzeugnis sich nachweisen läfst. Bei Procopius (De bello Gothico III 14) heifst es von den Slaven und Anten: „αἰτοῖς τῶν πραγμάτων ἀεὶ τάτε ξύμφορα καὶ τὰ δύσκολα εἰς κοινὸν ἄγεται;" daraus erhellt, dafs bei den Slaven in der Urzeit von einem Sonderbesitze nicht die Rede sein kann. Führt doch auch Zachariae von Lingethal (Geschichte des griech.-römischen Rechtes Aufl. III 253 f., Berlin 1892) die Entstehung des Gemeindeeigentums an Grund und Boden in den Dörfern des byzantinischen Reiches auf die Einflüsse der slavischen Einwanderung zurück! Um jeglichen Einwand gegen seine Ausführungen zu beseitigen, versteigt sich Stühr (S. 40) sogar zur Behauptung, dafs (nicht nur die Ostslaven, sondern, wie er sich ausdrückt,) die „Slaven" überhaupt zur Zeit der Besiedelung Rufslands nur eine Form menschlichen Zusammenlebens, die Familien- oder Geschlechtsverbände, gekannt hätten; „ob neben oder über diesen auch noch eine Stammesorganisation bestand, ist nicht nachgewiesen." Es scheint, wie wenn Stühr die gesamte neuere Forschung über die Urzustände der Indogermanen unbekannt geblieben ist; es genügt, auf Leist (Graeko-ital. Rechtsgeschichte. Jena 1884. S. 103 ff.) und O. Schrader (Sprachvergleichung und Urgeschichte Aufl. II 568 ff. und 582 ff. Jena 1890) zu verweisen.

Die älteste Form des Besitzes bei den Slaven ist daher das Gesamteigentum der über der Familie stehenden höheren Verbände an Grund und Boden (vgl. auch über die Verhältnisse bei den Südslaven noch in späterer Zeit o. S. 8 Anm. 2).

2. Die Entstehung des Eigentums der polnischen Szlachta.

Im Zusammenhange mit seiner „Überschüttungstheorie" behauptet Piekosiński, dafs das Eigentum des polnischen

Hochadels erst aus verhältnismäfsig später Zeit (saec. XII) stamme. Wir wissen, dafs Piek. die Szlachta auf zwei Wurzeln zurückführt, die Elbdynasten und die einheimischen alten Fürsten. Die ersteren gehörten nach Piek. zur Drushina des Knäs und bezogen von ihm ihren Unterhalt; die letzteren hatten zwar ursprünglich Grundbesitz, der ihnen jedoch von den eingedrungenen Piasten (wie überhaupt aller Grund und Boden) konfisziert wurde, worauf sie ebenfalls in die Drushina aufgenommen und auf Kosten des Knäs verpflegt wurden. Wie aber erklärt nun Piek. die Thatsache, dafs dann späterhin die nobiles doch als Eigentümer vorkommen? Gewifs war, so sagt er, der Herzog zuerst der einzige Eigentümer alles Grundes und Bodens in seinem Reiche; allmählich aber begann er, die Leute seiner Drushina für ihre Kriegsdienste nicht mehr dadurch zu belohnen, dafs er ihnen am Hofe oder auf seinen Burgen ihren ganzen Unterhalt darreichen liefs, sondern indem er sie mit Alloden, d. h. Grundstücken zu freiem Eigen, beschenkte; erst seit Boleslaus III. aber ist es der Fall. dafs das generelle Eigentum des Knäs an Grund und Boden durch solche Schenkungen durchbrochen wurde. Die Hauptbeweise Piek.s (S. 143 ff.) dafür, dafs erst seit Boleslaus III. von einem adligen Grundbesitz in Polen die Rede sein kann, sind folgende:

a) Gallus erzählt viel von der Freigebigkeit der polnischen Herrscher im 11. Jahrhundert gegenüber ihren Grofsen, aber nichts von Landschenkungen; solche finden sich erst unter Boleslaus III. (Gallus 444, 25 ff.) und unter Boleslaus I. von Schlesien (Heinrich. Gründungsbuch, ed. G. A. H. Stenzel S. 60).

b) Landschenkungen des Adels an die Kirche kommen gleichfalls erst seit dem 12. Jahrhundert vor; es ist unmöglich, diese auffallende Thatsache etwa dem Umstande zuzuschreiben, dafs die polnischen Grofsen früherer Zeiten religiös indifferenter gewesen seien als ihre Nachkommen im 12. Jahrhundert, da doch kein Ereignis bekannt ist, welches beweist, dafs erst im 12. Jahrhundert religiöser Eifer, im 11. aber noch Gleichgültigkeit geherrscht habe; daher kann der adlige Grundbesitz erst im 12. Jahrhundert entstanden sein.

c) Erst im 12. Jahrhundert fingen die Geschlechter an, Stammesgüter zu bilden, die immer nach dem Namen des Geschlechtsoberhauptes genannt wurden, z. B. Magnus — Magnuszewo.

d) Im 12. und 13. Jahrhundert sind die adligen Güter noch leer von Bauern; daher kann erst damals gerade der adlige Grundbesitz entstanden sein.

Darauf läfst sich erwidern:

ad a) Bei der Dürftigkeit unserer Quellen über die älteste Zeit beweist der Umstand, dafs uns von Landschenkungen polnischer Könige an den Adel im 11. Jahrhundert nichts bekannt ist, nicht nur nicht einmal, dafs solche Schenkungen absolut nicht vorgekommen sind, noch weniger aber, dafs die Szlachta Grund und Boden damals noch nicht besafs. Aus den erwähnten Notizen bei Gallus 444 und im Heinrichauer Gründungsbuch S. 60 geht höchstens hervor, dafs bei diesen Gelegenheiten, bei der Hochzeit Boleslaus' III. und, als Boleslaus I. Herzog von Schlesien wurde, Güterschenkungen in grofsem Mafsstabe vorkamen. Vgl. übrigens die S. 18 Anm. 1 angeführte Erzählung des Gallus über eine Landschenkung Kasimirs ungefähr im Jahre 1050; dafs wir es hier nicht mit dem ersten oder wenigstens einem ungewöhnlichen Falle privaten Eigentums zu thun haben, scheint zweifellos, da der Chronist das Ereignis ohne jede weitere Bemerkung erzählt.

ad b) Erst im 10. Jahrhundert wurde das Christentum in Polen eingeführt; im 11. war es noch so wenig befestigt, dafs es an heidnischen Reaktionen keineswegs fehlte (so 1034 nach dem Tode Mesko's, als in Schlesien Bischof Johannes von Breslau zur Flucht gezwungen wurde). Erst der Tod des heiligen Stanislaus (1079) brachte einen Umschwung, indem erst seit dieser Zeit der religiöse Eifer in Polen entfacht wurde, sodafs von nun an die Kirche in glücklichem Vordringen gegen die Staatsgewalt erscheint. Das Argument Piek.s, dafs der religiöse Eifer im 11. Jahrhundert ebenso stark gewesen sei wie im 12., der Mangel an Landschenkungen des Adels an die Kirche daher nur dadurch zu erklären sei, dafs derselbe damals noch ohne Grundbesitz gewesen sei, ist also unzutreffend.

ad c) Müssen denn solche Ortsnamen wie Magnuszewo, Sieciechów, Szkalmirz, Prandocin, Wlostow u. s. w. gerade immer auf die uns aus den Quellen des 12. und 13. Jahrhunderts speciell bekannten Personen Magnus, Sieciech, Skarbimir, Prandota, Wlost u. s. w. zurückgehen? Derartige Personennamen kommen doch häufig und zu verschiedenen Zeiten vor, sodafs sie, wenn auch einzelne Fälle zutreffen, doch in ihrer Gesamtheit mit Notwendigkeit auf bestimmte, zu einer gewissen Zeit uns gerade genannte Leute gar nicht bezogen zu werden brauchen.

ad d) Daraus, dafs im 12. und 13. Jahrhundert die adligen Güter noch leer von Bauern waren, folgt keineswegs mit Notwendigkeit, dafs erst damals der adlige Grundbesitz überhaupt entstand. Der Adel bewirtschaftete damals eben seine Güter noch allein mit Hülfe seiner Privatsklaven; erst später kam die Sitte auf, adlige Allode in Dörfer zu verwandeln und mit Bauern zu besetzen.

Die Gründe, welche Piek. für seine Hypothese anführt, sind also wenig stichhaltig. Schon wegen ihres Zusammenhanges mit der Überschüttungstheorie verdächtig, leidet sie ferner an der Unwahrscheinlichkeit der Annahme, dafs ein Teil der Szlachta, nämlich die Abkömmlinge der einheimischen Dynasten, seiner Güter beraubt worden sei, um zwei Jahrhunderte später von neuem mit Grund und Boden ausgestattet zu werden. Die Besitzverhältnisse der nobiles bei allen Westslaven gleichen einander so sehr, dafs man sich der Ansicht kaum verschliefsen kann, dafs ihre Wurzel in den gemeinsamen westslavischen Urzuständen noch vor der Bildung der Monarchieen liegt. Die nobiles sind die einzige Klasse nicht nur der polnischen Bevölkerung, sondern auch sonst bei den Westslaven, für welche ein generelles Eigentum an Grund und Boden aus den Quellen hervorgeht; da nun zumal der Beweis, dafs dasselbe durchaus aus herzoglicher Schenkung stamme, nicht geglückt ist, so wird man die Vermutung gerechtfertigt finden müssen, dafs es seinen Ursprung aus den Zeiten der Stammesverfassung noch vor Entstehung der fürstlichen Macht herleitet. Eine nähere Erklärung dieser Verhältnisse im Zusammenhange mit der Entstehung des lassitischen Besitzes der Bauern wird im folgenden Abschnitte versucht werden.

3. Zur Geschichte des lassitischen Besitzes und der Hörigkeit bei den slavischen Bauern.

Über den Ursprung des lassitischen Besitzes und der Hörigkeit der in der Opoleverfassung (s. o. S. 25) lebenden slavischen Bauern wird man zu positiver Gewifsheit schwerlich jemals gelangen können; es kann sich hier nur darum handeln, eine Hypothese aufzustellen, welche, die späteren Verhältnisse erklärend, den charakteristischen Merkmalen der Entwicklung der slavischen Verfassung Rechnung trägt.

Soweit die Quellen zurückreichen, sehen wir, wie zwischen den beiden Klassen der Urbevölkerung, zwischen Szlachta und Opolebauern, ein tiefgreifender socialer Unterschied obwaltet, indem die erstere Eigentumsrecht an Grund und Boden, die letzteren nur lassitischen Besitz hatten. Auf die Frage, wie dieser Unterschied entstanden sein kann, liegt wohl die folgende Antwort am nächsten: Während bei der Szlachta, d. h. bei den Zupanengeschlechtern, schon in der Zeit vor der piastischen Eroberung ein Privat-, oder, richtiger gesagt, ein Familiengenossenschaftseigentum existierte, bestand bei den Opolegenossen ein solches nicht, sondern Gesamteigentum der höheren Verbände; dafs das Gesamteigentum die ursprüngliche Form des Besitzes bei den Slaven war, haben wir ja in Teil 1 dieses Exkursus nachgewiesen. Die Siedelung der Westslaven dürfte nämlich in der Weise erfolgt sein, dafs der einzelne Volksstamm ein gewisses Territorium für sich in

Beschlag nahm, von welchem jede Zupa ihren gebührenden Teil erhielt; während nun für den Zupan und sein Geschlecht ein besonderes gröfseres Grundstück abgesondert wurde, wurde der Rest unter die einzelnen Opolen verteilt. Auf diesem Gemeindelande okkupierte nun jedes einzelne Geschlecht soviel des Bodens, als es zu seiner Wohnung und zu seinem Unterhalte brauchte, wieviel es ferner aus eigener Kraft bestellen konnte. Die wirtschaftliche Thätigkeit war damals kaum schon auf den Ackerbau in erster Linie, sondern vornehmlich noch auf Jagd, Viehzucht, Zeidlerei und Fischfang gerichtet; der Ackerbau beschränkte sich noch auf die Hausgärten und ging von diesen erst allmählich in die Flur über (vgl. Meitzen (Abhandl. der Schles. Gesellschaft für vaterl. Kultur. Phil.-hist. Abtheilung, 1864, S. 75 und 91). Wenn jedoch Meitzen (Cod. dipl. Sil. IV, Urk. z. Geschichte schles. Dörfer, Breslau 1863) aus dem Fehlen der Gewanneinteilung und der Reopningsprocedur den Schlufs zieht, dafs bei den Slaven ein gemeinschaftlicher Besitz der Mark nicht existiert habe, so läfst sich hierauf erwidern, dafs wir es bei den Westslaven eben mit einer sehr primitiven Form des Gemeinbesitzes zu thun haben, welche eine förmliche Aufteilung der Flur überhaupt noch nicht kannte. Der Besitz des Einzelnen war nämlich nur ein Okkupationsbesitz, während der übergeordnete politische Verband als solcher sich stets als Eigentümer des Grundes und Bodens des gesamten Bezirkes betrachtete, sodafs das Anrecht des Einzelnen sich auf die Nutzung beschränkte. Ob die Zupa oder die Opole als Subjekt dieses Gesamteigentums an Grund und Boden aufzufassen ist, läfst sich nicht mehr erkennen. Der Name opole bedeutet „die um das Feld wohnenden", könnte also auf einen dereinst vorhandenen agrargemeinschaftlichen Charakter dieses Verbandes schliefsen lassen. Als nun die Piasten das Land sich unterwarfen, hatten sie keine Ursache, dem Zupan, wenn er ohne weiteres Sträuben ihrer Hoheit sich fügte, sein Privat- (d. h. Geschlechts-)eigentum abzunehmen. Anders aber war es mit dem übrigen Grund und Boden: der Knäs trat hier als Eigentümer an die Stelle der betreffenden Verbände. So entstand der lassitische Besitz der in der Opoleverfassung lebenden Bauern. Die patriarchalische Auffassung von der fürstlichen Gewalt, die Neigung, die aus dem öffentlichen Rechte entspringenden Lasten und Abgaben als einem privaten Rechtsverhältnisse entstammend anzusehen, zumal da dieselben in vielen Fällen als Leistungen nicht im öffentlichen, sondern im privaten, persönlichen Interesse des Herzogs erschienen, endlich die auch das Privatleben in ihre Sphäre ziehende, jedes Recht der Individualität negierende altpolnische Staatsgewalt trugen sämtlich dazu bei, dem Verhältnisse der Opolebauern zum Landesherrn den Stempel nicht nur einer

öffentlichen, sondern auch einer privaten Abhängigkeit, einer
gewissen Unfreiheit, einer Hörigkeit aufzudrücken. Unter
dem Einflusse der Germanisation erst trat eine vollkommene
Umwandlung der Rechts- und Besitzverhältnisse der niederen
polnischen ländlichen Bevölkerung ein; dieselben wurden
in Schlesien durch einen allerdings jahrhundertelang währen-
den Procefs, auf den hier nicht eingegangen werden kann,
nach deutschem Muster umgestaltet.

III.

Die schlesische Kanzlei (1611—1616) und die schlesisch-lausitzische Expedition der böhmischen Kanzlei (1616).

Die schlesische Kanzlei ist durch Abspaltung von der böhmischen Kanzlei entstanden[1]; ehe wir daher auf jene eingehen, müssen wir Wesen und Bedeutung der letzteren in Kürze erörtern[2].

Wie anderwärts, so war auch die Kanzlei in Böhmen ursprünglich zur Ausfertigung der Urkunden des Königs bestimmt. Unter den Jagiellonen jedoch gewann dieses Amt eine erhöhte Bedeutung, bis es sich unter den Habsburgern zu einer obersten Verwaltungsbehörde der böhmischen Länder und zu einem obersten Ratssenate des Königs herausbildete; in dieser letzteren Eigenschaft hiefs die Kanzlei auch Concilium oder Consistorium Regium. Man unterschied einen weiteren und einen engeren Rat. Zum weiteren Rate gehörten aufser dem Oberstkanzler, der in Abwesenheit des Königs den Vorsitz führte, die anderen sogenannten „obersten böhmischen „Landesoffizierer" (der Oberstburggraf, der Oberrsthofmeister, der Obermarschall, der Oberstkämmerer, der Oberstlandrichter, der Oberrsthoflehenrichter, der Oberstlandschreiber, der Landesunterkämmerer, die beiden Burg-

---

[1] Auf die einzelnen Phasen des sogenannten schlesisch-böhmischen „Kanzleistreites" einzugehen, haben wir um so weniger Veranlassung, als es bereits eine ausführliche Darstellung desselben von Gindely (Rudolf II. und seine Zeit, Band II, Prag 1865, S. 265 ff. und Anhang S. 345 ff.) giebt, welche im grofsen und ganzen zutrifft, wenn sie auch von Parteilichkeit in böhmisch-nationalem Sinne nicht frei ist und die politische von der rein staatsrechtlichen Seite nicht genügend trennt. Diese Verhältnisse klarzustellen, ist der Zweck dieses Exkurses.
[2] S. über die böhmische Kanzlei u. a. Stransky, Respubl. Bohem. cap. XIV p. 435 ff., Gindely a. a. O., H. Thoman, Das böhmische Staatsrecht von 1527—1848, Prag 1872, S. 27 ff., d'Elvert, Zur österreichischen Verwaltungsgeschichte, Brünn 1880, S. 61 ff.

grafen von Karlstein und der Burggraf des Königgrätzer Kreises, die — mit Ausnahme des Unterkämmerers, eines der Karlsteiner und des Königgrätzer Burggrafen, welche Ritter sein mufsten, — aus dem böhmischen Herrenstande entnommen, auf Lebenszeit vom Könige ernannt und auf den König und das Land Böhmen zu gleicher Zeit vereidigt wurden). Dazu kamen dann als ordentliche Beisitzer zehn Mitglieder des Herrenstandes und fünf Mitglieder des Ritterstandes (von Stransky senatores regni genannt), die dem Könige ebenfalls ihre Ernennung verdankten. Eine scharfe Trennung des weiteren vom engeren Rate existierte insofern nicht, als alle die genannten Beisitzer ganz nach Belieben, ob sie nun vom Könige speciell eingeladen wurden oder auch nicht, an den Beratungen und Geschäften der Kanzlei teilnehmen durften. Der gesamte weitere Rat Rat wurde berufen vom Könige oder von den obersten Landesoffizierern mit seiner Genehmigung; er zog auch, wenn es ihm gefiel, andere seiner Räte und Privatpersonen zu diesen Sitzungen hinzu. Nur die wichtigsten Angelegenheiten aber wurden hier verhandelt; die grofse Menge der laufenden Geschäfte wurde erledigt durch den Oberstkanzler in Gemeinschaft mit dem Vicekanzler und den Sekretären, indem, wie schon bemerkt, den zur Session im weiteren Rate berechtigten Personen auch hier die Teilnahme freistand. Der Kanzler mufste, wie die Mehrzahl der übrigen obersten böhmischen Landesoffizierer dem böhmischen Herrenstande angehören und wurde ernannt vom Könige im Einverständnisse mit den vornehmsten Landesbeamten, darunter den obersten Landesoffizierern, die dabei als Vertreter des Landtages fungierten. Bei seinem Amtsantritte schwur er nicht nur auf den König, sondern auch auf das Land (d. h. die das Land vertretenden Stände) von Böhmen. Die Ernennung des Vicekanzlers sowie die Besetzung der Kanzlei mit dem sonst noch nötigen Hülfspersonal war ihm allein anheimgestellt. Er befand sich also den Ständen seines Landes sowie dem Personal der Kanzlei gegenüber in dem gleichen Verhältnisse, wie wir dies für Schlesien hinsichtlich des Oberhauptmannes konstatiert haben; wie seine Unterbeamten nicht in königlichem, sondern in seinem privaten Dienste standen, so war auch das Amt des Kanzlers selbst nicht ein rein königliches, sondern es trug einen dualistischen Charakter, indem der Kanzler zugleich Vertrauensmann und oberster Repräsentant der Stände war. Auch in seinen Funktionen zeigte sich dieser Dualismus. Für alle Regierungsangelegenheiten nicht nur Böhmens im engeren Sinne, sondern auch der einverleibten Länder, die nicht das königliche Ärar betrafen und daher zum Ressort der Kammern gehörten, war die Kanzlei das Organ des Königs. Überallhin begleitete der Kanzler den König; alle an den König in seiner

Eigenschaft als Herrscher einlaufenden Schriftstücke wurden bei der Kanzlei eingereicht; nicht minder war es Brauch, dafs alle für die böhmischen Länder bestimmten Befehle, Verordnungen, Privilegien und andere Regierungsakte die Unterschrift des Kanzlers trugen[1]. Es war die Aufgabe des Kanzlers, darüber zu wachen, dafs der König keine Entscheidungen treffe, die wider die Privilegien und Rechte der Stände sich richteten; wollte der König jedoch durchaus einen verfassungswidrigen Akt vornehmen, so hatte der Kanzler keine Macht, ihn daran zu hindern, sondern mufste sich mit Protesterhebung und Anzeige an die Stände begnügen, denen es dann überlassen blieb, weitere Schritte zu thun. Gerade in dieser Vertrauensstellung gegenüber den Ständen zeigte sich der dualistische Charakter des Kanzleramtes. Der Kanzler hatte den gröfsten Einflufs auf die Entschliefsungen des Königs; von allen Beamten besafs er die gröfste Autorität, die sich nicht nur speciell auf Böhmen, sondern in gleicher Weise auch auf die inkorporierten Länder erstreckte. Das schlesische Oberamt, die Centralbehörde der gesamten schlesischen Verwaltung (mit Ausnahme natürlich des Finanzwesens), verkehrte mit dem Könige nur durch Vermittlung der böhmischen Kanzlei. Insofern freilich, als die Kompetenz derselben immer nur eine beratende war, als der König für seine Entschliessungen an die Meinungsäufserungen und die Vorschläge der Kanzlei und des aus ihr erweiterten Ratssenates der höchsten böhmischen Landesbeamten verfassungsmäfsig keineswegs gebunden war, blieb der Einflufs des Kanzlers und der höchsten böhmischen Landesbeamten als der Vertreter der böhmischen Stände auf die schlesischen Angelegenheiten immer nur ein rein faktischer. Gewifs nahm Böhmen, vom politischen Standpunkte aus betrachtet, eine führende, herrschende Stellung unter den Ländern des böhmischen Reiches ein; es war, wie man wohl sagte, „das vorderste Glied" der Krone Böhmen, da die Vertreter der böhmischen Stände thatsächlich einen mafsgebenden Einflufs auf den Gang der Geschicke der gesamten Monarchie, auch der Nebenländer, ausübten; von einer staatsrechtlichen Superiorität des Landes Böhmen (d. h. der böhmischen Stände) über das Land Schlesien (d. h. die schlesischen Fürsten und Stände) kann jedoch keine Rede sein; das Land Schlesien als solches war staatsrechtlich dem Lande Böhmen vollkommen koordiniert[2].

[1] Die Bedeutung eines kontrasignierenden Ministers, wie man oft liest, hatte der Kanzler darum natürlich doch nicht.
[2] Gindely (a. a. O.) hat diese Koordination beider Länder bestritten, und zwar unter Hinweis auf das Vorrecht der Böhmen hinsichtlich der Königswahl, ferner auf den Umstand, dafs es drei böhmische Behörden gegeben habe, die ihre Wirksamkeit nicht nur auf Böhmen, sondern auch auf die Nebenländer erstreckten, die Kanzlei,

Die Schlesier empfanden bei ihren nationalen Antipathieen, bei ihrem Streben, ihre Angelegenheiten möglichst unabhängig von fremder Einmischung zu ordnen, den geschilderten prävalierenden Einfluß der böhmischen Kanzlei und des obersten böhmischen Kronrates auf ihr Land sehr schwer. Allerdings finden wir schon im 16. Jahrhundert deutsche Vicekanzler, die die auf Schlesien und die Lausitz bezüglichen Angelegenheiten bearbeiteten; wir haben aber schon bemerkt, daß der Vicekanzler nicht sowohl Beamter des Königs als vielmehr des Oberkanzlers war. Man trachtete daher in Schlesien auf das eifrigste darnach, daß dieser Vicekanzler zu einem rein königlichen und in eine dem Oberstkanzler gegenüber unabhängige Position erhoben würde. Eine Gelegenheit zur Verwirklichung dieser Pläne bot der Streit zwischen Rudolf II. und Matthias um die böhmische Krone im Jahre 1611. Die Schlesier erklärten sich damals nur unter der Bedingung bereit, dem neuen Herrscher zu huldigen, wenn er ihnen eine besondere, von dem Oberstkanzler unabhängige Vicekanzlei bewillige; erst nachdem ihnen Matthias dieses Zugeständnis gemacht hatte, freilich unter der Bedingung, daß dadurch nicht etwa entgegenstehende Rechte der Böhmen verletzt würden, erhielt er (am 9. Okt. 1611) die Huldigung seitens der schlesischen Fürsten und Stände.

Die durch das Privileg[1] vom 7. Okt. 1611 geschaffene schlesisch-lausitzische Vicekanzlei hatte natürlich dieselben Funktionen wie die böhmische Kanzlei, von der sie abgezweigt worden war. Sie besaß eine Kollegiatverfassung und bestand

---

die Prager Finanzkammer und die Prager Appellationskammer. Über das angebliche Vorrecht der Böhmen hinsichtlich der Königswahl und seine Bedeutung ist bereits an anderer Stelle (s. o. S. 134 f.), über die Bedeutung der Superiorität der böhmischen Kanzlei über Schlesien soeben oben im Texte gehandelt worden. Noch weniger aber als die Wirksamkeit der Kanzlei kann die der Finanz- und Appellationskammer als ein Beweis gegen die Koordination des Landes Schlesien mit Böhmen in Betracht kommen. Denn diese Behörden waren rein königlich; wie könnte also aus ihrer Wirksamkeit eine staatsrechtliche Superiorität des Landes Böhmen über das Land Schlesien gefolgert werden? Wenn die Schlesier 1611 im Verein mit den Lausitzern ihre Angriffe gegen die genannten drei Behörden richteten, so lag darin nicht ein Protest gegen eine staatsrechtliche Überordnung Böhmens über Schlesien, sondern gegen ein rein faktisches, politisches Übergewicht der Böhmen. Unter den Räten des Prager Appellhofes überwog damals durchaus das böhmische Element, und die Schlesier wollten sich eben nicht mehr lediglich von Böhmen richten lassen. Die Prager Finanzkammer war übrigens keineswegs eine centrale Behörde des Königreiches; sie war keineswegs der Breslauer Rentkammer vorgesetzt, sondern diese stand direkt unter der Hofkammer. Der Umstand freilich, daß Rudolf II. in Prag residierte, hatte zur Folge, daß die Prager Kammer, deren Räte Böhmen waren, einen thatsächlichen Einfluß auch auf die Leitung des schlesischen Finanzwesens gewann, der den Schlesiern lästig wurde.

[1] Bresl. Stadtarch. AA. 62.

aus einem Vicekanzler und zwei Räten, denen ein Sekretär beigegeben war. Nominell bildete sie zwar einen Bestandteil der böhmischen Kanzlei und führte den Namen einer „deutschen Expedition" derselben für die Länder Schlesien und Lausitz, wie ja auch ihrem Haupte nur der Titel eines Vicekanzlers beigelegt war; in Wirklichkeit war sie aber von der böhmischen Kanzlei ganz unabhängig. Dies zeigte sich zunächst in der Art und Weise, wie die Stellen bei der Vicekanzlei besetzt wurden. Die schlesischen und lausitzischen Stände hatten das Recht, sowohl für den Posten des Vicekanzlers als auch für die Stellen der Räte und des Sekretärs mindestens je drei Personen vorzuschlagen, aus denen dann der König die ihm genehme Persönlichkeit nominierte. Ebenso sollte es gehandhabt werden für den Fall, dafs Vakanzen einträten: das Recht des Oberstkanzlers, den Vicekanzler zu ernennen, hörte demnach auf. Den Fürsten und Ständen wurde ferner die Befugnis erteilt, gegen das Personal der Vicekanzlei Beschwerden beim Könige zu erheben, und zwar versprach dieser, wenn sie sich nicht sofort rechtfertigen könnten, die Beschuldigten ihres Amtes zu entsetzen. Früher war der Vicekanzler auf den Oberstkanzler vereidigt worden; jetzt wurde festgesetzt, dafs vorderhand wenigstens bis zur endgültigen Beilegung des über diesen Punkt zwischen den Böhmen und Schlesiern entbrannten Streites der Vicekanzler dem Könige die Eidespflicht leisten und allein dem Könige, nicht auch dem Oberstkanzler untergeben sein sollte; allerdings sollte diese Bestimmung den gegenteiligen Ansprüchen des Oberstkanzlers und der böhmischen Stände nicht präjudicierlich sein. Jede Einmischung des Oberstkanzlers und des obersten böhmischen Kronrates hatte damit ihr vorläufiges Ende gefunden. Ausdrücklich wurde angeordnet, wie es ja auch im Wesen des Amtes lag, dafs die deutsche Vicekanzlei stets am Hofe des Königs sich befinden solle[1]. Erster selbständiger schlesisch-lausitzischer Vicekanzler wurde Herr von Schönaich; er ist auch der einzige geblieben.

Das Privileg von 1611 hatte, wie in ihm ausdrücklich betont wurde, nur den Charakter eines Provisoriums. Matthias hatte es den Schlesiern bewilligt, um die Huldigung von ihnen zu erlangen, und diese hatten sich dabei beruhigt, da sie offenbar glaubten, diesen interimistischen Zustand gegen die An-

---

[1] Gindely (S. 309) sagt, der Vicekanzler habe alsbald „sein Amtslokale in Breslau aufgeschlagen", — natürlich aber nicht dauernd, sondern nur für die Zeit der damaligen Anwesenheit des Hofes in Breslau. Durch das Privileg vom Jahre 1611 wurden übrigens auch den Schlesiern und Lausitzern bei der Appellation zwei Ratsstellen eingeräumt; bezüglich der Einssetzung und Absetzung der Inhaber derselben galten dieselben Bestimmungen wie für das Personal der Vicekanzlei.

griffe der Böhmen verteidigen und also zu einem definitiven umgestalten zu können. Sie hatten jedoch die Widerstandskraft der Böhmen unterschätzt. Der Oberstkanzler Zdeněk von Lobkowitz hatte schon in Breslau gegen die neue Einrichtung Einspruch erhoben, und seinem Proteste schlossen sich die obersten Landesoffizierer und die Mitglieder der drei höchsten Gerichte des Landes Böhmen, des Landrechtes, des Kammergerichtes und des Hoflehengerichtes, an. Auf die Seite der Böhmen traten auch die Mähren. Zuerst suchte der Kaiser einer Entscheidung durch Verschleppung der Sache aus dem Wege zu gehen. Erst i. J. 1616 kam der Streit infolge des unablässigen Drängens der Böhmen zum Austrage, und zwar nach mehrmonatigen Verhandlungen, in denen die Böhmen hauptsächlich geltend machten, dafs die schlesische Sonderkanzlei gegen die vom Könige beschworene böhmische Landesordnung verstofse, welche genaue Vorschriften darüber enthalte, wie es mit der Kanzlei beschaffen sein müsse, während die Schlesier dagegen erwiderten, dafs die böhmische Landesordnung sich nur auf Böhmen, nicht auch auf Schlesien bezöge, dafs Schlesien kein böhmisches Lehen, sondern ein Reichslehen wäre, dafs die Organisationsgewalt hinsichtlich der Kanzlei endlich ein jus mere regium, ein dem Könige „allein eigentümliches Regale" sei. Wir können hier die weiteren beiderseitigen Argumentationen nicht näher erörtern; wir müssen jedoch anerkennen, dafs das historische Recht auf Seiten der Böhmen war. Die böhmische Kanzlei erstreckte ihre Wirksamkeit von Anfang an auch über die Nebenländer, und über die Kanzlei in dieser Gestalt hatten die früheren Könige den böhmischen Ständen gewisse Koncessionen gemacht, die, in die böhmische Landesordnung aufgenommen, auch von Matthias beschworen und bestätigt worden waren; auch war Schlesien übrigens keineswegs ein Reichslehen. Nur wäre es eine arge Übertreibung, wenn man mit Gindely behaupten wollte, dafs auf der centralen Wirksamkeit der böhmischen Kanzlei nicht etwa nur eine gewisse einheitliche Politik für das gesamte Reich, sondern schlechthin „die Einheit des böhmischen Staatswesens" beruhte, oder dafs aus ihr die staatsrechtliche Superiorität des Landes Böhmen über Schlesien zu folgern sei.

Da die Parteien zu gegenseitiger Nachgiebigkeit nicht zu bewegen waren, so fällte der König am 19. Sept. 1616 eine Entscheidung, durch die der bisherigen Selbständigkeit der „schlesisch-lausitzischen Expedition" ein Ende gemacht wurde; im Zusammenhang damit wurde der Expedition eine neue Instruktion erteilt[1]. Die böhmische und schlesische Kanzlei wurden zu einem einzigen Korpus vereinigt und

---

[1] d. d. 19. September 1616 in Friedenberg, Cod. dipl. Siles. II 1289 ff. Hs. des Kgl. Staatsarch. Bresl. D 326 b.

sollten fortan in Wahrheit nur verschiedene Expeditionen dieser einen gemeinsamen Kanzlei bilden. Den Vorsitz der gesamten Kanzlei, also auch der schlesisch-lausitzischen Expedition, erhielt der Oberstkanzler, den jedoch in den laufenden Geschäften gewöhnlicher Art regelmäfsig der Vicekanzler vertrat; in derartigen Fällen sollte der Vicekanzler auch den Vortrag beim Könige haben. Sehr wichtige Angelegenheiten, zumal wenn sie nicht Schlesien allein, sondern auch die anderen Länder der Krone betrafen, sollten unter Zuziehung der obersten böhmischen Landesofficiere beraten werden; Fälle, über die man sich nicht einigen konnte, sollten dem Kaiser ausführlich unterbreitet werden. Alle die Lande Schlesien und Lausitz betreffenden Angelegenheiten mufsten, ehe sie dem Kaiser referiert und expediert wurden, in der schlesisch-lausitzischen Expedition beraten worden sein, schon deshalb, damit in nichts wider die Privilegien dieser Lande verstofsen würde. Die auf Schlesien und die Lausitz bezüglichen Regierungsakte durften nur, vom Oberst- und Vicekanzler sowie vom Sekretär der Expedition unterzeichnet und unter dem besonderen Siegel der letzteren ausgefertigt, ausgehen. Nur hinsichtlich derjenigen Territorien Schlesiens, in denen die böhmische Amtssprache im Gebrauch war, wurde angeordnet, dafs die für sie bestimmten Schriftstücke der Kanzlei nicht nur in böhmischer Sprache, sondern auch von dem böhmischen Sekretär expediert werden sollten. Der Geschäftsgang wurde genau geregelt; zu dreien Malen in der Woche, Dienstag, Donnerstag und Sonnabend von 7—10½ Uhr des Vormittags, sollten die Mitglieder der deutschen Expedition sich versammeln; schwierigere Sachen sollten unter die Räte ausgeteilt und von diesen zu Hause für das Referat im Plenum bearbeitet werden. Die Beobachtung des Amtsgeheimnisses wurde eingeschärft. Einlaufende Sachen sollten dem Oberoder dem Vicekanzler präsentiert und in der Frist von drei bis vier Tagen zur Beratung vorgelegt werden; an den Hof citierte Parteien sollten alsbald vorgelassen und abgefertigt werden. Eine Anzahl von Bestimmungen bezog sich endlich auf die Thätigkeit der Kanzlei hinsichtlich der Rechtspflege. Eine der wichtigsten Funktionen der Kanzlei auf diesem Gebiete war die Prüfung der eingereichten Supplikationen. Betreffs der Handhabung der aufserordentlichen Gerichtsgewalt des Königs wurde vorgeschrieben, dafs die Parteien zur Annahme von Schiedssprüchen nicht gezwungen, Geleite ohne Einforderung von Berichten seitens der zuständigen Obrigkeit nicht erteilt, Processe vor den ordentlichen Gerichten nicht aufgehalten werden, und dafs die ungesetzlichen Evokationen und Citationen nach Prag aufhören sollten. Zu Beratungen über wichtige Fälle der Rechtspflege sollten die beiden, von den Landen Schlesien und Lausitz präsentierten, sowie auch andere Appellationsräthe herangezogen werden; andererseits wurde der Expedition aufgetragen, darüber zu wachen, dafs die aus Schlesien und der Lausitz eingehenden Berufungen bei dem Prager Appellhofe rechtzeitig erledigt würden. Eine den vollen Umfang der Geschäfte der schlesisch-lausitzischen Expedition umfassende Instruktion haben wir in der Ordnung vom 19. Sept. 1616 freilich nicht zu erblicken.

Die Böhmen hatten ihren Willen durchgesetzt; die schlesisch-lausitzische Expedition war wiederum der böhmischen Hauptkanzlei einverleibt, wenngleich ihr immerhin auch jetzt noch im Gegensatze zur Zeit vor 1611 ein gewisser Grad von Selbständigkeit verblieb und für die Vertretung der schlesischen Interessen und des schlesischen Elementes in ihr in höherem Grade Sorge getragen ward als bisher. Freilich war auch damit der Streit noch nicht zu seinem definitiven Abschlusse gelangt, da der Kaiser die Frage noch offen gelassen hatte, ob der Vicekanzler nur auf ihn oder auch auf den Oberstkanzler vereidigt werden sollte, und ob den Böhmen das von ihnen beanspruchte Recht der Mitwirkung bei der Präsentation der Beamten bei der schlesisch-lausitzischen Expedition zu gewähren sei. Der im Jahre 1616 geschaffene Zustand währte übrigens nicht allzulange, nur bis zum dreifsigjährigen Kriege. Durch die „Verneuerte böhmische Landesordnung" von 1627 wurde der böhmischen Kanzlei ebenso wie den andern obersten böhmischen Landesämtern der dualistische Charakter abgestreift; sie wurde jetzt eine rein königliche Behörde, und alle Angestellten der Kanzlei waren nunmehr nicht mehr Privatbeamte des Kanzlers, sondern Staatsbeamte, deren Ernennung allein dem Könige zustand. Diese Veränderung im staatsrechtlichen Principe der Kanzlei wurde für Schlesien insofern von Wichtigkeit, als sie auch eine Wandlung des Geistes bewirkte, der bisher die Kanzlei beherrscht hatte: indem der Kanzler und die Mitglieder des Rates der Kanzlei rein königliche Beamte wurden, hörten sie auf, die Vertreter der böhmischen Partikularinteressen in gleichem Mafse zu sein, wie früher. Dazu kam die Verlegung der kaiserlichen Residenz nach Wien, — Umstände, die zu einer gleichmäfsigen Behandlung sämtlicher Länder der böhmischen Krone und sogar zu einer das deutsche Element im Gegensatze zum czechischen und damit auch die deutschen vor den slavischen Reichsteilen begünstigenden centralistischen Politik führten.

IV.

Zur Geschichte des Beamtentums bei der schlesischen Gesamtstaatsverwaltung des 16. Jahrhunderts[1].

Für die Landesämter, d. h. für die Ämter bei den ständischen Behörden, konnte in der von uns behandelten Periode ein festes Staatsdienerrecht schon deshalb sich schwer entwickeln, weil sie ja eine rechtliche Kontinuität nicht besaſsen, weil ferner die gesamte Technik des ständischen Behördenwesens noch eine relativ unvollkommene war. Geordnete Verhältnisse in dieser Richtung bildeten sich zuerst bei den königlichen Behörden heraus. Auf Einzelnes haben wir schon im Laufe der Hauptdarstellung an den gehörigen Stellen hingewiesen[2]; wir wollen hier nur noch kurz einen zusammenfassenden Überblick über die für das damalige Staatsdienerrecht in Schlesien geltenden Grundsätze und über die socialen Verhältnisse des königlichen Beamtentums in jener Zeit geben.

Die Beamten der königlichen Behörden standen, wenn auch der Inhalt ihrer Funktionen öffentlich-rechtlicher Natur war, doch in einem privatrechtlichen Dienstverhältnisse zum Landesherrn; durch den Mietvertrag waren die gegenseitigen Rechte und Pflichten, besonders insoweit sie sich auf den Unterhalt des Beamten bezogen, geregelt[3]. Dieser Dienstmietevertrag wurde für die höheren Stellen auf eine bestimmte

---
[1] Teils nach den in den früheren Partieen citierten Instruktionen, teils nach den Akten der laufenden Verwaltung.
[2] Über die besonderen Verhältnisse des Oberamtes ist das Nötige bereits gesagt worden.
[3] S. Löning, Verwaltungsrecht S. 109, und Rehm, Die rechtliche Natur des Staatsdienstes, in den „Annalen des deutschen Reiches" 1884 S. 575 f.

Anzahl von Jahren geschlossen[1], während bei den niederen Ämtern auch eine Bestallung auf unbestimmte Zeit in Gebrauch gewesen zu sein scheint, sodafs beide Kontrahenten nach Belieben das Verhältnis lösen konnten. Aber auch solche Dienstverträge, die auf kürzere Zeit liefen, wurden gewöhnlich immer wieder erneuert oder verlängert, bis der Beamte durch Tod oder wegen Krankheit und anderer besonderer Umstände aus dem Dienste ausschied. Insofern es sich hierbei, — abgesehen von den niedersten lokalen Einnehmerposten, — um Ämter handelte, deren Bekleidung zum Lebensberufe für den Inhaber wurde, haben wir es hier bereits mit einem regelrechten Berufsbeamtentum zu thun. Nur solche niedere Finanzämter, deren Besoldung unter dreifsig Thalern betrug, durfte die Breslauer Kammer aus eigener Machtvollkommenheit besetzen; sonst hatte die zuständige oberste Behörde im Falle von Vakanzen ein Verzeichnis geeigneter Bewerber mit Angabe der Herkunft, des Alters, des Lebenswandels, der Fähigkeiten und des Vermögens derselben einzureichen; gewöhnlich ernannte dann der König einen der Vorgeschlagenen, ohne freilich an die übergebene Liste irgendwie gebunden zu sein. Ehe die Bestallung vollzogen wurde, wurde mit dem Kandidaten über die Höhe der Besoldung, der ihm zukommenden Tagegelder u. s. w. verhandelt. Der Eintritt in den königlichen Dienst erfolgte durch die Bestallung, die meist durch eine Bestallungsurkunde bezeugt wurde[2], und durch die Annahme der Bestallung seitens des Bewerbers. Bei dem Amtsantritte wurde der neue Beamte auf seine Instruktion verpflichtet und auf den Kaiser zu Wahrung der Treue und zu Hingebung in und aufser dem Dienste vereidigt. Für die königlichen Beamten bestand im allgemeinen die Forderung des Indigenates in Schlesien nicht; die königlichen Beamten konnten aus einer Provinz des habsburgischen Reiches nach der anderen versetzt werden. Für die Prager Appellationskammer bestanden bindende Vorschriften hinsichtlich der Landeszugehörigkeit der Räte; hier existierte auch — wenigstens im Anfange des 17. Jahrhunderts — ein das königliche Ernennungsrecht beschränkendes verfassungsmäfsiges Präsentationsrecht gewisser Länder: so Schlesiens und der Lausitz für zwei Ratsstellen[3]. Im grofsen und ganzen war es freilich üblich, die Ämter möglichst mit Inländern zu besetzen.

---

[1] Vgl. z. B. den Kammerbericht d. d. 10. März 1573, dafs Friedrich von Kittlitz die Stelle eines Kammerrates auf ein Jahr lang angenommen habe (Kgl. Staatsarch. Bresl. AA. 23h fol. 41), und die Anzeige des Kaisers, dafs Dr. Fabian Kindler noch drei Jahre lang bei seinem Dienste verharren wolle. (Ebd. AA. III 6c S. 690.) Bestallungsurkunden selbst scheinen nicht erhalten zu sein.
[2] Vgl. Rosenthal, Bayrische Verwaltungsgesch. I 562.
[3] S. Exkurs III.

Durch den Eintritt in das Beamtenverhältnis übernahm man eine Anzahl von Pflichten, die teils durch den Dienstmietevertrag, teils durch die erteilte Instruktion, teils durch das Herkommen festgestellt waren. Dazu gehörte vor allem die Verpflichtung, den vorgesetzten Instanzen in allen dienstlichen Beziehungen Gehorsam zu leisten und die Amtsfunktionen beständig auszuüben, sodafs eine Unterbrechung nur mit Genehmigung der zuständigen Vorgesetzten oder im Rahmen der bestehenden Vorschriften, d. h. durch Urlaub, gestattet war, sodafs ferner die ordentlichen Amtsstunden pünktlich innegehalten werden mufsten und jede private Beschäftigung während derselben untersagt ward. Dem Beamten lag es ob, das Amtsgeheimnis zu wahren; er durfte ferner, wenn er sein Amt berufsmäfsig bekleidete, weder zugleich in einem anderweitigen Beamtenverhältnisse sich befinden, noch auch Dienstgelder von fremden Herrschern empfangen. Geschenke oder sonstige Zuwendungen für die in das Amt einschlagenden Handlungen von Privatpersonen anzunehmen, war verboten. Verletzung der Beamtenpflicht war mit Strafe bedroht. War durch die pflichtwidrige Handlung dem Landesherrn oder einem Unterthanen ein Vermögensschaden zugefügt worden, so haftete der Beamte dem Geschädigten, nicht nur er, sondern auch seine Erben, falls Bürgen vorhanden waren, auch die letzteren mit ihren Erben bis zur vollen Höhe der Kautionssumme. Lag eine grobe Pflichtwidrigkeit, fortgesetzte Trägheit u. s. w. vor, so trat Amtsentsetzung ein, falls es sich um ein Amtsdelikt handelte, auch kriminelle Bestrafung durch Gefängnis u. s. w. Die Strafgewalt stand dem Kaiser und seinen damit beauftragten Organen zu; den Beamten des königlichen Finanzdienstes gegenüber besafs die Kammer nur ein vorläufiges Suspensionsrecht, indem sie die Angelegenheit zur endgültigen Entscheidung an den Hof berichten mufste. Beschwerden betreffs Überschreitung der Amtsbefugnisse, sowie Ersatzansprüche für daraus etwa erwachsenen Nachteil mufsten an die vorgesetzten Behörden, so an die Breslauer Rentkammer, gerichtet werden, von der man sich an die Hofkammer und den Kaiser wenden konnte. Dafür, dafs man sich in solchen Fällen an die ordentlichen Gerichte wenden konnte, haben sich Belege nicht finden lassen [1].

Den Pflichten des Beamten entsprachen auf der anderen Seite Rechte. Das hauptsächlichste derselben war der Anspruch auf die Besoldung, die ihm im Dienstvertrage zugesichert war. Die Gehälter wurden bei der Kammer zuerst durchgängig zum Anfange des Jahres gereicht [2]; durch die

---

[1] Kompetent in solchen Fällen waren die ordentlichen Gerichte z. B. in Bayern; vgl. Rosenthal 568 ff.
[2] S. Kgl. Staatsarch. Bresl. AA. III 23c fol. 192, d. a. 1562.

Kammerordnung von 1572 wurde vorgeschrieben, dafs die Gehälter, wie alle anderen regelmäfsigen Bezüge der Beamten, in Vierteljahrsraten gezahlt werden sollten. Die Besoldungen waren meist so niedrig, dafs sie allein für den standesmäfsigen Unterhalt der Beamten nicht ausreichten; wenn dieselben daher einige Zeit in ihrer Stellung verharrt und sich bewährt hatten, so wurden sie aufgebessert, die besser gestellten Beamten aber selten derart, dafs ihr Gehalt einfach erhöht wurde, sondern indem ihnen sogenannte „Pensionen", d. h. jährliche Gnadengelder — entweder für die Zeit ihres Dienstes oder auf Lebensdauer —, bewilligt wurden[1]. Schied ein Beamter, der im Genusse einer derartigen aufserordentlichen Zulage sich befand, aus dem Staatsdienste aus, so sollte sein Nachfolger zunächst immer nur die ordentliche Besoldung erhalten. Oft auch wurden einmalige Gnadengaben bewilligt, je nach dem Range des betreffenden Beamten in verschiedener Höhe; die untersten Beamten, wie die Einnehmer an den kleinen lokalen Hebestellen, die Kammerboten u. s. w., bekamen gelegentlich 10 fl., Rentmeister, Buchhalter, Sekretäre und Raiträte, sowie Präsident und Räte der Kammer mehrere Hunderte und Tausende von Gulden. Diese aufserordentlichen einmaligen Gnadengelder bedeuteten in Wirklichkeit, auf die einzelnen Jahre verteilt, eine Erhöhung der Gehälter fast bis auf das Doppelte[2]. Natürlich hatte der Beamte auch Anspruch auf Wiedererstattung derjenigen Auslagen und Aufwendungen, die er in Ausübung seines Amtes zu machen hatte. So war es üblich, bei Versetzungen und bei Berufungen aus der Provinz ein „Anzugsgeld" zu bewilligen[3]. Wenn der Beamte in Amtsgeschäften verreiste, so erhielt er Tagegelder, sogenannte „Liefergelder", welche pro Rofs und Tag berechnet wurden. Anfangs betrug das Liefergeld pro Rofs und Tag 24 Kreuzer; 1572 wurde es auf 30 Kreuzer festgesetzt; aber schon 1574 bat die Kammer, in Anbetracht der zunehmenden Teuerung es auf 40 Kreuzer zu erhöhen. Je höher der Rang des Beamten war, mit um so mehr „Pferden" durfte er reisen, um so höhere Diäten bezog er demnach. Unnützes Verweilen war jedoch verboten; ebenso sollten dem Beamten die Diäten

---

[1] Eine derartige lebenslängliche Pension in der Höhe von 300 Thalern bezog der erste Kammerpräsident von Redern; ebd. AA. III 6c S. 296. Die Pension konnte sich belaufen bis ungefähr auf die Hälfte des ordentlichen Gehaltes.

[2] So erhielt der Rentmeister Alexander von Eck (1563—1576) in dreizehnjähriger Dienstzeit solche Gnadengelder im Gesamtbetrage von 3600 fl., sein Nachfolger Boyda in zehnjähriger Amtszeit (1577—1587) 3900 fl., der folgende Rentmeister Hilse in dreizehnjähriger Amtszeit (1587—1600) 6000 fl, Elias Hertel endlich in zehnjähriger Dienstzeit (1601—1611) 4200 fl. Ebd. AA. I 12b.

[3] Vgl. z. B. ebd. III 23i fol. 278 (d. a. 1574) und ebd. III 23h fol. 41 (1573).

für diejenige Zeit, da er etwa an fremden Höfen sich befinde und dort freie Verpflegung geniefse, abgerechnet werden. Einen generellen Rechtsanspruch auf Ruhegehalt gab es damals noch nicht; entweder bedung sich der Beamte in dem Dienstmietevertrage ein derartiges Ruhegehalt, „Provision" (während man unter „Pension" damals die aufserordentlichen Dienstzulagen verstand), ausdrücklich aus [1], oder der Kaiser wies auf Vorschlag der Kammer aus freien Stücken alten, verdienten Beamten eine derartige „Provision" an. Oft auch wurde dem Beamten bei seinem Austritte aus dem Dienste, entweder allein oder neben der Provision, noch ein gröfseres, einmaliges Gnadengeld bewilligt. Die Höhe des Ruhegehaltes war natürlich, wenn nicht schon im Dienstmietvertrage Bestimmungen darüber getroffen worden waren, ganz und gar in das Belieben des Kaisers und der ihn beratenden Kammer gestellt [2]. Von einer geregelten Versorgung der von den verstorbenen Beamten hinterlassenen Witwen und Waisen war natürlich noch viel weniger die Rede; doch wurden auch ihnen, wenn sie sich bittend an den Kaiser oder die Kammer wandten, wenigstens einmalige „Almosen" gewährt [3]. Im grofsen und ganzen macht es den Eindruck, wie wenn die Verwaltung trotz der Kargheit der Mittel den Beamten gegenüber von humanem Geiste erfüllt war und nach Kräften für sie sorgte. Nur die Gehälter der niedrigsten, im Nebenamte fungierenden Lokaleinnehmer waren ungemein gering, und die Kammer machte mehrfache Versuche, hier Abhülfe zu schaffen, ohne jedoch, soviel wir sehen, beim Kaiser, d. h. bei der Hofkammer, Entgegenkommen zu finden. So schlug sie 1573 vor, die Besoldungen der Zolleinnehmer aufzubessern, und replicierte, als der Kaiser sich ablehnend aussprach, unter Hinweis auf die Unzufriedenheit der Beamten mit neuen Vorschlägen [4]. Im folgenden Jahre bat sie zu wiederholten Malen um Erteilung der Vollmacht, älteren, tauglichen Zolleinnehmern

---

[1] So der Kammerrat Dr. Kindler 1562 eine Summe von jährlich 200 Thalern auf Lebenszeit, wenn er nicht mehr im Amte sein würde. Ebd. AA. III 6c S. 690.

[2] Einige Beispiele: 1577 verwandte sich die Kammer dafür, dafs der biherige Beschauer, der treu gedient habe, jetzt aber „alt und abgelebt" sei, „für die kurze Zeit seines Lebens", da er noch ein Weib und neun zum Teil noch unerzogene Kinder habe, seine bisherige Besoldung von 100 fl. behalten solle (AA. III 231 fol. 154). In demselben Jahre wollte der siebzigjährige Zollbereiter von Tarnowitz, der eine Besoldung von 136 fl. rh. gehabt hatte, wovon er noch zwei Klepper unterhalten mufste, seinen Abschied nehmen; die Kammer schlug vor, ihm 200 Thlr. einmaliges Gnadengeld und 52 Thlr. jährliche Provision zu geben (ebd. fol. 173). Der Rentmeister Matschberger erhielt bei seiner Dienstentlassung ein Gnadengeld von 2000 Thlrn. und eine lebenslängliche Provision von von 200 Thlrn. (ebd. AA. III 6c S. 664) u. s. w.

[3] Vgl. z. B. AA. III 23i fol. 234.

[4] AA. III 23h fol. 166 f.

eine „Pension" von 2 bis 8 oder 10 fl. jährlich aussetzen zu dürfen[1], und betonte immer wieder die Notwendigkeit, die Beamten so zu stellen, dafs sie nicht zu Unredlichkeiten sich zu versteigen brauchten[2]. Besser dagegen war die Lage des Personals an den Centralstellen, besonders der höheren Beamten. Ein Kammerrat stand sich — alles eingerechnet, Besoldung, Pension und einmalige Gnadengelder — jährlich durchschnittlich auf mehr als 1000 Thaler, eine für jene Zeit doch sehr beträchtliche Summe; ähnlich verhielt es sich mit dem Rentmeister, Buchhalter, den Sekretären und Raiträten und den Chefs der Regalverwaltungen, wenn auch die Bezüge dieser Beamtenkategorieen etwas niedriger waren und unter einander sich abstuften[3]. Dem entspricht auch die Thatsache, dafs wir diese Personen, auch falls sie von unten sich emporgearbeitet hatten, hie und da im Besitze von adligen Landgütern treffen.

Zu den Rechten der Beamten an den Centralstellen gehörte endlich die Exemtion von der Jurisdiktion derjenigen Stadt, die der Sitz der betreffenden Behörde war. Allerdings war dieser Anspruch nicht unbestritten; zwischen der Breslauer Kammer und dem Breslauer Rate entspann sich ein jahrzehntelang währender Jurisdiktionsstreit[4], in welchem 1571 der Kaiser die Entscheidung fällte, dafs im Falle seiner Anwesenheit in Breslau das gesamte Personal der Breslauer Kammer unter die Jurisdiktion des Hofmarschallamtes gehören, dafs dasselbe aber sonst sowohl in bürgerlichen wie auch in peinlichen Fällen der städtischen Gerichtsbarkeit unterworfen sein solle mit alleiniger Ausnahme der oberen Beamten, nämlich der Kammerräte, Raiträte und Sekretäre[5], die nur für ihren etwa unter der Jurisdiktion der Stadt Breslau gelegenen Grundbesitz vor dem Breslauer Stadtgerichte stehen sollten[6]. Auch damit war der ärgerliche Zwist noch nicht geschlichtet, sondern er währte bis zum Anfange des nächsten Jahrhunderts. Von den städtischen Abgaben und Pflichten waren die Angestellten der Kammer befreit, nicht aber auch von den allgemeinen Landessteuern. —

---

[1] Ebd. III 23i fol. 47.
[2] Ebd. fol. 246.
[3] 1570 war die Höhe der Besoldungen bei der Breslauer Kammer folgende: Präsident 800 Thlr., Kammerrat 500 Thlr., Rentmeister 500 fl. rh., erster Sekretär (incl. „Pension") 480 fl. rh., zweiter Sekretär 360 fl., Buchhalter 300 Thlr., Raitrat 360 fl. u. s. w. Ebd. AA. I 60d.
[4] Des näheren auf denselben einzugehen, ist hier unmöglich und bietet auch hier zu geringes Interesse; das Material findet sich hauptsächlich in den handschriftlichen Kollektaneen der Breslauer Stadtschreiber Franz Faber und Andreas Reufs im Breslauer Stadtarchiv.
[5] Der Buchhalter und Rentmeister werden zwar nicht erwähnt, gehörten aber jedenfalls auch dazu.
[6] Diese Entscheidung ist gedruckt in der Brachvogelschen Ediktensammlung III 687 ff. Breslau 1717.

Neben diesen Beamten, die ihre volle Arbeitskraft dem Staate widmeten, oder doch wenigstens zu bestimmten, fest abgegrenzten Funktionen an festgesetztem Orte und festgesetzter Amtsstelle verpflichtet waren, gab es noch Personen, die, den Titel eines „kaiserlichen Rates" führend, nur in einem losen Beamtenverhältnisse sich befanden; sie entsprechen offenbar den Räten „von Haus aus", die sich in anderen deutschen Ländern und auch in den Mediatterritorien Schlesiens damals fanden. Sie waren entweder sehr vornehme Personen oder Rechtsgelehrte; nur bei speciellem Auftrage traten sie in Thätigkeit, besonders bei Kommissionen politischer, staatsrechtlicher und wichtiger jurisdiktioneller Art. Mitunter bezogen sie Gehalt; oft aber mufsten sie sich mit der Ehre des Titels begnügen[1]. Im Jahre 1576 verfügte der Kaiser allerdings, dafs „alle raths und dienst titl auch besoldungen derer personen, so nit wirkliche räth und diener sein, aufgehebt und eingestelt" werden sollten, und befahl der Breslauer Kammer, ihm ein Verzeichnis derjenigen Personen in Schlesien zu übersenden, die den Titel eines kaiserlichen Rates führten. Die Kammer gehorchte dieser Weisung, machte aber darauf aufmerksam, dafs sich darunter einige Herren, besonders der Bischof, befänden, „denen unangesehen, das sy nit wirkliche räth sein oder die räth besuchen, den rathstitel zu geben, unsers erachtens füglichen nit wol umbgangen werden kan"[2]. Es ist derselbe Procefs, der sich auch in anderen Territorien vollzog[3]; je mehr das landesherrliche Behördenwesen sich konsolidierte, je intelligentere und kenntnisreichere Elemente es an sich zog, um so mehr schwand das Bedürfnis, aufserordentlicher Ratgeber sich zu bedienen. Auch in der Folgezeit findet sich der Titel eines kaiserlichen Rates, aber nicht mehr zur Bezeichnung des geschilderten dienstlichen Verhältnisses, sondern als eine an die Inhaber

---

[1] Vgl. z. B. den Kammerbericht d. d. Breslau, 2. Juli 1560 (Kgl. Staatsarch. Bresl. AA. III 23a fol. 191 f.); die Kammer befürwortet darin das Gesuch des Dr. jur. Cirus, Kanonikus des hohen Stiftes zu Breslau, der beim Kaiser um die Verleihung des Ratstitels eingekommen war, unter der Begründung: „dieweil wir nicht zweifeln, E. K. M. wird sich gegen ine als einen gelerten und geschickten mann, furnemblich weil er E. M. erb underthan [d. h. aus einem Erbfürstentum stammend], der E. M. und der kirchen wol und nutzlich dinen kan, ist, sonst one das mit gnaden erzaigen; dieweil wir aber bey uns selbst befinden, das E. K. M. aus vielerley beweglichen ursachen nützlich und gut sey, das aus gaistlichen ain person, die neben andern in gaistlichen sachen und handlungen, wie sich oft zutregt, gebraucht werden kunde,.. in E. M. dinst und pflicht genomben werde." Daher rät die Kammer, „E. M. hetten ine, Dr. Cirus,.. mit dem rathstitel begnadet und in derselben pflicht und schutz gnedigst angenomben; so kunt er nachmals umb sovil desto besser in gaistlichen sachen auch bey inen den gaistlichen, die dann alwege gern eine gaistliche person bey iren handlungen sehen, gebraucht werden."

[2] Kgl. Staatsarch. Bresl. AA. III 231 fol. 16 ff.

[3] S. Rosenthal a. a. O. I 571.

höherer Ämter[1] oder an hervorragende, nicht als Beamte fungierende Privatpersonen verliehene ehrenvolle Auszeichnung. — Wir fügen nur noch einige Bemerkungen über die Herkunft, den Bildungsgang, die Rang- und die Avancementsverhältnisse des damaligen Beamtentums hinzu. Nur für gewisse Stellen, so für die an der Prager Appellationskammer, war es genau vorgeschrieben, welchem Stande die Räte angehören mufsten; das Nötige hierüber ist schon an den gehörigen Orten gesagt worden. Was die Ämter an der Kammer anbetraf, so sah man es gern, wenn der Präsident dem Herrenstande angehörte; zwei der Räte waren durchgängig begüterte, angesehene Edelleute des Landes[2]; auch darauf achtete man nach Möglichkeit, dafs dieselben Erbunterthanen des Kaisers seien, d. h. aus den Erbfürstentümern, nicht aus den mediaten Herzogtümern stammten, ohne dafs man dies jedoch als eine unerläfsliche Forderung betrachtete. Stets aber war auch in der Kammer mindestens ein Jurist oder ein im Verwaltungsfache von unten auf geschulter Beamter. Eine scharfe Trennung zwischen den höheren und subalternen Ämtern existierte nicht; Rentmeister, Buchhalter, Sekretäre und Raiträte, sowie die Häupter der Regalverwaltungen wurden noch zu den höheren Beamten gerechnet, wie schon daraus hervorgeht, dafs sie der Verleihung des Ratstitels für würdig erachtet wurden und von der städtischen Jurisdiktion eximiert waren. Man konnte in diese Stellen aus den untersten Schreiberposten aufrücken[3]; durch die Kammerordnung von 1572 war auch ausdrücklich, so weit es angehe, Beförderung nach dem Principe der Anciennität im Falle der Tauglichkeit eingeschärft, „damit wir also unsere alten diener, wie billich, erheben, auch andern, wan sie einen solchen trost kunftiger dergleichen fürderung vor inon wissen, desto mehr ursach gegeben, sich umb unsere dienst umb so viel embsiger und eyfriger anzuenehmen." Andererseits kam es oft genug auch vor, dafs die höheren Kanzlei-, Kassen- und Rechnungsbeamten zu Kammerräten avancierten; wenigstens stand dem kein Hindernis im Wege[4]. Man konnte demnach in der Verwaltungslaufbahn von den untersten Anfängen bis zu den höchten Ehren gelangen: es stand hier jungen, aufstrebenden Kräften ein Weg offen, auf dem sie durch Talent, Fleifs und Pflichttreue nicht

---

[1] Im 17. Jahrhundert wurde es auch Brauch, die Inhaber der höheren Ämter durch Erhebung in den Adelsstand auszuzeichnen.
[2] S. o. S. 327.
[3] So berichtet die Kammer 1576 vom Kanzleischreiber Blankenstein, er schreibe eine gute Hand und koncipiere gut, sodafs er es wohl noch einmal zum Sekretär bringen könne. Ebd. AA. III 23k fol. 286.
[4] 1572 empfiehlt die Kammer den bisherigen Kammersekretär Alexander Albrecht für die Stelle eines Kammerrats (AA. III. 23b fol. 234); 1610 wurden der bisherige Rentmeister Elias Hertel, 1623 der Rentmeister Horatio Forno zu Kammerräten ernannt (ebd. AA. I 12b).

nur eine sichere Zukunft sich schaffen, sondern auch Ansehen, Einfluſs und politische Bedeutung erreichen konnten. Die Forderung einer speciellen Vorbildung für die höheren Ämter bestand also noch nicht; freilich waren studierte Leute, besonders die Doktoren der Rechte, sehr willkommen; sie hatten in den Kollegien meist eine hervorragende Stellung, und gewisse Ämter in der Justiz, vor allem die Fiskalsämter, waren für sie reserviert. Wie in den Städten, so auch war es bei der kaiserlichen Verwaltung üblich, begabten jungen Männern das Studium zu erleichtern, um sie so für den Dienst des Landesherrn zu gewinnen; selbst beträchtliche Opfer wurden dafür nicht gescheut[1]. Der Nachweis einer bestimmten gelehrten Vorbildung für den Beruf wurde erst später zur durchgängigen Forderung; Prüfungen für die Aspiranten wurden zuerst bei der Prager Appellationskammer im 17. Jahrhundert eingeführt[2]. Übrigens sei noch bemerkt, daſs die Kleriker in der von uns behandelten Zeit bereits vollständig aus dem Beamtentum verschwunden waren. Sehr gern gesehen wurde es, wenn sich Personen, die sich bei der Verwaltung in den Städten oder in den mediaten Territorien bewährt hatten, zum Übertritte in den kaiserlichen Dienst bewegen lieſsen, da man sie sowohl wegen ihrer Praxis als auch ihrer Kenntnis der heimischen Verhältnisse sehr schätzte. Schwer war es anfangs dagegen oft, für das untere Personal, besonders für die verhaſste Zollverwaltung, geeignete Elemente heranzuziehen. Kaufmännisch gebildete Personen waren hier notwendig; im Publikum beschwerte man sich aber, daſs diejenigen, die sich dazu herbeilieſsen, aus ihrem ehemaligen Stande mit Schimpf und Schande ausgestoſsene Bankerottcure seien — eine Behauptung, die die Kammer allerdings für unwahr erklärte, da die Zollbeamten gute und ehrbare, auch „beerbte und besessene" Leute seien[3]. Im Notfalle aber, wenn es Schlesien nicht möglich war, die nötigen Kräfte für den Beamtenapparat zu liefern, so konnte man zur Ergänzung immer nach Böhmen und den anderen Ländern der habsburgischen Monarchie sich wenden, in denen ja die neuere Behördenorganisation schon

---

[1] Für diese Praxis der Stadt bietet ein Beispiel der Kammerrat Dr. Fabian Kindler, der zuerst Beamter des Breslauer Rates gewesen war, auf dessen Kosten er studiert hatte; um so mehr verübelten es ihm die Breslauer, daſs er die auf ihre Kosten erworbenen Kenntnisse später in den Dienst des Kaisers stellte. 1565 ersuchte die Kammer den Kaiser, dem Hans von Kittlitz für sein Rechtsstudium zu Hülfe zu kommen und diesem, nachdem er schon in Frankreich und Italien studiert habe, jetzt noch auf drei Jahre ein Stipendium von jährlich 100 Dukaten zu bewilligen, in der Hoffnung, daſs er später im Dienste des Kaisers und des Vaterlandes diese Schuld tilgen würde. (Ebd. AA. III 23d fol. 140.)
[2] S. o. S. 234, Anm. 1.
[3] Vgl. hierzu auch Kern, Der neue Grenzzoll in Schlesien, S. 29.

seit Jahrzehnten bestand und ein wohlgeschultes Personal bereits herangebildet war; war ja doch überhaupt nach dem Vorbilde, das diese Länder boten, das ganze königliche Behördenwesen Schlesiens eingerichtet worden. Beruhten auch die Verhältnisse des Beamtentums in der von uns behandelten Periode nicht so sehr auf ausdrücklich festgesetzten Rechtsnormen als vielmehr auf Gewohnheit und auf individuellen Verträgen, so läfst es sich doch nicht verkennen, dafs sich bereits die Grundzüge eines geordneten Beamtenstandesrechtes zu bilden begannen. Entbehrt auch das Verhältnis zwischen Staat und Beamten noch des öffentlichrechtlichen Charakters, so wurden doch in der Praxis zum Teil bereits Grundsätze angewandt, wie sie noch für das heutige Staatsdienerrecht mafsgebend sind. So konnte eine Bureaukratie sich entwickeln, die, ihrerseits wohlwollender Behandlung und des Schutzes der Krone sicher, erfüllt von Treue, Freimut und Pflichtgefühl, dem Königtum im Kampfe um den Ausbau des Staates im modernen Sinne und gegen die rivalisierende Macht der Stände als mächtige Bundesgenossin zur Seite stand und den endlichen Sieg erringen half.

Urkundenanhang.

I.

Privilegium Wladislai [1].

1498 November 28.

Wir Wladislaus von gottes gnaden etc.... haben..., die hernachvolgennde gnade uud freyhaiten auf newes gegeben vorleyben und bestattet...;

(I.) irstlichen, das wir noch unnser rechte nachkumen kunige zu Behmen den ytz gemelten lannden kainen anndern obristen hawbtmann nicht setzen noch geben wellen denn aleyne aus unsern Slesischen fursten,

(II.) und wo wir als ein rechter kunig zu Behmen oder unnser nachkumen kunige auf irkainen Slesischen fursten odir erpsessen, geistliche oder wertliche persone, in welcherlai sache das wer, auch grundt oder podem betreffendt, auch widerumb die fursten oder erbsessen des lanndis auf unns oder unnser nachkumen umb grundt podem odir [was] sunnst ire freyheit oder brievelegia angehen mochte der Slesie betreffend oder in sunderbait ein furste auf den anndern zu sprechen hetten,

(III.) das alles soll bescheen vor den fursten des lanndis und iren rethen, die sie neben sich czihen wurden,

(IV.) zu Breslaw in der hawbtstadt auf unnserm kuniglichen hoffe,

V.) im iare auf zwene tag sulch recht zu haldenn, vornemlich auf montag nach dem suntag Jubilate und nach nehestin montag nach sannd Michelstage doselbist zugescheen,

(VI.) durch sich selbst oder seinen volmechtigen,

(VII.) also bescheiden, wes sachen sich erbutten zwischen unns und den fursten und wiederumb von den fursten gegen unns und unn-

---

[1] Wiewohl schon mehrere Abdrücke dieses grofsen Privilegs (so bei Schickfufs III 271 ff., (Neudorf) Extract aus denen kayser- und königlichen flirstentags propositionen etc. Breslau 1691. S. 91 ff., Lüning, Collection von der mittelbaren Ritterschaft, pars I S. 107, Kries S. 100 ff., Grünhagen-Markgraf, Lehnsurk. I 49 ff.) existieren, so ist es dennoch bei der grofsen Bedeutung, welche dasselbe für die Entwicklung des öffentlichen Rechtes in Schlesien gehabt, geboten, hier dasselbe nochmals wiederzugeben. Benutzt wurde der Abdruck in Grünhagen-Markgrafs Schlesischen Lehnsurkunden, nur dafs der Übersichtlichkeit halber die einzelnen Paragraphen gesondert wiedergegeben wurden. Die Ortographie des Abdruckes in den Lehnsurkunden wurde beibehalten.

sern rechten nachkumen kunigen, daran sol die ladunge von dem landis-
hewbtmann brieflich bescheen an die endt derselbigen gueter, die angesprochen werden,

(VIII.) ein viertail iaris vor dem ytzt bemelten rechtis tage eynen[1], dergleichen zwischen den fursten und anndern erbsessen des lanndis gegen einannder sulchs sal gehalten werden,

(IX.) und wo sulch auffertung den landishewbtman anginge, so sol er durch den eldernn fursten der landt geladen werden,

(X.) und dabey wes gesprochen wirt entlich zu beleiben an alle und einycherlay auszuge bey verlust der sachen.

(XI.) Wo aber yemandis ane recht redliche ursache zu seinem ver-
botten rechtistage nit gestunde, nichts weniger sall den rechten nach-
gegangen werden nach ordenunge der rechten und gewonnhait der
lande, und wes dann daran erkannt und gesprochen wirt, ob sich yemanndis dawider setzen wolt, sal also vil bescheen als sich zu rechte
fordert.

(XII.) Sunnder wo auch die von der gemeine ritterschafft und mannschafft, daran die von stetten oder ire inwonner auf ire herschaft oder einen auf den anndern oder eyne stat auf die annder oder yemannds fremdes anspruchen thuen wolden, das sal ein ieder suechen mit seiner clege an den ennden, do der anntwurter zu rechte hin ver-
ordennt ist;

(XIII.) wo aber dem cleger an irkainem endt die billichait des rechten nit vorhulffen wurde, alsdann mag der cleger zupflucht haben an die oberhawbtmann der lanndt und bitten vor en seiner beschwerung zu schreiben;

wurde er denn hiruber ein halb iar oder dergleich vorzogen, domit er seine gerechtigkait endt nit erlangen mochte, so sol unnser hawbt-
mann paiden parth macht haben auf die vorbemelten gemainen tag rechtlich zu fordern, und wes doselbist irkannt wirt, dabey sol es endlich beleiben.

(XIV.) Wurde auch yemanndis auf die einwonner der Ober Slezien zusprechen haben, auf mannschaft oder stete, die sullen sich allerweyse und forme haldenn, wie hinfur in dem nehesten artickel ausgedruckt, alleine, wo sie der obirhawbtmann wurde zu fordern haben, das auch in der stat der ober Slezien, die von dem hawbtmann ernannt wurde, des iares einmal als auf nehisten montag nach der heiligen dreyenn kunigtage sal zu recht vorbescheiden werden.

(XV.) Auch versprechen wir darauf, nymanndenn seins rechten durch einicherley weyse oder furnehmen zu vortziehen oder zu ver-
hinndern.

(XVI.) Auch sollen wir oder unnser nachkumen kunige zu Behmen dieselben unnsire undirtane durch die gantze Slesien nit zu fordernn haben ires dienstes ober die grentzen der Slesien zu ziehen, ys sey denn dass sy von unns oder unnser nachkumen, wie von alders gewest, mit gelt soldt ires dinsts und der schade bezalt und ausgericht werden.

(XVII.) Auch sollen die Schlesischen fursten herren und stetten unns noch unsern nachkumen kunigen zu Behmen zu hulden verpflicht seyn nynndert den zu Breslaw, ausgenwmen die furstentumber Sweyd-
nitz und Jawer, die sollen an dem bleyben bey irem privilegium.

(XVIII.) Auch sagen wir zu fursten herren landt stetten und allen eynwonnern der Slezien, das wir kainerlay beistewer nit begeren noch durch eynicherle weyse suchen wellen, ausgezogenn von den, dowider sie sich rechtes halben nit zu setzen hetten.

(XIX.) Auch welicher herr in Slezien slosse stette oder annder gueter hat, doch darinne nit wonhafftig, das er seinen ambtmann oder sunst

---

[1] Die Interpunktion in den Lehnsurkunden (rechtes tage, eynen dergleichen) ist sinnstörend; Schickfufs und Kries interpunktieren wie oben.

in vollir macht an seine stat schicke und verordene, neben anndern allis zu thuen und zu leiden, besundern sich in kainer sache auszihen sol; wo sich des yemanndes ungehorsame hylde, den sall unnser hawbtmann mit unnser hilf und der anndern eynwonnern Slesien darzu bringen.

(XX.) Auch alle alde czolle sollen bey iren wirden bleiben, doch weyter nymannden wenn wie von alders her und aussatzunge domit beswert werde, sunnder kaine newe zolle wellen wir auch unnser nachkumenden kunigen zu Behmen in kainen stelle in der Slezien nyemannden, wes standis oder wirde die sein, aufzurichten nehmen oder gebrauchen vergonnen zu lassen geben und damite begnaden, es irkennthen den fursten, prelatten herren ritterschafft und stete der Slesien eintrechtiglich, das es ausz redlichen gegrunnten ursachen billich und zu der lande besten und nutz geschehen solde...

II.

Aktenstücke zur Geschichte des Ober- und Fürstenrechts.

1. Bericht über die Ordnung des Oberrechts aus dem XVI. Jahrhundert.

Auf die erste frage, wieviel personen oder stimmen in der fursten recht sein, gebe ich folgenden bericht:

Dafz zwar viel personen sitzen, aber nicht viel stimmen haben, dan es sitzet erstlichen der oberhauptman, der colligirt vota und hat die beschleufzstimme p.

Nacher sitzen die fursten entzweder in person oder durch ire gesandten und neben inen sitzen die vier freyherren, auch vor sich oder ihre gesanten; die halten gesamleten rath, stehen fur einen man und geben ire zwo stimmen zugleich ab.

Zum dritten haben die erbfurstenthumber alle miteinander nur ein votum; es schickt aber ein iedes furstenthumb seine eigene gesanten, zweene oder einen.

Zum vierden repräsentiren die stete, so in erbfurstenthumben gelegen, alle mit einander einen stant und haben derhalben auch eine stimme, dafz also fünf stimmen in allem seint.

Auf den andern punct ist zu wissen p.

Dafz nicht gewisse assessores darzu verortnet, sondern zu iedem furstenrecht ortnen die fursten und vier freyherrn, wan sie nicht selbst erscheinen, gesanten nach irem willen.

In simili machen die erbfurstenthumber zu iederem furstenrecht pro libitu gesanten.

Das thun auch die von stetten.

Man helt aber diesen procefz darbei, dafz die delegirten assessores mussen ein corperlichen ait thun toties quoties neue personen, die zum recht vorhin nicht geschworen, verortnet werden.

Were als hierdurch auf den dritten punct geantwortet.

Ad quartum wolle man wissen, dafz keine „certa poena" darauf gesetzet, wan gleich die sache in lungum gespilet werde, sondern stehet alles beim oberambt als dem preside, der ex officio die moras und tergiversationes zu removiren pfleget.

Dafz aber auch parteiischische mit unterlauffen, wird der herr aus folgenden exempln zu sehn haben.

Ir maytt. schlesischer cammerrath Georg von Schönaich hat die fursten von der Ligniitz umb ein herrschaft, Parchwitz genant, in anspruch genomen; weil aber die fursten von der Lignitz noch minorennes gewesen, hat herzok Carl als vormunt vier ganzen iahr denen von Schönaich mit dem eludiret, dafz er in alwege das furstenrecht abgeschriben, bey itzigen letzten gehegten recht aber hat man widerumb die tagfarth zu wasser gemacht, darumb dafz die vormunden furgenombon, do doch der eine herr alreit mundig worden.

So hat man auch das recht iarlicher nur zweymal, den montag nach Jubilate, das ander mal montag nach Michaelis.

Ist auch zu wissen und zu merken, dafz die citationes drey ganzer monat darfur mussen ausgeben.

Im fal nun der herr mehres berichts benötiget, soll ihm derselb gutwillig communiciret werden.

Weiter ist zu wissen, das die furstenthumber Schweidnitz und Jauer keine stimme noch session haben, und halten es vor ein privilegium, das sie nicht mit hegen durfen.

Ist auch zu merken, das die stat Brefslaw nicht mit und neben den andern stetten, sondern mit und neben den erbfurstenthumbern ire stim abgeben.

Die landishawbtleute haben weder stimme noch session, darumb die erbfurstenthumber welen ex suo corpore zwe gesanten, wenen sie wollen; wan nun ein hauptman zum gesandten von ihnen erwelet werden solte, mufste er ein landtsas mit sein und wurde nur des furstenthumbs stelle als ein lantman und gesanter, nicht aber als ein hauptman representiren.

Es ist auch in den furstenthumbern zusambenkunften folgender gebrauch: wan ir landishaubtman ein landtsas mit ist, dafz er nicht allein alleweg mit in iren rathschlegen ist, sondern ob er sich gleich auch abscntiren wolde, darzu pfleget gefordert zu werden und directoris stelle helt, darumb allerhant gute officia prestiren, auch sich selbsten oder ia solche personen, die da a Caesare dependiren, zu gesanten verortnen kan; die aber, so mit lantsassen sein, sint diese: der Oplische, Troppische, Franckstcinische, auch itziger zeit der Glogische, weil nur ein verwalter und kein hauptmau ist, der Brefzlische ist alwege selbst gesanter.

(Nach einer von Herrn Archivrat Dr. Pfotenhauer gefertigten Abschrift des Kgl. Staatsarchivs zu Breslau C 247. Das Original, welches aus der zweiten Hälfte des 16. Jahrhunderts stammt, befindet sich im Reichsarchiv zu München).

2. Schreiben des Oberlandeshauptmanns Karl von Oels an die schlesische Kammer wegen des Ober- und Fürstenrechtes.
Oels, 30. April 1615.

Der Oberhauptmann bedauert, dem Wunsche der Kammer, ihr ein Exemplar einer Ordnung des Ober- und Fürstenrechtes zu übersenden, nicht Folge leisten zu können:

„Nun wolten wir gerne den herrn hierinnen wilfahren, wan nur etwas wegen angedenteter ordnung des fürstenrechts bey unserer Oberambts canzley vorhanden und zu befinden were, können uns auch selber nicht erinneru, dafz jechtwas defzhalb schriftlich vorfasset worden, sondern welchergestalt das Ober: oder fürstenrecht defz Jahres auf der königlichen burk zue Brefzlaw zwier zuhalten ausgesatzt, das weiset das angezogene lantprivilegium[1] klar aus, welches, wie wir vermerken, in abschriften bey der cammer schon vorhin aufzufinden ist; Sonsten, wie es ratione processus gehalten worden, seint sonderliche solemnia nicht üblich. sobalt das fürstenrecht von dem oberhauptman

---

[1] Gemeint ist das privilegium Wladislai von 1498.

oder oberrechts richter geheget worden, pfleget solche begung publice intimiret und einem jeden, welcher vor solchem recht zu thuen, seine noturft furzubringen, frey gestellet werden, darauf die parteyen furgelassen, und mag clagender theil mit gebuehrender bescheidenheit auf gebetene vorstattung seine beschwer furbringen, die noturft ordentlich befördern, und werden die parteyen nach gelegenheit der sachen als mit repliciren und mit dupliciren gemeiniglich gehöret, wie dergleichen processus bey andern gerichten hergebracht ist. Ein anders ratione processus pfleget nicht observiret zu werden.

(Aus dem Aktenstücke AA. II 11c des Kgl. Staatsarchivs zu Breslau.)

III.

Aktenstücke zur Geschichte der schlesischen Kammer.

1. Instruktion der Schlesischen Kammer.
Wien, 1572. Mai 1.

Schlesisch Camer Instruction.

Maximilian der ander von gottes genaden etc.

Instruction und ordnung auf N. unsere gegenwärtige und und kunftige presidenten und räthe unserer Camer in Ober und Nieder Schlesien, wie sie dieselben unsere Schlesische camersachen von unsertwegen fürnehmen, handeln und verrichten sollen.

Eingang auf nachvolgende unsere Schlesische camer-ordnung.

Obwohl weylandt kayser Ferdinant unser geliebter herr und vater hochlöblicher und seliger gedechtnus verschiener jahren bey aufrichtung der camer in Schlesien ain camer instruction am dato den vierzehenden novembris des acht und fünfzigisten jahrs verfertigt, so haben wir aber seit her durch die verenderten leüft und zeiten so viel erhebliche ursachen befunden, die uns bewegt haben, uns einer andern und neuen instruction zue aigentlicher nachrichtung, wafzmassen unsere schlesische camergueter und derselben einkomen und zuegehörungen uns und unsern geliebten erben und nachkommenden künigen in Behemb und herzogen in Schlesien zue wohlfahrt auch mehreren erspriefzlichen aufnehmen und guetem ordentlich gehandelt und wesenlich erhalten werden möchten, mit gnaden zuentschliefzen, wie dan allbereit durch uns mit zeitigem rath und rechter wissenheit beschehen, auch darüber diese nacheinander volgunt Ordnung verfasst und aufgericht worden, deren nun hinfuro bifz auf unser weiter wohlgefallen also gelebt und gemäfz gehandelt werden soll, darob wir auch gnediglich hanthaben und halten, darwider nichts handeln oder fürnehmen noch des andern zue thun gestaten wöllen.

[fol. 1b] Schlesischen camer presidenten und räthe aytspflicht betreffent.

Erstlich wellen und bevelen wir, dafz ein yeder unser Schlesischen camer president uns selbs oder, wem wir solchs an unser stat

bevelen werden, aber die andern kunftigen unsere schlesische camer
räthe aintweder uns selbst, unserm obristen hofmaister oder ernenten
schlesischen camer presidenten, wo anderst dieselben unsere schlesische
camer rethe in dergleichen unsern raths diensten gewesen und noch
seint, augeloben, die andern aber, so erst von neuem darzue kommen
und zuevor in solchen wirklichen raths dienaten nicht gewesen, an denen
vorbenanten orten, dafs ist entweder uns, unserm obristen hofmeister
oder, wem wir sonst solches von unsertwegen bevelen werden, vermüg
der in dem ayt bevelch verleibten notl die gepürliche aydpflicht thun
sollen, dafs sie und ein yeder in sonderheit diese nachvolgende unsere
schlesische camerordnung in allen artikln und puncten mit ihrem höch-
stem vleifs nach aller müglichkeit halten und sonst auch alles das thun
sollen und wellen, das inen von ambts und unsers hochen vertrauens
wegen zue thun gebuebret. fielen aber mit der [zeit] [fol. 2a] verende-
rungen und ehehaften für, umb dero willen etwa einem oder dem andern artikl nicht allerdings gemäfs gelebt werden künt, so sollen sie
uns des yederzeit mit statlicher aufpürung der ursachen und iren umständen zue handen unserer hoffcamer gehorsambluchen berichten und
bescheit darüber erwarten, für sich selbst aber nichts darinnen verändern oder ohne vorgehunde empfahung des bescheits darüber was
fürnehmen oder handeln.

**Frembde Bestallungen oder Verehrungen nicht anzunehmen,
noch in Gelthandlungen und andern partiden gemainschaft
zue haben.**

Unser president und andere schlesische camer räth sambt derselben
undergebnen personen sollen ainiche gab oder dergleichen verehrungen
in sachen ihre anbevohlene raths und dienst expeuition betreffent, noch
auch ohne unser vorwissen und zuelassung von andern potentaten,
fürsten, herrn oder stetten kein provision oder dienstgelt annehmen,
gleich so wünig auch von den kaufleuten oder andern personen, so
unserer schlesischen camer mit gelthandlungen verwant seint (ausser
dessen, was einer oder der ander unsrer schlesischen camer rathe zue
seinen selbst aignen noturften oder für andere seine befreunte bey denselben handls leuten oder sonsten sondern personen für anlehen auf
seinen selbst credit erhandeln mag, indem er disfals, wo es uns anderst
nicht zu Nachtl reicht, unverpunden sein solt) umb gewins willen gelt
aufbringen noch annehmen, sich auch mit niemant in kein gesellschaft,
kaufmannsgewerbe, hantierung auch perkwerk und müntzhandlungen
begeben, noch in ainichen geltshandlungen theil und gemein haben,
[fol. 2b] uns auch in aufbringung gelts zue noturft unsers Schlesischen
camerwesens durchaus kein eintrag thun, vielweniger dieselben gelt
posten und anlehn durch unordentliche und ungebührliche mitl und
weg an sich bringen, auch solches den undergebnen personen vom
meisten bifs zue dem wenigsten gleich so wenig gestatten, doch disfals
ausgenomen, wo einer under unsern schlesischen camer räthen auf seinen
aygenen gründen yetzt und künftig perkwerk hette, dafs ihme dieselben
doch gegen raichunge dessen, was erblich davon schuldig, zuepawen
unverwehrt sein solle.

Camersachen in gehaimb zuehalten.

Damit wir auch von den parteyen von wegen ausbittung der verledigten ämbter, volligkeiten oder anders dergleichen umb so vil mehr
ansuchens erlassen, fürnehmblich aber auch unsere camersachen in
gutster ordnung und gehaimb gehalten werden, so wollen wir hiermit
in sonderheyt unserm schlesischen camer presidenten und räthen sambt
derselben zugethanen personen ernstlichen auferlegt und bevolen haben.
dafs sie unsere camersachen, wie dieselben geschaffen sein, in höchster

geheimb halten, den parteyen von ainichen volligkeiten oder anderen camerhandlungen nichts eröffnen oder dergleichen abschriften aus unserer cantzley registratur und expedition ausser der ordentlichen erledigungen hinausgeben lassen, solchs auch für sich selbst nicht thun, darauf dan sonderlichen unser camer president sowohl auch die andern unsere camer räthe und secretarien ihr vleissig achtung geben, auch die rathstuben und cantzley umb sovil mehr in der Verwahrung halten und darumben nit mer als der [fol. 3a] president zue der rathsstuben und der registrator auch der cantzleydiener jeder zue der cantzley einen schlissel haben sollen, aufzer des, was auch des raththürhüeters verrichtung betrifft, davon in der cantzley ordnung meldung beschehen wirdet.

Besuechung des dinsts.

Unser Schlesischer camer president und camer räth, sowohl auch die untergebnen personen vom maisten zum wenigsten sollen zu desto embsiger und vleissiger verrichtung der camersachen ire gewisse zusammenkunft, nemblich im sommer vor mittag nach der halben uhr, welche in unserm keyserlichen hof zue Brefzlaw angerichtet werden solle, umb sechs uhr und im winter umb sieben uhr, aber nachmittag sommer und winters zeit umb ain uhr haben und vor mittag im sommer umb neun uhr und im winter umb zehn uhr, nach mittag aber sommer und winter umb vier uhr wieder herausgehen, ob welcher dieser gewissen besuchung des dinsts unser president in allweg embsig halten und einiche gleiche oder saumige zuesammenkunft der räthe sowohl auch der andern ondergebnen personen nit gestatten, vilweniger selbst darzu ursache geben solle.

Imfall sich aber begäbe, dafz aus unsern camer räthen [einer] oder mehr schwach weren oder in ihren selbst eheheften sachen, die keinen anstant erleiden möchten, zue thun hetten und also zue [fol. 3b] der gewohnlichen stunt in rath nit komen könten, so sollen sie alweg das unserm schlesischen cammer presidenten oder in abwesen deme, so an der stelle ist und die sachen zue handeln in beveleh haben würdet, anzaigen lassen und mit seinem willen und zuegeben aber sonsten nicht aussen bleiben.

Und damit aber oftbemelte unsere cammer räthe ihrer dienst halben etwas rue haben, mügen sie alle donnerstag auch sonnabent und andere hohe Veste abent nach tisch, desgleichen auch den volgenden sontag oder fest hernach anheimbs bleiben und dieselbig zeit ihren eignen geschäften auswarten, doch mit dieser bescheidenheit, wo sachen fürfulen, die verzug nicht erleiden möchten, sollen sie auf erforderung unsers presidenten oder, der an siner stat ist, es sey vor oder nach mittag, feyrtag oder werktag nit weniger gutwillig in den rath kommen und dieselbigen treulich helfen verrichten.

Eximirung unserer camer räthe in extra ordinari commissionen.

Wir wöllen auch bey unserer beheimischen cantzley diese verordnung thun, dafz sie, unsere camer räth, zue desto steter auswartung unserer camersachen mit commissionen und andern, darbey unser fiscus nit interessirt ist, sondern ohne mittl justicy und regiments oder parteysachen betreffen, unbeladen bleiben sollen.

[fol. 4a] Wie lang einem yeden camer rath des jahrs
vom dienst abwesend zue sein erlaubt werden müge.

Wir bewilligen auch guediglich, dafz ein yeder unser schlesische camer rath im jahre einmal vier wochen volkomblich aber nit gar auf ein zeit aneinander sondern zue underschiedlichen malen des jahrs, doch dafz es in allem nit mehr als vier wochen zuesamen bringe, anhaimbs bleiben und seinen sachen und handlungen auswarten müge, zue welchem haimbreisen und wiederumben ziehen gen Brefzlaw, oder wo unser schlesisch camerwesen yeder zeit sein würdet, inen dieselben täg, als auf einem fünf meiln wegs gereitet, ohne abbruch des völligen monats auch passieret werden, doch dafz ein yeder in allweg zuvor von uns selbs erlaubnus begeren oder an uns gelangen lassen, auch unserer bewilligung vor seinem verreisen erwarten solle, indem wir gnedigst bedacht sein wöllen, die erlaubnus dahin zue dirigirn, dafz unter sinist nit mehr als ainem allein erlaubet und unser camer rath dardurch nit zuvil entblöst werde.

So wölln wir auch, wan unserer schlesischen camer secretarien, buechhalter oder reit räth einer in seinen ehehaften ain rays fürzuenehmen hett, dafz es gleichsfals mit unserer gnedigsten erlaubnus beschehe.

Es trige sich dan ein unversehen unmeidliche ehehaft zue, dafz unserer schlesische cammer räth oder aber der secretarien, buchhalter und rayträth einer in ayl auf ein vier oder fünf tag in seinen eigenen sachen verreisen musste und es verzug nit leiden könte, die erlaubnus an uns zuebringen und derselben zuerwarten, [fol. 4 b] so mag gleichwohl unser president ainem auf ainen solchen fall für sich selbst erlauben, doch das solcher einziege[1] täglich an dem vorbemelten monat abgereitet, auch nit mehr als einem allein zue einem mahl erlaubt und also der camer rath nit zuevicl entblöset werde.

Den mindern personen aber mag unser president mit vorwissen der andern unserer camer räthe und was buechhalterey personen betrifft, nach vorgehunder vernehmung des buchhalters gleichwohl selbst erlauben, doch nit zu oft und auch nit zu lange, welchs in sein discretion gestellet wirt.

Es solle auch mer gedachten unserm presidenten, so wir einem und dem andern unserer schlesischen cammer räth bewilligen, yeder zeit verkunt[2] werden, auf dafz er dessen ain wissen empfahe und sein guets aufmerken auf aines yeden wegraisen und wiederkunft haben, und wo ein exzefz gebraucht wolt werden, denselben wiederumb zum dienst erfordern, ime derwegen zuesprechen, und wo sich einer nit dran keren, und seines wohlgefallens ohne unsere weitere erlaubnus, auch ohne sonder und dermassen ehehaften, die ime billich für entschuldigt hielten, aussen bleiben wolte, dasselb an uns gelangen lassen müge, welches wir dan also, dafz es entlichen beschehe, ernstlich gehabt haben wellen.

Eröffnung der brief und die umbfrag auch die ordnung im votieren betreffent.

Zue desto statlicher hantlung und fürderung unserer schlesischen camersachen sollen alle bevelch, missiven und supplicationen, die zue unser schlesischen cammer gehören und dahin überschriben [fol. 5 a] und gestellet seint, niemant anderm als unserm presidenten oder dem, der an seiner stat ist, übergeben werden, welcher dieselben schriften alsbalt eröffnen, übersehen, folgent das presentatum, auf was tage, monat und jahr ain yede schrift überantwortet worden, sambt dem inhalt mit wenig worten darauf verzaichnen, alsdann gestraks, ehe die selbe sach fürgenomen und erlediget wirdet, in die Cantzley zue der expedition, alda dan nicht allein die expedirten, sonder auch alle einkomene schriften und handlungen in ain sonderlichs buch, so das gedenkbuch genant, zueverzeuchnen angeordnet werden, uberantworten lassen, volgunt nach beschehenem einschreiben wiederumben zue sich

---
[1] Unverständlich; man erwartet „Abwesenheit" oder ein ähnliches Wort.
[2] verkündet.

in den rath nehmen und daraus alwege unsere genötigisten sachen, so nit lang verzug erleyden können, am eesten zueberathschlagen fürbringen, den secretari, der hievor in derselben handlung geschrieben, alle vorausgangene oder einkomene schriften, so vil von nöten, vleissig herzuesuchen und in den rath darmit komen lassen, volgunt nach verlesung aller noturften die umbfrage thuen, insonderheit aber soll er, unser president, bedacht sein, wan sachen furfallen, iu den ayner oder der ander camer rath mit diensten, commissionen oder sonst in ander weg gebraucht worden und deren gelegenhayt in erfahrung bekommen, dafz er alweg denselben wissenden camer rath am ersten anfrage, auf dafz die andern räthe ire vota desto schleiniger, schlifzlicher und der sachen dienstlicher geben mögen und kein ubrige zeit hierinnen zuegebracht werde, und obgleich einer unserer schlesichen camer räth aus chaften ursachen nit gegenwärtig im rath sein künte, so soll doch er unser president in denen sachen, die nit gar sonder haubtstuck antreffen, macht haben, mit dem meisten theil aus ihnen fein, frietlich und einiche, ohne zank oder sonst un[fol. 5b]gebürliche hitzige wort zue rathschlagen, zuehandeln und zueschliessen, wie sie des ihre rathspflicht, gewissen, verstant und aufrichtigkeit vermahnen wirdet.

Es solle auch im rath ein gebürliche reverenz und gute ordnung, als wan wir selbst personlich alda wären, mit den rathslagen gehalten, ider, der gefragt würdet, eigentlich ohne ainiches einreden der andern camer räthe oder secretarien in seinem voto vernomen werden und, wan also da die ganze umbfrag bescheen, alsdann soll unser president auf die mehrern stimmen, oder, da er sondere bedenken hette, nach der andern gehaltenen umbfrag schliessen, damit der secretari die rathschlag eigentlich vernehmen und, was beschlossen, verzeichnen müge.

Wo aber ye zue zeiten in einer fürgebrachten handlung, daran uns oder den parteyen gelegen, ichtes beschwerlichs fürfüle, darinnen unsere räth in ihren rathschlegen ungleich und zerspalten, sollen unsere camer räth dieselb handlung unbeschlossen, sambt yedes theils bewegnus und bedenken schriftlich oder müntlich, wie es die gelegenheit erleiden mag, für uns komen lassen und unsers bescheits darüber erwarten.

Es soll auch unser president oder verwalter sambt den räthen diese bescheidenhayt halten, ob sich zuetrüg, dafz dieselben handlungen, so wichtig und grofz vor augen und aber wenig räth bey der hand, dafz die handlungen, wo die anderst one sondern [fol. 6a] schaden so viel anstants erleyden mügen, bifz zue ankunft der vicerern oder gar volligen anzahl rath angestelt, dafz auch die secretarien all zeit zue derselben erledigten handlungen und denen darauf gestelten und abgehörten copeyen deren räth namen, welche bey der berathschlagung gewesen, sambt den meisten stimen verzeichnen sollen.

Abtretung der camer räth in ihren selbst interessirten auch ihren nechsten befreunten sachen.

Wann sich auch zuetrüge, dafz ain sach fürkäme, die unsers presidenten und camer räth gebrüder oder andere nechste befreunten anträffe oder sie selbst darbey interessirt wären, so werden sy die bescheidenheit zuegebruuchen wissen, dafz sie selbst im rath aufstehen und die andern dieselb sachen handeln lassen.

Camer räth sollen in ihren aygnen sachen zue den rathsstunden nichts schreiben oder conversiren oder tractiren.

Und damit unsere camer räth zue den raths handlungen desto aufmerkiger gemacht und mit ihrem synn und gedanken gantz darbey sein, so wöllen wir, das kein camer rath in wehrender raths session in seinen eigenen sachen vil sonders schreibe, conversire oder tractire, sondern dasselb anheim spare und in rath nichts anders als raths sachen handele,

29*

dardurch dan neben desto vleissiger erledigung unser camersachen dem
dienst zue gutem vil zeit zuerhalten und es auch an ihm selbst billich
beschicht.

[fol. 6b] Was für Stimmen im Rath gelten sollen.

Sonst aber soll in unserm schlesischen camer rath keines andern
als aines wirklichen camer raths stime oder votum gelten, auch keiner
unserer andern räth oder ambtleut, der nicht ein wesentlicher, auf-
genomner camer rath ist, für einen ordinary rath bey unserer schlesischen camer gehalten, noch derselben einer unerfordert in den rath zue
geben zuegelassen, es beschehe dan von berichts wegen, so mügen dieselben erfordert und vernomen werden, und was alsdan denselben
unsern räthen, ambt leuten und in unserer Bestallung habenden dienern
durch unsere camer räth in unsern sachen und notturften von unsert
wegen zuehandeln und zueverrichten auferlegt würdet, demselben sollen
sy vollziehung thuen und solche ihnen auferlegte handlungen alles getreuen vleisses verrichten und sich nach ihrem bevelch verhalten.

Austeylung der camerhandlungen under unser camer räth.

Und damit die pürde aller camer sachen nit gar auf unsern presidenten liege und einer yeden expedition zue desto schleiniger, grünt-
licher und wohlbedachtiger erledigung derselben ain sonders aufmerken
angeordnet werde, so ist hierauf unser guediger willen und meinung,
dafz ein austailung und umbwexlung der expeditionen (doch [fol. 7a]
in alweg, dafz die haubtsachen, daran uns am maysten gelegen, yeder
zeit in unsers presidenten verrichtung verbleiben) under ermelten unsern
camer räthen beschehe, also, wo ungeferlich einer under ynen ein expedition gehandelt und derselben ein genugsambs wissen einpfangen,
dafz ime als dan uber ein zeit ein andere expedition eingegeben, entgegen ein ander ihres mittels so verledigte expedition auch auf ain be-
stimbte zeit nach gelegenhayt der sachen zue handln ubernehmen solle,
auf dafz also mit der zeit ainer umb den andern in circulo aller expeditionen ain erfahrung bekomen und ain yeder des andern stat,
weil difz unser camerwesen keinen stillstant erleiten kan, vertreten
müge.

Und nemblich so wöllen wir, dafz unser president oder, der an
seiner stat die umbfrage haben wirt, die sorg und vleifz, was zue haltung trauens und glaubens immer dienstlich sein kan und mag, als da
ist, das aufmerken von wegen ordentlicher reichung der interesse, item
die zeitliche hantlung mit den parteyen, welche ihre haubtsummen auf-
künden, entweder zu ihrer contentirung aus den camergefellen oder
aber durch anderwerts gelt aufbringen oder sonst umb erlangung
lengerer zahlung fristen bey denselben parteyen aut sich trage.

Und in allweg mit allem eyferigen vleifz dahin trachte und mit
den andern unsern camer räthen oft nachgedenke und rathschlage, wie
doch nicht allein die interesse zue rechter zeit bezahlt, sonder auch die
haubtsumen und fürnemblich die, [fol. 7b] so auf schweren interesse
liegen, wie dann er unser president allwege ain register uber die haubtsummen und interesse, wie und wan sich ein ye[de] post verfelt, im rath
vor augen haben und sich oftmals, damit kein termin unverrichter
sachen furuber laufe und die partheyen zu ungedult verursacht werden,
darinnen ersehen solle, durch mitl ordentlicher einbringung der lants
bewilligungen und derselben restanten oder sonst mit gelt aufbringen
und geringere interesse inen auch durch kunftige richtigere handlung
und besserung der camergüter zue einzig [?] geringert und abgezahlt
mügen werden.

Der ander soll die einbringung und ordentliche handlung der
steuer und piergelts bewilligungen so wohl als auch die einbringung
der alten und neuen ausstent in seiner vleissigen sorg und aufmerken

haben und diese sein expedition, daran dan viel gelegen, embsig treiben und sollicitiren.

Dem dritten sollen die geistlichen und weltlichen camergüter, auch lehen, pfantschaft, perkwerk, münz und parteysachen bevolen werden.

Der viert solle die zöll, salzhändl und andere mehr dergleichen undergebene embter, item der ambtleut auszug, raitungen, mengl und rest in acht haben.

Welichen camer rath aber aine und die ander expedition in der ersten ainzuegeben und hernach damit gewechslet werden solle, das stellen wir in unsers presidenten bescheidenheit und gutachten, welcher auch in allem nit allein, was er in seiner selbst expedition [fol. 8a] für notwendig befint, sonder auch was durch anderen unsere camer räth nach ersuchung ihrer undergebnen sachen im rath fürgebracht wirdet, director und schliesser sein, auch allen parteyen, die er, der president, nit in sonderheit auf die secretarien waist, beschait geben solle; summariter aber steet unsere meinung und genediges vertrauen dahin, dafs ein yeder unser camer rath ime alle und yede unsere camer sachen nicht weniger als der president selbst mit getreuen guetherzigem eyfer angelegen sein lassen solle und welle, und dafs sie also die pürde mit einander ainhellig tragen und in allem unser und unserer erben bestes betrachten und handlen sollen.

Benemung underschiedlicher täge in der wochen zue fürbringung yeder expedition sachen.

Wir wellen auch, das unser president ain sonder austailung nach gestalt der sachen, wie dieselben yeder zeit fürkommen und sich verändern, zue yeder wochen macht, welcher expedition einkommen handlungen auf ainen oder den andern tag zue erledigung fürgenommen werden sollen, damit sich nit allein derselbe unser camer rath, der solchen handlungen zu erseben under handen gehabt, sonder auch der secretari, welcher hievor in denselben sachen gebraucht worden, zeitlich mit allen noturften gefasst machen und zue schleinigem beschlus richtig fürkomen mügen, doch soll hierinen kein gesetz bestimet werden, wan enzwischen genötigere unsere aigene camerhandlungen (die in allweg den parteysachen vorgehen sollen) fürfallen, dafs dieselben vor andern wenig genötigern sachen unangesehen der beschehenen austeilung fürgezogen werden.

[fol. 8b] In allweg aber soll unser camer president bedacht sein, wan die raths zeiten fürüber, dafs er yeder zeit den secretarien anzeigen lasse, welcher under ynen und mit was sachen zu nechster zusammenkunft im rath fürkomen solle, damit sich ein yeder darnach zuerichten habe, und nit merer secretarien under ainist zue verursachung nachteiliger zerruttung, wan man in einer sach in abhörung oder berathschlagung steet und einem andern seines fürbringens auch gehör und statt geben solle, dafs dan beydes mit frucht neben ainander nit wol beschehen kan, fürkommen, und daneben sich selbst in verfassung deren zuvor under handen habenden sachen verhindern. wo auch die fürfallenden handlungen der massen geschaffen, dafs man allzeit mit ciuem secretarij allein eine ganze session zuebringen und also mit inen, den secretarien, von ainer session zue der andern abwechslen möchte, so were es umb so viel rucyger und besser, und künte auch der secretarj, welcher also ein session verrichtet, die erledigten sachen gestraks mit gutem bedacht nach einander unverhindert aufarbeyten und also dann wieder zue einer neuen erledigung greifen, in dem auch in allweg verhütet werden solle, wo es ye die noturft erfordert, etwas von camer sachen umb befürderung willen mit sich anheim zuenehmen und ausser der raths zeit zuersehen, volgunts gestraks im rath für zuebringen, dafs weder president, camer rath noch secretarien die sachen anhaimbs verliegen lassen, sonder von einer raths zeit zue der andern wieder in den rath mit sich nehmen und nach beschehener erledigung und fertigung an sein gehörig ort verordnen.

[fol. 9a] Erledigung der partey sachen.

Nachdem bifzhero erfahren worden, dafz die erledigung der partei sachen etwo unsern aignen camer handlungen viel verhinderung verursacht hat, so wöllen wir, dafs in der hievor angedentten austeilung der täg in der wochen ein sondere zeit zue fürnehmung der parteysachen bestimbt und kein solche nachteilung und verhinderlich vermischung beyderley erledigungen mer beschehe. es soll auch ain partey für die ander, so vil müglich, nicht befürdert sonder zuegleich ainer wie der ander doch nach gelegenhait, weliche partey am lengsten still gelegen oder sonst ihre sachen ehunder zue der camer überschickt hat, und so vil der zeit derselben hantlung erleiden kan, zue abfertigung verholfen, und ob soliches durch den secretarj, der damit fürkumbt, nit beschehe, dasselb durch die räthe ainhellig geandert und abgestelt und also dieser unserer ordnung gemäfz gehandelt werden.

Glimpfliche bescheydung der parteyen.

Unsere schlesische camer soll sich auch befleissen, die parteyen und sonderlich die armen aufs glimpflichist und mit guten gebürlichen worten anzuereden, zuebescheiden und ihrer zueverursachung beschwerlicher versaumbnus und unkosten, als viel imer unserer aygenen sachen halben müglich, zue verschonen.

[fol. 9b] One sondere hohe noturften oder bevelch die parteyen mundlich im rath nit zuevernehmen.

Und damit unsere schlesische camer in völligem camer rath mit müntlichen anbringen auch reden und gegenreden zue versaumbnus anderer unserer genötiger camer hantlungen, weil fürkumbt, dafs bifzher das ein und auslaufen der parteyen nit allein bey den berathschlagungen zerrittet, sondern auch die meiste zeit der session ohne frucht verzehret hat, das uns also ferner zuegestatten keines weges gemeint, nit unmessig behelliget werde, so wöllen wir, wan ain partey yehtes bey angeregter unserer schlesischen camer anzuebringen hat, dafs dasselb entweder bey unserm presidenten enzwischen der rath zeit müntlich oder aber hernach in völligem rath schriftlich beschehe, zue endung der raths zeit umb antwurt entweder bey gedachtem unserm presidenten oder aber sonst bey der secretarij ainem, dahin dieselb partey bescheiden würdet, angehalten werde, es sey dan sach, dafz wir in sonderheit bevelch geben, ain partey im schlesischen camer rath müntlich zuevernehmen, oder aber dafs president und schlesische camer räth eine oder die ander partey nach gelegenheit selbst müntlich im rath zuevernehmen, für eine unvermeidliche notdurft achten; das solle in allweg bevorstehen.

Haltung aines sonderen memorials in unsern aigenen sachen etc.

Nachdem unsere aigene sachen nicht sollicitatores, die umb bescheit anhalten, haben, so soll unser president sambt den andern [fol. 10a] räthen ir vleissige aufmercken haben und auch bey den secretarien darob sein, damit dasjenige, so berathschlagt würdet, durch sy schleinig gefast und nit hinterlegt, auch durch unsern presidenten deswegen und sonderlich der genötigen unserer handlungen ain Memorial bey der hant in der rath stueben gehalten, darinnen die berathschlagten unsere aigene sachen verzeichnet und nachmals, ob sy expedirt und an die ort, dahin sy gehören, gefertigt und uns zu nachtl und schaden in der canzley nit vergessen und unexpedirt liegen bleiben, gesehen, und wo etwa an ain ort umb bericht geschrieben und sich die ankunft desselben berichts uber zeit verweilen wolt, dafs bey guter zeit wieder dran vermahnt werde. Es soll auch unser president unsere secretarien und buechhalter dahin halten, dafs ein yder wo nicht wochentlich, doch zue vierzehn tag uber sein expedition, was darinnen zuestellen oder zuvermanen, ime presidenten ein verzaichnus ubergebe, damit alle sachen in frischer gedächtnus bleiben und gefertigt werden.

Verschreibungen uber Camergüter und den gemeinen vorbehalt auch andere fertigungen in camersachen betreffent.

Was dan die brief in grossen sachen uber unsere camerguter auch ambter und dergleichen betrifft, in dem soll es der abhandlung, vertigung und siglung halben allermassen [fol. 10b] gehalten werden, wie unser jungst zwischen unserer behemischen cantzley und unsern cämern gegebner abschit, davon hienach vast zum beschlues dieser unserer instruction ain artikl einkommen in allem vermag.

Wann es sich auch zuetregt, das wir yemant ein stuk aus unsern camergutern auf einen ewigen wiederkauf verkaufen oder sonst verpfenden oder im bestant hinlassen, und derselben verschreibungen aufgerichtet müssen werden, so wöllen wir, dafs in alweg die schätz, perkwerk und, was darzu gehört, auch hoch und swarzwält, wiltpan, geistlich und weltlich lehenschaften, gemeine landsteuern, raisen und gezueg, auch appellationen, wo die stat haben künnten, confiscationen und aller andere künigliche regalien, obrigkeiten und hochheiten, desgleichen auch der vorbehalt von wegen kunftiger stey[g]erung, ob sich das einkomen gegen den pfantschilling in der berreitung mer als sechs vom hundert järlichs interesse uber die unvermeidliche ambtsausgaben erstrecket, item auch, dafs uns die ablösaung derselben güeter yder zeit in unsere eigene camer zue thun frey sein, in denselben verschreibungen mit lautern ausgedruckten worten verleibt werde; ausgenomen, wo wir etwo ainen aus beweglichen ursachen diesen vorbehalt zu entgegen ein sondere gnat thäten, die soll darumben nit benomen, sondern derselben verordnung den buchstaben gemäfs gelebt werden.

Weil uns auch fürkumbt, dafs denen vorbehelten, die bifzher in die verschreibungen kumen, in mehr weg nit gelebt und uns [fol. 11a] dardurch nit wenig schaden darmit zuegefügt worden, des uns ferner also zue zuesehen nit gemeint ist, so wöllen wir, dafs unsere schlesische camer räth yetzt alsbalt und kunftig zue mehrmaln und aufs lengist in zweyen jahren ainmal in augenschein und sonst erkündigung halten oder durch Jemanden zuchalten verordnen, darauf sie, unsere camer räth, die fürkomenden mängl unverzüglich wenden, und, [sc. wo] es aber nit beschehen, als dan uns umb ferner einsehen mit angehengtem ihrem räthlichen gutbedunken berichten sollen.

In allen dergleichen haubt, schult, pfant und kaufs verschreibungen soll die herkunft der abgehandelten und beschlossnen sachen, und wohin die gelt und waren posten, mit deme die bezahlungen beschehen, erlegt worden, ob auch abgereichte interesse und von wes zeit, desgleichen auch pau und gnadengelt und etwa alte schulden, zue den neuen geschlagen, mit sambt allen andern notwendigen puncten und clausuln zue kunftiger guter gedechtnus und nachrichtung, damit nit etwo uber ein zeit aus unwissenheit doppelte bezalung beschehen, vleissig angefurt werden, auf dafs man auch der umbtleut empfäng desto gewisser gegenschreiben und justificiren müge.

Wir wollen auch, wan von unserer schlesischen camer bevelch ausgehen, darauf ausgaben passirt werden sollen, dafs denselben bevelich allweg inen unsere camer räth daselbst mit eignen handen underschrieben, allermassen, wie es in vertigung der certificationen beschicht.

[fol. 11b] Wan dan bemelte unser schlesische camer auf sonderen unsern bevelch ausser unserer selbst signatur in unserm namen verschreibungen, bestallungen und andere offene briefliche sachen under dem bekennen verfassen und aufrichten lassen, so soll allweg hinden nach zum beschlufz, darzu urkundt gesetzt wirt, diese wort angehenget werden: auf sondern unsern von heut dato den N. tag monat und jahr an unsere schlesische camer ausgangenen bevelich mit unserm insigel verfertigt.

Sondere vermerkung der geltsachen und interesse halben.

Nachdem bifzher die erfahrung gegeben, dafz sich fast beschwerliche gelthandlungen in Schlesien einreissen wellen, also dafz etwo die darleyher ander partiden zue dem paren gelt schlaben, auch stracks das interesse vor auszahlung des anlehens, als vil sich erst nach endung des jahrs davon gebührt, davon streichen und noch uberdas das interesse ye lenger ye mer steigern und daneben andere verehrungen darzu haben wellen, die termin auch der wiederbezahlung auf verzikte, kurtze zeit stellen, so wöllen und bevelen wir, dafz oft gedachte unsere camer räth dergleichen schwere conditiones in kunftigen geldhandlungen ohne sonder unser gnedigistes vorwissen und bewilligung, so es die zeit anderst erleiden kan, und als vil imer müglich sein würdet, nit eigen[1], sonder allen embsigen [fol. 12a] vleis anwenden, damit die kunftigen anlehen ohne ainiche einmischung anderer sachen auf par gelt gerichtet, desgleichen die zeit der wiederbezahlung des haubtgueta und derselben aufkündigung zum lengsten, als imer müglich, bestimt, fürnehmblich aber die interesse nit zu hoch gesteigert sondern nach allen billichen dingen gemäfzigt, dasselb erst auch nach ausgang eines yeden ganzen oder zum wenigsten halben jahrs und darvor nit zuebezahlen abgehandlet, auch alle weitere steigerungen berürter interesse, als viel imer müglich, verhütet, die verehrungen aber gar nit bewilligt werden, darauf denn sonderlich unser schlesisch camer ihr vleissig achtung haben soll.

Nachdem sich auch etwan zuetregt, dafz allein haubtsummen ohne interesse sonderlich in den kriegsbezahlungen und denen fellen, wo etwa ein gelt und warenhandlung, mit und neben einander getroffen, auf unsere schlesische camer zuebezahlen verwiesen oder sonst durch sy, unsere camer räth, also abgehandelt werden, und obgleich der termin furuber und die bezahlung lenger verschoben würde, so sollen dennoch mer bemelte camer räth für sich selbst kein interesse davon zue reichen bewilligen, sondern solches an uns gelangen lassen und bescheits darüber erwarten.

[fol. 12b] Mit vleifz auf endung verschriebenen jahr und leibgeding achtung zuehaben.

Nachdem uns auch an einem vleissigen aufmerken, wan sich ein yede pfant oder andere verschreibung mit den jahren, terminen oder leibgedingen endet, vil gelegen, so sollen unsere camer räth aus aller dergleichen verschreibungen einen extract machen, denselben auch ymerdar mit denen verschreibungen, die sich weiter zuetragen, continuiren lassen und aufm rathtisch vor augen haben, sich auch oft darinnen ersehen und allweg zeitlich vor endung des termins die notturft an uns gelangen auch gleichfalls den undergebnen ambtleuten verkünden lassen.

---

[1] Schreibfehler für „eingehn".

Darob zue sein, dafz alle copeyen und verschreibungen vor aufrichtung und wegfertigung derselben in die buchhalterey, zum tayl auch in das rentambt zum ersehen und auszuecziehen gegeben werden.

Und damit unser buechhalterey, zum thayl auch unser rentmaister umb alle fertigungen in gelts sachen, wie es auch unser sonder noturft erfordert, ain wissen empfahe und die substanz in die bucher anszichen müge, so haben unsere schlesische camer secretarien sowohl auch unser registrator im bevelch, allen dergleichen copeyen und verschreibungen vor fertigung derselben in ermelte unsere buechhalterey so wohl auch, was die schult verchreibungen antrifft, in das rentmeister ambt zuersehen und ihre bedencken darüber zuevernehmen, zuegeben, welchem also zue geleben, unser president im ernst verschaffen und darob halten soll.

[fol. 13a] Deputat zum schlesischen Camerwesen etc.

Und damit unser schlesisch camerwesen nun vorthin richtiger gehandlt, und ihr, der camer, trauen und glauben gepflanzet und erhalten werde, so haben wir uns hieneben eines deputats, was ungeferlich von den andern undergebnen schlesischen ambtern uber derselben verweisungen in das rentmaister ambt dieser zeit, bis der allmächtige weiter genad verleyhet, gereicht mag werden, doch anders nicht als allein auf ain versuchen und bifz auf unser wohlgefalln mit gnaden entschlossen, inmassen unser president sambt den räthen aus bey verwarten, durch uns verfertigten Camer stat mit sambt den ausgab posten, die nach der zeit bifz zue mehrer ainzaichnung der sachen und bis zue milderung des schuldenlasts und dessen jährlichen interesse davon zuebeschehen, uberschlagen, zuevernehmen haben werden, und obwohl die ausgaben den empfang ubertreffen, so achten wir gnediglich dafür, wo mit getreuer und richtiger administration der einkomen und auch mit ersparung ubriger ambtleut und derselben besoldungen und in summa durch mügliche, leidenliche einziehung des wesens vermüg unserer jüngst aldn bey der schlesischen camer gewesenen räth und Commissari neben ihr der camer gehaltenen berathschlagung und unserer darüber erfolgten resolution, am meisten aber durch sleinige treibung zue richtiger ainbringung der lants[fol. 13b]bewilligungen, auch ordentlicher aufnehmung aller ambt leut raitungen und zeitliche abforderung der rest und bevorstant[1] in den ambtern, ehe und zuevor dieselben in ungewifzheit gerathen, vleissig und träulich hausgehalten, es solle nicht allein der hievorbemelte hinderschufz füglich wieder hereingebracht, sondern auch die zwen piergroschen, die wir inhalt angeregts camer stats ir der schlesischen camer zue hülf ermelts deputats, doch anderst nicht als allein auf wohlgefallen bewilligt, zum ehisten wieder geledigt und auf unseres hofwesens underhaltung, dahin sich dan die piergelts bewilligung erstreckt, transferirt werden mügen.

Canzley ordnung betreffent.

Sovil dan unserer schlesischen camer secretarien, auch registrators, expeditors, ingrossisten und in gemein unserer canzley personen dienst und verrichtung betrifft, darüber haben wir eine sondere ordnung verfassen und aufrichten lassen, gnediglich bevelend, unser president und schlesische camer räth wellen solch canzley ordnung von unsertwegen alsbalt publiciren lassen und ob der vollziehung vestiglich handlhaben, das canzley wesen auch, sonderlich aber die registraturen, wie dieselben gehandelt werden, oftmahls visitiren.

---

[1] Barbestände.

Camersecretarien underhaltung betreffent.

Und wiewohl die yetzigen unsere schlesische camer [fol. 14a] secretarien mereres tails umb ihrer langwürigen dienst willen besser als die ordinarij der järlichen zwayhundert taler besolt und underhalten werden, so sollen doch unsere schlesisch camer räth darauf bedacht sein, wan kunftigen neuen secretarij zue dieser dienst einem kumbt, dafz demselben ohne sondern ausgetruckten unsern bevelch mehreres nicht als die zwayhundert taler zuereichen verordnet werden.

Gradus der dienstplätz bey unser camer und ambteren etc.

Wir wellen auch, wan sich ein platz bey unser camer und ambtern verledigt, dafz allweg die person, so im alter des diensts am nechsten ist, zue demselben platz, wo der anderst ain merere wirde oder besoldung auf sich tregt und dieselb person anderst darzue tauglich, befürdert, und es also von einem grad zum andern gehalten werden solle, damit wir also unsere alte diener, wie billich, erheben, auch andern, wan sie einen solchen trost kunftiger der gleichen fürderung vor ihnen wissen, desto mehr ursach gegeben, sich umb unsere dienst umb so viel embsiger und eyfriger anzuenehmen, wir auch dardurch verhüten mögen, dafz wir dieselben diener nicht in anderweg mit paren gnaden gaben oder zuepufz gelt aus unsern camers gefellen erhalten dürfen, sonder furnehmblich von und ans den ordinarij besoldungen erstattet werden mögen, darauf dan unser schlesische camer, wan sich dergleichen fäll zue tragen, wohlbedacht sein solle.

[fol. 14b] Unsere cantzley und buchalterey personen sollen zue der camer räth oder anderer aignen diensten nit gezogen oder gebraucht werden.

Und damit unsere canzley und buchhalterey personen unsern diensten, warzu ein yeder bestelt, desto embsiger auswarten mögen und wir nit[1] andern leuten diener underhalten dürfen, so meinen und wollen wir, dafz keiner under unsern schlesischen camer räthen, secretarien, buchhalter und rait räthen, viel weniger andere frembde parteyen eine oder mehr aus unsern cantzley und buchhalterey personen in zeit der benenten stunden, wan sie unsern diensten auswarten, sollen in ihren aignen geschäften und sachen gebrauchen oder ihre aigne sachen in die canzley zum schreiben geben, darob dan unser president mit sonderem vleifz halten und keinen dergleichen mifzbrauch gestatten, viel weniger selbst uben solle.

Buechhalterey ordnung, auch der ambtleut raytungen, auszug, mengl und rest betreffent.

Als auch die bifzher geschwebt unordnung von wegen der seumigen aufnehmung der raytungen und erledigung der mengl und sonderlich der ambt leut rest machen, umb das die bevorstänt bey den ambtern nicht zue rechter zeit abgefordert worden, unserm schlesischen camerwesen nit wenig zerrittung und schme[fol. 15a]lerung der einkomen geursacht, des uns als ferner nachzuesehen gar nit gemaint ist, so haben wir hieneben ain sondere buchhalterey ordnung verfassen und aufrichten lassen, darinnen lauter begriffen, wie es hinfuran in dergleichen raitungsachen gehalten werden solle, darauf bevelen wir ernstlich, dafz offternenter unser president und camer räth sich in solcher buchhalterey ordnung, davon sy ein abschrift all zeit auf dem rath tisch haben, das original uber unserm buchhalter nach ordentlicher

---

[1] Im Text „mit".

publicirung in Beywesen sein des buchhalters sowohl auch der raith räth und in gemein aller ander andern person, so der buchhalterey zugethan sein, und ernstlicher erinnerung irer pflicht, dafz die sambt und sonderlich dieser ordnung unverbrüchlich gelebcn, zuestellen sollen, oft ersehen, und solch buchhalterey wesen, als an dem uns vast viel gelegen, entweder durch unsern presidenten selbst oder der camer räth einen wochentlich visitirt und in summa durchaus keinen unfleifz, unordnung oder verdächtiglichs einzuewurtzeln gestattet werden.

Sy, die schlesischen camer räth, sollen auch für sich selbst der raytungssachen gar vleissig wahrnehmen und entlich darob halten, dafz die ambtleut dye quatemberlichen oder monatlichen anszug, wie dieselben underschiedlichen angeordnet, darein auch die bleiben rest von einem auszug zue dem andern hinfür tragen zue yeder rechten zeit, desgleichen die reitungen samb allen zue gehörungen zue denen yetzt bestimbten rayt tägen, die einem yedem ambtmann verkunt werden sollen, ubergeben, volgunts in der buchhalterey mit elistem aufgenomen, justificirt, die mängl, wo einicher befunden, ordentlichen und wohlbedächtig ausgezogen, den ambtleuten umb [fol. 15b] ihre schleinige verantwortung ohne viel und hin und wieder schreiben und libelliren zuegestelt und geortert, alsdan gestraks beschlossen, und wo ein rest vorhanden, der ambtmann zue richtigmachung desselben unverwahrt der mängl erledigungen, als die die rest mindern, sondern nur mehren, erstlich in der gute, wo aber die nit statt hette, alsdan durch mitl des arrests und visitirung der ambts trulien, desgleichen anhelligmachung der schulden, die er an rests stat dargeben möchte, mit ernst gehalten, auch in anrichtung der raitbrief, so wir billich einem yeden verraiteten ambtmann, wan andertt alle rest und mengl zue ort abgehandlt und richtig gemacht, järlich zuezuestellen vonnöten, gar gewarsamb und vleissig gehandlt werde.

Straf und peen auf diejenigen ambtleut, die ire raitungen und auszueg zue rechter zeit nicht erlegen.

Und damit die ambleut zue ordenlicher ubergebung der quatemberlichen oder monatlichen anszüg so wohl des jahrs raytungen desto embsiger und sorgsamer geziegelt und erhalten werden, so haben wir under andern in der buchhalterey ordnung einen artikl inseriren lassen, dafz einem yeden der saumbigen ambtleut, wan er sein raitung zum lengsten inner vierzehn tagen nach dem bestimbten raittag nit erlegt, ain ganze quatembers besoldung, desgleichen auch denen, [fol. 16a] so mit ubergebung ihrer auszueg, die in der berürten buchhalterey ordnung bestimbt, quatember oder aber die nechst gewesenen der monat verziehen, und zum lengsten auch in vierzehen tagen nit gehorsamb leisten würden, ein halbe quatembers besoldung abgezogen werden solle, so wellen wir, dafz unsere camer räth solche verordnung so wohl auch die bestimmung der ausgetailten rait täg allen undergebnen ambtleuten alsbalt nach empfahung dieser unserer gefertigten instruction dentlich verkunden und dieselben vor schaden und nachtl warnen, volgunt mit allen ernst ob der vollziehung hanthaben und halten.

Sondere tagen in der wochen zue den raitungssachen fürzuenemen.

Wir wollen auch, dafz unser president und schlesische camer räth, inmassen hievor bey der austailung der expeditionen auch andeutung beschehen, zu erledigung der raitungs mengl und anderer buchhalterey sachen sondere täge und wo nit zween, doch ainen ganz anainander, oder zweene halbe underschiedliche täge in der wochen fürnehmen und damit zuebringen.

Dafz auch ainer aus der schlesischen camer räthe mitl bey justificirung der wichtigsten raitungen gegenwärtig sein soll.

[fol. 16b] Item dafz auch unser president, wan so gar wichtige sachen im rath nicht zue handeln weren, einen aus dem camer raths mittl zue den fürnehmbsten [raitungen, wan es zue examinirung der posten und erledigung der mengl kumbt, in die buchhalterey verordne, und dafz also under ihnen den camer räthen, welicher einmals bis zue beschlufz einer raitung gebraucht, dafz derselben wieder den camer raths dienst auswarten, entgegen ein anderer zue der nechsten volgunden raitung fürgenomen werde, ein vertreuliche abwechslung beschehe, damit wir uns so vyl mer auf aigendtliche justification der fürnehmbsten raittungen zuverlassen, unser camer räth sich auch desto besser in den ämbtern und raytungen bekant und geuebt zue machen und an einander im rath gueten bericht zuegeben haben, under andern auch das buchhalterey wesen durch difz mittl zue desto mehrern aufmerken und sorg gereyzt und erhalten werde, zue dem dafz auch solche verordnung eine grosse mühe, dafz die andern camer räth mit den mengln mit also gehelligt und den täglichen fürfallenden camer sachen desto statlicher auswarten mügen, verursacht würde, wie dan dieser modus bey audern unsern cämern auch also geordnet und gepfleget würdet, doch auch mit dieser mafz und ordnung, was bey der buchhalterey durch den dahin verordneten camer rath nicht erledigt werden möchte, dafz alsdan dieselben wichtigen posten durch den puchhalter und, da es vonnöten, in aines oder des andern rait raths, welcher mit derselben raitung umbgangen, beywesen im völligen camer rath referirt und erledigt werden.

[fol. 17a] Von unserm buechhalter quatemberliche auszug der gehandelten raitungssachen zu erfordern.

Und damit auch unsere camer rath yder zeit ein wissen empfahen, wie die handlung der raitungssachen in der buchhalterey von statten gehe, so sollen sie quatemberlich von unserm buchhalter einen auszug aller aufgenomenen raitungen und anderer buchhalterey verrichtungen erfordern, sich darinnen ersehen und die mengl allweg ändern und abstellen.

Sonderer artickl von wegen der canzley und buchhalterey personen, welcher in allweg mit vleifz observirt werden solle.

Wan es sich zueträgt, dafz ein veränderung und neue ersetzung unserer secretarien, buchhalter, raiträth und anderen personen bei beiden wesen, keine ausgenomen, beschehen solle, so sollen dieselben personen alle vor ihrer antretung gestraks in die gebührlichen ayts pflicht genomen, ihnen auch die bewilligt besoldung alsbalt in der ersten bestimbt und in das rentmeister ambt angeschafft, zue vordrist aber demselben die gehaimbhaltung aller ihnen vertrauten sachen mit allem ernst und bey bedreyung unserer ungenad und straf mit notwendiger einbildung, was daran gelegen, und was inen im fall der übertretung entstehen möchte, fürgehalten, auch umb mehrer sicherhait willen weder parteyen noch der herrn diener keinen ausgenomen in die canzley viel weniger zue der canzley verwanten tisch zue sitzen und in der canzley und buchhalterey zue schreiben und in den schriften umbzugrippeln [fol. 17b] oder dieselben mit ihren reden, fragen oder sonst behelligen, mit dem ein und auslaufen zue perturbirn gestattet werden, darauf das sonderlichen unser president und camer räth ihr vleissigs aufmerken haben und keine dergleichen unordnung und hoch nachteilige eröffnung der vertrauten camersachen einreifzen lassen, sondern gegen den übertretern, wo eine oder zwo vorgehunde warnungen nit helffen wolten, die gebühr eintweder mit bericht an uns oder aber[1] sonst die noturft gehandlt werde.

Schlesische camer soll uns järlich ihres einnehmens und ausgebens, sowohl auch der ambtleut raitung und rest, desgleichen des Schuldenlasts auszüg uberschicken.

Und damit wir yder zeit ein aigentliches wissen bekomen, wie sich unser schlesisch camerwesen auf diese neue ordnung von jahren zu jahren gebessert, und was an dem schulden last abgelegt würdet, so wöllen wir, dafz uns oftermelt schlesische camer räth balt nach ausgang eines yeden jars einen lautern auszug alles ihres ordinari und extraordinari enpfangs, desgleichen auch der underschiedlichen ausgaben und rest, item auch wie vil von einem jahr zue dem andern auf unserm rentmeister und anderen ambtern schulden liegunt gewesen, was eines yeden jahrs daran bezahlt und noch zum bschlnfz desselben unbezahlt bleibe, item was auch sie, die schlesischen camer räthe, nach ordentlichem uberschlag, den sy alleweg mit ausgang des jars machen sollen, auf das kunftig jahr nachgestalt, wie sich das camerwesen verändert, für ausgaben thun werden müssen, und woher dieselben mit dem deputat oder ausser desselben zueverrichten sein möchten.

[fol. 18a] Dan so sollen auch unsere schlesische camer räth järlich und yedes jahrs besonder uber alle ambtleut aufgenomene raitung und rest gleichfalls ainen sondern auszug zue handen unserer hof camer gehorsamblich uberschicken und darumben die ambtleut zue desto schleinger übergebung ihrer raitungen zue eines yeden bestimbten reit tag, davon hinach meldung beschehen wirt, umb so viel ernstlicher halten und treiben und entlichen mit uberschickung dergleichen auszüg kein jar für uber gehen lassen.

One unser vorwissen und bescheit kein gepew furnehmen zuelassen.

Und nachdem sich auch bey unsern erbfürstenthumben, herrschaften und ambtheusern neue gepen zueverrichten zuetragen, die etwo nit umbgangen werden möchten, so sollen unsere camer räthe dieselben gepeu in allweg zuevor durch verstendige werkleut besichtigen und den unkosten beyleufig uberschlagen, volgunt an uns mit ihrem räthlichen guetbedunken gehorsamblich gelangen lassen und also ohne unser vorwissen und bescheit keine dergleichen pausachen fürnehmen, anschaffen, viel weniger vollziehen lassen, allein was gemeine schlechte pesserungen sein, die nit anstant erleiden oder umbgangen werden möchten und sich uber dreissig oder aufs meist vierzig gulden nit erlaufen, die mögen sie mit ordentlicher vorgehunder bschaw und berathschlagung auch uberschlag der werkleut nach gelegenheit, doch allen uberfiufz hindangesetzt, von unsertwegen zueverrichten anschaffen und uns dannocht zue einem wissen und, wo vonnöten weiter bescheit zuegeben, gehorsamblich berichten.

[fol. 18b]   Pfandschafter gepeu betreffent etc.

Wann es sich auch zuetrug, dafz die pfantschafter umb bewilligung eines paugelts anhielten, so mögen gleichwohl unser president und camer räth commissarij und pau verstendige personen zue einnemung des augenscheins und uberschlagung der unvermeidlichen paw summa ver-

---

[1] Hier sind offenbar in der Vorlage Lücken; wahrscheinlich mufs es heifsen: „. . eintweder mit bericht an uns gelangen lassen oder aber daroh sein, das sonst die noturft gehandlt werde".

ordnen, doch dafz in allweg allein die notgepeü ausser einigs lusts angesehen werde.

In dem aber in allweg zue observirn, dafz weder die tachung, fenster, öfen, thüren oder ander dergleichen gemeine besserungen, die keine neue gepeü sint, sonder ein yeder pfandschafter pawstellig zuerhalten schuldig, so wenig auch die mayerhöf, pruggen, scheuren und ställ, deren pawbesserungen sich in zeit der pfantsinhabung selbs wiederumben durch die nutzung abzahlen, in vorberürten pauanschlag eingebracht und gereitet werden.

Und was nun also zue pawen für rathsumb und thunlichen befunden, das wir billich uber uns nehmen und auch gar nit zue umbgehen sein wirt, so sollen unsere camer räth gestalt samb aller sachen mit notwendiger ausfürung an uns gehorsambist gelangen lassen und bescheits erwarten, volgunts nach unserer gnedigsten bewilligung denselben pfants inhaber die berathschlagt mas und ordnung, under [fol. 19a] irer der presidenten und cainer räth fertigung beschrieben, zuestellen mit bevelch, dafz er demselben nach ohne ainiche excefs pauen, das bewilligt pawgelt aus eigenhemb peutel dargeben, auch ordentlichen mit denen darzu gehörigen probationen zue unser schlesischen camer buchhaltung verreiten wölle, welches pawgelt ihme aladann nach ordentlicher beschehener justification der raytungen, als weit sich die bewilligung erstreckt, desgleichen auf vorgebunde bosichtigung, ob die gepew also dem eingelegten costen und der berathschlagung gemäfs beschehen, doch unverziust zue anderm seinem auf demselben guet habenden pfantschilling geschlagen werden soll.

Und damit auch nach ab- und wiederantretung eines umb des andern pfantschafters imfall der abkomnen gepeü nit einer dem andern zuemesse die schult und sich also darmit aus der verantwortung ziehen welle, so wellen wir, dafz nun hinfuran iu dergleichen veränderungen der pfantschaften allzeit die gepew in augenschein besichtigt und das inventarj gebracht werde, wie und in was wirden der angebaut pfantschafter dieselben ubernommen und volgunt zue seiner wiederabtretung also wesentlich und pawstellig zue ubergeben schuldig sein, solches auch lauter in den pfant verschreibungen vermeldet werde.

[fol. 19b] Steur und piergelt auch schuldenlasts bewilligung und derselben zustände betreffent.

Unser schlesische camer räth sollen bey unserm obristen lants haubtmann in schlesien alles vleifz anhalten und für und für treiben, dafz die hinderstelligen steür und schulden lasts[1] abraitungen zue yeder zeit aufgenomen, justificirt und beschlossen, auch die darinnen befunden restanden vleifzig ausgezogen, liquidirt und mit benemung leidlicher doch kurzister termin durch mitl der lants exekution ernstlich eingebracht, auch im fall die anlangen[2] wieder auf die schatzung gerichtet, dafz dan die stent und personen, die sich noch nicht geschetzt und sich doch billich hetten schetzen sollen, zue einlegnng ihrer schatz zetteln und bezahlung ihrer ausstänt mit ernst gehalten und in allweg zue aufnehmung dergleichen reitungen und ausziehung auch liquitiruug der restanten von nnsertwegen auch etliche reit verstendige personen gegenwärtig sein sollen.

Und nachdem wir auch sonderlich die neuen steurabewilligungen nindert anderst wohin als allein auf das gränitzwesen verwenden zuelassen allergenedigist entschlossen, so wellen wir ernstlichen, dafs solche steurgefell ausser unsers sondern special bevelchs durchaus under die andern camers gefell nit vermischt, sondern in unserm rentmeister ambt

---

[1] sc. hülfe.
[2] Verschrieben für „anlagen".

in ein sondere verwahrte truhen geloget und bifz auf unser abfordern ganz unverwendt beysammen gehalten werden.

[fol. 20a] Was aber die einnahmb und handlung der piergeltsgefell anlangt, in dem soll es allermafzen gehalten und darob gehanthabt werden, wie unser neü anyetzt aufgerichte piergelts instruction, darein wir uns hiemit von keinem wegen allergnedigist gezogen wollen haben, ausfürlich vermag.

Und dieweil wir unserer schlesischen camer ein gewisses deputat als zween groschen vom vafz aus solchem piergelt zue hilf der camer ausgaben bewilligt, das ubrig aber zue unserer hofhaltung vorbehalten, so hat auch unser rentmeister in seiner neuen instruction im bevelch, dafz er solche unsere vorbehaltene gebür am piergelt zuegleich wie die steuersgefell gar under die camers gefell nit vermischen, sonder in ein sonder verschlossene laden verwahrlichen legen und ausser unsern sondern bevehlich davon nichts verwenden noch ausgeben solle.

Demnach so sollen und werden oft gedachte unser president und camer räth nit allein ob der volziehung mit ernst zuehalten wissen, sonder sich auch selbst der eingriff aller solcher steur und vorbehaltenen piergefell enthalten und unserer ernstlichen meinung nach anderst nicht thun.

Wie sich die einbringung der lants bewilligungen anlasse, ider zeit geen hof auch unerfordert zueberichten.

Unser president oder verwalter und camer räth sollen uns auch yeder zeit und zum wenigsten in einem viertel jahr einmal, es werde von ihnen erfordert oder nit, zue handen [fol. 20b] unser hof camer ausfürlich berichten, wie sich die steuern auch schulden lasts und piergelts bewilligung aulassen, was daran eingebracht oder noch restiere und yeder zeit im vorath sey, ob und was sich auch dariunen für mängl zuetragen, und wie dieselben zue remedieren sein möchten, uns in allweg darnach mit gnaden zue richten und einseben zue thun haben.

Haltung kunftiger lanttäg betreffent.

Unser president und camer räthe sollen auch bedacht sein, dafz sie uns yedesmals ein gute zeit vor endung der schwebenden bewilligungen zue haltung neuer lantäg gehorsamblich vermanen neben ihrem ausfürlichen bericht, was für camer artikl in denselben lantägen proponirt, und warauf fürenehmblichen zue fussen sein möcht.

Perckwerk und müntz sachen betreffent.

Demnach sich auch in unserm fürstenthumb schlesien an mehrerley orten perkwerk erzeigen, davon unser camergut sowohl gemeine lant und leut kunftig wohl gebessert werden möchten, so sollen unsere Schlesische camer räth in allweg bedacht sein, wie dergleichen hoffenliche perkwerk auf die edlisten metall aufzer nachfolgender in einem sondern artikl specificirter geringster stuk, die mehr schaden in den walden thun als [fol. 21a] nutzen bringen, erweket und erbaut, unserer herrschaften und gueter, die denselben perkwerken mit proviant, gehülz, wasser, weg und steeg dienen mügen, als viel iner müglichen wiederumben ledig gemacht und erhalten. ob sich auch zwischen unser und unserer schlesischen fürsten und anderer unserer lantleute der erbkuthufz, zehent und sylberkaufs, gehülz, flofzwerk oder sonst anderer sachen halben, die perkwerk berürent, irrungen zuetrügen, so sollen sy die camer räth zeitlich und vleissig vermahnen und anhalten, dafz dergleichen irrungen in den kuuftigen fürsten und lantägen oder ausser derselben sonst durch gebürliche weg errettet werden, damit unser perkwerk und derselben zuegethane cameraleute durch dergleichen lantschwebenden irrungen nit in abfall und erligung gerathen; dardurch sy, unser president und camer räth, von unsertwegen ob den ordnungen und privilegien, [die] an yetzten in esse seint, kunftig weiter angeordnet und ausgeben mechten, bifz an uns vestiglich hanthaben sollen nnd wöllen.

Zue dem so soll auch unser camer gute aufsehtung haben, damit das münz wesen nach beschehener wieder aufrichtung in guter ordnung getrieben, die lantschedliche und verpotne verpagamentierung und heimbliche verfürung der goltner und silber und anderer metall, auch einschleifzung der bösen verpotnen münze vermüg unser voriger ausausgegangener mandata mit allem ernst abgestellet und zue straf [fol. 21b] gebracht, die fron oder zehent, desgleichen der gold und silberkauf, welcher uns als künigen in behemb und obristen herzogen in schlesien von rechtswegen zuestehet, ohne ainichen underschleif in unserer camer gegen gebührlicher bezahlung geantwortet und anderst nit gehandelt werde.

Bereitung der wält sowohl auch derselbs abgelösten pfantschilling.

Und nachdem glaubwürdig fürkomen, wie ein zeither in denen durch uns vorbehaltnen wälten sehr übel hausgehalten worden, des uns ferer also zuegestatten keineswegs gemeint sein will, so wollen und bevelhen wir, dafz alle unsere aigene und sonst in den verpfenten herrschaften vorbehaltne wält und hayden, keine ausgenomen, so noch gar oder zum teil zum ent nit beritten worden, dafz es noch gar mit dem fürderlichsten durch unverdächtige und der wälthandlungen verstendige personen beschehe, denselben auch die verba formalia ainer yeden verschreibung vorbehalt zuegestellet werden, die gegen dem augenschein zuehalten und gestalt der sachen, ob und wie solchen vorbehälten gelebt oder umb wievil uns an yedwedern ort dorwider zue schaden gehandelt worden, zue handen ihr, unser schlesischen camer räth, und volgunt sy uns mit ihrem räthlichen gutbedunken in gehorsamb berichten sollen.

Also sollen auch die selbst gelösten pfantschillingen, damit man sehe und wahrnehme, ob dieselben fleken und gemeinden [fol. 22a] mit nutzen oder schaden hausen, ob auch dieselben camergüter wesentlich und unverwüstlich gehalten und nit etwas von den benachbarten davon entzogen, mit allem vleifz beritten, erkundigt und die mengl abgestelt oder an uns gelangt werden.

Solche bereitungen sollen auch nit an yetzt, sondern alleweg im andern oder dritten jahr einmal verneuert und also die inhaber in officio und sorg erhalten werden.

Glashütten, eysen, alaun und vitriol perkwerk betreffent.

Nachdem auch bifzher die erfahrung mit sich gebracht, dafz durch die verleyhung der glashütten so wohl der eysen, alaun und vitriol perkwerk durch den ytzigen und kunftigen edlen perkwerken zue merklicher schmelerung ain ansehnlichs gehülz verschwendet worden, so sollen sy, unsere president und camer räth, ainiche neue aufrichtung dergleichen werk und, was dazue gehöret, auf unsern gründen ohne unser vorwissen mit nichten gestatten.

Wiltpahn betreffent.

Nachdem wir auch in Schlesien und der eingeleibten sonder aber in den oppischen und ratiborischen furstenthumben ansehentlich wält wiltpan haben, die unserm oberhaupt[fol. 22b]man daselbst zuversehen und zue verwalten bevolen, so soll demnach die camer bey ime oberhauptman und andern verwaltern der wält und wiltpanen yeder zeit darob sein, damit sie difzfals ihren instructionen und bevehlen in aufzüglung des gehülz und bayung des wiltprets vleissig und getreulichen nachkomen, und wo darinnen was beschwerlichs und nachteiligs fürfüle, dasselb an sie die camer gelangen lassen, welche camer darinnen von unsertwegen yder zeit alle nachteilige abwendung und noturftige einsehung thuen, do sy aber dasselb für sich selbst auch nit abstellen künte, alsdan uns des handls mit ihrem rath und gutbedunken berichten sollen.

Camer procurator ambt.

Nachdem unserm schlesischen camerwesen an ordentlicher handlung des camer procurator ambts, wie die an ytzt nit allein bey der camer sonder auch bey unsern schlesischen erbfurstenthumben angeordnet, höchlich viel gelegen, wir aber verstehen, dafz die ytzigen unsere camer procuratores noch der zeit mit keiner instruction versehen, so wollen wir, dafz sich unsere schlesische räth der camer alsbalt ausfürlicher instructionen nach gelegenheit eines iden fürstenthumbs, regalien, gerechtigkeiten, statuten und privilegien vergleichen und uns dieselben zum ersehen ubergeben und nach deren völligen aufrichtung yeder zeit steif ob der vollziehung halten.

[fol. 23a] Insonderheit aber die sachen dahin richten, dafz die ytzigen und kunftigen camer procuratores alle recht sachen mit unserer schlesischen camer vorwissen ansehen, procedirn und darinnen schliessen.

Item auch dafz sy ordentliche libell, darin alle anhangende rechtssachen, in was terminis ein yeder stehet, und was ferner darinnen zuehandeln begriffen, verfassen und gleichmässige exemplar zue unserer schlesischen camer übergeben und also yeder zeit mit dem, was sich für neue rechtssachen wiederumben zuetragen und sich die alten mit dem procefz von einer zeit zue der andern verändern, continuirt werde.

Item dafs auch unsere schlesische camer [sc. räth] nit allein unsere camer procuratores oft vernehmen, sonder auch selbst ir aufmerken haben, was sich yeder zeit in executione justiciae und sonst für zue erkante urtl peen, lehens volligkeiten oder andere anfäll sowohl auch strafen und püfzen zuetragen, und darauf embsig anhalten, damit deuselben erkantnussen unablefzlich nachgesetzt und hierinnen durchaus nichts verschwiegen, auch alles uns zue gutem ordentlich aingebracht und verraitet, dafs auch unsern regalien, volgen und diensten, wie solches namben mag haben, so viel unser camerguet berurt und etwo mit oder under vermeinter praescription auch kraftlosen privilegien undergedrukt und verhalten werden möchten, weil sich solche regalien, künigliche, landfürstlich rent und einkomen nit verschweigen mügen, nachgefragt und, so viel recht und billich, wieder zue unsern handen [fol. 23b] und ad esse gebracht [sc. werden]. es sollen auch unsere camer räth gedacht sein, wan ein fiscalischer rechts procefz fürzuenehmen beratschlagt wirt, bey unsern camer procuratorn zue verfügen und darob zue sein, dafz sie demselben vleifzig und treulichen darzu gestrakx und fürderlich nachsetzen und darinnen keinen unnoturftigen aufschub oder verlengerung gebrauchen, noch sich die parteyen kinicherley weis aufziehen lassen, in welchem allem ihnen gedachte unser camer von unsertwegen räthlich, hilflich und beystendig sein, sich auch und gedachte unsere räth ausserhalb unsera vorwissens, ehe sy uns der sachen gruntlich berichten und darauf von uns bescheit, was unser gemüet und willen darinnen zue handlen sey, empfangen, in kein gütliche handlung einlassen und sonderlich unser camer räth die sachen, darumben ein partey fürgenomen, yeder zeit zuevor mit vleifz noturftiglichen erwegen und zueverhütung schimpfs und unlusts, so uns nit allein bey den parteyen sonder auch sonst entstehen möchte, bedacht sein sollen, niemants durch unsere camer procuratorn mit ladung fürzunehmen oder in rechtfertigung zue ziehen, sy seien dan gegen dem oder deuselben wohlgegründet und zue recht genugsamb gefasst, wir dan auch diesen unsern camer procurator ambtern zue mehrer nachrichtung und hülf aller stänt und fürstenthumber in Schlesien privilegien bey unserer beheimischen cantzley nach lengs ausschreiben und zue der camer uberschiken wellen lassen, uns auch yedes mals, wan sich ein solcher fall zuetregt, durch sy die schlesisch camer zue handen unserer hofcamer mit erzehlung geschicht der sachen zue wissen gethan werde.

[fol. 24a] Rentmeister ambt betreffent.

Unser schlesische camer räth sollen alle dergleichen undergebene ambtleut mit erlegung der gefell auf unsern rentmeister oder verwalter weifzen, welche gefell er rentmeister empfahen und dagegen allen denen, so ihme also aus ihren ambts verwaltungen gelt uberantworten, yeder zeit noturftige quittung darumben geben und dieselben quittungen alle durch unsern ime zugeordneten gegenschreiber neben ihme unterschrieben werden, wie denn auch gedachter unser rentmeister oder verwalter niemant einiche quittung nit geben solle, sie sey dan durch ine und den gegenschreiber wie vorgemelt underschrieben, inmassen die an yetzt wieder verneuert rentmeisterambts instruction, davon die camer hieneben ein abschrift zue empfahen, sonderlich aber, wie es mit allen und yeden empfangen und ausgaben auf unserm gefertigten camer stat und sonst gehalten werden solle, ausfürlichen vermag.

Anschaffung und certificirung der ausgaben.

Es sollen auch alle extraordinary ausgaben, die sich ausser des ordinary camer stats und gebürlicher bezahlung der järlich interesze und der genötigten haubtsummen, die nit anstand erleiden mügen, zuetragen, allein auf unsern schriflichen bevelch beschehen. [fol. 24b] Was aber die ausgaben, so under zehen gulden auf einmal bringen, als einig almusen und alter erlebter diener gaben und sonst in andern unsern noturften, under andern auch der notgepew, die sich auf meist auf vierzig gulden erstreken, davon in einem sondern artikl dieser instruction meldung beschehen, anlangt, die mögen gleichwohl ohne sondern unsern specialbevelch angeschafft werden, doch dafz es mit bescheidenheit und dermassen beschehe, dafz es wohl angeleget sey, das auch nicht allein auf solche kleine, sonder auch auf die vorbemelten grössern und also in gemein auf alle angeschaffte ausgaben sonder schriftliche certificationen mit zweyen aus unsern schlesischen camer räthen und der secretari einem underschrieben und auch mit notwendiger ausfürung der sachen solchen anschaffens gefertiget und durchaus nichts mer mündlich, es treffe gleich viel oder wenig an, auszugeben angeschafft werden.

Doch sollen hiemit die täglichen zerungen, wan yemant von unserer schlesischen camer in gelthandlungen und andern täglichen fürfallenden nötigen sachen, die uns selbst antreffen und durchaus nit umbgangen mügen werden, auch keinen verzug erleiden mügen, uit benommen, sondern zugelassen sein, dafz dieselben mit guter mafz und ordnung aufzer unsers sondern specialbevelchs, weil wir nit yeder zeit in der nähne zuerreichen, doch ohne einichen mifzbrauch angeschafft werden. wo wir aber mit unserm hofleger in schlesien residirten, so soll es jeder zeit mit unserm gnedigsten vorwissen beschehen.

[fol. 25a] Da sich auch sonst in ander unvermeidlich wegen in unserm abwesen ein genotige und solche ausgab, mit derer man unsers bescheits gar nit erwarten kunte, fürfüle, auf dieselben sollen und mügen unsere camer räth mittlerweil ime rentmeister ain certification fertigen und geben, doch dalz dieselb alsdan mit unserm bevelch wieder ausgewechselet werde, darumben auch der rentmeister yder zeit, das solchs also beschehe und nit vergessen werde, schriftlich vermahnen und anhalten, die certification auch mit allen umbständen, warumben unsere resolution derselben post halben nit erwartet mügen werden, gestellet und ausgefürt sein solle, auf dafz die camer räth der solicitierung unsers bevelchs selbst umb so viel mehr ingedenk sein mügen und auch dem rentmeister keine unpafzirliche ausgab daraus erfolge.

Und damit auch alle ausgaben umb so viel richtiger und ohne nachteiligs ubersehen beschehen, so sollen unser president und camer rath bedacht sein, dafz sie durchaus in kein anders als in das rentmeisterambt, dahin alle gefell erlegt werden sollen, anschaffen, es begebe sich dan ye zue zeiten, dafz umb ersparnng des unkosten willen ein auswechsel mit den ausgaben und quittung ohne entgelt und zerrittung der rentmeisterambtssachen beschehn kunte, das ist, dafz etwo ein underambtmann von des rentambts wegen ein ausgab thäte und hernach zue quartaln die quittung, so auf den rentmeister nach seiner uberschickten notl gestelt sein solle, neben andern gefellen an pares gelts statt ubergebe, also dafz solche post nindert anderswo als in der rent [fol. 25b] meister ambts reitung für ausgab eingebracht würde, so mag es mit einer solchen bescheidenheit, doch allen excefz hindangesetzt, angeordnet werden.

Extraordinari empfang in das rentmaister ambt zueverkünden.

Nachdem sich auch des jahrs viel extraordinari geltsachen auch rests bezahlungen zue den bestimbten fristen und andere empfeng zuetragen, so durch unsere schlesische camer sonderbar abwesent unsers rentmeisters abgehandelt, und damit dieselben geltposten ordentlich durch den rentmeister zue den bestimbten terminen sollicitirt, eingebracht, auch in empfang und ausgaben verreitet werden, so wollen wir, dafz unser president und schlesische camer räth alle dergleichen extraordinari gelthandlungen, alsbalt sie beschlossen, in ernelten unsern rentmeisterambt sowohl dem gegenschreiber als rentmeister, auch in der puchhalterey durch ainen schriftlichen rathschlag verkunden lassen und solchs gar in kein vergessen stellen.

Quatemberliche erlegung der gefell aus den andern unverwiesnen ambtern in das rentmaisterambt.

Als wir auch berichtet, wie einnehmber des pier [fol. 26a] und zollgelts auch ander officir nit allein die gefell unzeitlichen in das rentmeisterambt erlegen, sonder auch ihr viel noch reitung zue thun und das hinderstellige gelt, welches sie mitler weil zue ihrem aigenen nutz gebrauchen, zueerlegen scbuldig, daraus dan bisher nit wenig böser rest erwachsen, so sollen demnach unsere schlesische camer räthe bey denselben alles vleifz auch mit bedrewung der peen und andere straf und mitl darob sein, damit solche gefell zueverhietung ubriger unkosten und zehrungen jeder zeit in das rentmeister ambt sambt einen ausszueg, was allenthalben daran gefallen und wiederumben ausgegeben worden, uberschicken und sich sonst auch mit ihren reitungen zue ausgang eines yeden jahres fertig machen, wie dan hievor bey dem artikl der ambtleut reitung und rest mit mehrerm meldung beschehen.

Fürfallende kriegsbezahlung.

Da sich kunftiglich begebe, dafz durch uns kriegsvolk gehalten und aus unserm rentmeisterambt zuebezahlen verordnet würde, haben wir bey unser hofcamer verordnung gethan, dafz yeder zeit ordentlich muster register und abreitung, darinnen die summen mit ganzen worten begriffen sein, gestelt, auch ihr der schlesischen camer entweder die original register und abreitungen, wie der raitungsauszug, von posten zue posten gestellet, oder aber glaubwürdige particular [fol. 26b] abschriften davon eingeschlossen und darauf die bezahlung durch [sc. von] uns verfertigte bevelch verschafft und certificirt werden sollen. Wann auch die schlesich camer, es sein kriegs verdienen, schulden oder verordnungen abzureiten in bevelch hat, so soll keinem nichts passiert werden, er habe dan genugsam verfertigte schein darumben fürzulegen und dafz auch solche schein, schultbrief und urkunden, wann dieselben gar ausgezahlt, herausgenommen, oder aber, wo die bezahlung nit gar vollig, sonder allein in abschlag beschehen, auf den originalschein zuerukgeschrieben und ordentliche quittung darumben von der partey genommen, auch denen ambtleuten, von deren ambtsverwaltung wegen solliche bezahlung oder sonst übernehmung derselben posten beschehen, im fürschreibbuch bey der buchhalterey vleissig für empfang observiret und sonst in allen damit gehandelt werden solle, wie die buchhaltereyordnung ausfürlich vermag.

Veränderung der dienst und besoldungen.

Es soll auch uber die veränderungen der dienst und besoldungen, in unserm schlesischen camer stat begriffen, wan ein yeder ab oder an stehet und ime seine besoldung angehet oder gebessert, yeder zeit ein ordentliche certification gefertigt und solchem nach vleissig gelebet werden.

[fol. 27a] Ordnung in commission, zehrungen und
lifergelt, doch alles in unsern aignen sachen.

Wiewohl wir verschiener zeit das lifergelt in commissions zerungen auf rofz und mann, tag und nacht dreyssig kreuzer benent und gesteygert, doch dafz es allein auf die jenigen landleut und diener, denen solches gesteigertes lifergelt bishero gereicht worden, und auf difz, so ihres gleichen seint, verstanden werden solle, so solle hierinnen ein solcher unterschied gehalten werden, dafz einem yeden solchen commissarj nit mer personen und pfart, als sich etwa seinem staut nach gebürt, mit obsthunder zerung zue halten gestattet, und sonderlich diese achtung gegeben, damit der uberflufz in allweg eingezogen, auch[1] und an welchen stellen die commissarij bey chur und fürsten oder andern orten (wie es sich oft zuetregt) costfrey gehalten, inen solches am bestimbten lifergelt abgekürtzt, item auch, wo und welchem commifzary, es sey ein rath oder sonst ein diener, das lifergeldt auf rofz und man, tag und nacht für vollig gereitet und passiret, und er nit desto weniger die gotschifuer[2] darzu in unkosten einstellen wolt, dafz solcher fuerkosten hinfuro nit passiret werde, es were dan, dafz einer in gelt sachen verschickt würde und etwo gelt hin und wiederführen musste, so mag demselben die gotschufuer nach gelegenheit passirt werden. wo sich auch zuetruge, dafz einer under unsern camer räthen oder andern unsern räthen und dienern auf einer anbevohlnen rais umb seiner aigenen sachen willen etwa an einem andern ort lenger, als sonst unsere aigene [fol. 27b] geschöft erforderten, stilligen[3] und etwo ainen umbweg nehmen thet und ubrige zeit und tag damit zuebrechte, so soll denen oder demselben das lifergelt pro rata defz lengern ausenseins abgezogen und zuereichen nit gestattet werden. im fall aber ainer ausser lauts ins reich oder anderstwohin verschicket würde und bey dem lifergelt nicht bleiben möchte, soll sich unsere schlesische camer mit demselben nach gelegenheit aber in allweg vor seinem verreisen, was ymo yeden tag am hin und wieder

---
[1] Lücke in der Vorlage; vielleicht fehlt „ob".
[2] d. i. Kutsche, Fuhrwerk.   [3] d. i. still liegen.

reisen auch in zeit des stillegens, wan er nit costfrey gehalten würdet, sonder sich selbst verzehren müst, deputiert sein solle, doch allen uberflufz hindangesetzt, auf unser wohlgefallen vergleichen.

Commissionen in parteysachen ausser sondern specialbevelch mit zährung nit auszuhalten.

So wollen wir auch nit, dafz aus unserm rentmeisterambt auf commissarien, so die parteyen für sich selbst erworben, ainiche zehrung oder lifergelt ausser unsern sondern specialbevelch gereicht, oder aber dafz unsere diener bey der buchhalterey oder canzley oder jemant anderer auf unser zehrung in sachen, die nit uns und unser camerwesen angehen, verschickt und etwas darauf in das rentmeisterambt zuebezahlen angeschafft werde.

[fol. 28a] Die bezahlungen der zehrung, interesse, besoldung und dienstgeld nit anstehen zu lassen.

Was aber billich nit allein in zehrung, sonder auch an interesse, bestgeldt[1] und dienstgeldt zuebezahlen ist, das sol der rentmeiser in die leng nicht anstehen lassen, damit dieselben commissarien, räth und diener, so etwo landleut seint, nit ursach haben, ihre steur und piergeltz anlangen[2] destweniger destwegen mit behelf kunftiger abreitung innen zue behalten und also ein nachteilige vermischung einzuwerfen.

Rentmaisters wochen zetl betreffent.

Und nachdem unser rentmeister im bevelch hat, alle wochen sondere zetl, was er ein yede derselben allenthalben in das ambt empfangen, auch davon ordinarie und extraordinarie wiederumben ausgeben, mit seiner und seines gegenschreibers hantschriften underschrieben unsern camer räthen uberantworten solle, so wöllen wir, dafz sie unsere schlesische camer räthe solche wochen zetl im rath noturftig ersehen und von wochen zue wochen auch auf monat zuesamen behalten, damit sie yder zeit der vorhandenen parschaft ein wissen haben, auch zue beschlufz des jahrs solche wochen zetl dem buchhalter zuestellen, auf dafz er dieselben zue des rentmeisters und seines gegenschreibers raitungen gebrauchen und gegenhalten müge.

[fol. 28b] Wie dann gemelter rentmeister sambt seinem zuegeordneten gegenschreiber uns zue yedem viertl jahr zue quartals zeiten auch einen auszug aller solcher empfang und ausgaben doch nit also mit langer ausführung wie bifsher beschehen, so allein zue den haubtreitungen gehörig, sonder mit kurzer ausziehung der substanz zuehanden unserer hof camer uberschiken, welchen anszug aber zuevor unsere schlesische camer räth ubersehen und uns mit ihrem räthlichen guetbedunken berichten sollen.

Ambtstruhen betreffent.

So werden wir auch bericht, dafz unangesehen der hievor von wegen haltung der ambtstruhen bey allen ämbtern ausgangen bevelch in unserm rentmaister ambt ein zeit hero keine gehalten worden, des wir weiter also nit gestatten wollen, bevehlen drauf unsern schlesischen camer räthen mit ernst, dafz sie nicht allein bey ermelten unserm rentmeister ambt, sondern auch bey allen andern ämbtern, darunder auch unsere camerguets fürstenthumber und herrschaften nit ausgezogen sein sollen, wo anderst bifshero kein ambts truhen gehalten oder nit recht und ordentlich gehandelt, die haltung ermelter

---

[1] Wohl verschrieben für „Besoldung".
[2] „Anlagen".

ambtstruben anordnen und gestraks selbst ins werk richten, sondern
auch under zeiten bey denen, da etwo ain verdacht gespüret, unver-
sehene visitation halten lassen, [fol. 29a] ob und wie der ordnung mit
einlegung und wiederausgebung des gelts auch underschiedlicher verwahrung der schlofz und schlüfzl gelebt, und wo einiche mengl derwegen befünden, dieselben alsbald ohne ainiches ansehen der personen
ganzlich abstellen oder gar an uns zuehanden unserer hof camer gelangen lassen.

Ambtleut purgschaft.

Und nachdem wir von unsern ambtleuten und dienern, so ambter
auf raitung und in bestant haben, zum teil aus liederlicher oder gar
fürsetzlicher ihrer handlung, wie etwo bifzhero bey andern unsern
camergütern beschehen, mit bezahlung und gutmachung irer empfäng
in nachtl und schaden komen möchten, so hat die vorige camer instruction vermocht, dafz unsere camer räthe von allen unsern gegen-
wärtigen und kunftigen ambtleuten, so nach gestalt irer ambter genugsamb pürgschaft thuen mügen, nach gelegenheit yedes solches ambts
purgschaft nehmen und sy ausserhalb purgschaft in die ambter nit
komen lassen sollen, allein wir erlassen dieselben durch sonderliche
bevelch, an sy die schlesisch camer ausgehunt, wo dieser beschehener
verordnung bifzher nit gelebt wär worden, so wöllen wir, dafz es entlich noch beschehe, doch mit dieser limitation, wo sich einer anstatt
der pürgschaft in summa gelts als ein purgschaft gelt umb ein gebür-
liches interesse so lang darzue leihen erbieten thäte, als lang er in
demselben [fol. 29b] ambt bleiben würde, dergestalt, das er noch seine
erben desselben ambts abzuetretten nit schuldig sein, bifz so lang sy
solches purgschafts gelt, was noch uber bezalung des lautern liqui-
dirten raitungs rest bevor bleibe, wieder vorgnügt würden, so möchte
solches anlehen, doch dafz die erlegung bey der antretung in das ambt
beschehe, wo es anderst so viel austrüge, als denselben ambtman pürgschaft zuesetzen nach gelegenheit des ambts billich zuezuereden, an
purgschaft statt angenomen und noturft darüber aufgerichtet werden.

Nachdem auch etwo die pürgschaft dahin gerichtet werden
möchten, dafz dieselben nit weiter als von einer jahrs reitung zue der
andern wereten, so sollen unser camer räth alzeit nach beschlufz desselben ambtmanus reitung die pürgen für sich erfordern und von inen
vernehmen, ob sie hinfuran lenger in der purgschaft haften wöllen.
würden sie es nun bewilligen und sy, die camer, dieselben für genüg-
sam halten, so hette es keinen weg; wo nit, so sollen sie den ambtman
zur thuung einer andern pürgschaft weisen oder ine sonst das ambt
weiter nit handeln lassen, und dafz in allweg die vorigen bürgen
ehunder nit ledig gezehlt werden, es sey dan sach, dafz sie des ambt-
mans verbliebnen reitungs rest und mengl, die er der ambtman in zeit
ir der pürgen wereteten purgschaft gemacht, gar volkomentlich entrichtet, und er der ambtman mit einem reitbrif darüber versehen sey.

[fol. 30a] Aus den ämbtern niemant fürleihen zuelassen.

Bifzher hat es sich vielmals zuegetragen, dafz unsere räthe und
diener hin und wieder aus den ämbtern anschuliche posten entlehnt,
und hernach wir umb nachlassung dergleichen empfangener fürlehen
verdrifzlich behelligt worden, und obgleich kein nachlafz bewilligt,
dafz doch etwo weder der darleiher oder der entlehner nit wieder
zuebezahlen gehabt, also dafz wir letztlichen den schaden tragen
müssen, welches uns ferner zuegestatten keines weges gemeint ist,
demnach wellen und bevelen wir, dafz unser schlesische camer für
sich selbst aus unsern camergefellen keine dergleichen fürlehen au-
schaffe, solches verbot allen ambtleuten verkünten und sy lauter

warnen, welcher ainem ausser sondern verfertigten bevelch wenig oder viel fürleihen werde, dafz ime solch fürlehen uit allein uit passiert, sondern er auch darumben mit ernst gestraft werde. es sollen auch difsfals in dergleichen fürlehens sachen keine andere bevelch kraft haben, als die von uns selbs ausgehen oder durch uns ausdrücklich bey unserer schlesischen camer in unserm namen zu verfertigen angeschafft werden. damit aber unsere räth und diener dergleichen fürlehen umb so viel mehr entrathen mügen, so sollen unser president und camer räth alles vleifz dahin trachten und darob sein, damit unsere schlesische camer [fol. 30b] räth, secretarien, puchhalter, raiträth sambt den andern canzley und puchhalterey personen und derselben zuegethanen officirn, weil nicht aines yeden gelegenheit ist, in die leng seiner verdienten besoldung zuentrathen, zue quatembers zeiten pro rata ausgezalt werden, dordurch sie also lustiger zue dienen gemacht, inen auch dargegen im fall ires öftern aussenbleibens oder sonst unfleissigen dienens desto ernstlicher zuegesprochen werden mügen.

Zue nachlassung der rest nit zueraten.

Wir seint auch aigentlichen dahin entschlossen, hinfuran keinen unsern ambtmann ainichen rest mehr nachzuelassen, darumben so wöllen wir, wan dergleichen begern für unsere schlesische camer komen, dafz sie darzu mit nichten raten, noch viel weniger selbst in raytung ainiche rest, es sein wenig oder vil, passiren wöllen.

Den ambtleuten yeder zeit vor ihrer antretung ordentliche instructionen und bestallungen aufzuerichten, dieselben auch vor der antretung in die aydespflicht zuenehmen und die ordinaribesoldungen nit zuerhöhen.

Wan ein neuer ambtman anstehet, so wollen wir, dafz alzeit zuevor einem yeden der besoldung und anderer underhaltung [fol. 31a] halber mit unserm gnedigsten vorwissen und bewilligung aigentlich beschlossen, auch in unsern namen, wo fern wir anderst solches von hof aus nit selbst thun liessen, sonder zu ermelter schlesischer camer remittiren thäten, noturftige bestallung, instruction, und was sonst hierüber vonnöten, bey unser schlesischen camer canzley, wie sich gebührt, aufgerichtet und einem yeden ambtman, was seinen tail anlangt, alsbald zue nachrichtung zuegestellet, auch ein yeder vor seiner antretung mit den gebürlichen aydespflichten bey unserer schlesischen camer angenomen, ime auch gestraks die gebürliche besoldung bestimbt und zuereichen verorduet werden solle, doch nit der mainung, dafz demselben neuen angehunden ambtman gestraks die extraordinari zuepus oder besserung, inmassen die der vorige umb seines langen dienens oder aus sondern ursachen gehabt, gereicht, sondern dafz ime das ambt allein mit der ordinari beoldung ausgegeben werde, es sey dan sach, dafz derwegen ein sonderer special bevelch an sy, die schlesisch camer, von uns aus unserer hof camer expedition ausginge, so hett es seinen weg, und obgleich etwa bey unserer hof camer aus übersehung und verkündung, dafz der und der zue dem u. ambt auffgenomen stunde, dafz er eben mit der underhaltung, wie der nechst gewesen ambtman eingesetzt werden solle, so soll demnocht unsere schlesische camer deswegen weitern bescheit von uns nehmen und sondere bevelch, was die zuepucssen oder pesserungen betrifft, begern, die ihnen auch also, wo wir anderst einem ein solche gnad thun wollen, erfolgen sollen.

[fol. 31b]   Salzhändel.

Und nachdem wir in berürtem unserm fürstenthumb schlesien ainen neuen salzhandel durch leuterung und siedung des boyen aufrichten und darzu zwey siedwerk, eines zue Moderiu im Freystetischen und das ander zue Gneben in Nieder Laufznitz, zue welchem salzsieden wir au beiden orten der darzu gehörigen underthanen robat und gefell zue mehrer ersparung des täglichen unkosten geschlagen, und wie derselb handl ordentlich gehalten und getrieben werden soll, anyetzt wiederrumben aufs neue durch sondere unsere darzu verordnete räth und commissarien ain visitation und anordnung thun, auch darüber auf ihr gehorsame relation instructiones aufrichten und fertigen zuelassen, so wöllen und bevehlen wir ernstlich, dafs oftgedachte unser president und camer räth ob der vollziehung mit allem vleifs halten und hanthaben, auch beyde wesen, wie an yedem ort hausgehalten, und was etwa für mengl und verhinderung einfallen möchten, darinnen zeitliche einsehen vonnöten, zum wenigsten in ainem halben jahr einmal durch yemant aus ihrem mittl und einer buchhalterey person, die mit aufnehmung derselben salzraitungen umbgehet, visitiren lassen, angesehen, dafs difs als ein neues werk täglicher besserung bedarf und ausser einer solchen vleissigen administration dem vortrösten stattlichen nutz was bald ansehentlichs entgehen kan.

Sonderlichen aber sollen sy, unsere camer räth, vleissig in [fol. 32a] acht nehmen, wan sich etwo auf der see, kriegsleuf oder sunst unsicherheit, teurung und mengl zuebesorgen, dafs man zeitlich ein gute anzahl boyen zuvor in vorrath und von dannen zue den salzsieden oder sonst au ein gewarsamb ort bringe, damit beyde salzsieden für und für ou einiches einstellen wesentlich erhalten werden, darzu dan in allweg ein vleissige auskuntschaften von den seestetten, deren man sich durch vertraute leut zuebestellen befleissen und difzfals einen zimblichen costen nit ansehen solle, gehört, welches dan sy, unsere camer räth, ihnen also als einen sondern fürnehmen artikl im besten angelegen sein, auch derenthalben yeder zeit bey unsern salzambtleuten und factorn die noturft anznordnen werden wissen.

Nicht weniger sollen sy auch vleissig warnehmen, dafs alle virtl jar vermüg ir der salzambtleut instruction ayn beschliefsaliche abreytung der versottnen boy und des daraus gemachten und verkauften salz sowohl des noch bleibenden vorraths au boyen und salz gehalten und darüber ordentliche auszug nit allein inen den camerräthen sonder auch zue unserer bofeamor mit ihrem der schlesischen camer räth bericht und gutbedunken uberschiken, volgunt auch jarlichen raitungen zue den bestimbten raittäg ubergeben und in beysein ainer aus ihr der camer mitl aufgenomen, sonderlich aber vleissig observirt werden, dieweil järlich ein stattliche verlag auf diesen salzambtern liegen mufs, dafs allzeit nit allein bey der raitung, sonder auch bey dem letzten quartalauszug ein lauterer von beiden als den ambtleuten und gegenschreibern gefertigter particular auszug übergeben, wo der bleibent rest in allem sey, und wo derselb gut gemacht werde.

[fol. 32b] **Wie es mit den ambtleuten, so in unfleifs und gfür betreten werden oder aber sonst vom dienst absteen oder mit tot abgehen, und auch mit widersetzung derselben verledigten ambter zuehalten.**

Unsere schlesische camer räthe sollen auch macht haben, in unserm abwesen von allen und yeden unsern ambtleuten und dienern, so in ihren handlungen unvleissig, verweislich und gefarlich erfunden werden, sofern die sach zuvor an uns gelangen zue lassen, nit zeit erleiden möchte (aber[1] anderer gestalt) ihre ambter und dieust bifs auf unsern weitern bescheit aufzuehebon, wo auch dieselben vorhin nit

---
[1] Zu ergänzen ist hier offenbar „nit".

purgschaft gethan, mit gelübt, pürgschaft, verschreibung, oder ob die
vorhandlung so grofs, mit gefengnus und verstrickung fürzugehen und
sonst nach gelegenheit zue handlen, mitlerweil auch dieselben dienst
oder ambter mit tauglichen verwaltern bifs auf unser wohlgefallen und
ferner bevelch zu versehen und uns gestalt ihrer handlung mit aus-
führlichen ursachen derselben personen verbrechnug zueschreiben, damit
wir darauf gegen inen zue handln bescheit und bevelch geben mügen.

Wan sich auch zuetrüg, dafs einer unserer ambtleute des diensts
abstunde oder sonst mit tot abginge, so mögen gleichwohl unsere gedachte president und camer räth dieselben erledigten pletz, so fern die
wiedersetzung bifs zu erwartung unsers bescheits nit anstant erleiden
künte, durch einen tauglichen verwalter doch ohne all vertrösten der
bestätung halber bifs auf unser wohlgefallen handeln lassen, aber in
alleweg sollen sie sich gestraks umb etliche ehrbare und taugliche
[fol. 33a] und dermassen personen umbsehen. damit der dienst und nit
sy, die persone, versehen sey, volgunt uns etlich derselben und alleweg
die besten zuvordrist neben vermeldung aller umstänt, wo ain yede
hievon gedient, und wie sie sich vorhalten, auch was herkomens, alters,
wandl, geschicklikeit und vermögens die sein, benennen und entlich
keine dergleichen ämbter oder dienst, darunder auch das canzley und
buchhaltereywesen verstanden sein wolle, für sich selbst vollkommnent-
lich ersetzen, sonder alleweg unserer gnedigisten resolution erwarten,
ausgenomen die gar gemein zöll und pierundereinnehmberdienst, die
zu zehen, funfzehen, zwayuzig oder gar dreyssig taler järlich besoldung haben, die lassen wir inen unsern camer räthen für sich selbs,
doch in allweg nach tauglikeit und mit erbarn personen zu ersetzen,
hiermit zue, die ienigen undereinnehmer dienst aber, so ein mehre besoldung alfs 30 taler auf sich tragen, sollen auch mit unserm gnedigisten vorwissen ersetzet werden.

Fürfallende irrungen bey den ambtern und zwischen den ambtleuten betreffent.

Nachdem bey unsern ambtleuten in unsern fürstenthumb schlesien
je zue zeiten in ihren ambtshandlungen irrungen fürfallen, und wir nit
alleweg bey demselben unserm land Schlesien in der nähe sein, uns
auch die geschäft der mehrer zeit uberhaufen, dafs wir inen der ambter
noturft nach [fol. 33b] nit yeder zeit fürderlichen bescheit geben
künten, derhalben uns auch durch solche versaumbnus allerley schaden und nachtl erfolgen möchte, und dan zuevorhütung desselben auch
aufrichtung und haltung einer guten, rechten ordnung allen vorbemelten unsern der schlesischen camer undergebnen ambtleuten und
einnehmern und underambtleuten aufgelegt und bevolen haben, was
ihnen also in iren ambtshandlungen für beschwär, die sy für sich
selbst nit fürkomen mügen, fürfielen, dieselben yeder zeit an unsere
schlesisch camer räth bringen und gelangen zu lassen, so wollen und
bevelen wir hierauf, dafs oft gedachte unsere schlesische camerräth
solche irrungen und beschwerungen, wo deren fürfielen und für sie
gebracht werden und komen, noturftig berathschlagen und darinen
zue verhütung unsers nachteils und schadens zeitliche abstellung thun,
wo aber die noturft erfordern würde, gestalt der sachen an uns gelangen zue lassen, dasselb mit ihrem rathlichen gutbedunken gestraks
thun, und ob in ainicherley sachen an jemants von unsern kayserlichen
hof bevelch oder ander« ausgehen zue lassen von nöten, dieselben bevelch, mandata, oder was sonst die noturft erfordert, zue fürderung
der sachen verfassen lassen und uns solche copeyen neben ihrem rath
und gutbedunken ubersenden, damit wir unverhindert anderer unserer
geschäft darüber desto fürderlicher bescheit geben und unser schaden
und nachteil desto bafs verhüetet werden müge.

[fol. 34a] Visitation der ambter.

Nachdem wir an yetzt diese genedige verordnung gethan, dafz alle unsere der fürnehmbsten haubt ämbter und officirn, so mit ihrem respect auf unsere schlesische camer gewiesen und reitung zue thun haben, durch sonderlich hierzu deputierte ansehnliche räth und commifsarien beritten und zue kunftiger fruchtbarer handlung derselben durch besserung der einkomen und einziehung ubriger ausgaben neue anordnung und instruction verfassen, aufrichten, alsdan gestraks ins werk richten sollen, so wollen und bevelen wir, dafz unsere schlesische camer ob solchen neuen durch uns ratificirten anordnungen und instructionen vestiglich haulthaben und daraus nit schreiten lassen, solche visitation der ämbter ausser der salzsieden, derentwegen in einem andern vorgenunden artikl ein sondere verordnung beschehen, wo nit im andern, doch aufs lengst im dritten jahr einmal aber in allweg mit umbwechslung, dafz die visitation aller der fürnehmbsten haubtämbter nicht ein jahr allein kome, sondern zue jedlichen jaren etlich derselben beritten und doch in circulo die bereitung aller ämbter im dritten jahr vollendet werde, durch taugliche commifsarien, darunder alzeit ainer aus ihrem camer raths mittl auch sein und die direction auf sich tragen solle, verneuern und continuirn, und wie sie eins und das ander [fol. 34b] ambt in ihrer visitation befinden, auch wie dasselb am einkomen zue oder abnimbt, mit vermeldung der ursachen uns zue yeder zeit gehorsamblich zueschreiben.

Volgen etliche sondere notwendige neben artikl das schlesisch camerwesen betreffent.

Vergleichung zwischen der schlesischen hofstats und der schlesischen camer expeditionen.

Als sich ein zeit hero zwischen unserm obristen canzler unserer cron böhemb und der schlesischen camer in verfertigung unserer sachen allerley mifsverstandt und irrungen zuegetragen, also dafz ein ieder teil ein expedition sonderlich in zweiflichen und vermischten artikln, die etwo ein sach mit sich gebracht hat, verthaidigen und kein theil dem andern gern nachgeben wöllen, so haben wir uns demnach zur abhelfung solcher geschwebten irrung und kunftiger desto ordentlicher handlung aller sachen einer sondern ordnung, davon sy die schlesische camer hiemit auch ein gefertigtes exemplar zu empfahen, entschlossen, gnediglich bevelend, ermelte unser schlesische camer räth wellen also ires teils solcher ordnung gemäfs geleben, die eintrog, die inen kunftig noch darüber begegnen möchten, bescheidentlich ändern, wo aber kein wendung darauf volgen wolte, und es etwo ein sach anträfe, die vielleicht yetzt und kunftig unseren regalien und camergutern praeiudicirn möchte, solchs mit erzehlung geschicht der sachen neben ihrem räthlichen gutbedunken an uns gehorsamblich gelangen lassen und bescheits darüber erwarten.

Aufrichtung eines urbars uber alle schlesische camergueter.

Nachdem wir gnediglich vorhabens sein, mit zufallender gelegenheit alle und yede unserm fürstenthumb Ober und Nieder [fol. 35a] schlesien zugehörige pfant und camer guter erkundigen und bereiten zue lassen, so sollen unsere schlesische camer räth nach solchen verrichten werk gehorsamblich bedacht sein, ordentlich urbar aufzuerichten und nit allein die verpfenten fürstenthumber, guter, herrschaften, mauth, zoll, perkwerks gerechtigkeiten und sonsten in gemein alle und yede unsere künigliche camerguts stuke mit specificirung eines yeden einkomens und gerechtigkeitten, wie dieselben an yetzt in rerum natura sein, wie auch ein ydes stuk der verpfanten guter, auch wenn und was summa gegen wafserley conditionen auf wieviel jar oder leibgeding verschrieben worden, welche auch darunder und zue was zeiten ablöslich oder nit seien, in ein sonderes buch mit seinen ordentlichen tabulaturn, rubriggen und titln als ein urbar zue verleiben und gleichfals ein exemplar darvon zue unserer hof camer zue uberschiken und also wesentlich mit inserirung aller veränderungen, die sich von einer zeit zu der andern zuetragen, continuirn.

Weil auch versehendlich under den zerstreuten schriften, die von dem gewesnen vitzdomb ambt an underschidlichen orten verblieben, wohl stuk zuebefinden, die zu erkündigung angeregter unserer regalien und camersachen dienstlich sein möchten, so wöllen wir, im fall dieselben schriften noch bifsher nit ausgeklaubt, ubersehen, inventiret und registrirt weren, dafs solches durch verstendige vertraute personen [fol. 35 b] noch unverzüglich zue beschehen verordnet, und was darunder dienstlichs befunden, zue handen unserer hof camer verrichtet werde, nit desto weniger wie auch bey unserm hof desgleichen bey unserer beheimischen camer der wegen nachsehen, und was befunden, zue der schlesischen camer verkunden wellen lassen, alles darumben, auf dafs wir desto mehr anleitung bekumen, unsern camergutern gebürlich nachzusetzen.

Nichts erblichs zuvergeben oder die lehngüeter aus derer art und natur zue transferiren.

Wir wellen auch gnediglich bedacht sein, wo wir umb erblicher vergebung unserer lehen und camerguter, auch etwo die lehenstuk aus ihrer natur und aigenschaft zu verandern angesucht werden, dafs wir dergleichen ansuchungen als dermassen sachen, so uns, unseren nachkomen zue abbruch der küniglichen hochaiten und einkomen gereichen, als viel immer umbgangen werden mag, abschlagen und unsere räth und diener sonst in ander weg mit genaden nach eines yeden verdienst bedenken, demnach wellen wir, wo dergleichen begern ihnen unsern schlesischen camerräthen zue berathschlagen fürkommen, dafs sie ihre gutbedunken darnach richten.

Haimgefalne provisionen und gnadengaben betreffent.

Wir wöllen auch nit, dafs die heimbgefallnen provisionen und gnadengaben von ainem zue dem andern ausgeboten [fol. 36a] und also unsern camersgefellen dardurch zuegleich wie ein erbliche immerwerende pürde aufgeladen werden sollen, sondern wo ye einer aus unsern räthen und dienern nach gestalt der sachen zuevershen wirdig, wellen wir auch yeder zeit darauf gedacht sein, darnach sich mergemelte unser schlesische camer räth gleichfals in fürfallenden sachen zue richten werden haben.

Geistliche güeter betreffent.

Und nachdem die clöster und stift in merbemeltem unserm herzogthumb Schlesien ein merklich gut einkomen haben, der kirchendienst aber durch die ordenspersonen daselbst, wie wir bericht sein, übel versehen und die guter und wirtschaften auch nit sondern nutzlich bestellet, sondern solche einkumen nur zue der verschwendung und der clöster und stift verderben durch die ambleut und clöstervögt mifsbraucht, auch wan ein parschaft erspart, dieselb durch die abt, pröbst und priores auch Ábtissin und priorin nit zue nutz der stift, sondern sonst in andern weg ihres gefallens ohne unser vorwissen und be-

willigung unordentlich vergeben und dem stift entwendet wirt, so sollen
demnach gedachte unser camer räth hierauf ir vleissige aufmerken
haben, und so sy die sachen bey einem oder mehr closter dermafzen
befünden, uns solches mit ihrem rath und gutbedunken berichten, auf
dafz darinnen gebürlichs einsehen gethan werden müge.
    [fol. 36 b] Demnach wir auch bifzhero genugsamblich erfahren,
wasmassen die geistlichen von prelaten und andern in Schlesien sonderlich die closter leüt hin und wieder in mancherley weg beschweret,
bedrängt und das ire entzogen, und ehe sich mancher unkosten und sorg
halben in clag oder rechtfertigung einläst, auch raisen, zehrungen, verständig personen procuratores und dergleichen, seinem gegentheil zur
widerstehen, auf sich nimbt, er sich des closterguts ehe gar verzeiht,
derhalben so wollen wir, wan inen solche und dergleichen unbefugte
wiederwertigkeiten begegnen, dafz unsere camer räth uber solchen
geistlichen personen, so vil der temporalia und der gestift guter als
unser camergut belangent, vleiffig einsehung thun und ineu in irea
beschwerungen, so sy recht und fug haben, von unsertwegen schutz,
beystant und hülf leisten, wie dan denselben geistlichen persouen in
schlesien auferlegt worden, difsfals, was die temporalia antrifft, iren
respect nach uns auf unser schlesisch camer zue haben.
    In spiritualibus aber sollen sy mit irem respect auf den loci ordi-
narium gewiesen sein.
    Es sollen auch unser schlesische camer räth mit allem vleifz da-
hin gedacht sein, wie die hievor anbevohlen bereitung und visitation
aller solcher geistlicher guter in schlesien durch gute, vertraute, emb-
sige und dergleichen sachen erfarne räth und personen mit dem fürderlichsten in werk gezogen und continuirt werden.
    Wir wöllen auch nicht, dafz von ainichen stift oder gotfzhaus one
sonder unser vorwissen und bewilligung auch ohne unserer schlesischen
camer gutbedunken ichtes an liegenden gutern, [fol. 37a] grunt und
poden, cleinatern und sylbergeschir verkauft, versetzt, ausgewechselt
oder sonst verändert werde, wo aber die geistlichen dieser unserer verordnung zue wieder einichen dergleichen versatz und veränderung thun
würden, so sollen dieselben contract, wo mit ausdrucklich consens von
uns darumben verhanden, craftlos und nichtig sein, darauf dan unser
schlesich camer in alweg bedacht sein solle.

Ordnung, wie es mit den beswerten camerguets underthanen
gehalten werden soll.

    Und nachdem ye zu zeiten unsere underthanen durch unsern
haubtleut, burggraven oder andere ambt leut und fürgesetzte obrigkeiten, pfants inhaber, so wohl auch etwo von den geistlichen wider
die billichkeit beschwert werden mochten, daraus aber ervolget, dafz
die underthanen erarmen, zins, steur und andere billiche herrn forderung nit reichen oder geben künten und zuelezt auch von den gutern
weichen, dargegen aber aus solcher beschwerung niemant gern an die
statt ziehet und also die grunt und guter öt liegen und verderben
müssen, so ist demnach unsere willen, meinung und bevelch, dafz unsere camer räth mit allen vleifz aufsehen, erkündigung und nachfrag
halten, auf dafz bemelte unsere sowohl die verpfenten als unverpfenten
camer guts underthanen wider die billichkeit nicht beschwert, wo auch
derselben unserer underthanen einer oder [sc. mehr] zur unsern camer
räthen [fol. 37b] kamen und beschwerung wider unsere ambtleut, pfants
inhabern oder geistlichen zuehaben verneinen und anbringen würden,
der oder dieselben gutlich verhört und darumben nit ubel gehalten,
sondern dargegen von denen, darüber sy sich beschweren, bericht genomen, und wo befunden, dafz einer unserer ambtleut, pfantsinhabern
oder geistlicher, wer der sey, die underthanen wieder die billikeit be-

schweret, dasselb abgestelt, oder in fall es nicht helfen wolt, alsdan gestalt der sachen mit guter gruntlicher ausführung an uns umb ferrer einsehen und bescheit gelanget werde. Ob aber ein underthan sich unbillichen beschwert, soll derselb auch abgewiesen und was zue der sachen dienstlichen ist, ime angezeigt werden, wo aber ye ein underthan so muthwillich und sich keiner billichen handlung benügen lassen wolte, mügen unsere camer räth zuerhaltung billichen gehorsamb nach gelegenheit desselben verhandlung gegen ime mit straf verfahren.

Oftere uberlesung und abhorung obeingeführter instruction.

Und damit nun unsere camer räth dieser unser gegebnen instruction, ordnung, willen und meinung desto bafz nachkommen, geleben und vollziehung thun mögen, so sollen sie dieselb alle quatember [fol. 38a] ainmal nach lengs im rath abhören und verlesen lassen und ihnen die fürnehmbsten punct daraus vleissig vermerken.

Gleichfals auch in kein vergessen stellen, die cantzley und buchhaltercy ordnung, wo nit ehe doch quatemberlich ainmal in beysein aines aus inen der camer [sc. räth] mittl fürlesen zue lassen mit erinnerung irer pflicht, dafz sy und ein yeder in sonderheit derselben ordnung in allem treulich und vleissig geleben.

Auf wen die schlesische camer iren respect haben soll.

Dieweil wir an unserm kayserlichen hof ein aufgerichte hof camer haben, so ist unser ernstliche meinung, dafz gedachte unsere schlesische camer räthe ihren respect und aufsehen nach uns allein auf solche unsere hof camer haben, sich darnach richten und yeder zeit der noturft nach mit ihnen unsern hof camer räthen vergleichen und correspondirn und was nun uber difz alles, so oben eingeführet, uns oder derselben unsern hof camer räthen zue wissen oder von uns und ihnen bescheit zue nehmen von noten, uns [fol. 38b] desselben yder zeit nach gelegenheit der sachen sambt ihrem rath und gutbedunken bey der post berichten, und die brief, so an uns lauten, welche alle zeit mit ihren der camer räth aignen handen underschrieben sein sollen, zue gemelter hof camer handen stellen und uberschiken, so wollen wir her wiederumben auch verfügen, damit auf die brief und sachen, so unsere schlesische camer räth uns an unsern hof schiken, durch uns oder unsere hof camer räth wiederumben yeder zeit schleiniger bescheit und antwort zuegeschrieben werde.

Beschlufz.

Und sollen also summarie unser schlesiche camer räthe mit samb iren zugeordneten secretarien, buchhalter, raiträthen und andern undergebenen personen in dem allen und yeden iren getreuen, nutzlichen vleifz fürwenden, unsern nutz und frommen bedenken und fürdern und dargegen schaden und nachtl, so vil an ihnen, fürkomen nnd wenden, oder uns darinnen warnen, wie sy solches aus treuen und pflichten zue thun schuldig und verbunden seint, wir uns auch dessen aus genedigstem vertrauen zue inen genzlichen versehen und aigentlich darauf verlassen.

[fol. 39a] Doch stellen wir in unser gefallen berürte unser ordnung yeder zeit nach gelegenheit des wesens zue mindern, zue mehren oder in ander noturftige wege zue verändern, welche wir aber yeder zeit mit wohl erwegnen rath fürnehmen, handln und schlissen wellen.

Das alles ist unser gnediger und gefelliger willen und meinung. geben in unser stadt wien, den ersten tag defz monats may anno etc.

72, unseres raichs, des römischen im 10., defz hungerischen im 9. und des behemischen im 24. etc.
Maximilian etc. Ad mandatum Domini Electi Imperatoris proprium.
Caspar Geizkofler[1].

2. Auszug aus der Buchhaltereiordnung.
1572 Mai 5.

... Es mussten auch nachvolgunte pucher auf der puchhalterey aufgericht und gehalten werden.

Erstlich ein libell, darin alle raitungen verzaichent, wann sie auf die puchhalterey aingelegt, und zu was zeit und personen sie aufgenomben worden.

Zumb andern ein puch, darein der partheyen abraitung registrirt werden.

Zumb dritten ain puch, darein die raitbrief von wort zu wort geschriben werden.

Zumb vierten ain puch, darein alle bericht, so von der puchhalterey auf die cammer ubergeben, verzaichnet und numerirt werden.

Zumb fünften ein puch, darein der ambtleut, diener und aller andern personen zehrungs partikular, so auf der puchhalterey ratificiret, registrirt werden.

Zumb sechsten ain puch über die ausgestelten raitungsmengl, wan und zue welcher zeit dieselben den ambtleuten zue ihrer verantwortung zugestelt und sie ire verantwortung gethan, auch welchen tag solche mengel sambt der verantwortung und in wes beysein dieselben auf der canzley abgehört und erledigt worden.

Zumb siebenten ain puch, darein aller ambtleut instruction, besoldung und freyheiten zue schreyhen.

Zumb achten ain verzaichnus uber der herrn camor räth bevelch an die ambtleut, so raitung zue thun haben, welchen personen irer raitung halben geschriben worden ist.

Zumb neunten ain verzeichnung aller eingelegten und aufgenomenen auch der noch unaufgenomenen raitungen.

Zumb zehenten ain verzaichnung der empfeng ins reutmaisterambt.

Zumb ailften ain puch uber die provisionen.

Zumb zwolften ain puch der pfantschaften.

Zumb dreyzehnten ain puch uber die schulden.

Zumb vierzehnten ein puch und gedechtnus der landtage.

(Kgl. Staatsarch. Breslau AA. VI 2c.)

---

[1] Caspar Geitzkofler war kaiserlicher Rat und erster Hofkammersekretär. Vgl. „Die böhmischen Landtagsverhandlungen und Landtagsbeschlüsse" III Prag 1884 S. 681 und S. 686.

IV.
Aktenstücke zur Geschichte der Landesfinanzbehörden.

1. Generalsteueramts-Instruktion.
1573 August 7.

Wir Caspar bekennen etc.

Das der gestrenge auch ernveste unser bruerder und besonderen lieben Heinrich von Logau und Altendorf, unser haubtmann zum Cant, und Adam Rehdinger zum Schonbrun nachvolgender gestalt zu der herren fursten und stende generalsteuereinnemer bestellet und verordnet worden:

Erstlichen sollen sy, die obereinnemer, zu Prefzlaw zusambt ihrem zugeordneten buchhalter Jacob Pflugern ihren aufenthalt haben und alda ihres ambts und diensts bestes und treues fleisses abwarten.

Nachmaln sollen sy zu den geldern, welche sy der R. K. M. an den bewilligten steuern, schuldenlastshulfen [sc. einnemen], oder [sc. was] sunsten aus des gemeinen landes anlagen einkombt, einen gueten, wolverwarten casten aufm rathause zu Prefzlaw, darinnen sy solche gelder neben den registern und buchern, welche zu diesen sachen gebraucht werden, wolverwarlichen halten mogen, haben.

Und wan was von obangezeigten irer k. m. bewilligten geldern einkombt, sollen sy dasselbe der camer alhier alsbald durch ihren buchhalter aussagen lassen und auf derselbten begeren solche steuern oder gemeine landeshülfen bifz zu vergnügung der bewilligten summen unsaumlichen ihr matt. guetmachen und ausgeben lassen, die gemeinen landesaulagen aber dahin, wozu sie vorordnet, abgeben und solch gelt sonsten gar in keine andere wege hinkommen lassen oder vor sich selbst gebrauchen.

Demnach aber mehrmalen beschwar und clagen einkommen, dafz, wan die steuern oder ander landeshülfen abgegeben und nicht bald derwegen ordentliche quittungen empfangen werden, hiedurch allerley irthumb und das geursacht wird, das auch die steuereinnemer umb die abgelegten und bezalten gelder in gefahr gesetzt werden wollen, so sollen die obereinnemer, wan sy der camer di summen, was vorhanden und an was gelde und sorten es ist, durch den buchhalter aussagen, daneben anhalten lassen, das sy alsbald vorordnung thuen und verfügen, dafz eine quittung auf solche summen gestellet, und wan sy, die obereinnemer, solche quittung allerhalb gefertiget sehen, sy gegen empfahung solcher quittung und nicht eher die gelder abgeben und folgen lassen sollen.

Es sollen auch die verordneten generalobereinnemer monatlichen ins oberambt von Schlesien eine ordentliche verzeichnus, was au steuern, schuldenlastshulfen, restanten oder sonst gemeines landes geldern von einem oder dem andern stande einkomen ond abgeleget werden, zugeschickt werden [sic!] und daneben zueschreiben, wer was an alten und neuen bewillungen oder gemeinen landes gelde restiret, damit di restanten umb soviel desto besser und schleuniger zur bezalung mogen gebracht werden.

Desgleichen sollen die obereinnemer und buchhalter drey underschidliche schlussel zu dem casten halten und einer oder der ander nichts in oder aus solchem casten nemen, es sei von gelde oder buchern one des andern beisein, und dabey auch fur sich selbst und durch ihren buchhalter darob sein, das die register der ausgaben und einnamb ordentlichen gehalten und also damit gefast sein, wan von den herrn fursten und stenden raitungen angestellet und ausgeschrieben werden, das sie, die obereinnemer und buchhalter, dieselbten allerhalb ordentlichen gefast und gestellet furzulegen haben, auf dafs der herren fursten und stende gesandten nicht, wie bescheen, darauf mit grofzen unkosten warten und auch alsbald scheu mogen, wie es allerhalb umb des gemeinen landes gelt eine gelegenheit, wer was noch ausstendig, und wie ihrer k. m. die bewillungen guet gemacht, oder was derselben noch zu erlegen und guet zumachen, und da was ausstehet, wo und bey weme es zu fordern und einzubringen sey.

Dagegen und vor solche muhe und diensts den obereinnemern iedem dreyhundert und dem buchhalter zweyhundert taler zu ihrer jarlichen besoldung ervolgen und gegeben werden sollen, und versehen sich demnach die herren fursten und stende, [sc. das] die obereinnemer solchem irem ambt, wie es am ordentlichsten und fleissigsten verrichtet werden mag, iren pflichten nach obligen und abwarten und darob sein werden, das die einnam und ausgab von inen also werden gehalten werden, das sy den fursten und stenden von solcher irer gemein verwaltung richtigen beschait geben und guete raitung werden können thuen mogen. Zu urkund und geschehen und gegeben Prefzlaw, den 7. august anno 73.

(Kgl. Staatsarch. Breslau AA. VI 7a.)

2. Zahlmeistersinstruktion.
1579 November 21.

Instruction, was sich der herren fursten und stende in Schlesien verordneter muster und zalher, der edle, gestrenge und ernveste her hans von Redern und Hartmannsdorf auf Rofznach, in seinem anbevolenen ambte vorhalten solle.

Erstlichen soll der bestellte musterher nicht eher aus dem lande Schlesien vorrücken, es sey dann der k. m. vorglaitung, derer er sich halten soll, ankommen und ime solches von s. f. gn. dem herrn bischof als obristen hauptmanne in Ober und Nider Schlesien auferleget und bevolen.

Wan er nun fortzihen wirt, so solle er zu der cron Behaimb und marggrafenthumbs Mähren musterherren auf denen orten, so ime benent wird werden, sich begeben und die musterung des kriegsvolkes, nachdeme dieselbte von den Behmen und Mehrern beschehen, auch geburlichen befurdern.

Insonderhait solle er auch vleissig aufsacht geben, damit keine finanzen, underschlief oder betrug gebraucht werde, und das nicht allein die namen in den registern sondern auch die personen und gewisse anzal gutes geubtes und wolgerustes krigesvolkes befunden werde, darumben er sich denn auch mit dem obristen krigesherrn vornemen und die vorzaichnus des krigesvolkes mit und neben ime besigeln und fertigen wirt.

Es sol auch der musterher guten fueg und macht haben, da er in der musterung befinden wurde, dafz etwa reuter oder knechte mit tauglich, ubel staffiret und zum krigeswesen undinstlich weren, das er dieselbten abschaffen, ihre stellen mit andern tauglichen personen furnemblich aus disem land Schlesien ersetzen möge.

Wann die musterung beschehen, soll er durch seinen musterschreiber die gemusterten personen lauter abschreiben und keinen namen dann der gut gemachten reuter und knechte vorzaichnen lassen, dasselbe besigelte register und kuntschaft zu seiner wiederkunft beim dem raitungstage zue Brefslaw, so ime, alsbald er wiederumb zu hause kompt, forderlichen angesetzet werden solle, einstellen.

Nach beschehener musterung, die er dermassen und so hoch auzustellen wissen wirt, damit er mit den geldern, so er bein sich haben wirt, auskomme, sol er das krigesvolk ordentlich bezalen und ire besoldung inen zustellen.

So sol er auch einen musterschreiber auf seinen unkosten halten, der vorstendig, mit schreiben und rechnungen fertig und, wie obgemelt, die register und vorzeichnűfze ordentlichen halte und davon bescheid zu geben wisse.

Bein der musterung sol der musterher auch aufacht geben, das dises landes Schlesien inwoner zu krigessachen gebraucht, auf das die junge manschaft dises landes zu solchen ritterlichen und erlichen sachen angefuret und geubet und wider den erbfeind des christlichen bluts und namens in vorstössenden nöten dem lande zu besten dienen und nützlich sein mögen.

Wan er die musterung und bezalung vorrichtet und ins land widerumb kommen wirt, sol er seiner vorrichtung ordentliche und geburliche relation bein f. gn. dem hern bischof thun, wie dann auch I. f. gn. andere fursten und stende nach gelegenheit zu sich erfordern und die relation also anzuhören nicht underlassen werden.

So wirt er auch die geburliche raitung zu Brefslaw thun, darzu ir f. gn. der her Bischof, desgleichen f. gn. herzog Georg etc. sowol die herzoge zur Olfzen und die von Brefzlaw die irigen abfertigen und nach gethaner raitung ine qwittiren sollen.

Er wirt auch die kuntschaften, qwittungen, register und vorzaichnusse bein solcher raitung abgeben, welche volgendes auf dem furstentage furgenommen, revidiret und den herren fursten und stenden furbracht werden sollen.

Furnemblich sol auch der musterher vleifzig dorauf sehen, das ditz krigesvolk von den bewilligten steuren und hülfen bezalet werde, so auf denen orten ist, da gegen Schlesien am negsten gelegen, und sich nicht auf andere ort, so weit abgelegen, vorweisen lassen sondern sich desfals allerhalben dem Pragischen landtagesbeschlues gemefz erzeigen und vorhalten.

Es sol auch der musterher in bezalung des krigesvolkes den taler zum höchsten, als er kann, ausbringen, und was also doran zu nutz gebracht, soll dem gemeinen lande zum besten kommen und gelangen.

Demnach auch die herren fursten und stende in Schlesien vornuge des Pragischen Landtages beschlues zu erbauung und bestätigung des granitz orts Vywar funftausent taler bewilliget, welche von den steuergeldern und dem termin Georgi zufodert abgezogen und an gehörige ort zum bau gewendet werden sollen, so sol sich der von Redern, wie es umb solchen Baw beschaffen, ob und was an der festung dises sommers befodert und fortgestellet worden, alles vleifzen erkunden, desgleichen auch was die stende der crone Behaimb und andere incorporirte lander gegeben, erforschen, und da nu dieselbten ihre hulfen vorrichtet, alsdann und nicht eher die gedachten funftausend taler an gehörige ort zu gemeltem bau auch liefern, da aber auch nichts von den andern gegeben, die gelder bein sich auch behalten und zuruck widerumb ins land bringen.

Dem musterherren sollen vor solche seine muhe und raisen ein jar lang von dato funfhundert taler gegeben werden, davon er sein gesinde und diener, als nemblich den musterschreiber, einen kutschenknecht und wagenfelligen, jungen reitknecht und einen diener, welchen er zu mehrer vorwahrung und sicherheit des geldes bein wagen halten wirt, zu besolden und zu underhalten wirt wissen, und soll ime, wann er im anzuge sein wirt, der halbe tail, als nemlich zweihundertfunftzig taler, die ander helfte aber nach ausgange des jares gegeben und vorrichtet werden.

Der zerung halben, so lange seine reise wird wehren in musterung und bezalung des krigesvolkes, sol ime und obgenanten personen tag und nacht auf sex rofz vier gulden liefergeld gegeben werden, welches geld so lange ime auch erfolgen und gegeben werden solle, als er in denen sachen reisen wird.

Soviel aber rofz und wagen, dorauf das gelt fort befordert wirt, betreffent ist, haben die herren fursten und stende solches zu bestellen dem musterherren vortrauet, welcher einen furmann, aufs genauiste er kann, dingen, und was er denselbten zue lohn und zerung geben wirt, von der ganzen summa des geldes abziehen soll, wie dann auch das ander gelt als seine bestallung sowol das lifergelt von derselbten huilfen genommen werden sollen.

Zue urkund haben solche instruction die hochwirdige, durchlauchte hochgeborne fursten und herren, her martinus Bischof zu Brefslaw etc., obrister hauptmann in Ober und Nieder Schlesien, her George, herzog in Schlesien zur Lignitz, Brig etc, und die gestrenge, ernveste und wolwaisen N. Rathmanne der stat Brefzlaw, inmassen es ir f. gn. und inen von den anderen herren fursten und stenden vortrauet worden ist, mit irem furstlichen secretum und irem der stat sigil besigelt. Geschehen zu Neifz, den ein und zwanzigisten Novembris a^o 79.

(Bresl. Stadtarch. Acta Publ. Ms. 170 fol. 363 ff.)

Pierer'sche Hofbuchdruckerei. Stephan Geibel & Co. in Altenburg.

www.ingramcontent.com/pod-product-compliance
Lightning Source LLC
Chambersburg PA
CBHW020835020526
44114CB00040B/789